제1차 세계대전

모든 전쟁을 끝내기 위한 전쟁

Essential Histories Special 2

THE FIRST WORLD WAR : The War To End All Wars

First published in Great Britain in 2003, by Osprey Publishing Ltd.,
Miland House, West Way, Botley, Oxford, OX2 0PH.

KODEF
세계전쟁사
1

THE
FIRST
제1차 세계대전

모든 전쟁을 끝내기 위한 전쟁

WORLD
WAR

피터 심킨스 · 제프리 주크스 · 마이클 히키 지음
강민수 옮김 | **한국국방안보포럼** 감수

플래닛미디어
Planet Media

1914년 이전부터 시작되었고
1918년 이후에도 지속되는 세계대전

제1차 세계대전은 여러 전선에서 격렬한 전투가 동시다발적으로 벌어진 전쟁이었다. 이런 측면에서 제1차 세계대전과 제2차 세계대전은 극명한 대조를 이룬다. 제2차 세계대전에 참전한 각국은 대전략^{大戰略, Grand Strate-gy}* 의 개념 하에 개별 전선의 전황이 여타 전선에 미치는 영향을 총체적인 관점에서 조율·관리하기 위한 노력을 기울였다. 그러나 제1차 세계대전이 벌어진 1914년~1918년에는 이러한 대전략 개념은 알려지지도, 사용되지도 않았다. 이 책에 서술된 전역^{campaign}들은 대부분 독자적인 배경에서 시작된 것으로, 어떤 거대한 전쟁의 일부로서가 아니라 각국이 자국의 개별적 이해관계를 추구하는 과정에서 발생한 것이었다. 하지만 독자적인

---

* **대전략** 국가 목표를 달성하기 위해 정치적·경제적·사회적·심리적·지리적·기술적·군사적 제반 국력을 모두 통합하는 것.
● 본문의 주는 옮긴이의 것임.

생명력과 방향성을 가진 여러 전역들이 모여 결과적으로 하나의 커다란 전쟁으로 융합되었다는 점에서 제1차 세계대전은 진정한 의미의 최초의 세계대전이라고 볼 수 있다. 또 어떻게 보면 발칸 반도에서 시작된 제1차 세계대전은 1912년부터 연달아 발발했던 제1·2차 발칸 전쟁*에 뒤이어 발생한 제3차 발칸 전쟁이라고 볼 수 있다. 재미있는 점은 발칸 전쟁에서 나 제1차 세계대전에서나 주요 발칸 참전국들의 관심사는 발칸 반도에 국한되어 있었다는 점이다. 세르비아, 불가리아, 루마니아 모두 발칸 반도에 국한된 목표를 추구했을 뿐, 무슨 거창한 세계 전략을 추구한 것은 아니었다. 다만 그리스는 예외였다. 그리스는 대전 중 발칸 참전국 가운데 가장 소극적인 모습을 보였지만, 제1차 세계대전이 끝난 후에는 소아시아^{Asia Minor} 지역을 차지하겠다는 야망을 실현하기 위해 패전으로 약화된 투르크 와 단독으로 전쟁을 벌이기까지 했다.** 그러나 그리스와 오스만 투르크 제국 간의 전쟁 역시 그 하나만 놓고 보았을 때는 하나의 지역적 분쟁에 불과했다. 그리스와 오스만 투르크 제국 간의 분쟁은 1914년 이전에 시작 되었지만 1918년에 이르러서도 종결되지 않았고, 1923년 근대적인 터키 공화국이 수립되고 나서야 전면적인 전쟁은 겨우 일단락되었다. 그러나 이후에도 양국의 정치적·군사적 대립관계는 계속되었으며 21세기인 지금도 양국은 역사적인 앙숙으로서 계속 대립하고 있다.

---

* **발칸 전쟁** 1912년과 1913년, 두 차례에 걸쳐 발칸 반도에서 일어난 전쟁. 제1차 발칸 전쟁 은 발칸 동맹국들과 오스만 투르크 사이에서 벌어졌으며, 제2차 발칸 전쟁은 오스만 투르크 에게 되찾은 땅의 분할을 둘러싸고 동맹국 가운데 하나인 불가리아와 다른 세 나라(세르비 아·그리스·몬테네그로) 사이에 일어났다.
** **그리스-투르크 전쟁** 제1차 세계대전 후 영토 확장을 꾀한 그리스의 오스만 투르크 침략으 로 일어난 전쟁(1919~1922). 전승국이 된 그리스는 비잔틴 제국의 부흥을 염원한 '대^大그리 스주의'를 달성하고자 연합국의 후원 아래 패전국 오스만 투르크의 이즈미르를 점령했고 이 어 세브르 조약에 따라 투르크로부터 넓은 영토를 얻었다. 그러나 오스만 투르크는 케말아타 튀르크(케말 파샤)의 지도하에 세브르 조약으로 빼앗긴 영토에서 그리스군을 완전히 몰아내 승리했다. 로잔 강화조약에 따라 오스만 투르크는 세브르 조약의 굴레에서 벗어났다.

제1차 세계대전 때는 수많은 국가들이 전 세계의 여러 전선에서 치열한 전투를 벌였다. 그러나 참전국들 가운데 개별 전선들이 세계대전이라는 거대한 전쟁의 일각에 불과하다는 사실을 직접 체험해야 했던 것은 독일과 영국 두 나라뿐이었다. 이 국가들은 각각 동맹국Central Powers, 혹은 중앙제국 (독일, 오스트리아-헝가리, 투르크, 불가리아)과 연합군의 핵심을 구성하던 3국협상Entente Powers의 주축으로서 전 세계의 모든 전선에서 싸워야 했다. 영국은 유럽 국가지만 지리적으로 유럽 대륙에 속해 있지는 않다는 특징을 가지고 있었다. 또 당시 영국은 전 세계에 걸쳐 광대한 식민지를 보유하고 있었는데, 이들 식민지는 제국의 기반이기도 했지만 동시에 적의 공격에 취약한 부분을 늘려주는 약점이기도 했다. 영국의 해외 식민지는 최대 식민지인 인도의 델리와 본국의 런던을 중심으로 그 사이를 연결해주는 주요 요충지들이 하나의 식민지 네트워크를 구성하고 있었다. 식민지 주민 중 다수는 이슬람교도였으며 이들은 오스만 투르크 제국령 내에 위치한 이슬람 성지의 향배에 많은 관심을 가지고 있었다. 이런 여건 하에서는 개별 지역의 상황과 대국적 전략이 서로 상충되는 경우가 발생할 수밖에 없었다. 이런 경우 무엇을 우선적으로 해결해야 하는가를 놓고 영국 내각에서는 치열한 논쟁이 벌어졌다. 그리고 이러한 논쟁 속에서 대전략과 유사한 형태의 개념이 형성되었다. 내각에서 벌어진 논쟁은 근본적으로 전쟁과 평화의 문제에 관한 것이었다. 대규모 국민군國民軍을 조직하기 위해 징병제를 도입해야 하는가? 지금까지 늘 해오던 대로 유럽 대륙의 다른 강국들에게 무기와 자금을 제공해서 자기들끼리 싸우게 만든 후 굿이나 보고 떡이나 먹는 데 전념해야 하는 것은 아닌가? 이런 주제를 두고 신랄한 논쟁이 벌어졌으며 당시 논쟁 참가자들은 전후戰後 회상록에서 서로가 상대방을 '동방주의자easterners', '서방주의자westerners', '정치꾼', '꼴통 군인들'로 몰아붙이며 서로에게 독설을 퍼부어댔다고 회고했다. 사실, 당시 정치 세력들을 그렇게 명확하게 구분하는 것은 불가능한 일이었다. 그러나 이렇게 다양한 의견들이 활발하게 개진되었다는 사실은 효율적인 의사결정에 있어서 민주주의가 가진 약점이 아니라 강점을 입증해주는 것이었다.

독일은 '동방주의자'와 '서방주의자'가 더 명확하게 구분되는 편이었지만, 전략 수립 측면에서 영국에 비해 불리한 여건을 갖고 있었다. 유럽 대륙의 중심부에 자리 잡고 있으면서 동맹국들의 중심적인 지주였던 독일은 군대를 동유럽이든 서유럽이든 용이하게 이동시킬 수 있었지만, 정작 어디에 어떻게 병력을 배치할 것인지에 대해서는 일관된 정책이 없었다. 게다가 피터 심킨스가 이 책에 서술했듯이 1918년 무렵이 되자 독일의 전쟁 방향 결정에 가장 큰 영향을 미치고 있던 인물인 에리히 루덴도르프Erich Ludendorff*가 전쟁 지휘에 있어 방향 감각을 상실하고 말았다. 독일의 동맹국들은 단순히 무기와 자금뿐만이 아니라 군사적 조언과 지도력 측면에 있어서도 베를린에 크게 의지하고 있었지만, 전쟁 말기 독일은 이미 그런 수요를 충족시킬 자원이 거의 고갈된 상태였다.

제1차 세계대전은 어떤 의미에서는 이미 1914년 이전부터 시작되었고 1918년 이후에도 지속되었다. 하지만 그 기간 내내 전투가 계속 진행된 것은 아니었다. 전쟁이 한창이던 때에도 동부전선과 서부전선 모두 비교적 조용한 시기가 있었다. 세르비아의 자객이 오스트리아 황태자를 암살하면서 시작된 전쟁은 러시아, 프랑스, 영국의 3국협상국이 세르비아를 보호하기 위해 전쟁에 뛰어들면서 세계대전으로 확대되었다. 하지만 1915년 가을, 이들의 참전도 헛되이 세르비아가 동맹군에게 점령당했다. 북쪽에서 오스트리아-헝가리군과 독일군이 밀고 들어오고 동쪽에서는 불가리아가 쳐들어오자 세르비아군은 아드리아 해를 향해 알바니아로 후퇴한 후 알바

---

* **에리히 루덴도르프** 1865~1937. 독일의 장군. 제1차 세계대전 당시 8군 참모장으로 탄넨베르크에서 대승을 거두어 독일 국민의 우상이 되었다. 1916년 이후 힌덴부르크 밑에서 군사독재를 폈다. 종전 후 나치스가 옹립한 대통령 후보가 되었으나 실패했으며 극우 정치운동을 벌였다.

니아에서 코르푸Corfu 섬을 거쳐 테살로니카Thessalonica로 철수할 수밖에 없었다. 이후 1916년과 1917년, 그리고 1918년 대부분의 기간 동안 마케도니아 전선은 소강상태를 유지했다. 이 지역이 얼마나 조용했는지는 이곳에 배치된 영국군 병사들이 '살로니카의 정원사들The gardeners of Salonika'로 알려질 정도였다는 사실만 봐도 잘 알 수 있다. 하지만 시간이 흘러 1918년 9월 중순이 되자 마케도니아 전선은 격전장으로 변했다. 세르비아군을 앞세운 연합군이 불가리아를 동맹군의 전열에서 탈락시키면서 윈스턴 처칠Winston Churchill은 동맹국의 말랑말랑한 아랫배에 해당하는 지역에 칼을 꽂았다.

다시 과거로 돌아가 세르비아가 무너지고 6개월이 지난 후인 1916년 4월, 메소포타미아 지방의 티그리스 강변에 위치한 쿠트-엘-아마라Kut-el-Amara에서 포위된 영국군 1개 사단이 투르크군에게 항복했다. 이후 이 지역의 전황 역시 소강상태에 들어갔다. 영국군이 바그다드로의 진격을 재개한 것은 그해 겨울이 되어서였고 실제로 그 도시를 점령한 것은 1917년 3월 11일이었다. 투르크의 또 다른 남부전선이었던 시리아 지역에서도 비슷한 일련의 소강상태가 이어졌다. 이는 단순히 여러 가지 여건과 사안들이 상충되었기 때문이기도 했지만, 동시에 기상과 보급 문제 때문이기도 했다.

이 책에서는 세르비아, 마케도니아, 메소포타미아와 팔레스타인 전부를 지중해 전역으로 묶어서 다루고 있다. 전 세계 5대양의 제해권을 쥐고 경제 전쟁을 벌이면서 해외에 힘을 투사하기 위한 통로로 바다를 이용했던 영국과 같은 강대국에게도 이들 지역은 하나의 단일 전선이었다. 그러나 영국과 달리 투르크는 이들 지역 외에 코카서스Caucasus 지방에서도 러시아와 맞붙어야 했으며 투르크의 주력도 이 지역에 투입되어 있었다. 사실, 투르크에게 있어 가장 중요한 전선은 지중해 전선이 아니라 코카서스 전선이었다. 다른 전선에 배치된 투르크군 병력의 규모도 코카서스의 전황에 따라 달라졌다. 이는 1915년에 벌어진 갈리폴리Gallipoli 전투도 예외가 아니었다. 그러나 이 책에서 코카서스 전선은 제프리 주크스가 집필한 동

8

부전선 편에서 다루고 있다. 이 지역의 전황이 동부전선의 독일군과 밀접한 관계가 있기 때문이다. 투르크가 그루지야^{Georgia}와 아제르바이잔^{Azerbaijan}으로 밀고 들어오자 러시아군은 병력을 독일군과 싸우고 있던 동부전선으로부터 코카서스 전선으로 돌릴 수밖에 없었다. 독일군과 러시아군이 대치하고 있던 동부전선은 북으로는 발트 3국(리투아니아^{Lithuania}, 라트비아^{Latvia}, 에스토니아^{Estonia})에서 폴란드를 지나 남으로는 갈리치아^{Galicia} 지역에 걸쳐 형성되어 있었다. 1916년 루마니아가 연합국 편에 서서 참전하자, 동부전선의 길이는 한층 더 늘어났다. 이와 함께 루마니아를 지원해야 했던 러시아의 부담도 더욱 커질 수밖에 없었다. 루마니아가 참전함으로써 러시아군을 상대하던 독일과 오스트리아-헝가리군 병력 일부가 루마니아 전선으로 빠지게 되었지만, 동시에 러시아도 루마니아를 돕기 위해 병력을 파견해야 했다. 제프리 주크스는 1916년~1917년까지 러시아군 총사령부(스타브카^{Stavka})의 주된 관심사는 루마니아의 방어였다고 결론짓고 있다.

이런 사례들은 수많은 전선 하나하나가 다른 전선들과 밀접한 관계를 갖고 있었다는 것을 잘 보여준다. 루마니아는 발칸 국가의 일원이었고, 역시 발칸 지역인 세르비아에서 벌어진 전투는 러시아에 영향을 미쳤으며, 독일과 오스트리아-헝가리 양국은 동부 유럽과 발칸 지역 전체에 걸쳐 전투를 벌이고 있었다. 이 책에서도 이에 맞게 각 전선을 구분하여 다루고 있다. 한편, 이탈리아의 참전으로 인해 오스트리아군의 관심이 이탈리아 방면으로 쏠리자, 이는 러시아 전선에서 싸우고 있던 오스트리아군의 작전에 악영향을 미쳤다. 어쨌든 1917년 10월, 오스트리아군은 이손초^{Isonzo} 강 연안의 카포레토^{Caporetto}에서 이탈리아군에게 제1차 세계대전 중 가장 눈부신 승리 중의 하나로 기록될 만한 대승을 거두었다. 그런데 이탈리아의 패배에 대한 연합군의 반응과 그 여파는 동부전선이 아니라 오히려 서부전선의 전황에 영향을 미쳤다. 패주하는 이탈리아군을 지원하기 위해 프랑스와 영국은 즉각 육군 병력을 이탈리아로 파견했고, 연합국 각국의 활

▪▪▪▪▪▪ 1915년 6월, 영국군의 아가일/서덜랜드 하이랜더(Argyll and Sutherland Highlanders)연대 제2대대 소속 병사들이 독일군의 독가스 공격에 대한 대비책으로 패드식 방독면을 착용하고 있다.

동을 조율하기 위한 최고전쟁위원회 Supreme War Council 가 설립되었다. 1918년 3월에는 페르디낭 포슈 Ferdinand Foch * 장군이 연합군 총사령관으로 임명되면서 연합국 각국 간의 지휘체계 통합 움직임은 정점에 달했다.

　피터 심킨스는 각 전선이 서로 큰 영향을 주고받았다는 사실을 인정하면서도 동시에 제1차 세계대전의 핵심 전선은 서부전선이었음을 주장했

---

* 페르디낭 포슈 1851~1929. 프랑스의 군인. 제1차 세계대전 때 마른의 회전에서 승리했고 대전 말기 연합군 총사령관으로 최후의 반격을 지휘했다. 파리 강화 회의에서 대독對獨 강경책을 주장했다.

다. 다른 저자들도 그의 주장에 동의함에 따라 심킨스는 지리적 관점에서 봤을 때는 다른 전선들보다 소규모였던 서부전선의 전황을 다루기 위해 다른 저자들보다 두 배의 지면을 할당받았다. 서부전선이 가장 중요한 의미를 가진다는 심킨스의 의견은 분명 타당한 주장이다. 동맹국의 중심 국가인 독일은 다른 전선에도 많은 병력을 파견했지만, 여타 전선의 독일군 병력을 모두 합쳐도 서부전선에 배치된 독일군 병력 수를 넘은 적은 한 번도 없었다. 게다가 영국에게도 서부전선은 두 가지 전략적 이유에서 절대 물러설 수 없는 최후의 전선이었다. 첫째 이유는 유럽 대륙에 절대강국이 성립되어 대영제국의 해상교통로와 식민지 네트워크를 위협하는 상황을 좌시할 수만은 없다는 것이었다. 그래서 영국은 독일이 유럽 대륙을 장악할 의도로 전쟁을 시작하자 벨기에의 중립을 보호한다는 명목으로 전쟁에 뛰어들었다. 두 번째 이유는 제1차 세계대전 당시 영국의 주요 동맹국이 프랑스였다는 점이었다. 프랑스는 제1차 세계대전에서 실질적으로 독일로부터 침략을 당한 입장이었다. 독일 놈들을 프랑스 영토에서 쫓아내고 빼앗긴 산업시설을 탈환하며 국경지대를 회복하여 독일의 압제에 신음하는 동포들을 해방시켜야 한다는 프랑스인의 절실한 요구가 서부전선을 다른 그 어느 전선보다도 더 격렬하고 역동적인 전선으로 만들었다. 서부전선에서는 소강상태가 오래 지속된 적도 없으며 제1차 세계대전이 종전을 맞았을 때에도 승자와 패자의 명암이 확실하게 갈렸다.

휴 스트라칸Hew Strachan *

* **휴 스트라칸** 옥스퍼드 대학 전쟁사 석좌교수. 왕립 역사학회 회원.

서로의 한계를 시험하는,
그 어떤 분쟁과도 전혀 다른 도전

이 책의 저자들은 전쟁의 기원부터 서부전선의 각 전투들, 그 다음에는 러시아 혁명을 포함한 동부전선, 그리고 마지막으로 이탈리아와 발칸 반도, 다르다넬스, 시나이 반도, 팔레스타인과 메소포타미아에 이르는 지중해 전선에서 벌어진 전투들 순으로 제1차 세계대전의 전반을 조명하고 있다.

제1차 세계대전을 치르면서 각국의 정치 · 군사 지도자들은 19세기 초 나폴레옹전쟁 시대 이래 벌어진 그 어떤 분쟁과도 전혀 다른 도전에 직면했다. 먼저 제1차 세계대전은 사상 최초로 벌어진 진정한 의미의 세계적 분쟁이었다. 그때까지의 전쟁은 소수의 교전국 간에 제한된 지역에서 벌어진 국지적 분쟁이었던 반면, 제1차 세계대전에서는 다수의 주요 강대국들이 유럽, 아프리카, 중동, 동아시아, 대서양, 인도양, 태평양 등 전 세계 곳곳에서 치열한 전투를 벌였다. 전쟁 발발의 가장 큰 원흉은 독일과 오스트리아-헝가리였지만, 이들도 처음부터 세계대전을 일으키려 했던 것은 아니었다. 이들의 원래 목적은 유럽 대륙에 국한된 제한 전쟁에서 승리함으로써 이후의 세계 정치 무대에서 더 큰 영향력을 행사하는 것이었다. 그러나 1914년 8월, 이러한 동맹국들의 움직임이 자국의 이해관계를 위협하게 되자 영국은 자신이 갖고 있는 모든 힘을 총동원하여 전쟁에 뛰어들었다. 동시에 동아시아의 영국 동맹국이었던 일본도 연합국의 일원으로 참전했다. 영연방의 일원이었던 오스트레일리아 해군 역시 영국이 공식적으로 전쟁을 선언한 지 1시간 만에 오스트레일리아 영해에 억류되었던 24척의 독일 선박들을 나포했다. 8월 23일 독일에게 선전포고한 일본은 중국과 북태평양 지역의 독일 세력을 일소했다.

한편, 아프리카의 독일 식민지에서는 지루한 장기전이 벌어졌다. 또 오스만 투르크 제국은 해군 쪽에서는 영국과 긴밀한 관계를 맺고 있었지만, 독일이 더 강력한 육군을 갖고 있다는 판단 하에 동맹국 편에 서는 길을 택했다. 당시 해군 함선의 주 연료가 석탄에서 석유로 전환되던 시기였기 때문에, 해군이 생명줄이나 다름없었던 영국은 오스만 투르크 제국 남동부의 변경 지역이었던 페르시아 만 일대의 지배권 확보에 사활을 걸어야 했다. 이런 상황들은 제1차 세계대전의 양상을 한층 더 복잡하게 만들었다. 게다가 프랑스의 주요 동맹국이었던 러시아가 오스만 투르크 제국과 국경을 접하고 있다는 사실은 곧 러시아와 투르크가 코카서스 일대에서 맞붙어야 한다는 의미이기도 했다. 이런 측면에서 독일과 프랑스가 격돌했던 서부 유럽 전선과 독일, 오스트리아와 러시아가 맞붙은 동부 유럽 전선은 제1차 세계대전의 향방을 결정지을 잠재력을 가진 중요한 전선이었다. 그러나 보다 대국적인 측면에서 이 전선들은 치열한 격전이 벌어진 전 세계의 여러 전선 중의 두 전선에 불과했다.

전쟁 초기, 동맹국들은 유럽의 이 2개 핵심 전선에서 순조로운 승리를 거두면서 기세를 올렸다. 그러나 시간이 지나면서 연합군의 해상 봉쇄로 동맹국이 전쟁에 필요한 물자와 자원을 입수할 수 있는 통로가 막히게 되자, 전황은 서서히 영국, 프랑스, 러시아와 다른 연합국들에게 유리한 쪽으로 기울어져갔다. 한편, 유럽에서 터진 전쟁으로부터 직접적인 영향을 받지 않았던 미국 정부는 유럽 열강들 간에 벌어진 전쟁으로부터 제3자의 입장을 유지하기 위해 노력했다. 그러나 독일이 무제한 잠수함 작전을 벌이면서 미국에도 서서히 전쟁의 그림자가 드리워졌다. 미국의 상공업계가 무역을 하기 위해서는 공해상에서의 자유로운 항행航行이 가능해야 했지만, 1915년부터 독일이 무제한 잠수함 작전을 벌이자 이러한 자유가 위협받았기 때문이었다. 또 미국은 이해관계상 독일보다는 영국과 프랑스에게 더 많은 지원을 해주고 있었다. 이런 상황에서 전세가 점점 불리해지던 독일이 연합국으로 가는 물자를 실어 나르던 미국 상선들을 공격하는 것은 시간 문제였다. 결국 궁지에 몰린 독일이 미국의 경고를 무시하고 또다시 무제한 잠수함 작전을 감행함에 따라 미국은 마침내 연합국의 일원으로서 전쟁에 참가하게 되었다.

1914년 무렵, 무기의 기술 발달과 그에 수반된 전술 및 전략의 발전으로 인해 전쟁 참가국들은 모든 국력을 쏟아 넣는 국가 총력전을 벌이지 않고서는 승리를 기대할 수 없는 상황에 이르게 되었다. 또 연일 격전이 지속되면서 엄청난 사상자가 발생했기 때문에 유럽 지역의 인적자원도 곧 바닥을 드러냈다. 그러나 여러 가지로 어려운 상황에서도 현명한 정치 지도자들은 국민과 식민지 주민의 요구와 의견을 최대한 수용하기 위해 노력했다. 대의 민주주의 체제가 정착됐거나 정착 중인 국가들은 전제적인 정치체제를 가지고 있던 독일, 오스트리아-헝가리, 러시아, 오스만 투르크 제국에 비해 전쟁으로 인한 부담에 대해 훨씬 효과적으로 대처할 수 있었다. 영국과 프랑스는 개전에서 종전에 이르기까지 시종일관 국가적 단합을 유지했지만, 뒤에 언급된 4개 제국은 모두 전쟁 중, 혹은 종전의 여파로 붕괴되고 말았다.

1917년, 혁명의 불길이 일어나면서 전쟁에서 발을 뺀 러시아는 동맹국이 발트 해에서 우크라이나에 이르는 영토와 자원을 탈취해 가는 것을 사실상 손을 놓고 가만히 지켜보고만 있었다. 1918년, 러시아가 연합군의 전열에서 이탈하자 동부전선의 막대한 병력을 다른 곳으로 돌릴 수 있게 된 독일 최고사령부는 서부전선에서 결정적 승리를 거둘 수 있다는 새로운 희망을 품게 되었다. 레닌이 러시아의 내륙 지역에서 공산당 지배를 위한 체제 정비에 힘을 쏟고 있는 동안, 루덴도르프는 동부전선의 독일군을 서부전선으로 이동시켜 독일 최후의 도박, 미하엘 작전Operation Michael을 발동했다. 하지만 끝도 없이 계속되는 전쟁으로 독일은 이미 각 가정들까지 피폐할 대로 피폐해진 상태였다. 이런 상황에서 미하엘 작전이 실패로 끝나자, 독일 장병과 국민의 사기는 바닥으로 곤두박질쳤고 독일군 병사와 노동자, 여성들의 인내심도 한계에 다다랐다. 결국, 1918년 패전이 기정사실화되자 이와 함께 독일 왕가도 종말을 맞게 되었다. 이후 독일에서는 바이마르 공화국이 들어서면서 오늘날 바이마르 시대로 알려져 있는 새로운 민주주의를 향한 실험이 시작되었다. 그러나 20여 년 후 이 바이마르 시대 역시 나치즘의 대두로 종언을 고하고 말았다.

전쟁이 가져온 또 다른 변화 중 하나는 여성의 사회적 역할의 확대였다. 장기적인 전쟁으로 인력 부족이 심화되자 산업 노동력에 있어서 여성이 차지하는 비중이 크게 증가했다. 또 물자 부족이 심화되고 전장으로 나간 남자들이 많이 전사하면서 그때까지 가족과 가정을 돌보는 일만을 전담했던 여성들이 더 많은 사회적 부담과 책임을 떠안게 되었다. 전쟁이 터지기 전에는 여성 참정권 운동은 가장 발달된 선진 민주국가에서조차 탄압을 받았다. 그러나 여성이 전쟁 수행을 위해 없어서는 안 될 중요한 역할을 하게 되면서 각국 정부는 정치 참여를 위해 투표권을 요구하는 여성들의 목소리를 더 이상 거부할 수 없게 되었다. 이렇게 제1차 세계대전은 20세기 초만 하더라도 가장 민주주의가 발달한 국가에서조차 오늘날 우리가 누리는 것과 같은 남녀평등은 꿈도 꿀 수 없었던 상황을 크게 바꾸어놓왔다. 전쟁으로 인해 여성이 군사 부문을 제외한 모든 정치권력을 남성과 공유하는 시대가 열리게 된 것이다.

　제1차 세계대전은 또한 기술의 개발과 실용화가 역사상 가장 활발하게 이루어진 시기 중의 하나이기도 했다. 전쟁이 터지기 직전에 갓 발명된 비행기는 대전 중 교전국들의 주요 무기 중 하나가 되었다. 비행기의 잠재력에 매료된 열강들은 순식간에 수만 대의 비행기들을 생산해냈고, 이와 더불어 비행기의 성능이 비약적으로 발전하면서 '전략폭격Strategic Bombing' 이라는 새로운 용어가 등장했다. 대형 폭격기를 동원해 적국의 후방을 폭격하여 전쟁 수행 의지와 능력을 파괴한다는 전략폭격 이론이 실행에 옮겨지면서 이제 후방의 민간인들도 전쟁의 공포로부터 자유로울 수 없게 되었다. 밤낮없이 공습해오는 적의 폭격기들 덕분에 주요 도시의 시민들은 공습 경계경보와 공습경보 해제 신호를 구분하는 법을 배우지 않으면 안 되었다. 육지의 전장에서는 독가스가 최초로 실전에 투입되면서 대규모 화학전이 벌어졌다. 또 바다를 지배하던 강대국들도 해군의 함대 및 해상 무역로에 막대한 위협을 가해오는 잠수함들 때문에 전전긍긍해야 했다. 대포의 사정거리와 위력도 과거와는 비교도 안 될 만큼 비약적으로 늘어났다. 무선통신의 발달로 이제 지휘관들은 유럽 대륙에서 전 세계의 5대양에 이르기까지 과거에는 상상할 수도 없는 거리에 떨어져 있는 부대들을 지휘할 수 있게 되었다. 이와 더불어 엄청난 화력을 내뿜는 기관총이 대량으로 사용되고 보병들이 훨씬 정확해진 소총으로 무장하게 되면서 강력한 방어진지를 돌파하는 일은 그 어느 때보다 어려워졌다.

　신무기가 지키고 있는 강력한 방어진지를 효과적으로 공격하기 위해서는 이전의 공격 교리와는 완전히 다른 새로운 전술이 필요했다. 또 전투가 벌어졌을 때 전선 지휘관들이 효과적으로 병사들을 이끌 수 있는 수단도 시급하게 마련되어야 했다. 이런 과제를 해결하기 위해 군사지도자들은 머리를 싸매고 고민을 했지만, 새로운 전술과 지휘방식을 개발하고 여러 차례 시행착오를 거쳐 실전에 투입하기까지는 너무나 오랜 시간이 걸렸다. 그리고 그때까지 각국의 보병들은 탁 트인 개활지를 무작정 돌격하다가 도살이나 진배없는 대학살을 당해야만 했다. 또 역설적으로 동맹국과 연합국 양측 모두 앞다투어 보다 효과적인 새로운 전투 기법을 개발하여 적용한 덕분에 전쟁은 오히려 더욱 장기화되었다. 인류 역사상 가장 효과적인 살상무기와 군사전술이 속속 실전에 사용되면서 인명과 자원의 손실도 무지막지하게 늘어났다. 그러나 서로의 한계를 시험하는 치열한 난타전에서 마침내 연합군이 가진 수와 화력의 우세가 동맹군의 방어 능력을 넘어서면서 전쟁은 동맹국의 패전으로 끝나게 되었다.

오랜 전쟁으로 인한 막대한 인명 피해를 본 각국의 여론과 실용주의적인 정치인들은 이후 전쟁을 유발할 수 있는 공격적인 군사력 사용을 터부시하게 되었다. 이런 경향에 기반하여 국제 분쟁이 발생할 경우, 협상과 중재를 통해 문제를 해결해야 한다는 목소리가 힘을 얻게 되었다. 이러한 구상을 실현하기 위해 미국의 우드로 윌슨^{Woodrow Wilson} 대통령의 주도하에 최초의 국제적인 연합체인 국제연맹^{League of Nations}을 창설하기 위한 국제연맹 규약이 제정되었다. 결과적으로 봤을 때 국제연맹은 비록 별 구실도 못하고 1930년대에 해체되는 운명을 맞게 되었지만, 1920년대에는 나름대로 활발한 활동을 벌이면서 많은 성과를 거두었고 긍정적이든 부정적이든 간에 많은 교훈을 남기기도 했다. 이러한 교훈은 이후 국제연맹의 후신인 국제연합^{United Nations}의 조직과 창설에 밑거름이 되었다. 제1차 세계대전 중 세계 각국은 광범위한 지역에서 동시다발적으로 대규모 전투를 치렀다. 이러한 세계적인 규모의 전쟁은 엄청난 피해를 입혔지만, 동시에 새로운 발전과 변혁의 매개체 구실도 했다. 이 모든 요소들로 인해 제1차 세계대전은 심층적인 연구를 할 가치가 있는 역사의 한 장이 된 것이다.

이 책은 제1차 세계대전에 대해 전문적인 지식을 갖추고 오랜 세월에 걸쳐 연구와 저술활동을 해온 세 명의 연구자가 함께 작업한 결과물이다.

1914년~1918년 연합군과 동맹국

이 책을 저술한 연구자들은 각자 맡은 주제에 대해 흥미롭고 의미심장한 새로운 사실들을 독자들에게 제시해주고 있다. 런던 왕립 전쟁박물관의 전 수석 역사가였던 피터 심킨스는 서부전선에서 벌어졌던 다양한 역사적 사건들을 서술하면서 전쟁의 소용돌이 한가운데에서 온갖 고난과 역경에도 굴하지 않고 끝까지 유머감각과 전우애로 이를 극복해내는 인간 군상의 모습을 새롭게 조명하고 있다. 제프리 주크스는 현대 러시아 역사학자이자 언어학자로서 캔버라에 소재한 오스트레일리아 국립대학 국제관계학과의 수석 연구원이다. 주크스는 자신이 맡은 주제(동부전선)를 깊이 연구하고 주요 전장들을 직접 답사했을 뿐 아니라 동[同] 주제에 대한 러시아 학자들의 연구 성과를 참고하기 위해 수차례 러시아를 방문하기도 했다. 마이클 히키는 군인으로서 1950년대와 1960년대에 걸쳐 한국과 동아프리카, 수에즈와 예멘의 아덴에서 전쟁을 경험했으며 주요 저작으로는 다르

18

다넬스 전역에 대한 연구서들이 있다. 히키는 또한 1914년~1918년 당시 전장에서 싸웠던 병사들이 그 지역을 어떻게 보았는지에 대한 자신의 이론을 직접 시험해보기 위해 유럽과 중동의 수많은 주요 전장들을 직접 답사했다.

이 책은 제1차 세계대전이라는 광범위한 동시에 너무나 흥미로운 주제를 다룬 입문서라 할 수 있다. 제1차 세계대전 기간 동안 수많은 문제들이 대두되었으며 이러한 문제들을 해결하기 위해 전차에서 국제연맹에 이르기까지 다양한 해결책들이 강구되었다. 그러한 문제 해결 과정에 대한 지식은 21세기에 발생하는 국제적 사건, 특히 전쟁에 대한 이해와 그로 인한 피해를 사전에 예방하거나 최소화하기 위한 방안을 강구하는 데 훌륭한 참고가 되어줄 것이다.

로버트 오닐Robert O'Neill *

* **로버트 오닐** 전 옥스퍼드 대학 전쟁사 교수. 오스트레일리아 전략정책연구소위원회 위원장. 오스프리 출판사 에센셜 히스토리즈Essential Histories 시리즈 담당 편집장.

The First World War

■ ■ ■ ■

차례

제1차
세계대전

모든 전쟁을 끝내기 위한 전쟁

1부
서부전선 1914~1916

서부전선 1914~1916

1914년 크리스마스가 돌아왔다. 이날 플랑드르 지역에서는 양측 간에 비공식적인 휴전이 이루어졌다. 영국군과 독일군 병사들은 무인지대에서 함께 사진을 찍거나 선물을 교환하고 축구경기까지 하면서 우정을 나누었다. 1918년 휴전협정이 체결될 때까지도 이처럼 비교적 조용한 전선에서는 양측 병사들이 상호간 암묵적 이해하에 '누이 좋고 매부 좋은' 식으로 굳이 서로를 죽이려 애쓰지 않는 비공식 정전이 왕왕 이루어지곤 했다.

전쟁으로 가는 길

복잡다단한 인과관계를 가진 수많은 사건들이 꼬리에 꼬리를 물고 일어난 끝에 1914년, 유럽 열강들은 4년여에 걸친 참혹한 전쟁에 돌입했다. 개전을 촉발한 요인으로는 혁신적인 군함의 등장을 비롯한 전반적인 군사기술의 비약적 발전, 식민지를 둘러싼 경쟁의식, 경제적 이권을 둘러싼 경쟁과 상충되는 각국의 야망 등 여러 가지가 있었다. 그러나 제1차 세계대전이 터지기 전에 일어난 유럽 지역의 주요 분쟁 가운데 가장 중요한 전환점이 된 것은 1870년~1871년에 독일과 프랑스 사이에 벌어졌던 프로이센–프랑스 전쟁Franco-Prussian War * 이었다. 일종의 제한 전쟁limited confrontation

---

* **프로이센–프랑스 전쟁** 프로이센의 지도하에 통일 독일을 이룩하려는 비스마르크의 정책과 그것을 저지하려는 나폴레옹 3세의 정책이 충돌해 일어났다.

■■■■■■ 1914년 올더숏(Aldershot)에서 기념촬영을 하는 영국군 신병들의 모습. 개전과 동시에 많은 젊은이들이 앞다투어 군대에 지원했지만, 이들이 실제로 전장에 투입된 것은 1915년~1916년이 되어서였다.

이었던 이 전쟁에서 프로이센은 프랑스에게 굴욕적인 패배를 안겨주면서 통일 독일 제국의 탄생을 주도했다. 독일은 전리품으로 프랑스의 알자스 Alsace와 로렌Lorraine 지방을 차지했고, 독일 제국의 갑작스런 대두는 유럽 대륙 전체의 힘의 균형에 근본적인 변화를 가져왔다. 프로이센-프랑스 전쟁 이후 독일의 군사력뿐만 아니라 경제력까지 급격하게 증가하자, 주변국과 경쟁국들의 우려는 더욱 커졌다.

　그래도 독일 재상 오토 폰 비스마르크Otto von Bismarck가 교묘한 외교술로 프랑스를 고립시키는 데 성공하면서 유럽은 1871년~1890년 사이의 대부분의 기간 동안 평화를 유지할 수 있었다. 하지만 1890년 비스마르크가 퇴임하고 예측 불가능한 새로운 시대적 조류가 닥쳐오자 비스마르크가 공들여 맞춰놓은 유럽 대륙의 세력 균형은 흔들리기 시작했다. 독일과 러시아의 관계는 악화일로로 치달은 반면, 차르의 제정 러시아와 프랑스공화국 간에는 화해 무드가 조성되면서 이젠 입장이 역전되어 오히려 독일이 고립될 위기에 빠지게 되었다. 결국 독일은 동유럽 지역에서 믿을 만한 동맹국을 확보하기 위해 혈안이 될 수밖에 없었고 그 결과 독일과 오스트리아-헝가리 2중 제국과의 관계는 더욱 강화되었다. 그러나 노쇠한 오스트리아-헝가리 제국은 민족주의적 움직임이 점점 강해져가는 남서 유럽 지역에서 이를 억제할 힘을 잃어가고 있었다. 이런 오스트리아와의 관계를 더욱 강화하려는 정책은 독일에게 큰 부담을 주었다. 설상가상으로 그렇지 않아도 언제 터질지 모르는 화약고 같던 발칸 반도의 정세는 발칸 지역에 대한 투르크의 영향력이 약화됨에 따라 더욱 일촉즉발의 상황을 맞고 있었다. 투르크의 세력이 약화되자, 러시아는 얼씨구나 하고 오스트리아와 남동 유럽에 거주하는 슬라브 민족의 보호자를 자처하면서 발칸 지역에서 영토와 정치적 영향력의 확대에 나섰다. 상황이 이렇게 되자 발칸을 둘러싸고 오스트리아와 러시아의 이해관계가 충돌하는 것은 시간문제가 되었다. 여기에 세르비아가 부상하면서 불안정한 발칸 지역의 위기는 한층 더 심화되었다. 세르비아는 1908년 오스트리아의 보스니아-헤르체고비나 합병에 크게 분개했지만, 따지고 보면 오스트리아가 보스니아 지역을 확보하면서 세르비아 견제에 나선 것도 1912년~1913년에 벌어진 발칸 전쟁에서 세르비아가 투르크의 땅을 빼앗으면서 영토와 정치적 영향력을 확대했기 때문이다.

1888년, 비스마르크가 퇴임하고 호전적이며 변덕이 심한 빌헬름 2세 Wilhelm II가 독일 황제Kaiser로 즉위하자 독일은 점점 더 공격적인 외교정책을 추구하게 되었다. 프로이센-프랑스 전쟁에서 당한 굴욕적 패배를 설욕하고 잃어버린 영토를 되찾겠다는 열망에 불타고 있던 프랑스에게 경제적·군사적으로 엄청나게 성장하고 있던 독일은 점점 더 큰 위협으로 다가왔다. 또 러시아는 러시아대로 오스트리아-독일 동맹이 러시아의 서부 국경

■■■■■■ 독일 황제 빌헬름 2세(재위: 1888~1918). (IWM)

지대에 막대한 위협이 되거나 발 칸 지역에서의 이해관계를 두고 러시아와 충돌할 가능성에 대해 우려할 수밖에 없었다.

과거 독일의 재상이었던 비 스마르크는 교묘한 외교정책을 바탕으로 안정된 유럽을 건설했 다. 그리고 비스마르크가 이 안 정된 유럽이라는 구조물의 가장 중요한 주춧돌로 간주했던 것은 바로 프랑스의 고립이었다. 그러 나 1892년 프랑스가 고립상태를 벗어나면서 유럽의 안정은 심각 한 위협을 받게 되었다. 그 해 러 시아와 프랑스는 군사협력조약

을 체결했고, 이 조약은 1893년과 1894년의 추가적인 협상으로 더욱 강화 되었다. 프랑스-러시아 양국은 이 조약을 통해 만약 한쪽이 독일로부터 공 격을 받을 경우 다른 한쪽이 바로 구원에 나서기로 약속했다.

이렇게 카이저 빌헬름 2세가 비스마르크의 현실주의 정책을 버리고 세 계주의 정책을 추구함에 따라 영국은 유럽과 여타 세계무대의 주요 열강 들과의 관계를 재검토하게 되었다. 그러나 영국의 심기를 불편하게 하는 국가는 독일만이 아니었다. 영국과 러시아 및 프랑스 사이에는 과거 몇 차 례에 걸쳐 긴장 관계가 조성된 적이 있었고, 이에 더하여 프랑스는 해군력 건설과 관련하여 영국과 치열한 경쟁을 벌이고 있었다. 영국에게 해상 교 통로의 안전 확보는 국가의 안보와 번영에 직결되는 문제였다. 제국의 생 명선과도 같은 바다의 제해권을 확보하기 위해 1889년, 영국은 영국 해군

이 항시 2, 3위 국가의 해군력을 합친 것보다도 우월한 해군 전력을 확보할 것(2국 표준주의二國標準主義, Two Power Standard)을 규정한 해군 방위법Naval Defence Act을 통과시켰다. 그러나 미국과 일본이 영국과 맞먹는 산업화를 이루고 대양해군을 건설하기 시작한 상황에서 이와 같은 '2국 표준주의'를 유지하기란 쉬운 일이 아니었다. 그럼에도 불구하고 영국은 유럽 대륙의 힘의 균형이 무너지거나 어느 한 국가가 지나치게 강력해져서 베네룩스 3국을 침략하여 영불 해협에 면한 항구들을 장악하는 사태와 같이 영국의 안보에 직접적인 위협이 되는 상황이 발생하지 않는 한, 유럽 열강들의 다툼으로부터 '명예로운 고립Splendid isolation'*을 추구한다는 정책을 고집스럽게 고수했다.

사실, 영국은 1875년~1900년 사이의 대부분의 기간 동안 독일과 비교적 친밀한 관계를 유지했다. 여기에는 1888년 3월 독일 황제로 즉위한 황태자 프리드리히 3세Friedrich III의 부인이 영국 빅토리아 여왕의 장녀라는 사실도 작용했다. 그러나 프리드리히 황제는 황위에 오른 지 겨우 3개월 만에 암으로 사망했고, 뒤를 이어 프리드리히 3세의 아들이자 충동적인 성격의 소유자로 왕실에서 경원시되었던 빌헬름 2세가 즉위했다. 빌헬름 2세는 독일을 세계 열강의 반열에 올려놓기를 원했다. 이처럼 야심이 가득 찬 인물이 독일 황제로 즉위하면서 해외 시장과 식민지를 둘러싸고 영국과 독일 간에 새로운 경쟁이 시작되었다.

그러나 영국과 독일 양국 관계를 돌이킬 수 없을 정도로 악화시킨 것은 1898년과 1900년에 제정된 독일의 해군법German Navy Law이었다. 당시 독일 해군장관이었던 알프레트 폰 티르피츠Alfred von Tirpitz가 주도하고 독일 황제

---

* **명예로운 고립** 19세기 말 유럽대륙의 내부 대립에 대해 영국이 취한 고립정책. 3국동맹과 프랑스 · 러시아의 2국동맹에 대해 초연한 자세를 견지하면서 해외경영에만 주력했으나 아시아와 아프리카에서 러시아 · 프랑스 · 독일 등의 대립이 격화되면서 1902년 영일 동맹을 시작으로 고립정책을 포기하고 이어 3국협상을 형성하게 되었다.

의 열광적인 지지를 받아 제정된 해군법은 향후 20년 내에 38척의 전함을 포함한 대해함대를 건설한다는 목표를 명문화한 것이었다. 티르피츠는 영국을 '독일에게 가장 위협적인 해상세력'으로 간주했으며 대해함대 건설이 세계무대에서 독일의 정치적 영향력을 확대시켜줄 것이라고 확신했다. 이러한 목적을 달성하기 위해 티르피츠는 북해에서 영국 해군과 충분히 맞설 수 있고 동시에 유사시 영국 해군에게 큰 피해를 입혀 '2국 표준주의' 전략을 무너뜨릴 수 있을 정도로 충분한 주력함±力艦 세력을 구축하고자 했다. 독일이 1900년~1904년에만 14척의 전함을 건조하면서 시작된 군비 경쟁은 1906년에 영국이 증기 터빈 방식의 추진 기관과 다수의 단일 구경 거포all-big-gun를 탑재한 혁신적인 개념의 새로운 전함戰艦 드레드노트 HMS Dreadnought*를 진수하면서 한층 더 격화되었다.

1899년~1902년에 남아프리카에서 벌어진 보어 전쟁Boer War**(혹은 남아프리카 전쟁South African War)에서 독일이 보어인을 지원하자, 영국은 이제 더 이상 고립주의 정책을 고집할 수만은 없게 되었다. 1901년, 결국 영국은 미국과의 해군력 경쟁을 포기했다. 하지만 이는 독일과는 달리 미국의 해군력 증강이 영국의 이해관계를 '직접적으로' 겨냥한 것이 아니라고 판단했기 때문이었다. 다음해 영일동맹조약Anglo-Japanese treaty***이 체결되면서 영국은 극동 지방에 대해 더 이상 염려할 필요가 없게 된 동시에 더 많

---

* **드레드노트** 1906년에 진수한 영국 전함이다. 배수량 1만7900톤, 속력 21노트, 구경 30센티미터의 주포±砲 10문을 장비했다. 이것은 당시의 일반 전함에 비해 주포 화력 면에서 두 배에 달하는 성능으로, 세계 각국에 큰 충격을 주었다.
** **보어 전쟁** 1899년에 영국이 남아프리카의 금이나 다이아몬드를 획득하기 위해 보어 인(남아프리카공화국의 네덜란드계 백인)이 건설한 트란스발공화국과 오렌지자유국을 침략하여 벌어진 전쟁. 두 나라는 필사적으로 저항했으나 1902년에 영국령 남아프리카에 병합되었다.
*** **영일동맹조약** 1902년에 영국과 일본이 맺은 동맹 협약. 러시아의 동진을 견제하기 위한 것으로, 1905년 공수 동맹으로 발전했고 1910년에 인도의 영토 보전을 규정했으나 1921년에 워싱턴 회의에서 폐기했다.

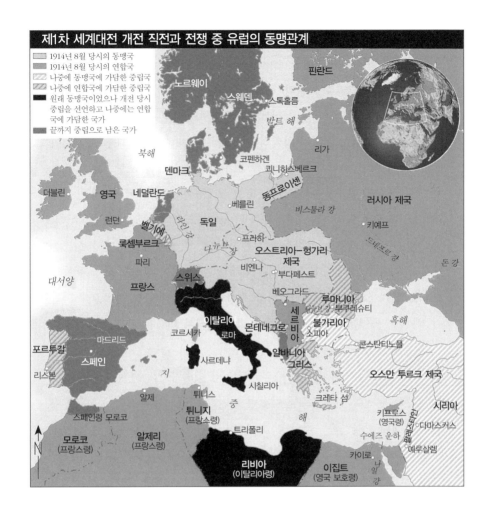

은 전함을 유럽 해역에 집중시킬 수 있게 되었다. 게다가 1904년~1905년에 벌어진 러일전쟁에서 러시아가 패배하자 인도에 대한 러시아의 위협마저 사라지게 되었다. 1907년, 영국은 이제 충돌할 거리가 없어진 러시아와도 동맹 조약을 체결했다. 이렇게 1910년이 채 되기도 전에 영국은 프랑스-러시아 연합 쪽으로 기울어져 있었다.

영국이 프랑스 및 러시아와 맺은 협약은 공식적인 협정도 아니었고 이들이 전쟁에 돌입했을 때 영국이 반드시 이들 편에서 참전해야 하는 의무를 지우는 것도 아니었다. 그러나 영국은 이제 최소한 의리상으로는 독일-오스트리아 동맹의 반대편인 프랑스와 러시아 편에 서게 되었다. 당시 프랑스와 러시아, 그리고 독일과 오스트리아는 서로 반목하는 2대 동맹을 형성하고 있었다. 만약 이들 중 어느 한 국가라도 예상치 못한 분쟁에 휘말린다면 이는 동맹국 전부가 참여하는 전면적인 전쟁으로 확대될 가능성이 컸다. 이런 여건 하에서 고립주의를 고수하면서 독일이 프랑스를 정복하고 영불 해협의 항구들을 장악하도록 내버려두는 것은 영국으로서는 절대 허용할 수 없는 일이었다. 결국 영국은 고립주의를 탈피하기로 결심했다. 이러한 새로운 외교적 움직임은 기존의 외교 노선과 충돌하면서 수많은 모순점을 낳았지만, 이후 유럽 대륙에서 전쟁이 벌어질 경우 영국은 독일보다는 프랑스와 러시아 편에 서서 참전할 가능성이 훨씬 높아지게 되었다. 하지만 독일은 개전을 결의하기 전에 이러한 변화를 간과하는 치명적인 과오를 범했다.

　　20세기 초, 화약고 같던 유럽의 분위기를 더욱 불안정하게 만들면서 각국 정부와 국민을 전쟁으로 몰아갔던 요인들은 단순히 외교적 움직임이나 양대 동맹의 반목, 혹은 해군력 경쟁만이 아니었다. 1900년경부터 1914년에 이르는 기간 동안 유럽 각국에서는 교육이 확대되고 성인층의 식자율識字率도 크게 늘어났지만, 동시에 전쟁을 미화하거나 국제 정세를 보도하면서 거리낌 없이 맹목적 애국주의를 부추기는 대중매체의 숫자도 크게 늘어났다. 자본주의의 발전 역시 열광적 애국주의와 공격적 제국주의를 부추기는 역할을 했다. '국가적 효율성national efficiency'과 '사회적 다윈주의Social Darwinism'*와 같은 시류에 영합한 사조들 역시 국제 정치는 적자생존의 원

---

* **사회적 다윈주의** 스펜서H. Spencer가 주장한 이론으로 다위의 진화론의 두 가지 원칙, 즉 '생존경쟁'과 '적자생존'을 사회학에 받아들임으로써 탄생했다. 사회가 발전하기 위해서는 경쟁을 통해 사회적으로 부적합한 사람들, 예를 들어 장애인이나 정신병자 또는 극빈자들 같은 사회적 약자 등을 제거해야 한다는 주장.

칙이 지배하는 무차별 경쟁의 장ᵇⁱᵗ이며 전쟁이라는 시련을 통해 국가적 퇴폐와 도덕적 타락을 정화할 수 있다는 믿음을 부채질했다. 엎친 데 덮친 격으로 이런 분위기 속에서 대부분의 정치 및 군사 지도자들은 만약 전쟁이 벌어진다고 하더라도 단기간 내에 종결될 것이라는 잘못된 믿음을 가지게 되었다. 그 결과 국제적 분쟁도 외교적 수단보다는 군사력을 동원해 해결하는 것을 선호하는 경향이 점점 커져만 갔다.

비록 참전국 모두가 각자 나름대로 음험한 속셈이 있었고 전 세계가 전쟁의 심연으로 미끄러져 들어간 것이 어느 한 국가만의 책임이 아니라고 하더라도, 1914년 제1차 세계대전 개전의 주요 책임이 독일에게 있다는

■■■■■■ 1903년 5월, 영국 국왕 에드워드 7세(Edward VII)가 파리를 국빈방문하면서 의장대의 경례를 받고 있다. 에드워드 7세의 프랑스 방문은 점점 긴밀해지고 있던 양국 관계를 더욱 공고히 해주었다. (IWM)

사실에는 변함이 없다. 1960년대에 프리츠 피셔$^{Fritz\ Fischer}$ 교수의 저서*가 출판된 이래 역사학자들은 제1차 세계대전 개전 전에 독일이 얼마나 적극적으로 전쟁을 추구하고 계획했는지에 대해서는 치열한 설전을 벌여왔다. 하지만 독일이 제1차 세계대전의 주요 원인이라는 사실에 대해서는 이견을 제기하는 역사학자가 거의 없다. 독일에서 세력을 점점 키워가고 있던 사회당의 영향력을 쓸어버리고 국내의 불만사항으로부터 국민의 주의를 돌리기 원했던 프로이센의 귀족층과 장교단, 사업가들에게 전쟁은 매력적인 선택이었다. 또 이들은 전쟁을 통해 1916년이나 1917년에 완료될 것으로 예상되는 러시아군의 전력 증강과 근대화 작업을 무산시킬 수 있을 것으로 생각했다. 당시 독일은 경이적인 경제 성장을 이룩했음에도 불구하고 그에 상응하는 국제적 발언권을 가진 열강의 지위를 획득하지 못한 상태였다. 독일의 지도부는 전쟁에서 승리를 거둠으로써 외교적·군사적 고립상태를 종결시키고 세계 정치무대에서 국력에 걸맞은 영향력을 가지길 원했다.

1912년 12월 8일, 카이저 빌헬름 2세는 군부 고위 인사들로 이루어진 전쟁위원회를 소집했다. 이 회의에서 결정된 일부 사항들이 1914년에 실제로 행동에 옮겨졌다는 사실을 근거로 피셔와 일부 역사학자들은 이 회의에서 독일 지도층이 회의 일자로부터 18개월 이내에 전쟁을 시작하겠다는 결정을 내렸다고 보았다. 학자들이 이 회의의 중요성을 다소 지나치게 높이 평가한 것일 수도 있지만, 카이저 빌헬름 2세와 독일의 군사·정치·산업 엘리트들이 유럽 지역에서 주도권을 쥐고자 했으며 동시에 그에 수반되는 모든 위험을 감수하고서라도 이러한 야망을 최단 시간 내에 실현시키기 위한 방책으로서 전쟁을 꾀할 준비가 되어 있었다는 점에는 의심

---

* 1961년 출간한 『세계 패권의 추구$^{Griff\ nach\ der\ Weltmach}$』로 제1차 세계대전 발발의 책임이 독일 제국에게 있음을 명확히 하여 그 전까지 그것을 부인하던 독일 역사학계는 물론 해외에까지 큰 충격을 주었다.

의 여지가 없다. 이는 그 자체만으로도 유럽의 평화에 중대한 위협을 미치는 것이었다. 설상가상으로 카이저 빌헬름 2세와 그의 측근들이 독일의 군사·정치권력을 모두 틀어쥐고 있다는 사실은 이러한 상황을 더욱 위태롭게 만들었다. 영국과 프랑스의 정치권과 군부는 대의제 의회 제도를 통해 서로 견제하면서 균형을 이루고 있었으나, 독일 군부는 근본적으로 민간 정부의 통제 밖에 있는 존재였다. 군부의 고위 장교들은 카이저의 직접 명령만을 따랐고 독일 국회 라이히스탁Reichstag은 총리나 장관들에게도 직접 책임을 물을 수 없을 정도로 무력했다. 간단히 말해서 독일은 국내의 어려움을 해소하고 세계무대에서 자국의 위상을 확보하기 위해 기꺼이 전 유럽을 전화에 빠뜨릴 용의와 의지가 어느 국가보다도 강한 지도부를 갖고 있었지만, 독일의 정치체제는 이런 지도부를 억제하기 위한 제어장치를 거의 갖추고 있지 못했다.

독일, 프랑스, 영국

국제 열강의 대열에 합류하겠다는 원대한 야망을 품고 있던 독일은 그러한 목표를 달성하기 위해 세운 치밀한 전략과 군부가 누리던 특별한 지위를 활용해 국가 자원을 효율적으로 전쟁에 동원할 수 있었고, 덕분에 1916년까지는 독일 제국군이 전쟁을 주도해나갈 수 있었다. 이런 측면에서 전쟁 초반에 전쟁의 본질적 성격까지는 아니더라도 전쟁의 추이에 결정적 영향을 미쳤던 것은 바로 독일의 전쟁계획이었다고 할 수 있다. 1897년~1905년에 독일의 전쟁계획 원안原案을 작성한 인물은 당시 독일 참모총장이었던 알프레트 폰 슐리펜Alfred von Schlieffen 백작이었다. 슐리펜의 지상 목표는 만에 하나 러시아, 프랑스와의 양면 전쟁을 벌어야 하는 악몽 같은 상황이 닥쳤을 때 독일이 효과적으로 대처할 수 있게 해줄 계획을 짜는 것이었다. 그 결과물로 나온 것이 바로 슐리펜 계획Schlieffen Plan이다. 하지만 역설적이게도 이제 양면 전쟁이 벌어지더라도 슐리펜 계획이라는 유효한 해결책이 있다고 생각하게 된 독일 군부는 양면 전쟁이 얼마나 치명적인 것인지에 대한 공포심을 망각하고 필요하다면 위험도 기꺼이 감수하겠다는 위험한 생각을 품게 되었다. 이러한 측면에서 일부 학자들은 슐리펜 계획이 본래 의도했던 대로 단순히 유사시에 대비한 사전 대책이 아니라, 사실상 유럽 지역에서 전면적인 분쟁 가능성을 높이는 역할을 했다고 주장하기도 했다.

슐리펜 계획은 독일이 프랑스, 러시아와 양면 전쟁을 벌이게 된 경우를 대비해 입안된 계획으로서 러시아의 병력 동원과 배치 속도가 매우 느릴 것이라

■■■■■■ 알프레트 폰 슐리펜 백작. 1891년에서 1905년까지 독일군 참모총장을 지냈다. 그가 세운 전쟁계획은 이후 수정을 거쳐 1914년 전반에 걸쳐 독일군이 사용한 전략의 큰 틀을 구성했다. (IWM)

는 조건을 전제로 한 것이었다. 슐리펜은 러시아가 실질적으로 독일과의 전쟁을 벌일 준비를 마칠 때까지는 약 6주가 걸릴 것으로 예상했다. 그는 이 중요한 시간적 여유를 활용해 대부분의 병력을 서부전선에 집중시킨 뒤, 압도적이고 신속한 기동으로 프랑스를 패배시킨다는 전략을 구상했다. 간단히 말해 먼저 프랑스를 쳐부순 다음, 주력을 동부전선으로 이동시켜 러시아군을 상대한다는 것이 슐리펜의 복안腹案이었다. 그러나 여기에

는 중요한 장애물이 있었다. 갈 길 바쁜 독일군은 전광석화電光石火와 같은 공격을 펼쳐야 했지만, 프랑스의 북동부 국경지대에 구축된 강력한 요새들이 독일군의 발목을 잡고 놓아주지 않을 가능성이 컸다. 따라서 슐리펜은 독일군이 '마스트리히트 돌출부Maastricht Appendix'로 알려진 네덜란드 영토 내의 협로를 통과하여 중립국 벨기에를 지나 프랑스 북서부로 물밀듯이 밀고 들어가야 한다는 결정을 내렸다. 슐리펜 계획을 수행하게 될 실질적인 주력 부대는 메츠Metz에서 네덜란드 사이에 걸쳐 전개된 5개 군軍, 총 35개 군단 병력이었다. 전선의 최우익에는 이 중에서도 최강의 정예 부대들이 배치되었다. 슐리펜 계획의 핵심은 거대한 수레바퀴를 반시계 방향으로 돌리듯이 최우익의 1개 군을 북쪽으로부터 파리의 서쪽으로 진격시키면서 프랑스군의 후방을 포위한 후 이들을 국경지대로 몰아간다는 것이었다. 한편, 전쟁이 발발하면 프랑스군이 즉각 로렌 지역으로 진격해올 것으로 예상됨에 따라 독일군의 좌익(혹은 동쪽 측면)에는 그보다 약한 2개 군이 배치되었다. 이들의 임무는 프랑스군의 진격을 저지히거나 필요한 경우에는 서서히 후퇴하면서 프랑스군이 독일군의 포위 계획을 눈치 채더라도 돌이킬 수 없는 지점까지 프랑스군을 깊숙이 끌어들이는 것이었다.

슐리펜의 뒤를 이어 독일 육군 참모총장이 된 헬무트 폰 몰트케Helmuth von Moltke * 중장은 1906년~1914년에 슐리펜 계획의 몇 가지 핵심적인 사항을 변경했다. 성실하고 근면한 장교였지만 내성적이고 소심했던 몰트케는 전쟁이 발발하자마자 프랑스군이 로렌 지방으로 밀고 들어올 경우 독일군의 옆구리와 후방이 큰 위협을 받을 수도 있다고 우려했다. 그 결과 1906년 이후 창설된 신규 사단들은 대부분 슐리펜이 작전의 성공 여부가 결정될 것으로 여겼던 우익이 아니라 좌익에 배치되었다. 원래 계획대로라면

---

* **헬무트 폰 몰트케** 1848~1916. 프로이센-프랑스 전쟁을 승리로 이끈 대大몰트케(1800~1891)의 조카로서 소小몰트케로 불린다. 1906년에 참모총장이 되었고 제1차 세계대전 초기의 작전을 지휘했다.

독일군의 우익 대 좌익 전력비는 7 대 1이 될 예정이었지만, 몰트케가 가한 변경으로 인해 이 비율은 3 대 1로 줄어들어버렸다. 또 몰트케의 수정 사항 가운데 좌우익 전력비만큼이나 큰 영향을 미친 것은 바로 네덜란드를 통한 기동계획은 포기하면서 벨기에 진공작전계획은 계속 유지한다는 결정이었다. 이러한 결정은 우익의 초기 진격로를 매우 협소한 병목 형상의 지역으로 한정해 버리면서 병력의 배치 문제를 복잡하게 만들었을 뿐만 아니라, 외교적·전략적으로도 벨기에의 중립을 침해하는 데서 오는 불이익을 전혀 줄여주지 못했다.* 그러나 역사가들은 설사 원래 계획대로 추진했다고 하더라도 슐리펜 계획의 실현 가능성은 매우 희박했을 것으로 보고 있다. 원래의 슐리펜 계획 역시 지나치게 늘어나게 될 보급선과 부적절한 통신체계, 단기간에 장거리를 이동해야 하는 병사들의 피로와 전투의 불확실성 같은 요소들을 별로 고려하지 않았기 때문이었다. 여기에 더하여 슐리펜은 러시아의 병력 동원 속도와 벨기에군과 벨기에 국민의 저항의지에 대해서도 오판하고 있었다. 하지만 몰트케의 수정안 역시 이러한 문제를 거의 혹은 전혀 해결해주지 못했을 뿐만 아니라, 오히려 그렇지 않아도 희박한 성공 가능성을 더욱 줄여버리는 결과를 낳았다.

독일은 징병제에 기반한 군제軍制를 통해 육군 병력을 평화시 84만 명에서 유사시 400만 명까지 신속하게 증강시킬 수 있었다. 신체 건강한 독일의 젊은이는 17세에 국민군Landsturm에 소속되며 20세가 되면 현역으로 입대하여 병종에 따라 2~3년간 정규 군사훈련을 받았다. 제대 후에는 4~5년간 동원 예비군으로 편입된 후 45세가 될 때까지 향토예비군Landwehr이나 국민군으로 지정되어 유사시 동원되었다. 유사시 동원된 향토예비군

---

* 어차피 벨기에만 침공하나 네덜란드와 벨기에를 모두 침공하나 영국에게 참전의 구실을 준다는 점에서는 똑같았다. 결국 벨기에의 중립도 존중해서 영국에게 참전의 명분을 주지 않든지 아니면 네덜란드까지 침공해서 작전의 성공 확률을 높이든지 양자 간에 결정을 내렸어야 했는데, 몰트케는 이도저도 아닌 최악의 결정을 내렸다.

과 국민군은 주로 보급로 경비나 방어 임무에 종사했고, 동원 예비군은 정규군 부대에 소집되거나 신규 예비 군단 및 사단으로 편성되어 정규사단과 동급의 일선 부대로서 전투에 투입되었다. 이러한 동원 체계, 특히 예비군 부대 덕분에 독일군은 개전 초기 병력의 양과 질 측면에서 프랑스군보다 우위에 설 수 있었다.

1914년 여름 독일의 보병 전술 교리는 밀집 대형 위주에서 산개 대형 위주로 넘어가는 과도기를 맞고 있었다. 확실한 교리 전환이 이루어지지 않은 상태에서 전쟁에 돌입한 독일 육군은 전쟁 초반, 계속 밀집 대형을 사용하다가 큰 손해를 입었다. 하지만 그런 실패를 감안하더라도 종합적인 전력 면에서 독일 육군은 최고의 훈련을 받은 병사들과 유능한 부사관들을 보유하고 있었으며, 경經 · 중中 · 중重곡사포 측면에서도 여타 국가들보다 우월한 전력을 갖고 있었다. 그리고 이와 같은 포병 전력의 우위는

■■■■■ 제1차 세계대전 개전 전 기동훈련 중인 독일군 보병들의 모습. (IWM)

개전 후 벌어진 여러 작전에서 거듭 그 가치를 증명했다.

프랑스군의 군제도 독일군과 비슷한 징집제도에 기반하고 있었으며, 1913년에는 의무병역제도에 따른 현역 및 예비역 복무 기간이 각각 3년과 14년으로 연장되었다. 프랑스는 독일보다 인구가 적었기 때문에 독일군과 비슷한 병력을 확보하기 위해서는 전체 남성 인구 대비 군 병력의 비율을 독일보다 더 높게 유지해야 했고, 그래도 모자란 병력은 다수의 식민지 출신 지원병으로 충당했다. 개전 당시 프랑스군은 368만 명의 훈련된 병사들을 투입할 수 있었지만, 동원할 수 있는 예비 부대의 수는 독일보다 적었다.

프랑스는 프로이센-프랑스 전쟁에서 치욕적인 패배를 당한 후 전면적인 군사교리 개혁을 단행했다. 이 과정에서 가장 중요한 역할을 했던 인물이 바로 페르디낭 포슈Ferdinand Foch 중령(나중에 원수까지 진급)이었다. 육군대학École Supérieure de Guerre에서 교수(1896~1901) 및 학장(1908~1911)을 지내는 동안 포슈는 프랑스 육군 교리의 핵심에 '정신력 우선주의'와 '공격 제일주의' 사상을 뿌리깊이 심어놓았다. 1908년에서 1911년까지 국방부의 중요 작전부장직을 역임했던 포슈의 제자 루이 드 그랑메종Louis de Grandmaison도 포슈가 주창한 공격 제일주의의 열렬한 신봉자였다. 또 프랑스군의 이와 같은 공격 제일주의 사상은 고성능 75밀리미터 야전 속사포의 도입에도 큰 영향을 미쳤다. 프랑스군이 공격시 직접 화력 제공용으로 심혈을 기울여 제작한 이 75밀리미터 포는 독일군의 동급 77밀리미터 포보다 우월한 성능을 자랑했다. 그러나 프랑스군은 간접사격을 해줄 수 있는 보다 대형의 중中포와 중重포는 그다지 중요하게 생각하지 않았으며, 그 결과 전쟁 초반에 이와 같은 가장 핵심적인 육군 화력을 경시한 대가를 톡톡히 치러야 했다.

작전계획 제17호Plan XVII로 알려진 프랑스의 전쟁계획은 프랑스군 참모총장이자 유사시 총사령관 내정자 조세프 조프르Joseph Joffre 장군의 주도로 작성된 것이었다. 1911년 참모총장이 된 조프르는 침착한 성품의 군인으로 포슈-그랑메종이 설파한 공격 제일주의의 신봉자였다. 포슈는 벨기에 국경지대에 병력을 집중해서 방어작전을 편다는 이전의 계획을 폐기하고 대신 "유사시 방어에 신경 쓰기보다는 전군을 총동원하여 독일군을 공격한다"는 의지를 밝혔다. 이러한 원칙하에 프랑스군은 전쟁이 발발할 경우 작전계획 제17호에 의거, 총 5개 야전군을 동원해 공격에 나설 예정이었다. 5개 야전군 중에서도 우익에 배치된 제1군과 제2군은 유사시 즉각 로렌 지역으로 진격할 계획이었다. 하지만 이는 바로 슐리펜이 원했던 바이기도 했다. 중앙부의 제3군은 티옹빌Thionville과 메츠 방면으로 진격하고, 좌익의 메지에르Mézières와 몽메디Montmédy 사이에 배치된 제5군은 독일군이 어디를 공격해오는가에 따라 보다 유동적으로 제3군의 뒤를 따라 진격하거나 룩셈부르크와 벨기에의 아르덴 지역을 돌파할 예정이었다. 마지막으로 제4군은 예비 부대의 성격을 띠고 필요시 좌익이나 중앙부를 지원하기로 되어 있었다.

프랑스의 작전계획 제17호는 슐리펜 계획보다는 융통성 있는 계획이기는 했지만, 이 역시 근본적인 약점을 갖고 있었다. 프랑스군은 정규군과 동등한 능력을 가진 예비역들을 대규모로 동원할 수 있는 독일군의 저력을 과소평가했고, 그 결과 개전 직후 벨기에로 밀고 들어오는 독일군의 규모를 완전히 잘못 판단하는 치명적인 과오를 저지르고 말았다. 한편, 독일군의 침공로가 될 벨기에의 야전군은 유사시 그다지 중요한 역할을 할 수는 없을 것으로 여겨졌다. 벨기에도 1913년 징병제를 도입하긴 했으나 실제 전쟁이 터졌을 무렵에는 겨우 11만7,000명의 장교와 병사들을 동원할 수 있었을 뿐이었다. 게다가 개전 당시 벨기에 야전군 지휘부는 조직 개편 와중에 향후 전략을 둘러싼 논란과 분쟁으로 분열되어 있었다.

또 조프르는 작전계획 제17호를 입안하면서 영국의 지원군에 대해 별다른 고려를 하지 않았다. 전통적으로 제해권을 장악한 왕립 해군 덕분에 외부의 침입을 모르고 지내왔기 때문에, 영국의 육군은 다른 유럽 열강들

양측의 전쟁계획

슐리펜 계획

칼레

네덜란드

쾰른

리 강

스헬트 강

브뤼셀

릴

몽스

나무르

벨기에

리에주

1군

2군

3군

4군

쿄블렌츠

마인츠

독일

슐리펜 계획

리에주

솜 강

아미앵

생캉탱

상브르 강

뫼즈 강

룩셈부르크

모젤 강

스당

엔 강

우아즈 강

우르크 강

랭스

베르됭

5군

메츠

6군

뫼즈 강

파리

샬롱

마른 강

낭시

슈트라스부르크

센 강

에피날

7군

라인 강

프랑스

모젤 강

0   50 km

N

벨포르

스위스

← 계획된 독일군의 공격 방향

리에주

몽스

나무르

모뵈주

코블렌츠

벨기에

메치에르

트리어

5군

스당

룩셈부르크

독일

랭스

베르됭

3군

메츠

에페르네

4군

낭시

자르부르크

2군

슈트라스부르크

에피날

1군

프랑스

알자스 집단군

벨포르

0   50 km

1913년 5월 승인된 후 1914년 5월 프랑스 육군 지휘
관들에게 하달된 작전계획 제17호의 개요

리에주

몽스

나무르

모뵈주

코블렌츠

벨기에

메치에르

아르덴

트리어

5군

스당

4군

룩셈부르크

독일

랭스

베르됭

3군

메츠

에페르네

낭시

자르부르크

2군

슈트라스부르크

에피날

1군

프랑스

알자스군(1914년 8월 11일 이후)

벨포르

0   50 km

독일의 룩셈부르크 침공에 따라 1914년 8월 2일 수정
된 작전계획 제17호

에 비해 상대적으로 빈약한 규모에 불과했다. 그러나 비록 규모는 작았지만, 영국 육군 병사들은 장기 복무 지원자들로 구성된 프로 군인들이었으며 대영제국의 광대한 해외 식민지의 치안 유지, 거점 수비 및 영국의 해외 이권 수호에 충분한 역량을 갖고 있는 것으로 평가되고 있었다. 그렇지만 수가 적은 것은 아무래도 치명적인 약점이었다. 전쟁의 먹구름이 점점 짙어지자 육군의 규모를 확충하기 위해 1908년에서 1914년에 걸쳐 의무병역제를 도입하기 위한 입법이 다섯 차례나 시도되었지만, 이들 법안은 번번이 영국 의회를 통과하지 못했다. 모병제를 버리고 징병제를 채택하여 육군의 규모를 대폭 확대할 경우, 이는 영국 정부에 재정적으로 큰 부담을 안겨줄 것이 분명했다. 결국 그 부담은 납세자들이 떠안아야 할 텐데, 당시 영국 정치인 중에는 전쟁의 위험이 커졌다고는 해도 전쟁이 실제로 터진 것도 아닌데 괜히 나서서 납세자(이자 유권자)들의 분노를 사는 정치적 자살행위를 할 바보는 없었다. 1905년에서 1912년까지 국방성 장관을 지냈던 R. B. 헐데인Haldane이 발의한 군 개혁안이 통과되기는 했지만, 이 개혁마저도 의회가 승인한 예산의 제약을 받아야 했으며, 그의 임기 내내 군 개혁에 사용된 예산은 연 2,800만 파운드를 넘지 못했다. 헐데인의 개혁이 이루어진 뒤에도 영국 육군의 총병력은 정규 예비역과 특별 예비역, 파트타임으로 근무하는 국방 의용군Territorial Force까지 합쳐도 73만3,000명에 불과했다. 물론 당시 영국은 캐나다나 오스트레일리아와 같은 자치령과 인도 등으로부터 병력 지원을 받을 수도 있었지만, 식민지 자체의 방어에도 상당한 병력이 소요되는 것을 생각하면 이런 지역으로부터 무작정 병력을 동원할 수도 없는 노릇이었다. 게다가 당시까지만 하더라도 자치령 출신 병력들은 수적·질적인 면에서 여전히 장담할 수 없는 수준이었다.

영국 육군이 공세를 위해 사용할 수 있는 주력 부대는 6개 보병사단과 1개 기병사단에 총병력 약 12만 명으로 구성된 영국 원정군BEF, British Expeditionary Force이었다. 이들 외에도 1908년 구舊 의용군Volunteer Force의 후신인 국

■■■■■ 1914년 촬영된 프랑스군의 75밀리미터 야전 속사포대가 포격을 가하는 모습. 사진 왼쪽의 속사포는 발사 직후 주퇴기가 최대로 후퇴한 상태다. (IWM)

방 의용군 소속 주말 군인들이 있었다. 1914년 당시 총 26만9,000명의 병력으로 구성된 국방 의용군은 주로 본토 방어를 목적으로 창설되었지만, 유사시에는 육군의 확대를 위한 기반이 될 수도 있었다. 하지만 1914년 무렵 정규군과 국방 의용군 모두 편성 인원 정수를 채우지 못한 것은 물론, 중포重砲도 제대로 갖추지 못한 상태였다. 그러나 영국 원정군 소속 병사 한명 한명은 유럽에서 가장 잘 훈련된 병사들이었고, 소총 사격에 있어서는 비교할 상대가 없을 정도였다. 일례로 영국군 정규 보병 상당수는 분당 15회의 조준사격을 실시할 수 있었다.[*]

사실 영국은 유럽 대륙에서 전쟁이 터졌을 경우에 영국 원정군이 반드시 참전해야 한다는 내용의 협정을 타국과 맺은 적은 없었다. 하지만 1906

년 이래 진행되어온 영국-프랑스 당국자간의 협의를 통해 유사시 영국의 유럽 전쟁 참여가 가능하게 되었다. 왕립 해군은 물론 그 누구도 설득력 있는 현실적인 대안을 제시하지 못하는 상황에서 영국 원정군 배치와 관련해 실현 가능성이 있는 유일한 계획은 군사작전부장이자 열렬한 프랑스 애호가이며 포슈의 친구이기도 했던 헨리 윌슨Henry Wilson 준장이 1910년에 작성한 계획뿐이었다. 이 계획에 따르면, 유사시 프랑스로 이동한 영국 원정군은 프랑스군 좌익의 이르송Hirson-모뵈주Maubeuge-르카토Le Cateau 지역에 배치될 예정이었다. 그러나 이 당시만 하더라도 영국군은 유럽 대륙에서 장기간 주둔할 경우 어떤 문제가 야기되는지에 대해서 아무런 개념도 갖고 있지 못했다. 유럽 대륙에 대규모 병력을 파견하려면 병력 외에도 이를 뒷받침해줄 방대한 지원 조직이 필요했다. 또 대규모 병력에 대한 적절한 보급 지원을 제공하기 위해서는 관련 산업 부문도 동원되어야 했다. 그러나 영국군은 군 조직 및 군수산업의 확장과 관련된 청사진이나 이런 과업이 얼마나 많은 노력을 요구하는지에 대해 별 개념도 없이 전 세계적인 규모의 분쟁에 뛰어들었다. 제1차 세계대전 전반기에 영국은 이런 무지의 대가를 톡톡히 치러야 했다.

---

* 반자동 소총도 아닌 수동식 볼트액션 소총으로 이 정도 발사속도를 낸다는 것은 당시로서는 경이적인 일이었다.

전쟁의 발발
사라예보의 총성에서 개전까지

1914년 6월 28일, 오스트리아 황태자 프란츠 페르디난트^{Franz Ferdinand} 대공 부처가 새로이 오스트리아의 영토로 병합된 보스니아 지역의 수도 사라예보^{Sarajevo}를 공식 방문 중 암살당하는 사건이 벌어졌다. 이 암살사건은 5년여에 걸친 기나긴 전쟁의 도화선에 불을 붙이는 사건이었다. 암살범 가브릴로 프린치프^{Gavrilo Princip}는 세르비아 군사정보부장의 암묵적 비호를 받는 세르비아의 테러리스트 그룹 '검은 손^{Black Hand}'이 파견한 암살단의 일원이었다. 세르비아 정부 자체는 직접적인 관련이 없었지만, 이러한 음모가 진행되고 있다는 사실은 분명히 알고 있었고 더 나아가 소극적이나마 오스트리아에게 암살 위협에 대한 경고를 하려고 시도하기도 했다.

어쨌든 오스트리아는 암살사건을 구실로 세르비아의 기를 꺾어 발칸 지역에서 오스트리아-헝가리 제국의 권위에 대한 세르비아의 도전의 싹을

■■■■■ 1914년 6월 28일, 오스트리아 황태자 프란츠 페르디난트 대공 부처가 암살 직전에 사라예보 시청을 나서고 있다. (IWM)

잘라버리고자 했다. 이를 위한 준비 작업으로 오스트리아는 먼저 독일에게 향후 오스트리아의 행동을 지지해줄 것을 요청했다. 세계 열강의 지위를 확보하는 동시에 동맹국을 포위하는 형세를 취하던 연합국을 분열시키고 러시아의 근대화를 저지하고 싶었던 독일은 오스트리아와 세르비아 간의 분쟁을 이용해 동맹국인 오스트리아-헝가리 제국에 대한 위협을 근절하고 국내 반정부 세력을 소탕하면서 궁극적으로는 유럽 지역에서 주도권을 확보하는 일석삼조의 효과를 거둘 수 있을 것이라고 생각했다. 그 과정에서 전 유럽이 전화戰火에 휘말릴 우려가 있었지만, 독일은 자국의 목표를 달성하기 위해서라면 그런 위험을 기꺼이 받아들일 준비가 되어 있었다.

결국 7월 5일과 6일에 독일은 오스트리아가 세르비아에 대해 취할 일체의 조치에 대해 무조건적인 지지를 보낼 것을 약속했다.

독일의 지지를 확보한 오스트리아는 7월 23일 세르비아에 10개 항목으로 구성된 최후통첩을 보냈다. 세르비아는 그중 9개 항목은 수용했으나, 암살사건 수사에 오스트리아 관헌官憲이 참여해야 한다는 요구사항은 국가 주권에 대한 침해로 보고 거부했다. 7월 25일, 세르비아는 군 동원령을 내렸고, 러시아도 7월 26일 '전쟁 준비 기간'에 들어가기 전에 부분적인 군 동원령을 내렸다. 이와 같은 세르비아와 러시아의 움직임에 대해 오스트리아도 같은 날 군 동원령을 발령하는 것으로 대응했다. 7월 28일, 결국 오스트리아의 대세르비아 선전포고가 이루어졌다. 하지만 이때까지만 하더라도 이 문제를 세르비아와 오스트리아만의 분쟁으로 끝낼 수 있는 여지가 남아 있었다. 그러나 독일은 줄곧 완고한 태도로 긴장의 수준을 계속 높이면서 발칸의 위기를 국제적인 위기로 몰아갔다. 7월 29일, 독일은 러시아에게 즉각적인 전쟁 준비 중지를 요구했다. 만약 러시아가 전쟁 준비를 계속할 경우 독일도 군 동원령을 내리지 않을 수 없었다. 그러나 슬라브 민족의 보호자를 자처하는 러시아로서도 세르비아가 오스트리아에게 괴멸당하거나 동유럽과 남동 유럽에서 오스트리아의 세력이 확대되는 상황을 얌전히 앉아서 보고만 있을 수는 없는 노릇이었다. 7월 30일, 결국 러시아는 세르비아를 지원하기 위해 총동원령을 하달했다.

바로 다음 날부터 러시아의 군 동원이 시작되었지만, 아직은 이러한 조치가 돌이킬 수 없는 전쟁의 전주곡이라고 할 정도는 아니었다. 비록 군이 동원되었다고 하더라도 이것이 꼭 적대적 행위로 이어진다는 의미는 아니었고, 러시아군은 필요할 경우 협상이 진행되는 동안 몇 주간이라도 자국 영토 내에서 대기 상태를 유지할 수 있었다. 그러나 7월 31일, 독일은 전시 태세를 선포하고 러시아에게 최후통첩을 보냈다. 러시아는 이에 대해 무반응으로 대응했고, 결국 독일은 총동원령을 내림과 동시에 8월 1일 러시

■■■■■■ 1914년 8월, 열광적인 환송을 받으며 열차편으로 전선을 향해 떠나는 독일군 병사들. (IWM)

아에 선전포고했다. 독일이 러시아와 전쟁 상태에 돌입하자, 프랑스도 곧바로 동원령을 선포했다. 한편, 독일이 슐리펜 계획에 의거, 러시아 전선의 상황과는 상관없이 중립국 벨기에를 침공하고 프랑스를 공격할 것이 분명해짐에 따라 물고 물리는 수많은 협상과 의정서로 묶여 있는 연합국 각국들도 차례차례 전쟁 상태에 들어갔다. 8월 2일, 독일은 독일군의 벨기에 영토 통과 허용을 요구하는 최후통첩을 벨기에에게 보냈다. 벨기에가 일언지하에 이 요구를 거부하자, 독일은 다음 날 곧바로 벨기에에 선전포고했다.

8월 4일 새벽, 벨기에 국경지대에서 독일군의 공격이 시작되었다. 독일 육군은 이곳에 엄청난 전력을 배치하고 있었다. 보다 구체적으로 살펴보면, 슐리펜 계획의 핵심부인 최우익에는 알렉산더 폰 클루크 Alexander von Kluck 상급대장이 지휘하는 제1군의 32만 명에 달하는 병력이 배치됐다. 제1군의 좌측에 배치된 칼 폰 빌로브^{Karl von Bülow} 상급대장이 지휘하는 제2군과 막스 폰 하우젠^{Max von Hausen} 대장이 지휘하는 제3군도 병력이 각각 26만 명과 18만 명에 이르렀다.

그러나 독일군의 벨기에 침공은 영국에게도 참전할 절호의 명분을 주는 것이기도 했다. 영국은 전쟁 발생시 자동으로 참전한다는 조항이 있는 협정이나 조약을 프랑스나 러시아와 체결한 적은 없었다. 그러나 1839년에 벨기에의 독립과 중립을 보장한다는 조약을 벨기에와 체결한 영국은 독일의 침공으로 벨기에의 중립이 침해당하자 곧바로 전쟁에 뛰어들었다. 1906년, 영국 외무성이 조약 당사국이라고 해서 영국이 위험을 무릅쓰고 무조건 벨기에 구원에 나설 필요는 없다는 의견을 제시하기도 했지만, 현실적으로 볼 때 영국으로서는 강대한 독일 제국이 유럽의 힘의 균형을 무너뜨리고 영불 해협의 항구들을 장악하는 사태는 반드시 막아야 했다. 게다가 당시 영국의 자유당 내각으로서도 현상 유지 정책이나 유럽 대륙의 힘의 균형과 같이 뭐가 뭔지 알 수 없는 추상적인 개념보다는 독일이라는 거대한 골리앗에게 용감하게 저항하는 자그마한 다윗인 벨기에를 돕는다는 명분이 전쟁에 대한 국민의 지지를 이끌어내는 데 훨씬 더 효과적이었다. 영국이 정한 마감시한인 8월 4일 오후 11시(런던 시간)까지 독일이 아무런 응답을 보내오지 않자 영국은 독일에 선전포고를 했다.

전투
1914년~1916년 서부전선 전황

벨기에 침공

몰트케가 수정한 슐리펜 계획을 실행에 옮기기 위해서 독일군은 네덜란드와 아르덴Ardennes 지역 사이의 뫼즈Meuse 강 유역에 나 있는 비좁은 회랑을 통과할 필요가 있었다. 리에주Liége는 이 회랑을 장악할 수 있는 핵심 요충지였다. 만약 독일군이 리에주와 리에주를 보호하는 12개의 요새로 구성된 지역을 신속하게 점령하지 못할 경우 그렇지 않아도 복잡한 정밀시계의 톱니바퀴처럼 맞물려 있는 독일군의 작전시간표는 초장부터 어그러질 수밖에 없었다. 이런 중요성을 감안하여 독일군은 리에주 요새 지대 공격에 6개 최정예 여단을 동원했다. 이 공격군의 지휘부에는 에리히 루덴도르프Erich Ludendorff도 끼어 있었다. 루덴도르프는 1908년부터 1913년에 걸쳐 총참모부의 동원 및 배치 책임자였으며, 리에주 공격작전계획의 입안에

■■■■■■ 1914년 8월, 독일군의 리에주 공격에 사용된 것과 동일한 모델의 42센티미터 빅 베르타 곡사포. (IWM)

핵심적인 역할을 수행했다. 리에주의 요새들은 21센티미터 중포重砲의 포격까지 견뎌낼 수 있었다. 그러나 독일군은 필젠Pilsen에 있는 스코다Skoda 사의 공장과 에센Essen에 있는 크루프Krupp 사의 공장에서 구경이 각각 30.5센티미터와 42센티미터에 이르는 거대 곡사포를 제작했다. '빅 베르타Big Bertha'라고 불린 이 곡사포들은 대구경 철갑탄을 7마일*이나 날려 보낼 수 있는 괴물들이었다.

벨기에군의 어설픈 배치 또한 벨기에 방어에 있어 커다란 문제점이 되고 있었다. 알베르트Albert 국왕은 벨기에군 총사령관으로서 나무르Namur와 리에주 사이의 뫼즈 강에서 집중적인 방어를 실시함으로써 프랑스-영국의

---

* 1마일은 약 1.6킬로미터.

▪▪▪▪▪ 1014년 8월 20일, 압트베르페 방면으로 퇴각하는 벨기에군 병사들의 모습. 개가 끄는 기관총 수레의 모습이 이색적이다. (IWM)

지원 부대가 도착할 때까지 독일군의 진격을 지연시키고자 했다. 그러나 벨기에군 총참모장이었던 드 셀리에 드 모랑빌De Selliers de Moranville 대장은 신중한 입장을 보이면서 브뤼셀을 보호하는 동시에 필요할 경우에는 안트베르펜Antwerpen으로 철수할 수 있도록 대부분의 병력을 제트Gette 강 서안西岸에 배치했다. 하지만 이런 배치로 인해 정작 전쟁이 터졌을 때 나무르와 리에주에 독일군에게 포위되기 전에 알베르트 국왕은 각 지역에 1개 사단과 1개 여단이 증강된 1개 사단밖에 보낼 수 없었다.

그러나 독일군에게도 일이 생각대로만 진행된 것은 아니었다. 8월 5일에 시작된 리에주 요새 공격에서 독일군은 예상외로 초전부터 벨기에군의 치열한 저항에 맞닥뜨리면서 고전을 거듭했다. 별다른 성과도 없이 사상자만 계속 늘어나자, 이번에는 루덴도르프가 직접 나서서 요새선 중앙 지역에 대한 공격을 지휘했다. 8월 7일이 되자, 독일군은 기어이 요새 방어선을 뚫고 리에주로 진입하면서 루덴도르프는 요새 지휘관의 항복을 받아낼 수 있었다. 리에주 함락 이후에도 저항을 계속하던 각 요새들은 8월 12일부터 거포를 동원한 포격을 당하고 4일이 채 지나기도 전에 모두 항복하고 말았다. 이제 독일군 우익이 진격할 수 있는 길이 열린 것이었다. 리에주 요새 공략으로 일약 국민적 영웅이 된 루덴도르프는 이후 파울 폰 힌덴부르크Paul von Hindenburg 대장이 지휘하는 동부전선의 제8군 참모장으로 임명되었다.

아무리 기다려도 프랑스-영국의 지원군이 나타나지 않자, 벨기에 야전군은 8월 18일 안트베르펜으로 철수했다. 그로부터 이틀 후 독일군은 브뤼셀에 입성했다. 8월 23일에는 나무르가 독일군의 거대 곡사포 포격을 견디다 못해 항복했고, 나무르 주변 요새들도 그 뒤를 따랐다. 꽉 짜인 공격 시간표대로 진격을 해야 하는 상황에서 후방 치안 유지에 사용할 여유 병력이 없었던 독일군은 점령지 주민들을 억누르기 위해 민간인을 처형하거나 건물을 파괴하는 등 '공포 정책'을 폈다. 일례로 독일 제1군 후방 지역에서 민간인이 저항운동을 벌이자, 독일군은 곧바로 루뱅Louvain 시와 귀중한 중세 필사본들이 보관되어 있던 시립 도서관들을 불태우기도 했다.

혹자는 리에주 요새 방어전과 이후 벌어진 벨기에군의 저항이 과연 독일군의 진격을 크게 지연시켰는지에 대해 의문을 제기하기도 한다. 벨기에군의 저항으로 4~5일 정도 지체되기는 했지만, 결과적으로 봤을 때 독일군은 시간표에서 크게 벗어나지 않고 벨기에를 통과할 수 있었다. 하지만 독일군은 나무르와 모뵈주, 안트베르펜을 확보하기 위해 우익의 공격군으로부터 5개 군단을 차출해야 했고, 이는 전체 공격 계획에 상당한 차질을 가져왔다.

국경지대의 전투

개전 후 8월 6일, 보노Bonneau가 지휘하는 프랑스 제7군이 알자스 북부 지대로 진격해 들어가면서 프랑스의 전쟁계획 제17호는 첫 시험대에 올랐다. 보노는 슈트라스부르크에서 출격해오는 독일군에 의해 곧 퇴각할 수밖에 없었지만, 포Pau 대장이 지휘하던 프랑스의 알자스군Army of Alsace은 8월 14일 다시 한 번 공격을 가해 밀루즈Mulhouse를 재차 점령했다. 그러나 연합군의 좌익과 중앙부에 대한 독일군의 위협이 증가함에 따라 유사시 사용할 예비대가 절실하게 필요했던 조프르는 포의 알자스군을 철수시킬 수밖에 없었다. 결국 개전 초기의 공격을 통해 프랑스군이 얻은 성과는 알자스 지방의 변두리인 보주Vosges 산맥 동쪽 기슭의 일부 지역을 점령한 것뿐이었다.

8월 14일, 뒤벨Dubail의 프랑스 제1군과 드 카스텔노De Castelnau의 프랑스 제2군이 로렌 지역에 대한 본격적인 공세에 나섰다. 슐리펜의 원래 의도는 독일군의 좌익을 점진적으로 철수시키면서 프랑스군을 깊숙이 끌어들여 주공이 이루어지고 있는 우익으로부터 프랑스군을 멀리 떨어뜨려놓는다는 것이었다. 그러나 바이에른Bavaria 왕국의 루프레히트Rupprecht 왕세자는 자신의 제6군과 폰 헤링엔von Heeringen의 제7군을 동원하여 반격에 나설 것을 제안했다.* 이 계획이 잘 풀릴 경우 프랑스군을 좌·우익 양면에서 모두 포위할 수도 있다는 가능성에 끌린 몰트케는 반격을 허가했다.

이후 8월 20일 자르부르크Sarrebourg와 모랑주Morhange에서 벌어진 전투에서 프랑스군은 공격정신offensive spirit만으로는 현대적인 포병과 기관총을 이길 수 없다는 사실을 뼈저리게 느끼게 되었다. 프랑스군은 엄청난 손실

---

* 전 독일은 다수의 왕국과 제후국으로 나뉘어 있었고, 통일 후에도 각국의 왕과 제후들은 나름대로의 지위를 유지하고 있었다.

을 입고 국경 지역의 요새선으로 밀려났지만, 그곳에서 정신을 차리고 병력을 다시 결집하여 낭시Nancy와 모젤Moselle 강 방어선을 성공적으로 지켜냈다. 독일군은 원래 계획을 수정해가면서까지 이 지역에 대한 공격에 나섰지만, 결국 프랑스군의 우익에 결정타를 먹일 수는 없었다. 프랑스군 우익의 전황이 안정되자, 조프르는 이 지역의 병력을 이동시켜 연합군의 중부와 좌익(독일군 입장에서 보면 우익)을 보강할 수 있었다. 그러나 조프르는 독일의 예비군 동원 능력을 과소평가했고 벨기에를 통해 쏟아져 들어오는 독일군이 얼마나 대군인지를 제대로 파악하지 못하고 있었기 때문에, 독일군 중앙부의 전력이 얼마 되지 않는다고 오판하고 말았다. 아르덴 지역을 향해 북서쪽으로 공격해 들어가라는 명령을 받은 루페Ruffey의 제3군과 드랑글 드 카리De Langle de Cary의 제4군은 8월 21일과 22일에 뇌샤토Neufchâteau와 비르통Virton 인근에서 독일군과 맞닥뜨렸고 격렬한 조우전 끝에 큰 타격을 입고 격퇴당하고 말았다.

▪▪▪▪▪▪ 1914년, 프랑스 보병연대 병사들을 보고 환호를 올리는 프랑스 시민들. 개전 초기만 하더라도 유럽 대중이 전쟁에 열광하고 있었다는 사실을 잘 보여주는 사진이다. (IWM)

한편, 몰트케도 전반적인 작전 운영이 어정쩡하기는 프랑스군과 마찬가지, 아니 그 이상이었다. 8월 17일, 몰트케는 독일군 우익의 공격을 최대한 효과적으로 조율하기 위해 여러모로 애를 썼지만, 문제는 이런 노력이 근본적으로 잘못된 방향으로 이루어졌다는 것이었다. 첫 번째 실책은 클루크를 보다 신중한 성격의 뷜로브 휘하에 배속시킨 것이었다. 이는 공격적인 성향인 클루크의 심기를 크게 상하게 만들었고, 동시에 클루크의 제1군이 연합군의 좌익을 우회하기 위해 적극적으로 서쪽으로 진출할 수 없게 만들어버렸다. 한편, 샤를루아Charleroi와 지베Givet 사이에서 상브르Sambre 강과 뫼즈

강을 향해 접근해오던 프랑스 제5군의 지휘관 랑레자크Lanrezac는 제5군을 향해 진격해오는 독일 제2군 및 제3군과 조우하면서 서서히 독일군의 실제 전력과 작전 규모가 얼마나 대규모인지 어렴풋이나마 감을 잡게 되었다. 랑레자크는 즉각 총사령부에 자신이 알아낸 사실을 알렸으나, 사령부의 일부 참모들은 그를 패배주의자로 낙인찍고 그의 정보를 무시해버렸다. 그러나 8월 21일 뷜로브의 부대가 상브르 강을 도하하고 다음 날 프랑스군의 반격이 실패로 돌아가자, 북동쪽으로 공세를 가하겠다는 프랑스군의 의도는 말 그대로 희망사항으로 끝날 수밖에 없었다. 평소의 신중한 그

답지 않게 뷜로브는 하우젠의 제3군을 기다리지도 않고 급히 공격을 가해 프랑스군을 5마일이나 더 밀어내버렸다. 그러나 이러한 성과는 8월 23일 뫼즈 강을 도하한 독일 제3군에게는 오히려 독이 되었다. 뷜로브가 프랑스군을 예정보다 더 남쪽으로 밀어내버린 덕분에 프랑스군은 후방의 병력 밀도가 크게 높아졌고, 그만큼 독일 제3군은 프랑스군의 뒤를 치기가 어려워졌던 것이다. 이런저런 사정이 있었지만, 어찌됐든 하우젠의 제3군이 프랑스군의 우측에 나타나자 랑레자크는 당장 행동을 취하지 않으면 큰일이 나겠다는 위기감을 느끼게 되었다.

몽스 전투

이 무렵 육군 원수 존 프렌치 경Sir John French이 지휘하는 영국 원정군은 연합군 전선의 좌익인 모뵈주-르카토 지역에 도착했다. 8월 5일 전쟁장관 Secretary of State for War으로 임명된 육군 원수 키치너 경Lord Kitchener은 이러한 배치에 대해 영국 원정군이 지나치게 전방에 집중 배치되어 있다가 뫼즈 강 북쪽에서 파도처럼 밀려오는 독일군에게 쓸려나가 버리지나 않을까 우려하게 되었다. 물론 키치너가 그런 우려 때문에 영국군 집결지를 변경할 수는 없었지만, 적어도 2개 정규군 사단의 대륙 파견을 연기할 수는 있었다. 이 조치 때문에 정작 전쟁이 시작되었을 때 존 프렌치 경이 지휘할 수 있는 부대는 4개 보병사단과 1개 기병사단에 불과했다. 그러나 다혈질인 프렌치 경이 안고 있던 문제는 이것만이 아니었다. 제2군단장 그리어슨 Grierson이 심장마비로 사망하자, 키치너는 후임으로 육군 대장 호레이스 스미스-도리언 경Sir Horace Smith-Dorien을 임명했다. 그러나 프렌치와 도리언은 오랫동안 서로 반목해온 사이였다. 하여간 총사령관과 군단장이 으르렁거리는 사이라는 점을 제외하면 비교적 성공적으로 집결을 마친 영국 원정군은 8월 22일, 곧 시작될 벨기에를 향한 연합군의 공세에 참가하기 위해 몽스Mons 인근의 공업지대로 이동했다.

그러나 랑레자크가 독일군을 상브르 강에서 저지하는 데 실패하자, 영국 원정군은 공세에 참가하기는커녕 북동쪽에서 밀고 내려오는 독일 제1군의 진격로 한가운데 놓이게 되었다. 압도적인 독일군과 정면으로 맞부딪쳐야 함에도 불구하고 프렌치 경은 프랑스군에게 몽스에서 24시간 동안 버티면서 랑레자크의 좌익을 보호해주겠다고 약속했다. 영국 제2군단은 몽스-콩데Condé 운하와 몽스 주변의 작은 돌출부를 따라 형성된 전선에 배

■■■■■■ 1914년 8월 23일, 영국 원정군 왕립 퓨질리어연대(Royal Fusiliers) 제4대대 병사들이 몽스의 대광장에서 휴식을 취하고 있다. (IWM)

치되었고, 육군 중장 더글러스 헤이그 경Sir Douglas Haig이 지휘하는 제1군단은 제2군단의 우측에 배치되었다. 당시 독일 제1군 지휘관 클루크는 독일군의 진격로를 영국군이 가로막고 있다는 사실을 알지 못했다. 8월 23일 오전, 영국 원정군과 정면으로 맞부닥친 독일의 선봉군단은 몽스 돌출부와 운하를 따라 배치된 스미스-도리언의 방어진에 연속적이지만 무질서한 소규모 축차공격을 가해왔다. 영국군은 비할 데 없이 훌륭한 소총 사격술로 독일군에게 심각한 피해를 안겨주었으나, 곧 마찬가지로 비할 데 없이 정확한 독일군 중포대의 격렬한 포격을 당했다. 헤이그의 제1군단 지역에서는 그다지 심한 전투가 벌어지지 않았지만, 스미스-도리언의 제2군 병사들은 그날 오후 늦게까지 악전고투를 벌이며 몽스 일대를 방어해냈다. 그러나 저녁이 되면서 압도적인 수적 우세에 있던 독일군의 무자비한 압박이 서서히 효과를 나타내기 시작했고, 결국 영국 원정군 제2군단은 사전에 설정된 약 2마일 후방의 방어 진지로 후퇴할 수밖에 없었다.

영국 원정군은 클루크의 독일 제1군을 거의 하루 종일 붙잡고 늘어지면서 첫 주요 전투를 성공적으로 치러냈다. 이날 발생한 1,600명의 영국군 사상자는 대부분 제2군단에서 발생했다. 그러나 그날 밤 디낭Dinant 인근에서 프랑스 제5군의 우익이 위태로워지자, 랑레자크는 조프르나 영국군과 협의도 하지 않고 퇴각해버렸다. 상황이 이렇게 되자, 영국 원정군으로서는 랑레자크의 뒤를 따르는 것 외에는 다른 도리가 없었다. 하지만 영국군의 철수로 인해 독일군이 영국군의 취약한 좌익을 우회하려는 시도가 무위로 돌아가게 되었다는 점에서 어떻게 보면 이런 상황 전개는 영국군에게 오히려 큰 행운이었다.

연합군의 철수

8월 마지막 주에 들어서자 연합군은 전선 전 지역에서 퇴각하고 있었다. 하지만 연합군은 퇴각하는 와중에도 응집력을 잃지 않고 필사적으로 지연작전을 펼쳤다. 이 무렵 프랑스의 전쟁계획 제17호가 완전히 휴짓조각이 되었고 독일군이 엄청난 예비군 병력을 동원했다는 사실이 분명해지면서 연합군은 절망적인 상황에 빠졌다. 그러나 그 어둠 속에서도 빛을 발한 것은 조프르의 냉철한 판단력이었다. 전면적인 퇴각 와중에도 조프르는 공세로 나서야 한다는 생각을 포기하지 않았다. 조프르는 금송아지처럼 아껴두었던 예비대와 비교적 조용한 프랑스군 좌익에서 차출한 병력으로 모누리Maunoury 대장을 사령관으로 하는 제6군을 새로이 편성하여 위기에 처한 연합군 좌익에 배치했다.

조프르가 이와 같이 어려운 상황 속에서도 침착하게 대응해 나간 데 반해 그의 맞상대였던 몰트케는 점점 더 불안과 초조감에 빠져들고 있었다. 전쟁 후반기에 팔켄하인과 루덴도르프가 잘 보여주듯이 독일군 참모부는 작전 전개 와중에 맞닥뜨린 일시적인 전술적 기회에 홀려서 원래의 전략 목표를 까먹는 경우가 많았다. 몰트케도 그런 면에서는 후임자들과 다를 바가 없었다. 몰트케는 연합군

■■■■■■ 헬무트 폰 몰트케 상급대장. 1906년부터 1914년까지 독일군 참모총장으로 재임했다. (IWM)

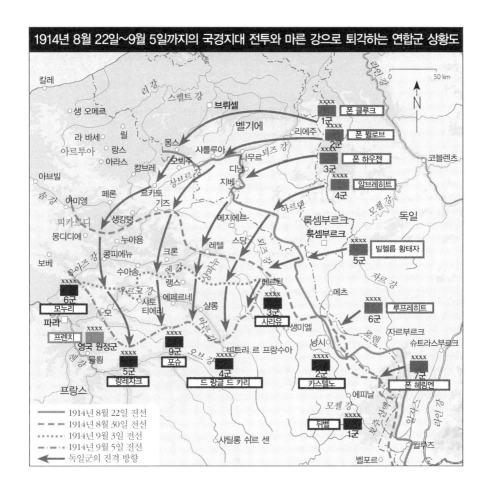

1914년 8월 22일~9월 5일까지의 국경지대 전투와 마른 강으로 퇴각하는 연합군 상황도

칼레
생 오메르
라 바세
아르투아   릴
아라스   랑스
아브빌
아미앵
피카르디
몽디디에
보베

스켈트 강   브뤼셀
벨기에
몽스   샤를루아   리에주
모뵈주   나무르 뫼즈 강
캉브레   디낭
상브르 강   지베
페론   르카토
기즈   메지에르
생캉탱   아르덴
누아용   레텔   스당   뫼즈 강
콩피에뉴   크론
수아송   엔 강
랭스   에페르네
샤토 티에리   샬롱   메르됭
모   비트리 르 프랑수아
바르   생미엘   메츠
낭시
에피날
모젤 강
샤틸롱 쉬르 센

폰 클루크   1군
폰 뷜로브   2군
폰 하우젠   3군
알브레히트   4군
빌헬름 황태자   5군
루프레히트   6군
폰 헤링엔   7군

룩셈부르크
독일
코블렌츠
자르 강
자르부르크
슈트라스부르크
밀루즈

모누리   6군
프렌치
영국 원정군   5군   랑레자크
9군   포슈
4군   드 랑글 드 카리
3군   사라유
2군   카스텔노
1군   뒤벨

파리
프랑스
벨포르

50 km
N

─── 1914년 8월 22일 전선
─ ─ 1914년 8월 30일 전선
······ 1914년 9월 3일 전선
─·─· 1914년 9월 5일 전선
←─── 독일군의 진격 방향

을 좌우로 포위할 수 있을지도 모른다는 생각에 독일군 좌익 지휘관들에
게 공격에 나설 것을 허락한 것에 그치지 않고, 8월 25일에는 병력을 더 쏟
아 부어도 모자랄 판인 우익에서 2개 군단을 차출해, 동프로이센으로 진격
해오는 러시아군을 막기 위해 동부전선으로 이동시켜버렸다. 이로써 그렇
지 않아도 원래 모습을 많이 잃어버린 슐리펜 계획은 더욱 너덜너덜해지
게 되었다. 설상가상으로 독일군은 벨기에 지역에서 여러 요새들을 점령
하지 않은 채 그냥 포위만 해놓고 진격을 계속하는 과정에서 이들 요새들
을 견제하기 위해 상당수의 부대들을 뒤에 남겨놓고 온 상태였다. 그 결과

전투 _ 1914년~1916년 서부전선 전황 | **63**

독일군 우익에 배치된 군들은 전력이 75퍼센트까지 줄어들었다. 하지만 진짜 중요한 문제는 아직도 주요 작전 목표를 하나도 달성하지 못했다는 것이었다.

한편, 8월 말 한여름의 뜨거운 열기 속에서 하루 20마일 이상 행군해야 했던 연합군과 독일군 병사들에게는 최고지휘관들의 장대한 작전계획보다는 갈증과 피로, 배고픔과 발에 잡힌 물집이 더 큰 문제였다. 몽스 전투가 끝난 후 영국 원정군의 2개 군단은 모르말Mormal 숲을 사이에 두고 서로 떨어져 배치되어 있었다. 8월 26일, 스미스-도리언은 철수명령을 받았지만, 독일군이 제2군단과 너무 바짝 붙어 있기 때문에 전투를 치르지 않고서는 전장을 이탈할 수 없다고 판단했다. 결국 스미스-도리언은 즉각 철수하기를 원한 존 프렌치 경의 의향을 무시하고 르카토 지역에서 완강한 방어전을 펼쳤다. 이 전투에서 독일군은 영국 원정군의 놀라운 사격술에 다시 한 번 큰 피해를 입어야 했다. 방어전을 벌이면서 제2군단은 7,182명의 병사와 장교들을 잃었지만, 적시에 독일군의 추격을 끊은 덕분에 부대 편제를 비교적 굳건하게 유지하면서 철수할 수 있었다.

그러나 르카토 전투를 계기로 프렌치 경과 스미스-도리언 간의 관계는 이제 돌아올 수 없는 강을 건너버리고 말았다. 하지만 스미스-도리언이 지휘하는 제2군단의 적절한 방어전은 소기의 목적을 달성한 것은 분명했다. 영국군에게 다시 한 번 뜨거운 맛을 본 독일군은 영국군의 전력을 실제보다 과대평가하게 되었을 뿐만 아니라, 독일 제1군 사령관 클루크 상급대장은 퇴각하는 영국군을 보고도 당장 추격에 나서는 것을 주저하게 되었다. 더 나아가 클루크는 영국군이 남쪽이 아니라 남서쪽으로 퇴각하고 있다고 오판했고, 덕분에 영국군은 뜻하지 않게 며칠 동안 별다른 방해를 받지 않고 퇴각할 수 있는 여유를 얻었다. 그러나 이런 여유도 프렌치 경의 우울한 기분을 떨쳐주지는 못했다. 지리멸렬한 프랑스군에게 실망하고 영국 원정군의 피해에 경악한 프렌치 경은 이제 원정군을 구할 수 있는 유일한 방법은 부대를 연합군 전선에서 완전히 빼내서 센Seine 강 너머로 철수시키는 것뿐이라고 믿게 되었다. 그러나 이 사실을 알게 된 키치너는 9월 1일, 프랑스까지 직접 찾아와 프렌치 경이 이런 생각을 실행에 옮기지 못하도록 뜯어말렸다.

마른 강의 기적

영국 원정군을 다 잡았다가 놓친 클루크는 8월 27일, 뷜로브의 직접 지휘에서 벗어나 독자적으로 움직일 수 있게 되자 당장 아미앵을 향해 남서쪽으로 진격을 개시했다. 8월 28일 무렵, 서쪽으로 뻗어나가고 있던 진격의 수레바퀴를 슬슬 남쪽으로 돌릴 것을 고려하고 있던 클루크에게 영국 원정군은 그렇게 중요한 목표가 아니었다. 클루크는 이러한 기동을 통해 랑레자크를 파리로부터 밀어내고 프랑스 제5군을 서방으로부터 포위할 수 있을 것으로 기대했다. 바로 이 시점에 조프르는 전투에 그다지 열의를 보이지 않는 랑레자크에게 그의 군을 서쪽으로 돌려 기즈Guise와 생캉탱St. Quentin 사이에서 반격을 가하라고 명령했다. 의외로 랑레자크는 이 명령을 훌륭하게 수행했다. 8월 29일, 정력적인 프랑세 데스프레Franchet d' Esperey가 지휘하는 프랑스 제1군단이 독일 제2군 소속 정예 근위군단의 진격을 기즈에서 저지했다. 소심한 뷜로브는 갑자기 진격에 차질이 생기자 클루크에게 지원을 요청했고, 이 때문에 클루크는 진격 방향을 바꿀 수밖에 없었다. 8월 30일, 클루크는 몰트케의 사전 승인도 받지 않고 휘하의 제1군에게 공격 방향을 서쪽에서 남쪽으로 돌릴 것을 명령했다. 원래 계획에서 독일군은 서쪽으로 더 깊숙이 진격한 후 남쪽으로 방향을 돌려 북쪽으로부터 파리의 서쪽으로 파고들 예정이었으나, 클루크의 명령으로 독일 제1군은 파리의 북동쪽으로부터 공격해 들어가는 형국이 되었다. 문제는 클루크가 파리 북쪽에 프랑스 제6군이 도사리고 있는 줄은 꿈에도 몰랐다는 것이었다. 이제 클루크의 제1군은 프랑스군에게 고스란히 측면을 드러내는 상황에 빠져버렸다. 이런 결정적인 상황에서 더 이상 휘하 장군들을 제대로 통제하지 못하게 된 몰트케는 될 대로 되라는 심정으로 클루크의 기동을 승인했다.

연합군은 처음에는 클루크가 공격 방향을 갑자기 틀어버림으로써 발생한 황금 같은 기회를 당장 알아차리지 못했다. 게다가 클루크가 서쪽을 향해 스트레이트로 뻗던 주먹을 훅으로 전환하자, 영국 원정군은 다시 클루크의 독일 제1군에게 쫓기게 되었고 추격해오는 독일군에 맞서 영국군의 후위대는 몇 차례에 걸쳐 치열한 지연전을 벌여야 했다. 네리^{Néry}에서 9월 1일 벌어진 전투도 그런 지연전 중 하나였다. 이 전투에서 왕립 기마 포병대^{Royal Horse Artillery}의 L포대는 독일 제4기병사단을 4시간 동안 붙잡아두는 데 핵심적인 포격 지원을 제공한 공로로 3개의 빅토리아 십자장^{Victoria Cross}을 수여받았다. 천신만고 끝에 200마일을 후퇴한 영국 원정군은 9월 3일 결국 마른^{Marne} 강을 건너는 데 성공했다. 그 무렵, 영국군은 공중 정찰 결과 클루크의 측면이 취약하다는 사실을 간파했다. 9월 4일, 클루크가 뷜로브보다 한발 앞서 마른 강을 도하하자, 파리의 계엄사령관이었던 갈리에니^{Galliéni} 대장은 조프르를 설득하여 퇴각을 중단시키고 연합군 좌익에 전면적인 반격에 나설 것을 명령하도록 만들었다. 거의 동시에 몰트케도 조용히 클루크와 뷜로브의 진격을 중지시킴으로써 독일군 우익의 공세 실패를 인정하고 이들에게 파리의 동쪽 측면을 바라보도록 방향을 전환하라고 명령했다.

9월 6일과 7일 양일간에 걸쳐 프랑스 제6군은 노출된 독일 제1군의 서쪽 측면을 공격하여 보급로를 차단하기 위한 공세를 시작했다. 클루크는 프랑스군의 공세에 즉각 독일 제1군의 진격 방향을 서쪽으로 돌리면서 모누리를 상대하기 위해 우르크^{Orcq} 강으로 3개 군단을 강행군으로 급파하는 등 훌륭하게 대처했다. 프랑스군은 파리의 택시들까지 동원해서 병사들을 수송했지만, 모누리의 부대는 독일군의 반격에 밀려날 수밖에 없었다. 그러나 클루크가 모누리를 밀어낸 후에도 계속 서쪽으로 진격하자 클루크의 제1군과 뷜로브의 제2군 사이의 간격이 다시 벌어지게 되었다. 뷜로브 역시 이제 데스프레가 지휘하게 된 프랑스 제5군과 포슈가 지휘하는 프랑스 제9군의 압박을 솜씨 좋게 받아내고 있었다. 반격 개시 3일 만에 연합군은 공격 기세를 상실하고 여기저기에서 큰 피해를 입고 격퇴당하고 있었다.

그러나 9월 9일, 전투의 격렬함이 최고조에 달했을 때 전의를 먼저 상실한 것은 독일군이었다. 원래 소심한 데다가 계속된 격전으로 지쳐 있던 뷜로브는 영국 원정군이 다시 마른 강을 건너 조심스럽게 독일군 우익의 제1군과 제2군 사이의 간격을 뚫고 들어오자 당장 퇴각을 명령했다. 당시 계획대로 돌아가지 않는 전투에 완전히 의욕을 상실한 몰트케의 대리인 자격으로 전선에 나와 있던 헨취 Hentsch 중령도 뷜로브의 퇴각 명령에 찬성했다. 근면 성실했지만 너무 소심한 군인이었던 헨취는 사실 영국군의 공격이 본격적인 공세라기보다는 탐색전에 불과하며 제1군과 제2군 사이의 간격도 그렇게 치명적인 것이 아니라는 사실을 제대로 파악하지 못했다.* 제2군이 퇴각하면서 등짝이 완전히 노출된 클루크도 뷜로브를 따라 북쪽의 엔 Aisne 강으로 퇴각할 수밖에 없었다.

이 '마른 강의 기적'은 독일군의 공격으로부터 파리를 구했을 뿐만 아니라, 서부전선에서 신속한 승리를 거두려 했던 독일군의 계획을 완전히 무산시켰다. 여러 가지 면에서 마른 전투의 결과를 결정지은 것은 양군의 전력이나 전략, 전술이 아니라 양측 지휘관들의 의지였다. 몰트케와 뷜로브가 유리한 상황에서도 영국군이 일시적으로 빈틈을 파고드는 것처럼 보이자 일찌감치 전의를 상실한 데 반해, 완강한 조프르는 시종일관 불리한

---

* 헨취는 나중에 이때 저지른 실수에 대한 죄책감을 이기지 못하고 권총으로 자살하고 말았다.

상황에서도 끝까지 투지를 잃지 않았다. 마른 전투 이후 조프르는 프랑스의 구원자로서 확고부동한 명망과 권위를 얻게 되었지만, 몰트케는 오래지 않아 참모총장직에서 해임되고 말았다. 9월 14일, 에리히 폰 팔켄하인 Erich von Falkenhayn 대장이 독일군의 모든 작전의 지휘를 맡게 되었다. 그러나 군의 체면과 사기를 고려하여 몰트케는 11월 3일까지 명목상의 참모총장

직을 계속 유지했다. 연합군 역시 비록 마른 강에서 일시적으로 독일군을 물러나게 만들기는 했지만, 독일군을 완전히 몰아내려면 가야 할 길이 아직 멀기만 했다.

교착상태

독일군은 마른 강에서 역전패를 당한 뒤, 강력한 방어진지, 특히 크론과 수아송Soissons 사이를 흐르는 엔 강에서 북쪽으로 4마일 정도 떨어진 슈맹 데 담Chemin des Dames 능선으로 물러났다. 슈맹 데 담이라는 이름은 루이 15세가 딸들을 위해 능선을 따라 건설한 도로에서 유래된 것이었다. 가파르고 숲이 우거진 이 능선을 따라 엔 강 방향으로 손가락 모양의 낭떠러지들이 여러 개 형성되어 있었다. 이 능선은 독일 제1군과 제2군 사이

■■■■■■ 1914년 9월 10일 스코틀랜드 카메론(Cameronians) 소총연대 제1대대 소속 병사들이 라 페르테 수 주아르(La Ferté sous Jouarre)에서 부교(浮橋)로 마른 강을 건너고 있는 모습.

에 형성된 큰 간격 사이에 위치했고, 영국군의 진격 축선도 바로 이곳으로 지나가고 있었다.

그러나 불행하게도 영국 원정군과 이웃해 있던 프랑스군 부대 모두 이러한 상황을 잘 활용할 수 있을 만큼 신속하게 치고 나갈 수가 없었다. 당시 연합군의 진격이 지지부진했던 것에 대해 오늘날까지도 영국 원정군 지휘관들이 투지가 부족했으며 측면에 대해 쓸데없이 지나친 걱정을 했다는 비판이 쏟아지고 있다. 하지만 영국군 지휘부가 신속하게 진격하기로 결정했다고 하더라도 그때까지 3주간 끊임없이 계속된 행군과 전투로 지칠 대로 지친 병사들로서는 더 이상의 전투가 어려운 상태였다. 게다가 영국군은 여러 강줄기들이 서로 교차하는 시골 지역을 행군해야 했지만, 강에 건설된 교량의 다수는 이미 독일군이 폭파한 상태였다. 악천후로 공중정찰도 여의치 않은 데다가 엎친 데 덮친 격으로 9월 11일에는 영국군의 담당 전선이 변경되면서 극심한 도로 정체까지 발생했다. 천신만고 끝에 영국군은 간신히 엔 강에 도달했으나, 엔 강에 건설된 교량들 역시 대부분 독일군이 폭파한 상태였다. 게다가 한술 더 떠서 독일군은 엔 강 북안北岸 지역에 포병 세력을 집중 배치해놓고 있었다. 그러나 이런 악조건 하에서도 8월 30일 본토에서 신규로 편성된 군단이 편입되면서 3개 군단으로 증강된 영국 원정군은 9월 13일, 엔 강을 도하하는 데 성공한 후 계곡과 낭떠러지들을 수색해가면서 전진을 계속했다.

그러나 그 사이에 발생한 지연으로 인해 영국군은 엔 강 북쪽에 위치한 고지대를 공격하는 작전에 참가할 수 없었다. 이는 연합군으로서는 아주 큰 손실이었다. 9월 7일~8일에 모뵈주를 함락시키면서 드디어 병력 운용에 여유가 생긴 독일군은 서둘러 독일군 우익에 생긴 간격을 메우기 위해 폰 츠벨von Zwehl이 지휘하던 제7예비군단을 급파했다. 24시간 만에 40마일을 주파하는 엄청난 강행군을 벌인 덕분에 군단 소속 보병의 약 4분의 1이 낙오하고 말았지만 9월 13일 오후 2시 무렵에 군단 선두 부대가 슈맹 데 담 능선을 따라 구축된 진지에 도착할 수 있었다. 그로부터 겨우 2시간 후에 영국군 우익을 형성하고 있던 헤이그의 제1군단의 전위 부대가 능선으로 접근해왔다. 당시에는 거의 아무도 그 사실을 알지 못했지만, 사실 이 순간은 제1차 세계대전의 가장 결정적인 순간 중 하나였다.

다음 날, 양측 보병들이 뒤섞여 백병전과 난투극을 벌이는 진정한 '보병들의 전투'가 벌어졌다. 영국군은 능선을 점령하기 위해 치열한 공격을 가했지만, 격렬한 포화와 참호에 틀어박힌 독일군 보병들의 저항에 격퇴되고 말았다. 하지만 악전고투 끝에 영국 제1군단 소속의 몇 개 대대들은 독일군 방어선을 돌파하고 슈맹 데 담 너머에 위치한 엘레트Ailette 계곡을 내려다볼 수 있는 지점까지 진출하는 데 성공했다. 이들은 뒤이은 독일군의 반격에 다시 물러나야 했지만, 그래도 끈질기게 능선 부근의 거점을 붙잡고 늘어졌다. 반면 제1군단 좌측에 배치되었던 제2군단과 제3군단의 공격은 별다른 성과를 거두지 못했다. 그 결과 해질 무렵 영국군의 전선은 우측으로는 슈맹 데 담으로부터 미시Missy와 시브레Chivres 부근에서 엔 강을 향해 남서쪽으로 뻗어나가다가 수아송 인근의 크루아Crouy를 향해 서쪽으로 뻗어나가는 형태로 형성되었다. 그 후 2주간 독일군은 영국군을 엔 강 너머로 몰아내기 위해 무진 애를 썼지만, 독일군의 공격 역시 영국군의 우월한 사격술에 격퇴되고 말았고, 서로 공격에 실패한 독일군과 영국군이 모두 참호를 파고 들어앉으면서 엔 강변에는 기관총과 소총, 포병 화력이 전장을 지배하는 방어적 교착상태가 지속되었다. 마침내 서부전선에서 향후 수년간 지속될 지루한 참호전이 시작된 것이다.

바다로의 경주

엔 강에서 시작된 교착상태가 전 전선으로 확대되기 시작하자 독일군과 연합군 양측은 전선이 교착되기 전에 상대편의 측면을 돌아나가 상대의 옆구리와 후방을 치기 위해 갖은 애를 썼다. 이런 양상은 소위 '바다로의 경주race to the sea'로 알려지게 되었다. 9월 17일, 모누리의 프랑스 제6군이 먼저 엔 강을 끼고 공격을 해보았지만, 누아용Noyon 근처에서 안트베르펜으로부터 이동해온 독일의 제9예비군단에게 막히고 말았다. 이틀 후 원래 로렌 지역에 배치되었다가 연합군 좌익을 강화하기 위해 차출된 드 카스텔노의 프랑스 제2군의 공격도 아브르Avre 강 부근에서 랭스로부터 이동해온 독일군 1개 군단에게 저지당했다. 조프르는 새로 프랑스 제10군을 편성하고 드 모뒤de Maud'huy 대장에게 지휘를 맡겼다. 제10군은 더 북쪽으로 올라가서 독일군의 우익 측면을 우회하고자 시도했으나, 10월 초가 되자 도리어 맹공을 가해오는 독일군 3개 군단으로부터 아라스Arras를 방어하기에도 벅찬 상태가 되어버렸다. 엔 강과 벨기에 사이의 전선에서 연일 격전이 벌어지고 있는 동안 전선의 다른 지역에서도 전투가 계속되었다. 9월 말, 프랑스군은 베르됭Verdun 지역에 대한 독일군의 계속되는 공격을 격퇴했다. 그러나 독일의 빌헬름 황태자가 지휘하는 제5군은 아르곤 삼림지대에 거점을 확보하고 생미엘 부근의 뫼즈 강 서안 일대에 돌출부를 형성했는데, 이는 두고두고 연합군의 골칫거리가 되었다. 이렇게 격전이 벌어지는 과정에서 1918년까지 유지될 서부전선의 대략적인 형태가 빠르게 형성되고 있었다.

엔 강 인근의 교착상태에 말려들었다가 괜히 옴짝달싹 못하게 될까 우려한 존 프렌치 경은 조프르에게 영국 원정군을 전선에서 빼내어 원래 위치였던 연합군 좌익에 배치해줄 것을 요구했다. 전술적으로 중重포 세력이 부족했지만 정예 기병대를 보유하고 있던 영국 원정군은 개활지로 된 좌익에서 더 큰 활약을 보일 수 있었고 전략적으로도 영불 해협의 항구와 보다 근거리에 주둔함으로써 보급선의 길이를 줄일 수 있다는 점에서 이러한 요구는 타당한 것이었다. 일단 후방으로 빠진 영국군 사단들이 프랑스군의 보급 및 작전 도로를 가로질러 가야 한다는 점에서 많은 문제가 발생할 것으로 예상했지만, 어쨌든 조프르는 프렌치 경의 요구를 수용했다. 10월 1일, 영국 원정군은 게걸음으로 프랑스군 후방을 지나 플랑드르Flanders 지역으로 이동했다. 전쟁의 나머지 기간 동안 영국군은 플랑드르에서 연이은 격전을 치르면서 엄청난 피를 흘리게 되었다.

10월 첫 3주간 스미스-도리언의 제2군단이 라 바세La Bassée 방면으로 공격해 나가는 동안 북쪽에서는 풀트니Pulteney 소장의 제

■■■■■■ 몰트케의 뒤를 이어 독일 육군 참모총장이 된 에리히 폰 팔켄하인 대장(왼쪽)의 모습. (IWM)

3군단이 릴Lille 방면으로 진격해 들어갔다. 에드먼드 알렌비Edmund Allenby 중장이 지휘하는 기병 군단은 풀트니의 좌익에서 작전을 벌이면서 메신Messines과 뷔트샤테Wytschaete를 점령하여 당시 갓 편성되어 이프르Ypres 지역 배치를 명령받은 영국 제4군단과의 연결을 확보했다. 이 무렵 조프르는 새로 편성된 북부 집단군 사령관으로 착임著任한 포슈에게 우아즈Oise 강에서 북해에 이르는 지역에서 이루어지는 연합군 작전의 조율을 맡겼다. 당시 지휘체계의 일원화를 위한 공식적인 장치는 전무한 상태였고 포슈도 영국군에 대한 직접적인 지휘권을 갖지 못했지만, 이때만 하더라도 영국을 비롯한 다른 연합국들은 포슈가 제안한 작전에 특별히 그렇게 하지 못할 이유가 없는 한 군말 없이 신속하게 협조했다.

새로 독일군 참모총장이 된 팔켄하인이 탁월한 전략적 감각을 과시하

며 철도를 이용한 효율적인 병력 재배치를 통해 연합군에 대해 중요한 우위를 확보해가던 시기에 그러한 협조는 연합군에게 꼭 필요한 것이었다. 이 무렵 전황은 연합군이 독일군에게 끌려 다니는 양상으로 전개되고 있었으며, 10월 말에서 11월 초에 걸쳐 측면 우회 공격을 당할 위험이 더 컸던 쪽도 연합군이었다. 로렌 지역에서 전선을 가로질러 올라온 독일 제6군이 라 바세와 메냉^{Menin} 사이의 방어선에서 연합군을 몰아내기 위해 치열한 전투를 벌이는 동안 뷔르템베르크^{Württemberg}의 알브레히트 공^{Duke Albrecht}이 지휘하는 독일 제4군은 재편성을 마치고 이프르로 접근해오고 있었다. 알브레히트의 제4군에는 새로 편성된 4개 예비군단이 소속되어 있었다. 이들 가운데 상당수는 어린 대학생 지원병들이었다. 이들은 급하게 훈련받은 학도병들로서 숙련된 병사라고는 할 수 없었지만, 열정과 사기로 충만해 있었다. 이들의 강렬한 전투의지는 연합군 좌익을 우회하여 영불 해협으로 진격하려던 팔켄하인에게 상당한 이점을 제공해주었다.

안트베르펜 함락

바다로의 경주가 점점 속도를 더해감에 따라 독일군이 안트베르펜을 점령해야 할 필요성도 더욱 커지게 되었다. 당시 안트베르펜에는 8월 내내 벌어진 전투에서 독일군에게 밀려난 벨기에 야전군이 웅거하고 있었다. 벨기에군은 8월 24일과 9월 9일에 안트베르펜에서 출격하여 독일군 후방의 보급·통신망을 교란하려고 애를 썼지만 별다른 성과를 얻지 못한 채, 벨기에군 병사들의 피로와 사기저하만 더욱 심해졌다. 그런 상황에서 조프르는 알베르트 국왕의 반대에도 불구하고 벨기에군에게 세 번째 출격을 요구했다. 그러나 이 세 번째 공격이 채 시작되기도 전인 9월 28일, 독일군이 안트베르펜의 외곽 요새들에 대한 집중포격을 개시했다.

당시 독일군은 안트베르펜 공략을 위해 전선에서 병력을 빼낼 여유가 없었다. 따라서 폰 베젤러von Beseler 대장이 지휘하는 안트베르펜 공략군은 대부분 국민군과 향토예비군, 기타 잡다한 부대로 구성되었다. 그러나 벨기에 야전군 전력을 보완하고 있던 8만 명의 안트베르펜 요새 수비군도 결코 정예라고는 할 수 없는 병력이었고, 48개에 이르는 안트베르펜의 요새와 보루들도 이미 구식이 되어 있거나 화력 면에서 독일군에게 크게 뒤져 있었다. 수적으로 열세였던 폰 베젤러는 공격 방향을 안트베르펜의 남동부로 한정할 수밖에 없었지만, 5일간에 걸친 보병 공격과 초거대 공성포의 포격은 시 외곽의 요새 방어선에 구멍을 뚫기에 충분했다.

일단 요새선이 돌파당하자, 벨기에군은 안트베르펜으로부터 철수할 수밖에 없다는 판단을 내렸다. 뒤늦게 이런 벨기에군의 의도를 영국 대사로부터 전해들은 영국 정부는 벨기에군의 철수를 막기 위해 안간힘을 썼다. 10월 3일 직접 안트베르펜을 방문한 해군장관 윈스턴 처칠은 벨기에인들에게 영국이 무슨 수를 쓰든지 간에 3일 내에 지원군을 파견할 테니 저항을 계속해 달라고 설득했다. 안트베르펜 구원군 편성을 위해 프랑스군은 제87의용군사단과 해병 여단을 제공했고, 영국은 육군 중장 헨리 롤린슨 경Sir Henry Rawlinson을 지휘관으로 하는 정규군 제7사단과 제3기병사단으로 이루어진 분견대를 파견하겠다고 약속했다.

하지만 실제로 안트베르펜에 도착한 유일한 증원 부대는 10월 4일에서 6일에 걸쳐 도착한 새로 편성된 왕립 해군사단Royal Naval Division * 뿐이었다. 해군사단이 하나 추가되었다고 독일군의 공격을 막을 수는 없는 노릇이었고, 독일군은 교두보를 네더Nethe 강 너머까지 확대하면서 안트베르펜의 숨통을 더욱 조여왔다.

벨기에 야전군은 시의적절하게 이제르Yser 강을 따라 형성된 뉴포르

* **왕립 해군사단** 탈 배가 없는 해군 예비역 수병들과 장교들로 편성된 사단.

Nieuport–딕스뮈드Dixmude 선으로 철수를 시작했다. 10월 8일~9일 밤 왕립 해군사단을 포함한 후위 부대가 안트베르펜을 떠났고, 10월 10일, 안트베르펜 시는 공식적으로 독일군에게 항복했다. 제4군단으로 명명된 롤린슨의 부대는 제브뤼헤Zeebrugge와 오스텐드Ostend에 상륙했지만, 이미 이 무렵에는 헨트Ghent에 머물면서 왕립 해군사단과 벨기에군의 철수를 엄호하는 것 외에는 할 수 있는 일이 없었다. 이후 제4군단은 남서쪽으로 이동하여 프랑스 제87사단과 합세하여 이프르 방어에 나서게 되었다. 영국군이 막판에 투입한 병력은 안트베르펜을 지키기에는 규모가 너무 작았다. 그래도 덕분에 안트베르펜은 5일을 더 버틸 수 있었고, 연합군은 영국 원정군 주력이 플랑드르에 도착할 때까지 독일군의 진격을 지연시키는 데 성공했다. 영국군이 없는 병력을 긁어모아 안트베르펜에 투입시킨 것의 의미를 평가절하하는 시각도 있지만, 어쨌건 간에 안트베르펜 함락 지연은 이후 6주간에 걸쳐 서부전선 전체의 전황에 큰 영향을 미쳤다.

이제르 강 전투

안트베르펜을 포기한 벨기에 야전군은 프랑스 해병 여단과 함께 딕스뮈드와 뉴포르 인근의 해안선에 이르는 지역에 방어선을 구축했다. 내륙의 연합군을 돕기보다는 이곳에서 방어를 하겠다는 알베르트 국왕의 결정은 결과적으로 적절한 판단이었다. 10월 14일 팔켄하인은 독일 제6군에게 이프르 남쪽에서 잠시 방어태세를 유지하는 것과 동시에 젊은 지원병으로 구성된 4개 예비군단을 보유한 제4군에게 메냉과 바다 사이의 지역에서 칼레Calais를 향해 결정적인 돌파작전을 실시하라고 명령했다. 해안지대에 면해 있는 제4군의 우익은 안트베르펜 공략전 참가 부대들이 포함된 폰 베젤러의 제3예비군단이 엄호할 예정이었다.

10월 18일, 벨기에군에 대한 폰 베젤러의 공격이 시작되었다. 다음 날에는 독일군은 제22예비군단까지 가세한 공격으로 이제르 강 동쪽의 벨기에군 전초선을 밀어냈다. 독일군은 10월 19일~20일에도 벨기에군 전선에 맹공을 가했지만, 벨기에군은 딕스뮈드와 뉴포르 부근 해상에 자리 잡은 연합군 전함들이 퍼붓는 포격 지원에 힘입어 독일군의 공격을 격퇴시킬 수 있었다. 포슈는 프랑스 제42사단을 투입하여 뉴포르 지역의 방어를 강화했지만, 10월 22일이 되자 독일군은 이제르 강 건너편 테르바트^{Tervaete}에 교두보를 확보할 수 있었다. 그리고 독일군이 다시 한 번 초거대 곡사포들을 동원하여 딕스뮈드에 지속적으로 맹포격을 가하자 딕스뮈드의 연합군은 독일군에게 우회당하기 직전의 위기에 빠졌다. 독일군의 맹공에 피해가 크게 늘어나자, 벨기에군은 방어선을 제대로 유지하기가 어려워졌다. 결국 10월 28일 벨기에군은 뉴포르 부근의 퓌르네^{Furnes} 지역에 위치한 운하의 수문을 열어 뉴포르-딕스뮈드 철도가 달리고 있는 제방 동쪽의 저지대를 침수시켜버렸다.

처음에는 이런 필사적인 방법이 독일군의 진격을 저지하는 데 별 소용이 없는 것처럼 보였다. 10월 30일이 되자 독일군은 람스카펠^{Ramscapelle}을 점령하고 페르비즈^{Pervijze}까지 도달했다. 그러나 그날 밤 수위가 계속 상승하자 폰 베젤러는 제3예비군단을 다시 이제르 강 동쪽으로 철수시킬 수밖에 없었고, 이틀 후에는 제22예비군단도 철수해야 했다. 거의 해안지대에 다다른 지역에서도 연합군 전선을 우회하는 데 실패하자, 팔켄하인과 알브레히트 공은 다시 주의를 내륙 지역으로 돌려 이프르 지역에서 대공세를 시작했다.

■■■■■■ 1914년 10월 20일, 왕립 스코틀랜드퓨질리어연대 제2대대 병사들이 이프르 인근의 메냉 가도 북쪽에서 참호를 파고 있다. (IWM)

제1차 이프르 전투

이제르 강 주변에서 격전이 벌어지는 동안 영국 원정군은 주로 메신, 플뢰크스테르트 Ploegsteert 와 라 바세 주변에 구축된 방어선 고수에 매달려 있었다. 이제 독일군과 연합군 모두에게 그래도 조금이나마 상대방 측면을 우회할 수 있는 가능성이 남아 있는 곳은 벨기에의 이프르 마을 주변의 경작지대뿐이었다. 10월 20일 엔 강 지구로부터 이동해온 헤이그의 제1군단은 이프르 북쪽 랑에마르크 Langemarck 부근으로 진격하다가 곧장 북동쪽에서 진군해오던 독일 제24 · 26예비군단과 정면으로 맞닥뜨렸다. 연합군은 독일군에게 결정타를 날리기는커녕 혼란스러운 조우전에 말려들면서 지금까지 확보한 지역을 방어하기 위해 병력을 조금씩 축차적으로 투입해야 하는 상황에 빠져버렸다.

독일군도 상황이 좋지 않기는 마찬가지였다. 독일의 젊은 대학생 지원병들은 열정적으로 전투에 임했지만, 부족한 훈련으로 인한 전투능력 부족을 애국심만으로는 상쇄할 수 없었고, 밀집 대형으로 돌격할 때마다 연합군의 방어 포화에 수천 명씩 도살에 가까운 학살을 당하고 말았다. 독일인들 사이에서 '이프르에서 학살당한 순진한 어린양들^{Kindermord von Ypern}'로 알려진 이들의 희생은 후일 나치^{Nazi}가 조작한 신화에서 특별한 한 장을 차지하게 되었다.

비록 양측의 전선이 이 무렵까지는 유동적으로 움직이고 있었지만, 이미 이때부터 이프르의 평탄한 경작지에는 참호들이 종횡으로 구축되기 시작했다. 10월 24일 저녁 무렵이 되자, 예비군단들의 공격이 실패로 돌아갈 것으로 예상한 독일군은 수마일 남쪽으로 내려가 겔루벨트^{Gheluvelt}와 메신에서 새로운 공격을 가해보기로 결정했다. 10월 29일, 독일군은 폰 파베크^{von Fabeck} 대장의 지휘 하에 다시 한 번 연합군 전선을 돌파하기 위한 공격을 시작했다. 10월 31일, 겔루벨트의 영국군 진지가 독일군의 공격에 무너지면서 연합군은 큰 위기를 맞았으나, 랑에마르크에서와 마찬가지로 독일군은 최초에 돌파구를 뚫은 후 곧 공격 부대로서의 응집력을 잃어버렸다. 이는 젊은 지원병들의 훈련 부족 때문이었다. 결국 영국 원정군 제2우스터셔^{2nd Worcestershires} 연대 소속 357명의 병사와 장교들이 가한 용감한 반격으로 독일군은 겔루벨트에서 밀려나고 말았다.

그러나 이후 며칠 동안 치열한 전투가 벌어진 끝에 결국 알렌비의 기병대와 프랑스군은 메신 능선에서 밀려나고 말았다. 프랑스군 증원 부대가 영국 원정군의 측면에 배치되면서 상황은 안정을 찾았지만, 이렇게 찾아온 오래간만의 휴식 시간도 오래가지는 못했다. 11월 11일, 독일의 혼성 프로이센 근위사단이 메냉 가도 바로 북쪽의 영국군 전선을 뚫고 들어왔

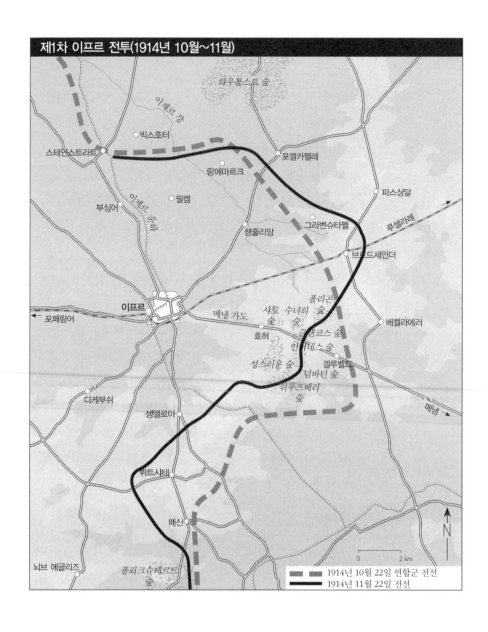

제1차 이프르 전투(1914년 10월~11월)

하우톨스트 숲

이세르 강

빅스호터

스테인스트라트

포엘카펠레

랑에마르크

파스상달

부싱어

필켐

이세르 운하

루셀러레

샌줄리앙

그라벤슈타펠

브로드세인더

포페링어

이프르

메냉 가도

샤토 수녀의 폴리곤 숲 숲

베켈라에러

호허

글렌코스 숲

인베네스 숲

성스러운 숲

겔루벨트

딤바턴 숲

메냉

쉬루즈베리 숲

디케부쉬

생엘로아

뷔트샤테

0   2 km

메신

1914년 10월 22일 연합군 전선
1914년 11월 22일 전선

뇌브 에글리즈

플뢰크슈테르트 숲

다. 또다시 구식의 밀집 대형을 고집했던 독일군은 영국군 포병대의 정면
사격과 취사병 및 여단본부 행정병과 공병대를 닥치는 대로 긁어모은 잡
탕 부대 때문에 결국 저지당하고 말았다. 이 잡탕 부대만 돌파하면 고대하

던 돌파구를 뚫을 수 있다는 사실을 몰랐던 프로이센 근위대는 공격할 의지를 잃어버렸고, 제2 옥스퍼드셔Oxfordshire 및 버킹엄셔Buckinghamshire 경보병 연대의 적극적인 반격에 노네 보쉔Nonne Bosschen(수녀의 숲)에서 밀려나고 말았다.

　프로이센 근위대가 물러나면서 연합군은 1914년의 마지막 위기를 넘겼다. 그로부터 일주일도 되지 않아 전장은 눈으로 덮였고, 그로 인해 동맹국과 연합국이 전쟁 전에 세워놓은 거창한 전쟁계획들은 이제 아무짝에도 쓸모가 없게 되었다. 12월 초 독일의 4개 기병사단과 8개 보병사단이 동부전선으로 이동한 것은 팔켄하인이 독일의 전쟁계획이 실패했다는 사실을 인정했다는 것을 의미했다. 독일군은 벨기에와 북프랑스에서 많은 중요한 지역을 확보했으나, 이제 장기적인 양면 전쟁이라는 우려해왔던 상황 중에서도 최악의 상황에 직면하게 되었다. 바로 이런 상황을 피하기 위해 작성된 것이 슐리펜 계획이었지만, 졸렬한 실행으로 계획이 실패로 돌아가자 이제 독일군은 동부와 서부에서 동시에 전쟁을 치를 수밖에 없었다. 영국 원정군 역시 이제 더 이상 이전의 숙련된 정예 원정군이 아니었다. 영국 원정군은 영불 해협에 면한 항구들을 점령하려는 독일군의 공격을 방어하는 데 큰 역할을 했지만, 동시에 10월 14일에서 11월 30일에 이르는 기간 동안 5만8,000명에 이르는 병력 손실을 입었다.* 연합군은 이프르에서 독일군 전선을 뚫고 들어간 돌출부를 확보할 수 있었지만, 돌출부 남쪽과 동쪽의 고지를 독일군이 장악하고 연합군을 내려다보고 있는 상황에서 이 돌출부도 언제 독일군의 공격에 붕괴될지 모르는 상태였다.

---

* 거의 전 병력이 완전히 풋내기 신병으로 물갈이되었다는 의미다.

■■■■■■ 1914년 10월과 11월에 걸친 독일군의 포격에 폐허가 된 이프르의 직물 회관의 모습. (IWM)

1914년 말~1915년 초의 겨울

겨울이 시작되면서 전 서부전선이 교착상태에 빠졌다. 당시 벨기에의 해안지대에서 스위스 국경까지 빈틈없이 참호가 구축되기는 했지만, 이 시점까지 독일의 참호선은 대전 중·후반기의 무시무시한 방어 시스템과는 거리가 먼 것이었다. 대전 중반부터 말기에 이르기까지 서부전선의 독일군은 잘 구축된 방어진지를 고수한다는 전략에 매달리게 되지만, 이때만 하더라도 영구 방어선을 만들어야 한다는 생각으로 참호선을 구축한 것은 아니었다. 한술 더 떠서 전쟁 초기 후방에 제2방어선을 구축할 경우 전방 방어선에 배치된 병사들의 방어선 고수 의지가 약화될 것이라고 생각한 독일군은 주 방어선 하나만을 구축하고 어떤 대가를 치르더라도 무조건 이 방어선을 고수하려는 경향을 보였다. 그러나 겨울 동안 독일군은 이 전략을 수정하여 전선에서 1,000야드* 떨어진 곳에 콘크리트로 만든 기관총 진지들을 구축하여 방어에 깊이를 더했다. 한편 영국 원정군은 플랑드르 저지의 평원지대에서 뷔트샤테와 라 바세 운하 사이의 21마일 길이의 전선을 담당하고 있었다. 문제는 이 지역이 참호를 구축하기에는 최악의 조건을 갖추고 있었다는 점이다. 워낙 지대가 낮았던지라 땅을 조금만 파도 물이 솟아나왔고, 겨우 구축한 얕은 참호도 툭하면 물이 차기 일쑤였다.

개전 당시부터 벨기에 요새지대 공략을 위해 꼼꼼히 공성작전 준비를 해두었던 독일군은 박격포, 수류탄, 중포 및 각종 곡사포와 같이 참호전에 적합한 화기들을 연합군에 비해 비교적 잘 갖추고 있었다. 반면에 중장비가 부족했던 영국 원정군은 임시변통으로 빗물 파이프를 이용해 만든 급조 박격포와 잼 깡통으로 만든 수류탄 따위로 전투를 벌여야 했다. 그러나 독일군과 연합군 모두를 괴롭히는 심각한 문제가 있었으니, 그것은 바로 탄약 부족이었다. 나중에 팔켄하인은 당시 탄약수송열차가 한 대라도 제대로 도착하지 못할 경우 "전선의 1개 구역 전체가 방어 능력을 완전히 상실할" 지경이었다고 회고했다. 프랑스군은 당시 하루 5만 발의 75밀리미터 곡사포탄이 필요했지만 1914년 11월 당시 실제 생산량은 하루 1만1,000발에 불과했고, 영국군의 18파운드 포의 경우에는 1915년 1월이 되자 포격을 하루 4발로 제한하라는 명령이 내려질 정도였다. 영국 정부는 허둥지둥 탄약 생산을 늘리기 위한 조치를 취했지만, 설비 증설과 생산 증가가 하루 아침에 이뤄질 수는 없는 일이었다. 영국의 군수공장들이 어떻게든 수요를 맞추기 위해 기존 설비를 불이 나게 돌렸지만, 사상 유례없는 탄약 소

---

* 1야드는 약 91.44센티미터.

■■■■■ 1 1914년 8월부터 1915년 12월까지 영국 원
정군의 총사령관을 맡았던 육군 원수 존 프렌치 경의
모습. (IWM)
■■■■■ 오른쪽 1914년 말~1915년 초의 겨울 동안
뇌브 샤펠(Neuve Chapelle) 지역의 참호에서 촬영한
제2왕립스코틀랜드퓨질리어연대 소속 병사들의 모습.
전쟁 후반기의 참호에 비하면 그다지 세련되지 않은
참호의 모습이 눈에 띈다. (IWM)

요량으로 인해 일선 부대들은 늘 탄약 부족 사태에 시달려야 했다.

비율 면에서 볼 때 1914년 가장 심한 인명 피해를 본 것은 영국 원정군
이었다. 영국 원정군은 1914년 8월에서 12월 사이의 기간 동안 3,627명의
장교와 8만6,237명의 병사들을 잃었으며, 사상자 대부분은 최전선에서 격

전을 벌인 7개 사단에서 발생했다. 소수 정예의 전문 직업군인들로 구성된 영국군으로서는 이런 대규모 병력 손실을 견뎌낼 재간이 없었다. 영국군은 손실을 보충하기 위해 1914년 10월에는 인도군단을, 11월과 다음해 1월 사이에 제8·27·28사단을 서부전선에 불러들였다. 이들 부대들은 모

두 해외 식민지 수비대 소속 정규군을 차출해 편성한 부대였다. 또 영국 원정군은 1914년에 23개 국방 의용군 대대들을 증원받았고, 1915년 2월에는 제1캐나다사단도 서부전선에 투입되었다. 병력 증가와 부대 규모의 확대에 발맞추어 1914년 12월 26일, 영국 원정군은 2개 군으로 개편되었고, 헤이그가 제1군, 스미스-도리언이 제2군의 지휘를 맡았다. 영국 본토에서는 키치너가 전쟁이 장기화될 것이며 엄청난 사상자가 발생할 것이라고 주장하면서 영국군의 규모를 대폭 확대하기 시작했다. 이러한 노력의 결과로 몇 개 군이 신규로 편성되었다. 각 군은 원정군의 6개 사단 편성과 똑같은 편제를 갖고 있었기 때문에, 영국군의 전력은 서류상으로는 엄청나게 증가했다. 이들 부대들은 개전 후 첫 5개월 동안 군에 자원한 118만 6,000명의 자원병으로 편성되었다. 그러나 군대의 군자도 몰랐던 젊은이들을 병사로 훈련시키려면 상당한 시간이 필요했다.

그러는 동안에도 최전선의 영국군 병사들은 어떻게든 방어선을 유지하기 위해 악전고투를 벌이고 있었다. 전쟁이 터지고 반년도 되지 않아 대다수의 병력이 죽거나 부상당하고 그 빈자리를 풋내기 신병들이 메운 상황에서 한때 세계 최고를 자랑하던 영국군 병사들의 사격술 수준은 이미 옛이야기가 된 지 오래였다. 게다가 12월과 1월에 각각 지방시Givenchy와 캥시Cuinchy 인근에서 벌어진 소규모 전투에서 독일군에게 패배하면서 영국군은 사기마저 크게 떨어졌다. 그러던 와중에 1914년 크리스마스가 돌아왔다. 이날 플랑드르 지역에서는 양측 간에 비공식적인 휴전이 이루어졌다. 이곳에서 영국군과 독일군 병사들은 무인지대에서 함께 사진을 찍거나 선물을 교환하고 축구경기까지 하면서 우정을 나누었다. 이후 전쟁이 점점 더 참혹해지고 비인간적으로 변해가면서 상대방에 대한 적개심이 증가함에 따라 양측 병사들이 이 정도로 우애를 나누는 일은 다시는 발생하지 않았다. 그러나 1918년 휴전협정이 체결될 때까지도 전선의 비교적 조용한 구역에서는 양측 병사들이 상호간 암묵적 이해 하에 '누이 좋고 매부 좋은'

■■■■■■ 1914년 크리스마스, 독일의 작센군 병사들과 우정을 나누는 런던 소총여단 소속 병사들의 모습. (IWM)

식으로 굳이 서로를 죽이려고 애쓰지 않는 비공식적인 휴전이 왕왕 이루어졌다.

　1914년 11월, 팔켄하인은 서부전선에서 전쟁의 승패가 갈릴 것으로 생각하면서도 당장 다른 전선들의 전황이 긴박하게 돌아가고 있었기 때문에 서부전선에 집중할 수가 없었다. 결국 그는 전력을 여타 전선으로 돌려 급한 불을 끄는 동안 서부전선에서는 일시적으로 방어태세를 취한다는 결정을 내렸다. 결과적으로 봤을 때 이러한 결정은 커다란 실수였다. 당시 영국 원정군은 약해질 대로 약해진 데다가 경험도 없는 신병이 많이 배치된 상태였던지라 만약 그 해 겨울 독일군이 다시 한 번 밀어붙인다면 버티지 못하고 무너질 가능성이 컸다. 그러나 팔켄하인의 결정 덕분에 연합군, 특히 영국군은 재편성과 더불어 키치너가 모집한 신병들을 훈련시키면서 더 많은 국방 의용군 부대들과 식민지령, 혹은 자치령에서 편성된 부대들로 원정군을 증강할 수 있는 여유를 얻었다. 팔켄하인은 일단 러시아군을 비스툴라Vistula 강 너머로 밀어낸 후 서부전선에서 공세를 재개힐 심산이었다. 그러나 여러 가지 요인들 때문에 독일군의 서부전선 공세는 계속 미뤄졌고, 1915년에 들어서도 독일군은 서부전선에서 계속 수세를 취하고 있었다.

당시 세르비아와 러시아와 전투를 벌이고 있던 오스트리아는 이웃의 루마니아와 이탈리아가 연합국에 가담할 마음을 먹지 못하도록 대승리를 한 번 거둘 필요가 있었다. 그러나 독일군에게는 연전연패를 당하던 러시아군도 오스트리아군을 상대로는 곧잘 승리를 거둘 정도로 오스트리아군은 약체였다. 이런 상황에서 만약 독일군이 오스트리아군을 지원하지 않는다면, 특히 카르파티아Carpathia 지역에서 싸우고 있는 오스트리아군을 지원하지 않는다면, 러시아에게 밀릴 위기에 빠진 오스트리아가 연합국과 독자적으로 평화협상에 나설 우려까지 있었다. 또 엄청난 물량을 쏟아 부어 결전을 벌이고도 서부전선의 전황이 빼도 박도 못하는 교착상태에 빠져버린 반면, 힌덴부르크와 루덴도르프가 이끄는 동부전선의 독일군은 보다 적은 자원으로도 연달아 대승을 거두며 러시아의 독일 침공 기도를 두 번이나 좌절시키고 더 나아가 러시아령 폴란드 영토까지 빼앗았다. 이런 성과를 바탕으로 힌덴부르크와 루덴도르프는 독일군 지도부에서 확고한 영향력을 가지게 되었고, 향후 독일군 작전에 큰 영향력을 행사하게 되었다. 독일 황제 빌헬름 2세와 제국 재상이었던 베트만-홀베크Bethmann-Hollweg

가 동부전선에 우선순위를 두어야 한다는 이들의 주장에 동의함에 따라 팔켄하인은 서부전선에서 주요 공세를 펼친다는 자신의 전략을 당분간 미룰 수밖에 없었다.

반면 프랑스군의 입장에서는 작전 목표를 두고 고민할 필요가 없었다. 독일군은 벨기에와 북프랑스의 광대한 지역을 점령하고 있었으며, 점령지에는 풍부한 천연자원 매장지나 산업 중심지까지 포함되어 있었다. 이러한 지역을 회복하는 유일한 방법은 공격에 나서서 빼앗긴 지역을 도로 빼앗아 오는 것뿐이었다. 조프르는 이 시점까지도 여전히 전

■■■■■ 병사들로부터 '아빠(Papa)'라는 별명으로 불린 조프르의 모습. 조프르는 1914년부터 1916년까지 프랑스군 총사령관직을 역임했다. (IWM)

선 어딘가에 돌파구를 뚫을 수 있으리라고 믿었지만, 독일군 전선을 뚫으려면 먼저 일련의 사전 공격작전을 통해 독일군 예비대의 전력을 소모시킬 필요가 있다는 주장에도 동의했다. 이 무렵, 조프르는 "독일군을 계속 조금씩 파먹어 들어갈 것 Je les grignote"이라는 말로 이후 벌어질 전투가 지루한 소모전이 될 것임을 암시했다.

이제 연합군의 과제는 어디를 공격할 것인지 결정하는 것이었고, 조프르는 우선 랭스와 아라스 사이에 튀어나와 있는 독일군의 돌출부를 제거하기로 결심했다. 누아용에 위치한 이 독일군 돌출부의 끄트머리는 파리에 직접적인 위협이 되는 곳이었다. 조프르는 이 돌출부를 두 방향에서 공격하기로 했다. 일군의 프랑스군이 아르투아Artois에서 동쪽으로 공격을 가하면서 독일군을 두에Douai 평야 너머로 밀어내는 동시에 캉브레와 생캉탱

의 독일군 보급선을 위협하는 동안, 다른 공격군은 샹파뉴로부터 북쪽으로 공격을 개시하여 중앙부에 자리 잡은 독일군의 주요 보급로인 철도망을 절단할 계획이었다. 베르됭-낭시 전선에서 시작될 세 번째 공세 역시 티옹빌-이르송 간의 철도 노선을 차단하면서 이 지역을 장악한 독일군 세력을 약화시키는 것이 목표였다. 프랑스군이 독일군 전선 후방의 철도 차단에 목을 맨 이유는 만약 이 철도들을 차단할 경우 독일군은 보다 북쪽의 아르덴을 통과하는 루트만으로 보급을 유지해야 하는데, 이것만으로는 도저히 서부전선 전체의 독일군을 유지할 도리가 없었기 때문이었다.

1915년 전반의 영국군-프랑스군의 작전의 큰 틀을 형성한 조프르의 전략은 기본적으로는 훌륭한 전략이었다. 만약 조금 수정이 되었더라면, 이 전략은 1918년 하반기에 결정적인 결과를 낳을 수도 있었다. 그러나 전쟁 첫해 겨울에 연합군은 이 전략을 성공적으로 수행할 수단과 전술적 역량이 모두 결여된 상태였다. 조프르는 전 전선에서 대규모 공세를 펼치고 싶었지만, 장비와 병력이 모두 크게 부족했기 때문에 샹파뉴의 제4군과 아르투아의 제10군 담당지역에서만 그럭저럭 대규모 공세를 가할 수 있었다.

1914년 12월 17일, 조프르의 동계 공세가 시작되면서 포슈가 지휘하는 프랑스군 좌익이 아르투아에서 독일군 전선을 강타했다. 드 모뒤 장군의 제10군은 아라스 북쪽의 수쉐즈 Souchez 에서 독일군의 방어선을 돌파하고 비미 능선 Vimy Ridge 를 점령하려고 시도했다. 비미 능선은 랑스 Lens 의 탄광지대와 두에 평야 일대를 감제할 수 있는 전략적 요충지였다. 페탱 Pétain 의 제33군단은 수쉐즈로 가는 서쪽 진격로를 보호하면서 카랑시 Carency 를 확보하라는 명령을 받았고, 메스트르 Maistre 의 제21군단은 비미 능선의 북서쪽 끝을 마주보고 수쉐즈 계곡의 다른 한쪽편에 위치한 노트르 담 드 로레트 Notre Dame de Lorette 돌출부를 향해 압박을 가할 예정이었다.

그러나 중포가 부족했던 프랑스군은 한정된 중포를 여러 공격에 활용하려다 보니 공격을 순차적으로 진행할 수밖에 없었다. 중포대를 이 구역에서 저 구역으로 이동시키느라 프랑스군이 쩔쩔매는 틈을 타서, 독일군은 방어를 위해 화력을 집중할 수 있었다. 여기에 안개, 비, 그리고 진흙탕도 프랑스군의 공세에 큰 장애물이 되었다. 결국 조프르는 1915년 1월 초 아르투아 방면의 공세를 중지할 수밖에 없었다. 이 공격으로 카랑시의 남쪽 끝부분과 노트르 담 드 로레트의 북쪽 일부를 겨우 확보할 수 있었지만, 그 대가로 프랑스군은 거의 8,000명이나 되는 사상자를 내야 했다.

12월 20일, 프랑스 제4군은 샹파뉴 전방의 약 20마일 구간에 대한 공격을 시작했다. 공격 전면 우익에 배치된 제17군단과 식민지군단은 공세 시작과 함께 신속한 진격으로 독일군의 중요 거점들을 점령하며 상당한 성과를 거두었다. 그러나 좌익의 제22군단은 측면으로부터 쏟아지는 독일군의 맹렬한 기관총 사격을 덮어쓰면서 공격에 별다른 진전을 거두지 못했다. 프랑스군의 공세는 1월까지 계속되었지만, 아르투아 공세와 마찬가지로 악천후가 계속되고 병사들의 피로가 가중되자, 프랑스군은 공세를 중지할 수밖에 없었다. 프랑스군의 공세가 멈추자, 독일군은 이 틈을 타서 돌파당했거나 그럴 위험에 빠진 전선의 뒤편에 자리 잡은 지원진지를 강화했다. 2월 16일 시작된 프랑스군의 공세작전 제2단계는 3월 17일까지 계속되었고, 이후에도 2주간에 걸쳐 제한적인 공격이 계속되었다. 독일군은 프랑스군의 75밀리미터 속사포가 퍼붓는 '연속 포화'가 얼마나 끔찍한지를 온몸으로 느껴야 했지만, 그래도 전방 고지 사면의 촌락 몇 개만 연합군에게 내주고 대부분의 지역에서는 방어선을 고수하는 데 성공했다. 샹파뉴 공세를 펼치면서 프랑스군은 약 24만 명에 달하는 사상자를 냈지만, 독일군의 보급을 뒷받침하는 철도망을 차단하겠다는 작전 목표를 달성하는 데는 실패하고 말았다.

주공을 지원하기 위해 이루어진 양동 공격도 별반 성공을 거두지 못하기는 매한가지였다. 엔 강 전선에서 모누리의 제6군은 보스로^{Vauxrot}와 크루아의 일부 지역을 확보했지만, 1월이 되자 프랑스군은 독일군의 무자비한 반격에 도로 엔 강 좌안으로 밀려나야했다. 샹파뉴 공세작전의 우측면을 보호하기 위해 사라유의 제3군이 뫼즈와 아르곤 사이에서 펼친 공세 역시 1만2,000명의 사상자만 내고 아무런 성과도 거두지 못했다. 동쪽 측면에서는 하르트만슈바일러코프Hartmannsweilerkopf 고지를 둘러싸고 처절한 혈전이 벌어졌다. 4월 26일이 되자 알자스 평원을 내려다보고 있는 이 고지는 프랑스군의 손아귀에 들어왔지만, 그 과정에서 보주군Army of Vosges(이후 프랑스 제7군으로 개편)은 4개월에 걸친 격전을 치르며 2만 명의 병사들을 잃어야 했다.

1915년 3월, 조프르는 프랑스군 병사들이 "사기 면에서 (독일군에 대해) 확고한 우위를 점하고 있다"고 공언했지만, 그의 동계 공세는 막대한 사상자만 내고 별다른 성과도 거두지 못한 실패작이었다. 조프르는 공병 장교 출신이었음에도 불구하고 기본적으로 공성전과 비슷한 양상으로 전개된 전투에 적응하지 못했다. 이런 사실은 그의 부족한 전술적 감각만큼이나 식맛스러운 일이었다. 공격정신élan의 선구자였던 포슈조차도 적의 참호와 거점을 파괴하기 위해서는 충분한 중포의 지원이 필요하다는 사실이 명백해지면서 자신의 전술 원칙을 재검토하게 되었다.

뇌브 샤펠

물이 차는 참호 속에서 끔찍한 겨울을 보낸 영국 원정군은 1915년 봄이 되어서야 겨우 프랑스군의 공세를 지원할 수 있는 태세를 갖출 수 있었다. 그러나 본국의 전쟁위원회War Council가 다르다넬스와 발칸 지역에서 작전을 벌일 것을 고려하고 있다는 사실을 알고 있던 영국의 고위 지휘관들은 뭔가 빨리 긍정적인 성과를 거두지 않으면 본국 정부가 서부전선에서 병력을 빼갈지도 모른다고 우려했다. 1915년 1월, 육군 중장 윌리엄 로버트슨

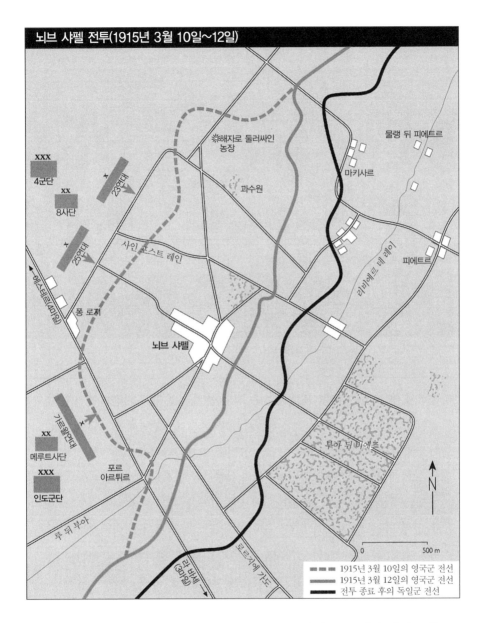

뇌브 샤펠 전투(1915년 3월 10일~12일)

4군단

8사단

23여단

25여단

해스테르(4마일)

퐁 로지

사인 포스트 레인

해자로 둘러싸인
농장

과수원

물랭 뒤 피에트르

마키사르

라키에르 데 레이

피에트르

뇌브 샤펠

가론솔연대

메루트사단

포르
아르튀르

인도군단

루 뒤 부아

부아 뒤 비에르

N

0   500 m

1915년 3월 10일의 영국군 전선
1915년 3월 12일의 영국군 전선
전투 종료 후의 독일군 전선

라 바세(3마일)

코른지에 가도

경 Sir William Robertson 이 영국 원정군의 참모장으로 임명된 것 역시 원정군 총
사령부GHQ, General Headquarter 가 보다 공격적인 자세로 전투에 임하게 된 계기
가 되었다. 2월 중순 무렵이 되자 플랑드르 지역에서 헤이그의 제1군을 동

■■■■■■ 1915년 3월, 영국 제8사단이 점령한 뇌브 샤펠 마을의 전경. (IWM)

원하여 약 2,000야드에 불과한 좁은 지역에 집중 공격을 가한다는 계획이 승인되었다. 이 공격의 목적은 뇌브 샤펠Neuve Chapelle 주변에 형성된 독일군의 돌출부를 제거하고 오베르Aubers 능선을 확보하면서 중요한 도로 및 철도 교차점인 릴을 위협하는 것이었다. 그러나 정규군 제29사단이 다르다넬스로 차출되자, 영국 원정군은 이프르 지역의 프랑스 제9군을 교체해줄 수 없게 되었고, 그 결과 프랑스군이 영국군의 공격과 동시에 아르투아 지역에서 공격을 개시하는 것도 불가능하게 되었다. 하지만 영국 원정군 총사령관 존 프렌치 경은 원정군이 단순히 전선을 고수하는 것 이상을 할 수 있다는 것을 보여주기 위해서라도 헤이그의 작전을 무한정 연기하느니 영국군 단독으로라도 실행에 옮겨야 한다는 결정을 내렸다.

영국 제1군은 공세를 위해 꼼꼼한 계획을 세웠고, 이는 이후 영국군의 표준적인 참호 공략법의 기준이 된 귀중한 틀을 제공해주었다. 또 왕립 항공대^{Royal Flying Corps}가 찍어온 항공 정찰 사진 덕분에 영국군은 정확한 참호선 지도를 제작할 수 있었을 뿐만 아니라, 공세 참가 부대들이 공격 예행연습을 실시할 수도 있었다. 또 이런 정찰 사진에 기반하여 사상 최초로 정확한 포병 사격시간표를 작성했다. 포병대에는 영국 원정군이 보유한 탄약 재고의 6분의 1에 해당하는 10만 발의 포탄이 지급되었고, 독일군의 전방 참호에 대해 35분간 탄막사격을 가한 후 독일군 후방 지역으로 탄막을 이동시켜 독일군 증원 부대의 이동을 방해하라는 명령이 내려졌다.

공격이 시작된 3월 10일 플랑드르의 참호를 지키고 있던 독일군들은 회오리처럼 몰아치는 영국군의 포격에 마비되고 말았다. 공격을 시작한 인도군단과 롤린슨의 제4군단 소속 보병여단 병력들은 신속하게 독일군의 전방 참호들을 장악했다. 하지만 측면에 배치된 부대들의 진격이 지지부진하면서 중앙의 공격군이 지나치게 밀집되어버렸다. 여기에 치열하게 저항하는 독일군의 방어거점들이 진격에 큰 장애물로 작용하면서 영국군의 공격 기세는 크게 꺾이고 말았다. 그래도 영국군과 인도 병사들은 약 4,000야드에 이르는 구간의 독일군 방어진지를 유린하고 최대 1,200야드 깊이까지 독일군 방어선을 파고 들어가면서 뇌브 샤펠을 점령하고 뇌브 샤펠 마을 서쪽으로 뻗어 있는 독일군 돌출부를 제거했다.

그러나 영국군은 이렇게 공격 초기에 거둔 성과를 활용해 전과 확대에 나설 수가 없었다. 지지부진한 전황을 보다 못한 헤이그는 결국 3월 12일 저녁 무렵 공격을 중지시켰다. 이번 공격으로 영국군은 약 1만3,000명의 사상자를 낸 반면, 독일군의 사상자 수는 1만2,000명 정도였다. 이제 영국 원정군은 강력한 공격군으로서의 위상을 얻게 되었지만, 뇌브 샤펠 전투는 참호 공략전이 갖고 있는 몇 가지 본질적인 문제점들을 보여주었다. 사전에 준비를 잘 갖출 경우 공세 초반 적의 진지를 뚫고 들어가는 데까지는 별 문제가 없었다. 하지만 적의 증원 부대가 도착하기 전에 완전한 돌파구를 형성하면서 전과를 확대하기 위해 포병과 예비 부대를 신속하게 이동시키는 일은 훨씬 더 어려웠다. 또 적절한 통신 수단의 부재로 인해 일단 적의 포격으로 전방의 유선 통신선이 절단되거나 전령이 사망, 혹은 부상 당할 경우 작전 전반을 제대로 통제하기가 어렵다는 것도 큰 문제점이었다. 한 가지 특기할 만한 점은 이번 전투에서 초반 단시간에 걸쳐 폭풍 같은 탄막사격을 퍼붓는 전술의 유효성이 증명된 것이었다. 하지만 애석하게도 영국군은 스스로 찾아낸 이러한 교훈을 무시하거나 평가 절하해버렸다. 영국군이 단시간의 탄막사격의 가치를 재발견하게 된 것은 그로부터 2년이라는 시간이 지난 후였다.

제2차 이프르 전투

연합군이 다음 작전을 개시하기 전에 독일군은 사상 최초로 독가스를 동원하여 서부전선에 형성된 연합군의 이프르 돌출부 북쪽 측면에 대한 공격을 개시했다. 이 공격은 팔켄하인이 참모총장으로 재임하고 있던 기간 중 독일군 지휘부가 전략적 목표를 제대로 설정하지 못하고 혼란에 빠져 있었다는 사실을 잘 보여주는 것이었다. 이 돌출부는 연합군과 독일군 양측 모두에게 중요한 요충지였다. 하지만 여전히 동부전선에 우선순위를 두어야 했던 팔켄하인의 입장에서 돌출부 공격에 독가스를 사용한 것은 무슨 수를 써서라도 돌출부를 없애야겠다는 의지의 표현이었다기보다는 독가스의 군사적 가치를 알아보기 위한 실험적 성격이 더 강했다. 따라서 독일 제23 · 24예비군단의 목표도 랑에마르크-필켐 능선-이제르 운하를 잇는 선과 이프르 지역까지로 제한되었고, 제4군에는 새로운 예비 부대도 주어지지 않았다. 그러나 동시에 독일군은 필켐 부근의 고지를 장악함으로써 연합군이 이프르 돌출부를 유지할 수 없게 만들 수도 있을지 모른다는 희망을 갖고 있었다.

당시 독일군이 공격할 예정이었던 이제르 운하와 포엘카펠레^{Poelcappelle} 사이의 지역을 담당하고 있던 연합군 부대는 프랑스군의 제45알제리사단과 제87의용군사단이었다. 4월 22일 오후 5시가 지나고 독일군은 짧지만 격렬한 포격을 가한 후 5,730개의 가스통을 열어 연합군 쪽으로 염소 가스를 흘려보냈다. 가스에 대한 대비책이 전혀 없었던 프랑스군 병사들은 공포에 질려 퇴각했고, 제1캐나다사단 담당구역 좌측에 5마일 폭의 구멍이 뚫려버렸다.

순식간에 랑에마르크와 필켐이 함락되었고, 해질 무렵이 되자 독일군은 이프르에서 2마일 떨어진 지점까지 진출했다. 연합군에게는 다행스럽게도, 독일군 병사들은 독가스 구름을 바짝 쫓아가고 싶어하지 않았다. 또 예비대 부족까지 겹쳐 독일군은 1915년 한해를 통틀어 서부전선에서 돌파구를 뚫을 수 있는 유일한 기회를 날려버리고 말았다. 그날 밤 영국군과

■■■■■■ 1915년 6월, 아제브루크(Hazebrouck)의 야전 구급소에서 가스를 들이마신 병사에게 산소를 공급하는 모습. (IWM)

캐나다군은 독일군 전방에 새로운 방어선을 구축했다. 4월 24일, 생줄리앙 St. Julien 지역에서 두 번째 독가스 공격이 이루어지자, 캐나다군은 임시방편으로 물이나 오줌에 적신 수건, 붕대, 손수건으로 코와 입을 가리고 용감하게 저항하여 더 이상 전선이 뚫리는 사태를 막을 수 있었다.

플랑드르 지역에서 연합군의 작전을 조율하는 역할을 맡고 있던 포슈에게 1915년 4월~5월은 결코 영광스럽다고 할 수 없는 기간이었다. 그러나 공격정신의 무오류성에 대한 그의 신념은 전혀 흔들리지 않았다. 포슈는 독일군의 진격으로 상당수의 화포를 잃었다는 사실을 무시하고 해당지역의 프랑스군 지휘관들에게 즉각적인 반격을 가하라는 명령을 내렸지만, 이것은 누가 봐도 현실과 동떨어진 명령이었다.

영국 원정군은 별다른 프랑스군의 도움을 기대할 수 없는 상황에서 4월 23일에서 26일에 걸쳐 적절한 포병 지원도 없이 공격을 해보았지만, 손실만 보고 독일군에게 내준 지역을 탈환하는 데 실패하고 말았다. 4월 2/일, 독일군이 연합군 돌출부를 지속 후방으로부터 포격해대자, 스미스-도리언은 보다 방어가 용이한 포테이저Potijze와 빌셰Wieltje 선 동쪽의 방어선으로 철수하자고 주장했다. 그러나 영국군이 포테이저-빌셰 선까지 후퇴한다는 것은 반대로 독일군이 이프르로부터 2,000야드도 떨어지지 않은 곳까지 진출하게 된다는 것을 의미했다. 포슈로부터 몇 개 사단을 증원해주겠다는 약속을 받고 전황을 낙관적으로 보고 있던 존 프렌치 경은 스미스-도리언의 제안을 거부했다. 스미스-도리언의 전의와 지휘력에 또다시 의구심을 품게 된 프렌치 경은 즉각 이프르 인근의 모든 영국군에 대한 지휘 책임을 제5군단 사령관 허버트 플루머 경Sir Herbert Plumer에게 넘겼다.

이러한 조치에 반발한 스미스-도리언은 사임했고, 5월 6일 그 뒤를 이어 플루머가 제2군 사령관이 되었다. 유능한 스미스-도리언의 사임으로 영국 원정군은 큰 위기를 맞을 수도 있었다. 그러나 후임 사령관 플루머가 서부전선 전반, 특히 이프르 지역의 새로운 전술적 여건에 대해 타의 추종을 불허하는 이해력을 보여주면서 영국군은 갑작스런 지휘관 교체로 인해 발생할 수도 있는 재난을 피할 수 있었다. 아르투아 지역에서의 공세작전이 임박함에 따라 프랑스군 예비 부대를 증원받을 가능성이 거의 사라진 5월 1일에서 3일에 걸쳐 플루머는 아이러니하게도 스미스-도리언이 제안했던 계획과 아주 유사한 철수작전을 실행해도 좋다는 허가를 받았다. 스미스-도리언의 계획과 차이점이 있다면 플루머의 계획은 차후 공세를 위한 기동 공간의 확보 차원에서 이루어진 철수작전이었고, 철수 후 새로 형성될 방어선도 스미스-도리언 계획보다 좀더 동쪽으로 치우쳐서 이프르에서 3마일 정도 떨어진 지역에 구축될 예정이었다.

5월, 독일군은 네 차례에 걸쳐 추가적인 독가스 공격을 가하여 벨레바르드Bellewaarde와 프레첸베르크Frezenberg 능선 사이의 지역을 추가로 점령했다. 5월 25일 전투가 종료되자, 연합군의 이프르 돌출부는 종심이 3마일로 줄어들었고 이 축소된 돌출부 형상은 이후 2년간 유지되었다. 겨우 7개월 사이에 영국군은 이프르에 대한 독일군의 공세를 두 번이나 저지했다. 그러나 그 과정에서 독일군의 사상자가 3만8,000명이었던 데 반해, 영국군의 사상자는 5만8,000명에 달했다. 게다가 독일군이 돌출부를 3면에서 둘러싸고 있는 상황에서 동쪽과 남쪽의 중요한 능선들까지 독일군에게 넘어가자, 돌출부에 자리 잡은 영국 원정군 부대는 끊임없이 독일군의 포격을 받으면서 영원히 끝날 것 같지 않은 고통을 겪어야 했다.

아르투아와 플랑드르

5월 2일, 동맹군이 동부전선의 고를리체Gorlice와 타르노프Tarnow 사이에서 파괴적인 공세를 개시하자, 러시아군은 다급하게 연합군에게 서부전선에서 공세에 나서서 동맹군의 주의를 돌려줄 것을 요청했다. 위기에 빠진 러시아군을 돕기 위한 방법이라는 의미까지 더해져서 연합군의 춘계 아르투아 공세의 중요성은 더욱 커졌다(3부 동부전선 참조). 조프르와 포슈는 아르투아 지역에서 1,252문의 대포를 동원하여 6일간에 걸쳐 격렬한 공격 준비 사격을 가한 후, 이제는 뒤르발ᵈ Urbal 대장이 지휘하게 된 프랑스 제10군으로 비미 능선을 공격한 다음 평야로 진격할 수 있는 통로를 뚫는다는 계획을 세웠다.

5월 9일, 대공세의 포문이 열렸다. 가장 중요한 중앙 지역의 공격을 맡고 있던 페탱의 제33군단은 공세 초반에 기대 이상의 성과를 거두었다. 공격 시작 90분 만에 페탱의 병사들은 약 4마일 길이의 전선을 2마일 반이나 뚫고 들어갔다. 또 제77모로코사단은 수쉐즈와 라 폴리La Folie 농장 사이의 지역을 공격해 들어가 비미 능선 정상에 도달했다. 하지만 이렇게 신속한

■■■■■■ 1915년 봄, 수쉐즈 인근의 노트르 담 드 로레트 고지대에서 촬영한 프랑스군의 모습. (IWM)

진격이 이루어질 것이라고 예상하지 못한 제10군 사령관 뒤르발 대장은 예비대를 너무 후방에 배치해놓는 우를 범하고 말았다. 전선에서 가장 가까운 곳에 위치한 예비대도 전선에서 7마일이나 떨어져 있었다. 결국 예비대를 제시간에 투입할 수 없었던 프랑스군은 공격 초기의 성과를 활용하여 전과 확대에 나설 수가 없었다. 별다른 증원도 받지 못하고 지칠 대로 지친 상태였던 페탱의 병사들은 저녁 무렵 독일군이 반격에 나서자 겨우 점령한 고지에서 밀려날 수밖에 없었다. 이후 전투는 비미 능선 정상과 기슭 주변에 구축된 미로 같은 독일군의 거점과 참호선 속에서 독일군과 연합군이 치열한 백병전을 벌이는 양상으로 진행되었다. 다시 한 번 무자비한 소모전이 벌어졌지만, 끝끝내 공격의 고삐를 늦추지 않았던 프랑스군은 추가로 노트르 담 드 로레트 주변의 핵심 고지 대부분을 장악하는 성과를 거두었다. 6월 16일에는 공세 초기 인상적인 진격 속도를 보여주었던 모로코사단이 다시 한 번 비미 능선 정상에 도달했다. 하지만 이전과 마찬가지로 프랑스군은 공격 초반에 얻은 성과를 계속 유지할 수 없었다. 5주간에 걸친 전투에서 프랑스군은 10만 명의 사상자가 더 발생했고, 독일군의 사상자도 총 6만 명에 달했다. 이렇게 엄청난 희생을 치르고 조프르와 포슈가 거둔 성과는 겨우 5마일의 프랑스 영토를 수복하고 비미 능선에 위태위태하게 겨우 발을 걸친 것뿐이었다.

5월 9일 시작된 연합군의 공세에서 영국 원정군이 시행한 공격은 3월 공세의 확대 재생판이었다. 영국군은 헤이그의 제1군을 동원하여 뇌브 샤펠의 측방을 공격함으로써 오베르 능선을 확보하고자 했다. 영국 원정군은 3월 공세에서 폭풍우처럼 몰아치는 격렬한 탄막사격이 효과적이라는 사실을 알게 되었지만, 고질적인 중포와 포탄 재고의 부족으로 인해 이번 공격에서는 공격 준비 사격 시간을 45분으로 제한할 수밖에 없었고, 포격 밀도도 그렇게 조밀하지 못했다. 3월 이래 지속적으로 방어 진지를 강화해온 독일군에게 이런 정도의 포격은 조금 따가운 정도의 충격밖에 주지 못했다. 영국군의 포격에 별다른 피해를 입지 않은 독일군은 포격이 끝난 후 여유 있게 엄폐호에서 나와 흉벽에 자리를 잡고 공격해오는 영국군에게 정확한 사격을 가해 엄청난 피해를 입혔다. 별다른 성과도 없이 순식간에 1만1,000명의 사상자가 발생하자, 5월 10일 오전에 헤이그는 공세를 중지시켰다.

그러나 독일군에 대한 압박을 지속해달라는 조프르의 요구에 굴복하여 존 프렌치 경은 5월 15일에 라 바세 운하의 북쪽 2마일 지점에 위치한 페스튀베르Festubert에 대해 제1군을 동원하여 추가적인 공격을 가하는 계획을 승인했다. 이때 영국군 총사령부GHQ가 헤이그에게 내린 지침은 연합군의 전략이 소모전 전략으로 바뀌었음을 시사해주고 있다. 이 지침에서 총사령부는 헤이그에게 "피로와 손실로 독일군이 더 이상 방어선을 유지할 수 없을 때까지" 무자비하게 독일군을 두들기라고 명령했다. 이번에는 5월 9일의 공격과 달리 공격 준비 사격이 60시간이나 지속되었고, 공격 목표 또한 이전부다 훨씬 더 현실적이어서 공격개시선에서 겨우 1,000야드를 진격한 후 점령한 지역을 확보하는 것이 목표였다. 5월 15일에서 27일 사이에 걸쳐 영국군은 최대 1,300야드까지 진격하면서 1만6,000명에 달하는 사상자를 냈다. 그러나 이런 결과를 보고 영국군은 장시간 포격을 가하는 것이 효과적이라는 생각을 가지게 되었고, 이후 보병 공격을 가하기 전에 장시간 포격을 가하는 것이 일반화되었다. 5월 공세를 통해 영국군과 프랑스군은 돌파구를 뚫기 위해서는 소모전과 장시간의 격렬한 포화, 보다 광정면廣正面에 대한 공격이 필요하다는 믿음을 갖게 되었다. 이러한 잘못된 믿음에 기반한 전술노선을 따르면서 연합군은 이후 2년간 엄청난 희생을 치르게 된다.

장기적으로 이보다 훨씬 더 큰 영향을 미친 것은 포탄의 부족이었다. 포탄 부족의 심각성은 영국 본토의 정가에 큰 파문을 일으킬 정도였다. 오베르 능선 전투 당시 영국군이 포탄 부족으로 곤란을 겪었다는 사실이 공개되면서 영국 정가에서는 한바탕 난리가 났고, 이는 곧바로 탄약성^{Ministry of Munitions}의 창설과 연립 내각의 수립으로 이어졌다. 체계적인 탄약생산정책이 새로 도입되면서 현대전의 탄약 수요에 훨씬 더 효과적으로 대처할 수 있게 되었지만, 이 정책의 실질적인 효과가 완전히 드러나게 된 것은 1917년 중반이 되어서였다.

1915년 봄과 여름에 걸쳐 영국 원정군의 확대 편성이 가속화되었다. 2월부터 9월까지 영국 원정군에는 15개 신편 사단과 6개 의용군사단이 추가로 배치되었다. 9월에는 제2캐나다사단까지 도착하면서 캐나다군단이 편성되었다. 영국군의 전력이 점차 강화되면서 영국 원정군이 담당한 전선도 점점 더 넓어졌다. 5월에 영국 원정군은 라 바세 운하로부터 랑스에 이르는 5마일 길이의 전선을 인수했고, 또 8월에는 15마일에 이르는 솜^{Somme} 지역의 전선을 추가로 담당하게 되었다. 솜 지역의 전선을 담당한 것은 육군 대장 찰스 몬로 경^{Sir Charles Monro}이 지휘하는 신예 부대인 제3군이었다. 6월, 프랑스군은 북부와 중부, 동부의 3개 집단군을 편성하고 각 집단군 사령관으로 포슈와 드 카스텔노, 그리고 뒤벨을 임명했다. 한편, 아르투아 공세에서 인상적인 활약을 보여준 페탱은 프랑스 제2군 사령관으로 승진했다.

대규모 공세가 벌어지지 않을 때에도 서부전선이 조용했던 것은 절대로 아니었다. 4월, 프랑스군은 생미엘 지역에서 돌출부를 형성하고 있는 독일군을 공격함으로써 베르됭의 동쪽 측면에 대한 잠재적인 위협을 제거하려고 시도했다. 그 과정에서 프랑스군은 6만4,000명에 달하는 사상자를 냈다. 또 6월 20일에서 7월 14일에 걸친 기간 동안 아르곤에서는 3만2,000명의 프랑스군 병사와 장교들이 죽거나 부상을 당했다. 독일군도 지지 않고 점점 강화되는 연합군의 전력에 대응하기 위해 속속 신무기를 도입했다. 2월, 베르됭 부근에서 최초로 화염방사기를 사용한 독일군은 7월 30일, 이프르 인근의 호허^{Hooge}를 공격하면서 신참들로 구성된 영국의 제14(경)사

■■■■■ 1916년 6월 16일 이프르 돌출부 내의 호허 인근의 Y숲에서 촬영한 사진. 엎드린 영국군 병사들 근처에서 포탄이 폭발하고 있다. (IWM)

단에 화염방사기를 동원한 대규모 공격을 가했다. 이후 영국군 병사들은 독일군의 화염방사기 공격에 대해 독일군이 무시무시한 '흐르는 불'을 사용했다고 묘사했다. 이 구역은 양측 참호간의 거리가 짧았기 때문에 화염방사기를 사용하기에 최적의 조건이었다. 그러나 이후 화염방사기가 그렇게 대활약을 할 만한 조건이 갖춰지는 경우는 거의 없었다. 8월 9일, 영국군 제6사단은 잘 준비된 소규모 공격을 통해 며칠 전 상실한 호허 인근 지역 일대를 다시 탈환했다.

연합군의 추계 공세 계획

6월 초, 조프르의 추계 연합 공세 계획의 윤곽이 드러났다. 1914년 동계 공세와 마찬가지로 조프르는 이번에도 아르투아와 샹파뉴 지역에 대한 집중 공격을 통해 누아용의 독일군 돌출부의 보급선을 차단하여 돌출부를 고립시킨 후 이를 제거한다는 목표를 세웠다. 조프르는 처음에는 주공 방향을 아르투아로 잡았지만, 나중에 이를 샹파뉴로 변경했다. 그 이유는 지난번 공세 당시 프랑스 제10군이 아르투아 지역에서 독일군이 요새화한 촌락들 때문에 진격하는 데 애를 먹었기 때문이었다. 프랑스 제2군과 제4군이 공격하게 될 샹파뉴에는 그런 요새화된 촌락들의 수가 아르투르에 비해 훨씬 적었다. 또 프랑스 제10군은 이번 추계 공세에서 영국군의 지원을 받아 랑스 북부에서 다시 한 번 비미 능선을 공격할 예정이었다.

영국군에게 중포가 부족하다는 사실을 잘 알고 있었던 존 프렌치 경과 헤이그는 영국군에게 할당된 역할에 불만을 품지 않을 수 없었다. 특히 조프르의 계획에 따르면, 영국 제1군은 여러 촌락들이 여기저기 흩어져 있고 지뢰밭과 파괴된 건물 잔해가 가득한 험난한 지형을 뚫고 진격해야만 했다. 바로 그러한 지형 때문에 프랑스군의 추계 공세 주공 방향이 아르투아에서 샹파뉴로 변경된 것을 생각하면, 영국군 지휘관들은 조프르의 계획을 더욱 납득할 수 없었다. 6월과 7월 내내 영국군 지휘관들로부터 계속적인 항의를 받았지만 조프르와 포슈는 기존의 계획을 변경하려 듣지 않았다. 게다가 이탈리아와 갈리폴리, 동부전선에서 연달아 패전의 비보가 전해지고 이로 인해 연합군의 전반적인 전략적 상황이 악화되자, 8월 중순 키치너는 마음을 바꿨다. 키치너는 프렌치 경과 헤이그에게 "설령 그렇게 함으로써 영국군이 큰 피해를 입게 되더라도" 조프르의 계획을 수용할 것을 명령했다.

주공 방향이 보다 인구가 적고 사회기반시설도 부족한 샹파뉴 지역으로 전환되면서 프랑스군은 공격 준비를 하기 위해 추가로 경철도와 도로를 건설해야 했다. 아무것도 없는 곳에 도로와 철도를 건설하다 보니 작전은 필연적으로 지연될 수밖에 없었고, 실제로 연합군이 공격에 나선 것은 9월 25일이 되어서였다. 물론 그 동안 독일군도 가만히 놀고 있지만은 않았다. 독일군은 공기^{工期}를 단축하기 위해 연합군 포로들과 프랑스 민간인들까지 동원하여 제1방어선으로부터 2~4마일 후방에 제2방어선을 구축했다. 하지만 독일군은 연합군이 이렇게 대규모로 공세에 나설 것이라고는 예상하지 못했다. 제3군 사령관 폰 아이넴^{von Einem}이 연달아 샹파뉴 지역에서 프랑스군이 대공세를 준비하고 있다는 보고를 올렸지만, 팔켄하인은 이를 대수롭지 않게 여겼고 9월 21일에는 카이저와 함께 전선 시찰에 나서기까지 했다. 낙관적이기는 조프르도 마찬가지였다. 공세 개시 전날 조프르는 프랑스군 병사들에게 "제군들의 공격정신을 막을 수 있는 것은 아무것도 없다"는 훈시까지 내렸다.

제2차 샹파뉴 전투

9월 25일 폭우가 쏟아지는 가운데 연합군의 추계 샹파뉴 공세가 시작되었다. 기치를 높이 쳐들고 군악대가 프랑스 국가인 '라 마르세예즈^{La Marseil-laise}'를 연주하는 가운데 진격해나간 드 카스텔노의 중앙 집단군은 공세 초기 상당한 진전을 이루었다. 연합군은 공세 시작 전에 독일군 방어선에 4일간 연속포화를 퍼부었다. 이로 인해 독일군의 참호선은 큰 피해를 입었고 철조망도 끊어진 곳이 많았다. 덕분에 프랑스군 보병들은 비교적 수월하게 독일군의 최전방 진지에 도달할 수 있었다. 프랑스군은 총 4개소에서 독일군 방어선을 뚫고 들어갔다. 비록 20개 사단으로 구성된 공격 제대 가운데 중앙부에서 공격해 들어간 모로코사단은 부아 드 페르트^{Bois de Perthes} 고지에서 진격이 정지되었지만, 그 좌측에서 진격하던 제10식민지사단은 공세 개시 1시간도 되지 않아 독일군 전선을 3,000야드나 뚫고 들어가 독일군의 제2방어선에 도달했다. 모로코사단의 우측에서 진격하던 제28사단의 진격도 역시 순조롭게 이루어졌으며, 공격군 최좌익과 최우익을 담당한 부대들도 상당한 거리를 파고드는 데 성공했다. 반면, 프랑스 제2군과 제4군 소속사단들이 거둔 성과는 부아 드 페르트 인근에서 거둔 성과에 크게 못 미치는 것이었다.

정오가 되자 여전히 전선을 시찰하고 있던 팔켄하인이 독일 제5군 지휘소에 도착하여 현재 상황에 대한 브리핑을 받았다. 팔켄하인은 즉각 보주 지역에서 1개 사단을 빼내 독일 제3군에 배속시키고 최근 동부전선에서 이동해온 제10군단 예하 부대들을 독일 제3군의 담당구역에 배치했다. 공세 초기에 프랑스군이 거둔 성과에 고무된 조프르는 중앙 집단군에 2개 예비사단을 추가로 투입하는 동시에 동부 집단군에게 가용한 75밀리미터 곡사포탄을 모두 중앙 집단군에게 돌리라고 명령했다. 그러나 사실 당시 샹파뉴의 독일군 방어선이 심각한 위기에 처한 것은 아니었다. 프랑스군의 공세 준비를 장기간에 걸쳐 관찰한 독일군은 대부분의 포병대를 제2방어선 후방으로 빼놓은 상태였고, 독일군은 제2방어진지에서 손상되지 않은 철조망과 참호선에 의지하여 연합군의 공격을 저지할 계획이었다.

공세 이틀째인 9월 26일, 독일군의 제2방어선이 가까워지면서 약 8마일 길이의 전선에 공격을 가한 프랑스군은 독일군의 두터운 방어벽간에 거우 위태위태한 발판을 확보하는 것 이상의 성과를 거둘 수는 없었다. 결국 연합군의 공세는 그 기세를 서서히 상실했다. 또 독일군은 대부분의 참호를 고지 후사면에 구축했기 때문에, 프랑스군 포병들은 독일군 방어선 후방의 참호를 직접 관측할 수가 없었다. 9월 27일에서 29일에 걸쳐 프랑스군은 필사적으로 공격했지만, 독일군 제2방어선의 극히 일부 지역에 빈약한 발판을 마련한 것이 성과의 전부였다. 탄약이 점점 바닥나고 사상자 수가 치솟자, 프랑스 제2군을 지휘하던 페탱은 과감하게 실패를 인정하고 더 이상의 공격작전을 중지했다. 그에 따라 조프르도 공세 전체를 중지할 수밖에 없었다. 10월 6일 연합군은 공세를 재개했지만, 이 역시 이전의 공세와 마찬가지로 별다른 성과를 거둘 수 없었다. 샹파뉴 공세로 연합군이 얻은 성과는 애초에 조프르가 약속한 것에 크게 못 미쳤지만, 프랑스군의 사

상자 수는 이미 14만4,000명에 달해 있었다. 반면 독일군의 사상자 수는 8만5,000명 정도였다. 대차대조표를 놓고 보자면 연합군이 냉혹한 장기 소모전 전략을 채택했다는 점을 감안하더라도 치른 희생과 투입된 자원에 비해 거둔 성과는 너무나 빈약했다.

루스 전투

헤이그는 늘 영국군의 중포 부족에 대해 우려하고 있었다. 하지만 허버트 고프 Hubert Gough 중장의 제1군단과 롤린슨의 제4군단에 약 5,000통의 염소 가스통이 지급되면서 적어도 아르투아에 참가한 제1군에 대해서는 그런 우려를 상당부분 덜 수 있었다. 롤린슨은 '닥치고 버티기' 전술을 옹호하면서 독일군의 반격을 유도해서 큰 피해를 입히자고 주장했다. 반면 헤이그는 독일군의 제1·2방어선을 루스^{Loos}와 에슨^{Haisnes} 사이에서 돌파한 후 하우테 도일레^{Haute Deule} 운하 동쪽으로 진격한다면 롤린슨의 소극적인 방어 전술로 거둘 수 있는 부수적 성과 이상의 결과를 얻을 수 있다고 생각했다. 이를 위해 헤이그는 제11군단이 예비대로서 필요시 즉각 자신에게 배속될 것을 전제로 휘하의 제1군단과 제4군단의 6개 사단을 모두 주공에 투입했다.

그러나 당시 영국군 총사령관 존 프렌치 경은 향후의 전황 전개에 대해 불안해하고 있었다. 존 프렌치 경은 제11군단의 선봉을 구성하는 2개 사단이 공격개시일 오전에는 공격개시선으로부터 4~6마일 후방에 대기하고 있어야 한다는 헤이그의 요청을 승인하기는 했지만, 공격이 실제로 시작되기 전까지 이 예비대를 최대한 오래 영국 원정군 총사령부의 통제하에 두기를 원했다. 그리고 제11군단을 예비대로 사용하기로 한 결정 자체도 왜 그랬는지 의구심이 드는 조치였다. 당시 제11군단 예하 3개 사단 가운데 2개 사단은 프랑스에 도착한 지 채 한 달도 되지 않는 신참 부대였기 때문이었다.

4일간에 걸친 공격 준비 포격이 끝난 후 9월 25일, 영국군은 보병들의 공격이 시작되기 40분 전인 오전 5시 50분 독가스를 살포했다. 그러나 살포된 독가스는 중앙과 좌익에서 대체로 제구실을 못했으며, 일부 지역에서는 역풍에 밀려 영국군 참호로 밀려오기도 했다. 그럼에도 불구하고 제9스코틀랜드사단은 호헨촐레른^{Hohenzollern} 보루와 제8해자의 강고한 방어를 돌파하는 데 성공했으며, 제15스코틀랜드사단도 루스 마을을 점령했다. 오전 8시 45분, 헤이그의 예비대 투입 요청을 받은 존 프렌치 경은 9시 30분경 제21사단과 제24사단에 대한 총사령부의 통제를 해제했다. 그러나 명령 전달 과정에서 발생한 지연과 후방의 교통 정체 때문에(이는 부분적으로

루스 전투(1915년 9월 25일~10월 14일)

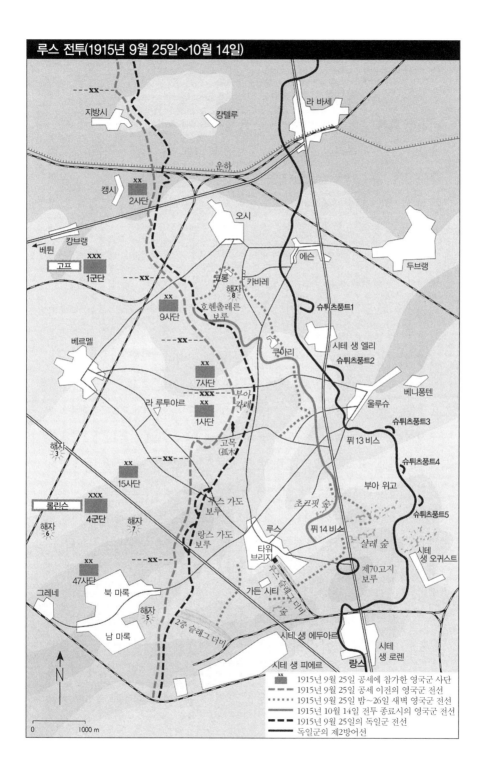

지방시

캉텔루

라 바세

운하

캥시
xx
2사단

오시

캉브랭

베튄

고프
1군단
XXX

뫼롱
해자
8
카바레

에슨

두브랭

슈튀츠풍트1

9사단
xx

호헨촐레른
보루

시테 생 엘리

쿡아리

슈튀츠풍트2

베르멜

7사단
xx

베니퐁텐

울루슈

슈튀츠풍트3

라 루투아르

부아
카레
XXX

1사단
xx

뤼 13 비스

고목
(孤木)

부아 위고

슈튀츠풍트4

해자
3

15사단
xx

롤린슨
4군단
XXX

초킷핏 숲

슈튀츠풍트5

해자
6

해자
7

루스 가도
보루

랑스 가도
보루

루스

뤼 14 비스

살레 숲

시테
생 오귀스트

47사단
xx

타워
브리지

제70고지
보루

그레네

북 마록

해자
5

가든 시티

루스 슐레그 더미
숲

남 마록

2중 슐래그 더미

시테 생 에두아르

시테
생 로렌

랑스

시테 생 피에르

N

0   1000 m

xx	1915년 9월 25일 공세에 참가한 영국군 사단
-----	1915년 9월 25일 공세 이전의 영국군 전선
······	1915년 9월 25일 밤~26일 새벽 영국군 전선
———	1915년 10월 14일 전투 종료시의 영국군 전선
-----	1915년 9월 25일의 독일군 전선
━━━	독일군의 제2방어선

는 헤이그 참모진의 잘못이기도 했다), 이들 예비대의 도착은 크게 지연되었다. 프랑스에 도착한 지 얼마 되지도 않은 이들 신참 사단들은 폐허가 널려 있는 익숙지 않은 지형을 가로질러 밤새도록 행군해야 했고, 다음 날 아침이 되자 포병 지원도 없이 랑스와 울루슈Hulluch 사이에 구축된 독일군 제2방어선을 공격해야 했다. 어떻게 보면 당연한 일이지만, 공격은 강고한 독일군의 방어 앞에 순식간에 무너져버렸고, 이들 신참 사단들은 무질서하게 퇴각했다. 반격에 나선 독일군은 곧 호헨촐레른 보루를 포함하여 공세 초기 영국군이 점령한 지역들을 대부분 탈환했다.

5월 공세에서 예비대를 전선에서 너무 멀리 떨어진 곳에 대기시켰다가 낭패를 본 프랑스군은 똑같은 실수를 반복하지 않겠다는 생각에 이번에는 예비대를 전선 가까이에 배치했다. 그러나 이번에는 예비대를 전선에 너무 가깝게 배치한 것이 화근이 되었다. 독일군의 포화를 뒤집어쓴 프랑스군 예비대는 전투에 투입되기도 전에 큰 피해를 입어야 했다. 그러나 그런 피해에도 불구하고 9월 26일, 프랑스 제10군은 마침내 수쉐즈를 점령했다. 독일군은 여전히 비미 능선을 확보한 상태였지만, 프랑스군은 나중에 '뾰루지'라고 불리게 된 능선 북쪽 끝의 중요한 언덕 지형을 점령하고 5개월간 이 언덕을 고수했다. 10월 13일, 영국군은 호헨촐레른 보루에 대해 다시 공격을 가했지만, 겨우 보루의 서쪽 측면을 확보하는 데 만족해야 했다.

여기저기서 조금씩 전술적 차원의 이득을 얻기도 했지만, 전체적으로 연합군이 거둔 성과는 보잘것없었다. 반면 아르투아 공세에서 발생한 연합군 사상자 수는 영국군이 5만 명 이상, 프랑스군이 약 4만8,000명에 달했다. 독일군의 병력 손실은 총 5만6,000명 정도였다. 영국 원정군 사령관 존 프렌치 경은 예비대를 지나치게 후방에 배치하고 그 지휘권을 너무 오랫동안 전선 지휘관에게 넘기지 않았다고 엄청난 비난을 받았다. 하지만 존 프렌치 경의 과오는 차치하더라도 이 예비대가 제1군의 직접 통제하에 들어왔을 때 헤이그와 그의 참모들이 보여준 지휘력도 그렇게 훌륭하다고

는 말할 수 없었다. 이번 공세를 통해 영국 원정군, 그중에서도 특히 고위
지휘관들은 아직 배울 것이 많다는 사실이 드러났다. 하지만 새로 편성된
제9·15스코틀랜드사단이 보여준 활약은 영국군의 미래에 조금이나마 희
망을 불어넣어주는 것이었다.

헤이그, 영국 원정군 총사령관이 되다

존 프렌치 경은 루스 전투에서의 예비대 운용을 둘러싸고 엄청난 비난을
받으면서 총사령관직에서 물러났다. 그 뒤를 이어 1915년 12월 19일 더글
러스 헤이그 경이 영국 원정군 총사령관 자리에 올랐다. 헤이그가 이런 식
으로 일이 돌아가도록 뒤에서 상황을 조종했는지에 대해서는 역사가들마
다 의견을 달리하고 있지만, 몽스
전투 이후 프렌치의 지휘력에 실
망한 헤이그가 영국 본토의 권력
자들에게 프렌치에 대한 자신의
생각이 전달되도록 손을 썼다는
사실은 분명하다. 그러나 헤이그
의 한결같은 프로 군인정신과 실
용주의적 태도는 총사령관이 된
지 몇 달 만에 영국 원정군이 기
본적인 운영과 조직, 장비, 전술
에 있어 근본적인 개선을 이루는
데 큰 보탬이 되었다. 헤이그는
또한 같은 해 12월 23일 육군 중
장 윌리엄 로버트슨 경이 영국군

■■■■■ 1915년 12월, 영국 원정군 총사령관이 된
육군 대장 더글러스 헤이그 경. 헤이그는 1916년 말
육군 원수로 승진했다. (IWM)

■■■■■■ 1915년 10월, 루스 인근의 빅 윌리(Big Willie) 참호에서 밀스 수류탄에 신관을 장착하고 있는 스코틀랜드 근위연대 제1대대 소속 병사들의 모습. (IWM)

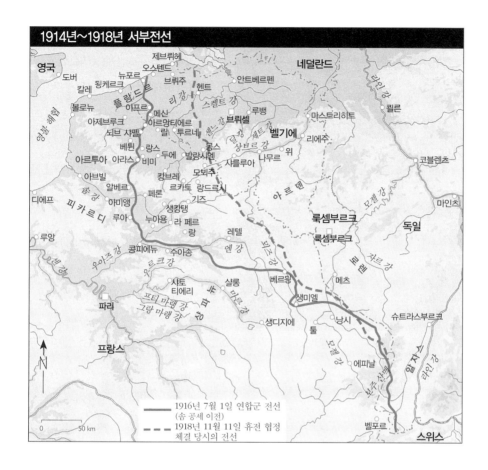

1914년~1918년 서부전선

참모총장으로 임명되는 데도 적잖은 영향을 미쳤다. 참모총장직 제안을 수락하기 전 로버트슨은 총참모부가 영국 내각에 차후 작전에 관해 조언을 제공하는 유일한 기구가 되어야 한다고 주장했다. 비록 로버트슨이 헤이그에게 무비판적 지지를 보낸 것은 아니었지만, 로버트슨은 전쟁의 승패가 프랑스에서 갈리게 될 것이라는 헤이그의 의견을 지지했다. 이미 갈리폴리에서 철수한다는 결정이 내려진 시점에서 헤이그와 로버트슨이 영국군의 최고 수뇌 자리에 오르면서 1916년에 영국군의 전략 초점이 서부전선에 맞춰질 것이라는 사실은 더욱 분명해졌다.

■■■■■ 1915년 루스-라 바세 구간에 위치한 오시 지역에 구축된 참호선을 항공 촬영한 사진. (IWM)

이제 연합군 사령관들은 결정적 승리를 얻기 위해서는 장기간에 걸쳐 여러 차례 공세 작전을 벌이는 것이 필수 전제 조건이라는 사실을 분명히 깨닫게 되었다. 1915년 내내 벌어진 전투들을 통해 이들은 치밀한 계획과 격렬한 포격, 맹렬한 보병의 돌격으로 적의 전방 방어진지를 빼앗을 수 있다는 사실을 알게 되었다. 그러나 문제는 돌파구를 형성한 후 전과 확대에 나서는 것이 쉽지가 않다는 점이었다. 시간이 지날수록 독일군의 방어진은 더욱 두터워지고 단단해지고 있었기 때문에, 연합군은 독일군의 다중 방어선을 공격할 때 여러 방어선을 차례로 공격해야 했으며, 또 각 방어선을 뚫을 때마다 새로운 예비 부대를 투입하고 포병 부대를 전진시켜야 하는 어려움을 극복해야 했다. 게다가 전쟁을 소모전으로 이끌고 나가야 할 필요성을 알고 있으면서도 연합군 지휘관들은 신속한 돌파구 형성을 통해 결정적인 승리를 쟁취한다는 꿈을 포기하지 못했다. 결국 이들은 가능한 한 많은 적군을 끌어들여서 전멸시키는 목적이 아니라면 지역 확보에 매달리기보다는 유연하게 전진과 후퇴를 반복하면서 적에게 소모전을 강요하는 것이 가장 효과적인 전술이라는 사실을 완전히 이해하지 못했다. 오히려 반대로 많은 연합군 지휘관들은 제한적인 공세를 통해 최대한 많은 수의 독일군을 살상하기보다는 특정 목표물을 점령해야 한다는 고정관념에만 매달렸다.

1915년에는 몇 가지 새로운 전술적 발전이 이루어졌다. 그해 말이 되자 독일군은 1914년까지 사용했던 구시대적인 밀집 대형과 산병선을 이루며 공격하는 전술을 버리고 '돌격대 storm troops' 라고 불리는 특별 공격 부대를 훈련시켰다. 돌격대는 근접화력지원을 위해 자체적으로 화염방사기와 경포輕砲, 박격포 등을 보유하고 공격 부대 본대와는 독립적으로 움직이면서 적의 거점을 처리했다. 프랑스군에서도 앙드레 라파그 André Laffargue 대위가 참호전에 관한 독창적인 교리를 담은 『참호전 상황에서의 공격법 The Attack in Trench Warfare 』이라는 소책자를 저술하기도 했다. 영국은 급작스러운 원정군의 확대와 대규모 시민 지원병의 유입에 대처하느라 정신이 없었기 때문에, 같은 시기에 다른 국가들에 비해 전술적 연구에 있어 뒤쳐져 있었다. 그러나 괄목할 만한 탄약 생산의 증대와 근대적인 박격포 및 밀스 Mills 수류탄의 등장으로 영국은 서서히 물량 면에서 우위를 다져나가기 시작했다.

12월 6일에서 8일에 걸쳐 샹티이 Chantilly 에서 열린 연합국 회담에서 연합국은 동맹국이 내선의 이점을 활용하여 각 전선에서 다른 전선으로 신속하게 병력을 이동시킬 수 있다는 점에 대항하여 1916년에는 이탈리아 및 동부·서부전선에서 동시다발적인 공세를 개시해야 한다는 결론을 내렸다. 1915년 12월 말, 조프르는 헤이그에게 솜 강 양안에서 영국군과 프랑스군이 함께 대규모 공세를 가하자고 제안했다. 1916년 1월 23일에 조프르는 본격적인 공세에 앞서 4월과 5월에 걸쳐 영국군이 독일군과 지속적인 전투를 벌여 독일군의 전력을 소모시켜야 한다고 주장했다. 반면 헤이그는 그와 같은 소모전을 개별적인 작전이 아니라 대규모 공세의 핵심적인 사전 준비 작업으로 간주했다. 또 제대로 훈련도 받지 못한 영국 원정군 병사들을 본격적인 영국군 주도의 공세에 써먹기도 전에 낭비하고 싶지 않았던 헤이그는 조프르의 제안에 반대하고 나섰다. 영국-프랑스 군사동맹에서 영국의 영향력이 더 약하다는 사실을 잘 알고 있었던 헤이그는 개인적으로는 플랑드르 지역에서 공세를 가하고 싶었지만, 2월 14일, 결국 영국군이 1916년 7월 1일 솜 강 유역에서 프랑스군과 함께 연합공세에 나선다는 계획에 동의했다.

소모전의 격화

연합군이 1916년을 위한 전쟁계획 작성에 분주할 때, 독일군은 선수를 쳐서 기선을 제압할 준비를 하고 있었다. 그 무렵 동부전선은 당장 동맹군에게 위협이 될 만한 상황이 아니었고, 덕분에 팔켄하인은 마침내 서부전선 공세 계획을 세울 여유를 얻게 되었다. 당시 서부전선에서는 서서히 연합군의 인적 · 물적 자원상의 우위가 점점 분명해지기 시작했다. 따라서 독일군으로서는 이런 양상이 돌이킬 수 없는 지경에 이르기 전에 어떻게든 대규모 전투에서 승리를 거둘 필요가 있었다. 팔켄하인은 독일의 숙적이라고 할 수 있는 영국을 무제한 잠수함 작전을 통해 굴복시킬 수 있으리라고 믿었다. 하지만 이 전략은 동시에 중립국 선박에 대한 공격에 분노한 미국이 연합국 편에 서서 참전하는 사태를 유발할 위험성도 갖고 있었다.

   또 다른 해결책은 육상에서 프랑스에게 더 이상의 희생은 무의미하다라는 사실을 깨닫게 함으로써 영국이 가진 '최고의 무기'*를 빼앗아버리는 것이었다. 하지만 1915년에 벌어진 전투들은 대규모 돌파구를 형성하는 것이 불가능하다는 것을 잘 보여주었기 때문에, 팔켄하인은 돌파구를 뚫는 대신에 프랑스가 어떤 대가를 치르고서라도 지키려고 할 특정 구역을 선정해서 제한된 공세를 가하라는 명령을 내렸다. 팔켄하인의 의도는 그런 작전을 통해서 지속적으로 독일군 포병들이 집중포격을 퍼부어대는

---

* 프랑스를 의미.

1915년 10월 라뱅 드 수쉐즈(Ravin de Souchez)의 엄폐호에서 촬영한 프랑스 제68보병사단 소속 병사들의 모습. (IWM)

살상지대에 증원 부대를 쏟아 붓게 만듦으로써 프랑스군을 과다출혈사시 킨다는 것이었다.

　팔켄하인이 살상지대로 선택한 곳은 요새 도시인 베르됭이었다. 베르됭 은 프랑스의 국가적 자존심의 상징으로서 독일군 전선을 파고든 돌출부 끝 단에 위치해 있었고, 덕분에 독일군은 세 방향에서 베르됭에 포격을 퍼부 을 수 있었다. 이 공세는 빌헬름 황태자가 지휘하는 독일 제5군이 수행할 예정이었기 때문에, 독일 황제 빌헬름 2세도 이 공세에 전폭적 지지를 보냈 다. (사실, 제5군의 실질적인 지휘권은 참모장인 폰 크노벨스도르프^{von Knobelsdorf}가

쥐고 있었다. 독일 황제 빌헬름 2세는 황태자의 보좌역으로 직접 폰 크노벨스도르프를 임명하면서 황태자에게 직접 "그가 무슨 조언을 하든 무조건 그 말을 따르라"고 말했다.)

베르됭은 애당초 뫼즈 강 양안의 능선과 고지들로 둘러싸인 천혜의 방어진지였지만, 여기에 더하여 시 주변을 빙 둘러서 여러 개의 요새까지 구축해놓고 있었다. 요새 중에서 서류상의 전력으로 봤을 때 가장 강력했던 것은 두오몽^{Douaumont} 요새였다. 두오몽 요새는 베르됭 시의 북동쪽, 뫼즈 강 우안에 위치한 1,200피트 높이의 고지에 구축되어 있었다. 그러나 이 요새들의 실제방어력은 모두 알려진 것과는 거리가 먼 것이었다. 요새에 배치된 포 중 다수는 전년도의 프랑스군 추계 공세에 추가적인 화력 지원을 제공하기 위해 다른 전선으로 이동한 상태였다. 이런 상황에서 프랑스 하원 의원이었던 에밀 드리앙^{Emile Driant}은 베르됭 요새의 약화된 실상을 동료 의원들에게 공개함으로써 조프르의 분노를 샀다. 운명의 장난이었는지, 드리앙은 1916년 2월 독일의 공격 한가운데 위치하게 될 부아 데 코르 Bois des Caures에서 2개 샤쇠르^{Chasseurs}(경기병) 대대를 지휘하고 있었다.

팔켄하인이 진심으로 베르됭을 점령하고자 했는지는 아직도 논란거리로 남아 있다. 겨우 9개 사단으로 공격을 시작하면서 예비대를 계속 자신의 통제하에 두고 또 공격을 뫼즈 강 우안으로 제한하기로 한 팔켄하인의 결정들은 모두 그의 주된 목표가 베르됭 점령이 아니었다는 사실을 잘 보여주고 있다. 반면에 빌헬름 황태자는 작전 목표가 베르됭을 급작스럽고 격렬한 공격으로 탈취하는 것이라고 생각하고 적극적으로 공격을 진행해나갔다. 과거에도 몇 번이나 그랬던 것처럼 다시 한 번 전략적 목적을 둘러싼 혼란이 독일군의 공세작전에 악영향을 미친 셈이었다. 이런 악순환은 이후에도 계속해서 반복되었다. 비밀리에 1,220문이 넘는 화포를 독일군 전선 후방에 집결시킨다는 제일 시급했던 과업은 치밀한 계획하에 완수되었지만, 날씨는 치밀한 계획으로도 어떻게 할 수 없는 일이었다. 강풍과 비바람, 그리고 눈보라 때문에 팔켄하인은 2월 12일로 예정된 공격 개시일을 9일이나 연기해야 했다.

베르됭 전투

2월 21일 새벽, 베르됭으로부터 20마일 떨어진 곳에서 1문의 38센티미터 해군포가 뫼즈 강에 걸린 교량을 향해 첫 포탄을 날림으로써 베르됭 전투가 시작되었다. 이 포탄 자체는 목표물을 명중시키지 못했지만, 이후로도 유례없는 무자비한 포격이 9시간이나 계속되었다. 당시 포격이 얼마나 심했는지 예를 들어 보면, 부아 데 코르 한곳에만 8만 발의 포탄이 떨어질 정도였다. 포격으로 인해 후방과의 연락이 완전히 두절되면서 혼란에 빠진 프랑스군 수비대는 도저히 독일군의 대규모 공격을 격퇴할 수 있는 상황이 아니었다.

하지만 프랑스군에게는 다행히도 독일군은 공격 계획 입안에 있어 대단히 소심한 모습을 보이면서 첫날의 작전 활동을 방어선의 약점을 찾기 위해 소부대로 프랑스군 전선을 침투해 들어가는 강행정찰 수준으로 제한했다. 오직 독일 제7예비군단 사령관인 폰 츠벨만이 이러한 명령을 무시하면서 공격에 나서 큰 성과를 거두었다. 이는 만약 독일군이 첫날부터 적극적인 공세에 나섰다면 어떤 결과를 얻을 수 있었을지를 보여주는 사례였다. 폰 츠벨은 강행정찰대 바로 뒤에 돌격대원들을 투입하여 공격 개시 5시간 만에 부아 도몽Bois d'Haumont 요새를 점령했다. 그러나 부아 데 코르 요새는 수비대를 지휘하고 있던 드리앙이 연속적인 참호선을 모두 지키는 대신 교묘한 거점 방어를 실시하면서 포격에서 살아남은 샤쇠르들을 지휘하여 독일 제18군단의 공격으로부터 완강하게 진지를 고수했다.

2월 22일, 폰 츠벨의 부대는 다시 한 번 공격에 있어 주도적 역할을 수

■■■■■■ 전투 중인 독일군 MG08 기관총조의 모습. (IWM)

행하면서 프랑스 제72사단의 좌익인 부아 드 콩상부아Bois de Consenvoye 의 향
토예비군 1개 연대를 뚫고 나가 부아 도몽 마을을 점령하면서 프랑스군의
제1방어선에 구멍을 뚫는 동시에 부아 데 코르의 좌측 측면으로 파고들었
다. 영웅적인 활약을 보여주던 드리앙은 박살이 난 그의 대대들을 보몽
Beaumont 으로 철수시키기 위해 사투를 벌이다 그날 오후 늦게 장렬하게 전

사했다. 이제 프랑스군의 최전선은 대부분 붕괴되었지만, 프랑스군 수비대는 막대한 희생을 치르면서도 독일군, 특히 정예 돌격대원들에게 큰 피해를 안겨주었다. 다음 날, 독일군은 프랑스군의 중앙 방어선을 맞닥뜨리게 되었다. 이 방어선은 드 카스텔노의 명령으로 구축된 것으로 워낙 최근에 건설된 것이라 독일군의 지도에는 표시되어 있지 않았다. 끈질기게 버티던 에르브부아Herbebois 예하의 프랑스 제51사단도 저녁 무렵에는 무너져버렸지만, 2월 23일에 독일군이 거둔 성과는 전반적으로 실망스러운 수준이었다. 게다가 빈사지경에 빠진 프랑스 제30군단을 지원하기 위해 제37 아프리카사단이 전장에 도착하기 시작하면서 프랑스군도 다시 기운을 차리기 시작했다. 뿐만 아니라 독일군으로서는 엎친 데 덮친 격으로 강력한 프랑스군 포병대까지 뫼즈 강 좌안으로 몰려들고 있었다.

하지만 이런 움직임에도 불구하고 프랑스군의 전황이 금방 호전되지는 않았다. 2월 24일 새벽이 되기도 전에 사모뉴Samogneux가 독일군에게 함락되었다. 프랑스 제51사단과 제72사단 역시 붕괴 직전의 위기에 몰렸다. 끈질기게 버티던 보몽 요새마저 함락되자, 그로부터 3시간도 지나지 않아 프랑스군의 제2방어선은 산산조각이 났다. 제37아프리카사단 소속의 알제리 주아브Algerian Zouave 병사들과 모로코 병사들이 전투에 조금씩 투입되었지만, 혹한과 독일군의 무자비한 포화에 대한 방호책이 전혀 없었던 이들 병력으로는 전황을 안정시킬 수가 없었다. 독일 제3군단의 브란덴부르크Brandenburg연대와 맞붙었던 제3주아브연대는 뿔뿔이 흩어져버렸고, 이제 베르됭 수비의 핵심인 두오몽 요새까지 독일군의 공격에 그대로 노출되었다. 해가 지면서 이제 빈사지경을 넘어 박살이 난 제30군단을 구원하기 위해 발푸리에Balfourier가 지휘하는 프랑스 제20군단이 도착했지만, 새로 도착한 이 부대가 무너져내리는 전선을 복구할 수 있을지는 아무도 알 수 없었다.

두오몽 요새 함락

2월 25일, 독일 제24브란덴부르크연대가 제3주아브연대기 무너지면서 생긴 틈으로 파고들어왔다. 연대 예하대의 일부는 지정된 목표물을 넘어 두오몽 요새까지 밀고나갔다. 한편, 프랑스군 쪽에서는 참모들과 지휘계통에 발생한 혼란으로 인해 당시 겨우 60명의 수비병이 두오몽 요새를 지키고 있었다. 쿤체Kunze라는 이름의 부사관이 지휘하는 일단의 독일군 공병들은 요새에서 이상할 정도로 프랑스 수비병의 활동이 보이지 않자 용기를 얻어 요새 외곽 방어선을 넘어 말라버린 해자壕字*로 들어갔다. 그곳에서도 프랑스군에게 발각당하지 않은 독일 공병들은 요새의 벽을 기어 올라가 총안銃眼을 통해 요새의 흉벽 위로 올라섰다. 당시 요새 수비병들은 독일군이 퍼부은 42센티미터 포탄이 일으키는 충격파와 연기를 피해 요새

---

* 성 주위에 둘러 판 못.

내부로 들어가 있었다. 쿤체의 공병들에 뒤이어 브란덴부르크연대 소속 병사들로 이루어진 3개 소그룹이 침입해 들어오자 전의를 상실한 요새 수비병들은 오후 4시 30분 무렵 항복하고 말았다.

별다른 피해도 입지 않고 두오몽 요새 점령이라는 엄청난 전과를 거두었다는 소식에 독일 전국은 축제 분위기에 휩싸였다. 이제 독일군에게는 베르됭 시로 밀고 들어갈 수 있는 통로가 열린 것처럼 보였고, 프랑스 중앙 집단군 사령관 드 랑글 드 카리는 일찌감치 베르됭 동쪽과 남동쪽의 고지대로 철수해야 한다고 주장하고 나섰다. 그러나 여전히 투지를 잃지 않은 드 카스텔노 장군은 프랑스군 총사령부에서 이런 철수 주장을 반대하고 나섰다. 페탱의 제2군을 예비대로 빼내서 뫼즈 강 좌안을 지키겠다고 장담한 드 카스텔노는 2월 25일 베르됭으로 가서 모든 철수 의견을 찍소리 못하게 눌러버렸다. 그는 또한 페탱의 관할 지역을 뫼즈 강 우안까지 확대시킬 것을 요구했다. 당시 프랑스군이 베르됭을 지키기 위해서는 어떤 희생을 치르고라도 뫼즈 강 우안을 지켜내야 했다. 드 카스텔노로서는 군 교리적 차원뿐만이 아니라 국가적 자존심 때문에라도 베르됭을 포기한다는 것은 상상조차 할 수 없는 일이었기에 베르됭에서 버티자는 주장을 한 것이지만, 어떻게 보면 이와 같은 주장은 어느 정도 팔켄하인의 계획에 놀아나는 것이기도 했다.

1915년 이프르 전투 당시 플루머가 그랬던 것처럼 실용주의적인 페탱이 진짜 원했던 것은 방어가 가능한 지역까지 질서정연하게 물러나는 것이었을 수도 있었다. 하지만 동시에 정략이나 허례허식을 모르는 성실한 장교였던 페탱은 절망적인 상황에 빠진 베르됭의 구원자라는 역할에 딱 들어맞는 적임자이기도 했다. 플루머와 마찬가지로 페탱은 현대적 무기가 갖고 있는 엄청난 화력을 잘 이해하고 있었고 또 무엇보다도 다른 장군들과는 달리 병사들로부터 신뢰를 받고 있었다. 그가 베르됭 방어 지휘를 맡았다는 사실만으로도 베르됭 수비대의 사기는 급상승했다. 페탱의 지휘하에 베르됭의 요새들을 지키고 있던 병사들은 이 요새들이 프랑스를 지키는 '저항선Line of Resistance'의 핵심이라는 자부심을 갖고 베르됭 방어의 결의를 다졌다. 여기에 프랑스군 포병대까지 집결하게 되자, 독일군 역시 소모전을 강요당하게 되었다. 또 페탱은 보급이 무엇보다도 중요하다는 사실을 잘 이해하고 있었다. 베르됭으로 향하는 철도들이 독일군의 장거리포 사격으로 두절되자, 페탱은 유일하게 남아 있는 남쪽 통로(이 통로는 '성스러운 길 Voie Sacrée'이라는 이름으로 역사에 남게 되었다)를 통해 보급을 유지하기 위해 갖은 애

■■■■■ 앙리 필립 페탱(Henri Philippe Pétain) 대장(나중에 원수로 진급)의 초상화. 페탱은 프랑스 제2군 사령관으로서 1916년 봄 베르됭을 훌륭하게 방어해냈다. (Hulton Deutsch)

를 썼다. 6월이 되자 이 생명선을 타고 보급 차량들이 14초마다 베르됭에 도착했다.

춘계 및 하계 베르됭 전투

그러나 사실 페탱이 그와 같은 조치를 취하기 이전에 이미 독일군은 공격 기세를 잃고 있었다. 팔켄하인이 베르됭 공격에 나서면서 예비대를 거의 확보해두지 않았기 때문에, 독일군은 일단 공격 기세가 꺾이자 다시 적극

적인 공세로 나서기가 어려웠다. 상황이 이렇게 되자, 독일 제5군은 너무 조심스러운 태도를 취한 나머지 공격 개시 당시 대규모 보병공격을 공세 이틀째로 미루었던 것을 뒤늦게 땅을 치고 후회할 수밖에 없었다. 뫼즈 강 좌안, 특히 부아 부뤼스Bois Bourrus 능선과 시체 고지(르 모르 옴Le Mort Homme) 에 자리 잡은 프랑스군 포병대의 포격이 점점 거세지면서 독일군은 최초 의 공격을 뫼즈 강 우안으로 제한했던 사실도 뼈저리게 후회하게 되었다. 빌헬름 황태자와 폰 크노벨스도르프가 독일군의 측면에 포탄을 퍼붓고 있 는 프랑스군 포대를 제압해야 한다고 강력하게 주장하자, 팔켄하인은 본 래의 작전 의도와는 달리 뫼즈 강 좌안으로까지 공세를 확대하기 위해 더 많은 병력을 투입할 수밖에 없었다. 3월 6일, 독일군은 시체 고지에 초점 을 맞춘 대규모 공격을 가한 데 이어 곧바로 보Vaux 요새를 향해 뫼즈 강 우

■■■■■ 독일 제5군 사령관인 빌헬름 황태자가 전선 시찰 중 한 들것운반병과 이야기를 나누고 있다. (IWM)

안에서 새로운 공세를 개시했다. 하지만 빌헬름 황태자는 독일군의 사상자 수가 프랑스군의 사상자 수를 넘어설 때까지 공세를 지속할 생각은 없었다.

3월에 벌어진 전투를 통해 향후 수개월간 베르됭을 둘러싼 전투에서 수없이 반복될 음울한 전투 양식이 확고하게 자리 잡았다. 독일군은 시체 고지를 점령하기 위해 숱한 공격을 퍼부었지만 모두 실패했고, 그때마다 프랑스군은 변함없이 격렬한 반격에 나섰다. 그 과정에서 양측은 서로에게 무자비한 포화를 쏟아 부었다. 3월 말이 되자, 독일군의 사상자 수는 8만 1,607명에 달했다. 이는 프랑스군의 손실보다 겨우 7,000명 적은 숫자였다.

또 페탱은 프랑스군의 사기와 원기를 진작시키기 위해 '물레방아Noria' 시스템이라고 불리는 병력교대체계를 운용했다. 이 시스템에 따라 프랑스군은 보다 빈번하게 전선을 떠나 후방으로 빠져 휴식을 취할 수 있었지만, 독일군 부대들은 더 오랫동안 지옥 같은 전선에 머물며 싸워야만 했다. 영국 원정군이 프랑스 제10군과 교내하어 아라스 지역을 담당하면서 프랑스군의 인력난은 더욱 개선되었다.

독일군 역시 베르됭 지구의 지휘체계를 조정하면서 폰 갈비츠von Gallwitz 대장이 뫼즈 강 좌안을, 그리고 폰 무드라von Mudra 대장이 뫼즈 강 우안을 지휘하게 되었다. 그러나 무진 애를 썼음에도 불구하고 독일군은 4월이 다 가도록 시체 고지와 그 이웃 고지인 304고지를 빼앗을 수가 없었다.

공격을 지속하겠다는 단호한 의지와 전투를 지속해서 얻을 게 무엇이 있겠는가라는 의구심 사이에서 갈팡질팡하던 팔켄하인은 마침내 '다른 결정을 내릴' 필요가 있을지도 모른다는 생각을 하게 되었다. 또 이 무렵 빌헬름 황태자는 베르됭 전투를 지속하는 데 대해 팔켄하인보다 더 부정적인 견해를 보이고 있었다. 그러나 그러한 불안감을 전혀 느끼지 않았던 크노벨스도르프는 황태자를 보좌하는 자신의 특별한 지위를 이용, 팔켄하인에

■■■■■ 부서진 참호 속에서 전방을 경계하고 있는 독일군 보병의 모습. 옆에는 반쯤 파묻힌 프랑스군 병사의 시신이 보인다.* (IWM)

게 압박을 가해 공격을 지속한다는 결정을 받아냈다. 그 밖에도 크노벨스도르프는 베르됭 전투에 대해 비관적 견해를 갖고 있던 폰 무드라를 보다 공격적인 폰 로호브von Lochow로 교체하는 데 성공했다. 5월 초 독일군은 2월 21일 퍼부었던 것보다 더 격심한 포격을 가한 후 총공격을 가해 304고지를 점령했고, 같은 달 말에는 시체 고지 전체를 장악했다. 그러나 무리한 공격을 가하는 과정에서 독일군은 엄청난 사상자를 내야 했다.

페탱은 성공적으로 독일군을 막아냈지만, 조프르는 페탱의 전술에 대해 불만을 표시하면서 페탱에게 좀더 공격적인 자세를 취하라고 채근했다. 또 조프르는 페탱의 '물레방아' 병력교대체계 때문에 솜 공세에 필요

---

* 프랑스군의 아드리언식 철모에 주목할 것.

한 예비대를 제대로 확보할 수 없다는 불만도 제기했다. 조프르는 이런 문제들에 대한 해결책으로 페탱을 중앙 집단군 사령관으로 승진시키고 그 후임으로 로베르 니벨Robert Nivelle을 제2군 사령관으로 임명했다. 니벨은 포슈와 그랑메종이 제창한 공격제일주의 사상의 열렬한 신봉자로서 5월 1일부터 전투를 직접 지휘하기 시작했다. 당시 양측 모두의 관심이 집중된 베르됭이라는 무대에 새로이 등장한 또 다른 군인은 샤를 망쟁Charles Mangin 장군이었다. 사단장이었던 망쟁은 손실을 생각하지 않는 무자비한 공격의 신봉자로서 부하들로부터 '도살자Butcher' 또는 '식인종Eater of Men'이라는 살벌한 별명으로 불렸다. 망쟁은 보다 폭넓은 전선에 공격을 가할 수 있을 만큼 병력이 모일 때까지 기다리라는 페탱의 현명한 조언을 무시하고 조프르와 니벨의 허가를 얻어 그의 제5사단으로 5월 22일과 23일에 걸쳐 독일군이 장악한 두오몽 요새를 공격했다. 그러나 엄청난 피해를 입었음에도 불구하고 얻어낸 성과는 아무것도 없었다.

이제 전투는 양측 지휘부의 의도와는 상관없이 자체적인 에너지로 흘러가기 시작했다. 베르됭의 전장은 모든 것을 집어삼키는 통제 불가능한 괴물 같은 존재가 되었다. 공격이 최고의 전술이라는 사상을 맹신한 양측 지휘부는 이 괴물에게 끊임없이 병사들의 피와 살을 던져주었다. 뫼즈 강 우안의 공격이 별다른 진전이 없자 이에 실망한 크노벨스도르프는 이 구역에 새로 5개 사단을 동원한 공격작전을 입안하고 팔켄하인으로부터 실행해도 좋다는 승인을 얻어냈다. 메이컵May Cup 작전이라고 명명된 이 공세의 목표는 베르됭 시 점령의 마지막 장애물로 여겨지던 보 요새와 수빌Souville 요새, 그리고 우브라주 드 티오몽Ouvrage de Thiaumont이라 불리는 거점을 점령하는 것이었다. 6월 1일, 다시 한 번 독일군의 대공세가 시작되었다.

보 요새의 수비대는 깜깜한 지하통로로 공격해 들어오는 독일군이 퍼붓는 수류탄과 가스, 화염방사기 공격에 맞서 용감히 저항했으나, 식수 부족을 견디지 못하고 결국 6월 7일 항복하고 말았다. 다음 날 독일군은 우

■■■■■ 파괴된 보 요새의 남서쪽 측면. 1916년 베르됭 전투 이후에 촬영한 사진이다. (IWM)

브라주 드 티오몽을 잠시 점령했지만, 거의 곧바로 프랑스군의 공격에 몰려나고 말았다. 전투는 베르됭 전투의 축소판처럼 진행되었고, 10월 24일까지 우브라주 드 티오몽의 주인이 14번이나 바뀌는 치열한 공방전이 벌어졌다. 도대체 끝이 보이지 않는 독일군의 연속적인 공격에 버티다 못한 페탱의 '저항선'에 이제 서서히 금이 가기 시작했다. 그러나 이런 상황에서도 영국군은 솜 지역에서 별다른 움직임을 보여주지 않고 있었고, 그럴수록 영국군에 대한 페탱의 분노는 점점 더 커져갔다. 조프르가 솜 공세를 위한 예비대 편성을 위해 병력을 빼가고 니벨이 계속 베르됭에서 무익한 반격을 가하면서 병력을 낭비하자, 페탱의 '물레방아' 병력교대체계도 더 이상 제대로 운영될 수가 없었다. 6월 12일 프랑스 제2군에게 남은 예비병력이라고는 신병으로 구성된 1개 여단밖에 없었다.

그러나 이 결정적인 시기에 독일군 역시 인력 부족으로 제대로 공격에

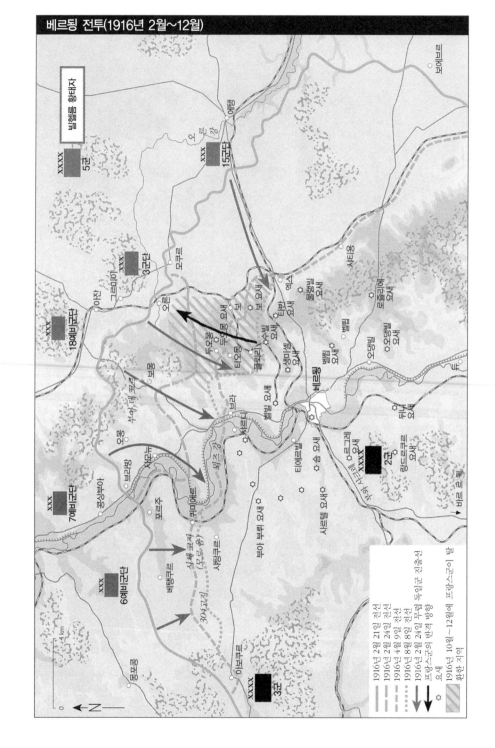

베르됭 전투(1916년 2월~12월)

나설 수가 없었다. 6월 4일부터 오스트리아군을 상대로 러시아군이 브루실로프Brusilov 공세를 개시하자, 팔켄하인은 서부전선에서 3개 사단을 빼내 동부전선으로 보내야만 했다. 그러나 이런 상황에도 아랑곳하지 않고 크노벨스도르프는 빌헬름 황태자의 반대도 무시해가면서 다음 공격을 위해 병력을 긁어모았다. 다음 공격 목표는 베르됭 시에서 3마일도 떨어지지 않은 수빌 요새였다. 수빌 요새 공격을 위해 크노벨스도르프는 특별히 정예 산악군단Alpine Corps까지 불러들였다.

1916년 중반이 되자, 독일군도 연합군과 마찬가지로 '이동탄막사격Creeping Barrage 혹은 Rolling Barrage' 전술의 잠재력을 연구하기 시작했다. 이 전술은 목표물을 향해 조금씩 전진해나가는 탄막의 뒤에서 보병이 전진하는 전술이었다. 동시에 독일군은 적의 참호선에 침투해 들어가는 전술을 특별히 강조했고, 이 전술에 따라 특별 공격조나 돌격대원들은 강력한 방어거점을 우회하여 적진 깊숙이 침투한 후 후방이나 측면에서 적의 방어진지를 공격하도록 훈련받았다. 6월 23일, 수빌 요새 공격에 나선 독일군은 프랑스군 포병대를 해치우기 위해 치명적인 포스겐 가스를 충전한 '녹십자Green Cross' 포탄을 사용했다. 독일군은 수단 방법을 가리지 않은 치열한 공격을 퍼부은 끝에 플뢰리Fluery를 점령했다. 독일군의 공격이 점점 더 가열되자, 니벨은 프랑스군 병사들에게 "놈들은 절대로 이곳을 통과하지 못한다!Ils ne passeront pas!"라는 불멸의 어구로 끝나는 훈시를 내렸다. 그런데 우연인지는 모르겠지만, 독일군의 진격은 정말로 정지되었다. 한걸음 더 나아가 독일군은 별다른 예비대도 없이 다수의 프랑스군이 지키고 있는 비좁은 전선에 막무가내로 공격을 가하면서 실패를 더욱 부채질했다.

전투가 장기화되면서 베르됭 공세의 목표 따위를 기억하는 사람은 아무도 없게 되었다. 양측 모두 너무 많은 피를 흘리면서 이제 베르됭 전투는 먼저 전투를 끝내는 쪽이 패배를 자인하는 것으로 간주되는 자존심 싸움이 되어버렸다. 7월 11일, 황소고집으로 전투를 지속하던 크노벨스도르프

는 수빌 요새에 대해 재차 공격을 명령했다. 약 30여 명의 병사들이 베르됭 시가 눈에 보이는 요새의 비스듬한 방벽까지 도달하기도 했지만, 이어진 프랑스군의 반격으로 이들은 곧 모두 포로가 되거나 전사했다.

이 병사들이 도달한 지점이 바로 독일군의 최대 진출선이 되었다. 7월 1일 연합군의 솜 공세가 시작되자 서부전선의 전략적 상황 전체가 크게 바뀌었고, 팔켄하인은 제5군에게 "방어태세를 취할 것"을 명령할 수밖에 없었다. 8월 23일, 독일 황제 빌헬름 2세가 크노벨스도르프의 동부전선 전출을 승인하면서 마침내 전투를 중지해달라는 황태자의 요구가 받아들여졌다. 그로부터 4일 후 루마니아가 연합국 편에 서서 참전하자, 그런 일은 일어나지 않을 것이라고 주장해왔던 팔켄하인은 몰락하게 되었다. 팔켄하인의 뒤를 이어 폰 힌덴부르크 원수가 독일 육군 참모총장이 되었고, 힌덴부르크의 참모장이자 리에주 요새 공략의 영웅 루덴도르프는 힌덴부르크의 막하에서 실질적으로 서부전선 독일군의 지휘를 맡게 되었다.

프랑스군의 반격

동부전선에서 여러 차례 독일군의 승리를 이끌었던 루덴도르프는 자신이 힌덴부르크에게 얼마나 중요한 존재인지를 잘 알고 있었다. 루덴도르프는 '참모차장'이라는 직함 대신 그러한 자신의 영향력에 걸맞도록 군수총감이라는 직함을 요구했다. 루덴도르프는 또한 모든 결정에 대한 공동 결정권한도 부여받았다. 이후 힌덴부르크는 거의 상징적인 존재가 되어버렸고, 루덴도르프가 실질적으로 서부전선의 독일군을 지휘하게 되었다. 루덴도르프는 거의 독재권에 가까운 권한을 갖고 군사작전뿐만 아니라 독일의 정치와 경제, 외교정책에도 광범위한 영향력을 행사했다.

　9월 초 서부전선을 시찰한 힌덴부르크와 루덴도르프는 독일군의 전술과 전략에 있어서 중대한 변경을 가했다. 9월 2일, 이러한 변경에 따라 베르됭의 독일군에게 철저하게 방어태세로 일관하라는 엄격한 명령이 내려졌다. 전임 참모총장 팔켄하인은 고정된 선방어 전술을 고수하면서 어떤 대가를 치르고라도 방어선을 고수해야 하며 만약 적의 공격에 영토를 상실했을 경우에는 즉각 반격에 나서서 탈환해야 한다는 원칙을 세웠었다. 그러나 힌덴부르크는 이러한 선방어 전술을 버리고 제1군 참모장 폰 로스베르크von Lossberg 대령이 제안한 유기적인 지역방어 전술을 채택했다. 이 전술은 먼저 최전선에는 얇은 전초진지를 구축해놓고 그 후방에 주 전투구역, 혹은 방어지대를 구축하는 동시에 강력한 예비 부대를 적의 포병 사정거리 밖에서 최대한 전선에 근접한 지역에 집결시켜두는 것이었다. 힌덴부르크와 루덴도르프는 또한 기존의 방어선 후방에 새로운 방어진지를 건설할 것을 명령했다. 이 후방 방어진지들은 최신의 유기적인 방어전술

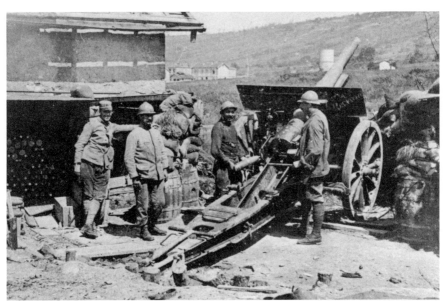

■■■■■ 1916년에 촬영한 프랑스군의 105밀리미터 포의 모습. (IWM)

원칙을 구현하면서 종심의 깊이는 늘리고 전면의 폭은 크게 줄여 병력의 경제적 활용을 가능하게 해주었다.

그러나 프랑스군이 곧 반격해올 것이 분명했던 베르됭 지역의 독일군에게 이와 같은 변화는 당장은 별다른 도움이 되지 않았다. 당시 프랑스군 측에서는 페탱이 광정면에서 공격을 가할 수 있을 만큼 충분한 병력과 포병을 확보하느라 동분서주하고 있었고, 니벨은 전반적인 반격작전계획을 입안했다. 하지만 실제로 이 반격작전을 실행에 옮긴 것은 이제 뫼즈 강 우안의 프랑스군을 지휘하고 있던 망쟁이었다. 페탱이 열심히 뛴 덕분에 프랑스군은 650문 이상의 중포를 긁어모을 수 있었는데, 그중에는 두오몽 요새 공략에 사용할 40센티미터 열차포 2문도 있었다. 이동탄막사격의 최대 옹호자였던 니벨은 이번 공세의 포격 계획에서 이동탄막사격이 차지하는 비중을 크게 높였다. 비록 이번 반격작전에서 프랑스군 포병대는 특정 목표나 독일군의 야전 축성진지의 파괴보다는 독일군에게 압력을 가하는 데 전력을 집중할 수밖에 없었지만, 10월 24일 반격이 시작되자 이러한 전술은 그런 용도에 매우 효과적인 것으로 드러났다. 반격 개시 당일 프랑스군은 우브라주 드 티오몽과 플뢰리를 순식간에 탈환했고, 두오몽도 같은 날 모로코 병사들에게 함락되었다. 12월 2일, 보 요새까지 탈환하면서 프랑스군은 2월에서 7월 사이에 상실한 지역의 상당 부분을 회복했다. 12월 15일, 프랑스군은 다시 한 번 반격을 가하여 전선을 두오몽에서 2마일이나 밀어냈다. 하지만 프랑스군은 시체 고지에서 버티고 있는 독일군은 끝내 몰아낼 수 없었다.

이 마지막 격전과 함께 처참했던 베르됭 전투도 끝을 맺었다. 프랑스군의 사상자는 37만7,000명, 독일군의 사상자는 35만7,000명에 달했다. 그러나 각각 수십만 명에 이르는 병사들의 피를 흘리고도 양측은 별다른 소득을 얻지 못했다. 우유부단한 지휘로 목적과 수단을 제대로 접목시키는

■■■■■■ 베르됭의 두오몽 요새에서 노획한 독일군의 MG08 기관총을 사격하고 있는 프랑스군 병사들의 모습. (IWM)

데 실패한 팔켄하인은 자신의 전략에 발목이 잡히고 말았고, 그 과정에서 독일군과 프랑스군 양측 모두 철과 피로 관개되는 토지에 젊은 병사들을 끊임없이 밀어넣은 결과 양군의 인적 자원은 바닥을 드러내고 말았다. 종전시까지도 프랑스군과 독일군 모두 베르됭 전투에서 입은 피해를 끝내 회복할 수 없었다.

솜 공세를 위한 준비

1916년 6월 당시 영국 원정군의 병력은 100만 명이 훨씬 넘고 있었다. 영국 원정군 예하에는 5개 군 48개 사단이 배치되어 있었고, 여기에는 오스트레일리아, 캐나다, 인도, 뉴질랜드, 뉴펀들랜드와 남아프리카에서 온 부대들도 포함되어 있었다. 이와 같은 원정군의 대규모 확대는 1914년 8월 개전 이후 영국 정부가 본토와 세계 각지의 식민지, 그리고 자치령에서 신속한 병력 모집을 위해 실시한 임시 대책으로 가능할 수 있었다.

하지만 전쟁이 장기화되면서 지원병의 수가 감소하자, 영국 역시 징병제를 실시할 수밖에 없었다. 1916년 1월에는 미혼 남성에 대한 징병이 실시되었고, 같은 해 5월에는 병역법이 개정되면서 기혼자들도 징병대상이 되었다. 그러나 징병제의 실시가 당장 영국 원정군의 병력 규모에 영향을 미치지는 못했다. 이제는 연합군 총전력의 주요한 한 축이 되었던 영국 원정군은 1916년 중반까지도 여전히 대부분 자원병으로 구성되어 있었다. 이들 중 다수는 국방 의용군 부대원들이거나 키치너의 호소에 응답하여 자원한 지원병들로 개전 직후 신규 편성된 사단들에 속해 있었다. 영국 원정군 예하 부대들은 매우 강한 지역색을 띠고 있었는데, 그 전형이 바로 '친구Pals' 대대들이었다. 이 대대들은 같은 지역적 배경을 가진 직장동료들, 친구들, 동향 사람들로 구성되어 있었다. 또 국방 의용군 부대들 역시 비교적 작은 행정구역 단위로 모집되었기 때문에, 1916년 당시 영국 원정군 예하 부대들 중에는 특정 지역과 긴밀한 연관을 맺고 있는 부대들이 많았다. 7월 1일, 솜 전선, 혹은 전선 직후방에 긴급 예비대로 배치된 247개 보병대대 가운데 141개는 개전 직후 신규 편성된 부대들이었다. 비록 자신감 넘치고 열정적인 자원병들로 구성되어 있었지만, 이 부대들 가운데 주요 전투에 참가한 경험이 있는 부대들은 소수에 불과했다. 그러나 6월에 프랑스에 도착한 뉴질랜드사단과 4개 오스트레일리아사단들의 핵심 기간병基幹兵 상당수는 갈리폴리에서 처절한 전투를 치른 경험을 갖고 있었다.

1916년, 영불 연합군의 공세 지역으로 피카르디Picardy 지역의 솜 강 주변이 선택된 가장 큰 이유는 이 지역이 프랑스군과 영국군의 접합점이기 때문이었다. 하지만 솜 지역 주변에는 전선 가까이에 위치한 철도 교차점과 같은 그럴 듯한 전략적 목표물이 없다는 것이 단점이었다. 게다가 이 지역은 오랫동안 별다른 전투 없이 조용한 상태를 유지했기 때문에, 독일군은 솜 주변의 석회질 지대에 무시무시한 방어시설을 건설해놓은 상태였다. 심지어 독일군의 벙커 가운데 일부는 지하 40피트 지점까지 파고 내려가서 구축되었다. 비록 연합군이 솜 지역에서 공세에 나선다는 결정을 내리기는 했지만, 1916년 2월부터 7월에 걸쳐 베르됭 전투가 치열하게 전개되면서 프랑스군은 솜 공세를 위해 겨우 11개 사단만을 동원할 수 있었다. 따라서 영국군은 솜에서 개전 후 최초로 공세의 주도적인 역할을 수행하게 되었다.

헤이그는 공세 첫날 3월 1일 새로이 편성된 롤린슨의 제4군이 세르Serr로부터 몽토방Montauban에 이르는 구간에서 독일군 방어선을 뚫고 들어가 포지에르Pozières-앙크르Ancre 구간, 그리고 미로몽Miraumont 전면의 비탈지대에서 독일군의 제2방어선을 돌파한다는 계획을 세웠다. 또 북쪽 측면을 담당한 제46사단과 제56사단은 양동공격을 가하면서 곰쿠르Gommecourt에서 독일군의 돌출부 절단을 시도할 예정이었다. 우측면에서는 제7군단 예하

제31사단, 제4사단, 제29사단이 세르로부터 보몽 아멜Beaumont Hamel에 이르는 전선을 공격할 예정이었고 앙크르의 반대편에서는 제10군단 예하 제36얼스터 Ulster사단과 제32사단이 티에프발Thiepval 방어선을 공격할 계획이었다. 당시 독일군은 티에프발 인근에 슈바벤 Schwaben과 라이프치히 Leipzig 보루를 포함한 강력한 방어진지를 구축해놓고 있었다. 제3군단 예하 제8사단 및 제34사단은 알베르 Albert_바폼Bapaume 가도를 사이에 두고 오빌레Ovillers와 라 봐셀La Boisselle을 공격할 예정이었다. 한편 제21사단, 제17사단과 제7사단으로 구성된 제15군단이 프리쿠르 Fricourt와 마메츠Mametz를 확보하는 동안 롤린슨의 우익에서 제13군단의 제18사단과 제30사단이 프랑스군을 측면에 두고 몽토방을 점령할 예정이었다. 또 솜 강의 남쪽과 북쪽에서는 파욜Fayolle 대장의 프랑스 제6군이 페론Péronne 맞은편의 독일군 제2방어선을 모르파Maurepas와 플로쿠르Flaucourt 사이에서 공격함으로써 영국군의 진격을 도울 예정이었다.

헤이그의 계획은 초기 공격을 통해 이와 같은 목표가 달성되면 포지에르Pozières와 갱쉬Ginchy 사이의 고지대에 자리 잡은 독일군의 제2방어선을 돌파하고, 일이 잘 풀릴 경우에는 르 사르Le Sars_플레르Flers 구역의 독일군 제3방어선까지 점령하면서 바폼을 위협한다는 것이었다. 만약 전투가 헤이그의 계획대로만 돌아가준다면, 5월 23일 창설된 허버트 고프의 예비군으로 아라스를 향해 북쪽으로 몰아쳐 들어가는 것도 불가능하기만 한 이야기는 아니었다.

그러나 영국군의 솜 공세 계획은 헤이그와 롤린슨의 작전 구상의 근본적인 차이로 인해 처음부터 혼선을 빚었다. 헤이그는 루스에서처럼 돌파구를 뚫은 후 기동전으로 들어가기를 원한 반면, 롤린슨은 '물고 늘어지기' 전술을 선호했다. '물고 늘어지기' 전술은 공격하는 병사들이 일정한 거리를 진격하면 일단 전진을 중지하고 확보한 지역의 방어를 강화한 후 다음 공격을 위해 전방으로 추진되는 포병대를 이용하여 반격해오는 독일군을 분쇄한다는 전술이었다. 롤린슨의 목표는 '아군의 피해는 최소화하면서 최대한 많은 독일군을 죽이는 것'이었다. 헤이그의 하급자로서 롤린슨은 헤이그의 전반적인 작전 지침을 따르기 위해 노력하기는 했지만, 그렇다고 헤이그의 교리를 100퍼센트 따르는 것은 아니었다. 하지만 그런 상황에서 헤이그는 세부적인 작전계획의 입안을 롤린슨에게 모두 맡겨버리는 우를 범했다. 엎친 데 덮친 격으로 작전계획 입안 과정에서 상호간의 방법론상의 차이에 대한 적절한 논의나 타협도 이루어지지 않았다. 그 결과 최종 공격계획은 많은 모순점들과 잘못된 가정, 그리고 오해들로 점철되었다.

롤린슨이 하급 지휘관들에게 내린 전술 지침도 전체 작전계획과 마찬가지로 여러 가지로 해석될 여지가 있었다. 롤린슨은 개전 직후 편성된 신예 사단들이 과연 복잡한 기동작전을 수행할 능력이 있는지에 대해 좀처럼 의구심을 떨칠 수 없었다. 1916년 5월 발행된 「제4군 전술 지침Fourth Army Tactical Notes」에는 롤린슨의 이러한 의구심이 잘 드러나 있다. 롤린슨은 시민 지원병들이 비록 실전 경험은 부족하지만 "구체적이고 자세한 명령에 기반한 치밀한 작전 수행에 익숙해졌다"는 평가를 내리면서 공격하는 병사들이 "꾸준한 속도와 연속적인 공격 대형으로 전진해나가야 한다"고 강조했다. 물론 꾸준한 속도와 연속적인 공격 대형을 강조했다고 해서 롤린슨이 '기동의 신속성'을 완전히 무시한 것은 아니었고, 지침 후반부에 소부대 공격시 자연 은폐물을 이용하는 것이 "공격 준비 단계에서는 바람직한 행동"이라고 언급하기도 했다. 그러나 롤린슨은 병사들이 적과 아군의 참호선 사이에 형성된 죽음의 '무인지대No Man's Land'를 어떤 속도로 가로질러야 할지, 또 어떤 대형을 취해야 할지에 대해서는 구체적인 지침을 내놓지 않았다. 롤린슨이 내린 지침의 이와 같은 모호성 때문에 롤린슨 휘하의 군단장, 사단장, 여단장들은 각자가 알아서 나름대로의 공격 속도와 대형을 정할 수밖에 없었다. 그러다 보니 사고가 유연하지 못한 지휘관들이 담당한 몇몇 구역에서는 지나치게 융통성 없는 포병 사격 시간표와 보병 전술이 채택되었고, 이는 끔찍한 결과로 이어졌다.

만약 영국군이 포격으로 솜 전선에서 독일군이 누리고 있던 전술적 이점들을 무력화시킬 수 있었다면, 이러한 전술상의 혼선도 그렇게 크게 문제가 되지는 않았을 것이다. 그러나 1,537문의 화포를 동원하여 천지를 뒤집을 듯한 무시무시한 포격을 1주일이나 가했으면서도 독일군의 방어선을 무력화시킬 수 없었던 영국군은 제4군 병사들의 살과 피로 그 대가를 치르게 되었다. 포격 직후 영국군은 이 무시무시한 공격 준비 사격으로 독일군의 전방 방어선 대부분이 틀림없이 분쇄됐을 것이라는 판단을 내렸다. 영국군은 독일군 방어선은 포격으로 완전히 박살났을 테니 그냥 '똑바로 서서 걸어가도' 아무런 반격도 받지 않을 것이며, 또 진격 속도에 대해서도 전혀 신경 쓸 필요가 없다고 생각했다.

그러나 여기서 중요한 사실은 실제로 포격에 참가한 영국군의 화포 가운데 중포의 수는 467문에 불과했다는 것이었다. 또 가뜩이나 적은 이들 중포들이 발사한 포탄은 대부분 고폭탄High-Explosive Shell이 아닌 유산탄Shrapnel이었다. 문제는 유산탄으로는 제대로 독일군의 참호선을 뭉개버리거나 철

■■■■■ 위 1914년 9월, 브라말 레인(Bramall
Lane) 축구경기장에서 제12 요크와 랭커스터
연대(12th York and Lancaster Regiment) 셰필
드 시 대대(Sheffield City Battalion)의 지원병들
이 제식훈련을 받고 있다. (IWM)

■■■■■ 오른쪽 1916년 케류 샤토(Querrieu
Chateau)에 있는 자신의 사령부 입구 계단에
서 포즈를 취하고 있는 영국 제4군 사령관 육
군 중장 헨리 롤린슨 경의 모습. (IWM)

조망을 절단할 수가 없다는
것이었다. 그나마 발사된
포탄 가운데 상당수는 '불
발'이 나버렸고, 설상가상
으로 원하는 효과를 거두기
에는 포격의 밀도도 너무
낮았다.

공세 첫날의 혈전

1916년 7월 1일 오전 7시 30분, 독일군의 전방 참호선에 대한 영국군의 포격이 뚝 그쳤다. 약 14마일 길이의 전선에서 롤린슨의 보병들은 대부분 기나긴 횡대 대형으로 전진해나갔다. 후덥지근한 그날 오전, 대부분의 지역에서 영국군은 '누가 먼저 참호의 흉벽에 도달하는지'를 두고 벌어진 경주에서 독일군에게 지고 말았다. 영국군이 독일군 참호 전방에 설치된 철조망 지대에서 허우적대고 있는 사이에 장장 1주일에 걸친 영국군의 포화를 땅속 깊이 건설된 벙커에서 견뎌낸 독일군은 느긋하게 벙커에서 빠져나와 진지에 기관총을 걸고 갈겨대기 시작했다. 롤린슨은 솜 공세 계획을 세우면서 기존의 일반적인 공격 방식으로 독일군의 전방 방어선을 점령하는 것이 얼마나 어려운 일인지 제대로 파악하지 못했다. 영국군의 공격 준비 사격은 지하 깊숙이 건설된 벙커에 틀어박힌 독일군에게 별다른 피해를 줄 수 없었으며, 철조망 지대도 제대로 파괴하지 못했다. 덕분에 포격에서 살아남은 독일군들은 대형을 짜서 '꾸준'하지만 너무나 느린 속도로 무인 지대를 똑바로 가로질러오는 영국군 보병들을 상대로 대량 학살극을 벌일 수 있었다. 여기에 독일군 포병대까지 가세하면서 도살의 규모는 더욱 커져갔다. 게다가 제4군으로서는 엎친 데 덮친 격으로, 독일군이 포병 진지를 잘 은폐해놓았기 때문에 영국군의 대 포병사격은 별다른 효과를 거둘 수 없었다.

영국군은 영국 제34사단 담당구역인 라 봐셀의 독일군 참호선과 영국 제8군단이 담당한 전선에 위치한 호손Hawthorn 보루의 지하로 파고 들어가 엄청난 양의 화약을 묻고 터뜨렸지만, 이런 공격은 전체 공세에 별다른 도움이 되지 못했다. 게다가 영국 제8군단의 경우에는 공세 개시 당일 공세 개시 10분 전인 오전 7시 20분에 호손 보루 지하에 매설한 화약을 폭파시키면서 공격 준비 사격을 중지해버렸다. 덕분에 독일군은 벙커에서 나와 참호에 기관총을 설치하고 사격 준비를 할 수 있는 시간을 10분 더 확보할 수 있었고, 세르와 보몽 아멜 사이에서 공격에 나선 영국군은 여유를 갖고 방어 준비를 할 수 있었던 독일군에게 엄청난 피해를 입었다. 전선의 다른 지역에서도 보병의 진격 속도에 대한 지나친 낙관주의 때문에 지원포격이 진격하는 영국군 보병으로부터 지나치게 멀리 전방에 떨어지는 경우가 많았으며, 포격 계획이 너무 경직되어 있었기 때문에 이를 다시 보병의 진격에 맞춰 조정하기도 불가능했다(당시 영국군 포병대는 한 목표물에 대한 포격을 끝내면 곧바로 다음 목표물에 대한 포격을 시작하도록 시간표가 빈틈없이 짜여 있었기 때문에 돌발 상황에 제대로 대처할 수 없었다).

공격개시일 오전에 영국군은 엄청난 고전을 겪어야 했지만 모든 전선에서 비극만 펼쳐진 것은 아니었다. 제4군의 남쪽 측면에서 공격을 시작한

■■■■■ 1916년 7월 1일 오전 7시 20분, 호손 보루 지하에 영국군이 매설한 4만 파운드의 암모날(ammonal) 화약이 폭발하면서 보루가 날아가버리는 드라마틱한 장면. (IWM)

제30사단과 제18사단은 남쪽에 주둔하고 있던 프랑스군 중포대의 지원을 받을 수 있었고, 여기에 더하여 보다 창의적인 전술을 사용한 덕분에 카르누아Carnoy-몽토방 구역의 공격 목표들을 모두 점령할 수 있었다. 이들에 뒤이어 영국 제7사단 역시 마메츠를 점령했다. 제18(동부Eastern)사단의 지휘관 아이버 맥스Ivor Maxse 소장은 통찰력을 갖춘 훌륭한 지휘관이었다. 그는 공격 시작 시간 전에 보병들을 무인지대로 전진 배치했고, 덕분에 이들은 다른 영국군 부대들보다 훨씬 더 앞선 위치에서 '흉벽으로의 경주'를 시작할 수 있었다. 맥스 소장은 또한 원시적이기는 하지만 포병대의 운용에 있어 이동탄막사격 전술을 도입했고, 영국 제7사단 역시 마메츠 공격에 이동탄막사격을 실시했다. 그러나 7월 1일 영국군이 거둔 이와 같은 제한적인 성과는 영국군의 우익에서 공격을 시작한 파욜의 프랑스 제6군이 거둔 성과에 비하면 정말 보잘것없는 것이었다. 프랑스군은 영국군보다 훨씬 더 많은 중포를 보유했을 뿐만 아니라, 베르됭 전투에서 얻은 교훈을 잘 활용하여 보병 부대를 길다란 횡대 대형이 아니라 소규모 집단으로 전진시키는 동시에 엄폐물도 훨씬 더 잘 활용했다.

또 어떤 지역에서는 공세 초기에 기껏 큰 성과를 거두어놓고서도 다시 제 발로 물러나야 하는 안타까운 상황이 벌어지기도 했다. 제36얼스터사단의 예하 대대들 중 일부는 앞서 언급한 부대들과 마찬가지로 공격 개시 시각보다 앞서 무인지대에 전개된 상태에서 공격을 시작했다. 이들은 티에프발의 무시무시한 방어선을 공격하면서 놀라운 열정과 용기로 슈바벤 보루를 점령했다. 그러나 함께 공격에 나선 이웃 사단들이 별 성과를 거두지 못하자, 해질 무렵 얼스터 용사들도 많은 피를 흘려가며 점령한 독일군 진지에서 철수할 수밖에 없었다. 북쪽의 곰쿠르에서는 제56(런던)의용군사단의 병사들 역시 목표 지점을 점령하는 데 성공했으나, 이들도 이웃의 제46사단이 독일군에게 격퇴당하면서 함께 철수할 수밖에 없었다.

영국 원정군은 약 4마일도 되지 않는 짧은 길이의 전선에 엄청난 화력과 병력을 투입해 공격했지만, 결국 얻은 성과라고는 겨우 1마일 정도를 전진한 것뿐이었다. 반대로 피해는 너무나 엄청났다. 영국군은 공세 개시 첫날에만 1만9,240명의 장교와 병사들이 전사하고 3만5,493명이 부상당하는 손실을 입었다. 1916년 7월 1일 하루 만에 5만7,470명이라는 엄청난 수의 사상자를 낸 것은 1일 사상자 수로는 영국 전쟁사상 최고였다. 제34사단 하나만 하더라도 공격 첫날 6,380명의 사상자를 냈으며, 예하 대대들 가운데 32개 대대가 500명 이상 혹은 대대 전투원 절반 이상의 사상자를 냈다.

그렇게 엄청난 수의 영국 시민 지원병들이 단 하루 만에 죽거나 불구가 되었다는 사실은 영국 국민들에게 엄청난 심리적 충격을 안겨주었다. 한 발 더 나아가 솜 공세 첫날 입은 피해로 인해 이후 1916년 중반의 영국 원

XXXX
3군
에뷔테른

뷔쿠오이

아쉬에 르 그랑

아쉬에 르 프티

XXXX
XX

48사단
XXX
XX

뷔지유

XX 31사단

세르

미로몽

이를

루퍼로 숲

바폼

그르빌레르

틸루아

XXX 4사단

8군단
XX

29사단

Y계곡

보몽 아멜

보쿠르

그랑쿠르

르 사르

파

바를랑쿠르

뷔트 드
발랑쿠르

리니

볼랑쿠르

XXX
XX

생 피에르
디비옹

슈투프 참호(레긴나)

오쿠르 라바이

구드쿠르

르 트랑슬루아

36사단

아멜

슈바벤 보루

졸레른 참호

쿠르슬레트

XX

아브라 숲

티에프발

무케 농장

마르탱퓌슈

플레르

레뵈프

XXX
10군단

49사단

XX

원더 워크

32사단

오퇴유

라이프치히
돌출부

하이 숲

스위치 라인

바장탱 르 프티
바장탱 르 그랑

델빌 숲

모르발

XXX 8사단

오뷜레

포지에르

XX

롱그발

갱쉬

3군단 34사단

라 바셀

마메츠 숲

몽토방

토론 숲

베르나페
숲

기유몽

콩블

XXX

베쿠르

프리쿠르

포미에
보루

루프
보루

글라츠
보루

말츠 오른
농장

알베르

XX

21사단

마메츠

카른누아

XX

18사단

봐비에르

아르드쿠르

모르파

몰트

XXX 15군단

XX
7사단

XXX

30사단
마리쿠르

XX

9사단

XXXX
4군

8군단
XXX

11사단

XXX
20군단 쉬잔

쿠르취

클레리

앙크르

브레

송 강

프리즈

에티넹

XXXX
6군

N

■■■■■■ 1916년 7월 1일, 라 봬셀을 공격하고 있는 제103타인사이드아일랜드(Tyneside Irish)여단 소속 병사들의 모습. (IWM)

정군이 강하게 갖고 있던 지역적 특색은 상당히 옅어지게 되었다. 당시까지 해오던 대로 특정 지역 출신으로 부대를 편성할 경우 솜 전투 첫날처럼 큰 피해를 입었을 때 해당 지역 사회가 엄청난 영향을 받을 수밖에 없었다. 이러한 일을 줄이기 위해 영국군은 1916년 여름부터 개편된 예비군 및 징병제도에 따라 사상자가 발생할 경우 이를 예전처럼 해당 지역 출신들로 구성된 모(母)연대로부터 차출된 자원으로 보충하는 것이 아니라, 전국에서 징집된 자원이 모인 일반 보충대에서 차출된 병력으로 보충했다. 하지만 그 무렵, 지원병 수가 크게 줄어들었기 때문에 어차피 그로부터 수개월 후부터 병력 충원은 대부분 징집병들로 이루어질 수밖에 없었다.

전투 _ 1914년~1916년 서부전선 전황 | 149

솜의 여름

영국 원정군에게 1916년 7월 1일은 제1차 세계대전 전체를 통틀어 이보다 더 나쁠 수 없는 최악의 날이었다. 이날 이후 서부전선에 배치된 헤이그의 부대는 '학습 곡선' 측면에서 확연한 상승세를 그리기 시작했다. (물론 이후로도 영국군은 많은 과오와 값비싼 실수들을 저질렀다.) 솜 전투 이후 영국 원정군의 조직, 지휘, 장비, 전술, 기술 전반에 걸쳐 대폭적인 개선이 이루어졌고, 1918년 무렵이 되자 영국 원정군은 연합군의 최정예 부대가 되었다. 그러나 그건 1916년 이후의 이야기였고 타는 듯이 뜨거웠던 1916년 여름, 솜에서 영국군 병사들은 엄청난 피를 흘려야 했다.

하지만, 베르됭의 치열한 난타전이 벌써 5개월째로 접어든 시기에 아무리 피해가 컸다고 해도 솜 공세를 겨우 하루 만에 중지할 수 없다는 사실에는 의문의 여지가 없었다. 그러나 7월이 채 다 가기도 전에 헤이그는 신속한 돌파의 환상을 버리고 솜 전투를 '소모전'의 일환으로 보게 되었다. 그는 이 전투를 9월 중순경 시작될 새로운 결전의 준비 작업으로 간주했다. 반면 7월 2일, 팔켄하인은 한 치의 땅도 적에게 내주어서는 안 된다고 선언했다. 이 명령으로 인해 공격에 나선 영국군이 독일군의 방어 포화에 두들겨 맞고 피로가 누적되어 공세를 중지하면 곧바로 독일군이 반격에 나서는 식의 전투가 무한정 반복되기 시작했고, 이는 곧 솜 전투 전반의 특징적인 양상으로 자리 잡게 되었다.

7월 말, 고프의 예비군이 솜에서 영국군이 담당하고 있던 구역의 북쪽 절반을 인수했다. 예비군과 제4군 사이의 경계선은 알베르-바폼 가도의 바로 남쪽을 따라 형성되어 있었다. 헤이그는 공격이 까다로운 중앙부의 티에프발로부터 포지에르에 이르는 구간에서 새로이 공격을 해달라는 조프르의 요청을 거부하고 대신 몽토방 인근 지역에서 공세 초기 얻었던 성과를 더욱 확대하기로 마음먹었다. 그에 따라 롤린슨의 제4군은 차후 벌어

■■■■■ 1916년 7월 1일, 보몽 아멜 인근의 영국군 참호에서 치료를 받고 있는 부상병들의 모습. (IWM)

질 독일의 제2방어선에 대한 공격작전시 측방이 될 부분을 미리 확보해두기 위해 7월 2일부터 13일까지 콩탈메종 Contalmaison 과 마메츠 숲 Mametz Wood, 트론 숲 Trones Wood 에 대한 공격을 실시했다. 7월 14일 그 동안 헤이그와 프랑스군이 품어왔던 우려를 무색케 하면서 롤린슨과 시민지원병사단들은 자신들이 어떤 능력을 갖고 있는지를 유감없이 보여주었다. 무인지대에서 야간에 집결해야 한다는 어려운 과제를 훌륭히 수행한 이들은 뒤이어 바장탱 르 프티 Bazentin le Petit 와 롱그발 Longueval 사이의 6,000야드에 이르는 구간에서 독일군 제2방어선을 단 몇 시간 만에 점령해버렸다. 이 눈부신 성과는 7월 1일의 포격보다 훨씬 더 격렬했던 포병 사격에 힘입은 바가 컸다. 그러나 후속 공격은 최초 공격에 훨씬 못 미치는 실망스러운 성과만을 거두었다. 롱그발 인근의 델빌 숲 Delville Wood 에서 제9스코틀랜드사단의 남아프리카여단은 7월 14일부터 21일까지 혈전을 치르면서 여단 병력 3,153명 가운데 2,300명을 잃었다. 그렇게 큰 피해를 입고도 영국군은 8월 27일까지도 이 숲을 완전히 점령할 수 없었다. 또 7월 14일 오전만 해도 독일군이 전혀 없는 것처럼 보여서 쉽게 점령할 수 있으리라 생각했던 인근의 하이 숲High Wood 역시 그로부터 두 달이나 지난 9월 15일이 되어서야 롤린슨의 손에 들어왔다.

그 사이 고프의 예비군은 포지에르 마을을 점령하기 위해 격전을 벌이고 있었다. 이 마을은 알베르-바폼 가도를 감제할 수 있는 위치에 자리 잡고 있는 요충지였다. 그리고 만약 이 마을을 점령할 경우 독일군의 티에프발 방어진 후방으로 돌아 들어갈 수 있는 대체 접근로를 확보할 수도 있었다. 제1안작군단I Anzac Corps(오스트레일리아-뉴질랜드군단)의 오스트레일리아 군사단들은 뛰어난 전투력을 과시하면서 포지에르 마을과 마을 너머 능선 꼭대기의 요새화된 풍차 폐허까지 모두 점령해버렸다. 그러나 그 이후 비좁은 돌출부로부터 무케Mouquet 농장과 티에프발을 향해 북서쪽으로 치고 나가려던 영국군은 독일군의 집중포화를 당해야만 했다. 오스트레일리아군은 겨우 5주 사이에 2만3,000명에 이르는 사상자를 냈지만, 그런 대피해에도 불구하고 고프는 협소한 지역에서의 정면 공격에만 매달렸다. 고프의 이러한 막무가내식 전술에 오스트리아군 병사들이 비판적 태도를 보인 것도 무리는 아니었다. 게다가 7월 19일~20일에 걸쳐 벌어진 프로멜Fromelles에 대한 조공助攻작전에서도 여기에 참가한 제5오스트레일리아사단이 거의 재앙에 가까운 피해를 입게 되자, 오스트레일리아군 병사들은 영국군 최고사령부를 신뢰하지 않게 되었다. 보다 남쪽에서는 롤린슨이 페론으로 진격하기 위해 안간힘을 쓰던 프랑스 제6군을 돕기 위해 최선을 다하고 있었지만, 실제로 제4군이 기유몽Guillemont과 갱쉬를 함락시킨 것은 각각 9월 3일과 9월 9일이 되어서였다. 오랜 시간이 지나고 막대한 피해를 입으면서도 별다른 성과 없이 공격이 지지부진하자, 헤이그는 비좁은 전면에 부적절한 부대를 동원하여 무리한 공격을 반복하는 롤린슨에게 점점 불만을 품게 되었다.

지휘부의 실책과 급증하는 손실, 최전선에서의 화급한 병력 충원 요청은 독일군 쪽에서도 큰 문제가 되고 있었다. 7월 11일 팔켄하인이 베르됭 지구의 독일군에게 엄격한 방어태세를 유지할 것을 명령한 것은 솜 지역에서 영국군이 벌인 공세가 어느 정도 효과를 내고 있음을 보여주는 것이었다. 독일 제2군의 프리츠 폰 벨로브^{Fritz von Below} 대장도 단호한 선방어를 실시하면서 상실한 지역에 대한 즉각적 반격작전을 벌인다는 팔켄하인의 전술을 지지했지만, 이 전술로 인해 독일군 사단들의 피로는 더욱 가중되었다. 부족한 병력을 여기저기에 돌려써야 했던 독일군은 연합군에 비해 주요 전투 사이사이에 휴식을 취하거나 재편성과 훈련을 할 시간이 별로 없었다. 그렇게 연합군의 소모 전략이 조금씩 효과를 보이기 시작하면서 독일군 부대들의 힘과 숙련도는 이제 서서히 돌이킬 수 없는 하강 곡선을 그리기 시작했다. 게다가 연합군은 물량 면에서 점점 더 압도적인 우위를 보인 데 반해, 솜 지역에 도착한 독일군 증원 부대들의 사기는 이와는 반비례하며 점점 더 떨어졌다.

전차의 등장

7월 중순에서 9월 중순까지 솜 지역의 전술적 상황은 공성전 양상에서 절반쯤은 개활지 전투의 양상으로 변해갔다. 이제 독일군은 연속적으로 이어진 참호선이 아니라 여기저기 흩어져 있는 엉성하게 연결된 포탄 구덩이를 거점삼아 방어전을 벌였다. 8월 말 팔켄하인이 물러나고 힌덴부르크와 루덴도르프가 독일군을 지휘하게 되면서 독일군의 방어 전술은 더욱 종심기동방어 전술의 색채를 띠게 되었다. 독일군 지휘부의 선호도가 유기적인 종심방어 전술 쪽으로 기울게 되면서 최전방 방어진지를 지키는 독일군의 수는 크게 줄어들었다.

한편, 영국군은 이전에 비해 훨씬 더 자주 이동탄막사격을 사용했다. 그러나 영국군과 식민지 출신 보병들은 여전히 이전처럼 장대한 여러 줄의 횡대 대열을 이루어 파도처럼 공격하는 제파 전술에 의존하고 있었고, 독일군의 무시무시한 방어포화와 기관총 사격에 공격 때마다 엄청난 피해를 입었다. 이제 영국군도 독일군처럼 공격 팀이나 돌격대와 같이 자기들만의 근접 지원화기들을 지니고 독립적으로 전진해나갈 수 있는 소규모 부대 전술 등 더욱 다양한 전술을 사용해야 할 필요성이 더 커졌다. 영국군 보병 소대와 중대들은 독자적인 공격능력을 확보하는 동시에 언제나 똑같이 정면 공격을 반복하는 것이 아니라 독일군의 거점 사이를 뚫고 들어갈 수 있게 해줄 통합된 무기체계가 필요했다. 영국군 포병들도 마찬가지로 중포를 동원한 장시간에 걸친 포격과 중앙에서 통제되는 사격 프로그램과 같은 기존 전술을 지나치게 맹신하는 경향이 있었다. 이런 전술의 문제는 넓게 분산된 목표물이나 소수의 병력이 지키고 있는 방어진지에 대한 공격에는 별로 효과적이지 못하다는 것이었다. 그러나 독일의 주방어선에 대해 언제 실시될지도 모르는 대규모 총공세를 준비하기 위해 '보다 유리한 공격 개시 지점 확보'나 '돌출부 제거' 같은 작전에만 매달려온 영국군의 사단 지휘관들과 참모들은 이런 전투 양식의 변화나 헤이그의 소모전 전략 개념을 즉시 이해하지 못했다.

이 무렵 영국 본토의 정치가들은 헤이그에 대한 비판의 수위를 점점 높여가고 있었다. 이들은 지금까지 영국군이 입은 엄청난 피해에 비해 헤이그가 이루어낸 성과가 별로 없다고 생각하고 있었다. 이런 상황에서 헤이그는 계획 중인 9월 중순 공세에서 지금까지 얻은 것보다 더 실질적인 결과를 얻어내라는 압박을 그 어느 때보다 크게 받고 있었다. 따라서 헤이그로서는 독일군의 피로가 극에 달했다는 정보참모장 차터리스Charteris 준장의 보고를 듣자 이를 바로 믿어버렸다. 독일군 제3방어선에 대한 대규모 정면 공격에 큰 힘이 되어줄 전차라는 신무기까지 갖추게 된 헤이그는 이제 곧 독일군 전선에 돌파구를 뚫을 수 있을 것이라는 낙관적인 생각을 품게 되었다. 참호와 철조망을 넘어 적의 기관총좌를 파괴할 수 있는 능력과 함께 적의 사격을 견딜 수 있는 장갑을 갖춘 궤도차량이라는 근대적 전차의 개념을 최초에 정립한 것은 어네스트 스윈튼^{Ernest Swinton} 중령이었다. 스윈튼은 전차를 여기저기에 찔끔찔끔 투입해서는 안 된다고 주장했지만, 헤이그는 보병의 진격에 방해가 되는 여러 거점과 요새화된 마을을 공격하는 데 전차들을 사용하고 싶어했다. 결국 헤이그와 롤린슨은 전차들을 하나의 단일 부대로 편성해서 운용하기보다는 전선 여러 곳에 널리 분산시켜 운용하는 우를 범하고 말았다.

사실, 애초에 헤이그가 돌파의 주역으로 생각했던 것은 전차가 아니라 보병사단들과 포병들이었다. 또 헤이그는 7월 14일의 집중포격에 사용한 대포의 절반에도 미치지 못하지만 7월 1일 포격에 투입한 대포 수의 두 배 이상의 대포를 사용하여 포격을 가한 후 보병이 공격을 시작하면 돌파구를 쉽게 뚫을 수 있을 것이라고 생각했다. 한편 공세의 주역인 제4군 지휘관 롤린슨은 3일 밤에 걸쳐 단계적으로 공격해나가자는 제안을 했다. 그러나 8월에 제4군이 보여준 지리멸렬한 모습에 실망한 헤이그는 이제 롤린슨을 신뢰하지 않게 되었다. 롤린슨의 제안을 묵살한 헤이그는 보다 과감하게 쉴 새 없이 독일군을 몰아친다는 계획을 세웠다. 8월 내내 지지부진한 성과를 보여주면서 입지가 약화된 롤린슨으로서는 그 이상 자신의 주장을 내세울 수 없었다.

9월 15일, 공세를 시작한 영국군의 목표는 플레르를 시작으로 모르발^{Morval}, 레뵈프^{Lesboeufs}와 구드쿠르^{Gueudecourt}에 걸쳐 구축되어 있는 독일군 제3방어선을 점령하는 것이었다. 롤린슨의 좌익에 배치된 예비군 예하 캐나다군단에게는 쿠르슬레트^{Courcelette}를 점령하라는 명령이 떨어졌다. 공격

당일 오전 영국군 사령부는 보병들을 지원하기 위해 49대의 전차를 보내
주었지만, 실제로 공격 시작 지점에 도착한 것은 36대에 불과했다. 이동탄
막사격의 지원을 받아 진격한 영국군 전차들은 일부 지역에서 독일군 수

비대를 크게 놀라게 하고 손실을 입히기도 했다. 영국 제41사단 담당구역에서는 4대의 전차가 플레르까지 도달하는 성과를 거두기도 했다. 플레르에 도달한 전차들 가운데 1대는 마을 중심가로 밀고 들어갔고, 나머지 전차들은 마을의 서쪽과 동쪽 외곽에 자리 잡은 독일군 기관총좌와 방어 거점들을 향해 공격했다. 혼Horne의 제15군이 끝내 플레르를 점령하고 캐나다군단이 쿠르슬레트를 함락한 것과 동시에, 영국군은 마르탱퓌슈Martinpuich와 하이 숲까지 진격했다. 그러나 전체적으로 봤을 때 9월 15일의 공세로 영국군이 거둔 성과는 3마일 길이의 전선을 약 2,500야드 정도 밀고 들어간 것뿐이었다. 레뵈프와 모르발은 그로부터 열흘이나 지나서야 겨우 함락되었고, 콩블Combles과 구드쿠르가 함락된 것은 9월 26일이 되어서였다. 그리고 그 시점에서 영국군의 공세는 다시 한 번 기세가 다하고 말았다. 공세 때마다 지휘관들이 약속했던 돌파

구는 여전히 뚫릴 전망이 보이지 않았다.

영국군의 각성

솜 전투 이후 수많은 역사가들과 군사전문가들이 1916년 9월 15일 플레르-쿠르슬레트 지구에 전차를 성급하게 투입한 것도 모자라 대규모 전차부대를 편성하지 않고 '찔끔찔끔 여기저기'에 배치한 것을 두고 헤이그에게 엄청난 비판을 퍼부었다. 그러나 그와 같은 비난은 부당한 것이었다. 만약 시간을 두고 신중하게 전차를 투입했다고 하더라도 이 전례 없는 신무기가 더 성공적인 무기로 증명되리라는 보장은 없었다. 1916년 서부전선에 등장한 마크 I^Mark I 전차는 느리고 신뢰할 수 없는 무기였으며, 전투 상황에서 이 무기의 장점과 단점을 파악하기도 전에 무작정 대규모 전투에 투입하는 것은 더 큰 실수가 될 수도 있었다. 또 한 가지 잊지 말아야할 사실은 당시 영국군은 홀로 싸우지 않았다는 것이다. 영국군이 공세를 개시한 날과 같은 날에 영국 원정군이 담당한 지역의 남쪽을 담당한 프랑스군도 공격에 나섰고, 트란실바니아^Transylvania와 이탈리아 전선에서도 루마니아군과 이탈리아군이 각각 대공세에 나섰다. 만약 이렇게 전 전선에서 벌어진 총공세가 순조롭게 진행될 경우 전차를 실전에 투입할 기회가 다시는 오지 않을지도 모른다고 헤이그가 생각한 것도 결코 무리는 아니었다. 일반적인 믿음과는 달리, 헤이그는 병기와 관련된 기술의 발달에 대해 결코 반동적인 태도를 가진 사람이 아니었다. 헤이그는 보수적인 군 장성으로서는 이례적일 정도로 열정적으로 새로운 아이디어들을 받아들였다. 전차뿐만 아니라 루이스^Lewis 기관총이나 밀스 수류탄, 박격포, 독가스와 항공기도 헤이그가 중요한 순간에 직접 개입해서 힘을 실어준 덕분에 개발이 추진되었고 성공적으로 실전에 투입될 수 있었다.

1916년 9월 25일, 모르발에서 영국 제14군단을 지원하기 위해 파상공세에 나서고 있는 영국군 보병의 모습. 왼쪽 앞의 앳된 소년병의 모습이 눈에 띈다. (IWM)

    하지만 헤이그가 9월 중순 이후에도 솜 지역에서 공세를 지속한 데 대한 비난은 전차의 운용과 관련된 비난들에 비해 나름대로 타당한 근거를 갖고 있었다. 헤이그가 솜 공세 지속을 고집한 것은 만약 영국 원정군과 연합군이 쉴 새 없이 압박을 가할 경우 독일군이 결국에는 무너지리라는 확신을 갖고 있었기 때문으로 보인다.

    9월 마지막 주에 제4군이 모르발, 레뵈프, 뵈드쿠르^{Bueudecourt}와 콩블에 공격을 가하는 동안 고프의 예비군은 쿠르슬레트에서 슈바벤 보루에 이르는 독일군의 방어진지를 상대로 지금까지 예비군이 벌인 작전 중 최대의 공세를 벌였다. 공세 첫날인 9월 26일, 고프의 예비군 소속 제11사단은 무케 농장을 점령했다. 제18사단의 경우에는 철저한 전투 훈련과 맥스 사단장이 병사들에게 해준 세심한 브리핑이 효과를 발휘하여, 9월 27일 오전에

솜 전투(1916년 7월~11월)

세르

이를　　　바폼

미로몽

보몽 아멜　　　피　　　틸루아

보쿠르　　　그랑쿠르

르 사르　　　뷔트 드 발랑쿠르　　　볼랑쿠르

티에프발　　　쿠르슐레트　　　오쿠르 라바이

무케 농장　　　마르탱뮈슈　　　구드쿠르　　　르 트랑슬루아　　　록키니

하이 숲　　　플레르

포지에르　　　레뷔프

오빌레　　　바쟁탱　　　롱그발　　　사이

콩탈메종　　　르 프티　　　델빌 숲　　　모르발　　　사이젤

라 봐셀　　　마메츠 숲　　　갱쉬　　　좌즈 숲　　　생 피에르
　　　　　　트론 숲　　　기유몽　　　프레기쿠르　　　바스트 숲

프리쿠르　　　몽토방　　　콩블　　　랑쿠르

마메츠　　　아르드쿠르　　　르 포레스트　　　부샤베스느

카르누아

마리쿠르　　　모르파

쉬잔　　　퀴르뤼　　　암

오 알렌

뫼이에르　　　옴미에쿠르　　　몽 생캉탱

브레　　　프리즈

페론

운하　　　에르베쿠르　　　뱅쉬

라 메조네트

동피에르

바를뢰

페　　　벨루아

앙 사네트르　　　브리

푸코쿠르

오르니　　　빌레르
베르니　　　카르보넬
소이에쿠르　　　드니에쿠르　　　앙 상테르

베르망도빌레　　　프레슨느

아블랭쿠르

리옹

숄네

N

0　　　2 km

알베르

1916년 7월 1일~11월 25일에 걸쳐
영국군이 점령한 지역

1916년 7월 1일~11월 25일에 걸쳐
프랑스군이 점령한 지역

티에프발 마을로부터 독일군을 몰아낼 수 있었다.

그러나 영국 제39사단이 슈바벤 보루에서 끈질기게 저항하는 독일군 수비대를 최종적으로 몰아낸 것은 10월 13일이 되어서였다. 예비군의 우측에 자리 잡은 캐나다군단은 레지나Regina 참호를 둘러싼 치열한 공방전에 말려들면서 11월 10일까지 격전을 치러야 했다. 설상가상으로 이때 제4군 전면 지역에 호우가 내리면서 전장이 완전히 늪지대가 되어버렸다. 그런 악조건 하에서 롤린슨의 사단들은 한 발 한 발 엄청난 고통을 겪으며 르트랑슬루아Le Transloy로 진격하여 10월 7일에는 르 사르를 점령하는 데 성공했다.

11월 13일에서 23일에 걸쳐 솜 공세의 마지막을 장식했던 것은 제5군으로 명칭이 바뀐 고프의 예비군이었다. 몇 번 연기되기도 하고 제반 여건들도 끔찍한 상황에서도 공격 실시 허가가 난 것은 늦게라도 성공을 거둘 경우 11월 15일과 16일에 걸쳐 샹티이에서 개최될 연합국 회의(여기에는 헤이그도 참석할 예정이었다)에서 서부전선의 전황에 대해 긍정적인 인상을 줄 수 있으리라는 기대에서였다. 또한 이 공격으로 독일군이 예비대를 프랑스에서 다른 전선으로 보낼 엄두를 내지 못하게 함으로써 러시아와 루마니아 전선에도 도움을 줄 수 있을 것이라는 계산도 있었다.

제5군의 공세는 11월 13일 티에프발 북쪽의 앙크르 강 양안에서 실시되었다. 이 공격의 목표는 세르와 알베르-바폼 가도 사이에 자리 잡고 있는 독일군의 돌출부를 축소시키거나 제거하는 것이었다. 이동탄막사격과 함께 병사들의 머리 위로 비커스Vickers 기관총의 엄호사격을 퍼부어가면서 공격을 한 끝에 제51하이랜드Highland사단은 보몽 아멜을 점령했고, 제63왕립해군사단은 보쿠르Beaucourt를 점령했다.

그러나 7월 1일부터 계속 영국군 공세의 주요 목표였던 세르는 헤이그가 솜 공세를 중지시킬 때까지도 여전히 독일군의 손에 들어 있었다. 영국 원정군은 바폼에서 약 3마일 떨어진 지점에 머물러 있었다. 4개월 반에 걸

■■■■■ 1916년 9월 말, 티에프발을 둘러싸고 벌어진 공방전 와중에 영국군의 마크 I 전차가 참호를 넘어가고 있다. (IWM)

처 엄청난 노력을 기울이고 막대한 희생을 치른 끝에 영국군이 얻은 성과는 약 20마일 길이의 전선을 6마일 정도 밀어낸 것뿐이었다.

솜에서 영국군과 식민지군 병사들이 입은 손실은 총 41만9,654명에 달했다. 프랑스군은 여전히 페론에는 미치지 못했지만, 영국군이 확보한 지역의 두 배 이상 넓은 지역을 영국군이 입은 손실의 약 절반인 20만4,253명의 병력 손실을 입으며 확보할 수 있었다. 솜 전투에서 독일군이 입은 병력 손실에 대해서는 여러 가지 설이 있지만, 대략 23만7,000명~68만 명인 것으로 추정된다. 그러나 이와 같은 통계 숫자가 솜 전투의 의미를 모두 설명해주는 것은 아니다. 솜 전투에서 제18사단장 맥스나 제35여단장 솔리 플러드Solly Flood와 같은 훌륭한 지휘관들은 공격에 앞서 철저한 전투 훈련을 실시하고 공격시에는 유연한 공격 대형을 취했으며, 공격에 나선

■■■■■■ 1916년 11월, 앙크르 강 인근에서 촬영한 영국군 잡역 부대의 모습. 참호용 방수 바지와 방수 망토를 착용하고 있다. (IWM)

보병들의 화력을 강화하기 위한 루이스 경기관총과 총유탄銃榴彈 * 사용의 확대 등을 요구했다. 이런 사항들은 영국 원정군이 전술적 사고에 있어서 점점 발전하고 있다는 것을 보여주는 것이었다. 또 에릭 게디스 경 Sir Eric Geddes 과 같은 민간인 전문가가 9월에 헤이그의 적극적인 지지에 힘입어 영국 원정군 총사령부의 수송부 책임자로 임명되었다. 게디스는 취임 후 곧 영국 원정군의 보급 개혁 작업에 적극적으로 착수했다. 이런 긍정적인 변화는 나중에 영국군에게 엄청난 결실을 가져다주었다.

---

* 총유탄 수류탄보다 멀리 나가게 하려고 소총으로 발사하도록 한 유탄.

독일군도 영국 원정군의 역량이 크게 발전하면서 독일군이 받는 타격도 그만큼 커졌다는 사실을 잘 알고 있었다. 9월 21일 작성한 문건에서 힌덴부르크는 솜 전선이 매우 중요한 전선이기 때문에 가용 사단들을 이 전선에 최우선적으로 투입하라고 명시했다. 루덴도르프도 독일 육군이 "더 이상 움직일 힘이 없을 정도로 싸웠으며 완전히 탈진해버렸다"고 인정했다. 전쟁 전 기간에 걸쳐 영국 원정군과 싸웠던 루프레히트 왕세자 역시 "평화시에 훈련받은 독일군 정예 육군 병사들 중 그나마 당시까지 살아남았던 자들도 모두 솜의 전장에서 쓰러지고 말았다"고 말했다.

한 병사의 초상
아치 서플릿 일병

비록 영국 대중들은 솜 공세 첫날의 이야기를 들으면 반사적으로 특정 지역의 자원병들로 편성된 '친구' 대대들이 겪은 고난과 희생을 떠올리지 만, 1916년 7월 1일 당시 모든 친구 대대 소속 병사들이 1914년 개전 직후 자원한 젊은이들은 아니었다. 예를 들어, 아서 '아치' 서플릿 Arthur 'Archie' Surfleet 일병은 솜 공세 첫날, 동 요크셔 East Yorkshire 연대의 제13대대 소속으로 세르 부근에서 싸웠다. 이 대대는 헐 Hull 시 출신자들로 편성된 4개 대대 중 하나 였다. 그러나 서플릿이 군에 입대한 것은 비교적 늦은 시기인 1916년 1월 이었고, 실제로 B중대 소속으로 전선에 배치된 것은 6월 8일이 되어서였 다. 입대 첫날부터 일기를 쓰기 시작한 서플릿은 1920년대와 1960년대에 이 일기에 더 자세한 내용을 추가하여 전쟁 당시 복무한 한 젊은 병사의 생활을 생생하고 명확하게 보여주는 기록을 남겼다.

아치 서플릿은 1896년 12월 23일 영국 잉글랜드 링컨셔 Lincolnshire 주의 게인스보로 Gainsborough 에서 태어났으며, 1901년 가족과 함께 헐 시로 이사했다. 헐 초등학교에서 교육을 받은 서플릿은 《헐 데일리 메일 Hull Daily Mail》지에서 약 1년간 수습기자로 일하다가 로프트하우스 Lofthouse 와 솔트머 Saltmer 두 화학자가 운영하는 화학제품 회사에 입사했다(당시 그의 아버지도 같은 회사의 실험실 관리자로 일하고 있었다). 19세 생일을 맞은 직후 서플릿은 군에 입대했다. 그는 스스로에 대해 "나는 매우 평범한 병사로서 즐거워하기도 하다가 공포에 질리기도 했다. 사실 대부분의 시간 동안 매우 겁에 질려 있었다"라고 고백했다. 그러나 동시에 그는 자신과 동료들이 새로운 군대 생활에 아주 빠르게 적응했다고도 회고했다. "실전에 투입된 지 얼마 되지 않았을 때는 전쟁이 무엇인지 아무것도 몰랐기 때문에 차라리 괜찮았다. 얼마간의 시간이 지나자, 최전선에 자주 나가야 했던 우리 동료들 중 다수는 일종의 숙명론적인 인생관을 가지게 되었다. 하지만 주님의 은총으로 우리는 거의 항상 행복했던 시간을 기억하면서 무서운 기억은 대부분 잊어버리곤 했다."

서플릿은 일개 보병 병사가 수행해야 하는 수많은 고된 일과에 빠르게 익숙해졌다. 하지만 자신이 견뎌야 했던 가장 불쾌한 것들 중의 하나로 아치는 어딜 가나 있는 이를 꼽았다. 그는 자그맣고 귀찮은 존재인 이에 대해 "우리 몸이 따뜻해지면 이들도 함께 활발해졌다. 이들이 온몸을 물어대면서 엄청난 짜증을 불러일으켰기 때문에 정말 쓰러질 정도로 피곤하지 않으면 잠을 잘 수가 없었다"고 회고했다. 쥐들 또한 어딜 가도 떨쳐낼 수 없는 성가신 존재였다. 하지만 전선의 병사들은 어느새 '거의 불가사의할 정도로' 쥐들의 존재에 익숙해졌다. 원시적인 야전 화장실들에 대해서도 그는 "더러운 하수구 한가운데 던져진 것 같은 느낌이었지만, 우리는 거기에도 곧 익숙해졌다!"고 회상했다. 당시 영국군 병사들의 식량 사정은 독일군에 비하면 그럭저럭 괜찮은 편이었지만, 그래도 배불리 먹을 수 있는 호사는 거의 누리지 못했다. "우리는 멀건 국물뿐인 소고기죽에 그래도 '건더기'의 느낌이나마 내보려고 종종 쌀 푸딩(푸딩이라고 해도 설탕은 전혀 들어가지 않았다)을 집어넣기도 했다." 만약 운 좋게 빵을 4분의 1덩어리만 얻을 수 있어도 "정말 보기만 해도 배부른 행복감을 느꼈다"고 서플릿은 회상했다. 끊임없는 사역과 군수품 운반 작업은 여기에 동원된 병사들 사이에서 엄청난 원성을 불러일으켰다. 솜 공세가 시작되기 얼마 전, 서플릿은 이런 잡역에 대해 다음과 같이 말했다.

"우리 모두 그런 사역에 완전히 질려 있었다. 이런 작업들은 아주 단순하고 사람을 질리게 만들며 거의 인간의 힘으로는 불가능한 것들이었지만, 어쨌든 이런 작업 명령이 떨어지면 우리는 그 작업을 수행해야만 했다. 한 가지 신기한 것은 나로서도 정말 어떻게 했는지 놀라운 일이지만, 우리가 어떻게 해서든지 주어진 과업을 전부 완수해냈다는 것이다."

전선 배치 기간에 전투지역에 투입될 때는 언제나 긴장되었다. 서플릿은 1916년 6월 11일 처음으로 세르 지구에 접근해 들어갈 때, "포탄으로 너덜너덜해진 지역 특유의 황량함이 우리를 덮쳤다"고 기록했다. 서플릿은 자신이 경험한 첫 번째 독일군의 포격에 대해 다음과 같이 썼다. "정말 끔찍한 경험이었다. 그때 그 느낌을 어떻게 표현해야 할지 모르겠다. 내가 얼마나 겁을 먹었는지는 오직 신만이 아실 것이다." 아치는 또한 "어떤 불안감이나 욕지기 없이 전장에 나갈 수 있는 사람은 천 명에 한 명도 되지 않았지만, 대부분의 동료들은 자신의 감정을 잘 숨겼다"고 기록했다. 그러나 서플릿의 동료 중 한 명은 6월 세르 지구에서 포탄 충격*을 받았고, 7월 말에는 라벵티 Laventie 지구에서 또다시 포탄 충격을 받았다. 이 병사는 결국 후방으로 후송되어야 했는데, 서플릿은 이에 대해서 "정말 애처롭고 사람을 무기력하게 만드는 장면이었다"고 기록했다.

그러나 일단 전선을 벗어나기만 하면, 사기는 빠르게 회복되었다. 1916년 가을 어느 날, 서플릿은 "지금 병사들은 매우 즐거워 보인다. 단 며칠간의 평화와 햇빛만으로도 병사들은 이렇게 변할 수 있다"고 썼다. 병사들은 에스타미네 Estaminets 라고 불리는 프랑스 현지의 작은 가게에서 봉급의 일부로 계란과 감자칩 혹은 포도주와 맥주를 구입할 수 있었고, 이런 음식과 술은 잠시나마 병사들에게 끔찍한 참호생활을 잊게 해주었다. 그때까지 술을 한 방울도 입에 대지 않고 살아왔던 금주가 서플릿 일병은 7월 6일, 생애 최초로 맥주를 마신 것에 대해 다음과 같이 조심스럽게 기록했다.

"나는 술을 마신다는 것이 그렇게 불쾌하지 않다는 것을 알게 되었다. 그리고 술을 마신 뒤 따라온다는 그 '숙취' 라는 것을 아직까시는 전혀 느끼지 못했다!"

서플릿은 끔찍한 전쟁의 현실을 잊기 위해 술을 탐닉하는 사람들을 비판하지도 않았다. 서플릿은 7월 21일 일기에 "폭음하는 경향이 있는 사람들이 기회가 될 때마다 술로 그들의 비참한 처지를 달래려 하는 것은 결코 놀라운 일이 아니다"라고 기록했다.

서플릿은 보병이라면 누구나 하게 마련인 일상적인 불평을 하기는 했지만, 성실한 병사로서 대부분의 장교들을 존경했다. 1916년 여름, 서플릿은 장교 자리에 대해 "고맙다는 말을 듣지도 못하는 정말 생색 안 나는 일"이라고 썼고, 나중에는 "아무리 큰돈을 줘도 보병 장교는 되지 않을 것이

---

* 전투 신경증

다"라고 덧붙였다. 서플릿은 7월 동안 이루어진 행군에서 장교들이 지쳐
나자빠지는 병사들의 소총을 들어주면서도 쾌활함을 잃지 않았다는 긍정
적인 기록을 남겼다. 서플릿은 군단장이었던 헌터-웨스톤 Hunter-Weston 에 대
해서는 한층 더 강한 인상을 받은 것으로 보인다. 서플릿의 눈에 헌터-웨
스톤은 '진정한 군인 중의 군인'으로 비쳤다. 그러나 서플릿은 한 포병이
야전 형벌 1호 Field Punishment No.1 에 의거해 차륜에 결박되어 채찍질을 당하는
광경을 보고 크게 분노했다. 서플릿에게 이러한 형벌은 정말 '반反영국적
인' 것이었다. 나중에 그는 이 처벌로 인해 "반란이 일어나지 않을까 우려
될 정도로 병사들 사이의 분위기가 격앙되었다"고 기록했다.

7월 1일, 제31사단은 세르에 대한 공격에 나서면서 엄청난 피해를 입
었다. 그러나 서플릿으로서는 정말 다행히도 지원 임무를 맡고 있던 헐 대
대가 공격에 투입되기 직전, 영국군의 공세가 중지되었다. 8월, 서플릿은
대대 본부에 배속된 통신병들과 함께 일하는 전화선 가설병이 되었다. 적
의 포화 속에서 손상된 전화선을 수리하는 것은 위험한 일이었지만, 그는
그래도 이 일이 '소총병 생활'보다는 나았다고 기록했다. 11월 13일, 그가
속한 사단은 다시 한 번 세르에 대한 공격을 가하기 위해 솜 지역으로 돌
아왔다. 그러나 이번에도 서플릿은 운 좋게 피해가 심할 경우에 대대 재편
성의 중핵 역할을 하기 위해 기간병의 일원으로서 후방에 있게 되었다. 그
러나 얼마 후 그는 들것운반병으로 차출되었다. 적의 포화가 쏟아지는 최
전선에서 부상병을 운반해야 하는 들것운반병의 일은 아주 힘들고 위험했
다. 하지만 서플릿은 이 일을 하면서 "최전선에서 싸우고 있는 다른 병사
들을 똑바로 마주보고 거리낌 없이 자신도 그들 중 한 명이라고"말할 수
있게 되었다.

당연한 일이지만 가끔은 그도 지옥 같은 전선에서의 생활에 낙담하기
도 했다. 1916년 9월, 서플릿은 "우리의 유일한 희망은 이 비참한 곳에서
빠져나갈 수 있도록 목숨이 위태롭지 않을 정도의 중상을 입는 것이다"라

고 썼다. 그러나 12월, 병에 걸려 후방의 병원으로 이송될 기회가 왔을 때 그는 전우들과 떨어지고 싶지 않다며 후방으로의 이송을 거부했다. 당시 그는 "이곳은 지옥일지도 모르지만, 이곳보다도 더 나쁠지 모르는 다른 지옥에 낯선 이들과 함께 떨어지느니 이 지옥에서 전우들과 함께하겠다"고 주장했다. 그와 같은 전우애는 아마도 끔찍한 서부전선의 생활을 병사들이 견딜 수 있게 해주었던 최대의 동기였을 것이다. 서플릿은 1918년 3월까지 일병으로 복무하다가, 곧 영국 공군Royal Air Force이 될 왕립 항공대의 일원으로 훈련을 받기 위해 본국으로 돌아갔다.

전쟁이 끝난 후 그는 전쟁 전에 그를 고용했던 로프트하우스와 솔트머에게 돌아갔고, 1962년 은퇴하기 전까지 공동 경영자로서 회사를 함께 운영했다. 서플릿은 대영전쟁박물관에 그의 일기 사본을 기증한 직후 1971년 4월에 74세를 일기로 사망했다.

전장 밖의 전쟁
1914년~1916년 각국의 상황

서부전선에서 벌어진 격전은 전장뿐만이 아니라 광범위한 사회 분야와 각 가정의 생활에도 큰 영향을 미쳤다. 또 전쟁은 참전국 각국에게 각자 나름대로 특별한 문제를 안겨주었다. 대부분의 물자를 수입에 의존하던 영국에게 독일의 무제한 잠수함 작전은 점점 더 큰 위협으로 다가왔다. 독일은 독일대로 연합군의 해상 봉쇄로 인해 점점 숨이 막혀가고 있었고, 프랑스 역시 전쟁 초기에 북부 지방의 철광석 및 석탄 산지를 독일에게 빼앗기는 바람에 이들 자원을 조달하는 데 애를 먹어야 했다. 어떤 문제들은 참전국 모두가 공통적으로 겪기도 했다. 각 참전국들은 인적 자원과 산업 자원을 동원하기 위해 엄청난 노력을 기울였으며, 원자재와 식량 생산 및 배급, 물가와 임금, 언론과 교통을 통제하기 위해 유례없는 조치들을 취했다. 각국이 이와 같은 도전과제들에 직면하는 방식은 여러 가지 측면에서 각국이 처한 각기 다른 정치적 · 사회적 · 경제적 여건을 반영하는 것이었다.

프랑스

제1차 세계대전 개전 당시에도 여전히 소규모 공방[工房] 산업에 의존하던 프랑스는 전반적인 공업 역량 측면에서 독일과 영국에 크게 뒤지고 있었다. 일례로 1914년 당시 프랑스의 철강 생산량은 독일의 3분의 1에 불과한 실정이었다. 그러나 농업이 주요 산업이었던 프랑스는 식량을 거의 자급자족할 수 있다는 장점을 갖고 있었다. 1914년 8월, 계엄령이 선포되면서 프랑스 정부는 거의 무제한의 권력을 쥐게 되었다. 그 단적인 예가 바로 군부에 의한 언론의 검열이었다. 그런 조치는 일견 무지막지한 것으로 보일 수도 있지만, 르네 비비아니[René Viviani *] 내각이 프랑스의 군사적 · 산업적 우선순위의 균형을 삽기 위해서는 반드시 취해야 힐 조치이기도 했다.

　프랑스는 개전 이전부터 징병제를 실시하고 있었다. 이는 다시 말해 전쟁이 시작되면 거의 모든 프랑스 가정이 영향을 받게 된다는 것을 의미했다. 1915년 중반에 이르러서도 연합군에서 프랑스군이 차지하는 비중은 영국군보다 훨씬 더 높았으며, 징병된 프랑스 장정들의 수도 544만 명에 달했다. 대부분의 마을에서 젊은 남자들의 씨가 마르자, 농업 부문에서 여성들이 그 어느 때보다도 큰 부담을 지게 되었다. 동시에 많은 농촌 여성들이 보다 높은 임금을 좇아 엄청나게 늘어나고 있던 탄약 공장에서 일하기도 했다. 프랑스 여성들은 또한 전선으로 나간 남성들을 대신하여 공공

---

* 르네 비비아니 1863~1925. 프랑스의 정치가. 사회주의적 언론인으로 많은 노동쟁의를 변호했다. 《위마니테》지 창간과 통일사회당 창당에 협력하고 노동장관, 문교장관, 총리 겸 외무장관, 법무장관을 지냈고, 제1차 세계대전 후 워싱턴 회의에 프랑스 대표로 참가했다.

서비스와 상업 부문에서도 활약했다. 1915년 10월 무렵이 되자, 프랑스의 탄약 공장에서 일하는 여성의 수는 7만5,000명에 달했다. 이들은 그 이전까지는 상상할 수도 없었던 개인적 · 경제적 독립을 이룰 수 있었다.

전쟁 수행에 대한 불만이 증가하자, 비비아니 내각은 1915년 10월 사회주의자인 아리스티드 브리앙Aristide Briand*이 이끄는 대연정으로 대체되었다. 베르됭 전투가 한창이던 1916년, 끝없이 계속되는 전쟁은 프랑스에게 깊고 심한 상처를 남기면서 민간 부문에서 슬슬 고개를 들던 염전사상厭戰思想을 더욱 부추겼다. 물가 통제가 제대로 이루어지지 않아 식료품 가격은 하늘 높은 줄 모르고 치솟았고, 임금 상승과 전쟁으로 엄청난 이득을 챙긴 군납업자들 때문에 생활비는 40퍼센트나 높아졌다. 북프랑스 지역의 사탕무 공장이 전쟁 통에 파괴되기는 했지만, 1916년까지 프랑스는 별다른 심각한 식량 위기를 겪지 않았다. 그러나 전쟁이 장기화되면서 슬슬 여러 가지 문제들이 표면화되기 시작했다. 1916년 5월부터는 밀 수입 비용을 절감하기 위해 훨씬 조악한 품질의 '국립 빵National Bread'이 판매되기 시작했고, 밀과 호밀, 감자 수확도 예년에 비해 훨씬 더 줄어들었다. 11월에는 즉각적으로 시행되지는 않았지만 '고기 안 먹는 날Meatless Day'을 비롯하여 몇 가지 식량과 관련된 원칙적인 규제사항들이 제정되기도 했다.

독일

프랑스와 마찬가지로 독일의 정치정당들은 1914년 8월 4일 일체의 정치적 분쟁을 중지한다는 협약을 맺으면서 단호한 국가적 단합을 과시했다. 독

---

* 아리스티드 브리앙 1862~1932. 프랑스의 정치가. 제1차 세계대전 후 11회에 걸쳐 수상을 지내면서 집단적 안전 보장을 축으로 하는 평화 외교를 추진했다. 1926년 슈트레제만과 함께 노벨 평화상을 받았다.

일의 전제주의 정권은 연합국의 느리게 움직이는 민주체제에 비해 정책 결정을 훨씬 더 신속하게 진행할 수 있었으며, 그 덕분에 전쟁 초기에 영국이나 프랑스보다 민간 인력을 보다 더 효율적으로 동원할 수 있었다. 산업적 측면, 특히 화학, 전기, 강철, 탄약 분야에서 다른 유럽 국가에 비해 보다 더 발전된 독일은 이러한 이점을 극대화하기 위해 젊은 사업가 발터 라테나우Walther Rathenau*의 지휘하에 재빨리 국방성 산하에 원자재부Raw Materials Section of the War Ministry를 창설했다. 물자 부족을 극복하고 가능한 한 오랫동안 연합군의 해상 봉쇄를 버텨내기 위해 설립된 일단의 전략 물자 취급 기업들은 산업 각 분야에 대한 자원 공급을 엄격하게 통제했다.

독일이 연합국에 비해 전시체제로 보다 신속하게 전환했다는 사실은 여성 인력의 적극적인 동원에서도 잘 드러났다. 전쟁이 시작되자마자 여권女權운동 지도자 게르트루드 바우머Gertrude Baumer 박사는 정부에 기용되어 전쟁 물자 생산을 위한 여성 노동력 동원 체제를 조직했다. 그렇게 독일은 전쟁 초기부터 여성 등의 잉여 노동력 활용에 적극적으로 심혈을 기울였다. 하지만 애당초 프랑스보다 더 많은 인적 자원을 보유하고 있었음에도 불구하고 1916년 무렵에는 독일도 점점 인력 부족에 시달리게 되었다. 특히 베르됭과 솜에서 엄청난 인명 피해를 내면서 인적 자원 부족 문제가 더욱 심각해지자, 독일 정부는 부족한 노동력을 보충하기 위해 보다 강력한 조치들을 취하게 되었다. 한편, 새로이 독일군 최고 지휘부를 구성하게 된 힌덴부르크와 루덴도르프는 물자 생산을 크게 증대시키기 위해 과거의 정책을 모두 갈아엎어버렸다. 이를 목적으로 소위 '힌덴부르크 프로그램Hindenburg Programme'을 입안한 힌덴부르크-루덴도르프 콤비는 먼저 경제를 통제하기 위한 최고 전쟁청Supreme War Office을 조직했고, 그 다음 12월 5일

---

* **발터 라테나우** 1867~1922. 독일의 실업가, 정치가. 제1차 세계대전 중에는 독일의 경제 복구에 진력했으며, 1922년에 외상이 되어 소련과 라팔로 조약을 체결했으나 반혁명파에 의해 암살되었다.

에는 지원군법Auxiliary Service Law을 제정하여 군에 입대하지 않은 17세에서 60세 사이의 모든 독일 남성들을 강제 동원할 수 있게 만들었다.

　　독일이 가장 취약했던 부분은 바로 식량 공급이었다. 연합군의 해상 봉쇄로 인해 독일의 식량 사정은 전쟁이 길어질수록 더욱 악화되었다. 프랑스가 1916년 중반이 되어서야 슬슬 허리띠를 조이기 시작한 반면, 같은 시기 독일의 식량 상황은 거의 절망적인 상태였다. 이미 1915년 1월부터 빵에 대한 배급제가 시행되었고, 감자와 육류의 공급에도 엄격한 규제가 가해졌다. 따라서 한동안은 식량 자체의 품귀현상보다는 물가상승이 주된 문제가 되기도 했다. 1915년 6월에는 곡물의 구매와 분배를 관장하기 위한 제국 곡물청Imperial Grain Office이 창설되었고, 이를 기반으로 다른 기타 식품들을 관장하는 유사 기구들이 속속 조직되었다. 이러한 움직임은 1916년 5월 전쟁식량청War Food Office의 설립으로 정점을 맞게 되었다. 이 무렵, 육류, 감자, 우유, 설탕, 버터 같은 주식으로 사용되는 식품들은 모두 배급제로 공급되고 있었다. 그러나 중립국을 통한 수입 물량의 감소와 함께 독일 국내의 농작물 수확량까지 감소되자, 이러한 조치들로도 식량 부족 사태를 호전시킬 수는 없었다. 많은 식품들, 그리고 심지어는 옷감까지도 다양한 '대용품'으로 대체되었다. 예를 들어, 감자의 생산량이 감소하자 독일 국민들은 순무를 점점 더 많이 먹어야 했다. 순무는 1916년~1917년 소위 '순무의 겨울'에 독일인의 주식이 되었다.

영국

전쟁 직전 영국은 경제 불안과 전투적인 여성 참정권 운동, 그리고 아일랜드 자치를 둘러싼 내전 위기 고조 등의 문제로 많은 곤란을 겪고 있었다. 그러나 대륙에서 터진 전쟁으로 영국 정부는 그런 골치 아픈 정치적 문제를 일단 뒤로 미뤄둘 수 있게 되었다. 그러나 허버트 애스퀴스^{Herbert Asquith}의 자유당 정부가 추구했던 '전쟁 중에도 최대한 평화시의 일상을 유지하는' 정책은 곧 붕괴되고 말았다. 일단 대규모 국민군을 창설해야 한다는 결론이 내려지자, 산업과 인력에 대해서도 국가의 통제가 강화되었다. 원래 어느 분야에 대해서도 최대한 개입하지 않는 것을 원칙으로 삼아왔던 영국 정부로서는 모순적인 일이었지만, 1914년 8월 8일 국토방위법^{Defence of the Realm Act, DORA}이 통과되면서 모든 국가 자원은 정부의 강력한 통제하에 놓이게 되었다. 전쟁이 장기화되자, 국토방위법은 국민의 일상생활 거의 전 분야에 영향을 미치게 되었으며, 개인의 자유에 대해서도 1914년 8월 이전에는 거의 상상도 할 수 없는 수준의 통제가 이루어졌다.

당시 영국의 가장 시급한 과제는 보다 효과적으로 군사 및 산업 인력을 동원하고 배치할 수 있는 체제를 확립하는 것이었다. 개전 이후 이루어진 마구잡이식 인력 모집과 국가적 차원의 합리적인 전쟁계획 부재로 1915년 5월까지 영국 정부는 문제가 생길 때마다 땜질 처방으로 일관할 수밖에 없었다. 그러나 임시방편으로 근본적인 문제 해결이 이루어질 수는 없는 노릇이었고, 전쟁이 장기화되면서 병력 충원과 탄약 생산 부문 모두 동시다발적으로 위기를 맞게 되었다.

그러나 1915년 5월 연립내각이 구성되고 5월 말에 탄약성이 설립되면서 이러한 문제들에 대한 정부의 마구잡이식 접근도 끝을 맺었다. 보다 체계적인 전시체제가 구성된 것은 1916년이 되어서였지만, 1914년 8월에서 1915년 12월까지 총 246만6,719명의 장정들이 입대했다. 그러나 1915년 봄이 되자, 전쟁은 점점 장기화될 기미를 보였고 그런 상황에서 대폭 확대된 육군을 모병제로만 유지하기가 어렵게 되었다. 1914년 9월 46만3,901명을 기록했던 자원입대자의 수도 1915년 4월에는 11만9,087명으로 격감했다. 징병제를 요구하는 목소리가 점점 커지는 가운데 영국 정부는 1915년 7월 국민등록법^{National Registration Act}을 통과시키면서 가용한 인적 자원에 대

■■■■■■ 1914년~1915년에 걸친 자발적 입대자 모병 시기에 영국에서 발행한 수많은 애국 우편엽서 중 하나.
(저자 소장)

한 보다 체계적인 분석을 시작했다. 이후 영국 중앙 정부는 지방 정부들에게 15세에서 65세 사이의 인구에 대한 명부를 작성할 수 있는 권한을 부여했다. 8월 실시된 국민 등록을 통해 징집연령대에 속하는 217만9,231명의 남성을 포함하여 500만 명 이상의 남성이 아직도 군에 입대하지 않고 있다는 사실이 밝혀졌다. 같은 해 가을, 당시 모병국장이었던 더비 경^{Lord Derby}이 마련한 방안을 통해 어떻게든 모병제 원칙을 지키기 위한 마지막 노력이 이루어졌다. 18세에서 45세 사이의 모든 남성들은 즉각 입대하든가 소집될 경우 즉각 입대하겠다는 서약을 하라는 요구를 받았다. 그러나 11월 30일 더비 경이 제안한 대책의 마감 시한이 끝날 때까지도 국민 명부에 등재된 미혼 남성의 거의 절반이 입대 서약을 하지 않았다. 그에 따라 1916년이 되자 징병제의 실시가 불가피하게 되었다. 그러나 영국의 징병제는 말만 징병제였지 별다른 구속력을 가지지 못하는 유명무실한 제도였다. 1916년 3월 1일에서 1917년 3월 31일까지 단지 37만1,000명만이 징병된 데 반해, 군역을 면제받은 자의 수는 77만9,936명에 달했다.

1915년 7월에 제정된 전쟁물자법은 영국 정부에게 물자 생산 증대를 위해 필요한 어떠한 조치라도 취할 수 있는 권리를 부여했을 뿐만 아니라, 영국이 총력전을 전개할 수 있는 길을 열어주었다. 이 법으로 많은 비효율적이고 낭비적인 관행들이 폐지되었다. 또 노동조합들도 대부분 얼마 동안은 몇몇 인정된 관행들과 특권들을 기꺼이 포기했으며, 그 결과 파업과 노동 분쟁 건수도 줄어들었다. 그리고 영국 여성들도 다른 참전국 여성들과 마찬가지로 지금까지 남성들의 전유물로만 여겨지던 분야에서 중요한 역할을 수행하게 되었다. 1915년 중반까지 여성 노동력의 대부분은 자선과 복지 정책에 집중적으로 투입되었다. 하지만 1914년 7월 21만2,000명에 불과했던 전쟁 물자 생산과 가장 밀접한 관계가 있는 금속 및 기계 산업 분야에 고용된 여성들의 수는 1년 후에는 그 수가 늘어나 25만6,000명으로 늘어났고, 로이드 조지 Lloyd George* 가 탄약성을 설립한 이후 1916년 7월까지 해당 부문의 여성 노동자 수는 52만 명으로 크게 증가했다.

실업률의 하락과 성부 소날업무와 관련된 부문의 임금 상승은 다른 국가들과 마찬가지로 물가 인상으로 이어졌다. 예를 들어, 1916년 11월까지 생필품 가격의 상승률은 75퍼센트에 달했다. 당시 영국은 아직 심각한 물자 부족 사태를 겪지 않고 있었지만, 1916년 독일의 무제한 잠수함 작전이 본격적으로 전개되자 대부분의 식량 공급을 해외 수입에 의존하는 영국의 식량 사정도 점차 악화되기 시작했다. 1916년 11월에는 밀 재고의 감소로 '전쟁 빵War Bread'이 등장했으며, 12월에는 상황이 더욱 심각해지면서 식량성Ministry of Food이 창설되고 식량 통제관Food Controller이 임명되었다.

하지만 영국 시민들은 훨씬 이전부터 전쟁의 현실을 직접 느끼고 있었

---

* 로이드 조지 1863~1945. 영국의 정치가. 자유당 하원의원으로 1916년에 총리가 되어 연립 내각을 조직, 제1차 세계대전을 승리로 이끌었다.

다. 1915년 5월 말부터 독일의 비행선들이 영국에 공습을 가하기 시작했던 것이다. 1916년까지 지속된 이 공격으로 다수의 민간인 사상자가 발생했을 뿐만 아니라, 영국 국민들 사이에 불안과 혼란이 야기되었다. 12월 16일에는 독일 비행선이 하틀풀^{Hartlepool}과 스카보로^{Scarborough}, 그리고 휘트비^{Whitby}에 공습을 가하면서 여성과 아이들을 포함한 700명 이상의 사상자가 발생했다. 또 1916년 4월 24일의 부활절 월요일에는 아일랜드의 민족주의자들이 아일랜드의 더블린^{Dublin} 중앙우체국을 장악하고 아일랜드공화국의 건국을 선포하면서 영국은 심각한 내부적 위협에까지 직면하게 되었다. 부활절 봉기는 5일도 되지 않아 진압되었지만, 그 과정에서 64명의 아일랜드 민족주의자들과 130명의 영국군, 그리고 200명 이상의 민간인들이 사망했다. 사실, 이 봉기는 아일랜드에서 별다른 지지를 받지 못했다. 그러나 영국 정부가 5월 14일 주모자들을 처형하자, 오히려 아일랜드 전역에서 이들에 대한 광범위한 동정 여론이 일어났다.

한 시민의 초상
위니프레드 어데어 로버츠

제1차 세계대전이 터지자, 많은 영국의 중산층 여성들은 뜻하지 않게 사회적 관습 때문에 그 동안 드러낼 수 없었던 재능과 에너지를 발휘할 수 있는 기회를 얻게 되었다. 위니프레드 어데어 로버츠^{Winnifred Adair Roberts}도 그런 영국 여성들 중 한 명이었다.

위니프레드는 아일랜드 출신으로 화학공장을 운영하는 화학자인 프레데릭 어데어 로버츠^{Frederick Adair Roberts}와 그의 아내 제이니^{Janie} 사이에서 태어난 9남매 중 일곱째로, 1885년 11월 28일, 런던의 스탬포드 힐^{Stamford Hill}에서 태어났다. 가족과 친구들에게 윙크스^{Winks}라는 애칭으로 불린 위니프레드는 1900년, 부모를 따라 햄프스테드^{Hampstead}의 오크 힐 로지^{Oak Hill Lodge}로 이사했다. 여자 가정교사로부터 교육을 받았던 위니프레드는 이후 잉글랜드 북부 달링턴^{Darlington}에 있는 퀘이커^{Quaker}교 학교를 비롯하여 여러 교육기관에서 교육을 받았다. 위니프레드는 그다지 건강한 체질이 아니었기 때문에, 야외에서 활동을 하거나 직장에서 일을 하지 못하고 늘 집에 머물러 있어야 했다. 독실한 기독교도였던 위니프레드는 지역 주일학교 교사로 활동하기도 했다. 그러나 위니프레드의 독립적인 자질은 여성사회정치연맹 Women's Social and Political Union, WSPU 을 위해 일하는 과정에서 드러났다. (여성 참정권/투표권 운동에 적극적으로 동조한 위니프레드는 경찰의 눈을 피해 도피생활을 하던 여성사회정치연맹 지도자 팬크허스트 Pankhurst 여사에게 몰래 식량을 제공하기도 했다.)

제1차 세계대전 개전 당시 스위스에서 휴가를 보내고 있던 위니프레드는 프랑스를 가로질러야 하는 기나긴 열차여행을 위한 만반의 준비를 신속하게 갖춤으로써 자신이 가진 조직 능력의 일부를 보여주기도 했다. 영국으로 돌아온 위니프레드는 곧 여성의용예비대 Women's Volunteer Reserve, WVR 에 참여했다. 이 단체는 저명한 여성 참정권 운동가 에벨리나 하버필드 Evelina Haverfield 가 창설한 조직이었다. 카키색 유니폼과 군대식 계급 및 조직체계를 도입했던 여성의용예비대에 의해 대위로 임명된 위니프레드는 런던 대대 A중대의 지휘를 맡았다.

병사용 매점의 운영을 비롯해 병원 업무와 다양한 기금 조성 활동을 전개한 이외에도 위니프레드

■■■■■ 1915년 여성의용예비대 런던 대대 A중대원들과 함께한 위니프레드 어데어 로버츠 대위의 모습. (IWM)

의 중대는 스케이트장과 남 켄싱턴South Kensington의 마인즈Mines 학교 강당에서 정기적으로 제식 훈련을 받았고, 심지어는 소총사격 교육까지 받았다. 8월 무렵 등록된 중대원 수는 98명이었지만, 평균적인 참여자 수는 6월에는 61명이었던 것이 시간이 흐르면서 31명으로 감소했다. 당시 여성의용예비대는 도보행군을 계속 강조하고 있었는데, 그런 지침이 의미가 없다고 생각한 위니프레드는 이를 두고 상급자들과 충돌했다. 1915년 6월, 베스널 그린Bethnal Green 군병원에서 병원 업무를 수행한 후 중대 내에서 약간의 불화가 일어났으며, 이 사건이 벌어진 이후 1915년 10월 19일, 그녀는 여성의용예비대를 탈퇴했다.

그러나 위니프레드는 많은 이들로부터 애정과 존경을 받고 있었으며, 이들은 이후로도 지속적으로 위니프레드에게 공감을 표시하는 편지를 보냈다. 여성의용예비대를 탈퇴하고 1주일 후 이전의 A중대원 37명이 위니프레드의 집에 모여 위니프레드의 지도 아래 새로운 단체를 창설했다. 그로부터 며칠 후 위니프레드 어데어 로버츠 대위의 중대는 1915년 7월 런던더리 후작부인Marchioness of Lodonderry이 발속한 부인대Women's Legion에 늘어갔다. 여성의용예비대 소속 여성들의 출신 성분이 지나치게 특정 계층에 편향되었다고 생각한 런던더리 후작부인은 "전투나 전쟁과 관련된 임무에 투입된 남성들이 하던 일을 국가를 위해 대신 수행할 수 있는 신체 건강하고 효율적인 여성 인력을 공급하기 위해" 부인대를 조직했다.

이후 16개월에 걸쳐 위니프레드와 그녀의 동료들은 광범위한 중요한 임무들을 수행했다. 여성들은 하루 8시간씩 3교대로 유스턴Euston과 킹스크로스King's Cross 역, 울위치 조병창Woolwich Arsenal, 토튼햄 코트 로드Tottenham Court Road, 홀본Holborn과 에리스Erith에 있는 탄약공장의 군인 매점과 YMCA 회관을 운영했으며, 적십자를 위한 붕대 제작, 모직 의복과 양말 짜기, 병원 업무, 모래주머니 제작에도 참여했다. 1915년 크리스마스에 위니프레드와 6명의 도우미들은 호스페리 로드Horseferry Road의 군인식당에서 10일에 걸쳐 4,000명의 병사들에게 식사를 제공했다. 그 동안 이들은 하루에 2시간씩밖에 자지 못했고, 잠도 지하실의 식탁 위에서 자야 했다. 그러나 이들의 최대 성과라고 할 만한 것은 1916년 말에 프랑스 에타플Etaples 인근에 건립될 예정이었던 '로버츠 중대 YMCA 회관Captain Roberts Company Hut'을 위해 445파운드의 기금을 모금한 것이었다. 회관 건립에 필요한 기금을 조성하기 위해 위니프레드는 벼룩시장, 바자회, 카드놀이 대회, 무도회, 눈 치워주기, 캐롤송 불러주기, 가든파티 개최 및 젊은 인기 작곡가 아이버 노벨로Ivor Novello를 초청한 콘서트 개최 등을 전개했다. 또 어느 날 저녁에는 위니프레드와 동료들이 원숭이와 함께 런던 거리에서 휴대용 오르간을 연주하기도 했다.

많은 중대원들이 부인대 활동 외에도 일을 하고 있었기 때문에, 많은 체력을 요구하는 활동이 계속되자 중대원들의 건강에도 문제가 생기게 되었다. 이를 알게 된 위니프레드는 1917년 2월에 중대를 해산하기로 결의했다. 이후 위니프레드는 새로 창설된 여성 육군 보조부대Women's Army Auxiliary Corps, WAAC에 가입 권유를 받기도 했다. 여성 육군 보조부대는 영국 국방성이 직접 운영하는 기구였지만, 위니프레드는 끝내 이 조직에 들어가지 않았다. 위니프레드가 이런 결정을 한 것은 건강 때문만은 아니었다. 위니프레드는 스스로 "이미 10분의 9는 평화주의자가 되었다"고 느끼고 있었고, 그런 상태에서 "오직 '예스맨'으로만 존재할 뿐인" 조직에 속하고 싶지 않았기 때문이었다. 위니프레드는 자신이 자유로운 양심을 갖춘 인간이 되어야 하며 다른 사람들의 기준이 꼭 나의 기준이 되어야 하는 것은 아니라고 말했다. 하지만 위니프레드는 나중에 여성 육군 보조부대의 제복과 제식, 훈련과 관련해 개인 자격으로 상담을 해주기도 했으며, 그녀 밑에서 훈련을 받은 7명의 여성들이 나중에는 여성 육군 보조부대에 가입한 여성들을 훈련시켰다. 최초로 여성 육군 보조부대원들이 프랑스로 갔을 때 책임자의 자리를 맡은 것 역시 '위니프레드의 부하들'이었다. 위니프레드는 개인 차원에서 국가의 전쟁 수행 노력에 나름대로 주목할 만한 기여를 했으며, 스스로의 업적에 대해 충분히 자부심을 가질 자격이 있었다.

위니프레드는 병약했음에도 불구하고 장수를 누렸다. 교회와 심령론에 대한 연구를 계속했던 위니프레드는 제2차 세계대전 중에도 더 많은 복지 관련 활동을 벌였으며, 특히 독일의 런던 대공습 기간 중에 런던의 지하철 역과 지하 선로로 피난한 런던 시민들을 위해 많은 노력을 기울였다. 1981년 6월, 위니프레드는 향년 95세를 일기로 사망했다.

전반전 종료
끝이 보이지 않는 전쟁

전쟁이 3년째로 접어들면서 1914년 개전 직후 거의 모든 참전국들을 휩쓸었던 전쟁에 대한 열광적인 반응은 이제 점점 깊어가는 염전사상과 체념으로 바뀌고 있었다. 이제는 그 누구도 이 비참하고 무자비한 싸움이 언제쯤 끝이 날지 알 수 없는 상황이 되었다. 또 일선의 병사들과 후방의 시민 사이의 간극도 점점 더 벌어지고 있었다. 최전선의 병사들은 후방의 민간인들로서는 이해는 고사하고 상상조차 할 수 없는 끔찍한 경험들을 매일같이 해야만 했다. 겨우겨우 며칠간의 소중한 휴가를 얻어 후방으로 가족들을 만나러 간 병사들은 자기 고향에서 자신이 마치 이방인이 된 듯한 느낌을 받아야 했다. 또 이들은 자신이 받는 보잘것없는 봉급과 군납 공장 노동자들의 높은 임금 사이의 격차에 좌절했고, 전쟁으로 막대한 부를 축적한 군납업자들과 맹목적인 애국주의 신문에 실린 터무니없이 낙관적이고 부정확한 전쟁 보도에 분노했으며, 탄약 공장에서 일하면서 갑자기 남편들보다 더 많은 돈을 벌게 된 아내들의 변화된 태도에 실망해야만 했다. 많은 병사들이 후방의 가족들보다는 지옥 같은 전선에서 함께 동고동락同苦同樂한 전우들에게 더 큰 유대감을 느꼈다. 이들은 위선과 기만이 가득한 후방이 아니라 끔찍하고 비참하기는 하지만 전우애가 넘치는 전장을 오히려 더 긍정적인 세계로 보았다.

영국, 프랑스, 독일 모두 어느 정도 반전 분위기가 존재하기는 했다. 그러나 어느 국가에서도 이런 반전 분위기가 완전한 승리, 혹은 최소한 유리한 조건에서의 평화를 달성할 때까지 싸움을 계속하고자 하는 각국의 결의를 꺾을 만큼 강하지는 못했다. 이 시점에 와서는 완전 승리나 유리한 조건에서의 평화조약보다 못한 타협을 보기에는 연합국이나 동맹국이나 지나치게 피를 많이 본 상태였다. 1916년 말 양측에서 잠시 평화를 모색하는 시도가 이루어지기도 했지만, 결국 이루어진 것은 아무것도 없었다. 독일을 지배하고 있던 군부와 보수층, 산업 엘리트 구성원들은 독일의 동쪽과 서쪽에 완충지대를 확보하고 벨기에를 독일의 속국으로 만든다는 자신들의 목표를 포기하고 싶어하지 않았지만, 동시에 이러한 의도를 구체적인 조건으로 공표하기도 꺼려했다. 이는 역시나 자신들의 의도를 먼저 내보일 의향이 없던 연합국 정부들에게 독일의 평화 제안을 비현실적이며 위선적인 속임수로 치부하고 거부해버릴 수 있는 구실을 주었다.

사실 1916년 후반 영국, 프랑스, 독일의 정치 및 군사 지도부가 교체되기도 했지만, 이는 최종 승리에 대한 각국의 열망을 더욱 강화시켰을 뿐이었다. 12월 7일 영국에서는 애스퀴스가 물러나고 데이비드 로이드 조지 David Lloyd George가 총리가 되었다. 로이드 조지는 정부의 운영체계를 개혁하고 전쟁을 보다 강력하게 추진하려는 결의에 차 있었다. 독일을 물리쳐야한다는 절대명제를 잘 알고 있던 로이드 조지는 서부전선에서의 값비싼 소모전 대신 다른 전략적 대안을 열심히 찾으면서, 서부전선 이외의 지역에서 승리의 가능성을 발견하기 위해 애를 쓰고 있었다. 이와 같은 태도를 보이는 로이드 조지와 프랑스에 가능한 한 모든 자원을 집중시키고자 했던 헤이그와 로버트슨의 사이가 틀어지는 것은 시간문제였다.

12월 12일, 인기가 떨어진 조프르를 밀어내고 정력적인 군인이었던 니벨이 프랑스군 총사령관으로 임명되었다. 또 독일에서는 이미 엄청난 권력과 영향력을 행사하고 있던 힌덴부르크와 루덴도르프가 최종 승리를 위한 국민 총동원을 외치고 있었다. 팔켄하인의 전쟁관과 비교해보았을 때 힌덴부르크와 루덴도르프의 전쟁관은 현실성이 크게 떨어졌다. 팔켄하인은 그래도 독일의 인적·경제적 자원의 제한에 대해 '조금이나마' 주의를 기울였다. 반면, 새로운 독일의 최고 지휘부는 미국의 역사가 제럴드 펠드먼 Gerald Feldman이 지적한 대로 "비합리적인 목표를 달성하기 위해 총동원령이라는 최악의 방법"을 선택했다. 이 과정에서 이들은 독일 육군의 전력을 저하시키고 경제적 불안정을 유발했을 뿐만 아니라, 정부의 운영에 혼란을 일으키면서 이해관계에 기반한 정치적 이전투구泥田鬪狗의 장을 열었다. 이러한 자들이 국정의 운영을 농단하는 상황에서 1917년에 동맹국과 연합국이 타협을 볼 수 있는 가능성이란 아무리 좋게 봐도 거의 없다고 할 수 있었다.

제1차
세계대전

모든 전쟁을 끝내기 위한 전쟁

2부
서부전선 1917~1918

서부전선 1917~1918

이제 전투는 양측 지휘부의 의도와는 상관없이 자체적
인 에너지로 흘러가기 시작했다. 전장은 모든 것을 집
어삼키는 통제 불가능한 괴물 같은 존재가 되었다. 공
격이 최고의 전술이라는 사상을 맹신한 양측 지휘부는
이 괴물에게 끊임없이 병사들의 피와 살을 던져주었다.

1917년 당시의 전략적 상황

연합군의 솜 공세가 끝나가던 1916년 10월 15일~16일에 연합국의 정치·군사 지도자들은 샹티이와 파리에서 회합을 갖고 1917년의 전쟁계획에 대해 논의했다. 이들 회의에서 연합국 수뇌들은 1917년에도 또다시 서부전선이 연합군의 주요 작전장이 될 것이라는 사실을 다시 한 번 확인했다. 당시 아직도 프랑스군 최고사령관직을 유지하고 있던 조프르는 영국군 최고사령관 헤이그와 이미 광범위한 전선에서 동시다발적인 공격을 가하는 형태로 차기 영국-프랑스 연합공세를 감행한다는 데 합의했다. 차기 공세에서는 프랑스군이 우아즈 강과 솜 지역 사이에서 공격을 펼치는 동안, 영국 원정군은 바폼과 비미 능선 사이의 지역을 공격할 예정이었다. 그와 동시에 엔 강과 알자스 북부에서도 조공이 이루어질 예정이었다. 또 공세 준비에 걸릴 시간을 다소 지나치게 낙관적으로 본 감이 있기는 하지만, 상황이 허락한다면 이 공세를 2월 1일 혹은 그 전후에 실시한다는 결정까지 내려졌다. 본토의 전쟁위원회의 지원을 등에 업은 헤이그는 마침내 연합군의 1917년 작전계획에 오랫동안 소망해왔던 플랑드르 대공세를 포함시키도록 조프르를 설득하는 데 성공했다. 플랑드르 대공세는 2월 공세가 끝난 후 여름부터 시작될 예정이었다. 영국군의 공격 계획에는 이프르 돌출부에서 용수철처럼 튀어나가 벨기에 해안지대 전역에서 독일군을 일소하고 독일군이 장악한 오스텐드와 제브뤼헤 항구를 점령한다는 계획도 포함되어 있었다.

하지만 영국과 프랑스의 정치 및 군사 지도부가 대폭 물갈이되면서 이러한 계획들은 빛을 보지 못하고 사라지고 말았다. 1916년 12월 7일, 애스퀴스의 뒤를 이어 전쟁장관 데이비드 로이드 조지가 영국의 총리가 되었다. 로이드 조지는 효율적인 전시내각을 구성하여 전쟁을 보다 적극적이고 역동적으로 수행하고자 했다. 솜 공세에서 연합군이 입은 피해에 경악했던 로이드 조지는 서부전선 이외에서 전국戰局을 타개할 방도를 찾고 있었다. 따라서 로이드 조지가 서부전선을 가장 중요한 전선으로 여기고 있던 헤이그와 참모총장 윌리엄 로버트슨 경에 대해 비판적인 태도를 취한 것은 어찌 보면 당연한 일이었다. 그러나 자신의 정치적 기반도 확고한 것은 아니었기 때문에, 로이드 조지는 자신의 추진하는 정책에 이견을 보인다고 해서 이들을 해임시키지는 못했다. 그럼에도 불구하고 영불 해협 건너편에서 벌어진 일련의 사건들은 곧 로이드 조지에게 헤이그와 로버트슨의 권위를 실추시킬 수 있는 기회를 주었다.

마른의 영웅이었던 조프르는 1916년 연합군의 피해와 실패, 특히 베르됭에서 보여준 지리멸렬한 모습으로 인해 프랑스 하원으로부터 점점 더 강한 비판을 받고 있었다. 그 무렵, 전쟁이 장기화되면서 프랑스 국민들은 정부에 대해 점점 더 큰 불만을 품게 되었다. 프랑스 총리 아리스티드 브리앙은 이 불만을 다른 곳으로 돌리기 위해 조프르에게 원수 계급장을 달

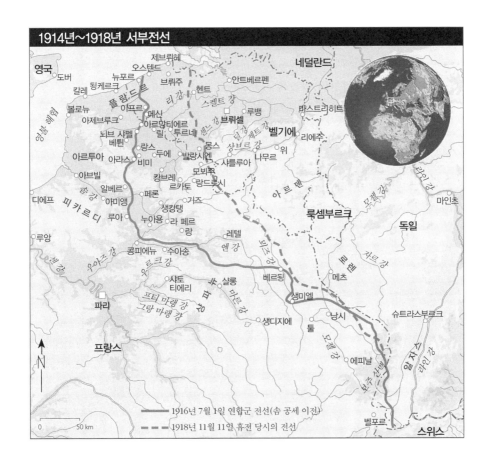

영국
도버
칼레 됭케르크
불로뉴
아제브루크
뇌브 샤펠
베튄
아르투아 아라스 비미
아브빌
디에프 피 카 르 디
루앙

제브뤼헤
오스텐드
뉴포르
브뤼주
플 랑 드 르
아프르
메신
아르망티에르
릴 투르네
랑스
두에
발랑시엔
캉브레
르카토
페론 랑드르시
생캉탱
누아용 라 페르
랑
콩피에뉴 수아송
우 아 즈 강
우 르 크 강
샤토
티에리 샬롱
프티 마랭 강
파리
그랑 마랭 강
센 강

프랑스

N

네덜란드
안트베르펜
헨트
스헬트 강
브뤼셀 루뱅
벨기에
몽스 상브르 강
샤를루아 나무르
모뵈주
레텔
엔 강
베르됭
생미엘
생디지에
에피날

바스트리히트
리에주
위
아 르 덴
룩셈부르크
모젤 강
메츠
낭시
툴
모젤 강
모 즈 강

라인 강
마인츠
독일
자르 강
팔 츠
슈트라스부르크

라인 강

0   50 km

——— 1916년 7월 1일 연합군 전선(솜 공세 이전)
----- 1918년 11월 11일 휴전 당시의 전선

벨포르
스위스

아주는 대신 사임을 종용했다. 결국 12월 12일이 되자, 베르됭 전투의 마지막을 성공적으로 마무리한 로베르 니벨 대장이 조프르의 뒤를 이어 프랑스군 총사령관으로 임명되었다. 어머니가 영국인이었던 니벨은 포병으로서 성장해왔으며 딱 부러지는 성격에 자신감이 넘치는 군인이었다. 니벨은 그가 도입한 최신 포병 전술을 대규모로 적용한다면 서부전선에서 연합군의 완전 승리를 달성할 수 있을 것이라고 철석같이 믿고 있었다. 니벨은 대규모 집중포격을 퍼부은 후 종심 깊이 치밀한 이동탄막사격을 실시하고 마지막으로 맹렬한 보병 공격을 가하면 충분히 독일군의 전방 방어선을 뚫고 들어가 단번에 후방의 포병진지까지 뛰어들 수 있을 것이라고 생각했다. 니벨은 이 전술로 공격 개시 후 이틀 내에 독일군 전선에 큰 균열을 내거나 돌파구를 뚫을 수 있을 것으로 자신했다.

니벨은 전임자들의 계획을 폐기해버리고 먼저 아라스와 우아즈 강 사이의 지역을 공격하여 독일군 예비대를 붙잡아둔 후 엔 강에서 프랑스군이 주공을 가한다는 계획을 제안했다. 이와 함께 니벨은 또 27개 사단의 대부대를 대기시켜놓았다가 엔 강의 독일군 방어선이 뚫리는 순간 바로 그 구멍에 밀어넣는다는 '대기동Mass Manoeuvre' 전략을 구상했다. 1916년 12월 27일, 조프르와 마찬가지로 원수로 진급한 헤이그는 처음에는 니벨을 강직한 성품을 가진 군인다운 군인으로 보았고 약간 유보적인 자세를 취하기는 했어도 니벨의 새 계획을 원칙적으로 지지했다. 영국 원정군은 새 공세 계획에서 조공의 역할을 담당하기로 되어 있었지만, 니벨은 '대기동' 실시를 위한 예비대를 확보할 수 있도록 남쪽의 아미앵-루아Roye 지역에 이르는 20마일의 전선도 추가로 담당해달라고 요구했다. 헤이그로서는 몇 년이나 미뤄온 소중한 플랑드르 공세 계획을 실시하기 위해서는 프랑스군의 협조가 반드시 필요했기 때문에, 차후 벨기에에서의 작전에 영향을 미치지 않는 한도 내에서 니벨의 요구를 될 수 있는 대로 최대한 들어주려고 노력했다.

장기적인 소모전 이외의 대안을 찾기 위해 혈안이 되어 있었던 연합국의 정치 지도자들은 총공세를 벌여 단번에 승리를 거두겠다는 니벨의 매력적인 제안에 완전히 넘어가버렸다. 노회한 정치꾼이었던 로이드 조지도 니벨의 계획에 기꺼이 찬성표를 던졌다. 당시 로이드 조지는 영국군의 전략 초점을 전환하고 유럽 전선 이외의 변경 지역에서 공세를 강화하려는 시도를 하고 있었지만, 그렇다고 독일 육군을 서부전선에서 패퇴시키지 않으면 전쟁에서 승리할 수 없다는 사실까지 인정하지 않는 것은 아니었다. 게다가 만약 프랑스군의 새로운 계획이 성공한다면 승리의 영광을 함

께 누릴 수 있고 설사 실패한다고 하더라도 서부전선 이외의 지역에서 해결책을 찾아야 한다는 그의 주장이 큰 탄력을 받을 터였기 때문에, 로이드 조지로서는 어떤 결과가 나오든지 간에 손해 볼 일이 없는 장사였다. 게다가 로이드 조지는 헤이그에 대한 니벨의 불만을 이용하여 자신과 생각을 달리하는 장군들의 영향력을 약화시킬 기회까지 얻게 되었다.

2월 26일~27일에 칼레에서 열린 회의는 원래 수송 능력이 한계에 달한 영국군 후방 지역의 철도 문제에 대한 대책을 논의하기 위한 자리였다.

그러나 로이드 조지는 이 회의에서 영국군 총사령관 헤이그와 참모총장 로버트슨을 영구히 니벨의 하급자로 종속시키려는 음모를 짰다. 이렇게 될 경우 헤이그는 영국 원정군의 훈련과 인사 이외에는 할 수 있는 일이 실질적으로 아무것도 없게 될 것이 뻔했다. 이런 사실을 알고 격노한 로버트슨은 사임하겠다고 위협했고, 영국 국왕 조지 5세George V와 전시내각도 헤이그와 로버트슨의 편을 들어주자 로이드 조지는 칼레 회의에서 제기된 제안을 수정함으로써 전면적인 정치적 위기를 피하는 쪽을 택했다. 진통 끝에 영국 원정군은 독자적 정체성을 지키는 동시에 다음번 공세작전 기간에만 프랑스군 총사령관의 지휘를 받는다는 타협안이 마련되었다. 그러나 이 사건으로 인해 보다 긴밀한 영국군-프랑스군 간의 협조와 미래의 연합군 단일 지휘체계 수립을 위해 노력해온 양군 지휘관들과 참모들은 큰 타격을 받았다. 또 로이드 조지와 서부전선의 영국군 사령관들 사이의 반목과 불화 역시 더욱 심화되었다.

1916년 12월에서 1917년 5월까지 프랑스군 총사령관을 지낸 로베르 니벨 대장의 모습. (Ann Ronan Picture Library)

독일에서도 1917년 초 정치 지도자들과 군 지휘관들 사이에서 이와 비슷한 불화가 일어났다. 독일 수상 테오발트 폰 베트만-홀베크Theobald von Bethmann-Hollweg*는 연합국과의 평화협상을 원했지만, 독일 육군 참모총장 힌덴부르크와 당시 사실상 독일의 전쟁 지휘를 담당하고 있던 군수총감 루덴도르프는 여전히 완전 승리의 쟁취 이외의 그 어떤 타협안도 받아들일 수 없다고 주장했다. 1916년의 마지막 분기에는 최고사령부의 강력한 요구에 따라 탄약 생산의 증가를 위한 소위 '힌덴부르크 프로그램'과 독일의 인적 자원을 보다 체계적으로 동원하기 위한 지원군법이 채택되었다. 독일은 리에주의 영유권과 함께 벨기에에 대한 군사적·경제적·정치적 영향력을 유지한다는 주요 전쟁 목표를 포기할 생각이 없었다. 독일의 지도부는 이런 요구사항에서 한 발짝도 물러날 수 없다는 완강한 태도를 보였고, 결국 연합국과 독일 양측이 시도했던 평화협상 노력은 실패로 돌아가고 말았다.

설사 평화협상이 이루어졌다고 하더라도 1917년 초 독일의 여론을 감안해보면 완전무결한 승리 이외의 어떤 타협안도 국가를 위해 피를 흘린 모든 이들에 대한 배신행위로 간주될 것이 분명했으며, 이는 영국과 프랑스도 마찬가지였다. 그러나 당시의 전반적인 상황을 고려해 보면 독일의 미래는 결코 밝지 못했다. 연합군의 해상 봉쇄가 효과를 발휘하기 시작하면서 이미 독일 국민들은 심각한 물자 부족으로 인해 극심한 생활고를 겪고 있었다.

1917년 무렵이 되자, 루덴도르프 역시 연합군의 인적·물적 우위로 인해 육상에서 결정적인 승리를 거둘 가능성은 거의 없다는 사실을 깨닫게 되었다. 루덴도르프는 승리로 가는 가장 확실한 길은 연합국과 중립국 선박에 대한 무제한 잠수함 작전을 재개함으로써 영국의 붕괴를 촉진하는 것이라고 생각했다. 그러나 이 전략은 위험이 따랐다. 독일은 1915년과 1916년에도 유보트U-Boot *를 동원해 잠수함 작전을 펼쳤지만, 미국의 경고에 결국 작전을 중지한 적이 있었다. 이번에 다시 잠수함 작전을 재개한다

---

* **테오발트 폰 베트만-홀베크** 1856~1921. 독일 제국의 제5대 수상. 보수적 입장에서 내정개혁, 영국과의 화해 등을 꾀했으나, 모두 철저하게 하지 못해 국내외의 대립만 격화시켰다. 독일의 국제적 고립을 초래해 제1차 세계대전의 발발을 막지 못했으며, 군이 요구하는 벨기에 침공을 인정하고 미국의 참전을 초래했다.

면 완전히 화가 난 미국이 연합국 편에 서서 동맹국과 맞서 싸우기 위해 참전할 가능성이 컸다. 그러나 루덴도르프는 미국이 보유한 군사적 · 산업적 잠재력이 완전히 전쟁에 동원되기 전에 유보트로 필요한 결과를 얻어낼 수 있을 것으로 판단했다.

다른 지휘관들이 무제한 잠수함 작전의 위험성에 대해 경고했지만, 막무가내로 자신의 주장을 밀어붙이는 루덴도르프를 막을 수는 없었다. 결국 독일 황제 빌헬름 2세는 2월 1일부터 무제한 잠수함 작전을 선포했다. 무제한 잠수함 작전이 진행되는 동안 독일군은 서부전선에서 방어태세를 취할 예정이었다. 루덴도르프의 영향력이 절정에 달하면서 그와는 반대로 베트만-홀베크의 영향력은 크게 줄어들었고, 결국 그로부터 반년 후인 7월 13일에 베트만-홀베크는 수상직에서 물러나고 말았다.

1916년 11월 중순 샹티이에서 연합국 수뇌들이 회의를 열 무렵, 연합국은 서부전선에서 독일군에 대해 보병사단 수에서 169 대 129로 우위를 보이고 있었다. 연합군 사단들 가운데 107개 사단은 프랑스군, 56개 사단은 영국군, 6개 사단은 벨기에군이었다. 영국 원정군은 솜에서 엄청난 손실을 입었음에도 불구하고 그 다음 달부터 곧바로 확장을 계속했다. 비록 제60사단이 살로니카 Salonika 로 파견될 예정이기는 했지만, 1917년 2월 말까지 6개 국방의용군 사단이 추가적으로 프랑스로 파견되고 1916년 11월 말에는 제5오스트레일리아사단이 서부전선에 도착하면서 영국 원정군 소속 식민지 부대의 수는 오스트레일리아군 5개, 캐나다군 4개, 뉴질랜드군 1개를 포함, 총 10개 사단이 되었다. 1916년 11월 150만 명을 조금 넘는 수준이었던 영국 원정군의 총전력은 1917년 8월 1일에는 204만4,627명으로 증가하면서 정점에 달했다.

또 한 가지 중요한 사실은 영국 원정군이 보유하고 있는 중포와 곡사포

---

* **유보트** 제1 · 2차 세계대전 때 대서양과 태평양에서 활동한 독일의 중형 잠수함.

의 수가 크게 늘었다는 것이었다. 1916년 7월, 영국 원정군은 단지 761문의 중포를 보유하고 있을 뿐이었지만, 이 수는 11월이 되자 1,157문으로 늘어났고 1917년 4월에는 또다시 두 배로 늘어 2,200문 이상이 되었다. 중포 탄약의 공급도 비슷한 증가세를 보여 1916년 2/4분기에 70만6,222발이 공급되었던 것이, 1917년 같은 기간에는 500만 발이 넘는 물량이 공급되었다. 전선에 배치된 야포의 탄약 재고도 거의 비슷한 비율로 증가했다. 1917년 1월에는 70대의 구식 마크 I 전차를 대체하여 50대의 신형 마크 II Mark II 전차가 배치되었다. 또 1917년 말에는 그보다 더 진보된 마크 IV Mark IV 전차도 전선에 투입될 예정이었다. 1916년 말~1917년 초, 동장군으로 인해 전투가 소강상태에 빠져 있는 동안 영국 원정군은 솜에서 얻은 교훈을 각급 부대에 전파하고 전술, 특히 포병과 소규모 보병 부대 간의 연계 전술을 개선하기 위해 심혈을 기울였다. 이 기간 동안 중요한 2권의 교범이 출판되었다. 1916년 12월 발간된 「공세작전을 위한 사단 훈련 지침」은 전쟁 말기에 그 효율이 증명된 '제병합동 공격전술'의 근간을 마련했다. 뒤이어 1917년 2월에 발간된 「공세작전을 위한 소대 훈련 지침」 역시 그에 못지않은 큰 영향을 미쳤다. 이러한 교범의 등장은 보병 전술의 초점이 중대에서 더 소규모인 소대 단위로 전환되었다는 것을 잘 보여주는 것이었다.

1915년~1916년에 영국군의 기본적인 전술 단위는 보병 중대였다. 1개 중대는 소총병을 중심으로 기관총 사수, 저격병, 척탄병 등의 특수병과들이 개별적인 반sections을 이루어 추가된 형태로 구성되어 있었다. 1917년이 되자 각 중대를 구성하고 있던 소대들(1개 중대는 보통 4개 소대로 구성되어 있었다)은 각각 4개의 전투반fighting section *으로 조직되었다. 첫 번째 전투반에는 저격병과 관측병이 1명씩 포함되어 있었고, 두 번째 전투반에는 척탄병들이 배치되었다. 세 번째 전투반은 '보병들의 곡사포'로 불렸던 총

---

* **전투반** 나중에 분대Squadron 개념으로 진화.

유탄 사수들 위주로 구성되었고, 네 번째 전투반에는 루이스 경기관총조가 하나 배치되어 있었다. 다시 말해, 영국군 보병 중대는 이제 유기적으로 협조하는 4개의 '팀(소대)'들로 구성되었고, 각각의 팀은 다양한 현대적 무기들을 활용하여 소규모 전투를 자체적으로 수행할 수 있는 능력을 갖추고 있었다. 이와 같은 변화의 효과가 실제로 드러나기까지는 이후로도 상당한 시간이 지나야 했지만, 1917년 영국 원정군의 보병 전술은 비록 전반적이라고까지는 할 수 없어도 분명히 상당한 수준의 개선이 이루어지고 있었다.

프랑스군은 1917년 4월 1일까지 서부전선에 배치된 사단 수를 110개로 늘리긴 했지만, 이러한 증가는 실질적이었다기보다는 단순한 숫자놀음에 가까운 것이었다. 왜냐하면 실질적으로 가용한 보병 대대의 수에는 변화가 없었기 때문이었다. 하지만 프랑스군의 포병 세력은 꾸준히 증가하여 1917년 봄까지 총 4,970문의 중포와 곡사포를 갖출 수 있을 것으로 예상되었다. 이는 1916년 11월 당시의 총 중포 수보다 거의 700문이 늘어난 것이었다. 이에 더하여 전자 생산노 본석화되면서 1917년 연합군의 춘계 공세에서는 프랑스제 생샤몽 St. Chamond 전차와 슈나이더 Schneider 전차가 공격의 일익을 담당하게 되었다. 프랑스군 역시 1916년의 전투로부터 많은 전술적 교훈을 얻었다. 그러나 베르됭에서 엄청난 출혈을 겪은 이후 프랑스 육군의 사기와 전투력은 그 이전보다 훨씬 더 약화되어 있었다.

1917년 1월 초, 포르투갈에서 파견된 2개 사단의 선발대가 프랑스에 도착하기 시작했다. 이들은 그 후 영국 원정군에 배속되었다. 벨기에군은 병력 자체는 6개 사단이나 되었지만, 실제 전력은 그다지 강력하지 못했다. 벨기에군은 1914년 말 이래 조심스럽게 방어적인 전략을 채택해왔다. 훈련과 장비는 물론 예비군 전력까지 부족했던 벨기에군은 1918년 가을까지 비교적 조용한 구역을 방어하는 것 이상의 역할은 할 수 없었다.

1916년 말 독일군 지휘관들과 고위 참모들은 당시 독일 육군의 상태에 대해 크게 우려하고 있었다. 예를 들어, 12월에 베르됭 공세에 참가한 독일군 사단들이 보유한 소총병 수는 3,000명~6,000명 정도에 불과했고, 그나마 그 빈약한 병력의 3분의 2를 최전선에 배치해야만 했다.* 1916년 서부전선에 배치된 독일군 사단들 가운데 약 60퍼센트는 솜의 '고기 다지는 기계'에 들어갔다 나온 부대들이었다. 나중에 솜을 두고 한 독일군 참모장교는 "진창 속에 마련된 독일 야전군의 무덤"이라고 표현했다. 게다가 솜 지역에서 거의 날림으로 확대 편성된 영국 원정군의 풋내기 시민 지원병들과 아마추어 참모들이 독일군에게 큰 피해를 입혔다는 사실 역시 독일군에게는 우울한 소식이었다. 바이에른 집단군 사령관 루프레히트 왕세자의 유능한 참모장이었던 폰 쿨von Kuhl은 1917년 1월 17일, 다음과 같이 경고했다.

"우리는 이제 더 이상 옛날의 훌륭한 병사들에게 의지할 수 없게 되었다. 지난 여름과 가을 동안 우리의 정예 병사들은 끔찍한 고난을 겪으며 모두 소모되어버렸다."

1917년에 그는 독일군에게 주어진 최우선 과제로 '휴식과 훈련'을 꼽았다. 비록 독일군이 12개 사단을 신규로 편성하기로 했지만, 이들 역시 기존 사단 병력을 빼오거나 예비군 병력을 끌어와서 편성한 부대들이었다. 따라서 비록 사단 수가 12개나 늘어났지만, 이는 단순히 서류상에서의 변화일 뿐 실질적인 전력 증강과는 거리가 멀었다.

1917년 초, 프랑스와 벨기에에 주둔하고 있던 독일군 사단들은 2개 집단군을 형성하고 있었다. 독일 황제 빌헬름 2세의 아들이자 독일 제국의 황위 계승자인 빌헬름 황태자가 지휘하는 집단군은 스위스 국경지대에서 랭스 북쪽에 이르는 방어선을 지키고 있었고, 여기에는 제3군과 제5군, 그

---

* 원래는 부대의 3분의 1은 전선 투입, 3분의 1은 휴식, 3분의 1은 정비라는 식으로 운용되어야 했다.

리고 그보다 소규모인 3개 군 분견대^{Army Detachments}가 배속되어 있었다. 랭스 북쪽에서 리^{Lys} 강에 이르는 170마일 길이의 전선은 루프레히트 왕세자가 지휘하는 바이에른 집단군이 담당하고 있었는데, 바이에른 집단군에는 제1군, 제6군, 제7군이 배속되어 있었다. 리 강에서 해안지역에 이르는 구간은 뷔르템베르크의 알브레히트 대공이 지휘하는 제4군이 독립적으로 담당하고 있었다. 하지만 1917년 3월이 되자 이러한 배치가 변경되었다. 직스트 폰 아르님^{Sixt von Arnim} 대장이 지휘하게 된 제4군은 루프레히트 왕세자의 바이에른 집단군에 배속되었고, 독일군 좌익의 3개 군 분견대들은 알브레히트 대공의 지휘를 받는 제3군으로 통합되었다. 그리고 바이에른 집단군 소속이었던 제7군은 빌헬름 황태자의 집단군으로 재배치되었다. 이러한 배치 변경은 프랑스군 춘계 공세 예상 지역을 방어하고 있는 각 부대들의 지휘체계를 단일화하기 위한 것이었다.

1917년~1918년 서부전선 전황

알베리히: 독일군의 철수작전

1917년 초, 독일군은 서부전선에서 방어태세를 유지한다는 결정을 내렸다. 마침 기존 전선에서 25마일 후방 지역에 건설 중이던 새로운 방어진지가 거의 완성되면서 독일군은 이러한 전략을 쉽게 실행에 옮길 수 있었다. 이 방어진지는 새로운 유연한 종심방어전술 교리를 잘 반영한 것이었다. 1916년 9월부터 건설하기 시작한 새 방어진지의 주요 부분은 아라스 인근의 뇌빌 비타스^{Neuville Vitasse}로부터 시작되어 생캉탱과 라포^{Laffaux}를 지나 수아송 동쪽의 세르니^{Cerny}까지 뻗어 있었다. 이 방어선을 독일군은 '지그프리트 방어선^{Siegfried Stellung}'이라고 불렀고, 영국군은 '힌덴부르크 선^{Hindenburg Line}'이라고 불렀다.

■■■■■■ 힌덴부르크 선의 철조망 방어지대. (IWM)

　이 방어선은 하나의 단일 방어선이라기보다는 일련의 방어구역이 종심 깊게 줄줄이 늘어선 형태의 진지였다. 이 방어선을 공격하는 부대는 먼저 약 600야드 폭의 전초지대와 만나게 된다. 전초지대에는 콘크리트 벙커들이 구축되어 있었고, 여기에는 소수의 돌격대원들이 배치되었다. 돌격대원들은 연합군이 공격해올 경우 즉각 반격에 나서 연합군 공격의 흐름을 끊는 역할을 맡고 있었다. 전초지대 뒤에는 '전투구역Battle Zone'이 있었다. 전투구역의 폭은 약 2,500야드였으며, 여기에는 제1 · 2참호선과 함께 서로 사격권이 겹치도록 구축된 수많은 콘크리트 기관총좌들이 배치되었다. 또 전투구역 바로 뒤쪽에는 반격용 사단들이 배치되어 있었다. 나중에 여기에 추가로 2개 방어구역이 건설되면서 독일군 방어진지의 종심은 최대 8,000야드에 달하게 되었다. 참호선 전면에는 두터운 철조망 지대가 지그재그 형태로 가설되었으며 기관총 사수들이 철조망 지대 입구를 커버할 수 있도록 배치되었다. 독일군은 또 아라스 인근의 드로쿠르^{Drocourt}와 퀴에 앙^{Quéant} 사이에 힌덴부르크 선의 지선^{支線}인 '보탄 방어선^{Wotan Stellung}'을 건설했다.

군사적인 관점에서 힌덴부르크 선으로의 철수는 독일군으로서는 나름대로 합리적인 결정이었다. 그러나 독불장군인 루덴도르프조차도 이것이 독일군 병사들과 민간인들의 사기에 부정적인 영향을 미칠까 봐 철수작전을 실행에 옮기는 데 망설일 수밖에 없었다. 그런 루덴도르프에게 독일군을 힌덴부르크 선으로 철수시키도록 압력을 가한 것은 바이에른의 루프레히트 왕세자였다. 이는 루프레히트 왕세자의 집단군이 담당한 구역에 힌덴부르크 선 대부분이 건설되어 있었기 때문이었다. 루프레히트 왕세자는 이미 앙크르 강 지역에서 영국 제5군으로부터 압박을 받고 있었다. 루프레히트 왕세자와 그의 유능한 참모장 폰 쿨은 루덴도르프에게 현 위치는 방어에 부적절하며, 병사들은 1916년 솜 전투와 같은 격전을 다시 치를 상태가 아니라고 알려왔다. 결국 망설이던 루덴도르프도 결단을 내릴 수밖에 없었고, 그에 따라 1917년 2월 4일 철수 명령이 내려졌다.

이 후방 이동 계획은 '알베리히^{Alberich}'라는 암호명이 붙었다. 이는 『니벨룽의 노래^{Niebelung Saga}』*에 등장하는 사악한 난쟁이의 이름을 딴 것이었다. 이러한 암호명 선정은 아주 적절한 것이었다. 이 철수작전과 함께 철저한 '초토화 작전'이 이루어졌기 때문이었다. 독일군의 철수지역에 대한 파괴작전의 규모와 방식에 경악한 루프레히트 왕세자는 지휘관직에서 사임할 결심까지 했지만, 그럴 경우 바이에른이 독일로부터 분리되려 한다는 인상을 줄 수도 있다는 주변의 설득에 겨우 마음을 바꿨다. 2월 9일, 루프레히트 왕세자의 반대에도 불구하고 알베리히 프로그램이 시작되었다.

---

* 『**니벨룽의 노래**』 13세기 초에 오스트리아의 궁정 시인이 썼다고 추정되는, 중세 독일의 장편 영웅 서사시. 모두 39장으로 이루어졌으며, 구성이 웅대하고 전체에 비극적인 분위기가 감돌고 있다.

독일군은 철수 대상 지역의 모든 나무들을 없애고 철도와 도로를 폭파했으며, 우물에 독을 풀고 마을과 촌락을 깔아뭉개는 동시에 수많은 지뢰와 부비트랩을 설치했다. 독일군은 어린이와 부녀자, 노약자는 최소한의 식량과 함께 남겨두었지만, 노역에 동원하기 위해 12만5,000명이 넘는 프랑스 민간인들을 다른 독일군 점령지역으로 끌고 갔다.

　　본격적인 철수가 시작된 3월 16일로부터 나흘도 채 지나지 않아 철수 작전은 대부분 완료되었다. 독일군은 누아용 돌출부와 바퓸의 소규모 돌출부에서 철수함으로써 전선을 25마일 정도 단축시킬 수 있었고, 그 결과 14개 사단을 예비대로 확보할 수 있었을 뿐만 아니라 연합군의 춘계 공세 계획에도 중대한 문제를 안겨주었다. 전후 가장 혹독한 겨울을 보낸 연합군으로서는 독일군에게 철저히 파괴된 지역을 빠르게 가로질러 진출한다는 것이 말처럼 쉬운 일이 아니었다. 그러나 연합군의 독일군 추격이 너무 조심스러웠다는 주장도 나름대로 타당성이 있었다. 당시 춘계 공세에서 조공을 맡았던 프랑스의 북부 집단군은 공세 준비를 착착 진행시켜가고

■■■■■ 1917년 4월 1일, 철수하는 독일군에게 폭파당하는 철도역과 철로의 모습. 〈IWM〉

있었으며, 3월 4일에는 북부 집단군 사령관 프랑셰 데스프레 대장이 독일
군이 가장 취약한 상황일 때 칠 수 있도록 가능한 한 빨리 적극적인 공세
를 허가해줄 것을 요구하기도 했다. 그러나 자신의 작전계획을 크게 변경
하고 싶지 않았던 니벨은 독일군의 전방 진지를 점령하기 위한 제한적인
공격 이외의 어느 것도 허가하지 않았다. 그렇게 니벨은 독일군의 철수작
전을 뒤틀어놓을 수 있는 유일한 기회를 날려버리고 말았다.

아라스 전투 개막전

니벨이 자신의 전략을 바꾸는 것을 거부했기 때문에 춘계 공세에서 영국 원정군은 아라스 전면의 약 14마일 길이의 전선을 공격하면서 엔 강에서 벌어질 프랑스군의 주공을 방어하는 데 독일군 예비대가 투입되지 못하도록 그들을 유인하는 역할을 맡았다. 육군 대장 에드먼드 알렌비 경 Sir Edmund Allenby 이 지휘하는 영국 제3군은 아라스 동쪽을 공격하여 힌덴부르크 선의 우측과 영국군 맞은편과 좌측의 독일군 구舊방어선을 뚫어야 했다. 그 후 알렌비의 부대들은 힌덴부르크 방어선을 후방과 측방에서 공격함과 동시에 캉브레 방면으로 진출할 예정이었다. 알렌비가 지휘하는 제3군의 북쪽에 있던 비미 능선은 육군 대장 헨리 혼 경 Sir Henry Horne 이 지휘하는 제1군 소속의 캐나다군단이 공격할 예정이었다.

독일군의 철수작전은 알렌비가 담당한 남쪽 측면의 공격에 큰 지장을 초래했고 그 가운데서도 가장 큰 어려움을 겪게 된 것은 허버트 고프 경이 지휘하는 제5군이었다. 독일군이 철수하면서 고프의 원래 공격 목표였던 바폼 돌출부는 아예 없어져버린 데다가, 제5군은 독일군이 모든 도로와 철로를 철저하게 파괴한 지역을 통과해 포병대를 이동시키느라 엄청난 고생을 해야 했다. 결국 고프가 알렌비에게 제공할 수 있었던 도움이라고는 비교적 좁은 뷜쿠르 Bullecourt 전면의 힌덴부르크 선을 공격하는 것뿐이었다. 뷜쿠르는 드로쿠르-퀴에앙 사이에 건설된 보탄 방어선과 힌덴부르크 선의 접점 근처에 위치한 마을이었다. 영국군은 4월 8일, 제1군과 제3군을 주공으로 삼아 공격에 나설 계획이었으며, 다음 날 혹은 그로부터 며칠 내에 제5군이 그보다 제한된 공격을 실시할 예정이었다.

프랑스 북부 집단군이 솜 강과 우아즈 강 사이에서 가하기로 예정되어 있었던 공격 역시 마찬가지로 독일군의 철수로 인해 사실상 아무런 의미도 없게 되어버렸고, 결국 생캉탱에 대한 소규모 공세작전으로 축소되었다. 이는 뷜쿠르와 엔 강 사이의 총 60마일에 이르는 전선에서 독일군이 별다른 압력을 받지 않게 되었다는 의미였다. 일이 이렇게 되자, 연합군은 어떻게든 본격적인 공세에 나서기 전에 비미와 아라스에서의 공세로 독일

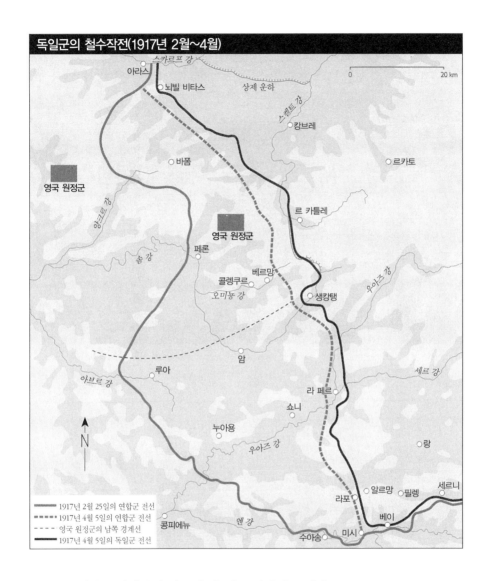

독일군의 철수작전(1917년 2월~4월)

스카르프 강
아라스
뇌빌 비타스
상제 운하
스켈트 강
캉브레
영국 원정군
바폼
르카토
르 카틀레
영국 원정군
페론
우아즈 강
베르망
콜렝쿠르
오미뇽 강
생캉탱
솜 강
암
세르 강
아브르 강
루아
라 페르
쇼니
누아용
우아즈 강
랑
엔 강
알르망
필렝
세르니
라포
베이
콩피에뉴
수아송
미시

1917년 2월 25일의 연합군 전선
1917년 4월 5일의 연합군 전선
영국 원정군의 남쪽 경계선
1917년 4월 5일의 독일군 전선

0   20 km

N

군 예비대를 잡아두지 않으면 안 되는 상황에 놓였다.

아라스 전투 초기부터 영국군은 1916년 솜 공세에서 피를 흘려가며 배운 고통스러운 교훈들을 얼마나 잘 체득했는지를 보여주었다. 알렌비의 포병대 지휘관이었던 홀랜드[Holland] 소장은 공격 준비 사격을 48시간만 실시하는 방안을 선호했지만, 헤이그와 헤이그의 포병 보좌관 버치[Birch] 소장

■■■■■ 영국 육군 중장 줄리안 빙 경의 모습. 캐나다군단 사령관이었던 빙 중장은 이후 1917년에 영국 제3군을 지휘했다. (IWM)

은 독일군 수비대에게 최대한의 압박과 부담을 가하는 동시에 독일군의 철조망을 확실하게 끊어버리기 위해서 4일간 공격 준비 사격을 퍼붓는 방안을 선택했다. 또한 헤이그와 버치는 알렌비와 홀랜드가 부과하는 임무를 수행하기에는 영국군 포병대가 아직도 기술과 훈련도가 떨어진다는 판단을 내렸고, 이런 판단은 현실을 잘 파악한 적절한 것이었다. 헤이그와 버치의 방안대로 4일간 실시된 공격 준비 사격은 하루가 연장되어 총 닷새간 실시되었다. 이는 악천후 때문이기도 했지만 프랑스군의 요청 때문이기도 했다. 또 제3군을 지원하기 위해 배치된 40대의 전차들은 다시 각 군단에 16대, 혹은 그 이하의 수량으로 분산 배치되었다.

장시간에 걸친 포격을 가하고 전차대를 소규모로 분산 투입했다는 점에서 아라스 공세는 솜 공세와 유사한 면을 갖고 있었다. 하지만 아라스 공

■■■■■ 1917년 4월 8일, 아라스 공격 전날 영국군이 공격 준비의 일환으로 병사들이 참호 벽을 기어올라 공격에 나설 수 있게 사다리를 세우고 있다. (IWM)

세 계획은 여러 가지 측면에서, 특히 포병의 운용에서 솜 공세 때보다 상당히 개선된 모습을 보였다. 1916년 7월 솜 공세 당시 중포의 밀도는 20야드당 1문에 불과했지만, 아라스에서는 그 비율이 10~12야드 당 1문으로 증가했다. 탄약의 신뢰성도 개선되었으며, 공급 물량도 크게 늘었다. 그 밖에도 그렇게 많은 양은 아니었지만, 순발신관*이 도입되면서 커다란 포탄 구멍을 내지 않으면서도 포격을 통해 적의 철조망을 효과적으로 절단할 수 있게 되었다. 또 영국군은 무작정 대규모 포격을 가하는 것이 아니라 목표물을 정확하게 맞히는 데도 심혈을 기울였다. 동시에 영국 원정군은 음파를 이용한 거리 측정 및 포구화염 관측을 통해 적 포병대의 위치를 찾

* 순발신관 작은 충격에도 터지게 되어 있는 신관. 가스탄 따위에 장착한다.

아내는 능력도 크게 개선시켰다. 전진하는 보병들을 엄호하기 위해 이들의 머리 위로 적진을 향해 기관총 사격을 퍼붓는 것은 이제 공격시 일상적으로 사용하는 전술이 되었다. 더 나아가 보다 치밀하고 창의력 넘치는 영국군 참모들은 병사들이 공격에 나서기 전까지 안전하게 대기할 수 있도록 아라스 지역의 지하실, 동굴, 하수 시스템을 잘 활용한 대피소를 만들었다. 덕분에 공격 전까지 독일군의 포격이나 사격에 별다른 피해를 입지 않은 영국군 보병들은 실제 공격에 나설 때 보다 왕성한 기세로 돌격할 수 있었다. 영국군은 비미 능선 지하의 석회질 지대에도 그와 비슷한 목적으로 거의 6마일에 달하는 지하 통로를 구축했으며, 이 통로 대부분에는 전기 조명까지 설치했다.

아라스 전투: 성공적인 초반 공세

사전에 철저한 계획과 순비를 해눈 덕분에 영국 원정군은 1917년 4월 9일 부활절 월요일에 눈과 진눈깨비 속에서 공격을 개시했을 때 신속하게 상당한 성과를 거둘 수 있었다. 영국 제3군의 우측에서 제7군단은 상당한 골칫거리가 될 것으로 예상했던 단단히 요새화된 뇌빌 비타스 마을을 점령하고 힌덴부르크 선의 전방 참호선 지대에 공격의 발판을 마련했다. 중앙부, 특히 힌덴부르크 선이 끝나는 전보 고지^{Telegraph Hill} 북쪽에서 공격을 시작한 영국 제6군단 역시 순식간에 독일군 전선을 2~3마일 정도 뚫고 들어갔다. 스카르프^{Scarpe} 강 바로 남쪽에서는 제15스코틀랜드사단과 제12동부사단이 관측 능선^{Observation Ridge}의 동쪽 측면으로 돌격하여 포대 계곡^{Battery Valley}을 따라 개방된 지형에 전개되어 있던 독일군 야포 67문을 노획했다. 또 제17군단 병사들이 거둔 성과는 이보다 더 드라마틱했다. 이들은 팜포^{Fampoux} 방면으로 3마일 반이나 진격해 들어갔고, 이는 1914년 말 서부전선

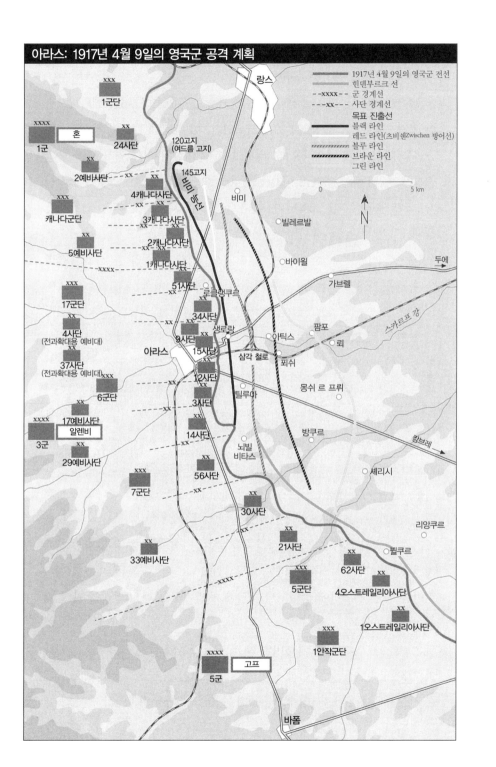

아라스: 1917년 4월 9일의 영국군 공격 계획

범례:
1917년 4월 9일의 영국군 전선
힌덴부르크 선
--xxxx-- 군 경계선
--xx-- 사단 경계선
목표 진출선
블랙 라인
레드 라인(츠비쉔Zwischen 방어선)
블루 라인
브라운 라인
그린 라인

0   5 km

N

랑스

1군단 xxx

혼 xxxx
1군
24사단 xx

2예비사단 xx

120고지
(여드름 고지)

145고지

비미 능선

4캐나다사단 xxx

비미

빌레르발

3캐나다사단 xx

캐나다군단 xxx

2캐나다사단 xx

5예비사단 xx

바이월

1캐나다사단 xx

51사단 xx

17군단 xxx

로클랭쿠르

가브렐

34사단 xx

4사단
(전과확대용 예비대)

9사단

생로랑

팜포

아틱스

뢰

스카르프 강

두에

15사단

37사단
(전과확대용 예비대) xxx

아라스

삼각 철로

뢰쉬

6군단

12사단 xx

몽쉬 르 프뢰

17예비사단 xxxx

알렌비

3사단

틸루아

방쿠르

캉브레

3군

14사단 xx

29예비사단 xx

뇌빌
비타스

셰리시

7군단

56사단 xxx

리앙쿠르

30사단 xx

빌쿠르

33예비사단 xxx

21사단 xx

62사단 xx

5군단 xxx

4오스트레일리아사단 xx

1오스트레일리아사단 xx

1안작군단 xxx

5군 xxxx

고프

바폼

이 지루한 참호전의 교착상태로 빠져든 이래 1일 진격 거리로는 그 어떤 부대보다도 멀리 진격한 것이었다.

공세 초반, 영국 제3군은 훌륭한 성과를 거두었지만, 이는 캐나다군단의 공격 성과에는 미치지 못하는 것이었다. 이번 공세에서 영국군은 비미 능선을 핵심 목표 중의 하나로 정하고 이에 대한 공격을 영국 육군 중장 줄리안 빙 경 Sir Julian Byng 이 이끄는 캐나다군단에게 맡겼다. 공격이 시작되자, 군단 우익의 제1 · 2캐나다사단은 4,000야드나 되는 언덕길을 공격해 올라가야 했지만, 곧 텔뤼 Thélus 와 파르뷔 Farbus 인근의 주요 목표물들을 확보하는 데 성공했다. 중앙의 제3캐나다사단 역시 라 폴리 농장과 라 폴리 숲의 서쪽 가장자리를 점령했다. 그러나 비미 능선에서 가장 높은 고지인 145고지 정상을 목표로 공격을 시작한 제4캐나다사단이 그날 저녁이 되어서야 겨우 목표를 점령함에 따라 캐나다군 좌익은 한때 상당히 어려운 상황에 직면하기도 했다. 캐나다군단의 공격 전면 최좌익에 위치한 120고지(여드름처럼 튀어나왔다고 '여드름 고지'라고 불리기도 했다)의 독일군은 ㄱ 이후에도 3일을 더 버텼지만, 이마저도 4월 12일 새벽 제4캐나다사단의 공격에 퇴각하고 말았다. 그 무렵 캐나다군은 이미 비미 능선 정상 대부분을 확보하고 새로이 구축한 방어진지를 더욱 강화하고 있었다. 비미 능선 공격은 제1차 세계대전 중 벌어진 가장 훌륭한 공격작전 중 하나로서 사상최초로 4개 캐나다사단이 동시에 공격에 나선 작전이었다. 캐나다군단은 공격 과정에서 1만1,297명의 사상자를 냈으나, 이 승리로 당시 점점 강해지던 캐나다의 국가의식은 더욱 고양되었다. 또 이때 영국군에게 점령된 비미 능선은 1918년에 독일군의 대공세가 벌어졌을 때 결정적인 방어 거점이 되어주었다.

한편, 4월 11일까지 알렌비의 제3군은 112문의 독일군 야포를 노획하고 7,000명의 포로를 획득하는 대전과를 올렸다. 하지만 그 과정에서 발생한 사상자는 겨우 8,238명에 불과했다. 제1군과 제3군이 아라스에서 큰 피

1917년 4월 9일, 비미 능선을 지나가는 캐나다군 후속 제파에게 항복하는 독일군 병사. (IWM)

해 없이 공세 초반에 거둔 큰 성과는 1916년 솜 공세 개시 당일 영국군이 입었던 재앙에 가까운 피해와 좋은 대조를 이루었다.

그러나 뷜쿠르 일대의 전선을 담당한 영국 제5군의 공격은 그렇게 수월하게 진행되지 못했다. 고프는 경솔하게도 깊이 생각하지 않고 한 하급 장교가 제안한 공격 계획을 덥석 받아들였다. 이 장교의 계획은 공격 전에 보병들의 진격로를 개척하기 위해, 사전 연습도 전혀 이루어지지 않은 상태에서 공격 준비 사격도 하지 않고 12대의 전차로 기습 공격을 가해 독일군의 철조망 지대를 돌파하자는 것이었다. 하지만 독일군의 무시무시한 방어선에 이런 식의 엉성한 공격이 먹혀들 리 없었다. 고프는 4월 10일 하루 종일 공격을 하고도 별다른 성과를 거두지 못했는데도 다음 날 여전히 이 엉성한 전술을 별 다른 수정도 없이 사용하도록 허가했다. 12대의 전차 중 예정 시각에 공격개시선에 도착한 전차는 4대에 불과했고, 이들도 곧

■■■■■■ 1917년 4월, 아라스 인근의 푀쉬(Feuchy) 교차로에서 촬영한 영국군 보병들의 모습. 뒤쪽에 18파운드 곡사포대와 전차의 모습이 보인다. (IWM)

대부분 격파되거나 고장으로 주저앉아버렸다.

　그 결과 이들이 지원하기로 되어 있었던 제4오스트레일리아사단은 별다른 손상을 입지 않은 힌덴부르크 선의 조밀한 철조망 지대를 지원포격도 없이 맨몸으로 돌파해야 했다. 그런 악조건에도 불구하고 근성과 끈기로 뭉친 오스트레일리아군 병사들은 불굴의 의지로 독일군의 제2참호선까지 돌파해 들어가는 데 성공하지만, 이 시점까지도 아군의 직접 포병 지원을 받을 수 없었다. 그 이유는, 후방의 사령부에는 전차대들이 거침없이 진격하고 있으며 영국 제62사단 병사들이 벌써 뷜쿠르 마을에 진입했다는 얼토당토않은 엉터리 보고가 올라갔기 때문이었다. 간신히 살아남은 오스트레일리아군 생존자들은 오후가 되자 철수할 수밖에 없었다. 제4오스트레일리아여단만 해도 공격에 참가한 여단 병력 3,000명 가운데 2,339명의 사상자를 내는 대손실을 입었다. 그 밖에 총 1,182명의 제1안작군단 소속 병사들과 장교들이 포로가 되었고, 이는 단일 전투에서 발생한 오스트레일리아군 포로 수로는 가장 많았다. 이런 한심한 전투 결과 때문에 오스트레일리아 병사들은 지휘를 맡은 영국군 장군들과 전차에 대해 극도의 불신감을 갖게 되었다.

독일군도 독일군대로 실수를 저지르면서 전투 초기 독일군이 직면한 어려운 상황을 더욱 악화시켰다. 일례로 아라스에 배치된 독일 제6군의 지휘관 폰 팔켄하우젠 von Falkenhausen 상급대장은 새로운 종심방어체계의 기본 원칙들을 제대로 지키지 못했다. 전방 지역에는 지나치게 많은 보병들이 배치된 반면, 반격을 맡은 사단들은 지나치게 후방에 배치되어 이들은 전장에 도달하기 위해 12~24시간이나 행군을 해야 했다. 상황이 이렇게 되자 독일군 사령부는 특급 전술가이자 '서부전선의 소방수'라는 별명을 갖고 있던 폰 로스베르크를 제6군 참모장으로 급파했고, 로스베르크는 신속하게 독일군의 방어태세를 재정비했다.

4월 11일, 영국군 제37사단과 제15스코틀랜드사단, 제3기병사단 예하 부대들이 몽쉬 르 프뤼 Monchy le Preux 마을을 점령했다. 이 마을은 전장 한가운데에 있는 고지대에 위치하여 주변 일대를 감제할 수 있는 요충지였다. 그러나 이 요충지를 점령하기는 했지만, 영국군 제6군단은 몽쉬 Monchy 동쪽에 위치한 보병 고지 Infantry Hill 를 향해 즉각 전진을 개시할 여력이 없었다. 시간이 흐르고 독일군 예비대가 전선에 뚫린 구멍을 메우기 시작하면서 영국군의 공세는 결국 그 기세를 잃고 말았다.

영국군이 초반의 성과를 살리지 못한 데는 몇 가지 이유가 있었다. 먼저, 그때까지만 하더라도 광범위한 전장에서 원활한 통신을 유지하며 유기적으로 공격을 지속한다는 것은 쉬운 일이 아니었다. 또 별다른 피해를 입지 않은 독일군의 후방 방어진지들을 처리하기 위해서는 포병대를 신속하게 전방으로 이동시켜야 했지만, 엉망이 된 전장을 가로질러 무거운 중포를 이동시키는 것 역시 결코 만만한 일이 아니었다. 이러한 문제점들 외에도 영국군 하급 장교들과 병사들은 초기 공세로 적의 방어선을 뚫은 후 이어지는 반†기동전 상황에 적응할 만한 전술적 능력을 갖고 있지 못했다. 독일군의 저항이 점점 거세짐에 따라 영국 제3군 사령관 알렌비의 명령도 바뀌게 되었다. 4월 11일, 알렌비는 '어떤 위험을 감수하더라도' 패퇴하는 적군을 끝까지 추격해야 한다고 강조했지만, 다음 날에는 단순히 독일군이 방어선을 강화하는 것을 막기 위해 꾸준히 압력을 가해야 한다는 지침만을 내렸다. 그러나 니벨의 본격적인 대공세가 임박한 시점에서 헤이그와 알렌비는 독일군의 저항이 심하다고 해서 마음대로 아라스 공세를 중지할 수가 없었다.

무산된 희망: 니벨 공세

니벨의 공세 준비는 여러 가지 문제로 큰 어려움을 겪고 있었다. 하지만 그렇다고 이것이 아라스에서 고전하고 있는 헤이그에게 도움이 되는 것은 절대 아니었다. 3월 20일, 아리스티드 브리앙 내각이 실각하고 알렉상드르 리보Alexandre Ribot가 새로운 프랑스 총리가 되었다. 리보는 사회주의자인 폴 팽르베Paul Painlevé를 국방성 장관으로 임명했다. 여기서 문제는 팽르베가 니벨의 계획을 신뢰하지 않았다는 것이었다. 게다가 독일군이 힌덴부르크 선으로 계획적인 철수를 실시하면서 프랑스 북부 집단군이 가하려던 조공 계획도 거의 아무런 의미가 없게 되었다. 그러나 독일군의 철수가 프랑스군에게 이득이 되는 측면도 분명히 존재했다. 전선이 축소되면서 북부 집단군은 13개 사단과 550문의 중포를 다른 지역으로 돌릴 수 있게 되었다. 또 독일군의 철수로 인해 프랑스군은 엔 강 북부의 독일군 방어선 측면을 공격할 수 있는 기회를 잡게 됨과 동시에 슈맹 데 담 능선을 장악한 독일군의 서쪽 지역에 중포를 배치하여 직접 종사縱射를 가할 수 있게 되었다.

페탱은 이렇게 남아돌게 된 병력들을 자신이 지휘하는 중부 집단군에 배속시켜 랭스 동쪽의 시프Suippe 강 양안에서 공세를 취해야 한다고 주장했다. 이 작전이 시행되기만 한다면 독일군을 크나큰 곤경에 빠뜨리는 동시에, 북부 집단군의 조공이 독일군의 계획적인 철수로 그 의미를 상실한 것을 완전히 상쇄하는 수준을 넘어 더 큰 성과를 거둘 수도 있었다. 다만 페탱의 공격 계획은 5월 1일 전에는 실시할 수 없다는 단점이 있었다. 페탱의 계획이 매력적이기는 했지만, 니벨은 주요 공세를 2주나 연기하는 위험을 감수할 수는 없다고 생각했다. 따라서 니벨은 춘계 공세에서 중부 집단군의 역할을 중부 집단군의 좌익을 동원하여 랭스와 시프 사이의 모롱빌레르Moronvillers 고원지대를 공격하는 것으로 국한했다. 전선 단축으로 확보된 예비대의 대부분은 원칙적으로 새롭게 창설된 예비 집단군(미슐레 Micheler 대장 지휘)에 배속될 예정이었지만, 일단 당장은 니벨의 직접 지휘하에 있었다.

니벨의 문제를 더욱 골치 아프게 만든 것은 엔 강에서 돌파구를 뚫고 전과 확대에 나서기로 되어 있던 예비 집단군 사령관 미슐레가 니벨의 공세 계획에 대해 불길한 예감을 갖고 있었다는 것이었다. 3월 22일 니벨에게 보낸 편지에서 미슐레는 독일군 역시 계획적인 철수를 통해 전선을 단축하면서 상당한 규모의 예비대를 확보했다는 점을 지적했다. 이에 더하여 미슐레는 니벨 공세가 입안된 이래 독일군이 중요 구역의 방어진지를 더욱 강화함과 동시에 방어 종심도 크게 늘리면서 방어진지를 구성하는 참호선의 수를 2개에서 4개로 늘렸다는 점을 언급했다. 미슐레는 이런 상황에서 예비 집단군이 니벨이 요구하는 것만큼 빠른 속도로 돌파구를 뚫는 것은 거의 불가능하다는 의견을 피력했다.

미슐레의 이러한 불안감은 다른 집단군 지휘관들도 공감하고 있었다. 그러나 니벨은 전반적인 공세 계획이나 사용될 전술을 근본적으로 바꾸려고 하지 않았다. 니벨과는 더 이상 말이 통하지 않는다고 생각한 미슐레는 하원의원이자 전 전쟁성 장관이었던 메시미^{Messimy} 대령의 도움을 받아 총리에게 직접 자신의 의견을 고했다. 4월 6일, 미국이 독일에게 선전포고한 바로 그날 레이몽 푸앵카레$^{Raymond\ Poincaré}$ * 대통령까지 참석한 전쟁위원회가 콩피에뉴^{Compiègne}에서 소집되었다. 팽르베는 3월 러시아 혁명 때문에 이제 동부전선에서는 별다른 도움을 받을 수 없다는 점을 강조하면서 미군이 본격적으로 참전할 수 있을 때까지 이번 공세를 연기해야 한다고 주장했다. 미슐레와 페탱은 다시 한 번 공격에 나선 프랑스군이 독일군의 제2진지 이상 방어선을 뚫고 들어갈 수 있는 가능성에 대해 의구심을 표명하면서 보다 제한된 공격작전을 벌일 것을 주장했다. 푸앵카레 대통령은 회의 끝 무렵에 양측 주장을 다 반영하기 위해 노력하면서 공세를 예정대로 진행하되, 독일군 전선에 구멍을 뚫을 수 없을 때는 중지하자는 제안을 했다. 여기에서 니벨은 공세 반대자들의 공격에 사임하겠다는 공갈로 대처했다. 회의에 참석한 정치인들은 일을 그렇게까지 몰아가고 싶지 않았기 때문에 서둘러 니벨을 완전히 신뢰한다고 말하면서 진화에 나섰다. 결국 회의는 주요 사안에 대해 어떠한 결정도 내려지지 않은 채 끝나고 말았다. 공세 반대자들의 성과는 프랑스군 총사령관에게 작전 성공에 대해 더 큰 압박감을 안겨준 것뿐이었다. 다음 날, 니벨은 한층 더 입맛 떨어지는 소식을 듣게 되었다. 독일군이 4월 4일에 엔 강 남쪽을 공격하면서 프랑스군의 공격 계획을 입수한 것 같다는 소식이었다. 그러나 니벨은 그런 소식에도 아랑곳하지 않고 자신의 공격 계획을 고집스럽게 밀어붙였다.

4월 16일 3,810문에 이르는 야포의 지원을 받으며 프랑스 제5군과 제6군

---

* 레이몽 푸앵카레 1860~1934. 1913년 프랑스 제3공화국 제9대 대통령이 되었고, 제1차 세계대전 전에는 영국, 러시아와 협조하여 대독對獨 강경외교정책을 취했다. 대전 중에는 반전·패배주의를 억압하고 클레망소를 총리로 임명하여, 프랑스를 승리로 이끌었으나 대독강화에 불만을 품고 1920년 대통령직을 사임했다.

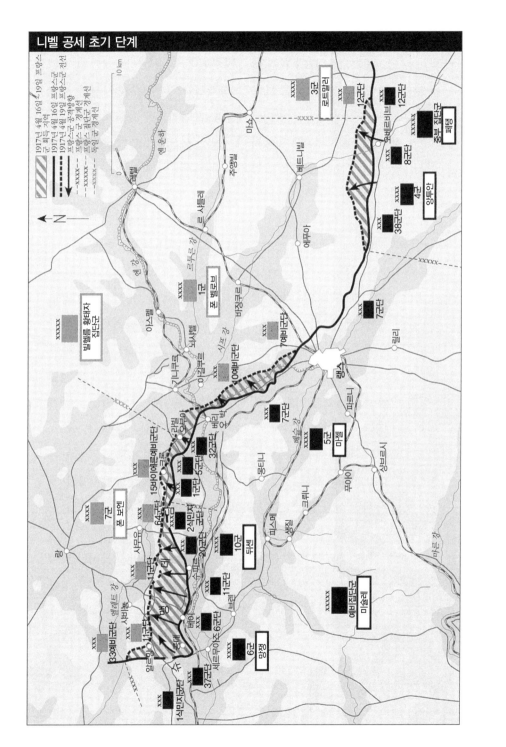

니벨 공세 초기 단계

은 25마일 길이의 전선에 대한 공격에 나섰다. 프랑스군의 공격은 영국군의 아라스 공격으로부터 1주일 뒤에 시작되었다. 니벨의 감동적인 훈시에 사기가 크게 오른 프랑스군 병사들은 전통적인 공격정신으로 무장하고 공격에 나섰다. 그러나 새로운 방어교리에 따라 독일군은 전방 방어진지에 소수의 병력만을 배치해놓고 있었기 때문에 프랑스군이 공격 준비 사격을 장장 14일에 걸쳐 퍼부었지만, 독일군이 입은 피해는 미미한 수준이었다. 게다가 공격 대상 지역에는 독일군이 숨기에 딱 알맞은 돌산과 동굴, 계곡들이 많이 있었고, 이런 지형들을 모두 타격하기에는 프랑스군의 곡사포 수가 너무 적었다. 공격이 시작되고 얼마 지나지 않아 프랑스군은 여러 곳에서 독일군의 제1방어선을 점령하는 데 성공했지만, 이들은 곧바로 비교적 별다른 손실을 입지 않은 제2방어선에서 퍼부어대는 독일군의 기관총 사격을 뒤집어써야만 했다. 마젤Mazel의 제5군이 128대의 전차까지 동원해가면서 독일군의 방어선을 공격해보았지만, 프랑스군은 바라던 대로 돌파구를 뚫을 수가 없었다. 유일하게 쥐벵쿠르Juvincourt 부근에서 3마일 정도 독일군 방어선을 뚫고 들어가는 데 성공하기는 했지만, 이마저도 아라스 공세 초기 영국군이 거둔 성과에 비교하면 너무나 초라한 것이었다.

4월 17일, 니벨은 우익 중앙부에서 제5군이 거둔 성과를 어떻게든 이용해보려고 안간힘을 쓰고 있었다. 그리고 이날 프랑스군은 좌익에서 예상치 못한 극적인 성과를 거두었다. 망쟁이 이끄는 프랑스 제6군의 끈질긴 공세를 견디다 못한 독일군이 막대한 탄약과 다수의 멀쩡한 야포를 남겨둔 채 라포Laffaux-콩데Condé-브레Braye 지구를 버리고 4마일을 물러난 것이다. 샹파뉴 지역의 중부 집단군 역시 4월 17일 조공을 개시했다. 중부 집단군 소속의 제4군(앙투안Anthoine 대장)은 그로부터 4일에 걸쳐 몇 개의 중요한 고지들을 장악했다. 4월 20일까지 프랑스 제4군·제5군·제6군은 2만 명이 넘는 포로와 147문의 야포를 획득했다. 이러한 성과는 그 이전의 전투들과 비교해봤을 때 아주 인상적인 것이었지만, 전체적으로 봤을 때 프

■■■■■■ 1917년 5월 3일 콩데-쉬르-엔(Condé-sur-Aisne) 부근에서 촬영된 프랑스군의 생샤몽(St. Chamond) 전차. (IWM)

랑스군은 여전히 엔 강 선에서 결정적인 돌파구를 뚫지 못하고 지지부진한 모습을 보이고 있었다. 엎친 데 덮친 격으로 막대한 포탄 소모로 프랑스군은 곧 탄약 부족에 시달리게 되었다. 4월 25일까지 프랑스군의 사상자는 총 9만6,125명에 달했으며, 밀려드는 부상자로 프랑스군 의료체계는 버티다 못해 엉망이 되어버렸다. 전선에서 부상자들을 후송하는 데 걸리는 시간이 점점 더 늘어나면서 최전선에서 싸우고 있던 프랑스군 병사들의 사기도 크게 떨어졌다.

 프랑스군의 공세가 시작된 지 채 1주일도 지나지 않아, 니벨의 영향력은 크게 줄어들기 시작했다. 4월 21일, 니벨은 태세를 가다듬고 다시 한 번 총공격에 나서기 위해 뒤셴Duchêne의 제10군을 차출하여 제5군과 제6군 사이에 배치했다. 그러나 미슐레는 니벨을 설득하여 이 공세작전을 슈맹 데 담 능선 전체를 확보하고 독일군을 랭스로부터 멀리 쫓아내는 보다 제한

전투 _ 1917년~1918년 서부전선 전황 | **223**

■■■■■■ 1917년 5월 3일, 영국 제3사단의 오피 숲(Oppy Wood) 공격에서 독일군에게 포로로 잡힌 영국군 부상병들의 모습. (IWM)

적인 공세로 축소시켰다. 니벨 본인도 자신이 내리는 모든 결정과 명령마다 정부가 나서서 사사건건 간섭을 하자 점점 기력을 잃고 의기소침해졌다. 또 4월 29일에는 페탱이 참모총장으로 임명되면서 사실상 정부의 주요 군사고문의 역할을 맡게 되자 니벨의 입지는 더욱 줄어들었다. 니벨의 지지자로 간주되던 망쟁 역시 공격 실패의 희생양이 되어 5월 2일 제6군 사령관직에서 해임되었다.

5월 4일과 5일, 프랑스군은 새로이 일련의 공격을 퍼부었다. 이제 메스트르 대장이 지휘하게 된 제6군은 라포 맞은편의 독일군 돌출부 깊숙이 뚫고 들어가 슈맹 데 담 능선을 따라 구축된 약 2.5마일 길이의 독일군 진지를 점령했다. 그 동안 프랑스 제10군의 병사들은 능선 동쪽 끝의 칼리포르니 Californie 고원의 나머지 지역을 점령했다. 그러나 이런 성공으로도 무너져 내리는 니벨에 대한 신뢰를 회복할 수는 없었다. 지옥 같은 베르됭의 인명 피해와 비교해보면 니벨 공세 기간 동안에 발생한 18만7,000명의 프랑스군 사상자 수와 16만3,000명의 독일군 사상자 수는 그렇게까지 끔찍하게 많은 것은 아니었다. 그러나 니벨은 이번 공세에 대해서 너무나 많은 장밋빛 약속을 해놓았기 때문에 니벨이 장담한 대로 돌파구가 뚫리지 않자, 프랑스 육군과 국민은 베르됭 공방전 때보다 훨씬 더 큰 실망감과 충격을 느꼈다. 프랑스군 전체에서 불만이 고조되고 규율이 무너지는 사태가 벌어지자, 니벨은 5월 15일에 총사령관직에서 해임되었다. 니벨의 후임으로 페탱이 프랑스군 총사령관이 되었고, 페탱이 맡고 있던 프랑스

군 총참모장직은 포슈가 맡게 되었다.

치열한 공방전

니벨의 공세가 초반부터 삐걱거리고 지리멸렬해지기 시작하면서 영국 원정군이 아라스 지역에서 계속 공세를 펼쳐서 독일군이 예비대를 엔 강 방면으로 이동시키지 못하도록 붙잡아둘 필요성이 더욱 커지게 되었다. 알렌비는 4월 9일에서 11일에 이르는 기간 동안 인상적인 성과를 보여주었지만, 그 이후의 지휘에서는 그다지 뛰어난 모습을 보여주지 못했고, 결국 휘하의 제17·29·50사단의 사단장들이 정식으로 알렌비의 지휘에 대해 이의를 제기하는 지경에 이르렀다. 알렌비는 여러 개의 좁은 전면에 대해 개별적인 공세를 펴는 전술을 고집했고, 이로 인해 공격에 나선 영국군은 공격을 받지 않는 전면의 독일군 진지로부터 격렬한 측면 사격을 받아야 했다. 4월 15일, 헤이그는 또 다른 대규모 합동공격을 위해 알렌비에게 잠시 공격을 중단할 것을 명령했다.

이제 기습의 이점이 모두 사라진 시점에서 헤이그는 돌파보다는 소모전을 벌일 생각이었다. 이 같은 전략의 변경에 따라 공세 목표도 4월 9일 공세 당시보다 훨씬 더 축소되었다. 헤이그는 알렌비, 혼, 고프 등과 향후 공세 방향에 대해 협의한 후 치밀한 공격 계획을 세웠다. 헤이그와 휘하 지휘관들은 제1군과 제3군 예하의 9개 영국 및 캐나다사단을 동원하여 가브렐Gavrelle에서 뢰Roeux-게마프Guémappe-퐁텐 르 크루아시Fontaine lez Croisilles에 이르는 9마일 길이의 지역에서 다음번 공격을 실시하기로 합의했다.

4월 23일, 영국 원정군의 공격이 시작되었다. 그러나 영국군은 곧 폰 로스베르크의 지휘하에 독일의 제6군이 마침내 유기적인 지역 방어의 원칙을 체득했다는 사실을 깨닫게 되었다. 독일군 포병대는 2주 전 영국군의 공세가 개시되었을 때에는 영국군의 화력에 압도당해버렸지만, 이번에는 보다 보강된 전력으로 영국군의 공세에 효과적으로 대항하기 시작했다. 더 나아가 독일군이 포병 진지를 잘 은폐해놓아서 영국군은 독일군 포대의 위치를 정확하게 파악하기가 이전보다 더 어려워졌으며, 독일군 야포 중 상당수가 영국군 중포의 사정거리 밖에 배치됨에 따라 대포병사격의 효과도 크게 줄어들었다. 또 영국군과 자치령 군대의 참모장교들은 계획된 공세가 모두 끝난 이후 벌어지는 상황에 임기응변으로 대처하는 능력이 여전히 부족했다. 그 결과 그렇지 않아도 계속되는 전투로 피로에 절어 있던 영국군 사단들은 스카르프 강 남쪽과 북쪽에서 빈약하거나 별로 정확하지 않은 포격 지원에 의지해 무시무시한 독일군의 포격과 기관총 탄막 속으로 진격해 들어가야 하는 경우가 비일비재했다.

어쨌든 여러 가지 어려움에도 불구하고 제15스코틀랜드사단은 게마프에서 독일군을 몰아내고 제1군 담당지역에서 제63왕립해군사단이 가브렐을 점령했으며, 그로부터 2일 후 영국군은 뢰-가브렐 가도 주변의 2제곱마일 넓이의 지역을 점령할 수 있었다. 이 지역은 별로 눈에 띄는 특징이 거의 없는 평범한 지역이었지만, 전술적으로 중요한 의미를 갖는 장소였다. 그러나 4월 23일~24일에 벌어진 전투는 보병들에게 제1차 세계대전이 시작된 이후 벌어진 가장 힘든 전투 가운데 하나였다. 이 기간 동안 영국군 보병들은 강력하게 요새화된 뢰 마을과 인근의 화학제품 공장을 두고 독일군과 치열한 공방전을 벌였다.

이 무렵, 헤이그는 프랑스군의 공세 진행 상황에 대해 크게 걱정하고 있었다. 헤이그는 프랑스군의 공격이 실패하여 독일군에게 주도권이 넘어가는 상황을 막기 위해 아라스 방면으로 공격해나갈 준비가 되어 있었다. 그러나 당시 독일군의 유보트 작전으로 연합국과 중립국 선박이 입는 피해가 증가하면서 벨기에 연안의 항구들을 점령할 필요성도 점점 커지고 있었다. 헤이그는 플랑드르와 엔 강 전선으로부터 독일군의 주의를 돌리는 동시에 독일군의 예비대를 소모시키고 아라스 동쪽에 유지 가능한 방어선을 확보한다는 일견 불가능해 보이는 목표를 달성하기 위해 세 번째로 공격 명령을 내렸고, 이 공세는 5월 3일에 시작되었다. 그러나 향후 플랑드르에서의 공세작전을 위해 예비대를 확보해야 했던 헤이그는 신예 사단들을 아라스 전투에 투입하지 않기로 결정했다.

결국 5월 3일에 공격에 참가한 부대들 가운데 다수는 이미 피로에 지쳐 있고 전력이 크게 떨어져 있거나 다수의 풋내기 징집병들로 황급히 보충된 부대들로 구성되어 있었다. 제1군 전면에 배치된 캐나다군단은 이번에도 훌륭하게 공세작전을 수행하여 프레

누아Fresnoy를 점령했으며, 제5군 지역에서는 겔리브랜드Gellibrand 준장의 제6오스트레일리아여단이 비록 위태위태하기는 했지만 빌쿠르 부근에서 힌덴부르크 선에 대한 공세의 발판을 마련하는 데 성공했다. 그러나 그 밖의 지역에서 벌어진 공격은 별다른 성과를 거두지 못했다. 다른 지역의 공격이 다 막혀버리자, 영국군은 어떻게든 빌쿠르 부근에서 거둔 성과나마 최대한 활용해보려고 시도했다. 7개 영국군과 오스트레일리아군 사단이 동원된 처절한 공방전 끝에 5월 17일, 제58런던사단이 마침내 빌쿠르 마을을 점령했다. 그보다 북쪽에서는 5월 11일~14일에 치열한 격전을 벌인 끝에 영국군이 뢰와 인근의 화학제품 공단까지 점령하는 데 성공했다. 하지만 그에 앞서 독일군 역시 프레누아를 탈환했다.

4월 9일에서 5월 17일까지 한 달이 조금 넘는 기간 동안 영국 원정군은 아라스에서 15만9,000명의 사상자를 냈다. 평균 1일 사상자 수는 4,076명에 달했고, 이는 제1차 세계대전에서 영국군이 벌인 모든 주요 공세작전 중에서 가장 높은 수치였다. 영국 원정군은 4월 9일 공세 개시 첫날에 대전과를 거두며 마침내 돌파구를 뚫을 수 있을지도 모른다는 희망에 부풀었지만, 이후의 전투는 양측 모두 전혀 이득을 보지 못하고 또 다른 난타전 양상으로 전개되었다. 무익한 공방전으로 인해 영국군이 입은 손해는 단순

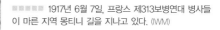

■■■■■ 1917년 6월 7일, 프랑스 제313보병연대 병사들이 마른 지역 몽티니 길을 지나고 있다. (IWM)

히 엄청난 인명 피해만이 아니었다. 헤이그가 끈질기게 추진해온 플랑드르 공세를 확실하게 성공시키기 위해서는 장기간에 걸친 철저한 준비가 필요했지만, 아라스의 난타전이 길어질수록 플랑드르 공세를 준비할 시간은 점점 줄어들 수밖에 없었다.

하지만 이 무렵의 영국군에게 나쁜 소식만 있었던 것은 아니었다. 헤이그는 아라스에서 독일군을 끈질기게 붙잡고 늘어지면서 프랑스군이 원했던 것 이상의 활약을 보여주었으며, 5월 중순 니벨이 해임되자 이제는 더 이상 니벨의 지휘에 따를 필요가 없게 되었다. 그러나 어쨌건 간에 아라스 전투는 승리한 전투로 보기에는 여러모로 부족한 면이 있었고, 이에 대한 책임을 질 희생자로 지목된 것이 바로 알렌비였다. 알렌비는 헤이그와 늘 서로 으르렁대는 사이였고, 아라스 공세 후반기에 들어서면서 공격 지휘에 대해 점점 더 많은 비판을 받게 되었다. 6월 6일, 결국 알렌비는 이집트 원정군 사령관으로 전출되었으며, 후임 제3군 사령관으로는 빙이 임명되었다.

항명과 하극상

니벨 공세가 시작된 지 얼마 되지도 않은 4월 17일, 프랑스 육군은 전쟁 전 기간을 통틀어 최악의 '내부적' 위기에 봉착했다. 그날 제108보병연대 소속 병사 17명이 적군을 눈앞에 둔 상황에서 담당 위치를 이탈했다. 이는 그 뒤 계속 이어진 일련의 명령 불복종 사태의 시작을 알리는 사건이었다. 이러한 항명 사태는 6월에 절정에 이르렀고, 가을까지도 그치지 않고 계속되었다. 10월 23일까지 약 250여 건의 항명 사건이 발생했고, 그중 12건을 제외한 모든 사건이 보병 부대에서 발생했다. 총 112개의 프랑스군 사단 가운데 68개 사단에서 항명 사태가 발생했다.

장기간의 전쟁에 지치고 공세의 실패로 사기도 떨어진 병사들의 불만은 다양한 형태로 표출되었다. 어떤 병사들은 평화를 요구하거나 혁명가를 부르거나 돌을 던지고 유리창을 깨는 등의 행위를 하기도 했다. 그러나 그런 행동보다 훨씬 더 심각했던 것은 폭동 선동이나 집단 시위, 대규모 전선 복귀 거부였다. 많은 경우에 항명하는 병사들은 방어전은 기꺼이 치르지만, 명백하게 무익한 공격에는 참여하려 하지 않았다. 그러나 이들 사건과 관련해 명령 불복종의 정도나 혁명적 의도에 대한 과장된 주장에 현혹되지 않도록 주의해야 한다. 프랑스군 내부에서 이와 같은 불온한 사건들이 벌어진 것은 정치적 선동이나 평화에 대한 열망, 혹은 혁명에 대한 열정보다는 비참한 일선의 생활 여건에 대한 해묵은 불만, 안전한 후방에서 높은 임금을 받으며 편안한 생활을 즐기는 산업 노동자들에 대한 질시, 춘계 공세의 실패 이후 갑자기 동시다발적으로 밀려든 절망감 등이 더 큰 원인으로 작용한 것으로 보인다.

　　5월 중순, 니벨의 뒤를 이어 프랑스군 총사령관이 된 페탱은 즉각 프랑스군에 대한 개혁 작업에 착수하는 것과 동시에 병사들에 대한 이해심과 강철 같은 규율을 조합시킴으로써 결국 땅에 떨어진 프랑스군의 사기와 전투력을 되살리는 데 성공했다. 군법회의에서 항명과 관련된 죄목으로 유죄를 선고받은 프랑스군 병사들의 수는 총 3,427명에 달했다. 그 가운데 554명은 사형 선고를 받았지만, 이 중 실제로 사형이 집행된 병사들의 수는 49명(전체 사형 선고자의 8퍼센트)이었다. 동시에 페탱은 사상자 수에는 신경 쓰지 않고 무조건 공격만을 추구하는 공격제일주의 교리를 폐기하면서 미군이 대규모로 프랑스에 도착하고 무기 생산이 크게 증가할 때까지 일체의 공세작전을 실시하지 않기로 결정했다. 이 무렵 페탱은 자주 "나는 미국 병사들과 전차들이 도착하기를 목이 빠지게 기다리고 있다"는 말을 공공연하게 하고 다녔다. 페탱은 또한 일선 병사들의 공통적인 불만사항을 해소하기 위해 휴가 일수를 늘리는 것뿐만 아니라, 의료체계와 병사들의 복지 시설, 병영 환경과 급식을 개선하기 위해 신속한 조치를 취했다.

8월 말이 되자, 프랑스군은 베르됭에서 조직적인 공세에 나설 정도로 회복이 되었고, 이 공격을 통해 시체 고지와 304고지를 탈환했다. 10월 말 메종Malmaison에서 이루어진 또 다른 공격에서 프랑스군은 엔 강 인근의 슈맹 데 담 능선 정상부 전체를 장악하는 데 성공했다. 그러나 이러한 성과들은 프랑스와 벨기에 지역 전체에서 벌어지고 있는 공방전 차원에서 보면 극히 국지적인 사건에 불과했다. 프랑스군 항명 사태는 영국군에게도 엄청난 영향을 미쳤다. 프랑스군이 당분간 공세에 나설 여유가 없게 되자, 1917년 여름부터는 헤이그가 지휘하는 영국군과 영국령 식민지 병사들이 서부전선에서 연합군 공세의 주역을 담당하게 되었기 때문이었다.

메신의 거대 지뢰

영국 원정군의 플랑드르 공세 계획은 5월 7일에 열린 지휘관 회의에서 공개된 대로 2단계로 구성되어 있었다. 제1단계는 6월 7일 경에 이프르 남쪽의 뷔트샤테-메신 능선을 공격한다는 것이었고, '북부 작전Northern Operation'으로 명명된 제2단계는 그로부터 수주 후에 이프르 동쪽의 파스샹달Passchendaele-슈타덴Staden 능선과 겔루벨트 고지대를 점령한 후 투루Thourout-루셀라레Roeselare 철도의 교차점을 점령하고 최종적으로는 벨기에 해안지대에서 독일군을 일소하는 것을 목표로 하고 있었다. 한편, 향후 이루어질 이프르 동부에 대한 진격작전에서 측면의 안전을 확보하거나 독일군 돌출부의 중앙부나 좌익 공격에 필요한 병력과 화포의 집결지로서 이프르 남쪽과 남서쪽에 공간을 확보하려면 먼저 메신 능선을 장악해야만 했다. 당시 이프르 지역을 담당하고 있던 영국 육군 대장 허버트 플루머 경은 이프르 돌출부와 인근 지역의 상황을 다른 어떤 영국군 지휘관들보다 잘 이해하고 있었다. 그러나 플루머가 대규모 공격작전을 지휘하기에는 너무 조심스럽고 신중하다고 생각한 헤이그는 공격작전의 지휘를 보다 과감하다고 생각되는 고프에게 맡겼다. 플루머의 제2군은 그 대신 본격적인 공세가 시작되기 전에 메신 능선 점령작전을 수행하는 임무를 맡게 되었다.

■■■■■■ 육군 대장 허버트 플루머 경(왼쪽)과 육군 원수 더글러스 헤이그 경(오른쪽)의 모습. (IWM)

■■■■■■ 1917년 6월 6일, 오스트레일리아군 병사들이 메신 능선을 재현한 입체 모형을 보고 공격 대상 지역의 지형을 숙지하고 있다. (IWM)

불그스름한 얼굴에 하얀 콧수염을 기르고 배가 좀 나온 플루머는 유능한 장군이라기보다는 시골의 노신사 같은 외모를 갖고 있었지만, 동시에 다른 어떤 영국군 지휘관들보다도 근대적인 참호전을 잘 이해하고 있었고, 또 사상자 수를 최소화하기 위해 많은 노력을 기울인 장군이기도 했다. 그의 참모장 찰스 해링턴Charles Harington 소장 역시 유능한 군인으로 플루머와 천하무적의 콤비를 이루고 있었다. 이들의 표어는 "신뢰, 훈련, 완벽"이었다. 이들은 늘 하던 식으로 메신 작전을 앞두고 메신 능선의 거대한 입체 모형을 제작하여 병사들에게 지형을 숙지시켰다. 헤이그는 헤이그대로 제2군에 72대의 마크 IV 전차를 배치시키는 한편, 2,266문에 이르는 야포를 지원해주었다. 플루머는 야포 지원을 활용하기 위한 치밀한 포격 및 대포병 작전계획을 수립했고, 공격시 독일의 종심 방어와 반격 전술로 인해 발생할 수 있는 문제점들에 주목하고 이에 대한 대책을 마련하는 데 심혈을 기울였다. 5월 21일, 드디어 영국군의 공격 준비 사격이 개시되었다. 하지만 메신 공격을 역사상 기념비적인 사건으로 만든 것은 독일의 전방 방어선 지하에 매설된 24개의 초거대 지뢰였다. 이들 가운데 일부 지뢰는 공격 개시 12개월 전부터 매설 작업이 시작되었다. 영국군은 공격개시 당일 보병들의 진격이 시작되기 직전에 이 지뢰들을 폭파시킬 계획이었다. 능선의 북쪽을 점령하는 임무는 제10군단에게 할당되었고, 뷔트샤테 마을을 포함한 중부 지역의 확보 및 능선 남단과 메신 마을 점령 임무는 제9군단과 제2안작군단이 각각 담당했다.

1917년 6월 7일 오전 3시 10분, 전부 합쳐 작약 중량이 거의 100만 파운드에 육박하는 19개의 초거대 지뢰들이 폭발했다. 공격에 나선 영국군 9개 사단은 이동탄막사격을 따라 진격하면서 지뢰의 폭발에서는 겨우 살아남았지만 혼란에 빠진 전초진지와 전방 방어지대의 독일군 수비병들을 재빨리 제압했다. 솜 전투에서 배운 교훈과 얼마 전 벌어진 비미 능선 전투에서의 성공을 통해 증명된 전투 예행연습의 효과를 보여주면서 영국군

■■■■■ 1917년 메신 능선의 팩토리 농장(Factory Farm)에 매설된 지뢰가 폭발하면서 파괴된 독일군 콘크리트 토치카의 잔해. (IWM)

과 영국령 식민지 병사들은 용의주도하게 독일군의 토치카^{tochka}*와 기관 총좌, 방어거점들을 우회하거나 포위해 나갔다. 뒤에 남겨진 진지들은 전문적인 훈련을 받은 소탕 부대에 의해 나중에 제거되었다. 아침나절에 플루머의 제2군은 비교적 가벼운 손실을 입으면서 메신 능선의 정상을 점령했다. 오후에도 영국군은 능선의 동쪽, 즉 반대쪽 사면을 따라 건설된 오스타베르너^{Oosttaverne} 선을 계속 공격했다. 하지만 능선에 영국군 병력이 집중되면서 사상자 수도 늘어나기 시작했으며, 우익의 제2안작군단 담당구역에서는 일부 부대들이 아군의 포격을 덮어쓰기도 했다. 그러나 4일 후 오스타베르너 선은 완전히 제2군의 손 안에 들어왔다. 그로부터 1주일도 채 지나지 않아 영국군은 이미 확보한 지역의 방어태세를 재정비하고 수비

---

* **토치카** 콘크리트 따위로 견고하게 쌓은 사격 진지.

를 공고히 하는 단계에 들어갔다. 메신 능선을 점령하는 과정에서 영국군은 2만5,000명의 장교와 병사들을 잃었고, 독일군 사상자는 약 2만3,000명 정도였다. 한 가지 특기할 것은 독일군 사상자 가운데 약 1만 명은 실종자였다는 사실이다.[*]

메신 공격은 비미 능선 공격과 마찬가지로 여러 면에서 치밀한 계획하에 수행된 공격작전의 모범이라고 할 수 있었지만, 4월 공세와 마찬가지로 영국 원정군은 이번에도 초기의 대승리를 전과 확대로 연결시키는 데 실패하고 말았다. 헤이그와 플루머 모두 갤루벨트 고지대의 서쪽 끝자락에 발판을 마련할 수 있는 기회가 있다는 것을 잘 알고 있었고, 독일군도 이런 가능성에 대해 우려하고 있었다.

그러나 6월 8일, 플루머가 헤이그에게 포병대를 전방으로 추진하려면 사흘이 필요하다고 알려오자, 성질 급한 헤이그는 그 사이를 못 참고 플루머 휘하의 2개 군단을 제5군에 배속시킨 후 제5군 사령관 고프에게 당장 공세를 시작하도록 명령했다. 헤이그는 저돌적인 고프가 당장 공세에 나설 것이라고 생각하고 이런 명령을 내린 것이었지만, 정말 아이러니하게도 과거 뷜쿠르에서 성급하게 공격에 나섰다가 호되게 혼이 났던 고프는 이 무렵 오히려 플루머보다 더 신중한 지휘관이 되어 있었다. 갤루벨트에 대한 주공을 시작하기 이전에 이런 식으로 예비 공격을 가할 경우 취약한 소규모 돌출부를 형성하는 것 이상의 성과를 거둘 수 없을지도 모른다는 우려를 품게 된 고프는, 플루머가 요구한 사흘보다 더 오랜 시간을 잡아먹어가면서 이 문제를 검토하더니, 6월 14일에 헤이그가 명령한 사전 공격작전은 실효성이 없으며 6주 후 주공이 시작되었을 때 자신이 담당한 전선 전체에서 동시다발적인 대규모 공세를 펼쳐야 한다고 주장했다. 고프가

---

[*] 실종자의 대부분은 거대 지뢰의 폭발로 형체도 없이 사라지거나 토사에 매몰된 것으로 보인다.

공격에 나서지는 않고 어울리지 않게 머리만 굴리면서 시간을 낭비하는 동안, 겔루벨트 고지대에 대한 독일군의 방어는 이미 크게 강화되었기 때문에 헤이그는 마지못해 겔루벨트 공격을 훨씬 더 뒤로 미루는 데 동의했다. 그리고 헤이그와 영국 원정군은 곧 이 결정을 후회하게 되었다.

사라진 희망: 제3차 이프르 전투

헤이그의 플랑드르 공세 계획은 5월 중순 본국의 전시내각으로부터 프랑스군도 비슷한 시기에 공세를 시작할 경우 실행한다는 전제 하에 원칙적인 승인을 얻었다. 그러나 니벨 공세의 실패로 전투 의지를 상실한 프랑스군이 공세로 나설 가능성이 없어진 시점에서 로이드 조지는 영국 원정군이 순전히 자기 힘만으로 공세에 나서는 것은 어리석은 일이라고 생각했다.

그러나 헤이그는 여전히 1917년에 결정적인 성과를 거둘 수 있다고 자신하고 있었고, 또 전략적으로도 공격 계획을 밀어붙일 만한 훌륭한 이유가 있었다. 당시 미국이 참전을 선언하기는 했지만 미군이 실제로 전투에 참가할 준비를 갖추려면 아직 시간이 많이 필요한 상황이었고, 동부전선에서는 러시아군이 붕괴 직전의 위기에 몰려 있었다. 이런 상황에서 영국군이 독일군에게 지속적인 압박을 가하지 못할 경우, 독일군이 전략적 주도권을 쥐고 프랑스 육군에게 치명타를 가할 가능성이 매우 컸다. 그런 가능성을 차치하더라도 헤이그는 공세작전을 통해 독일 육군의 전력 소모를 더욱 가속화하면 1918년에 더욱 쉽게 독일군을 패배시킬 수 있을 것이라고 주장했다. 따라서 헤이그와 로버트슨은 영국 원정군 소속 사단들을 이탈리아로 이동시킨다는 계획은 서부전선의 연합군 전력을 약화시킬 수 있는 상당히 위험한 계획이라고 보았다. 독일군 유보트의 공격 때문에 여전히 선박 손실이 위험할 정도로 높은 상황에서 플랑드르 해안지대에서 독

■■■■■■ 1917년 8월 1일, 영국군 들것운반병들이 무릎까지 빠지는 진창 속에서 부상병을 운반하고 있다. (IWM)

일군이 점령한 항구들을 일소하겠다는 헤이그의 계획은 제1해군경First Sea Lord 젤리코Jellicoe 제독으로부터 강력한 지지를 받았다. 그러나 이러한 타당성에도 불구하고 로이드 조지의 전시내각이 헤이그의 '북부 작전' 계획에 대한 최종 승인을 내린 것은 7월 21일이 되어서였다. 이 무렵에는 공격 준비 사격이 이미 닷새 동안이나 진행된 상태였다. 설상가상으로 헤이그는 만약 인명 피해가 공세로 거둘 수 있는 실질적인 성과를 상회할 경우에는 공세를 중지시킬 수도 있다는 통지를 받았다.

제3차 이프르 전투에서 헤이그가 직면한 문제들의 책임이 모두 헤이그에게만 있는 것은 아니었다. 습지대로 이루어진 이프르 지역에서는 참호를 깊이 팔 수 없었기 때문에, 폰 아르님 대장이 지휘하는 독일 제4군은 소규모 병력이 지키는 전방 방어지대 후방에 구축된 콘크리트 토치카와 요새화된 농장들을 중심으로 방어선을 구성하고 있었다. 콘크리트 토치카들은 지상에 건설되어 있었고, 교차 사격으로 서로를 지원할 수 있는 위치에 자리 잡고 있었으며, 8인치 곡사포 이하의 포로는 도저히 파괴할 수 없을 만큼 두꺼웠다.

6월 13일, 특급 방어전술가 폰 로스베르크 대령이 아르님의 참모장으로 임명되었다. 그 후 7월 10일에 독일군은 뉴포르 지역에 선제포격과 공격을 가하여 해안지대 공격을 준비하고 있던 영국 제4군의 계획에 엄청난 지장을 주었다. 이로 인해 상륙작전을 통해 벨기에 해안지대에서 독일군을 일소한다는 영국군의 계획은 연기되었다가 결국 취소되고 말았다. 그러나 헤이그도 결정적인 실수를 두 가지나 저질렀다는 비난은 피할 수 없었다. 헤이그의 첫 번째 실수는 고프에게 본 공세의 핵심 역할을 맡김으로써 제5군이 공격 위치로 이동할 때까지 '북부 작전' 계획의 실행을 지연시킨 것이고, 두 번째 실수는 주공을 시작하기 전에 겔루벨트 고지대의 서부지역 점령작전을 끝까지 밀어붙이지 못했다는 것이었다.

한술 더 떠 헤이그가 고프에게 구체적인 공세 계획 수립을 맡김에 따라 영국 원정군은 재앙을 피할 수 없게 되었다. 고프가 세운 지나치게 야심찬 계획들은 앞서 언급한 헤이그의 실수들이 가져올 악영향들을 더욱 증폭시켰다. 6월 말, 기본적으로 신속한 돌파작전을 구상하고 있던 헤이그는 실제 공격개시일이 다가오자, 갑자기 방향을 바꿔 일련의 제한된 공격을 순차적으로 감행하는 단계적 공세 쪽으로 기울었다. 그러나 헤이그는 군 사령관들과 작전계획에 대해 논하는 것을 피하는 경향이 있었다. 이렇게 상하급자 간의 의사소통이 제대로 이루어지지 않았기 때문에, 고프는 여전히 헤이그가 무엇보다 먼저 신속한 돌파를 원한다고 생각했다.

고프가 최종적으로 내놓은 제안은 자신이 지휘하는 제5군을 동원하여 공세 첫날에 6,000야드라는 서부전선 기준으로는 엄청난 거리를 진격해 들어가 독일군 포병대의 주요 집결지를 지나 독일군의 제3방어선까지 진출한다는 것이었다. 만약 독일군의 저항이 약할 경우 공격 부대는 제3방어선 후방의 목표를 향해 진격을 계속하기로 되어 있었다. 그리고 이쯤에서 2, 3일 정도 공세를 중지한 후 그 틈을 이용하여 공세 나흘째에 예정된 파스샹달 능선 공격을 지원하기 위해 포병대를 전방으로 추진할 계획이었다. 헤이그는 현장 지휘관에게 모든 것을 일임하는 습관이 있었기 때문에 고프는 자신의 비현실적인 계획을 그대로 밀어붙일 수 있었다. 헤이그는 분명 고프에게 겔루벨트 고지대를 장악하는 것이 얼마나 중요한지를 주지시키기는 했지만, 고프의 계획이 고지대의 점령에 초점을 충분히 맞추지 못하고 있음에도 불구하고 이를 지적하고 재차 겔루벨트 고지 점령의 중요성을 강조하지 않는 우를 범하고 말았다. 이런 측면에서 이프르 공세 준비는 1916년 솜 공세 준비의 재판이었다고 볼 수 있다. 영국 원정군은 다시 한 번 모호한 목표물들에 대한 잘못된 계획을 갖고 대규모 공세를 시작하게 된 것이었다. 헤이그가 선택한 지역은 공세를 펼치기에는 적절하지 못한 장소였다. 영국군의 공격 대상 지역은 거의 대부분 독일군이 감제하고 있는 지역이기 때문에, 공격을 성공시키기 위해서는 먼저 녹일군 포내를 제압해야 했고, 그러기 위해서는 장기간에 걸쳐 엄청난 포격을 퍼부어야 했다. 다시 말해 제3차 이프르 전투에서 영국군은 이제 거의 구식이 되어버린 장기간의 연속 포격 전술을 다시 한 번 사용하지 않으면 안 되는 상황에 몰렸던 것이다. 게다가 그렇지 않아도 배수가 잘 되지 않는 습지대에 독일군을 제압하기 위해 장시간 포격을 가하면서 이프르 지역은 완전히 진흙구덩이가 되어버렸고, 이런 조건에서 신속한 기동은 불가능하지는 않을지라도 매우 어려울 것임이 분명했다.

　　7월 31일 오전 3시 50분, 고프의 제5군 9개 사단은 영국 제2군과 프랑스 제1군의 일부 포병대를 비롯해 야포 2,936문의 포격 지원을 받으며 공격을 시작했다. 제5군의 좌측에서는 프랑스 제1군의 2개 사단이 스테인스트라트Steenstraat와 부싱어Boesinghe 사이의 지역을 공격해 들어갔다. 영국 제

■■■■■ 이프르 돌출부에서 가장 위험한 지점들 중 하나였던 메냉 가도의 '헬 파이어 코너(Hell Fire Corner)'의 모습. (IWM)

2군도 제5군의 우측에서 공격을 시작했다. 공세 초기 성과는 상당히 고무적이었다. 필켐 능선의 대부분과 능선의 중요 관측소들, 그리고 겔루벨트 고지대의 서쪽 끝단이 영국군의 손아귀에 떨어지면서, 독일군은 1915년 5월 이래 장악해온 유리한 고지들을 상실했다. 플루머의 병사들도 홀레베커Hollebeke와 리 서쪽의 독일군 전초선을 점령하는 데 성공했으며, 프랑스군은 스테인스트라트를 점령하고 빅스호터Bixschoote 외곽까지 진출했다.

그러나 핵심 공격 목표인 겔루벨트 고지대에서 영국 제2군단은 독일군의 제1방어선을 돌파하기 위해 악전고투를 벌여야 했다. 영국군은 전차까지 투입해 공격을 해보았지만, 제2군단에 할당된 48대의 전차 중 공격에 참가할 수 있었던 것은 단 19대뿐이었고, 이마저도 호허 동쪽의 메냉 가도를 감제하고 있던 거대한 토치카에 설치된 독일군 야포의 먹이가 되고 말았다. 제2군단의 공격 기세가 꺾이면서 제5군의 공격 전면은 사실상 절반

■■■■■■ 1917년 9월 20일, 이프르 인근의 야전 구급소에서 치료를 받고 있는 영국군 부상병들. (IWM)

으로 줄어들고 말았다. 엎친 데 덮친 격으로 오후부터 내리기 시작한 부슬비가 오후 4시가 지나자 폭우로 바뀌면서 시계視界도 크게 줄어들었으며, 일부 지역에서는 반격에 나선 독일군이 영국군을 몰아내는 상황까지 벌어졌다. 8월 2일이 되어서도 악천후가 계속되자 영국군은 공세를 중지할 수밖에 없었다. 공세 초반, 제5군은 3,000야드 정도를 전진했지만, 고프가 공세 첫날의 목표로 정한 지점에 도달하기 위해서는 여전히 가야 할 길은 멀기만 했다.

호우가 계속되자 영국군은 8월 중으로는 더 이상 제대로 된 대규모 공세를 펼칠 수 없었다. 이제 이프르 지역은 진흙과 흙탕물이 넘실거리는 포탄구멍으로 가득 찬 우울한 황야가 되었다. 전선으로 향하는 모든 병사들은 널빤지로 된 위태위태한 좁은 길을 조심스럽게 따라가야 했고, 이런 길들은 적 포병대의 아주 좋은 목표물이 되었다. 제5군은 8월 16일 랑에마르크를 점령하는 데는 성공했지만, 겔루벨트 고지대를 점령하려는 두 차례의 시도는 메냉 가도에 근접한 인버네스 숲Inverness Copse*과 글렌코스 숲Glencorse Wood에서 격전을 벌인 끝에 결국 실패로 돌아가고 말았다. 8월 25일, 헤이그는 뒤늦게 작전 입안 단계에서 고프에게 지휘를 맡긴 것이 실수였음을 인정하고 전체 전투의 지휘와 제2군단의 전선을 플루머에게 넘겼다.

본국으로부터 수렁에 빠진 공세를 중지하라는 엄청난 압력이 가해졌지만, 헤이그는 자기 선에서 이런 압력을 최대한 막아내면서 플루머에게 3주의 시간을 줄 테니 다음 단계의 공격을 준비하라는 명령을 내렸다. 플루머는 이 기회를 이용해 보다 유기적인 공격 전술을 도입했다. 공격시 먼저 보병들이 산병선을 이루며 전진해나가면 방어 거점과 토치카를 우회하기 위해 느슨하게 배치된 소규모 보병 팀들이 그 뒤를 따를 예정이었다. 각각의 팀은 밀스 수류탄 투척병과 루이스 기관총 사수, 총유탄 사수들을 보유하고 독립적인 작전능력을 갖추고 있었다. 이들이 한 차례 독일군 방어선을 뚫고 나가면 소규모 부대들이 후속하여 앞서 전진한 부대들이 남겨놓은 잔적을 소탕하고 선두 공격 부대를 지원하는 후방 부대의 역할을 수행했다. 이들 공격 부대 뒤에는 항상 보병 예비대가 배치되어 혹시 있을지 모르는 독일군의 반격에 대비했다. 이들은 반격에 나선 독일군에게 치밀하게 계획된 포격과 기관총 탄막사격을 집중적으로 가할 예정이었다.

플루머는 제한된 목표물에 대한 치밀하고도 단계적인 공격 전술을 철저히 훈련시켰다. 이 무렵 비가 그치고 건조한 날들이 이어지는 등 기상 조건까지 유리해졌다. 공격에 나선 영국군은 9월 20일에서 25일에 걸쳐 벌어진 메냉 가도 능선 전투 및 9월 26일에서 10월 3일에 걸쳐 벌어진 폴리곤 숲Polygon Wood 전투와 같은 소규모 전투에서 상당한 성과를 거두었다. 이러한 작전들에서 괄목할 만한 공을 세운 것은 바로 제1안작군단이었다.

---

* 인버네스 숲 '인버네스inverness'는 망토가 달린 외투를 의미한다.

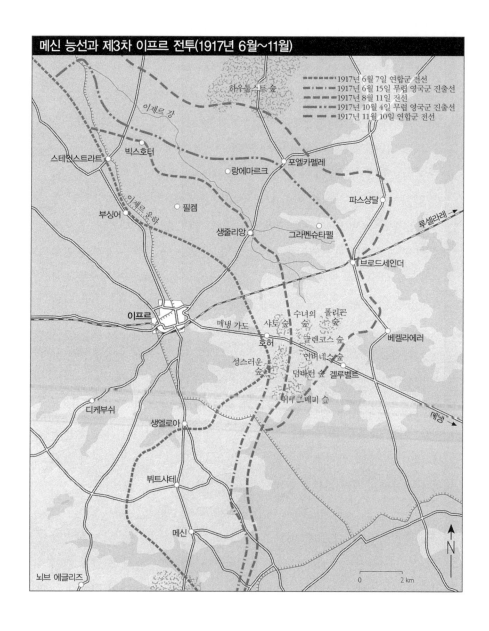

메신 능선과 제3차 이프르 전투(1917년 6월~11월)

1917년 6월 7일 연합군 전선
1917년 6월 15일 무렵 영국군 진출선
1917년 8월 11일 전선
1917년 10월 4일 무렵 영국군 진출선
1917년 11월 10일 연합군 전선

하우톨스트 숲

이제르 강

스테인스트라트   빅스호턴
랑에마르크   포엘카펠레

이제르 운하
부싱어   필켐   파스상달

생줄리앙
그라벤슈타펠   루셀라레

브로드세인더

이프르   메냉 가도   수녀의 폴리곤
샤토 숲   숲 숲
호허   글렌코스 숲   베켈라에러

성스러운   인버네스 숲
숲   덤바턴 숲 겔루벨트
허크그베미 숲   메냉

디케부쉬   생엘로아

뷔트샤테

메신

N

0   2 km

뇌브 에글리즈

오스트레일리아군은 확실히 고프보다는 플루머의 지휘를 받는 쪽을 선호
했다. 플루머의 공격 전술이 큰 효과를 거두면서 이프르 지역의 독일군은
유기적인 종심 방어 체계를 버리고 다시 한 번 더 많은 전력을 동원하여

전방 방어선을 지키는 전술을 사용할 수밖에 없었다. 종심 방어 전술로는 플루머의 공격을 막을 수 없었던 독일군으로서는 어쩔 수 없는 선택이었다. 하지만 구식 방어 전술은 전방 방어선의 병사들이 영국군의 치열한 포격을 고스란히 받아야 한다는 단점을 갖고 있다는 것이 문제였다.

10월 4일, 제2안작군단이 플루머의 제3단계 공격에 투입되었다. 이 군단의 목표는 브로드세인더Broodseinde 능선과 겔루벨트 고지대의 동쪽 끝단을 점령하는 것이었다. 영국 제10군단은 폴리곤 숲으로부터 최종적으로 독일군에 대한 소탕 작업을 완료했고, 뉴질랜드사단 역시 그라벤슈타펠Gravenstafel을 점령했다. 그러나 주요 목표물들을 점령하기는 했지만, 다시 시작된 호우로 인해 전장이 또다시 늪지대로 바뀌면서 영국군은 이러한 성과를 활용하여 전과 확대에 나설 수가 없었다.

일부에서는 이 시점에서 플루머와 고프가 공세를 중지하는 것이 좋지

■■■■■■ 1917년 10월 10일, 랭커셔 퓨질리어(Lancashire Fusiliers)(소총병)연대 소속 병사들이 필켐 인근의 진흙탕 지대에서 건설용 널빤지를 전방 쪽으로 깔고 있는 모습. (IWM)

않았느냐는 의사를 피력했다는 주장도 있지만, 이러한 주장을 뒷받침해줄 증거자료가 될 만한 문서는 거의 발견된 바가 없다. 다가오는 겨울에 대비하여 확고한 방어선을 구축하기 위해 파스샹달까지 진격하기를 원했던 헤이그는 공세를 한 달 더 지속하기로 결정했다. 그러나 당시 이프르 돌출부의 환경은 너무나 끔찍했다. 계속된 호우로 전장은 이미 헤어나올 수 없는 진흙수렁이 되었으며, 부상자는 물론 몸이 성한 병사들도 수렁에 빠져 죽는 사례가 속출했다. 11월 6일, 마침내 캐나다군단이 파스샹달을 점령하는 데 성공했지만, 이 무렵 파스샹달 마을은 이미 거대한 돌무더기로 바뀌어 있었다. 이후 파스샹달(파스샹달 전투)은 제3차 이프르 전투 전체를 가리키는 이름이 됨과 동시에 그 자체로서 제1차 세계대전 최악의 전투를 상징하게 되었다. 11월 10일, 마침내 플랑드르 공세가 종료되었다. 이 전투에서 양측은 각각 약 25만 명에 이르는 사상자를 냈다. 그러나 영국군에게 이는 솜 전투 사상자보다 훨씬 적은 숫자였고, 1일 평균 사상자 수도 1917년 봄에 이루어진 아라스 공세보다 훨씬 적었다.

■■■■■■ 1917년 11월 촬영된 파스샹달의 전장. 죽음의 냄새가 물씬 풍긴다. (IWM)

캉브레 전투: 사상 최초의 전차 집중 운용

영국 원정군은 이프르 전투를 거치면서 사기와 전력이 거의 한계에 다다랐음에도 불구하고 1917년이 다 가기 전에 또 한 번의 공세를 개시했다. 11월 20일, 캉브레에서 영국군은 사상 최초로 전차들을 한군데 집결시켜 대규모 기갑 공세를 실시했다. 그때까지 전차는 주로 국지적인 보병 지원을 위해 소규모로 분산투입되어왔다. 캉브레 공격은 원래 전차군단을 이용한 대규모 기습 공격 계획으로 입안되었다. 이 계획의 주목적은 특정 지역을 점령하는 것이라기보다는 전차 운용이 용이한 지형에서 타격을 가해 독일군 전력을 소모시키는 것이었다.

빙과 제3군 참모들은 8월에서 11월에 걸쳐 일련의 수정 작업을 통해 이 계획을 힌덴부르크 선에 대한 대규모 공세작전으로 바꿔놓았다. 헤이그와 빙은 이 계획이 성공할 경우 영국 원정군의 위상을 제고하고 병사들의 사기를 높이는 것과 동시에 이탈리아 전선으로부터 동맹군의 주의를 돌릴 수 있을지도 모른다고 기대했다. 10월 24일 카포레토^{Caporetto} 전투에서 거의 궤멸에 가까운 패배를 당한 이탈리아군은 큰 궁지에 몰려 있는 상태였다. 빙의 계획은 영국 제3군으로 북부 운하^{Canal du Nort}와 레스코 운하 ^{Canal de l' Escaut} 사이의 지역에서 힌덴부르크 방어선에 구멍을 뚫은 후 돌파구에 기병대를 투입하여 상제^{Sensée} 강에 도하점을 확보하는 동시에 캉브레

를 고립시키고 보병과 전차대로 부를롱 숲Bourlon Wood을 점령한 후 캉브레와 주요 수로들 사이에 고립된 독일군을 소탕한다는 것이었다. 그 다음의 공격 방향은 영국 원정군 총사령부의 결정에 달려 있었다. 만약 이 계획이 성공한다면, 영국군은 공격 기세를 이용해 두에와 발랑시엔Valenciennes으로 공세를 계속해나갈 수도 있었다. 그러나 당시 영국군은 이프르 전투에서 엄청난 전력을 소모했고 또 전황이 급박해진 이탈리아 전선에도 병력을 보내야 했기 때문에, 만약 캉브레에서 대승리를 거둔다고 하더라도 이를 활용해 전과 확대에 나설 예비대가 거의 없었다. 결국 어떻게 보더라도 이 계획은 1917년 말 영국 원정군이 보유한 가용자원을 넘어서는 것이었다. 빙은 돌파 단계에서 모든 가용한 전차대와 보병 사단들을 투입해야 한다고 주장했지만, 계획이 아무리 좋아도 실제 가용 부대 부족이라는 현실을 뒤집을 수는 없었다.

그런 단점을 제외하고 보면, 영국군의 캉브레 공격 계획은 몇 가지 유리한 전술적 요소들이 잘 조합된 효과적인 계획이었다. 예를 들어, 이번 공세에서 영국군은 전통적인 장기간에 걸친 포병대 십결 파징을 생략하고 1,003문의 지원 포대를 동원하여 기습적인 탄막사격을 가하는 것과 동시에 사전 포격 목표 지정 없이도 적의 집결지나 주요 목표물의 위치를 '예측하여' 포격을 가하는 새로운 전술을 사용할 예정이었다. 또 빙의 적극적인 지지를 등에 업고 최근에 개발된 전차와 보병 간의 유기적인 협동에 기반한 전차-보병 합동 전술도 사용할 계획이었다. 동원된 총 387대의 영국군 전차들에게는 나뭇가지나 잔 나무 다발을 싣고 3대 1개조로 작전을 펴라는 지침이 내려졌다. 이 지침은 또한 각 조에서 한 대의 선도 전차는 다른 두 대의 본대 전차보다 100야드 정도 앞서 전진해나가도록 규정하고 있었다. 선도 전차의 임무는 독일군의 화력을 제압하여 후속하는 두 대의 전차들을 지키는 것이었다. 후속하는 두 대의 본대 전차들은 독일군의 철조망과 참호들을 돌파하면서 보병 분대의 진격을 이끄는 것이 주요 임무였다. 공격에 나선 전차들과 보병들 뒤에는 보급품과 가교, 전화선, 무전기 혹은 철조망을 밀어내기 위한 갈고리 등을 탑재한 98대의 지원전차들이 뒤따를 예정이었다. 더 나아가 영국군은 제3차 이프르 전투에서 배운 교훈을 바탕으로 항공기를 이용하여 독일군 포병대와 보병에 대한 공습을 적극적으로 실시했다.

1917년 11월 20일 오전 6시 20분, 빙은 휘하 19개 사단 중 6개 사단을 동원하여 6마일 길이의 구간에서 공격에 나섰다. 기습적인 포격과 집중적인 전차 운용을 통해 빙의 부대들은 대부분의 지역에서 순식간에 힌덴부르크 선과 그 후방의 지원 진지들을 3~4마일이나 뚫고 들어갈 수 있었다. 그러나 좌익 중앙부의 제51하이랜드사단은 공격 첫날 중요 공격 목표였던 플레스퀴에르Flesquières 마을을 장악하는 데 실패하고 말았다. 이 부대에 배속된 전차들이 목표 지점에 도달하기 전에 고장이 나거나 대전차 방어 임무를 맡기 위해 특별히 훈련된 독일군 포병들에게 격파당했기 때문이었다. 11월 23일이 되자, 작전 행동이 가능한 전차의 수는 92대까지 줄어들었고, 영국군 기병대 역시 실망스럽게도 공세 초반에 뚫은 돌파구를 활용한 전과 확대에 실패하고 말았다. 영국군은 다시 한 번 공세 초반의 공격 기세를 중반까지 유지하지 못하는 고질적인 문제를 드러냈다.

그 후로 며칠 동안 제3군은 캉브레 서쪽의 능선을 놓고 독일군과 치열한 보병 전투를 벌였다. 엄청난 노력을 기울였지만, 영국사단들은 캉브레 서쪽의 능선이나 인근 숲을 완전히 장악할 수 없었다. 결국 전황은 영국군이 반격해오는 독일군을 상대로 폭 9마일, 종심 4~5마일의 돌출부를 방어하는 형태로 전개되었다. 11월 30일, 폰 데어 마르비츠von der Marwitz 대장이 지휘하는 독일 제2군은 이 돌출부에 격렬한 반격을 가했다. 독일군도 영국군과 비슷하게 연막탄, 가스탄, 고폭탄을 혼합하여 단시간에 격렬한 포격을 가하는 전술을 사용했으며, 이와 더불어 다수의 항공기로 지상 공격을 가했다. 독일의 반격작전에서 가장 주목되는 부분은 반격의 중핵으로서

돌격대를 활용한 점이었다. 이들 돌격대는 지난 2년간 갈고 닦은 공격 및 침투 전술을 효과적으로 사용했다. 영국군은 증원 부대가 시의적절하게 도착함으로써 독일군의 진격 속도를 늦추는 데 성공했지만, 헤이그의 주장에 따라 빙은 12월 5일에서 6일에 걸쳐 보다 짧고 방어하기 쉬운 플레스퀴에르 전방의 방어선으로 후퇴했고, 그 과정에서 초반 공세로 확보한 지역들을 대부분 포기해야만 했다. 캉브레 전투에서 영국군과 독일군 양측은 각각 4만 명 이상의 사상자를 냈다. 그러나 이 전투에서 가장 의미심장한 부분은 영국군과 독일군 양측이 모두 마침내 장기간에 걸친 교착상태를 타개할 가능성이 있는 전술을 사용하여 상당한 성과를 거뒀다는 점이었다.

현황 평가

1917년, 연합군에게 있어서 승리의 전망은 여전히 불투명한 상태였다. 니벨 공세는 실패했고, 프랑스 육군은 항명 사태의 소용돌이에 휘말렸다. 영국군 역시 파스샹달의 진흙탕 속에서 최악을 시간을 보내야 했으며, 캉브레에서는 공격 초기에 눈부신 성공을 거두기도 했지만 곧 점령한 지역을 버리고 퇴각해야 했다. 이러한 사건들은 모두 연합군의 미래에 대한 희망에 어두운 그림자를 드리우는 것이었다. 종군기자인 필립 깁스^{Philip Gibbs}는 이에 대해서 "개전 후 처음으로 영국 육군은 낙관적인 태도를 잃어버렸다. 내가 접했던 많은 병사들과 장교들 사이에서는 치명적인 우울증이 퍼져 있었다"라고 말했다. 또 9월에는 에타플의 보병기본훈련소에서 단시간이기는 했지만, 항명과 폭동이 일어나기도 했다. 하지만 이는 열악한 병영 환경과 비인도적인 훈련 프로그램 때문에 발생한 것이었지, 영국 원정군 전체의 사기가 크게 떨어졌다는 것을 의미하는 것은 아니었다. 아라스와

■■■■■ 1918년, 에타플(Etaple)의 훈련소에서 촬영한 어린 영국 징집병들의 모습. (IWM)

이프르 전투에서 발생한 손실과 소모로 인해 로이드 조지는 헤이그를 공격할 아주 좋은 구실을 얻었다. 1917년 12월, 알렌비가 투르크의 영토였던 예루살렘을 점령했다는 소식이 전해지자, 서부전선의 절대적 가치에 대해 이의를 제기해온 자들의 입지는 더욱 강화되었다. 로이드 조지는 로버트슨과 헤이그를 무리하게 제거해서 정치적 위기 상황을 만들고 싶지는 않았지만, 계속해서 이들의 입지와 영향력을 제한할 방법을 찾고 있었다.

페탱은 처벌과 개혁이 혼합된 현명한 대책으로 봄과 초여름 동안의 대위기로부터 프랑스 육군을 구해냈다. 더 나아가 프랑스군은 8월 베르됭과 10월 슈맹 데 담에서 벌어진 제한된 공격작전에서 훌륭한 성과를 거두기까지 했다. 그러나 그러한 성과에도 불구하고 대규모 공격에 투입되었을 경우 프랑스군이 어떤 반응을 보일지 아무도 확신할 수가 없었다. 페탱 역

■■■■■■ 리버풀(Liverpool)에서 출항하기 직전의 미군 병사들. (IWM)

시 미군이 본격적으로 전선에 도착할 때까지 그런 위험을 안고 대규모 공세를 펼치고 싶지는 않았다.

그 당시까지 미군의 병력 수송은 정말 답답할 정도로 느리게 진행되고 있었다. 1917년 12월 1일까지 프랑스에 도착한 미국사단의 수는 겨우 4개에 불과했다. 게다가 미국 원정군 사령관이었던 존 조지프 '블랙 잭' 퍼싱 John Joseph 'Black Jack' Pershing 대장은 본국 정부로부터 절대 부대를 분산시키지 말고 '미군'이라는 독자적인 정체성을 유지함과 동시에 미군을 단순히 약화된 영국군과 프랑스군의 증원 부대로 사용하려는 어떤 시도도 거부하라는 엄격한 명령을 받았다. 그 무렵 주목해야 할 좀더 건설적인 움직임은 1917년 11월 베르사유 Versilles 에서 최고전쟁위원회가 창설되었다는 것이다. 최고전쟁위원회의 창설로 1918년에 연합군은 각국의 전략을 보다 효율적으로 조율할 수 있게 되었다.

1917년 말, 독일 육군은 단기적이기는 하지만, 전황에 대해 낙관적인 생각을 가질 만한 이유가 몇 가지 있었다. 먼저 리가 Riga, 카포레토와 캉브레에서 시험적으로 사용된 새로운 포병 전술과 돌격대를 사용한 공격법이 매우 효과적인 것으로 드러났다. 시험적으로 사용된 새로운 전술이 거둔 성과에 만족한 독일군 사령부는 겨울 동안 서부전선의 독일군 부대들을 새로운 전술에 적응할 수 있도록 재훈련시켰다. 또 11월 러시아에서 벌어진 혁명으로 인해 러시아와의 전쟁이 중지됨에 따라 동부전선의 부대들이 서부전선으로 이동하면서 프랑스 전선의 독일군 병력은 대폭 증가했다.

그러나 독일은 많은 문제점을 안고 있었다. 당시 독일은 연합군의 해상 봉쇄로 인해 심각한 연료, 휘발유, 고무, 전마戰馬 및 사료 부족 사태에 직면하게 되었다. 1918년 당시 독일군이 장기간 기동작전을 유지하기 위해서는 이러한 품목들이 대량으로 필요했다. 그 밖에도 곳곳에서 불길한 징조가 나타나고 있었다. 11월 30일 캉브레에서 벌어진 반격작전에서는 왕년의 정예 사단들마저 영국군의 보급소를 약탈하느라 진격을 멈추는 추태를 보여주기까지 했다.

헤이그와 영국 원정군에게 있어 1917년은 절대로 우울한 일들로만 가득했던 해는 아니었다. 솜 전투 이후 영국 원정군은 기술적으로든, 전술적으로든 엄청난 진보를 이루었다. 이는 제17군단이 보여준 쾌조의 진격과 4월 9일 아라스에서 캐나다군단이 거둔 성과, 6월 7일 메신 능선의 신속한 점령, 9월 말 이프르에서 플루머가 시행한 강력한 공격, 그리고 11월 캉브레 인근에서 힌덴부르크 선을 뚫은 성과가 여실히 증명해주었다. 파스샹달의 끈적끈적한 진흙도 영국 원정군이 솜 전투 이후 종합적인 개선 작업과 학습을 통해 얻은 성과들을 완전히 무위로 돌리지는 못했다.

독일의 공격 계획

1917년 말, 연합군은 새해가 되면 독일군이 서부전선에서 대규모 공세로 나올 것이라는 사실을 잘 알고 있었다. 1917년 12월, 러시아와 루마니아가 동맹국에 대한 적대 행위를 중지함에 따라 독일은 마침내 동부전선의 병력을 서부전선으로 이동시킬 수 있게 있었고 1918년이 채 밝아오기도 전에 총 33개 사단을 프랑스와 벨기에 전선으로 이동시켰다. 반면 연합군은 심각한 인적 자원 부족에 직면해 있었다. 프랑스군의 경우 6개 사단을 이탈리아로 파견하고 3개 사단을 해산시키면서 서부전선에 배치된 육군 사단 총수는 100개로 줄어들었으며, 각 사단이 보유한 보병의 수도 6,000명이 넘지 않았다.

영국 원정군도 상황이 어렵기는 마찬가지였다. 헤이그는 33만4,000명의 증원군이 필요하다고 밝혔지만, 1918년 3월 21일까지 실제로 서부전선에 도착한 증원군은 17만4,000명에 불과했다. 전쟁으로 인한 생산 수요를 충족시킬 수 있도록 충분한 산업 인력 자원을 확보해야 하는 일까지 신경

써야 하는 로이드 조지 역시 증원군을 무한정 파견할 수는 없었다. 동시에 로이드 조지는 영국 본토에 인력을 붙잡아두면 서부전선에서 장군들이 소모적인 공세에 나서는 것을 좀더 쉽게 제한할 수 있을 것이라고 믿었다. 반면 헤이그의 입장에서는 변경 지역이나 별로 중요하지 않은 작전들에 지나치게 많은 인력이 투입되었다고 주장할 수도 있었다. 그러나 최근의 연구 결과에 따르면, 예비대를 영국 본토에 붙잡아둔다는 정책은 사실 총리였던 로이드 조지가 아니라 로버트슨과 국방성이 추진했다. 게다가 헤이그 본인이 서부전선에서 보유하고 있던 기존의 예비대로 독일군의 공세를 최소 18일은 막아낼 수 있다고 한 언급도 (그럴 의도는 아니었겠지만) 이러한 정책에 더욱 힘을 실어주는 결과를 낳았다.

인력 부족의 심각성은 부대 편성에도 영향을 미쳤다. 비록 뉴질랜드사단과 4개 캐나다사단, 5개 오스트레일리아사단들은 12개 대대 편성을 유지하고 있었지만, 1918년 2, 3월경에 대부분의 영국 원정군 소속 사단들의 대대 정수는 12개에서 9개로 줄어들었다. 서부전선에 배치된 영국군 부대들 가운데 115개 대대는 해체되어버렸는데, 그 가운데 7개는 공병대대로 전환되었고 38개는 통합되어 19개 대대를 구성하게 되었다.

미군 역시 당장은 별다른 도움이 되지 못했다. 1917년 12월 1일 당시 프랑스에서 퍼싱이 지휘하고 있던 미군 병력은 겨우 13만 명에 불과했으며, 미국 원정군 병사들은 유럽 전선에 도착한 후에도 3개월간 추가 훈련을 받아야 했다. 1918년 초반, 서부전선의 독일군 병력은 192개 사단에 달한 반면, 영불 연합군 병력은 156개 사단에 불과했다. 이렇게 독일군이 병력 규모에서 연합군에게 수적 우위를 달성한 것은 정말 드문 일이었다.

그러나 영국이 유보트의 위협에 대처하기 위해 호송선단 체계를 도입하고 항공 엄호를 실시하자, 무제한 잠수함 작전의 효율도 크게 떨어져버렸다. 상황이 이렇게 되자, 독일 군부 지도자들은 미군이 압도적인 전력으로 서부전선에 도착하기 전에 어떻게든 서부전선에서 결정적인 승리를 쟁

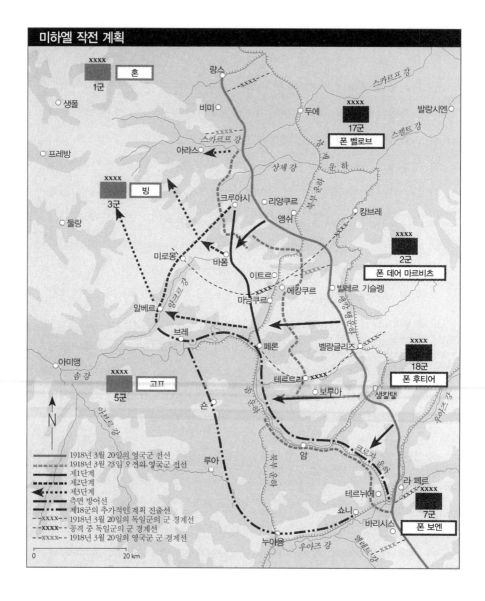

XXXX
혼
1군

생폴

비미

랑스

스카르프 강

XXXX
17군
폰 벨로브

두에

발랑시엔

스카르프 강
아라스

스켈트 강

프레방

XXXX
빙
3군

둘랑

미로몽

바폼

크루아시

상제 강

리앙쿠르

앵쉬

상스 운하

북부 운하

캉브레

XXXX
2군
폰 데어 마르비츠

이트르

에캉쿠르

마랭쿠르

상그르 강

빌레르 기슬렝

XXXX
고프
5군

아미앵

솜 강

알베르

브레

손

페론

테르트르

벨랑글리즈

북부 운하

보루아

생캉탱

XXXX
18군
폰 후티어

우아즈 강

N

루아

루아용

암

누아용

우아즈 강

테르뉘에

쇼니

바리시스

라 페르

XXXX
7군
폰 보엔

엘레트 강

0   20 km

— 1918년 3월 20일의 영국군 전선
--- 1918년 3월 23일 오전의 영국군 전선
제1단계
제2단계
◄··· 제3단계
측면 방어선
제18군의 추가적인 계획 진출선
-xxxx- 1918년 3월 20일의 독일군의 군 경계선
-xxxx- 공격 중 독일군의 군 경계선
-xxxx- 1918년 3월 20일의 영국군 군 경계선

취하기 위해 마지막 도박을 해보기로 결정했다. 루덴도르프는 총력을 기울여 일련의 연속적인 공세를 펼칠 계획을 짰다. 각각의 공세는 상호 보완적인 효과를 낼 수 있도록 계획되었고, 독일군의 궁극적인 목표는 유기적으로 결합된 공세들을 차례로 성공시킴으로써 연합군 조직의 전반적인 붕

괴를 가속화시키는 것이었다. 루덴도르프는 영국군과 영국 식민지 군대를 패배시킨다면 다른 연합국들은 저절로 항복할 것이라고 판단했다. 따라서 독일군의 최초 공세는 주로 영국 원정군을 겨냥하고 있었다.

겨울 동안 논의한 모든 공세 계획 가운데 그러한 루덴도르프의 의도와 맞아떨어지는 계획은 세 가지가 있었다. 그중 하나인 게오르게George 공세는 플랑드르의 아르망티에르Armentières 인근에서 연합군 전선을 뚫고 들어가 아제브루크로 진격하여 북쪽의 영국군을 후방과 측면에서 몰아붙인다는 계획이었다. 동시에 게오르게 공세의 조공으로 입안된 게오르게 II 작전은 이프르 돌출부의 영국 원정군 부대들을 고립시키고 섬멸하는 것이 목표였다. 마르스Mars라고 불린 두 번째 공세는 아라스 방면으로 공격을 펼친다는 계획이었다. 미하엘Michael이라고 불린 세 번째 공세는 아라스와 라 페르La Fère 사이에 위치한 생캉탱의 양쪽으로 강력한 공격을 가해 영국 제3군과 제5군에게 치명타를 가한다는 것이 주된 요지였다. 일단 이 지역에서 영국군 방어선을 뚫으면 독일군은 바로 공격 방향을 북쪽으로 전환하여 영국 원정군 전체를 바다로 몰아낼 계획이었다. 문제는 플랑드르 지역에서 공세를 벌이려면 건조한 시기까지 기다려야 한다는 것이었다. (비가 많이 내리는 시기에 공격을 시작한 영국군이 어떤 꼴을 당했는지 생각해보라!) 하지만 플랑드르 지역이 건조해지려면 4월 혹은 5월까지 기다려야 했다. 게다가 아라스에 자리 잡은 영국 원정군은 공격하기에는 너무 강한 것으로 판단되었다. 결국, 이런저런 이유로 게오르게와 마르스 작전은 실행하기에는 여러 모로 어려움이 많았다. 따라서 1월 21일, 루덴도르프는 미하엘을 춘계 대공세의 가장 유력한 계획으로 선정하고 7주간 작전의 세부 계획을 다듬은 뒤 3월 21일부터 공세를 시작하기로 결정했다.

최종 계획에서 우익을 구성하는 루프레히트 왕세자 집단군의 제17군(오토 폰 벨로브Otto von Below 대장)과 제2군(폰 데어 마르비츠 대장)은 아라스 남쪽을 공격함과 동시에 캉브레 부근에 형성된 영국군의 플레스퀴에르 돌출부를 잘라낼 예정이었다. 우익 공격 부대는 그 후 1916년 솜 전투가 벌어졌던 지역을 가로질러 페론과 바폼 방면을 향해 진격하여 아라스와 알베르를 잇는 선에 도달한 후 공격 방향을 북서쪽으로 전환하여 아라스를 포위할 계획이었다. 제17군과 제2군의 좌측에는 빌헬름 황태자 집단군 예하의 제18군(폰 후티어 von Hutier 대장)이 솜 강과 크로자 Crozat 운하를 도하하여 우익에서 진격하는 제17군과 제2군의 측면을 엄호하면서, 남쪽에서 이동해오는 프랑

■■■■■ 바이에른의 루프레히트 왕세자. (IWM)

스군의 예비대를 저지하는 동시에 프랑스군과 영국군 사이에 쐐기를 박을 예정이었다. 또 제18군은 만약 필요할 경우에는 페론 부근에서 폰 데어 마르비츠가 이끄는 제2군의 공격을 도울 수도 있었다. 아라스 남쪽에서 전술적 목표를 달성할 수만 있다면, 그 다음에는 마르스 삭선을 전개힐 수도 있었다. 이렇게 미하엘 작전이 착착 수립되는 동안 루덴도르프는 미하엘 작전으로 소기의 성과를 달성하는 데 실패할 경우에 대비하여 게오르게 작전의 계획 세부안도 미리 수립해놓는 것을 허락했다.

겨울 동안 독일군은 지난 2년간 정예 돌격대를 활용하면서 발전시킨 공격 전술을 일반 병사들에게 숙지시키기 위한 재훈련에 골몰했다. 독일군 보병사단의 약 4분의 1은 '공격용 사단'으로 지정되어 신형 경기관총을 포함한 최신 장비와 무기를 지급받았다. 주로 방어선 수비를 담당한 나머지 사단들은 '방어용 사단'으로 분류되었다. 돌격대원들은 미하엘 작전

에서 연합군 방어선의 취약점을 찾아내고 침투와 측면 공격을 통해 적의 후방에 가능한 한 최대한의 혼란을 유발하는 핵심적인 임무를 맡았다.

그러나 공격 시작 단계에서 가장 중요한 요소는 누가 뭐라고 해도 포병대였다. 독일군은 차후 공세에서 게오르크 브루크뮐러Georg Bruchmüller 대령과 같은 포병 전문가들이 창안하고 리가와 카포레토, 캉브레에서 실전에 투입되어 그 효과가 입증된 포병 전술을 사용할 계획이었다. 브루크뮐러 대령 자신도 제18군 소속으로 미하엘 작전 전체의 포병 사격 계획을 입안했다. 브루크뮐러 대령의 엄격하게 조율된 사격 계획의 핵심은 단시간에 엄청난 강도와 파괴력을 지닌 폭풍우 같은 포격을 퍼붓는 것이었다. 이 새로운 포병 전술에는 또한 '예측' 사격 기술도 적용되었다. 독일군은 연합군 전선 후방의 통신시설 및 전화선, 병력 집결지 등에 최대한의 타격을 줄 수 있도록 포격 계획을 주의 깊고 꼼꼼하게 작성했고, 연합군 포병을 아예 무력화시키거나 포병의 활동을 최대한 억제하기 위해 가스탄도 상당한 비율로 함께 사용할 예정이었다.

당시 영국 대륙 원정군은 1917년 말까지 계속된 공세작전 및 재편성으로 전력이 상당히 감소한 상태였으며, 그나마 배치된 보충병 중 다수는 신참 징집병들이었다. 당시 영국군은 다가올 독일군의 대공세를 막아내기에 이상적인 상태가 결코 아니었다. 게다가 헤이그는 총사령관 자리를 지킬 수 있었지만, 그의 고위 참모들(참모장이었던 키겔Kiggel과 정보참모였던 차터리스Charteris)은 교체되었다. 또 본국에서는 로이드 조지가 로버트슨과 헤이그의 영향력을 제한하기 위해 육군 대장 헨리 윌슨 경을 연합국 최고전쟁위원회 전쟁실행위원회Executive War Board의 영국 대표 후보로 거론하자, 로버트슨은 참모총장직을 사임하고 말았다. 2월 18일, 헤이그와 로버트슨의 상처 입은 자존심을 더욱 건드리는 격으로 로이드 조지가 미는 윌슨이 로버트슨의 후임으로 대영제국군 참모총장이 되었다.

1917년 12월, 헤이그와 페탱은 영국군과 프랑스군에게 독일군이 1916년

~1917년에 도입한 것과 유사한 유기적인 종심 방어를 실시할 수 있는 방어선을 구축하라는 명령을 내렸다. 영국 원정군 담당구역에 건설된 방어진지는 전방구역, 전투구역, 후방구역으로 나뉘며, 각 구역은 여러 겹의 연속적인 참호선과 상호 엄호 가능한 방어 거점, 그리고 전방위 방어가 가능한 위치에 자리 잡은 기관총 진지를 측방에 두고 건설된 일련의 참호들로 이루어져 있었다. 그러나 시간과 노동력 부족 때문에 연합군은 새로운 방어진지를 전부 완성할 수가 없었다. 게다가 거의 2년 이상 대규모 방어전을 치러본 적이 없는 영국군은 이와 같은 새로운 전술적 개념을 흡수하기 위해서는 많은 시간이 필요했지만, 실제로 허용된 시간은 그렇게 많지가 않았다.

11월에 플루머의 지휘하에 5개 사단이 이탈리아 전선에 파견되면서 영국군의 방어 준비는 더욱 어려워졌다. 설상가상으로 1918년 1월, 영국 원

정군은 프랑스군으로부터 서부전선의 담당구역을 확대해달라는 요구를 받았다. 영국군이 프랑스군의 요구를 수용함에 따라 이제 영국군의 담당구역은 생캉탱에서 20마일 이상 남쪽에 위치한 바리시스 Barisis 까지 연장되었다. 영국 원정군의 최남단 구역을 담당한 고프의 제5군은 총 42마일에 이르는 방어선을 수비하기 위해 겨우 3개 기병사단과 12개 보병사단을 보유하고 있을 뿐이었다. 이에 반해 제5군의 좌측에 위치한 제3군은 28마일 길이의 방어선을 수비하기 위해 14개 사단을 동원할 수 있었다. 고프의 병사들이 프랑스군으로부터 인수한 방어진지는 아주 엉성했고, 설상가상으로 고프 휘하의 지휘관들 가운데 유기적인 종심 방어의 개념을 완전히 이해하는 자들은 소수에 불과했다. 그 결과 독일군의 공세가 실제로 시작되었을 때 제5군의 전방지대에는 지나치게 많은 수비 병력이 몰려 있었다.

물론 당시 양측의 정황을 정확하게 알 수 있는 오늘날에 와서 헤이그를 비난하는 것이 옳지 않은 일일 수도 있다. 하지만 잠재적인 독일군 공세의 방향과 위력을 오판하고 당시 영국 원정군의 방어 능력에 대해 지나치게 낙관적인 평가를 내렸으며 제5군에게 가해질 수 있는 잠재적인 위협을 과소평가했다는 점에서 헤이그는 분명 비판받을 만한 여지가 있다. 물론 고프의 담당구역 직후방과 아미앵 동쪽에는 별다른 중요 전략 목표물이 없었던 것도 분명 사실이었고, 이로 인해 독일군이 공격해왔을 때 제5군이 한 발짝 물러나 태세를 가다듬을 수 있는 여유도 있었지만, 헤이그가 제5군을 그렇

■■■■■■ 1917년, 스당에서 독일군 돌격대원들이 철조망 장애물 지대를 통과하는 훈련을 받고 있다. (IWM)

게 취약한 상태로 내버려둔 것이 과연 옳은 일이었는지에 대해서는 논란의 여지가 남아 있다. 하지만 그런 의문스러운 결정을 감안하더라도 헤이그가 대부분의 병력을 북쪽에 남겨놓고 플랑드르와 영불 해협에 면한 항구들의 안전을 확보하기로 한 것은 의심의 여지없이 현명한 결정이었다.

미하엘 작전

1918년 3월 21일 오전 4시 40분, 6,473문의 야포와 3,532문의 박격포가 포문을 열면서 브루크뮐러가 작곡한 미하엘 작전의 파괴적인 전주곡이 시작되었다. 5시간 후, 독일군 보병들이 짙은 안개를 뚫고 공격을 개시했다. 독일 제17군 예하 19개 사단이 영국 제3군을 몰아침과 동시에 독일 제2·제18군 예하 43개 사단은 고프의 제5군이 담당한 방어구역으로 쇄도했다. 영국군 후방지역에 대한 독일군의 맹포격으로 인해 영국군의 통신망은 큰 피해를 입었으며, 대량의 가스탄이 사용되면서 영국군 포대도 제대로 반격에 나설 수가 없었다. 영국군 방어선의 전방 방어구역에 배치된 병력들은 순식간에 독일군에게 압도당하고 말았다. 공격개시일 오전에 짙게 낀 안개 덕분에 독일군 돌격대는 침투 전술을 펼 수 있는 아주 좋은 기회를 맞았다. 영국군은 안개를 방패삼아 주요 전투구역으로 침투해 들어오는 독일군 돌격대에게 포격이나 기관총 사격을 제대로 가할 수 없었다. 이런 상황에서 영국군 방어선의 보루와 거점을 지키던 수비병들은 서로를 지원할 수도 없는 상태에서 고립되고 말았다.

영국군의 방어선은 여러 곳에서 빠르게 붕괴되었다. 이러한 경향은 최근 프랑스군으로부터 인수한 제5군의 우익 지역에서 특히 심하게 나타났다. 이곳에서 독일군이 영국군의 전방 방어구역을 순식간에 뚫고 들어가 전투구역까지 돌파하자, 고프는 위기에 빠진 영국 제3군단을 크로자 운하

■■■■■ 1918년 3월, 생캉탱에 집결하고 있는 독일 제18군 소속 병사들. (IWM)

선까지 철수시켜야 했다. 그러나 독일군의 공격이 모든 지역에서 그만한 성공을 거둔 것은 아니었다. 고프의 방어선을 신나게 짓밟던 독일 제2·18 군의 우측에서 공격을 개시한 폰 벨로브의 제17군은 잘 준비된 방어선에서 강력한 방어태세를 취하고 있던 빙의 제3군을 상대로 별다른 진전이 없었다. 독일군은 플레스쿼에르를 정면에서 공격하지 않기로 결정했지만, 측면 공격으로도 이 돌출부를 원하는 만큼 신속하게 잘라낼 수가 없었다. 폰 데어 마르비츠가 지휘하는 제2군도 마찬가지로 공격 전면 전체를 돌파한다는 당초의 목표를 달성할 수 없었다. 그러나 그렇다고 하더라도 이것이 헤이그와 영국군 고위 참모들이 1914년 이래 방어상의 최대 위기를 맞았다는 현실을 바꿔주는 것은 아니었다. 비록 공격 첫날 독일군의 사상자 수가 4만 명 가까이 되었지만, 영국군 역시 3만8,000명 이상의 병력과 500문의 야포를 잃었다. 더 우려스러운 것은 영국군의 인명 손실 총계에는 2만

1,000명의 포로들이 포함되어 있었다는 것이었다. 이는 오랜 전쟁으로 지칠 대로 지친 각급 부대와 병사들의 용기와 인내심이 마침내 고갈되어버렸다는 분명한 징조였다.

공격 이틀째인 3월 22일, 영국군의 방어선 전면은 계속 붕괴되고 있었다. 평소에는 재기와 자신감으로 넘쳤던 맥스 대장마저도 전면 철수가 아니라 잠시 재정비를 위해 한 발짝 물러난다는 고프의 의도를 잘못 이해하고 서둘러 휘하의 제18군단에게 솜으로 철수하라는 명령을 내렸다. 이로 인해 제18군단의 좌측에 자리 잡고 있던 제19군단도 이에 발맞춰 철수할 수밖에 없었다. 똑같은 양상으로 남쪽의 제5군이 붕괴되면서 빙의 제3군 우측은 독일군에게 노출되었다. 주변 상황이 이렇게 불리하게 돌아갔다는 점을 감안하더라도 플레스퀴에르 돌출부 철수를 거의 사흘이나 지연시킨 것은 빙의 명백한 과오로 볼 수 있다. 이 지연으로 인해 영국군은 쓸데없이 제2사단과 제63왕립해군사단 전체가 포로가 되고 말았으며, 또 영국 제3군과 제5군의 연결점에 커다란 구멍이 뚫리고 말았다.

공격 3일째에 독일군은 제5군의 일부 부대를 12마일 이상 밀어내고 있었다. 폰 후티어의 병사들은 크로자 운하와 솜 강의 도하점을 확보하기 위해 서쪽으로 공격해 들어갔다. 그러나 제1차 세계대전의 다른 결정적인 순간들과 마찬가지로 독일군은 예상치 못한 상황에서 맞닥뜨린 매력적인 전술적 기회를 잡느라 원래의 전략적 목표를 놓쳐버리는 소탐대실小貪大失의 우를 범하고 말았다. 진격이 정체된 우익을 증원해서 원래 계획대로 북서쪽으로의 진격을 성공시키느냐, 아니면 공격이 순조롭게 진행되는 좌익을 증원할 것이냐를 두고 루덴도르프는 좌익을 증원하는 쪽을 선택했다. 루덴도르프는 또한 제17군에게 공격 방향을 아브빌Abbeville과 생폴St. Pol로 돌릴 것을 명령함과 동시에 제2군에게 아미앵을 향해 서쪽으로 진격하라는 새로운 명령을 내렸다. 원래 공격 부대의 측면을 보호하는 임무를 맡고 있던 독일 제18군에게는 몽디디에Montdidier와 누아용을 향해 남서쪽으로 진격하라는 명령이 내려졌다. 이는 프랑스군과 영국군을 분리하려는 의도가 강하게 반영된 명령이었다. 그러나 이렇게 함으로써 독일의 3개 군은 좌익의 돌파구에 병력을 집중하여 강력한 결정타를 날리는 대신 사실상 사방으로 흩어지고 말았다.

헤이그가 3월 21일 이전에 어떤 의도를 갖고 있었든지 간에 그는 제5군이 위기에 처해 있으며 철도망의 중심지로서 영국 원정군에게 엄청나게 중요한 아미앵에 대한 위협이 점점 증가하고 있다는 사실을 잘 알고 있었다. 영국군이 절대절명의 위기에 처한 상황에서도 프랑스군의 지원은 헤이그가 보기에는 끔찍할 정도로 불충분했다. 비관적인 성향을 지닌 것으로 유명했던 페탱은 이런 상황에서도 독일군이 샹파뉴의 프랑스군에게 또 다른 대공세를 개시할지도 모른다는 우려를 품고 있었다. 무엇보다도 페탱은 반드시 파리를 지켜야 했기 때문에, 만약 그렇게 해야 하는 상황이 된다면 프랑스군을 영국 원정군과 더 멀리 떨어뜨리는 결과를 낳더라도

■■■■■■ 1918년 3월 25일 네슬(Nesle) 인근에서 프랑스군 병사들과 함께 사격호를 구축한 소총여단 제12대대 소속 영국군 병사들. (IWM)

보베Beauvais를 향해 남서쪽으로 철수할 준비가 되어 있었다. 하지만 그렇다고 페탱이 프랑스군만 생각했다고 할 수는 없는 노릇이었다. 만약 상황이 손쓸 수 없을 정도로 악화될 경우, 영국 원정군 쪽에서 먼저 북쪽으로 철수해버릴 가능성도 충분히 있었다.

그러나 어쨌든 당시 헤이그는 영불 해협의 항구지대를 지킬 수 있을 만큼의 충분한 예비대를 확보하기 위해 프랑스군이 아미앵 방어를 맡아주길 바랐고, 그에 따라 평소의 반대 입장을 버리고 적극적으로 연합군 지휘권의 일원화 작업에 나섰다. 헤이그의 요청에 의해 3월 26일 둘랑Doullens에 긴급 소집된 연합국 회의에서 헤이그가 서부전선의 연합군 작전을 조정하기 위해 필요한 권한을 포슈에게 주어야 한다고 주장하자 다른 연합국들도 이에 동의했다. 그러나 이러한 조치가 즉각 효과를 보인 것은 아니었다. 독일 제18군은 그 후에도 며칠간 더 진격을 계속했고, 프랑스군은 몽디디에에서 밀려나고 말았다. 그러나 포슈가 연합군 통합 작전 조정관으로 임명되면서 연합군의 사기도 되살아났으며, 페탱과 헤이그의 부담도 한결 가벼워졌다. 이에 더하여 프랑스군 예비대가 당장 도착하지는 않았지만, 조만간 프랑스군이 아미앵 방어에 협력할 것이라는 사실에는 의심의 여지가 없었다.

한편, 공격작전 지휘에 있어 점점 더 지리멸렬한 모습을 보이던 루덴도르프는 3월 25일 공세의 중심을 우익과 중앙으로 되돌리라는 새로운 명령을 내렸다. 4월 28일, 아라스에 대한 공격작전인 마르스 작전이 발동되었지만, 이 작전은 큰 피해만 내고 실패로 끝나고 말았다. 루덴도르프로서는 끔찍한 일이었지만, 독일군은 모처럼 고안해낸 필살기인 기동전을 장기간 수행할 능력이 없었다. 프랑스에 배치된 독일군 부대 가운데 기병대는 비교적 소수에 불과했고 장갑차는 전혀 없었으며 전차도 거의 없는 것이나 다름없었다. 그나마 생산된 마차나 기계화된 수송 수단들도 수년간에 걸친 연합군의 봉쇄작전 때문에 품질이 조악해서 대부분 공격작전에 쓸 만한 물건이 못되었다. 일반 방어용 사단들의 전투력이 워낙 떨어지다 보니 대부분의 공격에서 최선두에 나설 수밖에 없었던 돌격대들은 엄청난 피해를 입어야 했다. 독일 참모본부 구성원들은 훌륭한 능력과 지성, 프로 근성을 갖고 있었지만, 동시에 너무나 자주 단기적인 조직 및 작전 사안에 주의가 분산되는 경향을 보였다. 그 결과 독일군은 주요 전략 목표를 달성할 수 없는 불안정한 군대가 되었다. 당시 공격 속도는 전적으로 보병의 역량에 달려 있었다. 그러나 1918년 3월이 되자 독일군 보병들은 거의 탈진 상태에 있었다. 하지만 당시 독일군이 보여주었던 약탈 행위와 음주에 탐닉하는 양상은 독일군에게만 국한된 것은 아니었다.

점점 힘을 잃어가는 공세에 다시 한 번 활력을 불어넣고 싶었던 루덴도르프는 부질없는 시도였지만 1주일에 세 번이나 공격 계획을 수정하면서 공격 목표를 아미앵 점령이라는 비교적 제한된 범위로 축소시켰다. 독일군은 4월 4일과 5일에 걸쳐 치열한 공격을 가했지만, 이 공격마저도 아미앵에서 약 10마일 정도 동쪽에 위치한 빌레르 브르토뇌Villers Bretonneux에서 제9오스트레일리아여단과 영국 제18사단, 제58사단, 제3기병사단 예하대의 방어에 막혀 무위로 돌아가고 말았다. 이 공격의 실패로 루덴도르프는 미하엘 작전을 지속하더라도 그에 따라 치르게 될 희생만큼의 성과를 거둘수 없으리라고 판단하고 작전 개시 16일째인 4월 5일에 공세를 종료했다.

3월 21일 공격을 개시한 이래 독일군은 약 40마일을 진격하여 2년 전 점령했다가 연합군의 공세로 잃은 지역 대부분을 되찾았지만, 근본적인 작전 목표였던 결정적인 승리는 얻을 수 없었다. 독일군의 공세 기간 동안 영국군은 총 17만8,000명의 병력 손실을 입었으며, 이 가운데 7만 명은 포로가 되었다. 프랑스군의 병력 손실은 약 7만7,000명이었다. 독일군 역시 25만 명이나 되는 사상자를 냈다. 그러나 독일군에게 보다 심각한 문제는 많은 사상자와 크게 줄어든 돌격대원들을 쉽게 보충할 수 없다는 사실이었다.

영국 원정군 쪽에서는 고프가 제5군 사령관직에서 해임되었다. 비록 그에게 불리하게 작용할 사실들이 많기는 했지만, 고프는 능숙하게 지연전을 벌이면서 철수작전을 지휘했다. 그 결과 제5군의 전선은 크게 뒤로

▪▪▪▪▪▪ 1918년 5월 17일 사르퀴(Sarcus)에서 촬영한 페르디낭 포슈 대장(나중에 원수로 진급)의 모습. (IWM)

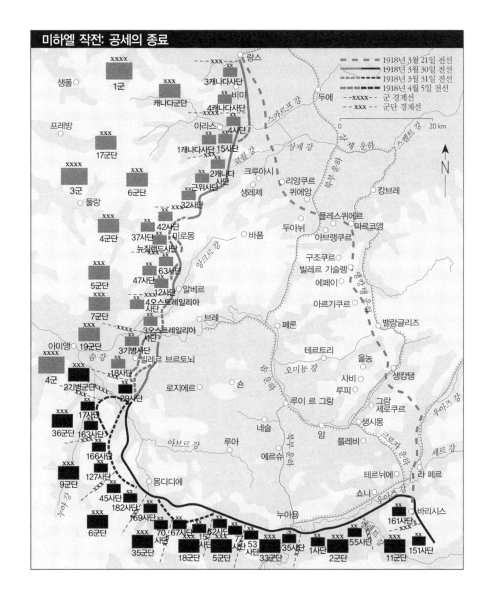

미하엘 작전: 공세의 종료

범례:
- 1918년 3월 21일 전선
- 1918년 3월 30일 전선
- 1918년 3월 31일 전선
- 1918년 4월 5일 전선
- XXXX 군 경계선
- XXX 군단 경계선

0 _____ 20 km

N

지도 내 지명 및 부대:

랑스 / 생폴 / 1군 / 3캐나다사단 / 캐나다군단 / 비미 / 두에 / 4캐나다사단 / 프레방 / 아라스 / 4사단 / 17군단 / 1캐나다사단 15사단 / 코죌 강 / 스카르프 강 / 상제 강 / 스켈트 강 / 2캐나다사단 / 크루아시 / 3군 / 6군단 / 근위사단 / 리앙쿠르 / 퀴에앙 / 캉브레 / 둘랑 / 32사단 / 생레제 / 4군단 / 42사단 / 37사단 / 미로몽 / 두아뉘 / 플레스퀴에르 / 마로코앵 / 뉴질랜드사단 / 바폼 / 아브랭쿠르 / 5군단 / 63사단 / 47사단 / 알베르 / 구조쿠르 / 빌레르 기슬렝 / 에페이 / 7군단 / 12사단 / 4오스트레일리아사단 / 브레 / 아르기쿠르 / 벨랑글리즈 / 아미앵 / 19군단 / 3오스트레일리아사단 / 페론 / 솜 강 / 3기병사단 / 빌레르 브르토뇌 / 테르트리 / 올뇽 / 생캉탱 / 4군 / 18사단 / 오미뇽 강 / 사비 / 루피 / 2기병군단 / 로지에르 / 숀 / 우아즈 강 / 29사단 / 17사단 / 네슬 / 루이 르 그랑 / 그랑 세로쿠르 / 36군단 / 163사단 / 아브르 강 / 루아 / 암 / 생시몽 / 166사단 / 에르슈 / 플레비 / 세르 강 / 127사단 / 테르뉘에 / 라 페르 / 9군단 / 몽디디에 / 쇼니 / 45사단 / 182사단 / 바리시스 / 169사단 / 누아용 / 161사단 / 6군단 / 70사단 / 67사단 / 15사단 / 52사단 / 77사단 / 53사단 / 35사단 / 1사단 / 55사단 / 151사단 / 35군단 / 18군단 / 5군단 / 33군단 / 2군단 / 11군단

물러나기는 했어도 결코 되돌릴 수 없을 정도로 붕괴되지는 않았다. 그런 정황에도 불구하고 고프는 제5군 지역에서 전선이 크게 밀린 데 대한 책임을 져야 하는 희생양이 되었다. 그의 뒤를 이어 3월 28일 육군 대장 헨리 롤린슨 경이 제5군 사령관이 되었다. 롤린슨은 그 전달까지 베르사유에서

영국군 대표직을 맡고 있었다. 독일군의 공세에 참패한 부대라는 부당한 오명을 지우기 위한 노력의 일환으로 4월 2일 제5군은 제4군으로 명칭이 변경되었다.

배수진

루덴도르프는 미하엘 작전이 끝나기도 전에 이미 플랑드르 지역에서 공세(게오르게 작전) 명령을 내렸다. 그러나 이 공세는 원래 계획보다 크게 축소되었으며, 이는 암호명이 게오르게테Georgette로 변경된 것에서도 잘 나타나 있었다. 이 수정된 공세 계획은 폰 크바스트von Quast 대장이 지휘하는 제6군이 지방시와 아르망티에르 사이를 돌파하여 리 계곡을 지나 중요한 철도 중심지가 위치한 북서쪽의 아제브루크 방향으로 진격한다는 것이었다. 아제브루크는 영국 제1군과 제2군의 연결점에 위치한 요충지이기도 했다. 아제브루크를 공격한 다음 날에는 직스트 폰 아르님 대장의 제4군이 메신을 향해 보다 북쪽으로 공격해나갈 예정이었다. 공격 예정 지역에 있던 영국군의 방어는 3월 21일 피카르디 지역을 방어하던 영국군보다는 나은 상태였다. 그러나 당시 영국 원정군은 예비대가 위험할 정도로 줄어들어 있었다. 하지만 독일군 역시 3월에 벌어진 전투로 인해 각급 부대의 피로가 극에 달해 있었으며, 대부분의 공격용 사단들은 그 동안 입은 막대한 피해로 인해 전력이 크게 저하된 상태였다. 따라서 게오르게테 작전에 공격 부대로 동원된 독일군 사단의 대부분은 '공격용 사단'이 아니라 '방어용 사단'이었다.

4월 9일, 전형적인 브루크뮐러식의 짧지만 격렬한 포격을 가한 후 공격에 나선 독일군은 공세 초기 상당한 성과를 거두었다. 독일군은 뇌브 샤펠 인근에서 별로 싸울 의욕이 없는 제2포르투갈사단의 미약한 저항을 손쉽

게 제압하고 비교적 적은 손해만을 입으며 약 3마일 반을 전진할 수 있었다. 4월 10일, 폰 아르님의 제4군이 공격에 가세하자 메신 마을과 메신-뷔트샤테 능선 사이 지역의 일부가 독일군의 손에 떨어졌다. 영국군은 공격해오는 독일 제6군과 제4군 사이에 끼여 있는 상황이 되자, 아르망티에르로부터 신속하게 철수할 수밖에 없었다. 둘랑 회의에서 이루어진 합의에도 불구하고 헤이그가 포슈에게 했던 증원 부대 요청은 처음에는 무시당한 것처럼 보였다. 그러나 사실은 포슈가 헤이그의 요청을 무시한 것이 아니었다. 문제는 포슈조차도 독일군이 또 다른 공세에 나설 것을 염려하고 있던 페탱의 비관론을 꺾을 수가 없었던 것이었다. 독일군이 아제브루크

---

* **방어용 흉장** 플랑드르 지방의 습지대에서는 지하수로 인해 참호를 팔 수가 없었기 때문에, 영국군은 모래주머니를 쌓아 흉장을 만들어 방어선을 구축했다.

로부터 5마일도 안 되는 지점까지 밀고 들어오자, 헤이그는 이제 영국군이 절체절명의 위기에 봉착했다는 사실을 깨닫게 되었다. 4월 11일, 헤이그는 다음과 같은 필사적인 특별 훈시를 내렸다.

끝까지 싸우는 것 외에는 우리에게 남은 방법이 없다. 모든 병사들은 최후의 1인까지 맡은 진지를 사수해야 한다. 절대로 어떠한 철수도 허용하지 않을 것이다. 정의는 우리 편이라는 신념 하에 각자 배수의 진을 치고 끝까지 싸우기 바란다.

다행히 이후 며칠에 걸쳐 영국 제5사단과 제33사단, 제1오스트레일리아사단이 플랑드르 지역에 도착하면서 리 강 부근의 위기는 해소되었다. 4월 14일, 포슈가 연합군 총사령관으로 임명되었다. 이는 연합군의 지휘체계 단일화를 향한 진일보였다. 이제 연합군의 예비 부대의 운용과 관련해 더 많은 권한을 가지게 된 포슈는 신속하게 병력교대제도를 도입하여 영국군 사단들이 비교적 조용한 프랑스군 지역으로 이동할 수 있도록 하는 동시에, 예비대로 묶여 있던 프랑스군 부대들을 풀어내서 연합군 방어선의 취약한 부분을 보강했다. 프랑스군은 영국 제2군이 담당한 지역에서 4월 19일까지 9마일에 이르는 방어구역을 인수했다.

하지만 다시 제2군을 지휘하기 위해 이탈리아로부터 돌아온 플루머에게 이와 같은 프랑스군의 지원은 조금 때늦은 것이었다. 독일군이 이미 점령한 메신 능선의 방어를 강화하고 있는 상황에서, 플루머는 지난해 가을 그토록 많은 피를 흘려가며 겨우 점령한 파스샹달 능선을 버린다는 괴롭지만 전술적으로 꼭 필요한 결정을 내려야 하는 상황에 몰렸다. 결국 플루머는 1915년 5월의 상황을 다시 한 번 반복하면서 자신의 부대를 이프르에 가까우면서 덜 취약한 지역으로 철수시켰다. 하지만 제2군의 철수작전은 플루머의 작전이 늘 그랬듯이 아주 철저하고 효율적으로 실시되었다.

반면 루덴도르프는 매일 점점 더 자포자기하는 경향을 보이면서 전략적으로도 일관성을 잃고 있었다. 루덴도르프는 플랑드르 공세가 비교적 순조롭게 진행되고 있음에도 불구하고 다음번 대공세를 플랑드르 지역이 아니라 이미 공격 타이밍을 놓쳐버린 것이 분명한 아미앵 방면에서 실시하기로 결정했다. 4월 24일, 독일군은 아미앵 공격을 시작하면서 빌레르 브르토뇌에 대해서도 재차 공격을 실시했다. 단시간에 걸쳐 겨자가스와 고폭탄이 혼합된 격렬한 포격이 이뤄진 후, 짙은 안개 속에서 독일군의 공격이 시작되었다. A7V 전차 13대의 지원을 받으며 공격에 나선 독일군은 영국 제8사단의 경험이 부족한 풋내기 징집병들을 신속하게 제압하고 영국군 방어선에 3마일 크기의 구멍을 뚫으면서 빌레르 브르토뇌를 점령했다. 카쉬 Cachy 전면에서는 3대의 영국군 마크 IV 전차들과 3대의 독일군 A7V 전차들 간에 사상 최초의 전차전이 벌어지기도 했다. 당시 영국군은 지원군이 절실히 필요했지만, 프랑스군으로부터 별다른 지원을 받을 수가 없었다. 그러나 이렇게 불리한 여건에서도 롤린슨과 휘하 지휘관들은 그날 밤 과감한 반격작전에 나섰다. 갈리폴리 상륙작전 3주년 기념일인 4월 25일 새벽 무렵, 제13 · 15오스트레일리아여단은 우익의 영국 제18사단과 제58사단의 지원을 받아 독일군을 다시 동쪽으로 밀어내면서 눈부신 우회기동을 펼쳐 빌레르 브르토뇌 마을을 고립시킨 후, 그날 정오까지 마을의 독일군을 대부분 소탕하는 데 성공했다.

그러나 플랑드르의 연합군 방어선은 롤린슨의 방어선만큼 버텨주지 못했다. 롤린슨이 성공적으로 반격하고 있던 4월 25일 바로 그날에 독일의 정예 산악군단은 프랑스군으로부터 캄멜 Kemmel 산을 빼앗았다. 그러나 게오르게테 작전에서 독일군이 거둔 의미 있는 성과는 이것이 마지막이었다. 4월 29일, 독일군은 이프르와 바이욀 Bailleul 사이의 영국군과 프랑스군 진지에 최후의 공격을 가했지만, 보잘것없는 성과만을 거두었을 뿐이었다. 그 이전의 미하엘 작전과 마찬가지로 독일군은 게오르게테 작전에서도 중간에 공격 기세를 잃었다. 4월 29일 저녁 늦게 루덴도르프는 플랑드르 지역에 대한 공세를 중지시켰다. 다시 한 번 연합군은 강력한 저항으로 이프르와 아미앵, 그리고 영불 해협의 항구들을 지켜냈다.

블뤼허와 그나이제나우

게오르게테 공세 이후 독일군과 연합군 양측 모두 절실하게 휴식이 필요했다. 이제 독일, 영국, 프랑스 모두 인적 자원이 바닥을 드러내고 있었다. 3월 21일에 공세를 개시한 이래 독일군은 약 38만 명의 병력 손실을 입었고, 영국군은 거의 24만 명, 프랑스군은 약 9만2,000명의 병력 손실을 입었다. 그러나 이러한 피해에도 불구하고 독일군은 총 206개 사단을 보유하

■■■■■■ 1918년 4월 10일, 베튄(Béthune) 부근의 야전 구급소에서 촬영한 사진. 독가스로 인해 시력을 상실한 영국군 부상병들이 앞사람의 어깨를 잡고 서 있다. (IWM)

여 연합군의 총 160개 사단에 비해 우위를 점하면서 서부전선에서의 전략적 주도권을 계속 유지하고 있었다. 영국 원정군의 가용 사단 가운데 10개 사단은 피로에 절어 있었고, 그 가운데 8개 사단은 잠깐 동안이기는 했지만 예하 각 대대의 병력이 장교 10명에 사병 45명 수준까지 떨어지기도 했다. 물론 장기적으로 봤을 때 당시 연합군이 겪고 있던 병력 문제는 미국 원정군이 전투에 참가하면 곧 해결될 수 있는 것이었다. 1918년 5월 1일까지 프랑스에 파견된 미국 원정군의 병력은 43만 명에 달했다. 각 미군 사단은 2만8,000명의 병력을 보유하고 있었고, 이는 영국이나 프랑스군 사단의 두 배에서 세 배에 이르는 규모였다. 그러나 1918년 5월 초 실제로 전선에 투입된 미군 부대는 미 제1사단 하나뿐이었다.

5월 말까지 미국 원정군의 수는 더욱 증가하여 65만 명에 이르렀다. 봄과 초여름에 걸쳐 연속적인 위기가 닥쳐오자 좀 누그러진 태도를 보이기도 했지만, 퍼싱은 미군 병사들을 영국군과 프랑스군 부대에 배치하려는 시도를 시종일관 거부했고, 가능한 한 미국 원정군을 연합군의 독립적인 일원으로서 유지하기 위해 최선을 다했다. 이는 궁극적으로 미군이 독자적으로 공세작전을 수행할 수 있도록 하기 위한 포석이었다.

독일군이 3월과 4월에 벌인 대공세로 영국군은 큰 타격을 입었다. 그러나 동시에 영국군은 독일군의 무시무시한 공세를 거의 외부의 도움 없이 이겨냈다. 몇 달간에 걸쳐 엄청난 시련을 이겨내면서 영국 원정군의 사기는 빠르게 회복되었고, 낙관론 역시 다시 퍼져나가기 시작했다. 반대로 루덴도르프는 독일군 병사들의 사기와 훈련도가 점점 저하되자 이를 걱정하고 있었다. 많은 독일군 병사들이 노획한 연합군 물자 집적소 주변을 어정거리면서 시간을 보내는 경향을 보였고, 또 일부 사단들은 얼마 전 벌어진 리 강 공세작전에서 눈에 띄게 공격에 나서길 주저하는 모습을 보였다. 폰 로스베르크를 포함한 독일군 내의 일부 영향력 있는 인사들은 또다시 공세에 나설 가치가 있는지에 대해 의구심을 나타냈다.

루덴도르프가 독일군이 더 이상 2개의 공세를 동시에 진행할 수 없다는 사실을 인정하면서 차기 대공세가 시작될 때까지 상당한 시간이 걸릴 것이 명백해짐에 따라, 독일군은 진지전용 '공성포대'들을 다시 전선에 배치했다. 그러나 루덴도르프는 독일군의 수적 우위가 오래 지속되지 못할 것이라는 점과 엄청난 수의 미군이 본격적으로 참전하여 전세가 돌이킬 수 없게 되기 전에 다시 공세에 나서야 한다는 사실도 잘 알고 있었다. 루덴도르프에게 있어 여전히 주된 공세 목적은 플랑드르 지역의 영국 원정군을 패배시키는 것이었다. 그러나 게오르게테 공세 말기에 루덴도르프는 영국군을 패배시키려면 먼저 프랑스군의 예비대를 공세 지역으로부터 멀리 떼어놓아 헤이그가 결정적인 순간에 프랑스군 예비대의 지원을 기대할 수 없도록 만들어야 한다는 결론을 내렸다.

이를 염두에 두고 루덴도르프는 블뤼허 Blücher * 라는 작전명이 붙은 다음번 대공세의 목표를 엔 강 부근의 슈맹 데 담을 따라 배치된 프랑스군으로 잡았다. 이 지역에서 프랑스 제6군을 지휘하고 있던 뒤셴 대장은 페탱의 유연한 종심 방어 전술과 관련된 지시들을 제대로 이해하지 못했다. 뒤셴이 지나치게 많은 병사들을 전방 진지에 배치하면서 독일군 공세의 성공 가능성은 더욱 커졌다. 한편, 공교롭게도 독일군의 공격이 시작되기 전에 연초 독일군의 공세로 인해 큰 타격을 입은 영국군 5개 사단이 포슈의 병력 교대 방침에 따라 엔 강 방면으로 이동해왔다. 이들 가운데 제8 · 21 · 50사단은 독일군의 공세가 시작되기 전에 이미 전선에 배치된 상태였다.

블뤼허 작전을 위한 포병 운용 계획 작성을 맡은 것은 이번에도 유능한 포병 전문가인 브루크뮐러였다. 브루크뮐러는 일반 독일군 병사들 사이에서는 '돌파의 뮐러'라는 별명으로 불렸다. 5월 27일, 독일군은 엔 강에서

---

* 블뤼허 워털루에서 영국의 웰링턴과 함께 나폴레옹을 격파했던 프로이센 장군(1742~1819)의 이름.

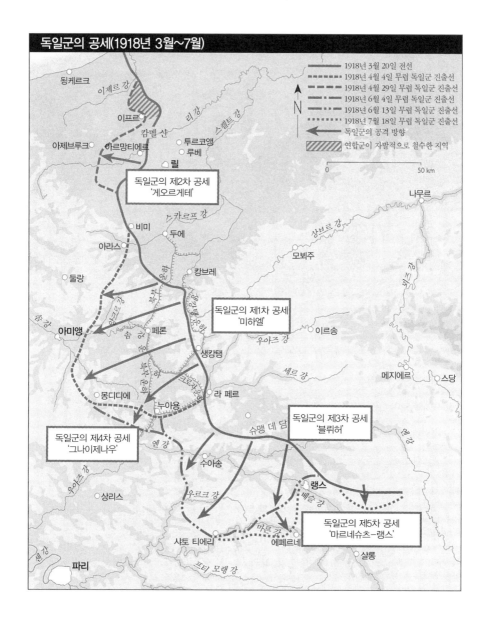

독일군의 공세(1918년 3월~7월)

1918년 3월 20일 전선
1918년 4월 4일 무렵 독일군 진출선
1918년 4월 29일 무렵 독일군 진출선
1918년 6월 4일 무렵 독일군 진출선
1918년 6월 13일 무렵 독일군 진출선
1918년 7월 18일 무렵 독일군 진출선
독일군의 공격 방향
연합군이 자발적으로 철수한 지역

0   50 km

됭케르크
이제르 강
이프르
캄벨 산
리 강
스헬트 강
아제브루크
아르망티에르
투르코앵
루베
릴

독일군의 제2차 공세
'게오르게테'

카르프 강
비미
두에
상브르 강
아라스
캉브레
모뵈주

둘랑
페론
독일군의 제1차 공세
'미하엘'
이르송

아미앵
생캉탱
우아즈 강
세르 강

몽디디에
라 페르
메지에르
스당

독일군의 제4차 공세
'그나이제나우'
누아용
슈맹 데 담
독일군의 제3차 공세
'블뤼허'

엔 강
수아송

상리스
랭스
우르크 강
베슬 강
독일군의 제5차 공세
'마르네슈츠-랭스'

샤토 티에리
마른 강
에페르네
샬롱

파리
프티 모랭 강

공세를 개시하면서 거의 4,000문의 포를 동원하여 160분간 포격을 퍼부었
다. 이 포격은 1마일 당 포대 수 측면에서 1918년 들어 가장 조밀한 포격이
었으며, 브루크뮐러가 심혈을 기울인 최고의 걸작이었다. 공세 첫날, 8개의

영국군 및 프랑스군 사단들이 사실상 전멸당했으며, 독일군은 12마일이나 전진할 수 있었다. 이는 1918년 당시 독일군이 이전의 독일군보다 여러모로 개선된 군대라는 점을 감안하더라도 1일 진격거리로는 놀라운 수치였다. 폰 보엔 대장의 제7군은 5월 28일에 수아송을 점령했고, 5월 30일 저녁에는 샤토 티에리 Château-Thierry 부근 마른 강에 도달했다. 이제 독일군과 파리 사이의 거리는 60마일도 채 남지 않게 되었다.

블뤼허 작전이 기대 이상의 성과를 거두자, 독일군 총사령부는 애초에 프랑스군을 유인할 양동 공격으로 입안된 이 공세를 주공으로 전환하면 어떨까 하는 유혹을 받게 되었다. 그러나 루덴도르프가 폰 보엔의 눈부신 승리를 어떻게 활용하면 잘 써먹었다는 소리를 들을까 고민하는 동안 연합군은 독일군의 진격을 막아내기 시작했다. 또 독일군으로서는 불길하게도 미 제2사단과 제3사단이 전선에 나타나 샤토 티에리를 둘러싼 전투에서 프랑스군과 나란히 독일군에 맞섰다. 6월 6일, 미국 해병대와 미 제2사단은 벨로 숲Belleau Wood에서 독일군에게 반격을 가했다. 독일군은 이제 연합군 전선을 깊숙이 파고든 돌출부를 가지게 되었지만, 측면이 지나치게 길어지면서 이 돌출부를 지키기가 아주 곤란하게 되었다. 또 철도와 도로가 파괴되면서 독일군은 심각한 보급 문제에 시달렸다.

돌출부를 확대하고 좀더 방어하기 쉬운 지역을 확보하며 더 많은 프랑스군 예비대를 끌어들이기 위해, 루덴도르프는 누아용과 몽디디에 사이의 마츠Matz 강 방면으로 그나이제나우Gneisenau*라는 이름의 제4차 공세를 시작했다. 이 지구를 지키고 있던 프랑스 제3군의 사령관 윙베르Humbert 대장은 엔 강 전선의 뒤셴 장군과 마찬가지로 전방 방어지대에 지나치게 많은 병력을 집결시키는 과오를 범했다. 6월 9일 그나이제나우 작전의 포문이 열리자, 폰 후티어의 지휘하에 공세를 시작한 독일 제18군은 공세 첫날 다시 한 번 극적인 성과를 거두면서 6마일이나 진격해나갔다. 그러나 6월 11일, 프랑스 제10군의 망쟁 대장이 지상공격기와 전차의 지원을 받아 폰 후티어의 좌익에 무자비한 반격을 가하자, 그나이제나우 작전은 바로 중지될 수밖에 없었다. 이제 힌덴부르크와 루덴도르프에게 허용된 시간과 전략적 선택사항은 급속하게 줄어들고 있었다.

연합군의 반격

비록 블뤼허와 그나이제나우 공세를 중지시키기는 했지만, 프랑스군 역시 이를 축하하고 있을 상황은 아니었다. 포슈가 연합군 총사령관으로 임명

---

* **그나이제나우** 블뤼허의 참모장으로 워털루에서 나폴레옹을 격파하는 데 기여했던 프로이센 장군(1760~1831)의 이름.

되자마자 슈맹 데 담을 상실한 것은 정말 뼈아픈 일이었다. 이제 포슈의 일부 참모들은 페탱의 비관주의와 굼뜬 반응에 점점 더 공공연하게 불만을 드러냈다. 당시 엔 강 주변에서 벌어진 전투에서 거의 붕괴 직전의 상황에까지 몰렸던 프랑스군은 피카르디와 플랑드르에서 영국 원정군이 얼마 안 되는 성과를 얻으면서 큰 피해를 입었다고 비웃을 수 있는 처지가 아니었다. 상황이 이렇게 되자, 상대적으로 헤이그의 주가도 크게 높아졌다. 이제 헤이그는 연합군의 전략과 작전 입안에 더 큰 영향력을 미칠 수 있게 되었다.

그와 반대로 루덴도르프의 상황은 점점 더 악화되고 있었다. 루덴도르프는 지금까지 벌어진 네 차례의 공세 모두 초반의 눈부신 성과에 눈이 멀어 원래의 전략 목표에서 벗어나거나 혹은 의도했던 기간보다 더 오래 공세를 무리하게 추진하는 우를 범했다. 게다가 루덴도르프는, 그때까지의 전투에서는 공세에 의해 전선에 구멍이 뚫리더라도 공격 측이 돌파구를 통한 전과 확대에 나서기 위해 병력과 장비를 전장을 가로질러 전방으로 추진해오기 전에 방어 측이 근대적인 철도망을 이용하여 핵심적인 구역에 예비대를 투입할 수 있었다는 사실도 무시하고 있었다. 독일군 병사들은 여전히 영웅적으로 분투하고 있었지만, 네 차례의 공세가 연달아 실패로 끝나자 이들의 사기는 점점 더 돌이킬 수 없는 하향곡선을 그리게 되있다. 게다가 1918년 6월이 되자 향후 2년간 전 세계를 휩쓸게 될 스페인 독감이 엄청난 속도로 확산되기 시작하면서 이미 식량 부족으로 약해질 대로 약해진 독일군 부대들의 전력은 더욱 감소했다.

5월 28일이 되자 개전 이후 최초로 미군 부대에 의한 공격이 시작되었다. 이 공격으로 미 제1사단은 몽디디에 인근의 캉티니^{Cantigny}를 점령했다. 6월 26일, 미군은 벨로 숲에서도 독일군을 몰아냈다. 미국 원정군은 캉티니, 벨로 숲, 그리고 샤토 티에리에서 공세를 펼치면서 1916년 7월 영국 원정군이 보여주었던 전술적 미숙함과 애국심, 용기를 그대로 보여주며 치열하게 싸웠고, 1만1,000명이 넘는 사상자를 냈다. 그러나 미군이 전투 경험 부족에서 오는 미숙함에도 불구하고 전투로 단련된 독일군과 격전을 치른 끝에 이들을 물리쳤다는 사실은 큰 의미를 갖는 사건이었다.

7월 4일에는 아미앵 인근의 아멜Hamel에서 오스트레일리아군단이 소규모 공세를 그림같이 성공시키면서 연합군에게 미래에 대한 희망을 안겨주었다. 1917년 11월, 서부전선에 배치된 5개 오스트레일리아사단을 기반으로 창설된 오스트레일리아군단은 1918년 5월 31일부로, 재편성된 제5군 사령관으로 영전한 육군 대장 윌리엄 버드우드 경Sir William Birdwood의 뒤를 이어 군단장으로 착임한 육군 중장 존 모내쉬 경Sir John Monash의 지휘를 받

았다. 개전 전에는 민간 기술자였던 모내쉬 중장은 혁신적이면서도 치밀한 작전 계획 능력을 신속하게 과시하면서 영국 원정군의 가장 유능한 지휘관 중 한 명으로 부상했다. 모내쉬는 근대전의 전투 계획을 각각의 '악기', 즉 포병, 기갑, 항공, 보병 등의 병과들이 서로 핵심적인 역할을 수행하며 전체적으로 조화를 이루어나가는 관현악곡의 악보에 비유했다. 모내쉬는 팀워크와 제병합동을 강조했고, 이는 당시 제4군 지휘관이었던 헨리 롤린슨도 적극적으로 지지했다. 1916년에 무자비한 전투들을 치르면서 많은 교훈을 얻은 롤린슨은 이러한 교훈

▬▬▬▬▬ 1918년 5월부터 오스트레일리아군단 사령관을 맡은 육군 중장 존 모내쉬 경의 모습. (IWM)

을 체화시키면서 1918년 하반기에 제4군을 훌륭하게 지휘했다.

모내쉬와 롤린슨은 아멜 공격에 나서면서 빌레르 브르토뇌 부근에서 영국군 전선 깊숙이 파고들어와 있는 독일군 돌출부를 제거하여 차후 공세를 위한 직선적인 포병 사격선을 확보하는 동시에, 아멜 마을을 내려다보는 고지를 탈환함으로써 독일군으로부터 중요한 요충지를 빼앗는 것을 목표로 삼았다. 영국군의 전투 계획은 이제 더 이상 보병들을 무익한 정면 공격에 희생시켜서는 안 되며 전차, 기관총, 포병, 박격포, 항공기 등과 같은 기계화된 자원들로부터 가능한 한 최대의 지원을 받아야 한다는 모내쉬의 신념을 구체화시킨 것이었다. 아멜 공격을 위해 60대의 신형 마크 V Mark V 전차들과 12대의 보급용 전차들이 준비되었다. 1917년 4월 빌쿠르에서 전차들이 별다른 도움도 주지 못하고 주저앉는 것을 보고 전차를 믿지 못하게 된 오스트레일리아 병사들은 제병 합동 훈련을 통해 전차를 다시

■■■■■■ 1918년 7월 3일, 아멜 공격에 나서기 전에 코르비(Corbie) 인근에서 휴식을 취하고 있는 미 제33사단 소속 병사들의 모습. (IWM)

신뢰하게 되었다. 모내쉬는 기계화된 장비들을 최대한 활용함으로써 병력 소요를 최소한으로 줄일 수 있었고, 주로 제4오스트레일리아사단에서 동원된 8개 대대만으로 약 6,000야드에 이르는 전선을 공격할 수 있게 되었다. 전차대 이동시 발생하는 소음은 포격과 항공기의 소음으로 가려지도록 철저하게 위장했으며, 공격시 전차들은 보병들과 어깨를 나란히 하고 이동탄막사격의 뒤를 따라 전진하라는 명령을 내렸다.

공격 날짜는 미국 독립기념일로 정했다. 이 공격에는 당시 영국 제4군에 배속되어 훈련을 받고 있던 미 제33사단의 10개 중대도 투입할 예정이었다. 그러나 거의 작전 개시 직전에 퍼싱 장군은 이들을 영국군의 공세작전에 투입하는 것을 거부했다. 제일 후방에 배치되어 있던 6개 중대는 바로 철수했지만, 더 이상 공세가 지연되는 것을 막기 위해 롤린슨과 모내쉬는 남아 있는 4개 중대를 작전에 투입하겠다고 버텼다. 결국 함께 공격을 시작한 오스트레일리아군과 미군 병사들은 공격 개시 90여 분 만에 모든 목표물들을 점령하면서 1,472명의 포로를 획득하고 171정의 기관총을 노획하는 대전과를 올렸지만, 사상자 수는 1,000명도 되지 않았다. 공격 계획의 일부로서 진격하는 부대에 대한 탄약의 낙하산 보급과 같은 혁신적인 발상들이 실행에 옮겨지면서, 아멜 공세는 차후 공세 계획 입안의 중요한 전범典範이 되었다. 그러나 이번 사건을 기회로 퍼싱은 미군 부대가 프랑스군이나 영국군의 일부로서 전투에 참가하는 것을 이전보다 훨씬 더 강력하게 반대하게 되었다.

마른 반격 작전

당시 루덴도르프에게 가장 현명한 전략은 7월 초까지 철저한 방어태세로 일관하는 것이었다. 그러나 루덴도르프는 아직도 연합군이 독일에게 유리한 조건으로 강화조약에 나서도록 만들 수 있을 것이라는 희망을 품고 있었다. 이것을 염두에 두고 루덴도르프는 다시 한 번 공세에 나서기로 결정했다. 루덴도르프의 절대적인 목표는 여전히 플랑드르 지역의 영국 원정군을 격파하는 것이었다. 하지만 그는 플랑드르 지역의 연합군 세력이 막강하다는 것을 잘 알고 있었기 때문에, 플랑드르 지역을 공격하는 대신 또다시 연합군의 예비대를 다른 지역으로 유인하기로 결정했다. 이를 위해 7월 15일, 독일군은 랭스 양 측면에 대한 공격을 시작했다. 폰 보엔이 지휘하는 독일 제7군은 미 제3사단으로부터 적극적인 저항을 받기도 했지만, 저녁 무렵이 되자 마른 강 건너편 4마일 지점까지 전진해 교두보를 구축할 수 있었다. 그러나 랭스의 동쪽 측면을 공격했던 폰 무드라의 제1군과 폰 아이넴의 제3군이 거둔 성과는 이에 비하면 정말 보잘것없었다. 이 지역에 배치된 구로Gouraud 대장의 프랑스 제4군은 페탱의 유기적인 방어 전술 교리를 완전히 이해하고 이를 잘 구현하여 독일군의 진격을 막았다.

　3일 후인 7월 18일, 프랑스군과 미군은 공격적인 지휘관이었던 프랑스 제10군의 사령관 망쟁 대장이 준비한 계획에 따라 대규모 반격작전을 시작했다. 우측의 프랑스 제6군과 함께 망쟁의 부대들은 엔 강과 마른 강 사이에 있는 독일군 돌출부의 서쪽 측면을 맹타했다. 미 제1사단과 제2사단은 전차 225대의 지원을 받아 기습적인 반격작전의 선봉에서 전체적인 공격을 이끌었다. 이 전차들의 대부분은 프랑스의 신형 르노Renault 전차들이었다. 48시간도 채 되지 않아 프랑스 제10군은 독일군의 전선을 약 6마일이나 밀고 들어가는 데 성공했다. 8월 6일까지 독일군은 793문의 포와 16만 8,000명의 병력을 잃었고, 그 가운데 2만9,000명은 포로가 되었다. 루덴도르프의 제5차 공세이자 최후의 도박은 그 이전의 공세들과 마찬가지로 결과적으로는 아무런 성과도 거두지 못하고 끝나고 말았다.

　1918년 7월 말이 되자, 4년 전의 몰트케와 마찬가지로 루덴도르프도 신경쇠약 직전의 상태에 빠져 있었다. 변덕스럽고 우유부단해진 루덴도르

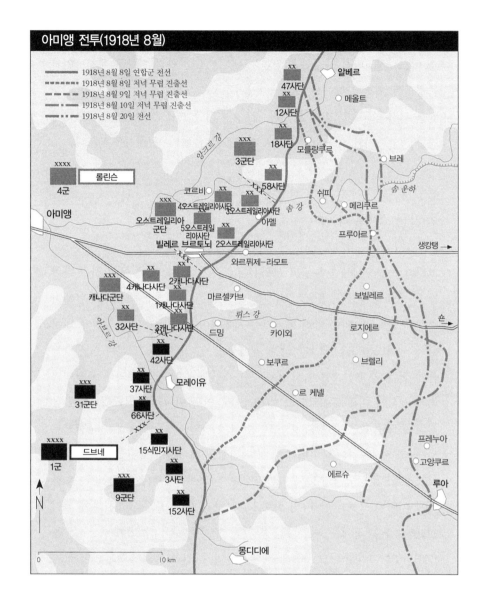

아미앵 전투(1918년 8월)

---------- 1918년 8월 8일 연합군 전선
---------- 1918년 8월 8일 저녁 무렵 진출선
---------- 1918년 8월 9일 저녁 무렵 진출선
---------- 1918년 8월 10일 저녁 무렵 진출선
---------- 1918년 8월 20일 전선

알베르

47사단

메올트

12사단

18사단

3군단

모를랑쿠르

브레

XXXX
롤린슨
4군

코르비

58사단

솜 운하

쉬피

메리쿠르

아미앵

4오스트레일리아사단

3오스트레일리아사단

솜 강

오스트레일리아
군단
빌레르 브르토뇌

5오스트레일
리아사단

아멜

프루아르

2오스트레일리아사단

생캉탱 →

와르퓌제-라모트

4캐나다사단

2캐나다사단

캐나다군단

1캐나다사단

마르셀카브

뤼스 강

보빌레르

솜

32사단

3캐나다사단

드밍

카이외

로지에르

42사단

보쿠르

브렐리

37사단

모레이유

르 케넬

31군단

66사단

프레누아

XXXX
드브네
1군

15식민지사단

고양쿠르

3사단

에르슈

루아

9군단

152사단

몽디디에

0   10 km

프는 전략적 현실에 대한 이해력이 점점 떨어졌다. 독일이 이제는 더 이상
군사적 주도권을 쥐고 있는 상황이 아닌데도 불구하고 루덴도르프는 공세
를 통한 승리의 희망이 완전히 사라졌음을 인정하려 들지 않았다. 그러면
서 루덴도르프는 비교적 안전하고 방어하기도 쉬운 힌덴부르크 선으로 철

수해야 한다는 폰 로스베르크의 현명한 조언을 일축해버렸다. 그러나 8월 초 어느 정도 다시 제정신을 차린 루덴도르프는 향후 전략을 제시하면서 독일군이 예전의 방어선으로 돌아가기는 하되, 특별히 선정된 지역에 강력한 거점을 구축하고 이를 기반으로 기습적인 소규모 공세를 펼침으로써 연합군의 사기와 전력을 지속적으로 감소시켜나간다는 계획을 세웠다.

독일군 '암흑의 날'

그러나 독일군에게는 루덴도르프의 새로운 전략을 실행에 옮길 시간 따위는 주어지지 않았다. 불굴의 의지를 가진 헤이그는 점점 더 우유부단해져 가는 루덴도르프와는 달리 한결같은 지휘관이었다. 1918년도 중반을 넘어서자 헤이그는 드디어 독일군을 패배시킬 수 있을지도 모른다는 생각을 품게 되었다. 헤이그는 이미 롤린슨이 제안한 아멜 공세를 확대한 형태의 공세 계획에 대해 포슈로부터 대략적인 승인을 받아놓은 상태였다. 이 공격의 주요 목표는 솜 강과 아브르 강 사이 지역에서 독일군을 축출함으로써 장기간 지속되어온 아미앵에 대한 위협을 제거하는 것이었다. 8월 8일, 아미앵으로부터 동쪽으로 수마일 떨어진 지점에서 롤린슨의 제4군은 오른쪽에 배치된 드브네^{Debeney}의 프랑스 제1군과 함께 공격을 개시하여 독일 제2군과 제18군에게 괴멸적인 타격을 안겨주었다. 후일 루덴도르프는 1918년 8월 8일을 두고 "제1차 세계대전 전 기간을 통틀어 독일군에게 가장 암울한 날"로 표현했다.

　공격에 나선 연합군의 선봉에 선 것은 오스트레일리아군단과 캐나다군단이었다. 영국군 사단들이 자주 특정 군이나 군단에서 다른 군이나 군단으로 전출되었던 것과 비교하면 캐나다군과 오스트레일리아군은 예하 부대들을 계속 한 부대로 유지함으로써 독자적 정체성을 유지했고, 이로 인해 높은 사기를 유지하면서 전장에서 배운 전훈을 다른 부대들에게 쉽게 전파할 수 있었다. 한편, 만약 캐나다군단이 아미앵 지구로 이동했다는 것을 독일군이 탐지할 경우 연합군의 공세 기도가 노출될 수도 있었기 때문에, 이를 막기 위해 2개 캐나다 대대가 플랑드르에 남아 위장 통신을 통해 캐나다군이 계속 플랑드르에 있는 것처럼 기만책을 펼쳤다. 이것은 롤린슨의 작전에 필요한 병력과 무기, 장비의 집결을 숨기기 위해 사용된 기만책의 전형이었으며, 제2차 세계대전이 한창이던 1944년에 벌어진 노르망디 상륙작전에서도 적극적으로 사용되었다.

아미앵 공격은 영국군이 1916년 솜 공세 이래 전술과 제병 협동 측면에서 이루어낸 진보들을 잘 보여주는 공세였다. 평소 포격 관측과 정찰 임무만을 맡아왔던 항공기를 지상 공격에 사용하고 무전기를 광범위하게 사용하여 전장에서의 통신 능력을 크게 개선시키는 등의 혁신이 연합군 공세를 한층 더 위력적으로 만들어주었다. 342대의 마크 V 전차들이 보병과 함께 공격을 선도했고, 120대의 지원 전차들이 이들의 진격을 뒷받침했으며, 이보다 경량인 마크 A 위페트Mark A Whippet 중中 전차 72대가 기병대에 배

■■■■■■ 1918년 8월 8일 아미앵 인근 와르퓌제-라모트(Warfusée-Lamotte)에서 촬영한 사진. 아침 안개 속에서 오스트레일리아군 제29대대의 한 소대가 점호를 받고 있다. (IWM)

속되어 전과 확대를 담당했다. 각 소대들은 2개의 '반ᴬ소대'로 구성되었는데, 각 반소대들은 소총병과 함께 루이스 기관총 사수와 총유탄병을 갖추고 1918년의 보다 역동적인 전장 상황에 효과적으로 대처할 수 있었으며, 보다 개선된 독립적인 전투 수행 능력과 보다 강력한 화력을 갖추고 장시간 공격 기세를 유지할 수 있었다. 그러나 아멜에서와 마찬가지로 롤린슨이 공격작전을 실시하면서 가장 강조했던 것은 팀워크였다.

8월 8일 오전 4시 20분, 영국군의 브루크밀러와 같은 존재였던 제4군 포병 사령관 C. E. D. 버드워스Budworth 소장이 입안한 계획에 따라 총 2,070문에 이르는 야포들이 기습적으로 불을 뿜으면서 연합군의 아미앵 공세가 시작되었다. 이날 오전, 피카르디에서와 마찬가지로 안개가 짙게 끼었지만, 이 안개는 이번에는 연합군에게 훌륭한 은폐물을 제공해주었다. 8월 6일, 앞서 오스트레일리아군에게 기습을 받은 데 대한 보복으로 독일군이 모를랑쿠르Morlancourt에서 반격에 나서는 동시에 이 구역의 전선에서 보다 강화된 경계태세를 유지함에 따라 좌측에서 공세를 시작한 영국 제3군단의 진격은 큰 어려움을 겪었다. 이 같은 불리한 여건에도 불구

1918년 8월 10일, 작전 중인 캐나다군 60파운드 포대의 모습. (IWM)

하고 공세 첫날 제3군단은 2마일을 진격할 수 있었지만, 공격 첫날의 첫 번째 목표선을 넘어 전진할 수는 없었다. 중앙에서 공격에 나선 오스트레일리아군단은 6마일을 진격해나갔고, 봄 동안 벌어진 전투에 직접적으로 참가하지 않아 좋은 상태를 유지하고 있던 캐나다군단 역시 8마일이나 진격하는 기염을 토했다. 캐나다군 우익에 자리 잡은 프랑스 제1군도 진격을 했지만, 그 성과는 오스트레일리아군이나 캐나다군의 그것에는 미치지 못했다. 8월 8일, 독일군은 400문의 야포와 2만7,000명의 병력을 잃었으며, 그 가운데 1만5,000명은 포로가 되었다. 반면, 영국 제4군의 사상자 수는 9,000명 이하였다.

8월 12일 무렵이 되자, 독일군의 저항이 거세지면서 영국 제4군의 진격 속도가 느려졌으며 가동 전차의 수도 절반으로 줄어들었다. 그러나 아미앵에서 연합군이 거둔 승리가 중요했던 이유는 그 규모가 아니라 승리를 거둔 방법에 있었다. 독일군의 사기와 자신감이 전반적으로 크게 떨어지고 있는 것이 분명한 시기에 영국 원정군의 사기와 자신감은 나날이 높아졌다. 독일군 포병들과 기관총 사수들, 그리고 몇몇 사단들은 계속 예전의 결의와 프로 근성을 갖고 전투를 계속했지만, 이제 독일군은 예전처럼 열심히 방어선을 수비하려고 하지 않았으며 우울하고 숙명론적인 분위기가 널리 확산되었다. 독일군의 예비대와 증원 부대가 일선에 투입되면 전선의 병사들은 이들에게 "너희들 때문에 전쟁이 길어지잖아!"라고 고함을 질렀고, 이들과 교대해서 후방으로 가는 병사들도 이들을 "(평화의) 배신자들"이라고 비하했다.

다시 찾은 알베르와 바폼

연합군의 아미앵 공세로 큰 타격을 입고 자신감과 장기적인 비전을 상실한 루덴도르프는 이제 전쟁을 끝내야만 한다는 사실을 깨닫게 되었다. 독일 황제 빌헬름 2세도 여기에 동의하고 8월 14일 슈파^{Spa}에서 열린 회의에서 독일 외상 폰 힌체^{von Hintze} 제독에게 네덜란드 여왕을 통해 평화교섭을 시도해보라는 지시를 내렸다. 그렇다고는 해도 벨기에와 프랑스 북부의 광범위한 지역을 점령하고 있던 독일군은 여전히 전략적인 이점을 갖고 협상을 진행할 수 있지 않을까 하는 희망을 품고 있었다. 이에 따라 루덴도르프는 가능한 한 어느 곳이든 현재의 전선을 사수해야 한다고 결의했다. 폰 로스베르크나 폰 쿨과 같은 영향력 있는 독일군 참모장교들은 가장 논리적인 선택은 1917년과 마찬가지로 솜 강 동쪽의 방어하기 쉬운 지역으로 철수하는 것이라고 생각했지만, 당시 루덴도르프는 이러한 주장에는 전혀 귀를 기울이지 않았다.

이와는 대조적으로 당시 영국 원정군의 고위 지휘관들은 이전과는 달리 전술과 전략에 관해 하급자들의 참신한 의견에 대해 훨씬 더 유연하고 수용적인 자세를 가지게 되었다. 1916년, 영국군 고위 지휘관들은 공격시 저항이 점점 더 거세지고 있는데도 똑같은 장소에 반복적으로 공격을 가하라는 명령을 내리곤 했다. 하지만 2년 후 아미앵 공세에서는 독일군의 저항이 점점 심해지자, 롤린슨은 캐나다군단 사령관인 육군 중장 아서 커리 경^{Sir Arthur Currie}의 조언을 받아들여 상부에 보다 북쪽의 영국 제3군 공격 방향으로 주공을 전환할 것을 건의했다. 신속하게 주공 방향을 전환한다면 독일군을 혼란에 빠뜨려 예비대를 한곳에 집중시키지 못하게 하는 동시에 새로운 방어선을 구축할 시간을 빼앗을 수도 있다는 것이 커리 중장의 논리였고, 헤이그 역시 이 제안을 지지했다. 이는 이제 영국 원정군이 더 이상 지금까지 그랬던 것처럼 돌파구를 뚫기 위해 불필요한 장기 공세에 나서지 않을 것이며, 전선 여러 곳에서 일련의 공세를 연속적으로 펼치면서 독일군에게 훨씬 더 큰 피해를 입힐 것이라는 사실을 알리는 신호였다. 포슈는 처음에는 영국 제4군이 아미앵 동쪽의 독일군 방어선을 계속 공격해주기를 원했지만, 8월 15일이 되자 헤이그의 설득에 롤린슨의 제안을 수용하게 되었다. 포슈가 비교적 빠르게 헤이그에게 설득되었다는 사실은 1918년 하반기에 영국 원정군이 연합군의 전반적인 작전 기조를 결정하게 되었다는 사실을 보여주는 것이었다. 역사가 로빈 프라이어^{Robin Prior}와 트레버 윌슨^{Trevor Wilson}은 이것이 포슈가 영국군 총사령관에게 명령을 내리려고 했던 마지막 사례였다고 지적했다.

8월 공세에서 망쟁의 제10군이 적극적으로 공격에 임하기는 했지만, 전반적으로 프랑스군의 활약은 들쭉날쭉했다. 망쟁의 부대는 수아송과 우아즈 강 사이에서 공세 준비 차원에서 일련의 작전을 벌인 후, 8월 20일 북쪽을 향해 본격적인 공세에 나섰다. 프랑스 제10군은 2~3마일 정도 밀고 들어갔으며, 누아용 일대에서 벌어진 전투에서 독일 제9군 소속 병사 8,000명을 포로로 잡는 대전과를 거두었다. 루덴도르프는 이 패배를 두고 "대체할 수 없는 막대한 피해를 입은 또 다른 암흑의 날"이라고 평했다. 8월 21일이 되자, 영국 원정군은 그 전주에 결정한 대로 공세의 초점을 아라스와 예전 솜 전투의 전장 사이에 위치한 빙의 담당구역으로 돌렸다. 그날 영국 제3군은 독일군의 방어선을 약 4,000야드 정도 뚫고 들어갔으며, 8월 22일이 되자 롤린슨의 제4군은 알베르를 탈환했다. 그러나 헤이그는 이보다 더 큰 승리를 거둘 기회가 눈앞에 닥쳐왔다는 사실을 직감하고 "모든 병사들은 현재의 유리한 상황을 최대한 활용하기 위해 용기와 결의를 갖고 전투에 임할 것"이라는 훈령을 내렸다. 최고사령관의 이와 같은 독려에 힘입어 8월 23일, 영국 제3군과 제4군은 약 33마일 길이의 전선에서 새로이 공격에 나섰다. 3일 후, 헨리 혼 경이 지휘하는 제1군은 다시 예하에 배속된 캐나다군단과 함께 공세에 가담하여 아라스 동쪽과 스카르프 강 남쪽의 독일군에 대한 공격에 나섰다.

연합군의 연속적인 공세에 정신을 차릴 수 없었던 루덴도르프는 빙의 제3군에 소속된 뉴질랜드사단이 바폼을 점령하자, 어쩔 수 없이 폰 보엔과 루프레히트 왕세자의 집단군을 누아용 북동쪽의 고지대로부터 바폼 동쪽 지역에 이르는 중간선으로 철수시켰다. 동시에 독일군은 플랑드르의 리 강 부근에 확보했던 돌출부를 포기했고, 이로써 4월 게오르게테 공세를 통해 획득한 지역을 대부분 상실하고 말았다. 캄멜 산은 다시 영국군의 수중에 돌아왔고, 9월 4일 무렵, 영국 제2군과 제5군은 북쪽으로는 보오르메첼레Voormezeele에서 남쪽으로는 라 바세 운하 부근에 이르는 선까지 전진해나 갔다.

8월이 지나고 9월이 시작되는 시기에도 헤이그 휘하의 영국령 식민지 부대들은 그 동안 거둔 성과에 만족하지 않고 다시 한 번 공격에 나서면서 큰 성과를 거두었다. 8월 31일과 9월 1일 양일에 걸쳐 로젠탈Rosenthal 소장 이 지휘하는 제2오스트레일리아사단은 몽 생캉탱Mont St. Quentin에 구축된 난공불락의 독일군 방어선을 점령하고 독일군의 반격으로부터 이를 지켜 내는 눈부신 활약을 벌였다. 덕분에 연합군은 페론을 수월하게 점령했으 며, 9월 2일 정오 무렵에는 페론 인근 지역의 독일군까지 모두 소탕할 수 있었다. 그날 오전 캐나다군단은 보탄 방어선이라고 불리기도 했던 드로 쿠르와 퀴에앙Quéant 사이의 방어선을 돌파했다. 솜 강과 상제 강 사이의 중요 거점들이 연달아 연합군에게 함락되자, 루덴도르프는 수주 전 로스 베르크와 쿨이 주장한 대로 힌덴부르크 선으로의 전면 철수를 명할 수밖에 없었다.

힌덴부르크 선으로의 진격

9월 첫째 주, 독일군 지휘부가 많은 독일군 병사들에게 신뢰를 잃어가고 있다는 사실을 보여주는 조짐들이 여기저기서 나타나기 시작했다. 병가病 暇에서 돌아오던 루프레히트 왕세자는 9월 2일 뉘렘베르크Nüremberg에서 한 병력 수송 열차에 "빌헬름 황제와 그 아들들을 위해 도살장에 끌려가는 소들!"이라고 적혀 있는 것을 보았다고 기록했다. 그럼에도 불구하고 독일 육군은 여전히 만만찮은 상대였으며, 최일선의 독일군 병사들은 축적된 전술 능력과 애국심, 끈질긴 근성을 갖고 끝까지 싸웠다. 연합군은 이런 독일군을 상대로 국지적인 승리를 거둘 수는 있었지만, 대부분 그때마다 큰 피해를 입어야만 했다. 전선이 유동적인 양상을 보였던 1918년 8월과 9월, 독일군은 더 이상 참호선을 기반으로 한 선방어 원칙에 매달리지 않게 되었다. (최소한 힌덴부르크 선의 서쪽 지역에서는 그랬다.) 그리고 이 무렵이 되자, 기관총 사수들이 독일군 방어의 핵심을 이루게 되었다. 영국 원정군은 힌덴부르크 선의 전초진지에 더욱 가까이 접근하면서 독일의 산악 부대를 비롯한 다른 정예 부대들과 맞서 싸우게 되었다. 그래도 이들 부대들은 아직 믿을 만하다고 생각한 독일군 총사령부는 힌덴부르크 선의 핵심적인 전초진지를 지키는 수비대로 특별히 이런 부대들을 배치했다.

9월 4일에서 26일 사이에 영국 원정군은 힌덴부르크 선의 주요 방어지대를 공격하기 위한 발판을 마련하기 위해 치열한 전투를 치른 끝에 에페이^{Epéhy}와 아브랭쿠르^{Havrincourt} 주변의 강력한 독일군 전초진지들을 돌파했다. 8월 8일 이래 헤이그 휘하의 영국군은 독일군을 약 40마일 길이의 전선에서 25마일 정도 밀어내는 성과를 거두었지만, 그 과정에서 엄청난 피해를 입어야 했다. 같은 기간에 영국 제1군·제3군·제4군은 총 19만 명에 달하는 사상자를 냈다. 그러나 1916년이나 1917년의 공세작전들과는 달리 이번에는 공세가 시간이 갈수록 점점 더 가속도를 더해갔고, 또 최종 승리가 눈앞에 다가왔다는 인식이 확산되면서 이런 엄청난 손실도 과거보다 좀더 감수하기 쉬운 환경이 조성되었다.

역사가 그레고리 블랙슬랜드^{Gregory Blaxland}는 8월과 9월에 영국 원정군 예하 제1군·제3군·제4군이 펼친 공세에 대해 "캐나다군단과 오스트레일리아군단이 독일군의 전선을 마치 날카로운 뿔처럼 파고들어가는 동안

■■■■■■ 1918년 9월 1일 몽 생캉탱 공격 개시 5분 전에 촬영한 오스트레일리아군(AIF) 제24대대 소속 병사들. (IWM)

영국군 사단들과 뉴질랜드사단이 미친 듯이 전진하는 선봉 부대들의 뒤를 힘차게 밀어주었다"고 표현했다. 8월~9월의 공세작전에서 영국군 사단들도 아주 중요한 공헌을 하기는 했지만, 오스트레일리아군과 캐나다군은 이들보다 훨씬 더 눈부신 활약을 보여주었다. 3월, 4월, 5월에 걸쳐 총공세에 나섰던 독일군의 돌격대원들 역시 공세 조기 눈부신 활약을 보여주었지만, 공세가 시작되고 며칠이 지나면 언제나 그 여세를 잃고 말았다. 반면 8월 8일부터 시작된 공세에서 영국군 사단들은 최대 6주까지 적에게 꾸준한 압박을 가하는 엄청난 저력을 보여주었다. 이런 무자비한 압박은 영국군 병사들의 전통적인 인내심과 살짝 삐뚤어져 보일 수도 있는 냉소적이면서도 절대로 굴하지 않는 의지 덕분에 가능한 것이었다. 독일 제국군의 몰락을 재촉한 것은 눈부신 돌파작전보다는 이러한 영국군 병사 개개인이 갖고 있는 인내심과 의지에 기반한 꾸준한 압박이었다.

또 한 가지 특기할 만한 점은 이 시기에 영국군 보병 사단들 대부분이 전투 경험이 거의 없는 풋내기 징집병들로 구성되어 있었다는 사실이다. 그러나 영국군 보병들과 포병들의 협동 능력은 1916년 이래 크게 개선되어왔기 때문에, 영국 포병대는 때와 장소를 불문하고 엄청난 화력과 정확도, 그리고 광범위한 이동탄막사격을 통해 풋내기 신참 징집병이라도 수월하게 목표물까지 도달할 수 있게 해줄 능력을 갖고 있었다. 이에 더하여 1918년 말 전쟁이 거의 반* 기동전 상황으로 진행됨에 따라 지휘 고하를 막론하고 모든 영국 원정군 장교들은 보다 창의적이고 능동적인 지휘 능력을 발휘할 기회를 더 많이 갖게 되었다. 장교들의 지휘력이 개선되면서 지휘관에 대한 일선 병사들의 신뢰도 깊어졌다. 그러나 1918년 영국 원정군이 성공할 수 있었던 가장 중요한 요인은, 논란의 여지가 있기는 하지만, 팀워크와 제병 협동 원칙을 강조했기 때문이라고 할 수 있다. 영국 원정군은 조직과 기반 시설, 무기, 장비, 전술 모든 면에서 전반적으로 독일군보다 훨씬 더 균형이 잘 잡힌 군대가 되어 있었고, 변화하는 환경에도 훨씬 더 쉽게 적응할 수 있었다. 이제 영국군은 어떤 작전에서 설사 어떤 한 병과가 주어진 임무를 달성하는 데 실패하더라도 이 병과와 협동작전을 벌이는 다른 병과들이 나서서 상황을 회복하고 최종적인 승리를 거둘 수 있는 단계까지 진화해 있었다.

포슈, 헤이그, 그리고 퍼싱

포슈는 연합군의 공세를 지속적으로 확대시키려는 의도를 갖고 있었다. 7월 24일 포슈는 독일군의 춘계 및 하계 대공세로 형성된 여러 독일군 돌출부를 제거하는 동시에 파리-낭시 및 파리-아미앵 간의 철도에 대한 독일군의 위협을 제거하는 것을 목표로 하는 공세 계획을 페탱과 퍼싱, 헤이그 앞에 내놓았다. 포슈가 희생 따위는 상관하지 않는 공격제일주의 정신

■■■■■■ 1918년 9월 18일, 르 베르기에르(Le Verguier) 인근에서 이동탄막사격을 따라 전진하는 오스트레일리아 군 제45대대 소속 병사들의 모습. (IWM)

의 오랜 신봉자였다는 것을 감안하면, 이러한 계획은 비교적 신중한 계획이었다. 하지만 포슈는 최근 편성된 미 제1군으로 오래된 생미엘의 독일군 돌출부를 공격함으로써 파리-낭시 간 철도망에 대한 잠재적인 위협을 줄일 수 있다는 퍼싱의 제안을 수용했다. 8월 초 포슈는 육군 원수로 승진했지만, 그 동안 그가 이뤄놓은 연합국 간의 전략적·전술적 협조와 조율에 관한 성과는 연합군 총사령관으로 임명되면서 받은 기대에 크게 미치지 못했다. 프랑스군 야전 사령관들 가운데 독일군에게 그래도 꽤 큰 피해를 입힌 것은 유일하게 적극적으로 전투에 나선 망쟁뿐이었다. 영국 제4군의 우측에서 프랑스 제1군을 지휘했던 드브네의 지휘는 너무나 졸렬한 나머지 롤린슨이 지휘하는 영국 제4군의 공격에까지 지장을 줄 정도였다. 그러나 그런 상황이 발생한 원인은 포슈가 무능했다기보다는 그때까지도 프랑스군에게 긴박감과 역동성을 불어넣기 위해 필요한 조치들을 취하도록 페탱을 설득할 수 없었기 때문이었다.

이런 측면에서 포슈가 전 서부전선에서도 가장 공격하기 어려운 구역에 압박을 강화하라고 영국 원정군에게 거듭 요구한 것은 명백하게 부당한 것이었다. 특히 당시 헤이그 지휘하의 영국군이 연합군의 공세작전에서 가장 큰 비중을 차지하는 동시에 가장 효과적인 공세를 펼치고 있었다는 점에서 포슈의 요구는 더욱 그 정당성을 찾을 수 없는 것이었다. 헤이그는 사령부 역할을 하는 열차를 타고 영국군이 가장 치열하게 전투를 벌이고 있는 지역들을 왕복하고 있었으며, 그 이전에 비해 전투의 진전 상황에 대해 훨씬 더 긍정적인 '감'을 가지게 되었다. 누구보다도 1918년에 승리를 거둘 수 있다는 자신감을 갖고 있었던 헤이그는 8월 마지막 주에 포슈에게 현재 진행 중인 공세에서 미군에게 더 큰 역할을 맡기자는 제안을 했다. 당시 퍼싱과 그의 참모들은 생미엘 돌출부를 제거할 경우 바로 메츠까지 공격해 들어갈 수 있을 것으로 생각하고 있었다. 반면에 헤이그는 미군이 북서쪽으로 아르곤 숲을 지나 뫼즈 계곡을 통과하여 철도 중심지인 메지에르를 향해 공격에 나선다면 훨씬 더 큰 성과를 얻을 수 있을 것이라고 주장했다. 만약 미군이 이 방향으로 공격에 나선다면, 캉브레-생캉탱 지역에서 힌덴부르크 선을 돌파한다는 계획에 따라 공세에 나선 영국군과 합류할 수도 있었다.

포슈도 비슷한 공격 계획을 두고 며칠간 심사숙고를 하고 있었다. 8월 27일, 헤이그는 총사령관에게 향후 공격 계획에 대한 자신의 조언을 담은 편지를 보냈다. 포슈가 향후 연합군이 취해야 할 전략을 명확히 하는 데 있어 이 편지는 큰 도움이 되었던 것으로 보인다. 왜냐하면 이후 포슈는 '전원 총공격'이라는 구호 아래 일련의 공세작전을 구상했기 때문이었다. 이 공세들은 단순히 철도망에 대한 위협을 제거하거나 독일군의 돌출부를 제거하는 것이 아니라 보다 광범위한 목표에 대해 무자비하면서도 상호 연결된 공세들을 연속적으로 펼쳐나간다는 것이었다.

8월 30일, 포슈는 퍼싱과의 회의에서 끈질긴 밀고당기기를 했지만 별다른 소득을 얻지 못하자 퍼싱에게 헤이그의 작전을 반영하는 쪽지를 남겼고, 모든 연합군이 참가하는 '대규모 집중 총공세'에 미군도 참가할 것을 제안했다. 퍼싱도 메지에르를 공격할 경우에 얻을 수 있는 이점에 대해서는 잘 알고 있었지만, 엔 강 양안과 뫼즈-아르곤 지역에서 벌어질 작전에 최대 16개 미군 사단들을 프랑스 제2군과 제4군에 배속시켜야 한다는 포슈의 주장에 강력한 반대의사를 표시했다. 퍼싱은 다시 한 번 포슈에게 미군을 다른 연합군 부대들에 조금씩 섞어서 투입하는 어떠한 작전계획도 지지할 수 없다는 사실을 분명히 했다. 8월 31일, 퍼싱은 "나는 미군이 여기에 4, 5개 사단, 저기에 6, 7개 사단 식으로가 아니라 하나의 단일 부대

■■■■■■ 1918년 여름 포슈와 퍼싱이 쇼몽(Chaumont)에서 회합을 갖고 있는 모습. (IWM)

로서 전투에 투입되어야 한다는 것을 강력하게 주장하는 바이오"라는 자신의 뜻이 담긴 서한을 포슈에게 전달했다.

이틀간에 걸친 격론 끝에 퍼싱과 포슈는 타협안에 도달했다. 먼저 미군의 생미엘 공격은 계획대로 진행하되, 공격 목표는 돌출부 뿌리 부분을 가로지르고 있던 미헬 방어선^{Michel Stellung}까지만 진격하는 것으로 제한하기로 했다. 이후 미국 원정군은 주공 방향을 뫼즈-아르곤 지역으로 돌리는 동시에 이곳에서 퍼싱의 지휘하에 연합군의 총공세에 적절한 역할을 수행한다는 합의가 이루어졌다. 주요 현안에서 자신의 입장을 성공적으로 관철시킨 퍼싱은 나중에 '몇몇' 미군 사단들이 영국 제4군과 같은 다른 연합군 부대들과 함께 서부전선의 다른 지역에서 작전 활동을 펼치도록 허용했다.

생미엘

9월 12일, 3,000문의 야포(대부분 프랑스제 포였지만, 이 중 절반은 미군 포병대가 사용했다)를 동원하여 4시간 동안 포격을 가한 후 7개 미군 사단과 2개 프랑스군 사단이 생미엘 돌출부의 서쪽과 남쪽에 대한 공격에 나섰다. 다른 프랑스군 부대들은 돌출부의 '콧등(북쪽)'을 공격했다. 연합군의 보안이 허술한 틈을 이용해 독일군은 이 지역에 공격이 있을 것이라는 정보를 얻고 미리 철수를 시작했지만, 미국 원정군이 제1차 세계대전 최초의 미군 주도 공세에서 주목할 만한 승리를 거두는 것을 막지는 못했다. 공격 시작 후 30시간도 지나지 않아 미군은 7,000명의 사상자를 내면서 460문의 포와 1만5,000명의 포로를 잡는 대전과를 올렸다. 그리고 생미엘 돌출부를 공격한 지 2주일도 되지 않아 42만8,000명에 이르는 병력과 장비를 북서쪽의 뫼즈-아르곤 지역으로 수송한 것도 이에 전혀 뒤지지 않는 큰 성과였다. 이 군수 보급 측면에서의 엄청난 업적을 달성한 주요 인물은 바로 미 제1군 작전과의 조지 C. 마셜 ^{George C. Marshall} 대령이었다. 마셜 대령은 훗날 미 육군 참모총장과 국무장관을 역임했다.

서부전선에서 연합군 총공세의 세부 계획들이 거의 완료 단계에 이르자, 다른 전역에서도 상당한 변화가 일어났다. 팔레스타인 ^{Palestine}에서는 알렌비의 부대들이 9월 19일에서 21일 사이에 메기도 ^{Megiddo}에서 결정적인 돌파를 달성하여 투르크군이 전면적인 퇴각을 시작하도록 만들었고, 살로니카에서는 9월 15일부터 적극적인 공세에 나선 연합군의 압박에 불가리아가 더 이상의 전투를 포기하고 휴전협상에 나섰다. 9월 마지막 주에 연합군 지휘관들은 서부전선에서 4일간 개별적이지만 서로 밀접하게 연계된 4개의 공세를 펼칠 준비를 갖추고 있었다. 첫 번째 공격은 9월 26일 프랑스군과 미군 부대들이 랭스와 뫼즈 강 사이를 공격하면서 시작되었다. 다음 날인 9월 27일에는 영국 제1군과 제3군이 캉브레를 향해 밀고 들어갔고, 9월 28일에는 이 파상 공세가 서부전선 최좌익으로까지 확대되었다. 이 지역의 공세는 알베르트 국왕이 이끄는 플랑드르 연합 집단군이 리 강과 바다 사이의 지역을 향해 진격하면서 시작되었다. 플랑드르 집단군에는 벨기에 야전군과 플루머의 영국 제2군 소속 10개 사단, 3개 기병사단을 포함한 9개 프랑스군 사단이 소속되어 있었다. 9월 29일이 되자, 롤린슨의 영국 제4군은 우익의 프랑스 제1군의 지원을 받아 생캉탱 인근에서 힌덴부르크 선에 대한 공격을 시작했다.

계속되는 공세

뫼즈-아르곤 지역의 미 제1군과 프랑스 제4군의 공격으로 시작된 연합군의 총공세는 공세 첫날부터 미군이 3마일이나 전진하면서 즉각적인 성과

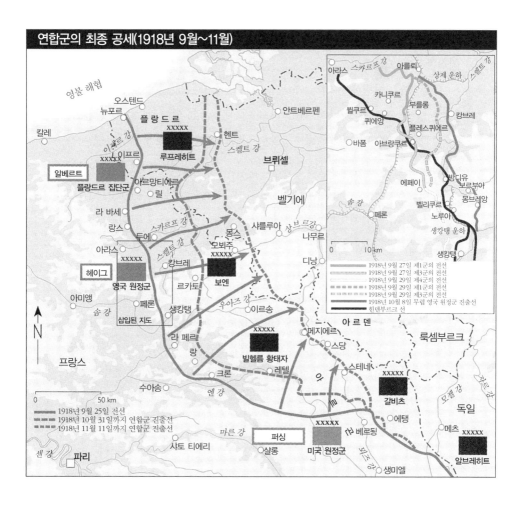

연합군의 최종 공세(1918년 9월~11월)

1918년 9월 25일 전선
1918년 10월 31일까지 연합군 진출선
1918년 11월 11일까지 연합군 진출선

1918년 9월 27일 제1군의 전선
1918년 9월 27일 제3군의 전선
1918년 9월 29일 제4군의 전선
1918년 9월 29일 제1군의 전선
1918년 9월 29일 제3군의 전선
1918년 10월 8일 무렵 영국 원정군 진출선
힌덴부르크 선

를 보이기 시작했다. 그러나 이와 같은 빠른 진격 속도가 계속 유지되지는 않았다. 독일군은 아르곤 삼림과 뫼즈 강 사이의 빽빽한 숲과 가파른 비탈에 늘 그랬듯이 치밀하게 방어진지를 구축해놓았다. 험난한 지형에서 연합군 사상자가 증가하자 보급의 어려움은 몇 배로 늘어났다. 미군이 1916년 솜 공세에 나섰던 영국군 병사들과 같은 용기를 갖고 전투에 임했다는 사실에는 의심의 여지가 없었지만, 이런 용기가 전술적인 미숙함이나 참모들의 잘못된 결정으로 인한 영향까지 상쇄해주지는 못했다. 5일간의 격전을 치르고도 그달 말까지 연합군이 뫼즈-아르곤 지역에서 진격한 거리는 약 8마일에 불과했다.

9월 27일, 이번에는 영국 제1군과 제3군이 캉브레 서쪽에서 공격에 나섰다. 당시 육군 중장 아서 커리 경의 지휘를 받고 있던 캐나다군단은 혼이 지휘하는 제1군의 우익을 구성하고 있었다. 공격에 나선 캐나다군은 북부 운하와 마주쳤다. 1914년부터 계속 건설 중이던 이 운하는 아직 물이 차지 않은 부분이 몇 군데 있었다. 물이 차지 않은 부분을 최대한 활용하여 가장 어려운 난관이었던 북부 운하를 통과하려고 했던 커리는 운하를 따라 남쪽으로 이동하여 폭이 2,600야드밖에 안 되는 비좁은 도하점에서 운하를 건넌다는 대담한 계획을 입안하여 헤이그와 미온적인 태도를 보이던 혼으로부터 승인을 얻어냈다. 일단 운하를 건너면 캐나다군단은 북동쪽 방면으로 진출하여 전면이 약 1만5,000야드에 이르는 부채꼴로 퍼져나가면서 진격할 예정이었다. 커리의 이 같은 도박은 큰 성과를 거두어 제1군과 제3군은 이틀 만에 6마일이나 진격할 수 있었다. 이후 거센 독일군의 저항을 받으면서 격전이 이어졌지만, 캐나다군단의 성공적인 북부 운하 도하로 캉브레로 가는 진격로가 열리게 되었다.

9월 28일 시작된 플랑드르 공세도 똑같이 순조롭게 전개되었다. 공세 첫날 알베르트 국왕이 지휘하는 연합 집단군은 수년 동안이나 변화가 없던 이프르 돌출부에서 출격하여 파스샹달 능선을 되찾고 전년도에 영국 원정군이 진출했던 한계선 너머로 진격해나갔다. 9월 29일, 플루머 예하 부대들이 메신 능선을 탈환하고 리 강 연안의 와르느통Warneton에 도달했다. 그보다 북쪽에서는 벨기에군이 루셀라레로부터 2마일밖에 떨어지지 않은 지점까지 접근하고 있었다. 이 시점까지 연합군은 플랑드르에서 약 9마일을 진격해 들어간 상태였지만, 독일군 예비대가 도착하고 늘 그랬듯 비가 내리면서 지면이 진창이 되자 연합군의 진격 속도는 크게 줄어들었다. 설상가상으로 알베르트 국왕의 참모장을 맡고 있던 프랑스군의 드구트^{Degoutte} 대장이 보급품을 예전 이프르 돌출부의 파괴된 도로와 진창이 된 전장을 가로질러 수송시키는 통에 좌익에서 싸우고 있던 프랑스군과 벨기에군은 특히나 큰 어려움을 겪어야 했다. 10월 2일, 항공 수송을 통해 전방에서 싸우고 있던 벨기에군과 프랑스군에게 13톤의 식량이 투하되었다. 이와 같은 항공 수송은 미래의 전투 양상을 보여주는 것이기도 했다. 그러나 보다 나은 통신망을 구축하고 보급체계를 재편성할 필요성이 더욱 시급해짐에 따라 연합군은 10월 5일에서 14일 사이에 공세를 잠시 중지할 수밖에 없었다.

힌덴부르크 선 돌파

9월 29일, 영국 제4군은 1,637문의 야포를 동원해 4일간 75만 발에 이르는 포탄을 쏟아 부은 후 힌덴부르크 선에 대한 대규모 공격을 시작했다. 공격은 방디유^{Vendhuille}와 생캉탱 사이의 12마일 구간에 걸쳐 이루어졌다. 영국 제4군의 우익을 형성하고 있던 제9군단의 전면에는 생캉탱 운하가 커다란 장애물을 형성하고 있었다. 생캉탱 운하는 폭이 35피트였고, 높이 최고 60피트에 이르는 거의 수직으로 된 제방 사이를 흐르고 있었다. 따라서 영국군은 이 건너기 어려운 운하를 지나 공격을 하기보다는 공세의 초점을 보다 북쪽의 방디유와 벨리쿠르^{Bellicourt} 사이에 두기로 결정했다. 이 지역에서는 운하가 지하 터널로 되어 있었기 때문이었다. 이 중요한 지역을 담당할 부대는 오스트레일리아군단이었다. 오스트레일리아군단은 역전의 노련한 부대였지만, 연달아 격전을 치르면서 지칠 대로 지친 상태였다. 이런 여건을 감안하여 오스트레일리아군단과 함께 전투 경험이 없는 미 제2군단을 투입한다는 결정이 내려졌다.

그러나 9월 27일에 이뤄진 준비 공격에서 신참 미 제27사단은 중요한 독일군 전초진지 세 곳을 장악하는 데 실패했고, 이는 롤린슨과 모내쉬에게 큰 실망을 안겨주었다. 여전히 전방에서 싸우고 있는 미군 병사들이 맞을지도 모른다는 우려 때문에 이틀 동안 이들 독일군 거점들에 대한 포격이나 별다른 조치들이 취해지지 않았고, 9월 29일 미 제27사단이 공격에 나섰을 때도 역시 같은 이유로 미군 병사들은 첫 1,000야드를 이동탄막사격의 지원 없이 진격해나가야 했다. 당시 34대의 전차들이 미군과 함께 공격에 나섰지만, 11대가 독일군의 포격에 직격탄을 맞고 나가떨어졌고 7대는 포탄구멍이나 참호에 처박히면서 별다른 도움이 되지 못했다. 결국 원래 공격이 아니라 돌파 후 전과 확대를 위한 예비대로 대기하고 있던 겔리브랜드 소장의 제3오스트레일리아사단이 계획보다 훨씬 더 일찍 격전장에 투입되었다. 그 오른쪽에서는 미 제30사단이 악전고투 끝에 정오 무렵 벨리쿠르를 장악하는 데 성공하지만 지나쳐 온 독일군 진지들을 제대로 소탕하지 못한 탓에, 미군을 초월하여 전진해 나가려던 제5오스트레일리아사단은 미군이 처리하지 못한 기관총 진지들로부터 집중사격을 받아야 했다. 결국 미군과 함께 벨리구드와 노루이 Naurny를 거나 더 눈쪽으로 신격해 나갈 예정이었던 제5오스트레일리아사단도 격전에 휘말리게 되었다. 비록 오스트레일리아군과 미군이 거의 4,000야드를 진격하여 운하 터널의 남쪽 출구를 장악했지만, 공격 첫날의 성과는 연합군이 기대했던 것에는 훨씬 못 미쳤다.

이런 난국을 해결한 것은 예상외로 육군 중장 월터 브레이스웨이트 경 Sir Walter Braithwaite이 지휘하는 영국 제9군단, 그중에서도 특히 보이드Boyd 소장이 지휘하는 제46노스미들랜드North Midland 의용군 병사들이었다. 군단 및 사단 지휘관들과 참모들은 운하를 건너기 위해 치밀하면서도 창의적으로 준비해나갔다. 이들은 영불 해협을 운항하는 여객선들로부터 3,000개의 구명조끼를 확보한 외에도 진흙탕에서 이동하기 위한 매트와 조립식 보트, 부교, 안전을 위한 생명선과 사다리까지 준비했다. 공격 개시일이 되자, 제137스태포드셔Staffordshire 여단이 안개 속에 몸을 숨긴 채 빠르게 전진하는 이동탄막사격의 엄호를 받으면서 벨랑글리즈Bellenglise 인근에서 운하 서쪽 제방을 지키고 있던 독일군 방어진지를 신속하게 제압했다. 제6노스스태포드셔North Staffords 연대 제1대대는 리크발Riqueval 에서 독일군이 미처 폭파하지 못한 교량을 점령했다. 오후 3시 30분이 되자 3개 여단 전부가 운하를 건넜을 뿐만 아니라, 제46사단 담당구역에서는 힌덴부르크 선의 주방어지대 전부를 점령하는 대성공을 거두기도 했다. 뒤따르던 제32사단은 제46사단의 성과를 발판으로 '개구리 뜀뛰듯' 진격을 계속했다. 제32사단은 교두보를 완전히 굳히면서 운하의 동쪽 제방에 구축된 독일군 방어선에 뚫린 구멍을 남쪽의 고지대로 확대해나갔다. 해가 지자, 제9군단은 독일군 방어선을 3~4마일 정도 파고들어가면서 힌덴부르크 선의 주방어지역 전체와 지원지대의 일부까지 점령할 수 있었다. 그 과정에서 제4군은

■■■■■ 1918년 9월 29일, 힌덴부르크 선을 향해 전진하는 영국군의 마크 V 전차들의 모습. 각 전차는 참호 돌파를 위한 구조물들을 하나씩 싣고 있다. (IWM)

총 5,300명 이상의 포로를 획득했는데, 그 가운데 4,200명은 제46사단이
포획했다.

비록 좌익에서의 공격 성과가 실망스럽기는 했지만, 제46사단의 눈부
신 활약에 힘입어 영국군은 힌덴부르크 선에 커다란 구멍을 뚫는 데 성공
했다. 덕분에 롤린슨의 오른쪽에서 맥없이 느릿느릿 공격을 하고 있던 프

■■■■■■ 1918년 10월 2일, 캠벌(JV Campbell VC) 준장이 리크발 다리에서 영국 제46사단 제127여단 소속 병사들에게 훈시를 하고 있다.* (IWM)

랑스 제1군은 3일 후 생캉탱으로 진입할 수 있었다. 10월 3일 제4군 소속 5개 사단의 공격으로 힌덴부르크 선의 예비진지(보르부아 Beaurevoir 선)에 6마일에 이르는 구멍이 뚫렸다. 오스트레일리아군은 이제 완전히 탈진한 상태였지만, 자신들이 참가한 서부전선에서의 마지막 공세에서 다시 한 번 눈부신 활약을 보여주었다. 그중에서도 제2오스트레일리아사단 예하 3개 대대는 몽브레앙Montbréhain을 지키고 있던 최소 4개 독일군 사단의 예하 부대들을 몰아내버리는 괴력을 보여주었다.

---

* 간간이 독일군 철모를 쓰거나 총에 걸어놓은 영국군 병사들의 모습이 이채롭다.

추격전

불가리아가 동맹국 중에서 처음으로 휴전협정을 체결하기 이틀 전인 9월 28일, 루덴도르프는 힌덴부르크에게 독일도 더 이상 지체하지 말고 휴전협상에 나서야 한다고 진언했다. 루덴도르프는 후일 그날 저녁 두 사람이 "마음 깊숙이 품어왔던 소중한 희망을 파묻어버린 사람들처럼 헤어졌다"고 술회했다. 그러나 다음 날 힌덴부르크와 루덴도르프는 폰 힌체가 네덜란드 여왕을 통해 평화교섭을 진행하라는 예전 회의의 결정을 실행에 옮기지 않았다는 사실을 알고 아연실색했다. 엎친 데 덮친 격으로 외상이 나서서 이들에게 만약 실질적인 의회정치가 실시되지 않으면 당장 혁명이 일어날 것이라고 경고를 했다. 결국 힌덴부르크는 독일 의회에 현재의 상황을 알리기 위해 베를린으로 특사를 파견했다. 10월 3일에는 자유주의자이면서 평화 옹호자로 유명했던 막스 폰 바덴^{Max von Baden} 공☆이 폰 헤르틀링 von Hertling을 대신해서 독일 총리가 되었으며, 독일과 오스트리아 모두 즉각 미국에게 평화협상 요청서를 발송했다. 미국의 우드로 윌슨 대통령이 1월에 평화 조건으로서 미 의회에 제시한 14개 조항이 이후 평화협상의 큰 틀을 형성하게 되었지만, 이렇게 전쟁의 종말이 다가온 시점에서도 힌덴부르크와 루덴도르프는 알자스-로렌^{Alsace-Lorraine}이나 독일에 귀속되어야 한다고 여기던 동유럽 지역들을 양보하지 않을 방안을 찾기 위해 동분서주했다.

당시 전선에 배치되어 있던 독일군 보병 부대들의 전력은 위험할 정도로 약해진 상태였다. 대대 구성인원을 어떻게든 450~550명 선으로 유지하려는 노력의 일환으로 20개 사단 이상을 해산했지만, 그래도 장교와 사병을 모두 합쳐도 150명이 되지 않는 대대들이 많았다. 그러나 독일군 포병들과 기관총 사수들은 여전히 완강하게 저항하면서 연합군의 진격 속도를 늦추고 있었다. 10월 8일, 영국 제3군과 제4군은 드브네가 이끄는 프랑스 제1군과 함께 캉브레로부터 남쪽으로 17마일 길이의 전선에 공세를 감행하여 4마일을 전진했다. 캐나다군단과 영국 제57사단 소속 정찰대가 10월 9일 오전에 캉브레에 입성했지만, 그로부터 48시간도 지나지 않아 독일군은 르카토 인근의 셀Selle 강에서 연합군의 공격을 막아냈다. 헤이그의 부대들은 또다시 다음번 대공세가 준비될 때까지 진격을 멈추지 않을 수 없었다.

플랑드르에서는 통신과 보급망을 겨우 확충한 연합군이 10월 14일에 서부전선 최북단 지역 공세를 재개했다. 플랑드르 집단군에 소속된 프랑스군 부대들은 대체로 제대로 된 활약을 보여주지 못했으며, 가장 효과적으로 공격을 가한 부대들은 벨기에군과 영국 제2군이었다. 또 플루머는 평소의 신중한 그답지 않은 모습을 보여주면서 측면 엄호에만 전념하라는 명령을 의도적으로 무시하고 리 강을 건너 과감한 공격을 가했다. 이 공격은 플루머의 우측에 있던 영국 제5군이 10월 17일 릴을 해방하는 데 큰 도움을 주었다. 같은 날, 벨기에군은 오스텐드를 해방했고 남쪽의 혼이 이끄는 영국 제1군은 두에에 입성했다. 10월 19일, 벨기에군은 제브뤼헤와 브뤼헤Brugge까지 탈환했고, 플루머의 부대들은 쿠르트레Courtrai를 점령했다. 연합군은 이제 네덜란드 국경 가까이까지 접근하고 있었으며, 영국 제2군은 1주일도 되지 않아 8마일이나 진격했다. 독일의 막스 폰 바덴 총리는 루프레히트 왕세자로부터 이제 독일군 병사들의 전의는 바닥을 기고 있고 연합군의 공격을 받으면 떼를 지어 항복하고 있다는 우울한 내용의 보고서를 받았다.

외교 전선에서도 독일의 지도부에게 위안이 될 만한 사항은 전혀 없었다. 윌슨은 10월 8일 독일의 평화협상 요청에 대한 회답을 보내면서 모든 협상의 제1전제조건으로 독일이 점령지를 모두 포기해야 한다는 사실을 강조했다. 독일은 이런 요구 조건에 응하겠다는 신호를 보냈으나, 10월 14일이 되자 윌슨은 여기에 더하여 독일은 무제한 잠수함 작전을 즉각 중

■■■■■ 1918년 10월 9일, 캐나다군 정찰대가 캉브레에 들어서고 있다. (IWM)

지해야 하며, 연합국은 민주적인 정부가 아니면 협상을 할 수 없다고 주장
했다. 막스 폰 바덴 총리는 독일이 그와 같은 조건을 받아들이겠다고 선언
했다. 그러나 10월 23일, 윌슨은 한층 더 강력한 압박을 가해오면서 사실
상 독일의 무조건적인 항복을 요구했다.

이 지경이 되자 루덴도르프도 마침내 폭발하고 말았다. 10월 24일, 힌
덴부르크가 서명했지만 루덴도르프가 작성한 것이 분명한 전문을 통해 독
일은 '모든 힘을 다해' 저항을 계속할 것임을 천명했다. 현실과 독일 국민
의 여론을 파악하지 못한 루덴도르프는 이 전문의 내용이 유출되자 독일
의회로부터 맹비난을 받아야 했다. 10월 26일, 힌덴부르크는 총참모장으
로 유임되었지만 루덴도르프는 참모차장직에서 물러나야 했으며, 그 후임
으로 빌헬름 그뢰너Wilhelm Groener 대장이 임명되었다.

한 병사의 초상
프레더릭 '펜' 노크스 일병

영국 켄트Kent 주 턴브리지 웰스Tunbridge Wells 의 포목점 점원이었던 프레더릭 엘라이어스 '펜' 노크스Frederick Elias 'Fen' Noakes 일병(후일 근위병이 됨)은 1896년 1월 27일에 태어났다. 1914년에서 1917년 사이에 몇 차례 군에 입대하려고 시도했던 그는 항상 건강상의 이유로 입대를 거부당했다. 어렸을 때 천식을 심하게 앓았던 노크스는 스스로 인정했듯이 "삐쩍 마르고 허약하며 별로 힘도 없는" 젊은이였다. 1916년 다시 한 번 입대를 거부당한 그는 반은 애국심에서, 그리고 반은 병역기피자로 낙인찍히는 것이 두려워서 근육운동과 장거리 산책, 자전거 타기 등을 통해 열심히 체력을 키웠다. 1917년 5월 마침내 신체검사를 통과한 그는 곧 6월에 징집영장을 받고 훈련을 위해 윈저Windsor 의 근위대대 예비대에 배치되었다.

그때부터 1919년까지 노크스는 가족에게 정기적으로 편지를 보냈다.

그는 1918년 초반에 벌어진 독일군 대공세에 대한 방어전과 후반에 연합군이 감행한 공세작전에 모두 참가했으며, 그 과정에서 두 번이나 부상을 당하기도 했다. 전시에 검열이 심했다는 사실을 고려하더라도 노크스의 편지들은 전쟁에 대한 흥미로운 시각을 제공해준다. 그가 보낸 편지에는 전선에서의 일상적인 활동뿐만 아니라 보다 광범위한 정치적 사안들에 대한 그의 솔직한 견해도 담겨 있다. 1934년 노크스는 이 편지들을 정리하여 일일이 타자기로 옮겨 친 후, 1952년 이를 기반으로 전쟁 회상록인 『멀리서 들리는 북소리The Distant Drum』를 개인적으로 출간했다. 이 회상록에서 그는 일개 병사 시절에는 알 수 없었던 군사적·지리적 세부사항들을 추가하는 동시에, 성숙한 장년이 되어 젊은 병사 시절 자신이 가졌던 전쟁에 대한 견해를 되돌아본 후 그 감상을 추가하기도 했다. 노크스의 편지들과 책 모두 마지막 18개월 동안 전쟁이 어떤 양상으로 전개되었는지를 보여줄 뿐만 아니라, 1918년 서부전선에서 영국군 병사들의 사기와 자세가 어땠는지를 정확히 묘사하고 있는 귀중한 자료다.

노크스는 1917년 11월 당시 아라스 지역에 주둔해 있던 제4사단 예하 근위대대에 배속되었다. 이때만 하더라도 그는 '순진한 이상주의'를 간직하고 있었다. 당시 그는 '영국이 지금까지 참가한 전쟁 중에서 가장 정의로운 전쟁이자 마지막 십자군 전쟁에 참가한 것은 무한히 영광스러운 일이며 승리는 바로 코앞에 있고, 만약 지금 전쟁을 포기한다면 이는 우리가 받고 있는 모든 신뢰를 배신하는 것과 다름없다. 독일의 군국주의가 산산조각 날 때까지 어떠한 평화도 있을 수 없다'는 생각을 갖고 있었다.

그러나 실제 전투를 몇 주간 겪고 나자, 그의 이러한 생각은 점점 바뀌기 시작했다. 1918년 1월 8일, 노크스는 영국 언론의 '야만성'을 비판했다. 그는 "서로 이야기를 나눌 수만 있다면 독일군과 연합군 병사들 모두 똑같은 생각을 하고 있다는 사실을 분명히 알 수 있을 것이다"라고 기록했다. 노크스의 전쟁에 대한 환상은 이제 '국가적 자존심', 혹은 '고집'이

'합리적 문제 해결에 커다란 장애물로 작용하고 있다'는 생각으로 바뀌어 있었다. 노크스는 만약 "보다 열린 자세와 인간애를 갖지 않는다면", 영국이 "우리가 처부수기 위해 싸우고 있는 바로 그 프로이센 군국주의에 오염되어버릴 것"이라고 주장했다. 2월 12일자 일기에서 노크스는 도대체 언제쯤 이와 같은 '무차별 학살극'이 끝나게 될지 묻고 있다. 노크스는 "권력자들을 제외한 모든 이들이 진심으로 전쟁에 넌덜머리를 내고 있다. 전선에서 지금 당장 평화가 이뤄지기를 바라지 않는 이는 아무도 없다"라고 썼다. 그러나 전후 노크스는 이런 분위기에 대해 "현실에 대한 환상이 깨지면서 일어난 일시적 현상"으로 치부하면서 이것은 "투덜이들로 악명 높은 영국 병사들이 늘 하는 불평 그 이상도 그 이하도 아니다"라고 썼다.

1918년 5월부터 오스트레일리아군단 사령관을 맡은 육군 중장 존 모내쉬 경의 모습. (IWM)

1월 말~3월 초에 노크스는 손가락 상처 감염과 다리 염증으로 고생했고, 2월에는 프랑스 디에프 Dieppe 인근의 르 트레포르 Le Tréport 에 있는 군 병원에 입원하기도 했다. 병원에서 치료를 받는 동안 그가 속해 있던 근위대대는 영국 원정군의 재편성 작업의 일환으로 해산되었다. 퇴원 후 그는 제3콜드스트림 Coldstream 근위연대로 배속되었다가 제31사단 예하에서 싸우고 있던 제4근위여단으로 재배치되었다. 3월 23일에서 25일까지 3일간에 걸쳐 노크스가 배속된 대대는 제3군이 담당한 전선에 배치되어 바폼 북쪽 에르빌레르Ervillers 인근에서 전투를 벌였다. 나중에 노크스는 3일 밤낮을 잠도 자지 않고 싸우느라 너무나 피곤했다고 회상했다. 독일군의 공격이 더욱 거세지면서 대대가 포위당할 위기에 빠지자, 결국 철수명령이 내려졌다. 상황이 이렇게 되자, 당시 피로할 대로 피로해져 있던 노크스는 숙명론에 빠지게 되었다. 나중에 그는 어머니에게 "얼마 동안은 동료들과 함께 달렸어요. 하지만 그때 도대체 이게 다 무슨 짓인가 하는 생각이 들더라고요. 그래서 뛰는 걸 멈추고 그냥 슬슬 걸었어요. 솔직히 이젠 뭐가 어떻게 되도 나랑은 상관없는 일이라고 생각하게 되었어요"라고 말했다. 그때 근처에서 포탄이 폭발하면서 노크스는 충격으로 의식을 잃었고, 포탄 파편으로 인해 팔뚝에 부상을 입게 되었다.

이후 그는 볼로뉴Boulogne 인근 요양원에서 4개월간 요양을 했다. 독일군의 3월 대공세로 연합군 전선이 붕괴될 위기에 빠지자, 예전의 '국가적 명분에 대한 열정'이 어느 정도 회복되기도 했다. 그러나 그는 이때도 자신의 "애국심이 무조건적인 열정은 아니었으며, 국가에 대한 헌신도 예전에 내가 그랬던 것보다 훨씬 더 비판적인 자세로 보게 되었다"고 썼다. 5월 5일 무렵, 노크스는 다시 낙관적인 태도를 되찾고 다음과 같은 의미심장한 말을 남기기도 했다. "이제 우리는 독일 놈들을 꼬치에 잘 꿰어놓은 상황이다. 독일군은 대공세를 통해 어느 정도 성과를 거두기도 했지만 예상보다 훨씬 많은 사상자를 냈다. 사실상 독일이 대공세로 얻은 성과라고는 재기 불능 상태에 빠진 것뿐이다. 성과를 얻은 만큼 독일군은 약화되었고, 이제 그들은 그나마 확보한 지역을 지키는 것도 아마 불가능한 상태일 것이다."

노크스는 8월에 본대로 돌아왔지만, 8월 말이 되자 명문인 근위사단Guards Division 의 콜드스트림 근위연대 예하 제1대대로 전출되었다. 당시는 연합군의 공세가 3주차에 접어들던 때였고, 이제 노크스는 "겨울 전에 전쟁이 끝나지는 않더라도 확실히 전쟁의 향방이 결정될 것"이라는 확신을 가지게 되었다. 9월, 근위사단이 북부 운하와 힌덴부르크 선을 향해 진격하는 과정에서 그는 전선에서 독일군들의 모습을 찾아볼 수 없다는 사실에 여러 번 놀라게 되었다. 9월 13일, 노크스는 전방에서 돌아오는 병사들이 "적을 찾을 수 없다"거나 "독일 놈들이 전혀 보이지 않는다"고 말하고 있다고 기록했다. 노크스는 또한 그날 하루 종일 시체를 3구 보았을 뿐, 부상자도 전혀 생기지 않았다고 쓰면서 "모든 전투가 오늘 같으면 좋겠다"고 덧붙였다. 9월 27일, 북부 운하 공격에서 노크스는 영국군의 지원포격 규모에 완전히 압도당했다고 기록했다. 그리고 독일군의 집중 사격을 받으면서 개활지를 건너라는 명령을 받았을 때 "완전히 노출된 느낌과 동시에 나의 안전에 대한 책임이 더 이상 내 손에 있지 않은 상황에 대해 이상하게도 안도감 비슷한 특이한 느낌을 받았다"고 썼다. 운하에 대한 공격은 성공을 거두었지만, 노크스와 그의 전우들은 너무나 지쳐서 자신들이 무엇을 이룩했는지에 대해서도 전혀 관심이 없었다. "우리의 입과 목구멍은 완전히 말라붙은 상태였다. 신경은 곤두서 있었지만, 계속된 긴장상태에서 오랫동안 싸운 후라 우리의 정신은 완전히 이완된 상태였다." 10월 9일, 캉브레 인근 밤베Wambaix에 대한 또 다른 공격에서 노크스는 왼쪽 다리에 부상을 입었다. 나중에 노크스는 "그것이 전쟁의 끝이었다. 적어도 나라는 하찮은 개인이 그 전쟁에서 담당했던 부분은 끝이 났다"고 회상했다.

전쟁이 종말을 향해 치달아갈 무렵, 노크스는 솜 강 하구의 카이외Cayeux에서 요양을 하고 있었다. 미국 우드로 윌슨의 주장에 끌린 노크스는 영국과 프랑스가 승리의 기쁨에 들떠 독일에게 보복적 차원에서 지나친 보상을 요구할지도 모른다고 우려했다. 노크스는 아버지에게 "이제 다가올 평화는 영구적인 평화가 되어야만 합니다. 하지만 동시에 완전히 깨끗한 평화여야 합니다. 그렇지 않다면 지금까지 전쟁을 하면서 치른 희생이 모두 무의미해질 겁니다"라고 말했다. 11월 11일, 정전 조약이 체결되었다는 소식이 발표되자 노크스는 "내 생에 그토록 진심으로 기뻤던 날은 없었으며, 앞으로도 없을 것"이라고 기록했다.

'근위대원Guardsman'이라는 명예로운 지위를 얻게 된 노크스는 점령군의 일원으로서 독일 쾰른에서 잠시 복무한 후 1919년 3월에 영국으로 돌아왔다. 같은 해 10월에 동원이 해제된 노크스는 가족이 운영하는 포목점에서 다시 일하기 시작했다. 감수성이 풍부하면서도 날카로운 통찰력을 가진 병사였던 노크스는 1953년 4월 12일, 57세라는 비교적 이른 나이에 사망했다.

전장 밖의 전쟁
1917년~1918년 각국의 국내 상황

프랑스

프랑스에게 있어 1917년은 전쟁으로 인한 부담이 최고조에 달했던 시기였다. 아직도 독일군이 프랑스 영토의 상당 부분을 차지하고 있는 상황에서 프랑스는 국가 존립을 위해 싸움을 계속했다. 그러나 1914년의 폭발적인 애국심은 이제 피곤에 찌든 체념으로 바뀌어 있었다. 대부분의 프랑스 국민들이 침략자에 대한 투쟁을 지속하고자 하는 강한 의지를 갖고 있었다는 사실에는 의심의 여지가 없었지만, 어떤 측면에서 보면 프랑스인들은 영국이나 독일 국민들에 비해 규율에 얽매이는 것을 그다지 좋아하지 않았고, 국민의 여론도 변덕이 심했다. 참혹한 베르됭 전투 이후 프랑스에서 감돌던 불온한 분위기는 러시아 혁명이 일어나고 니벨 공세가 실패로 끝나면서 더욱 확산되었으며, 이는 반전주의 활동과 평화주의자 및 패배주의자의 선전활동 증가로 한층 더 노골적으로 드러났다. 비록 프랑스 국민 대다수가 그와 같은 선전 선동에 넘어가기를 거부했고 특히 미국의 대독 선전포고로 국민의 사기가 크게 진작된 후에는 전쟁 지속 의지가 더욱 강해졌지만, 프랑스의 공장과 공공 서비스 부문의 파업 건수는 1915년 98건에서 1917년 689건으로 걱정스러울 정도로 크게 증가했다.

1917년 들어 식량 부족 현상은 더욱 악화되었다. 가동 중인 생산 공장 수가 전쟁 전의 3분의 1 수준으로 감소했고, 특히 설탕 부족 현상이 심했다. 빵의 품질이 나빠지고 크기와 무게에 엄격한 규제가 가해지면서, 프랑스인들은 전쟁 전의 빵과는 비교도 안 될 만큼 질 나쁜 빵을 먹어야만 했다. 1918년 1월이 되자, 빵 배급량마저도 1인당 하루 10온스로 제한되었다. 이러한 조치는 주식을 배급 빵에 의존해온 공장 노동자들에게 큰 타격을 주었다. 우유와 버터, 계란 역시 값비싼 귀중품이 되었고, 1918년 들어 프랑스 전국이 다시 한 번 허리띠를 조여야 하는 상황이 닥치면서 카페와 레스토랑들은 그 어느 때보다 일찍 영업을 끝내야 했으며, 모실찡토 1주일에 최고 3일까지 문을 닫아야 했다. 1918년 5월에는 육류 가격 인하와 통제를 위해 시 정부가 직접 도살장을 운영하기도 했다. 이렇게 내핍 생활을 해야 했고 또 가끔은 일시적으로 위기를 맞기도 했지만, 프랑스의 식량 사정은 결코 영국이나 독일처럼 최악의 상황에 빠진 적은 없었으며, 국가의 식량 관련 규제와 제한 조치도 그렇게 엄격하지 않았다. 그러나 여성의 고용이 크게 확대되었음에도 불구하고 후방 지역의 인력 부족은 여전히 심각한 상태였다. 결국 프랑스 정부는 1917년 4월~1918년 1월에 농장과 광산, 철도와 교육기관의 인력 부족을 충원하기 위해 35만 명에 이르는 병력을 전선으로부터 빼내는 극단적인 조치를 취하기도 했다.

엎친 데 덮친 격으로 파리 시민들은 독일군의 고타Gotha 폭격기의 폭격에 시달려야 했으며, 1918년 3월에만 120명의 파리 시민들이 공습에 희생되었다. 1918년 독일군의 춘계 대공세로 1914년 이래 독일군이 파리에 가장 가까이 접근하자, 파리는 독일군 장거리포 사정거리 안에 있게 되었고, 이로 인해 다시 한 번 군의 작전 구역에 편입되었다. 1918년 3월 23일에서 1918년 8월 9일 사이의 기간 동안 파리가 포격을 당한 일수는 총 44일에 달했고, 총 256명의 파리 시민이 희생되었다. 그러나 독일군의 포격 및 폭격은 연합군의 반격이 시작되면서 멈추게 되었다.

전쟁이 끝날 무렵 프랑스는 마침내 보다 안정적이고 활력이 넘치는 지도부를 갖게 되었다. 1917년 9월, 극렬 성향의 내무부 장관 루이 장 말비 Louis-Jean Malvy가 사임하면서 알렉상드르 리보 정부가 무너졌다. 말비는 평화주의자들의 선전 선동을 억제하는 데 별다른 의욕을 보이지 않았으며, 나중에 독일로부터 자금을 받는다는 소문이 도는 신문사와 개인적인 친분 관계가 있다는 이유로 반역죄로 기소되었다. 리보의 직속 후계자인 폴 팽르베 역시 물러나자, 11월 16일에 조르주 클레망소 Georges Clemenceau가 총리가 되었다. 76세의 노령에도 불구하고 총리로 취임한 클레망소는 '호랑이'라는 별명답게 푸앵카레 대통령과 끝장을 볼 때까지 전쟁을 지속하겠다는 결의를 함께하고 있었다. 클레망소는 전시 국가를 통치하기 위해 필요한 카리스마와 용기, 그리고 장악력을 가진 지도자였다. 평화주의자와 패배주의자에게는 무자비했지만 산업계가 제기하는 합리적인 이의제기에는 적절한 조치를 취해줄 준비가 되어 있었던 클레망소는 위태롭던 1918년 봄 동안 프랑스와 연합군의 사기를 유지하는 데 지대한 공헌을 했고, 같은 해 가을에는 전쟁을 끝내기 위한 최후 공세를 위해 프랑스를 하나로 결속시키는 데 성공했다.

영국

1917년 무렵 프랑스와 마찬가지로 영국에서도 염전주의의 조짐이 확산되고 있었다. 1917년 한 해 동안 688건의 파업과 노동 분쟁이 일어났으며, 여기에 참가한 노동자 수도 86만 명에 달했다. 비숙련 노동자와 여성 노동자의 대량 투입으로 인해 노동 숙련도가 떨어진 것은 차치하고, 노동자들은 높은 물가와 불공평한 식량 분배, 열악한 주거환경과 노동자들의 이동에 대한 제한에 불만을 갖고 있었다. 그러나 한 가지 꼭 짚고 넘어가야 할 것은 전쟁 말기에 파업 수가 늘었다고는 해도 전쟁 직전의 파업 건수보다는 훨씬 적었으며, 1918년 파업이 크게 확산된 것도 서부전선에서의 최악의 위기가 지난 7월 이후였다는 점이다. 사실 대부분의 영국 국민들은 승리가 확실해질 때까지 어떤 고난이든 참아낼 준비가 되어 있었다.

역사가 제라르 드그루Gerard DeGroot가 지적했듯이, 영국인들이 겪고 있던 많은 문제들은 "구시대의 가치에 대한 때로는 편집광적이기까지 한 집착"과 더불어 고질적인 정부의 민간 부문 개입에 대한 거부반응 때문이었다. 이러한 양상은 보다 역동적인 로이드 조지 내각에서도 크게 달라지지 않았다. 그 대표적인 사례로서 영국 정부가 산업과 군대의 인력 수요를 합리적으로 조정하는 데 지속적으로 실패한 것을 들 수 있다. 1917년, 국가인력관리국 책임자 네빌 체임벌린Naville Chamberlain이 주도한 인력 공급 정책도 실패로 끝나고 말았다. 이 정책이 실패한 이유는 '국가적으로 중요한 일'에 대해 법적 강제력 없이 자발적인 참여에만 의존했기 때문이었다.

보다 중요한 진전이 이루어진 것은 1917년 8월, 전 인력모집국장이었던 오클랜드 게디스Auckland Geddes가 체임벌린의 뒤를 이어 새로이 국가인력관리국장으로 취임하면서부터였다. 게디스의 취임과 함께 국가인력관리국은 장관급 부처로 지위가 격상되었으며, 11월에는 국방성으로부터 인력모집 권한을 넘겨받았다. 이후 군의 인력 수요는 조선, 항공기, 전차 생산

인력 수급보다 우선순위가 낮아지게 되었다. 1918년 4월에 통과된 개정 병역법은 41~50세에 이르는 남성들까지 징집하고 또한 아일랜드에서 추가적인 기간을 복무해야 한다는 규정이 포함되어 있었으나, 현명하게도 영국 정부는 후자를 실행에 옮기지는 않았다. 1918년 여름에 입대자 수가 잠시 증가하기도 했지만, 영국 원정군의 보병대대 수의 감소를 막기에는 이미 때가 늦었다.

영국의 국가적인 전쟁 수행 노력에 있어서 영국 여성들은 인력난 극복에 큰 역할을 했다. 1918년 7월 당시 임금 노동자로 일하고 있던 여성의 수는 731만 명 이상이었다. 탄약 생산 공장에서 일하고 있던 94만7,000명의 여성들은 전체 탄약 생산 공장 노동자의 90퍼센트를 차지하고 있었으며, 교통과 농업에서도 각각 11만7,000명과 22만8,000명의 여성들이 현장 노동자로 일하고 있었다. 이들 중 다수는 1917년 창설된 여군Women's Land Army의 일원이었다. 이들은 새롭게 창설된 여군 부대의 제복을 입고 요리사, 사무원, 정비사, 운전수로 일하면서 더 많은 남성들이 일선에서 싸울 수 있게 해주었다. 1917년 7월 창설된 여성보조부대Women's Army Auxiliary Corps (이후 Queen Mary's Army Auxiliary Corps로 개칭)의 뒤를 이어 11월에는 왕립해군여성부대가 창설되었고, 1918년에는 왕립공군여성부대도 창설되었다. 전쟁 전 기간에 걸쳐 영국 여성들은 이와 같이 광범위하면서도 아주 중요한 공헌을 했다. 영국 정부 역시 조심스럽기는 했지만, 여성들의 공헌을 인정하고 1918년 2월에 국민대표법을 통과시킴으로써 30세 이상의 여성들에게 투표권을 부여했다. 길고 고난에 가득 찼던 여성 참정권 운동이 마침내 결실을 맺었던 것이다.

1917년, 독일군의 공습, 특히 고타 폭격기를 이용한 공습은 영국에게 새로운 골칫거리로 떠올랐다. 이에 대한 대책을 요구하는 목소리가 높아지면서 1918년 4월, 독립적인 군으로서 영국 공군이 창설되었다. 전쟁 전 기간을 통틀어 영국에서는 독일군의 공습으로 인해 1,413명의 민간인이 사망하고 3,407명이 부상을 입었다. 그러나 대부분의 물자를 수입에 의존하던 영국의 생존에 가장 큰 위협이 되었던 것은 1917년 2월부터 시작된 독일군의 무제한 잠수함 작전이었다. 1917년 4월 한 달 동안 총 86만6,000톤에 달하는 영국 및 기타 연합국과 중립국의 선박이 격침되면서 영국에 서서히 기아의 위기가 닥쳐오기 시작했다. 5월, 뒤늦게 호송선단체계가 도

입되고 항공기로 수송 선단을 엄호하는 전술이 사용되면서 함선 손실 수는 크게 줄어들었지만, 이런 전술만으로는 영국의 식량 문제를 완전히 해결할 수 없었다. 식량 부문 책임자였던 데븐포트 경^{Lord Devonport}이 1917년 2월부터 추진한 경제 정책은 거의 아무런 효과를 내지 못했다. 이 정책이 실패한 이유는 국민들이 자발적으로 참여할 것이며 사회의 모든 구성원들이 똑같이 의무감을 공유할 것이라는 잘못된 전제에 기반하고 있었기 때문이었다.

하지만 농업위원회 산하 식량생산국이 설립되면서 국내 식량 공급 증가에 상당한 성과를 거두기도 했다. 식량생산국은 다양한 정책을 통해 최종적으로 300만 에이커에 달하는 농지를 추가로 확보하는 데 성공했다. 1917년 4월, 데븐포트 경이 경질되고 론다 경^{Lord Rhondda}이 새로이 식량성의 책임자가 되면서 식량 유통을 강력하게 규제함과 동시에 15개 분야의 식량위원회들에게 가격과 유통을 통제할 수 있는 권한을 부여했다. 그러나 1917년 12월의 선박 손실률이 여전히 이전 기간보다 높은 수준을 유지함에 따

▪▪▪▪▪▪《국왕 폐하와 나라를 위하여(For King and Country)》, E. F. 스키너(Skinner) 작. (IWM)

라 보다 강력한 조치를 취하지 않을 수 없게 되었다. 1918년 2월, 런던과 런던 주변 여러 주에서 몇몇 기초 생필품들에 대한 의무 배급제가 시행되었고, 4월에는 이러한 조치들이 전국으로 확대되었다. 그러나 7월 무렵 배급제가 정착되고 호송선단체계가 성과를 거두면서 기아의 공포는 거의 사라지게 되었다.

독일

독일에서는 기아의 공포가 사라질 날이 없었다. 독일 국민들은 생활 전반에서 연합군의 해상 봉쇄의 영향에서 벗어날 수가 없었다. 전쟁 후반기 18개월 동안 독일인들의 주식은 대용품이 섞인 빵과 순무, 혹은 (재고가 남아 있을 경우) 감자뿐이었다. 육류 공급은 최소한도로 줄어들었고, 지방과 계란은 구경하기도 힘들었다. 1918년 6월이 되자 베를린 시민들에 대한 식량 공급량은 1주일에 1인당 감자 1파운드로 줄어들었다. 후방에서 겪어야 했던 일상의 고난 중에서도 고통스러운 기아가 확실히 최악의 문제이기는 했지만, 독일인들에게 부족했던 것은 식량만이 아니었다. 대부분의 독일 국민들은 석탄이나 기타 난방, 조명, 수송용 연료를 거의 손에 넣을 수가 없었다. 석탄과 석유의 부족이 심화되고 철로 및 철도 차량의 유지보수도 제대로 이루어지지 않으면서 한때 독일의 자랑거리였던 철도 시스템의 운영도 크게 위축되었다. 의복 역시 품귀 현상이 심화되었다. 구두용 가죽을 거의 구할 수 없게 되자, 많은 독일인들은 나무로 된 나막신을 신고 다녔다.

독일에서 전쟁 말기까지 부족함 없이 잘 유지된 단 한 가지는 독일군 총사령부의 전쟁 수행을 위한 강력한 통제였다. 1917년 7월, 베트만-홀베크 총리가 경질되고 그때까지 잘 알려지지 않은, 군부의 입김을 강하게 받던 게오르크 미하엘리스$^{Georg\ Michaelis}$가 총리가 되었지만, 미하엘리스 역시 총리 자리를 4개월도 유지하지 못했다. 킬^{Kiel} 군항에서 발생한 독일군 수병들의 소규모 반란 사태를 놓고 사회민주당을 비판한 미하엘리스는 독일 의회의 신임을 잃게 되었고, 사임 압박에 시달리다 곧 물러나고 말았다. 미하엘리스의 후임으로 바이에른의 가톨릭 백작이었던 고령의 게오르크 폰 헤르틀링$^{Georg\ von\ Hertling}$이 새 총리로 임명되자, 겨우 정치적 안정이 회복되었고 평화를 요구하는 목소리도 완전히 사라진 것은 아니지만 상당히 가라앉았다.

영국이나 프랑스와 마찬가지로 독일의 염전주의 역시 산업 분규라는 형태로 표출되었다. 1917년 4월, 빵 배급량이 감소되자 베를린과 라이프치히에서 파업이 발생했다. 라이프치히의 경우 파업 참가자들은 영토 병합 없는 평화협정을 요구했다. 6월에는 루르^{Ruhr}에서 정치적 개혁을 요구하는 파업이 일어났다. 1918년 1월에는 베를린과 라이프치히뿐만 아니라 에센과 함부르크^{Hamburg}에서도 대규모 산업 분규가 발생했다. 이들 파업 역시 극렬주의를 넘어 혁명적인 색채를 강하게 띠고 있었다.

1918년 2월 1일이 되자, 베를린의 7대 산업 단지가 군부의 직접적인 통제를 받게 되었고 베를린 전체에 계엄령이 선포되었다. 독일 군부는 지원군법과 '힌덴부르크 프로그램'에 기반하여 독일 경제와 사회에 대한 무자비한 동원을 실시했으며 독일 국민들에 대한 통제를 점점 더 강화하면서 최후의 생산력 한 방울까지 모두 쥐어 짜내기 위해 혈안이 되어 있었다. 그러나 이러한 조치들이 성과를 거둘 수 있었던 것은 이 조치들이 효율적이었기 때문이라기보다는, 독일 국민들 사이에서 연합국에게 포위당했다는 위기감이 고조되면서 독일군이 결정적으로 패배하지 않는 한 굴복하지 않겠다는 의지를 강화시켰기 때문이었다. 1918년 초반 루덴도르프의 춘계 대공세가 일시적으로 성과를 거두면서 독일 국민의 사기는 잠시 오르기도 했지만, 전반적으로 무자비한 물질적 궁핍 속에서 점점 더 약화되었다. 종

■■■■■ 영국에서 식량 배급을 받기 위해 줄을 서서 기다리고 있는 사람들의 모습. (IWM)

종 독일군이 패배한 것은 후방이 먼저 무너졌기 때문이라고 주장하는 사
람도 있다. 하지만 그와 동시에 힌덴부르크 선이 위협을 받기 시작하면서
독일의 패배가 명백해졌기 때문에 혼란과 혁명이 걷잡을 수 없이 확산되
었다는 주장도 가능할 것이다.

한 시민의 초상
캐롤라인 웹

1918년 11월 무렵 탄약 생산 공장에서 일하고 있는 영국 여성의 수는 94만7,000명에 달했다. 사우스 런던 South London 캠버웰 Camberwell 출신의 19세 캐롤라인 웹 Caroline Webb 도 당시 탄약 공장에서 일하는 여성 노동자였다. 1899년 1월 24일에 태어난 웹은 전쟁 초기에는 버몬시 Bermondsey 의 셔츠 공장에서 일하다가 켄트 Kent 주의 다트포드 Dartford 인근에 위치한 슬레이드 그린 Slade Green 의 탄약 공장으로 일자리를 옮겼다. 이 공장에서 웹은 박격포탄에 화약을 채우는 일을 했다. 웹은 슬레이드 그린에서 주당 30실링의 급료를 받았으며, 그 밖에도 런던 브리지에서 통근하는 교통비로 5실링을 지급받았다. 또 오전 7시 30분부터 시작되는 9시간 근무 동안 60개의 박격포탄에 화약을 채울 경우 보너스로 5실링을 추가로 받을 수 있었다.

탄약 생산이 결코 안전한 일은 아니었다. 장시간 TNT trinitrotoluene, 트리니트

로톨루엔를 취급해야 했던 웹은 포탄 제조 공장에서 일하는 다른 많은 여성들과 마찬가지로 항상 중독의 위험에 노출되어 있었으며, 피부가 노랗게 변색되기도 했다. 이런 현상은 탄약 공장에서 일하는 여성들에게 흔히 일어나는 증상으로, 피부색이 노랗게 된 여성들은 '카나리아' 라는 별명으로 불리기도 했다. 하지만 이런 문제점이 때로는 예상치 못한 이점이 되기도 했다. 1975년 영국전쟁박물관이 주관한 역사 인터뷰에서 캐롤라인은 동정심 많은 철도 차장들이 때때로 피부가 노랗게 된 탄약 공장 여성들을 수고한다며 일등칸에 태워주기도 했다고 말했다. 그러나 모든 차장들이 친절한 것은 아니었다. 캐롤라인은 인터뷰에서 불친절한 차장들에 대해 다음과 같이 말했다.

"어떤 차장들은 우리를 완전히 쓰레기 취급했어요. 나이 든 열차 차장들은 우리에게 '여자가 공장에서 그렇게 일하면 2년 후에는 죽을 거다' 라고 말하곤 했죠. 그럼 우리는 '나라를 위해서 목숨을 바치는 것이니 상관없어요' 라고 되받아쳤죠."

이러한 애국심은 그냥 하는 말이 아니었다. 캐롤라인은 종종 많은 돈을 들여 병사들을 위해 초콜릿과 껌, 담배 등을 사서 위문품으로 보내곤 했다. 이에 대해 캐롤라인은 "전쟁이 끝나고 나니 남은 돈이 하나도 없었어요. 하지만 저는 '하느님 감사합니다. 저는 양심에 거리낄 것이 아무것도 없습니다' 라고 생각했죠"라고 말했다.

1917년, 캐롤라인은 슬레이드 그린을 떠나 울위치 조병창으로 자리를 옮겼다. 이곳에서 그녀가 맡은 일은 총알에 납을 채우는 것이었다. 이곳의 임금은 슬레이드 그린보다 높은 주당 2파운드 10실링이었지만, 13일 연속으로 오전 7시에서 저녁 7시까지 12시간을 일해야 했다. 14일째에 하루를 쉰 후에는 매일 12시간씩 13일간 야간근무를 해야 했다. 독일군의 공습으로 제대로 잠을 잘 수 없는 날이 많았기 때문에, 쉬는 날이 되면 캐롤라인은 거의 외출하는 일 없이 집에서 잠만 잤다. 이런 생활에 대해 캐롤라인

■■■■■■ 캐롤라인 웹의 사진. (IWM)

은 "집에만 처박혀 지내는 늙은이 같은 생활이었다"고 묘사했다. 때때로 캐롤라인은 울위치 조병창의 다른 여성 노동자들과 함께 근처 베레스포드 Beresford에 있는 군부대 장병들과 어울리기도 했지만, 병사들과 어울리는 것 이상의 행동을 하지는 않았다. 1917년~1918년에 '미혼 여성이 임신하는 것은 수치스러운 일이다' 라는 생각을 가진 사람은 캐롤라인 외에도 많았지만, 동시에 달콤한 사랑의 유혹에 넘어가는 여성 근로자들도 많았다. 캐롤라인은 이런 여성들에 대해 "임신한 불쌍한 애들 대부분은 북쪽에서 온 아이들이었어요. 그 애들은 순진해서 남자들의 유혹에 잘 넘어갔죠"라고 말했다. 임금 삭감이 이루어지자, 이에 분노한 캐롤라인은 노동조합에 가입했다.

전쟁이 끝났을 때 캐롤라인은 이를 축하할 기분이 아니었다. 그녀가 사랑하는 아버지가 무자비한 스페인 독감에 희생되어 정전협정이 조인되기 이틀 전에 사망했기 때문이었다. 정전협정이 체결된 11월 11일에 아버지의 사망 신고를 해야 했던 캐롤라인과 얼마 전 또 한 명의 아기를 출산한 어머니는 집 밖에서 무슨 일이 일어나고 있는지 제대로 이해하지 못했다. "종전을 알리는 폭죽소리를 들었을 때 우리는 '또 독일군이 공습해왔나 보다' 라고 생각했죠."

전쟁이 끝나고 캐롤라인은 결혼해서 레늘스Rennles 여사가 되었다. 캐롤라인과 남편(남편도 군인으로 전쟁에 참전했다)은 가난하게 결혼 생활을 시작했고, 곧 아기를 가지게 되었다. 그녀는 전쟁이 끝나자 '폐물' 취급을 받게 된 데 분노하여 1919년 3월에 웨스트민스터Westminster를 향한 시위 행렬에 참가했으나, 시위대는 기마경찰에 의해 해산되고 말았다. 캐롤라인은 76세가 되어서도 브릭스턴Brixton의 콜드하버 가Cold Harbour Lane에서 가게를 운영하다가 1985년에 사망했다. 캐롤라인의 인터뷰 기록은 캐롤라인과 거의 100만 명에 달하는 다른 영국의 탄약 공장 여성 근로자들이 연합군의 승리에 어떤 기여를 했는지 알려주는 중요한 증거로 남아 있다.

서부전선의 마지막 한 달

미국의 윌슨 대통령은 평화협상의 조건을 제시하는 데 있어서 다른 연합국들과 상의하지 않는 경우가 많았다. 그래서 몇몇 중요 연합국 지도자들은 윌슨이 지나친 요구조건을 내걸지 않을까 우려했다. 그중 헤이그는 그의 아내에게 연합국 정치가들이 "독일에게 모욕을 주어 미래에 복수할 마음을 품도록 해서는 안 된다"라는 예언 같은 이야기를 남겼다. 1918년 그 누구보다도 연합국의 승리를 위해 노력했던 헤이그마저도 이런 말을 했다는 점은 중요한 의미를 갖는다. 헤이그는 영국 원정군이 장기간의 격전으로 완전히 탈진한 상태이고 당장은 더 이상의 증원 병력도 바랄 수 없으며, 프랑스군은 단독으로 결정적인 공세에 나설 능력이 없고, 미군은 아직 충분한 전투 경험을 쌓지 못했다는 사실을 잘 알고 있었다. 그러나 그는 독일군에게 겨울 동안 새로운 방어선을 구축할 기회를 주고 싶지도 않왔다. 헤이그는 비교적 온건한 정전협정 조건을 내걺으로써 독일이 항복하도록 유도할 수 있다는 희망을 버리지 않으면서도, 동시에 독일군을 불안정한 상태에서 계속 후퇴하도록 만들고 싶었다.

이러한 헤이그의 의도를 실현하기 위해 10월 17일 롤린슨의 제4군은 셀 강 주변의 독일군 방어선에 대한 공격을 개시했다. 이 공세의 주요 목표는 상브르 강과 우아즈 운하로부터 발랑시엔을 잇는 선까지 진출하는 것이었다. 이 목표를 달성할 경우 연합군은 모뵈주와 샤를루아를 거쳐 독일까지 뻗어 있는 메지에르–이르송 철도의 교차점이자 독일군의 통신·보급 중심지인 올누아^Aulnoye를 포병대의 사정거리 내에 둘 수 있었다. 르카토 남쪽 10마일 길이의 전선에서 공격을 시작한 롤린슨의 부대는 독일군의 강력한 저항 때문에 진격 속도가 느려지기는 했지만, 셀 강을 따라 공격을 지속했다. 10월 19일 저녁 무렵, 제4군의 우익은 상브르 운하 방면으로 5마일 정도 진격해나갔다. 혼의 제1군 역시 6마일을 전진하여 제3군과 어깨를 나란히 하게 되었다. 10월 20일 새벽, 제1군과 제3군은 르카토 북방에서 함께 셀 강을 건너 독일군에게 야습을 감행했다. 다른 구역에서와 마찬가지로 퇴각하던 독일군은 후위대가 끈질긴 저항으로 시간을 벌어주는 사이 강 동쪽의 방어진지를 철조망으로 더욱 보강했고, 영국 제1군과 제3군은 공세 제1단계 목표를 장악하기 위해 2마일을 선신하는 데 하루 종일을 보내야 했다. 휘청거리는 독일군을 숨 쉴 틈 없이 몰아붙이고 싶었던 헤이그는 10월 23일, 제1군, 제3군에 제4군까지 가세한 대규모 연합 야습을 감행하여 이틀 사이에 6마일이나 진격하는 성과를 거두었다. 그보다 북쪽에서는 영국 제2군과 제5군이 스켈트^Scheldt 강으로 접근하고 있었다. 그러나 차기 공세를 준비하기 위해서는 공격을 잠시 중지할 필요가 있었다. 전략적으로 보았을 때 10월은 영국 원정군에게 매우 생산적인 달이었다. 그러나 힌덴부르크 선을 돌파한 이래 헤이그의 부대들은 예상보다 강력한 저항에 직면해야 했으며, 약 20마일을 진격해나가면서 12만 명에 이르는 사상자가 발생했다.

전선에서 싸우고 있던 양측 병사들은 전혀 알 수 없었겠지만, 당시 종전까지는 2주일도 채 남지 않은 시기였다. 뫼즈-아르곤 지역에서 한 달 넘게 치열한 격전을 치르던 미 제1군은 11월 1일 독일군의 마지막 주요 방어선을 돌파하고 이틀 후에는 릴-메츠 간의 핵심 철로를 차단했다. 영국군 작전구역에서는 11월 2일 캐나다군이 발랑시엔을 점령했다. 이 공격은 11월 4일, 영국 제1군, 제3군과 제4군이 벌일 대규모 공세의 사전 준비 공격의 성격을 띤 것이었다. 겨우 전차 37대의 지원만을 받은 이 공격은 발랑시엔에서 상브르 강과 모르말 숲의 양 측면에 이르는 30마일 길이의 전선에 실시되었다. 공격 첫날, 전체 작전을 상징적으로 보여주는 소규모 작전에서 뉴질랜드사단의 병사들은 쓸데없이 장기적인 공성전을 피하고 독일군 수비대가 빨리 항복하도록 만들기 위해 큰 위험을 무릅쓰고 르 케누아Le Quesnoy 마을을 둘러싸고 있는 성벽을 기어올랐다.

이제 동맹국에게 상황은 회복 불가능했다. 투르크는 이미 10월 30일에 연합국과 정전협정을 맺었고, 오스트리아-헝가리 제국도 11월 3일 정전협정을 체결했다. 무의미한 마지막 출격을 명령받은 독일 대해함대의 수병들은 10월 29일 밤 반란을 일으켰다. 11월 4일 저녁 무렵이 되자, 반란을 일으킨 수병들은 킬 군항을 완전히 장악했으며 혁명의 기운이 들불처럼 독일 전역으로 번져나갔다. 11월 7일 목요일, 뮌헨München에서 바이에른공화국Bavarian Republic의 건국이 선포되었고 그로부터 몇 시간 후 독일군 대표들이 연합군 총사령관 포슈와 정전협정을 논의하기 위해 연합군 측으로 넘어왔다.

상황이 이렇게 진행되고 있는 순간에도 연합군은 공격의 고삐를 늦추지 않았다. 11월 9일 토요일 무렵, 프랑스군은 메지에르로 접근하고 있었고 미군 2개 군단이 스당을 내려다보는 고지를 점령했다. 북쪽 측면에서는 안트베르펜-뫼즈 강 선을 향해 후퇴하는 독일군을 추격하던 연합군이 스

■■■■■■ 1918년 10월 28일, 릴에서 벌어진 영국 제47사단의 분열식에 참석한 탄약성 장관 윈스턴 처칠의 모습. 그의 앞에는 당시 제47사단 참모상을 밑었틴 B. L. 몽고메리(Montgomery) 중령의 모습도 보인다. (IWM)

켈트 강을 건너고 있었다. 영국 제2군은 이제 수년간 엄청난 피를 흘린 주요 전장이었던 이프르 돌출부로부터 거의 50마일 떨어진 지점까지 진출해 있었다. 그날 막스 대공은 독일 황제 빌헬름 2세가 퇴위했다고 발표했다. 사실 이때까지 빌헬름 2세는 퇴위를 한 상태가 아니었지만, 독일 의회에서 독일공화국의 수립이 선포된 마당에 빌헬름 2세에게 남겨진 선택사항이라고는 황위를 내놓고 네덜란드로 망명하는 것뿐이었다. 11월 11일 오전 5시경, 콩피에뉴 숲의 르통드^{Rethondes}에 있던 포슈의 특별 열차 안에서 정전조약이 체결되었다. 그날 오전, 캐나다군은 영국 원정군이 제1차 세계대전에서 첫 전투를 치렀던 몽스에 입성했다. 오전 11시, 전쟁이 시작된 지 1,568일이나 지난 후 마침내 전장의 포성이 잦아들었고 서부전선의 기나긴 고통의 나날들도 끝이 났다.

제1차
세계대전

모든 전쟁을 끝내기 위한 전쟁

3부
동부전선 1914~1918

동부전선 1914~1918

병사들은 혹한의 황량한 고원지대를 동계 피복은 고사하고 충분한 식량조차 없이 이틀 동안 행군해야 했다. 11월 24일에 몰아닥친 눈보라 때문에 어떤 사단은 병력의 40퍼센트를 잃었다. 1만 피트에 이르는 고원지대를 19시간 동안 행군하던 한 사단은 전체 전력의 3분의 1을 잃고 말았다. 영하 37.8도에 이르는 지옥 같은 추위를 고스란히 견디면서 야외에서 밤을 보낸 사단도 있었다. 수백 명이 얼어 죽었고, 수천 명이 동상에 걸렸으며, 또 수천 명이 온기를 찾아 인근 마을로 도망쳤다. 하룻밤 사이에 1개 사단 병력의 50퍼센트가 사라졌다.

러시아의 야망

러시아는 제1차 세계대전 참전국 가운데 가장 전제적인 지배가 이루어지고 있던 국가였다. 하지만 1914년, 러시아는 아이러니하게도 비교적 민주적인 영국 및 프랑스와 어깨를 나란히 하고 똑같은 전제주의 국가들인 독일, 오스트리아-헝가리, 오스만 투르크를 상대로 전쟁에 나서게 되었다. 하지만 그렇다고 이렇게 된 것이 우연한 일은 결코 아니었다. 1829년 러시아는 영국, 프랑스와 힘을 합쳐 오스만 투르크 제국의 지배로부터 그리스를 독립시키는 데 성공했다. 하지만 이후 약 80년에 걸쳐 영국과 러시아는 불구대천의 라이벌 관계를 유지했다. 양국은 그 기간 동안 수차례 전쟁 위기를 맞았고 실제로 1853년~1856년에는 크림 반도에서 전쟁을 벌이기도 했다. 크림 전쟁* 때 영국과 프랑스는 투르크 영토였던 지중해와 흑해를 잇는 해협들을 장악하려는 러시아의 야심을 꺾기 위해 투르크를 도

■■■■■ 전쟁이 진행되면서 급증하는 전선의 무기 수요를 공급이 따라가지 못하게 되자, 일부 독일 병사들, 특히 동부전선의 독일군 병사들은 구식 장비를 사용해야만 했다. 1915년 당시 향토예비군의 모병 포스터에 게시된 구식 중(重)야전 곡사포의 모습.

와 러시아와 싸웠다. 만약 러시아가 투르크의 주요 해협들을 장악하게 될 경우 아시아-태평양 지역에 있는 영국과 프랑스 식민지들에 접근할 수 있는 주요한 통로가 열리기 때문이었다.

러시아는 크림 전쟁에서 패한 후 바다로의 진출이 일시적으로 좌절되

---

* 크림 전쟁 1853~1856년 러시아와 오스만 투르크, 영국, 프랑스, 프로이센, 사르데냐 연합군 사이에 크림 반도, 흑해를 둘러싸고 일어난 전쟁이다. 나폴레옹 전쟁 이후 유럽 국가들끼리 처음 벌인 전쟁으로 이 전쟁에서 패한 후 러시아는 본격적으로 근대화를 추진하게 된다. '백의의 천사' 플로렌스 나이팅게일이 야전병원에서 활동하여 간호학의 발전을 가져왔으며, 여성들이 전쟁에 참여할 수 있는 장을 열었다.

었지만, 육상에서 남쪽과 동쪽으로 영토를 계속 확장해나갔다. 러시아는 중앙아시아의 독립 한국汗國들을 병합하고 이를 중국으로부터 빼앗은 영토와 합쳐서 스텝Steppe 총독령(오늘날의 카자흐스탄Kazakhstan)과 투르키스탄Turkestan(오늘날의 투르크메니스탄Turkmenistan, 우즈베키스탄Uzbekistan, 키르기스스탄Kyrgyzstan과 타지키스탄Tajikistan 지역)을 만들었다. 이러한 남하정책으로 러시아의 국경과 영국이 지배하는 인도의 국경과의 거리는 크게 줄어들었고, 이들 국경이 가까워질수록 러시아와 영국 간의 긴장은 더욱 고조되었다. 영국은 러시아가 인도를 침공할까 봐 걱정하고 있던 반면, 러시아는 영국이 중앙아시아에서 세력을 확장할까 봐 걱정하고 있었다. 또 양측은 이란과 아프가니스탄, 티베트의 지배권을 두고도 경쟁을 벌이고 있었다.

동쪽에서 러시아는 중국으로부터 아무르 계곡Amur valley 일대와 태평양 연안의 광대한 영토를 빼앗고 더 나아가 만주와 한국韓國에 대한 패권 장악까지 노렸다. 그러나 이러한 러시아의 야심은 똑같은 야심을 품고 있던 일본과 충돌하게 되었다. 일본은 1868년에 2세기에 걸친 고립주의를 폐기하고 제국주의까지 포함된 유럽식 근대화 모델을 채택했다. 1904년~1905년에 걸친 러일전쟁에서 러시아군이 뤼순旅順 공략전, 펑톈奉天 회전, 쓰시마對馬 해전 등에서 일본군에게 연달아 패배하자, 1905년 러시아에서는 전국적인 반정부 시위가 벌어졌다. 차르Tsar(러시아 황제의 호칭)는 경찰과 코사크Cossack 기병대를 동원하여 시위를 진압하는 한편, 국민의 환심을 사기 위해 두마Duma라는 이름의 제정 러시아 의회를 열었지만, 이는 이름만 의회지 별다른 실권이 없는 기관이었다. 이렇게 일단 소요사태를 진정시킨 차르는 관심을 극동지역으로부터 다시 유럽으로 돌렸다.

러시아는 아시아 지역에서 영토 확장에 힘을 쏟는 동안에도 이슬람 국가인 투르크나 가톨릭 국가인 오스트리아-헝가리 제국의 지배를 받는 동포 슬라브인들[세르비아인, 크로아티아인, 슬로베니아인, 불가리아인, 체코인, 슬로바키아인, 루테니아인Ruthenian(오스트리아 제국 동부의 서우크라이나, 갈리치아.Galicia, 부코비나Bukovina 지역에 거주하던 우크라이나인, 또는 러시아인)과 폴란드인]과 동방 정교 신자들에게 지속적으로 관심을 쏟으면서 이들의 '큰형님'을 자임하고 나섰다. 1877년~1878년에 벌어진 러시아-투르크 전쟁에서 러시아가 승리하면서 루마니아, 세르비아, 불가리아가 독립했지만, 투르크가 장악하고 있는 흑해-지중해 사이의 해협들을 지배하려는 러시아의 기도는 영국의 외교적 술수로 다시 한 번 좌절되고 말았다. 투르크 영토의 해협을 장악한다는 것은 제1차 세계대전 때에도 러시아의 중요한 전쟁 목표였다. 1915년 러시아는 영국과 프랑스로부터 흑해-지중해 사이의 해협들과 함께 오스만 투르크 제국의 수도 콘스탄티노플Constantinople(이스탄불)을 포함한 해협 양안의 영토까지 합병해도 좋다는 동의를 얻었다.

독일, 오스트리아-헝가리 제국과 이탈리아 간에 체결된 3국동맹 조약 Triple Alliance Treaty은 1882년, 1887년, 1891년, 1902년, 1912년, 다섯 차례에 걸쳐 개정되었다. 그리고 모든 개정안에는 만약 프랑스가 독일이나 이탈리아를 공격하거나 2개국 이상의 열강이 3국동맹 가입국을 공격할 경우 다른 가입국들도 자동으로 참전한다는 내용이 포함되어 있었나. 세2차·제5차에 이르는 4개 개정안은 암묵적으로 러시아에 대항하기 위한 개정이기도 했다. 이들 개정안에는 '동방Orient'에서 '가능한 한 오랫동안' 현재 상태를 유지한다는 내용이 포함되어 있었기 때문이다. 여기서 '동방'이란 '아드리아 해와 에게 해의 오스만 투르크 제국령 해안 지역과 부속 도서'로 규정되어 있었다. 또 3국동맹과 함께 1887년에 오스트리아-이탈리아 간에 체결된 협약에는 '동방'의 개념에 발칸 반도까지 포함되었다. 1891년 5월 제3차 개정안은 동방 문제와 관련된 협약에 추가로 영국까지 가입시킬 가능성도 언급했다.

3국동맹 가입국들이 자신들의 목표를 위해 발 빠르게 움직이는 동안 프랑스와 러시아도 가만히 앉아만 있던 것은 아니었다. 1891년 8월, 양국은 비밀리에 '어느 한쪽이 적대적인 위협을 받았을 경우 양국 정부가 즉각적으로 동시에 취해야 할 조치들에 대한 양해각서'를 체결했다. 또 1892년 8월 양국 참모부는 비밀 군사협약 초안을 작성했다. 이 협약은 만약 독일이 프랑스나 러시아를 공격하거나 독일의 지원을 받는 이탈리아가 프랑스를 공격할 경우, 혹은 오스트리아-헝가리 제국이 독일의 지원을 받아 러시아를 공격할 경우, 프랑스와 러시아 양국은 '모든 가용 병력을 최대한 빨리 동원하여 독일이 동부전선과 서부전선에서 동시에 싸우도록' 만드는 동시에 절대 어느 쪽도 독자적으로 평화협상에 나서지 않을 것을 규정하고 있었다. 러시아는 이 협약에 소극적인 모습을 보였지만, 프랑스의 적극적인 설득에 1893년 12월 이 협약을 수용했다. 1912년에는 이 협약을 보완하는 해군협약이 체결되었다. 해군협약은 '한 가맹국이 다른 가맹국의 해군 및 육군과 연합작전을 구상하거나 요구하는 경우'의 문제를 해결하기 위해 체결된 것이었다. 3국동맹은 프랑스와 러시아의 이 같은 행보에 대해 1913년 프랑스-러시아의 해군협약과 같은 내용에 가맹국 각국 군함을 지중해에 전개한다는 내용까지 추가한 해군협약을 체결하는 것으로 받아쳤다.

프랑스-러시아 협약에는 양국의 군 참모들이 정기적으로 만나서 회의를 열 것을 규정한 조항도 포함되어 있었다. 이러한 회의는 특히 1911년에 자주 열렸다. 회의석상에서 프랑스는 양국 군대가 유사시 동원령이 발동된 후 15일째 되는 날에 동시에 공세에 나서야 한다고 주장했다. 이런 시간 계획은 프랑스로서는 합리적인 것이었지만, 광대한 영토와 상대적으로 낙후된 사회 기간 시설을 가진 러시아로서는 비현실적인 것이었다. 러시아군은 병력을 동원하는 데만 40일이 걸렸고, 프랑스가 공격에 나설 것을 요구한 15일째 되는 날에 러시아-독일 국경에 배치 가능한 병력은 그나마 얼마 안 되는 동원 병력의 3분의 1에 불과했다. 어쨌든 러시아는 프랑스의 제안을 받아들이기는 했지만, 이는 동프로이센 지역을 침공하기 위해서였지 프랑스가 원하던 대로 베를린을 바로 찔러 들어가기 위한 것은 아니었다. 그러나 실제 전쟁이 벌어지자 이런 수많은 조약들과 협약들은 별 의미 없는 휴짓조각이 되어버렸다. 그런 상황에서도 러시아가 프랑스와 맺은 협약의 의무사항들을 이행하기 위해 애쓴 점은 국가 간의 의리 측면에서는 높이 살 수도 있겠지만, 그 때문에 러시아는 전쟁 기간 내내 해마다 군사적 재앙에 가까운 사태를 겪어야만 했다.

1907년, 독일의 위협이 서로에 대한 위협보다 더 크다는 사실을 깨닫게 된 러시아와 영국은 마침내 한 발짝씩 물러서서 이란과 아프가니스탄, 티베트에 대한 서로의 입장 차이를 해소했다. 양국은 이란에서 트랜스코카서스Transcaucasus의 러시아 국경과 영국령 인도의 국경으로부터 가까운 지역에 서로의 세력권을 설정하고 그 사이에 이란인들이 통제하는 지역을 완충지대로 두기로 합의했다. 또 러시아가 아프가니스탄을 '러시아의 세력권에 포함되지 않는 지역'으로 규정하는 대신, 영국은 아프가니스탄을 점령하거나 합병하려는 시도를 일체 하지 않기로 약속했다. 그 밖에도 양국은 티베트에 대해서는 서로 손대지 않고 중국의 티베트에 대한 종주권을 인정하기로 합의했다. 그러나 영국과 러시아는 전쟁시 서로를 지원하기 위해 어떤 조치를 취할지에 대해서는 별다른 협정을 맺지 않았다. 따라서 러시아의 전쟁 계획에서 핵심적인 사안은 프랑스와의 연합이었으며, 이를 붕괴시키는 것이 독일의 전쟁 계획의 핵심이었다.

참전국
러시아, 독일, 오스트리아-헝가리 제국

각국의 야심

러시아의 주요 민족인 슬라브Slav 족과 독일의 주요 민족인 튜튼Teuton 족은 유구한 투쟁의 역사를 가지고 있었지만, 19세기 이후 러시아와 독일이 전쟁을 벌인 적은 없었다. 19세기 말, 독일 황제 빌헬름 2세와 러시아 황제 니콜라이 2세Nicholas II는 둘 다 영국의 빅토리아 여왕의 손자로서 서로 사촌 관계였다. 그리고 빌헬름 2세의 정치적 야심은 러시아를 겨냥한 것이 아니라 해양 제국을 건설하여 영국의 패권에 도전하는 것이었다. 따라서 빌헬름 2세는 니콜라이 2세를 잠재적인 연합 세력으로 생각했고, 설사 연합 세력까지는 안 되더라도 러시아를 최소한 우호적인 중립으로 만들기 위해 노력했다. 이런 목적을 달성하기 위해 빌헬름 2세는 니콜라이 2세의 반영

감정을 부추기려고 노력했다. 영국 왕 에드워드 7세$^{Edward VII}$는 이들의 삼촌이었고 후계자인 조지 5세는 이들의 사촌 격이었지만, 빌헬름 2세와 니콜라이 2세는 상당히 깊은 반영 감정을 갖고 있었다.

니콜라이 2세는 1902년 영일 동맹이 이루어지지 않았다면 일본이 감히 러시아에 대들 생각을 하지 못했을 것이라고 생각하고 있었다. 1904년~1905년에 벌어진 러일전쟁에서 러시아군은 지상에서 독일 교관의 훈련을 받고 독일제 무기를 장비한 일본 육군에게 크게 패했지만, 무엇보다도 국가적인 망신이었던 것은 러시아의 뤼순 함대, 태평양 함대, 발틱^{Baltic} 함대가 도고 헤이하치로東鄕平八郎* 제독이 지휘하는 일본 함대에게 사실상 전멸당한 일이었다. 당시 일본 해군은 영국에서 건조된 함정으로 무장하고 영국군 고문들로부터 훈련을 받았다. 이런 상황에서 빌헬름 2세는 투르크 영토에 속하는 흑해-지중해 해협들에 대한 니콜라이 2세의 야심을 부채질했다. 그는 내심 러시아가 이 해협들에 대한 야심을 보일 경우 영국이 반사적으로 반대하고 나설 것이라고 기대하고 있었다. 그러나 당시 빌헬름 2세는 1895년에 아시아 지역의 영국령 영토와의 수송 및 통신망을 충분히 확보한 영국 정부가 더 이상 러시아의 지중해 진출을 목숨 걸고 막을 필요가 없다고 결론을 내린 사실을 몰랐던 것으로 보인다.

1905년, 빌헬름 2세는 니콜라이 2세에게 동맹 조약을 체결하자는 권유를 하기에 이르렀다. 그러나 만약 독일과 동맹 조약을 체결할 경우 보다 중요한 프랑스와의 동맹이 깨지게 되고 동시에 프랑스의 대러시아 투자도

---

* 도고 헤이하치로 1848~1934. 메이지 유신 후 해군사관이 되어 1871년~1878년에 영국에 유학했다. 청일 전쟁 때는 나니와浪速 함장으로서 청국 군함 고승高陞을 격침시키기도 했다. 러일전쟁에서는 일본 연합함대사령장관으로서 전 해군을 지휘하여 쓰시마 해전에서 러시아의 발틱 함대를 격파했다. 거제도 동북쪽에서 출동한 일본 함대는 발틱 함대 후미를 기습공격했고 이틀 동안의 전투 끝에 발틱 함대를 독도 부근에서 괴멸시켰다. 발틱 함대 38척 중 19척이 침몰했고, 사령관을 포함해서 6,100명을 포로로 잡았다.

함께 날아가버릴 것을 우려한 당시 러시아 외무장관 람스도르프^{Lamsdorf}는 니콜라이 2세를 설득하여 독일과의 동맹을 단념시켰다. 빌헬름 2세는 니콜라이 2세를 자기편으로 끌어들이기 위해 끊임없이 노력했다. 하지만 영국도 마찬가지였고, 이런 소리 없는 외교 전쟁에서 최종적으로 승리를 거둔 것은 영국이었다. 1907년에 체결된 영러 협상은 1904년의 영불 협상과 마찬가지로 식민지를 둘러싼 잠재적인 다툼들을 해결하기 위해 체결된 것에 불과했다. 이 협약에 독일이 직접 거론되지는 않았지만, 영국과 러시아 양국 모두 독일을 위협적인 대상으로 보고 있는 것만큼은 확실했다. 그러나 이 협상에서도 영국과 러시아는 상대방이 제3국과 전쟁에 돌입할 경우 함께 싸우겠다는 약속을 하지는 않았다.

1914년 당시 러시아의 인구는 독일 인구 6,500만 명과 오스트리아 인구 5,100만 명을 합친 것보다도 더 많은 1억6,700만 명이었다. 이와 같은 러시아의 인구와 영토 때문에 러시아의 동맹국과 적국 모두 러시아가 무한한 인적 자원의 보고('러시아식 인해전술')를 가졌다고 생각했다. 그러나 러시아의 실상은 겉보기와는 달랐다. 러시아의 산업계와 농업계는 이런 무한한 인적 자원을 무분별하고 비효율적으로 사용하는 관행이 만연해 있었다. 높은 문맹률은 군사 훈련에 지장을 줄 정도였고, 낮은 기계화 수준 때문에 노동 생산

러시아 황제 니콜라이 2세와 황후 알렉산드라, 황태자 알렉세이의 모습. (Edimedia, Paris)

성도 떨어졌을 뿐만 아니라 전투병 대 후방 지원 병력의 비율도 다른 유럽 국가들에 비하면 크게 뒤처졌다. 일례로 러시아군이 전선에서 싸우는 전투병 1명을 유지하기 위해서는 후방 지원병 2명이 필요했던 반면, 독일군과 프랑스군은 후방 지원병 1명으로 전투병 2명을 유지할 수 있었다. 설상가상으로 징병체계가 허술했기 때문에 러시아 국민 가운데 상당수가 군역을 면제받고 있었다.

동부전선에서 맞서 싸운 연합국과 동맹국 4개국은 모두 전제국가였다. 그중에서도 러시아의 차르는 베를린, 빈, 콘스탄티노플의 지배자들보다 더 절대적인 권력을 갖고 있었다. 차르는 모든 정부 장관들을 임명할 수 있는 권한을 가지고 있었고, 이 장관들은 오직 차르의 명령만을 따랐다. 그러나 1894년 즉위 당시 니콜라이 2세는 황제의 지위에 대한 욕망은 강했지만, 지배자로서의 훈련은 거의 받지 못한 상태였다. 니콜라이 2세의 아버지 알렉산드르 3세Alexander III는 니콜라이 2세가 30세가 되면 군주로서의 훈련을 시킬 생각이었지만, 아들이 26세가 되었을 때 무정부주의자들의 폭탄 테러로 그만 세상을 뜨고 말았다. 니콜라이 2세의 독일인 황후 알렉산드라Alexandra 역시 권력욕은 강했지만, 권력을 어떻게 써야 하는지에 대해서는 무지했다. 그리고 황후의 정치적 견해는 어떤 기준으로 봐도 시대에 역행하는 것이었다. 만약 개인적 능력이 뛰어났다거나 러시아가 입헌군주제였다면 니콜라이 2세와 황후의 단점도 그렇게 큰 영향을 미치지는 못했겠지만, 문제는 이들이 유례없는 전제 권력을 물려받게 되었다는 것이었다. 또 자식 사랑이 대단했던 황제와 황후는 황태자 알렉세이Alexey에게 물려줄 러시아를 전제국가로 유지하는 것이 자신들의 절대적인 사명이라고 생각했다. 그러나 불행히도 알렉세이는 영국 빅토리아 여왕의 손녀 중 한 명이었던 그의 어머니로부터 혈우병*을 물려받았다. 혈우병은 당시

---

* **혈우병** 조그만 상처에도 쉽게 피가 나고 잘 멎지 않는 유전병.

빅토리아 여왕의 딸과 손녀들을 통해 유럽 전역의 왕실로 퍼졌다. 이런 상황에서 1912년 말, 요승^{妖僧} 그리고리 에피모비치 라스푸틴^{Grigorii Efimovich Rasputin}*이 러시아 황실에 모습을 나타냈다. 신앙 치료사로서의 명성을 얻고 있던 라스푸틴은 작은 찰과상이나 멍만 들어도 지속적인 출혈이 발생해 큰 고통을 받고 있던 알렉세이의 병세를 완화시켜주는 불가사의한 능력을 가지고 있었다. 그러한 능력으로 황제와 황후의 마음을 사로잡은 라스푸틴은 두마나 정부 각료들보다도 더 큰 영향력을 행사했다.

지리적 여건 역시 러시아의 지배층과 피지배층 간의 격차를 더욱 심화시켰다. 당시 러시아의 수도는 표트르 대제^{Peter the Great}가 '유럽의 창'이라고 불렸던 도시로서 서구를 지향한다는 차원에서 선택한 장소에 건설한 도시였다. 대부분 이탈리아 건축가들이 건설한 이 도시는 지리적으로나 문화적으로나 지성적으로나 러시아의 여타 지방보다는 다른 유럽 국가들의 수도와 더 비슷했다. 이 수도의 이름인 '페테르부르크^{Petersburg}'(상트페테르부르크의 상트^{Saint}는 나중에 덧붙여진 것이다)조차 독일식 이름으로서 러시아식으로 '페트로그라드^{Petrograd}'라고 불리게 된 것은 전쟁이 터지고 나서였다. 수도의 귀족들은 대부분 러시아어보다 프랑스어에 더 능숙했다. 정부와 군부의 요직은 발트 해 연안의 독일계 출신들이 장악하고 있었으며, 니콜라이 2세와 알렉산드라 부부는 대부분의 의사소통을 영어로 했다. 반면 러시아 국민의 75퍼센트는 글을 읽지 못하는 가난한 소작농들이었다.

당시 러시아의 공업 부문은 빠르게 성장하고 있었지만, 산업화가 시작된 시기 자체가 늦었고 산업 노동자 계층도 소수 도시에서만 겨우 형성된 상태였다. 소작농들의 소작 조건에 대한 불만, 그리고 산업 노동자들의 저임금과 열악한 노동 환경에 대한 불만이 합쳐지면서 1914년 여름, 수도 페

---

* 그리고리 에피모비치 라스푸틴 1872~1916. 제정 러시아의 성직자. 여러 수도원과 성지^{聖地}를 돌아다니며 예언도 하고 환자를 치료하기도 하다가 러시아 황제 니콜라이 2세와 황후의 신임을 얻어 국정을 좌우했으나, 황족과 우익 국회의원에게 암살되었다.

테르부르크의 중심가에서 노동
자들의 봉기가 일어났다. 봉기
한 노동자들은 시가 전차를 전
복시키고 바리케이드를 세웠다.
그러나 전쟁의 기운이 다가오면
서 애국적인 열정이 전국을 휩
쓸게 되었다. 수도의 중앙 광장
에 차르가 모습을 드러내자, 러
시아 민중은 황제 앞에 무릎을
꿇었다. 동원령이 선포되면서
상당한 무질서와 약탈, 폭동이
일어났지만, 이는 모두 해당 부
대로 배치될 예비군들, 즉 군 복
무에 이의를 제기하지 않은 자
들이 부족한 식량 보급이나 아
내와 가족에게 줄 급료의 지불

■■■■■ 러시아 황가를 쥐고 흔들었던 요승 그리고리
에피모비치 라스푸틴이 저지른 전횡(專橫)은 러시아 황실
의 종말을 더욱 앞당겼다. 사진은 로마(Loma) 대령과 푸
티아닌 대공(Prince Putianin) 사이에 앉아 있는 라스푸틴
의 모습. (Ann Ronan Picture Library)

이 지연되었기 때문에 일으킨 것이었지 반전 분위기 때문에 일어난 것은
아니었다.

정치적 불만 외에도 다민족 국가인 러시아 제국에는 여러 가지 문제들
이 시한폭탄처럼 잠재되어 있었다. 첫 번째 문제는 러시아 황실이 그렇듯
이 제국 자체도 순수하게 러시아인들로만 구성된 국가가 아니라는 사실이
었다. 1897년에 실시된 러시아 역사상 최초의 인구조사에 따르면, 전체 인
구의 단지 44.3퍼센트만이 '대러시아인 Great Russian (슬라브어를 쓰는 유럽계 슬
라브 족)'에 해당되었다. 여기에 벨로루시 Belorussia ('백白러시아'라는 뜻. 이 말
은 정치적 의미를 가진 것이 아니라 해당 지역 토양의 색깔에서 유래한 것이다)와
우크라이나 Ukraine ('소小러시아'라는 뜻)를 합쳐도 그럭저럭 러시아인이라고

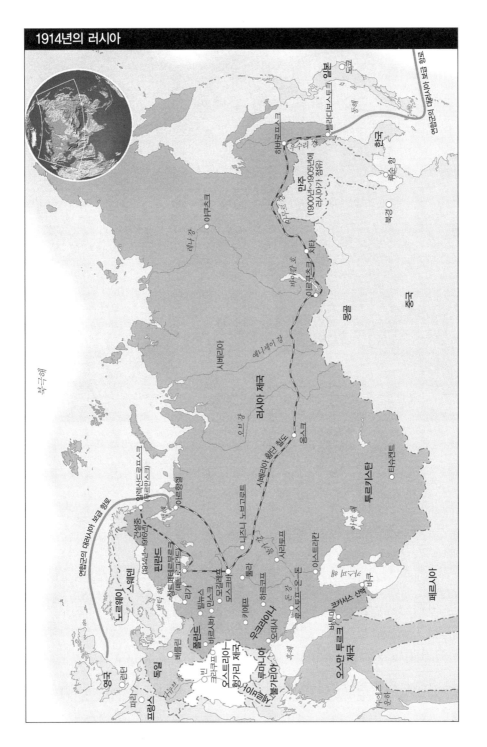

1914년의 러시아

■■■■■■ 오스트리아군 참모총장 콘라트 폰 회첸도르프 원수의 모습. (Ann Ronan Picture Library)

주장할 수 있는 인구는 '전 러시아의 차르'의 신민 가운데 겨우 3분의 2 정도였다.

　투르키스탄과 스텝 총독령의 주민들 가운데는 이슬람교도가 압도적으로 많았고, 트랜스코카서스와 타타르스탄Tatarstan 지역에도 상당한 수의 이슬람 인구가 거주하고 있었다. 이슬람교도를 믿지 못했던 러시아 정부는 이들에게 무기를 쥐어주고 군사 훈련을 시키는 것을 꺼려했다. 결국 이런 의심 때문에 많은 이슬람교도들이 징병 대상에서 제외되었다. 그렇다고 러시아 정부의 불안감이 전혀 근거 없는 것도 아니었다. 당시 직무상 이슬람 칼리프Caliph of Islam 지위에 있던 오스만 투르크 제국의 황제는 그 어떤 전쟁도 '성전聖戰, Jihad'으로 선포할 수 있는 권한을 갖고 있었으며, 만약 러시아와 투르크 간에 전쟁이 일어날 경우 성전을 선포하고 모든 이슬람교도들에게 대對러시아 투쟁에 나설 것을 선동할 가능성도 분명히 존재했기 때문이었다.

　러시아 제국은 서로 다른 문화와 종교를 가진 많은 민족으로 구성되어 있었다. 이런 상황에서 19세기 말, 전 세계적으로 민족의식이 성장하면서 대두된 민족주의는 러시아에게 심각한 골칫거리가 되었다. 종교 측면에서 핀란드인과 에스토니아인, 라트비아인은 주로 루터파 개신교를 믿고 있었고, 리투아니아인과 폴란드인은 가톨릭을, 그리고 우크라이나인은 합동동방가톨릭 Uniate Catholics을 신봉하고 있었다. 이들은 러시아 정교회에 대해 러시아 정부가 이들을 지배하기 위한 수단이라는 생각을 가지고 있었으며, 사실 실제로도 그랬다. 또 이들 기독교 분파들은 여전히 스칸디나비아 반도 및 중부 · 서부 유럽 지역과 강력하고도 긴밀한 종교적 · 문화적 유대관계를 유지하고 있었다. 러시아 정교회보다도 훨씬 더 오랜 역사를 가진 독자적인 동방정교회들을 갖고 있던 그루지야인과 아르메니아인은 러시아 정교회가 주도하는 종교회의를 따르지 않았다. 핀란드 민족주의자들은 제 1차 세계대전이 벌어지기 10년 전부터 이미 러시아의 심각한 두통거리였다. 결국 러시아 육군은 핀란드인으로 구성된 연대들을 일시적으로 해체하고 핀란드인에 대한 징병을 중지하는 조치를 취하기에 이르렀다. 한편, 폴란드 지역에서 폴란드를 분할하여 나눠가졌던 프로이센과 오스트리아-헝가리, 러시아는 폴란드인에게 전쟁에서 승리하면 독립과 재통일을 시켜줄 테니 자기편을 들라며 치열한 선심 공약 경쟁을 벌였다. 또 우크라이나 역시 러시아가 마음 놓을 수 있는 지역은 아니었다. 이 지역의 합동동방가톨릭교도뿐만 아니라 동방정교도 사이에서도 민족주의 기운이 일어나고 있었기 때문이었다.

　노쇠한 오스트리아-헝가리 이중 제국도 러시아와 비슷한 잠재적인 시한 폭탄을 안고 있었다. 당시의 오스트리아는 슬라브계(체코인, 슬로바키아인, 폴란드인, 루테니아인, 슬로베니아인, 크로아티아인, 보스니아의 세르비아인)가 제국민의 60퍼센트를 차지하고 있었고, 이들 사이에서도 서서히 민족주의의 기운이 강해지고 있었기 때문이었다. 게다가 이웃의 슬라브 국가인 세르비아는 합스부르크Habsburg 왕가가 지배하는 남쪽 슬라브계 주민들 사이에서 분리주의를 선동하면서 해당 지역의 영향력을 확대하려 했다. 오스트리아군 참모총장이었던 콘라트 폰 회첸도르프Conrad von Hötzendorff는 오랫동안 이러한 세르비아에 대항해 예방 전쟁을 벌여야 한다고 주장해왔으며, 프란츠 페르디난트Franz Ferdinand 황태자가 암살당하자 자신의 주장을 관철시킬 절호의 기회가 왔다고 생각했다. 오스트리아와 세르비아 사이에 전운이 감돌자, 러시아는 당연히 슬라브계에다 동방정교를 믿는 세르비아의 편을 들었고 독일은 러시아의 위협에 대항하여 오스트리아-헝가리 제국의 편에 섰다.

독일 제국의 성립은 여타 국가들에 비해 상당히 늦은 시기에 이루어졌다. 프로이센의 왕이 독일의 황제(카이저Kaiser)를 겸하게 된 것은 1871년 프로이센-프랑스 전쟁에서 승리를 거둔 이후였다. 신생 독일 제국은 러시아, 오스트리아-헝가리, 그리고 투르크와 마찬가지로 다양한 집단이 모여 이루어진 제국이었다. 독일의 해외 식민지는 보잘것없는 규모에 불과했으며, 대전 중 독일의 전쟁 수행에 별다른 기여를 하지도 못했다. 그리고 전쟁이 발발하자 유럽 외의 독일령 지역들은 곧 연합국, 그중에서도 주로 영국과 같은 해양 세력들에 의해 모두 고립되거나 점령당했다.

독일에게 그래도 긍정적이라고 할 수 있었던 점은 독일을 구성하는 프로이센 · 바이에른 · 뷔르템베르크 · 작센 왕국과 몇몇 제후령, 독일 지배하의 폴란드 지역과 알자스-로렌 지역 중 어느 곳도 독일 제국의 통일성에 위협을 주지 않았다는 것이었다. 물론 알자스-로렌 지역은 프로이센-프랑스 전쟁의 전리품으로 획득한 지역이었지만, 국가 분열의 위협이 되기에는 지나치게 작은 지역이었다. 그리고 폴란드인은 독립심이 강하기로 유명했지만, 대부분의 폴란드인은 폴란드 독립의 주요 장애물은 독일이 아니라 러시아라고 보았다. 여타 독일 왕국들이나 제후령들 사이에서는 프로이센이 너무 거들먹거린다는 불만이 널리 퍼져 있었지만, 이런 불만이 동부전선에서 독일이 전쟁을 수행하는 데 영향을 미치지는 않았다.

오스만 투르크의 군대는 1912년 그리스, 세르비아, 불가리아와 벌어진 발칸 전쟁에서 지리멸렬한 모습을 보여주었다. 그러나 제1차 세계대전 직전, 투르크군은 구태를 털어버리기 위한 재편 작업이 한창이었고, 부분적으로는 독일의 지원을 받아 신식 장비를 갖추기도 했다. 독일의 전쟁 계획에 있어서 투르크가 수행해야 하는 주요 임무는 영국과 프랑스가 투르크 지배하의 지중해-흑해 사이 해협을 통과하여 러시아에게 보급품을 수송하는 것을 차단하는 것과 트랜스코카서스 지역에 러시아군의 일부를 붙잡아두는 것이었다. 1914년 10월 29일~30일 밤에 독일 조우혼 Souchon 해군 제독이 투르크 해군을 이끌고 흑해에 면한 러시아의 항구 도시 오데사 Odessa를 포격하자, 투르크는 사실상 전쟁에 끌려들어가게 되었고, 11월 2일에는 러시아 역시 투르크에 선전포고를 했다.

투르크의 가장 큰 잠재적인 시한폭탄은 아랍 지역의 속령들이었다. 프랑스와 영국의 지원을 받는 아랍 게릴라들이 아라비아의 독립을 목표로 준동하는 통에 투르크는 러시아 전선에만 집중할 수가 없었다. 투르크의 제3군이 러시아의 코카서스군 Army of

■■■■■ 오스만 투르크 제국의 국방장관이었던 엔베르 파샤. (Ann Ronan Picture Library)

Caucasus과 맞붙은 곳은 이전에 아르메니아의 일부였던 동부 아나톨리아East-ern Anatolia 지방이었다. 이 지역에서 투르크의 주요 목표는 1878년 러시아에게 빼앗긴 카르스Kars와 아르다한Ardahan, 바투미Batumi를 회복하는 것이었다. 그러나 투르크의 국방장관 엔베르 파샤Enver Pasha가 품고 있던 야망은 이것보다 훨씬 더 큰 것이었다. 그의 궁극적인 목표는 러시아의 코카서스 군을 격파함으로써 러시아가 지배하고 있던 트랜스코카서스와 중앙아시아 지역의 거주민 중 압도적 다수를 차지하고 있는 투르크계 이슬람 주민들의 봉기를 유도하고 이 봉기의 불길을 아프가니스탄과 인도로 퍼뜨리는 것이었다.

불가리아는 1915년, 루마니아는 1916년에 각각 동맹군과 연합군 편에 서서 전쟁에 뛰어들었다. 양국의 참전 목적은 모두 영토의 확장이었다. 불가리아는 세르비아, 루마니아, 그리스 영토에 눈독을 들이고 있었고, 루마니아는 오스트리아-헝가리 제국이 지배하는 트란실바니아 지방을 원했다.

병사들과 장비

동부전선의 독일군은 수적으로는 항상 연합군보다 열세였지만, 국민개병제國民皆兵制에 의해 양성된 우수한 병사들과 지휘관들의 능력, 우월한 보급과 무기체계로 종합 전력 면에서는 항상 우위를 점했다. 1914년 당시 동부전선에서 독일과 싸우고 있던 연합국들은 이 국민개병제라는 개념을 완전히 이해하지 못하고 있었다. 국민개병제 개념의 핵심은 머릿수만 많고 전투력은 별로라고 간주되던 징집병도 효과적인 훈련과 좋은 장비, 유능한 지휘관이라는 3박자가 갖춰질 경우 높은 전투력을 갖춘 대규모 일선 전투 병력으로 탈바꿈할 수 있다는 것이었다. 그러나 당시 동부전선의 연합국은 징집된 예비병들을 후방 경비나 요새 수비와 같은 부차적인 임무에만 활용했다. 서부전선에서와 마찬가지로 동부전선의 독일군 보병들은 풍부한 포병 지원을 받을 수 있었고, 특히 중포와 곡사포 면에서 독일군은 러시아군에 비해 압도적인 우위를 점하고 있었다. 개전 당시 단기간의 기동전을 예상했던 독일군 최고사령부는 기관총의 중요성을 깨닫지 못한 상태였지만, 그래도 러시아군보다는 기관총의 효용성을 훨씬 더 잘 이해하고 있었고 병력 대 기관총 수의 비율 면에서 봤을 때 러시아보다 여덟 배나 많은 기관총으로 무장하고 있었다. 철도가 주요 육상 수송 수단의 위치를 차지하고 있던 당시, 잘 발달된 조밀한 철도망을 갖추고 있던 독일군은 보급 및 병력 수송에 있어서 큰 이점을 가지고 있었다. 독일은 이 철도망을 이용하여 유사시 동부전선의 병력을 서부전선으로 혹은 그 반대로 신속하게 이동시킬 수 있었고, 남쪽의 오스트리아군이 지원을 필요로 할 경우에도 신속한 대응이 가능했다. 전쟁이 유례없이 길어지면서 참전국 모두가 큰 고통을 겪는 상황에서도 독일은 발전된 산업과 교통, 통신 역량을 기반으로 러시아나 오스트리아-헝가리 제국에 비해 훨씬 수월하게 적응할 수 있었다.

프로이센은 한때 국가가 군대를 보유한 것이 아니라 군대가 국가를 소유한 나라로 묘사되기도 했다. 물론 프로이센이 가장 강력한 군대와 지도력을 갖고 있기는 했지만, 동시에 뷔르템베르크·바이에른·작센 왕국과 바덴Baden과 같은 제후령 출신 병사들도 오스트리아-헝가리군의 슬라브계 부대나 러시아의 비非슬라브계 부대에 비하면 훨씬 신뢰할 수 있는 전력을 갖추고 있었다. 하지만 독일도 알자스-로렌 지역 출신의 프랑스어를 쓰는 징집병들까지 완전히 믿지는 못했다. 따라서 이들은 서부전선에는 투입되지 않고 주로 동부전선에 투입되었지만, 이들조차도 러시아군을 상대로 벌어진 전투에서 충분히 제몫을 해냈다.

제1차 세계대전 전 오스트리아-헝가리 제국의 징집 인원은 연평균 15만9,500명으로, 전체 인구대비 비율로 따졌을 때 독일보다 20퍼센트 이상 적었지만, 러시아에 비해서는 오히려 약 50퍼센트나 높았다. 그러나 오스트리아-헝가리군 부대 가운데 완전히 신뢰할 수 있는 부대는 제국의 핵심인 오스트마르크Ostmark와 헝가리 출신 부대들뿐이었다. 오스트리아-헝가리 제국의 가장 큰 문제는 제국민의 거의 3분의 2가 주변 국가들과 민족적 배경을 공유하고 있다는 것이었다. 제국의 서부에는 이탈리아계가 거주했고, 동부에는 체코계, 슬로바키아계, 루테니아계, 폴란드계, 루마니아계가, 남부에는 슬로베니아계, 크로아티아계, 세르비아계가 살고 있었다. 특정 민족으로 구성된 부대들을 해당 민족의 본거지로부터 먼 곳에 배치하려는 시도도 있었지만, 슬라브계 병사들 없이 오스트리아인이나 헝가리인 부대들만으로는 동부전선을 모두 감당할 도리가 없었다. 결국 오스트리아-헝가리 제국은 어쩔 수 없이 슬라브계 부대들도 전선에 투입했지만, 1916년 중반 이후 슬라브계 부대들이 대러시아전에 투입하기에는 신뢰할 수 없는 존재들이라는 것이 분명해졌다.

오스트리아-헝가리 제국의 국방 예산 지출의 절대명제는 '무조건 절약'이었다. 1911년까지만 해도 오스트리아-헝가리 제국의 국방 예산은 독일의 4분의 1도 채 되지 않았고, 러시아 국방 예산의 4분의 1을 겨우 조금 넘는 수준이었다. 병력 규모도 1911년 말, 전시 군사력을 90만 명에서 150만 명으로 증가한다는 계획이 채택되면서 늘어나기는 했지만, 주변 열강들과 비교하면 여전히 적은 수준이었다. 그 결과 개전 당시 오스트리아-헝가리군의 무장 상태는 러시아군과 비교해도 그다지 나을 것이 없었다. 그러나 이런 실정에도 불구하고 오스트리아-헝가리군 참모총장 콘라트는 1914년 6월에 오스트리아 황태자 프란츠 페르디난트 대공이 암살되자, 오스트리아-헝가리 제국의 군사력을 과시할 기회가 왔다고 생각했다. 하지만 당시 오스트리아-헝가리 제국의 전력은 독일의 도움 없이는 세르비아조차 제대로 제압할 수 없을 지경이었다.

제1차 세계대전이 벌어지기 전, 독일은 일단 전쟁이 터질 경우 단기전으로 끝날 것이라고 예상했으며 동부전선에서 오스트리아-헝가리 제국과 작전 협조를 할 필요성도 별로 느끼지 못했다. 따라서 1896년~1909년에 양국 참모부 간의 교류는 거의 완전히 정지되었다고 해도 과언이 아니었다. 이후 콘라트의 주장에 따라 양국 참모부 간의 교류가 재개되기는 했지만, 1914년 당시 양국 간에는 대러시아전을 염두에 둔 어떠한 합동 작전계획도 존재하지 않았다. 그리고 개전과 동시에 향후 전쟁의 전망에 대한 양국 간의 견해 차이가 발생하기 시작했다. 개전 당시 총 80개 사단 가운데 70개 사단을 서부전선에 투입할 계획이었던 독일은 프랑스를 처리하는 데 36일~40일이 걸리는 동안, 동부전선에서는 나머지 10개 사단으로 방어에 전념한다는 전략을 세워두고 있었다. 독일의 속셈은 일단 서부전선을 정리한 후 80개 사단을 모두 동부전선에 투입해서 러시아에게 뜨거운 맛을 보여줌으로써 평화를 애걸하게 만든다는 것이었다. 반면 콘라트는 러시아령 폴란드('바르샤바 돌출부')의 남쪽 측면을 최우선으로 공격해야 한다고 주장했다. 동맹국은 전쟁이 끝날 때까지 이와 같은 동부전선과 서부전선 사이의 우선순위 문제를 놓고 끝내 해결하지 못했다.

러시아군의 병력 규모는 평화시에는 142만3,000명 선을 유지했지만, 전쟁 발발시에는 개전 6주 내에 453만8,000명으로 증가하는 한편 최대 650만 명까지 병력을 확보한다는 계획이었다. 1874년에 제정된 법에 기반한 이와 같은 징병제도는 1912년에 다소 개정되기도 했다. 그러나 산업화 시대의 전쟁이 얼마나 막대한 규모의 사상자를 발생시킬 수 있는지에 대해서는 전혀 내다보지 못한 러시아는 엄청나게 많은 대상자들의 병역을 면제해주고 있었다. 많은 비슬라브계, 또는 이슬람 주민들이 후진적이라거나 오지에서 거주한다거나 무장시킬 경우 봉기할 우려가 있다는 이유로 병역을 면제받았다. 가족을 혼자 부양하는 자나 독자獨子도 평시에는 병역을 면제받았고, 전시에는 보조 부대나 후방 수비대에서만 근무했다. 이러한 자원들을 전시에 써먹을 수 있느냐 없느냐는 전적으로 이들의 자발적인 병역 수행 의지와 병역 기피자들을 잡아내는 경찰의 역량에 달려 있었다. 독일군에도 이와 비슷한 존재로서 에어자츠^Ersatz, 혹은 '대체용' 예비군이 있었다. 하지만 이들은 주요 예비군 자원으로서 그 신원과 소재가 완전히 파악되어 있었으며 전쟁 발발시 즉각 소집되었다.

고학력을 가진 남성 1.1퍼센트에 대한 면제 규정도 단독 부양자나 외아들에 대한 규정만큼 유명무실한 제도였다. 교사, 의사, 혹은 화학자는 대부분 평화시에 군역을 면제받았고, 다른 학문을 전공한 사람들도 일반적인 4년이 아니라 1년~3년만 복무하면 되었다. 이 제도로 인해 전문교육을 받은 고학력자를 예비역 장교로 확보하는 것이 불가능해졌다. 이러한 특권은 고등교육을 받은 사람들에게만 주어졌는데, 이런 고학력자들의 압도적 다수는 부유층 자제들이었다. 이로 인해 일반 평민들이 병역을 점점 더 시민의 의무가 아니라 가난하고 힘없는 자들만 져야 하는 부담으로 생각하게 되면서 가능하면 병역을 피하려는 풍조가 확산되었다.

독일에서는 가족이나 교육에 관계된 사유로 면제를 신청할 수 있는 남성의 비율이 2퍼센트에 불과했지만, 러시아에서는 같은 이유로 면제 신청이 가능한 비율이 48퍼센트에 이르렀고 그중 반수는 전시에도 계속 병역을 면제받았다. 이런 상황에서 러시아는 현역 대상 신체 조건을 유럽에서 가장 빈약한 수준으로 낮춤으로써 겨우 전쟁에 필요한 병사들의 머릿수를 확보할 수 있었다. 독일에서는 징병 대상자 가운데 건강상의 이유로 입대가 거부되는 비율이 37퍼센트에 이르렀지만, 러시아에서는 이 비율이 17퍼센트에 불과했다. 건강이 좋지 않은 자들까지 모두 야전에 투입하다 보니 질병이나 피로로 쓰러지는 병사들의 수가 더욱 많아졌을 뿐만 아니라, 제대 후 예비군 병력도 빠르게 줄어들었다. 독일에서는 예비역 가운데 해마다 평균 3퍼센트 정도가 건강상의 이유로 군적軍籍에서 삭제되었지만, 러시아에서는 이 비율이 4퍼센트 이상에 달했다. 이는 다시 말해 10년 후 실전에 투입할 수 있는 예비역이 독일은 75퍼센트가 남아 있는 반면, 러시아는 66퍼센트에 불과하다는 것을 의미했다. 그리고 예비역 소집 연령을 37세 이상의 남성으로까지 확대할 경우, 확보할 수 있는 예비군 병력은 오히려 독일이 러시아보다 많았다.

제1차 세계대전 개전 직전 독일은 연 평균 28만 명을 징집해 훈련시키고 있었지만, 러시아는 독일보다 두 배 반이나 많은 인구를 가지고도 독일보다 겨우 20퍼센트 많은 33만5,000명을 훈련시키고 있을 뿐이었다. 또 독일군 징집병에 비해 러시아군 징집병은 훈련 정도와 장비는 물론 신체적 조건도 좋지 않았을 뿐만 아니라, 교육 수준도 비교가 되지 않았다. 대부분의 국가에서 군대의 등뼈는 부사관들과 준사관들이었다. 이 부사관, 준사관의 비율이 독일군은 평균 12퍼센트에 달한 반면, 러시아군은 2퍼센트에 불과했다.

장비 면에서 러시아는 창의력에 있어서는 다른 국가들에 절대 뒤지지 않았지만, 그 새로운 아이디어를 실제에 적용하는 데 있어서는 다른 주요 참전국들에 비해 크게 뒤졌다. 러시아 전국에서 야포를 생산할 수 있는 조병창은 수도 페테르부르크 조병창이 유일했고, 다른 5개의 조병창들은 야포 수리만 겨우 할 수 있는 정도였다. 이런 상황에서 전쟁이 터지고 러시아군의 규모가 대폭 확대되자, 곧 심각한 포병 부족 현상이 일어났다. 전쟁 전 기간 동안 만성적인 포병 부족 문제는 러시아군의 골칫거리로 계속 남아 있었다.

기관총 역시 공급이 달리기는 마찬가지였다. 1914년 러시아는 겨우 4,100정이 넘는 기관총을 보유하고 있었는데, 이는 각 보병대대에 한 자루씩 보급하기에도 부족한 수량이었다. 게다가 기관총을 생산할 수 있는 조병창도 툴라^Tula 조병창 하나뿐이었다. 민간 기업들과 병기 생산 계약을 맺기도 하고 해외에 무기 구입 주문을 하기도 했지만, 해외 무기 생산업자들은 이미 다른 주요 참전국들이 주문한 무기를 생산하느라 러시아의 주문을 받을 여유가 없었다. 결국 1916년까지도 러시아군이 보유한 기관총 수는 소요량의 8분의 1에 불과했다.

그러나 물량 부족이 가장 심각했던 것은 소총과 소총 탄약이었다. 러시아군의 소총과 소총 탄약 소요량은 지휘부의 예측을 30퍼센트 이상 초과했으며, 개전 당시만 하더라도 소총 부족량이 총 35만 정에 이르렀다. 이런 상태에서 전쟁이 터지다 보니 1914년 말에도 신병들이 소총도 없이 전선에 배치되는 일은 다반사였다. 이들 중 일부는 후방으로 돌려보내졌지만, 나머지 신병들은 죽은 전우들의 소총을 주워서 쓰라는 명령과 함께 맨주먹으로 전투에 투입되었다. 전쟁이 격화되면서 러시아군은 매달 20만 정의 소총이 필요했지만, 생산량은 1915년 월 평균 7만1,000정에 불과했고, 1916년에도 겨우 월 평균 11만1,000정까지 증가했을 뿐이었다.

1914년 러시아에서 소총 탄약을 생산하는 공장은 단 세 곳뿐이었다. 전쟁이 시작되고 생산량이 세 배로 늘기는 했지만, 1915년 내내 소총 탄약 생산량은 소요량의 절반에 불과했다. 이런 상황에도 불구하고 추가적인 탄약 생산 공장을 건설한다는 결정이 내려진 것은 1916년 4월이 되어서였다. 이 무렵 탄약 부족 현상은 이전보다 완화된 상태였지만, 이는 탄약 생산이 증가했기 때문이 아니라 러시아군의 소총 보유량이 필요 정수의 3분의 2에 불과했기 때문이었다. 무기 생산 증가가 지지부진한 와중에 러시아군은 여러 차례 패전을 거듭하면서 엄청난 수의 병사들이 포로로 잡혔고 광대한 영토를 잃었다.

제1차 세계대전 참전국 군대들의 공통점 중 하나는 모두 말에 크게 의존했다는 것이었다. 사실, 전투가 기관총과 참호, 철조망을 중심으로 전개되면서 기병이 실제로 활약할 여지는 별로 없었지만, 대부분의 국가들은 이런 상황에서도 제대로 써먹지도 못할 기병대를 잔뜩 보유하고 있었다. 그리고 이런 기병대는 차치하더라도 기차로 수송된 보급품을 철도역에서 전선으로 수송하는 일은 물론 대포와 야전취사차를 이동시키는 일은 말 없이는 생각도 할 수 없었다. 그러나 이렇게 소중한 말에게도 문제가 있었

▪▪▪▪▪ 러시아 여군 대대의 일부 대원들이 훈련을 받고 있다. 이들은 동궁(冬宮, Winter Palace)을 둘러싸고 전투가 벌어졌을 때 별다른 교전 없이 모두 포로로 잡혀 전원 귀가 조치되었다. (Ann Ronan Picture Library)

다. 말먹이는 단일 보급품으로는 가장 큰 부피를 차지했고, 이로 인해 말먹이를 대량으로 수송하느라 그렇지 않아도 과부하가 걸린 러시아의 철도 시스템에 더 큰 부담이 가해지게 되었다.

투르크군이 러시아군과 유일하게 직접 맞붙은 곳은 아나톨리아 지역이었다. 투르크 주재 독일 군사 고문단장이었던 리만 폰 산더스$^{\text{Liman von Sanders}}$ 대장은 당시 투르크군 참모총장을 맡고 있던 브론자르트 폰 쉘렌도르프 $^{\text{Bronsart von Schellendorf}}$ 대장과 투르크 해군을 지휘하고 있던 조우혼 제독을 비롯한 독일군 고문들, 그리고 기타 투르크 군부의 고위 요직을 차지하고 있던 독일 참모들을 통해 투르크군에 막강한 영향력을 행사했다. 그러나 투르크의 국방장관인 엔베르 파샤는 이러한 영향력을 상당히 제한하고 있었다. 앞서 언급한 대로 엔베르 파샤는 투르크군 36개 사단을 독일이 의도했던 것보다 훨씬 더 원대한 목표를 이루기 위해 사용할 야심을 품고 있었다.

전투
1914년~1918년 동부전선 전황

1914년 7월 30일, 러시아는 군대를 동원하기 시작했다. 그로부터 겨우 6일도 지나지 않아 당시 독일군의 공격에 엄청난 위기를 맞고 있던 프랑스의 대사가 차르에게 즉각 독일에 대한 공격에 나설 것을 탄원했다. 프랑스는 한시라도 빨리 러시아군이 공격에 나서서 서부전선으로부터 독일군의 주의를 돌려주길 원했다. 이에 러시아는 서둘러 렌넨캄프Rennenkampf 대장의 제1군과 삼소노프Samsonov 대장의 제2군으로 동프로이센을 침공한다는 계획을 세웠다. 동프로이센 침공에 동원된 러시아군은 폰 프리트비츠von Prittwitz 대장의 지휘하에 해당 지역을 지키고 있던 10개 독일군 사단의 2배 규모였다. 따라서 독일군은 마주리아Mazuria에서 지연전을 펼치면서 만약 필요할 경우 강력하게 요새화된 비스툴라 강 하류 지역으로 철수하여 프랑스 점령을 끝낸 서부전선 독일군의 증원을 기다린다는 방어 계획을 짜

놓고 있었다. 그러나 공격에 나선
러시아군도 상황이 좋은 것은 아
니었다. 러시아군 총사령관 니콜
라이 대공Grand Duke Nikolay이 프랑스
의 지속적인 요청에 응하여 베를
린을 향한 공세를 펼치기로 결심
하고 이를 위해 8월 8일에 렌넨캄
프의 제1군으로부터 2개 군단을
차출해갔기 때문이었다.

1914년 8월~9월,
러시아의 동프로이센 침공

8월 12일~13일, 러시아군의 동
프로이센 침공이 시작되었다. 렌
넨캄프의 제1군이 8월 17일 슈탈

■■■■■■ 1914년~1915년에 러시아군 총사령관을
역임한 니콜라이 대공. (Ann Ronan Picture Library)

루푀넨Stallupönen에서, 8월 20일에는 굼빈넨Gumbinnen에서 녹일군을 밀어내
면서 동프로이센의 수도였던 쾨니히스베르크Königsberg(오늘날의 칼리닌그라
드Kaliningrad)마저도 러시아군에게 함락될 위기에 처하게 되었다. 상황이 이
렇게 되자, 유능한 직업군인이라기보다는 정치적 능력으로 대장의 지위에
오른 프리트비츠는 공황 상태에 빠져버렸다. 프리트비츠가 계속 퇴각하겠
다는 의사를 내비치자, 몰트케는 8월 22일에 프리트비츠와 그의 참모장을
힌덴부르크와 루덴도르프로 교체해버렸다. 다음 날 동부전선에 도착한 힌
덴부르크와 루덴도르프는 이후 제1차 세계대전에서 가장 강력한 콤비를
이루게 되었다.

■■■■■ 힌덴부르크와 루덴도르프 콤비의 모습. 동부전선 최강의 팀을 구성했던 이 콤비는 나중에 서부전선에서도 막강한 위력을 과시했다. (Edimedia, Paris)

힌덴부르크와 루덴도르프가 도착했을 당시의 동프로이센의 전황은 중요한 국면에 접어들고 있었지만, 완전히 절망적인 상황은 아니었다. 렌넨캄프는 순조롭게 진격하고 있었지만, 독일 영토로 깊숙이 들어갈수록 보급 문제도 심각해졌다. 게다가 독일군이 철수하면서 모든 화차를 가져가버렸기 때문에, 철도를 통한 재보급에도 애로사항이 생기기 시작했다. 설상가상으로 러시아의 철도와 독일의 철도는 철로의 규격이 서로 달랐기 때문에 러시아제 화차를 가져다 쓸 수도 없었다. 독일군이 굼빈넨에서 철수했을 때도 렌넨캄프는 이를 즉각 추격하지 않고 이틀 동안 보급 부대가 도착하기를 기다렸다. 8월 23일, 겨우 진격을 재개한 렌넨캄프는 제2군을 지원하는 것보다는 독일군의 측면 공격 예방에 작전의 우선순위를 두고 남쪽에서 진격 중이던 삼소노프와 합류하는 대신 쾨니히스베르크 방면으로 진격을 계속했다.

삼소노프의 제2군은 제2군대로 보급과 통신 문제로 애를 먹고 있었다. 엎친 데 덮친 격으로 짐수레를 끄는 수송용 말들은 물론 보병들조차 이동하기 힘든 모래밭 지대에서 이동하느라 고생이 이만저만이 아닌 상황에서 전선군(집단군과 같은 의미) 사령관 질린스키^Zhilinsky 대장은 쉴 새 없이 무모한 진격을 재촉하고 있었다. 한편, 당시 러시아군은 부대 간 통신을 위해 무선통신을 많이 사용하고 있었다. 대부분의 통신문은 평문으로 작성되거

나 손쉽게 해독할 수 있는 간단한 암호문으로 되어 있었기 때문에, 독일군은 쉽사리 러시아군의 통신을 도청할 수 있었다. 8월 25일, 독일군은 러시아군의 평문 메시지 2개를 입수했다. 하나는 다음 날 어느 방향으로 얼마나 진격할지를 알리는 렌넨캄프의 전문이었고, 다른 하나는 전면 퇴각하는 것으로 보이는 독일군을 즉각 추격하라는 삼소노프의 명령이었다. 이러한 통신문은 러시아 제1군과 제2군이 합류할 의사가 없다는 것을 보여주는 것으로서, 독일군에게는 그야말로 호박이 넝쿨째 굴러들어온 격이었다. 일부 독일군 참모들은 러시아군이 이렇게 중요한 정보를 그렇게 부주의하게 다루었다는 점에 대해 이것이 혹시 함정은 아닌가 하고 의심을 할 정도였다.

독일 제8군의 작전참모 막스 호프만Max Hoffman 대령은 과거 관전무관觀戰武官* 자격으로 러일전쟁을 직접 참관한 경험이 있었다. 러일전쟁 중

■■■■■■ 탄넨베르크 전투에서 독일군은 9만2,000명의 러시아군 포로를 잡았다고 주장했지만, 러시아는 6만 명만이 포로로 잡혔다고 인정했다. (Ann Ronan Picture Library)

■■■■■ 1914년 당시 독일 제8군의 작전참모 막스 호프만 대령(나중에 장군으로 승진, 왼쪽에서 첫 번째) (Ann Ronan Picture Library)

렌넨캄프가 제대로 지원을 해주지 않은 통에 삼소노프가 패배를 당한 적이 있었고, 이 일로 나중에 두 상군이 공개적인 자리에서 서로 주먹다짐을 한 일까지 있었다는 사실을 잘 알고 있던 호프만은 삼소노프와 렌넨캄프가 서로에 대한 혐오감 때문에 합동작전을 벌이지 않을 것이라는 것과 이 정보는 진짜라는 것을 확신할 수 있었다. 사실이 어찌 되었든 간에 호프만은 자신의 판단에 따라 독일군을 배치했고, 결과적으로 이는 옳은 조치였던 것으로 증명되었다.** 독일 제8군은 단지 2개 사단으로 렌넨캄프를 견

---

* **관전무관** 전쟁 중에 교전국의 허가를 받아서 전쟁의 양상을 시찰하는 제3국의 장교.

** 사실 이 전투의 최대 공로자는 힌덴부르크나 루덴도르프가 아니라 호프만이었다. 힌덴부르크가 한 일은 도착 이후 호프만이 입안한 계획을 승인한 것뿐이었다.

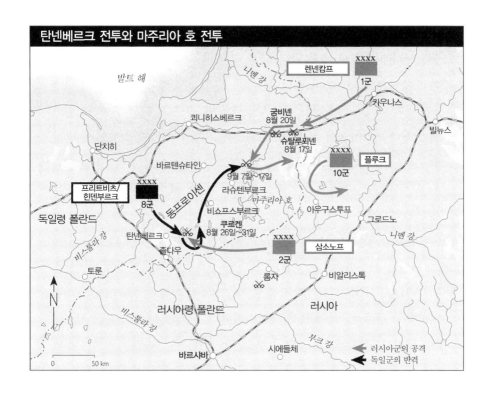

탄넨베르크 전투와 마주리아 호 전투

제하고 나머지 8개 사단을 총동원하여 삼소노프를 쳤다. 8월 27일~31일
에 삼소노프의 제2군은 독일군에게 완전히 포위되어 1만8,000명이 전사하
고, 9만2,000명이 포로로 잡히면서 사실상 전멸하고 말았다.

　독일은 인근 지역의 지명이었던 탄넨베르크Tannenberg*의 이름을 따서
이 전투를 탄넨베르크 전투라고 이름 붙였다. 삼소노프의 제2군을 전멸시
킨 독일군은 이제 공격의 창끝을 렌넨캄프에게 돌렸다. 1914년 9월 7일~
17일에 마주리아 호숫가에서 벌어진 전투에서 패배한 렌넨캄프의 제1군은
동프로이센에서 축출되고 말았으며, 제2군처럼 전멸당하지는 않았지만
4만5,000명이 포로로 붙잡히는 엄청난 피해를 입었다. 제1군이 패주하면

＊탄넨베르크 이곳에서 과거 독일계 튜튼 기사단이 슬라브족에게 전멸당한 적이 있었다.

서 제1군 좌측에서 진격하던 플루크^{Pflug} 대장의 러시아 제10군도 함께 퇴각할 수밖에 없었다. 9월 말이 되자, 러시아군은 출발 지점이었던 니멘^{Niemen} 강변으로 되돌아와 있었다. 다만 공격 개시 때와 차이점이 있다면 25만 명의 러시아군이 전사 혹은 부상당하거나 포로가 되었다는 사실이었다. 그러나 러시아군의 희생으로 프랑스는 기사회생할 수 있었다. 공황 상태에 빠진 프리트비츠의 다급한 구원요청을 받은 몰트케는 결정적인 시기에 접어들던 서부전선에서 금쪽같은 5개 사단을 빼내어 동부전선으로 보냈지만, 이 5개 사단이 동부전선에 도착했을 무렵에는 이미 탄넨베르크 전투가 끝나고 동부전선의 위기도 모두 해결된 상태였다. 몰트케는 즉시 이 5개 사단을 서부전선으로 되돌려 보냈으나, 이들이 서부전선에 도착했을 때는 제1차 세계대전 초기의 가장 중요한 전투인 마른 전투도 다 끝나버린 직후였다. 프랑스군의 정보부 책임자였던 뒤퐁^{Dupont} 대령은 훗날 러시아군에 대해서 "러시아군의 궤멸이 우리가 승리를 거둘 수 있는 밑거름이 되었다"고 평했다.

1914년 8월~9월 러시아군의 갈리치아 공세

삼소노프와 렌넨캄프가 휘발유 통을 지고 불구덩이 속으로 뛰어드는 동안 러시아의 여타 군들은 갈리치아(오스트리아령 폴란드)로 밀고 들어갔다. 당시 러시아령 폴란드는 독일령 폴란드와 동프로이센 지역 남쪽으로 깊숙이 파고들면서 소위 '바르샤바 돌출부'를 형성하고 있었고, 이로 인해 러시아군은 갈리치아를 북쪽뿐만이 아니라 동쪽의 우크라이나 방면에서도 마음대로 침공할 수 있었다. 잡다한 민족으로 구성된 오스트리아-헝가리군은 독일군보다는 약체일 것으로 예상되었기 때문에, 일부 러시아 장군들은 독일과 제대로 맞붙기 전에 오스트리아-헝가리군을 먼저 해치운다는 전략을 선호했다.

러시아군 총사령부는 제3군(루시스키^{Ruzhsky} 대장)과 제8군(브루실로프^{Brusilov} 대장)을 동부 갈리치아로 진격시키는 한편, 제4군(에베르트^{Evert} 대장)으로 바르샤바 돌출부로부터 남쪽으로 공격해 들어가 오스트리아군의 측면과 후방을 친다는 계획을 세웠다. 그러나 오스트리아군 참모총장 콘라트는 러시아의 병력 동원 속도가 느리다는 점을 감안할 때 8월 말까지는 오스트리아군이 러시아군에 대해 수적 우위를 점할 수 있다고 판단하고 그 사이에 러시아의 '바르샤바 돌출부'를 공격할 준비를 진행하고 있었다.

전략적으로 자신들보다 우월한 병력을 가진 적군이 지키고 있는 곳을 치려고 했다는 점에서 양측의 계획은 모두 실패할 수밖에 없었다. 그러나 이번에는 웬일인지 행운의 여신이 러시아의 편을 들어주었다. 레치츠키^{Lechitsky} 대장이 지휘하는 러시아 제9군은 원래 베를린 방면 공세에 투입될 예정으로 바르샤바와 크라스니크^{Krasnik} 사이에 비스툴라^{Vistula} 강을 따라 배치되어 있었다. 동프로이센에서 러시아 제1군과 제2군이 대패하면서 베를린 방면 공세는 당분간 실행할 수 없게 되었지만, 우연하게도 이미 전개를 마친 제9군은 대오스트리아 공세를 위한 최적의 위치에 자리 잡게 되었다.

동부 갈리치아에 배치된 오스트리아 제3군(브루더만^{Brudermann} 대장)은 그룰라 리파^{Grula Lipa} 강을 따라 배치되어 있었다. 오스트리아 제1군과 제4군의 측면을 보호하는 임무를 위해 배치된 제3군을 지원하는 부대는 제3군 남쪽과 서쪽에 배치된 경무장의 쾨베스^{Kövess} 부대뿐이었다. 콘라트는 이 지역에 제2군(뵘-에르몰리^{Böhm-Ermoli} 대장)도 투입할 생각이었지만, 당시 제2군은 세르비아 공격을 위해 발칸으로 이동하던 중이었다. 러시아군의 움직임이 심상치 않은 시점에서 콘라트는 제2군이 세르비아 전선으로 빠짐으로써 갈리치아 일대가 취약해졌음을 뒤늦게 깨달았다. 7월 30일, 콘라트는 다시 제2군을 갈리치아 지역으로 되돌리라고 명령했지만, 철도 이용량의 폭주로 인해 제2군의 복귀는 늦어질 수밖에 없었다. 결국 제2군이 삼보

르 Sambor 동쪽의 방어선에 자리
를 잡은 것은 8월 25일이 되어서
였다.

8월 26일, 오스트리아군은 플
레베 Plehve 대장의 러시아 제5군
을 공격했다. 이후 이어진 코마
루프 Komarów 전투는 브루더만에
게 재앙과도 같은 것이었다. 루
시스키와 브루실로프의 선봉 부
대가 제3군을 공격해올 때까지
만 해도 브루더만은 이들 바로
뒤에 러시아군의 본대가 따라오
고 있다는 사실을 깨닫지 못했
다. 이날 브루더만은 군단 간의
작전 조율이나 포병 사격 계획도
없이 2개 보병 군단을 동원해 마

■■■■■ 알렉세이 브루실로프(Alexey Brusilov) 대
장. 1916년, 그의 남서부전선군은 전쟁 전 기간을 통
틀어 러시아군으로서는 가장 성공적인 공세작전을
펼쳤다. (Ann Ronan Picture Library)

구잡이로 반격에 나섰지만 격퇴당하고 말았다. 러시아군이 지나치게 신중
한 움직임을 보이면서 오스트리아군은 전선의 붕괴라는 최악의 사태는 모
면했지만, 총 35만 명에 이르는 오스트리아군 병사들이 전사하거나 부상
을 당하거나 포로가 되었으며, 이는 전체 오스트리아군 전력의 반에 해당
하는 규모였다. 이뿐만 아니라 15만 명의 오스트리아군이 집결해 있던 오
스트리아령 폴란드의 프셰미실 Przemysl 요새까지 러시아군에게 포위당하게
되었고, 밀리던 오스트리아군은 9월 16일 무렵 두나예츠 Dunajec 강 건너편
으로 철수할 수밖에 없었다.

러시아의 승리는 전쟁 전 기간 내내 러시아군 총사령부를 괴롭힌 딜레
마를 잘 보여주는 것이었다. 독일군은 오스트리아-헝가리군보다 러시아

의 주요 요충지에 보다 가까이에 위치했고, 러시아군도 독일군을 주적으로 간주했다. 러시아군은 독일군보다 약체였던 오스트리아-헝가리군을 비교적 소규모 부대로 방어하거나 물리치면서 나머지 전력을 독일군을 상대하는 데 사용했다. 그러나 일부 러시아군 지휘관들은 오스트리아-헝가리군을 완전히 물리친다면, 독일 혼자서는 전쟁을 치를 수 없을 것이라는 주장을 펴기도 했다. 따라서 러시아군 지휘부는 향후 전략을 놓고 두 파로 나뉘게 되었다. 한쪽은 독일을 우선 상대하자는 쪽이었고, 다른 한쪽은 보다 약체인 오스트리아-헝가리를 먼저 상대하자는 쪽이었다.

　독일군도 동부전선에 중점을 두느냐 서부전선에 중점을 두느냐를 놓고 전략적 선택에 고심하고 있었다. 몰트케의 계획은 러시아가 동원을 완료하기 전에 전력을 기울여 프랑스를 해치운다는 것이었지만, 이 계획이 실패로 돌아가자 독일 황제 빌헬름 2세는 1914년 9월 14일 몰트케를 해임하고 후임으로 프로이센의 국방장관이었던 폰 팔켄하인 대장을 독일군 참모총장으로 임명했다. 이제 예상치 못한 장기전을 어떻게 수행할 것인가라는 문제를 두고 고민해야 했던 팔켄하인의 당면 과제는 동서 양 전선 사이에서 우선순위를 결정하는 것이었다.

　갈리치아 전투는 오스트리아-헝가리군의 결점을 극명하게 보여준 전투였다. 그러나 러시아군 역시 동프로이센 전투에서 자신들의 결점을 극명하게 드러냈다. 독일군으로서는 서부전선에

■■■■■ 프로이센의 국방장관이자 1914년 9월부터 1916년 8월까지 독일군 참모총장직을 역임했던 폰 팔켄하인 대장. 폰 팔켄하인은 동부전선을 부차적인 전선으로 취급했으나, 참모총장직에서 해임된 이후 1개 군을 이끌고 1916년~1917년의 루마니아 정복 작전에 참가했다.
(Ann Ronan Picture Library)

서 방어가 용이한 지역에 들어앉아 버티면서 대부분의 병력을 동부전선으로 보내 러시아를 쓰러뜨리는 것도 나름대로 합리적인 방안이었다. 그러나 팔켄하인은 러시아군이 광대한 영토를 이용하여 계속 퇴각하면서 독일군이 원하는 결전을 피할 수도 있다고 생각했다. 그는 전쟁의 향방을 결정지을 승리를 거둬야 할 장소는 적이 공간을 내주고 시간을 벌 여지가 없고 또 독일의 주적인 영국군과의 전투가 벌어지고 있던 프랑스 전선이라고 확신하고 있었다.

팔켄하인은 독일군이 오스트리아군의 전선을 보강해야 한다는 몰트케의 의견을 지지했다. 그러나 그는 이러한 목표를 가능하면 서부전선의 독일군 부대를 동원하지 않고 달성하기를 원했다. 9월 16일, 루덴도르프는 대부분의 제8군 병력을 남쪽의 슐레지엔 Schlesien 으로 이동시켜 힌덴부르크 지휘하에 새로 제9군을 창설한다는 계획을 입안했고 팔켄하인의 승인을 얻었다. 이후 편성된 제9군의 참모장이 된 루덴도르프는 9월 18일, 향후 작전 방향을 논의하기 위해 콘라트와 회동했다. 그러나 콘라트는 오스트리아-헝가리군을 독일군의 지휘하에 편입시킨다는 제안을 거부했고, 루덴도르프도 군이 자신의 주장을 끝까지 관철시키려 하지는 않았다. 오스트리아군은 재정비를 하기 위한 여유가 필요하며 이러한 여유를 줄 수 있는 것은 독일 제9군뿐이라는 사실을 잘 알고 있던 루덴도르프는 어차피 콘라트와 만나러 가기 전에 이미 적절한 명령들을 내려놓은 상태였다. 9월 29일, 독일 제9군은 러시아군을 바르샤바와 이반고로드 Ivangorod (오늘날의 데블린 Deblin) 사이의 비스툴라 강 상류로 밀어내기 위해 진격하기 시작했다. 루덴도르프의 의도는 독일군의 공격을 통해 오스트리아군에 대한 러시아군의 압력을 약화시킴으로써 오스트리아군이 공세를 재개하도록 하는 것이었다.

1914년 10월~11월 바르샤바 전투

9월 23일, 러시아군 총사령부는 독일군이 갈리치아로 이동했다는 사실을 알게 되었다. 니콜라이 대공은 이참에 덫을 놓아 독일군을 섬멸하기로 결심하고 제8군과 제3군을 제외한 전 병력을 독일군 전선으로 집중시켰다. 제2군과 제5군은 산도미에르시 Sandomierz 와 바르샤바 사이의 비스툴라 강을 향해 북쪽으로 이동하라는 명령을 받았다. 제1군에게는 니멘 강에서 바르샤바를 향해 남쪽으로 이동하라는 명령이, 동시에 제10군에게는 니멘 강 방면으로 양동공격을 가할 준비를 하라는 명령이 내려졌다. 러시아군은 독일군이 비스툴라 강으로 진격하도록 내버려둔 뒤 바르샤바 남쪽에서 일시에 독일군의 좌측 측면을 공격할 생각이었다. 독일군은 이와 같은 니콜라이 대공의 속셈을 까맣게 모른 채 러시아군이 오스트리아군을 공격할 거라고만 생각하고 이 위협에 대처하기 위해 3개 군단을 이동시켰다. 동프로이센의 독일 제10군도 9월 29일 공격을 시작했지만, 10월 5일에 진격이 저지되었고 결국 주요 전투에는 아무런 역할도 하지 못했다.

10월 4일이 되자, 오스트리아군은 전면에 있는 러시아군이 단순한 견제 부대임을 파악하고 산 San 강으로 진격하여 10월 9일에는 고립된 프셰미실 요새의 포위를 푸는 데 성공했다. 그러나 이후 러시아군의 저항이 격화되면

■■■■■ 폰 마켄젠 원수. 마켄젠은 러시아령 폴란드, 갈리치아, 루마니아에서 벌어진 주요 전투에서 독일군을 지휘했다. (Ann Ronan Library)

서 오스트리아군의 진격은 정지되고 말았다. 뒤늦게 러시아군의 주력이 예상 지점에서 30마일이나 북쪽에 자리 잡고 있다는 사실을 깨달은 루덴도르프는 흩어진 예하 부대들을 황급히 다시 집결시켰다. 10월 9일, 독일군은 무선 방수傍受를 통해 바르샤바 지역에 10월 11일까지 러시아군 7개 군단이 집결할 것이라는 사실을 알게 되었다. 10월 11일은 제9군의 좌익을 담당하고 있던 폰 마켄젠 von Mackensen 이 겨우 2개 군단을 이끌고 바르샤바를 점령하기로 한 날이었다.

10월 10일, 전사한 러시아군 장교의 시체로부터 러시아군 작전계획 사본을 입수한 루덴도르프는 제9군의 좌익이 바르샤바 방면으로부터 큰 위협을 받고 있을 뿐만 아니라 우익마저도 비스툴라 강 서안에 교두보를 구축한 러시아 제4군과 제9군에게 공격당할 위기에 처해 있다는 사실을 알게 되었다. 10월 11일, 루덴도르프는 마켄젠에게 퇴각 준비를 명령했다. 그러나 이렇게 긴박한 상황에서도 동프로이센 방어를 위해 팔켄하인이 서부전선으로부터 보내준 병력은 겨우 1개 군단에 불과했다. 제1차 이프르 전투가 임박한 시점에서 팔켄하인도 그 이상은 어떻게 할 도리가 없었다. 결국 독일군이 받고 있는 압박을 줄이려면 오스트리아군이 공세에 나서줘야만 했다. 그러나 콘라트는 공세에 나서는 것을 거부했고, 그렇다면 최소한 마켄젠을 도와주기 위해 병력을 북쪽으로 급파해달라는 루덴도르프의 대안도 받아들이지 않았다. 일이 이 지경에 이르자 독일 황제가 직접 오스트리아의 프란츠 요제프 황제에게 말을 해보았지만, 오스트리아 황제는 콘라트의 방침을 옹호했다. 하지만 타협책으로서 오스트리아군이 독일의 근위예비군단이 맡고 있던 이반고로드 전선을 인수하자, 독일군은 근위예비군단 예하 2개 사단을 북쪽으로 돌릴 수 있었다.

이제 러시아군은 매우 유리한 입장에 놓이게 되었다. 러시아 제2군은 바르샤바 서쪽에서, 그리고 제5군은 바르샤바 시내에서 마켄젠 군을 공격할 준비를 하고 있었다. 10월 19일, 마켄젠은 철수를 시작했고 그로부터

1주일 후, 루덴도르프는 러시아군에게 포위당하는 사태를 피하기 위해 100킬로미터 후방의 키엘체Kielce와 라돔Radom 사이의 방어선으로 전면적인 퇴각을 명령했다. 독일군으로서는 동맹국을 돕는 것보다 전력을 보존하는 것이 우선이었기 때문에, 오스트리아군은 러시아군의 공세에 혼자 힘으로 알아서 대처해야 했다. 결국 오스트리아 제1군도 러시아 제4군과 제9군에게 포위당하지 않기 위해 서둘러 퇴각해야만 했다. 10월 말, 러시아군의 보급 물자가 다 떨어지면서 제1차 바르샤바 전투는 끝이 났다. 독일군은 초반에 얻은 이득을 모두 잃어버렸고, 오스트리아군은 더 많은 영토를 상실했으며, 프셰미실은 다시 한 번 러시아군에게 포위당했다. 마켄젠은 니콜라이 대공이 놓은 덫이 닫히기 직전에 빠져나오는 데 성공했지만, 전체적으로 보았을 때 바르샤바 전투의 승자는 러시아군이었다.

이러한 승리에 도취된 니콜라이 대공은 다시 한 번 베를린으로 바로 진격한다는 계획을 추진하기 시작했다. 11월 초, 러시아령 폴란드에는 총 9개 군단이 배치되어 있었다. 공격의 선봉에 설 제2군, 제4군, 제5군, 제9군은 비스툴라 강의 만곡부에, 제10군과 제1군은 공격 부대의 우측을, 제3군, 제11군, 제8군은 공격 부대의 좌측을 엄호하는 형태로 배치되어 있었다. 독일군 총 전력의 8분의 7이 여전히 서부전선에 붙들려 있는 상황에서 베를린으로부터 약 300마일 떨어진 곳에

▪▪▪▪▪▪ 알렉세예프 대장. 1915년 8월부터 1917년 중반까지 러시아군 참모총장을 역임했다. (Ann Ronan Picture Library)

러시아군 60개 사단 이상이 집결해 있다는 것은 독일로서는 커다란 위협이 아닐 수 없었다.

하지만 러시아 남서부전선군 사령관인 이바노프Ivanov는 베를린을 향해 진격하기에 앞서 갈리치아의 오스트리아-헝가리군을 공격하여 러시아군의 베를린 공세시 남쪽 측면에 가해질 수도 있는 위협을 먼저 제거해야 한다고 주장했다. 이바노프의 참모장이었던 알렉세예프Alexeyev는 제3군, 제4군, 제9군을 남쪽 크라쿠프Kraków로 진격시켜 이미 큰 타격을 받은 오스트리아 제1군을 공격하자고 제안했다. 이 제안대로 할 경우 베를린 공세의 '선봉 부대' 규모는 반으로 줄어들기 때문에 니콜라이 대공은 이바노프와 알렉세예프의 제안을 거부했다. 그러나 이바노프의 우려도 완전히 가능성이 없는 것은 아니었기 때문에, 타협책으로 제3군을 산 강에 남겨두고 선봉 부대로부터 제9군을 빼내어 크라쿠프 방면에서 있을지도 모르는 오스트리아군의 측면 공격에 대비하기로 했다.

이런 변경에도 불구하고 러시아군의 선봉 부대는 여전히 엄청난 전력을 보유하고 있었다. 그리고 추가로 북쪽 측면을 엄호하고 있던 셰베르스Sievers 대장의 제10군 예하 20개 사단이 다시 한 번 동프로이센으로 진격해 들어가는 한편, 렌넨캄프의 제1군은 6개 사단으로 비스툴라 강을 따라 바르샤바로부터 서쪽으로 진격할 예정이었다. '선봉대'를 구성하고 있던 제2군(샤이데만Scheidemann), 제5군(플레베)와 제4군(에베르트)는 총 26개 사단을 보유하고 있었는데, 서쪽으로 진격하면서 제4군은 슐레지엔으로 향하고 다른 2개 군은 칼리시Kalisz와 체스토호바Czestochowa 사이에 전개되어 있던 독일 제9군(이 무렵 제9군은 동부전선 사령관으로 영전한 힌덴부르크의 뒤를 이어 마켄젠이 지휘하고 있었다)의 측면을 공격할 예정이었다.

1914년 11월 우지 전투

퇴각하는 독일군이 도로와 철도를 철저하게 파괴함에 따라 안정된 보급선 확보가 어렵게 된 러시아군은 11월 14일까지 공세를 시작할 수 없었다. 이제 동부전선의 독일군 총사령관이 된 힌덴부르크는 러시아군의 무선통신을 방수하면서 러시아군의 의도를 속속들이 알 수 있었다. 11월 3일, 힌덴부르크는 제9군 전체를 토룬^{Thorn}(오늘날의 토루뉴^{Torun})으로 이동시킨 후 남서쪽으로 공격을 감행하여 러시아 제1군과 제2군의 측면을 찌른다는 대담한 결정을 내렸다. 이 공격을 위해 독일군은 닷새 만에 철도로 25만 명에 이르는 병력을 수송하는 엄청난 위업을 달성했다. 11월 10일이 되자, 독일 제9군과 동프로이센에서 이동해온 1개 군단은 공격을 시작할 준비를 마쳤다. 슐레지엔에는 겨우 4개 독일군 사단만이 남게 되었지만, 콘라트는 뵘-에르몰리의 제2군에서 5개 사단을 차출하여 이들을 보강했다.

　11월 11일, 독일 제9군이 공격을 개시했다. 11월 11일과 12일에 걸쳐 독일 제9군은 브워츠와베크^{Włocławek}에서 러시아의 제5시베리아군단을 밀어냈지만, 이를 완전히 격파하는 데는 실패했다. 11월 13일에서 16일에 걸쳐 벌어진 쿠트노^{Kutno} 전투는 이보다 더 결정적인 전투였다. 이 전투에서 러시아의 제5시베리아군단과 제2군단은 큰 타격을 입었고, 러시아 제1군과 제2군 사이에는 40마일에 이르는 커다란 구멍이 뚫렸다. 이 구멍으로 독일군의 3개 보병군단과 1개 기병군단이 남쪽으로 쏟아져 들어가면서 제2차 바르샤바 전투가 끝나고 우지^{Łudz} 전투가 시작되었다. 11월 18일이 되자 우지는 남쪽을 제외한 3면이 독일군에게 포위당했다. 러시아 제2군은 강행군을 감행하여 사흘 만에 50만 명에 이르는 병력을 전선으로 이동시키면서 독일군에 대해 2 대 1의 수적 우위를 달성하는 데 성공했지만, 막 강행군을 마친 러시아군 병사들은 지칠 대로 지친 상태였다. 러시아군 지휘부는 쓰러지기 직전의 병사들을 몰아붙여 일단 우지를 구출하는 데는 성공했지만, 우지 일대를 안정화시키려면 여전히 많은 지원이 필요했다. 당시 가장 가까이에 있는 지원 부대는 우지 북쪽에 자리 잡은 렌넨캄프의 제1군이었지만, 렌넨캄프가 우지에 있는 제2군에게 해준 지원은 탄넨베르크에서 자신이 삼소노프의 제2군에게 해준 정도에 불과했다.

러시아가 간신히 탄넨베르크 전투의 재현을 피할 수 있었던 것은 독일군 참모총장 팔켄하인이 힌덴부르크에게 한 약속을 지키지 않았기 때문이었다. 힌덴부르크가 동부전선에서 공세를 개시하기 며칠 전, 제1차 이프르 전투에서 빠르게 승리할 수 있을 것으로 예상한 팔켄하인은 힌덴부르크에게 11월 24일까지 증원 부대를 보내주겠다고 약속했다. 힌덴부르크는 이 약속을 믿고 공세작전을 계획했다. 그러나 11월 18일 제1차 이프르 전투에서 독일군이 패배했음이 분명해지자, 팔켄하인은 동부전선으로 병력을 돌릴 만한 여유가 없게 되었다. 하지만 때마침 마켄젠이 쿠트노에서 승리를 거두면서 동부전선의 독일군은 한숨을 돌릴 여유를 가질 수 있게 되었다. 그러나 11월 18일, 결국 팔켄하인은 힌덴부르크에게 어떠한 증원 부대도 보내줄 수 없다는 통고를 보낼 수밖에 없었다. 당시 전쟁의 승패는 서부전선에서 갈릴 것이라고 확신했던 팔켄하인은 어떻게든 병력을 서부전선으로 돌리기 위해 베트만-홀베크 독일 총리에게 러시아와 평화협상을 벌일 것을 채근하고 있었다.

우지 전투는 치열한 격전임과 동시에 양측의 실수와 오산으로 점철된 전투이기도 했다. 11월 19일, 독일군은 공세를 시작하면서 쉽게 승리를 거둘 수 있을 것으로 예상했지만, 갑자기 날씨가 추워지고 눈까지 내리자 상황은 독일군보다 훨씬 더 많은 러시아군에게 유리하게 돌아갔다. 그럼에도 불구하고 쉐퍼Scheffer 대장이 지휘하는 일단의 독일군(제25군단과 1개 기병 부대 및 근위사단으로 구성된)은 우지의 남쪽을 향해 동쪽으로 진격을 계속하면서 우지와 러시아 제2군을 포위할 태세를 갖추었다. 그리고 11월 21일이 되자 쉐퍼 예하 여단 가운데 하나가 우지 시 중심으로부터 1마일도

우지 전투와 제2차 바르샤바 전투

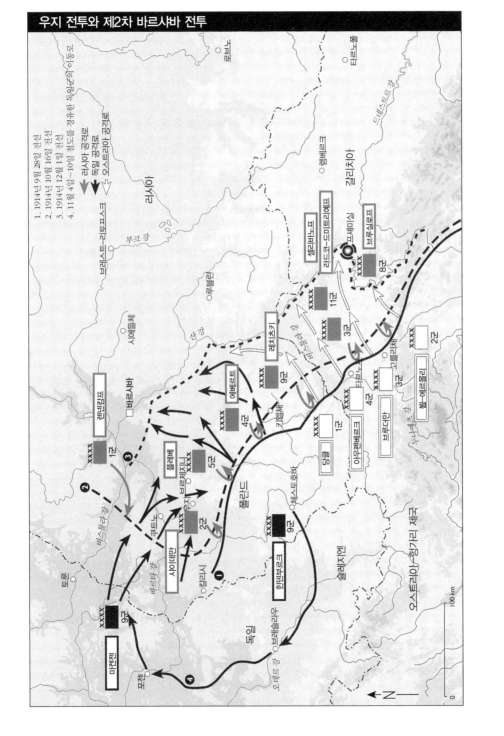

되지 않는 곳까지 진출했다. 그러나 이 부대는 반격에 나선 러시아군에게 밀려나버렸고, 11월 21일 저녁이 되자 쉐퍼 부대 전체의 진격이 정지되었다. 11월 22일, 러시아군은 새로운 증원 부대들로 브르제지니^{Brzeziny}에서 쉐퍼의 부대를 포위하고 곧 대량으로 잡힐 독일군 포로를 수송할 열차까지 준비시켰다. 그러나 러시아군의 공격은 대체로 참가 부대의 손발이 안 맞는 경우가 많았고, 여기에 쉐퍼의 대담한 지휘와 렌넨캄프의 복지부동이 한데 어우러지면서 쉐퍼의 부대는 용케 전멸당하지 않고 계속 버틸 수 있었다. 쉐퍼는 우세한 러시아군의 전선을 3일간에 걸쳐 20마일이나 뚫고 나오면서 탈출하는 데 성공한다. 이때 쉐퍼 부대는 2,000명의 부상병뿐만 아니라 노획한 64문의 야포와 1만6,000명의 러시아군 포로까지 데리고 나오는 기적 같은 능력을 보여주었다. 쉐퍼는 휘하 병력의 절반을 잃었지만, 기적적으로 러시아군의 덫으로부터 탈출했다. 쉐퍼의 드라마틱한 탈출극을 끝으로 11월 25일 우지 전투는 끝이 났다. 이렇게 베를린으로 진격하겠다는 러시아의 계획은 다시 한 번 무산되었다.

베를린 공세가 좌절되자, 이에 대한 반동으로 러시아군 지휘부에서는 오스트리아군을 쳐서 독일군의 '부드러운 아랫배'에 칼을 꽂자는 주장이 힘을 얻기 시작했다. 그러는 사이 동맹군 쪽에서는 마켄젠을 지원하기 위해 콘라트가 11월 18일부터 크라쿠프에서 북쪽으로 공격을 시작했다. 그러나 우지와 크라쿠프 전선에서 러시아군이 예상외로 강하게 저항하면서 오스트리아군은 러시아군을 포위하거나 비스툴라 강 선으로 쫓아낸다는 목표를 달성할 수 없었다. 한편, 오스트리아군이 공격을 위해 전력을 북방에 집중하자 상대적으로 크라쿠프 동쪽 전선에 대한 방비는 크게 약화되었다. 콘라트는 이 지역에 대한 수비를 보로비치^{Borović} 대장의 제3군 소속 11개 사단과 크라쿠프 남쪽에서 급하게 편성된 몇 개 사단에게 맡겨놓은 상태였지만, 급편된 이들 부대들의 전력이 시원치 않다는 사실은 누가 봐도 분명했다. 러시아군 총사령부는 이러한 정황을 파악하자마자 라드코

드미트리예프^{Radko-Dmitriev}의 제3군과 브루실로프의 제8군을 동원해 공격에 나섰다. 각각 10개 사단을 보유한 양군은 크라쿠프에서 동쪽으로 부코비나에 이르는 전 전선에 걸쳐 공격을 개시했다.

브루실로프 장군의 공격은 매우 성공적으로 진행되어 러시아 제8군은 카르파티아 산맥을 넘어 헝가리의 대평원 지대 부근에까지 도달했다. 그러나 당시 러시아군은 광대한 전선에 배치된 대규모 부대들의 움직임을 조율하는 데 상당한 어려움을 겪고 있었다. 북서전선군과 남서전선군 사이의 간격이 커지면서 각 전선군 간, 그리고 각 전선과 시에들체^{Siedlce}에 위치한 러시아군 총사령부 사이의 통신망이 제대로 작동하지 않았고 각 부대가 처해 있는 상황도 판이하게 달랐기 때문이었다. 11월 29일에서 30일에 걸쳐 니콜라이 대공이 러시아군 지휘관들과 회합을 가졌을 때 북서전선군을 맡고 있던 루시스키는 비스툴라 강 부근까지 전면 퇴각하여 재편성과 재보급을 하는 동시에 우지에서 큰 타격을 입은 부대들에게 휴식을 취하고 재정비를 할 시간을 주면서 곧 다가올 것으로 예상되는 독일군의 공격을 기다렸다가 맞받아쳐야 한다고 주장했다.

하지만 루시스키의 주장대로 할 경우 북쪽 측면이 동맹군에게 그대로 노출될 남서전선군도 퇴각할 수밖에 없었다. 따라서 남서전선군을 맡고 있던 이바노프는 루시스키의 제안을 거부했다. 이바노프의 부대는 크라쿠프 북쪽에서 오스트리아군을 저지했고, 크라쿠프 남쪽과 동쪽에서 상당한 성과를 거두면서 많은 포로까지 획득했다. 이바노프는 이런 성과에 기반해서 또 다른 공세를 시작해야 한다고 주장했다. 니콜라이 대공은 루시스키의 제안을 물리치고 이바노프의 주장을 받아들이면서 각각 4개 군단을 보유한 제9군과 제3군이 북쪽과 남쪽에서 크라쿠프를 공격하는 동시에 제8군 예하의 2개 군단은 카르파티아 산맥 일대에서 계속 압박을 가하여 오스트리아군이 크라쿠프 지원에 나서지 못하도록 만들라는 명령을 내렸다.

비스툴라 강과 카르파티아 산맥 사이에 배치된 콘라트의 4개 군은 이미 전력이 상당히 저하된 상태였다. 또 브루실로프가 거의 헝가리까지 밀고 들어옴에 따라 이제 오스트리아-헝가리 2중 제국의 심장부가 위협을 받게 되었다. 이런 상황을 타개하기 위해 콘라트는 요제프 페르드난트 Josef Ferdinand 대공이 지휘하는 제4군의 일부 부대와 완편된 독일군 1개 사단을 크라쿠프로부터 남쪽으로 파견하여 제3군의 좌익을 보강했다. 오스트리아 군의 이런 움직임과 함께 리마노바 Limanowa-와파누프 Łapanów 전투가 시작되었다. 12월 3일에서 6일 사이, 로트 Roth 대장의 4개 보병사단과 3개 기병사단이 강력한 공격을 개시하자, 라드코-드미트리예프는 공격을 중지하고 브루실로프에게 지원을 요청했다. 브루실로프는 제8군단(오를로프 Orlov 대장)과 제24군단(추리코프 Tsurikov 대장)을 동원하여 로트의 우익을 공격해 들어갔다. 이제 전투가 두 번째 단계에 접어들면서 러시아군은 로트의 병력을 동쪽으로부터 포위하려고 시도했다.

그러나 러시아군의 포위 시도는 실패로 끝나고 말았다. 브루실로프가 이 실패한 공격을 위해 제8군에서 2개 군단을 전용한 결과, 오스트리아 제 3군을 상대하는 러시아군 병력은 1개 군단으로 줄어버렸다. 12월 8일, 오스트리아 제3군이 공격을 개시하여 카르파티아 산맥의 핵심 통로인 두클라 Dukla, 루프카 Lupka, 우조크 Uzhok의 고갯길을 점령해버리자, 브루실로프의 헝가리 진격은 다시 한 번 좌절되고 말았다. 브루실로프의 하나 남은 군단은 카르파티아 산맥 북쪽으로 퇴각했고, 로트를 공격하던 2개 군단도 함께 퇴각하지 않으면 안 되었다. 동쪽에서 공격해오던 러시아군이 사라지자, 로트에게 가해지던 압박도 한결 줄어들었다. 12월 15일 무렵, 러시아군은 두나예츠 강 주변의 보다 짧은 전선으로 후퇴했다. 일부 러시아군 사단은 손실률이 70퍼센트에 달했으며, 오스트리아-헝가리군이 보기보다 만만한 상대가 아니라는 뼈아픈 교훈을 얻게 되었다. 결국 러시아군 내에서 오스트리아-헝가리군을 먼저 때려눕히자는 주장은 힘을 잃었다. 그러나 오스트리아군도 그 후 두 번 다시 그와 같은 선전을 보여주지 못했다.

리마노바-와파누프 전투

1914년 12월 15일 전선
1915년 1월 23일 전선
1915년 3월 15일 전선
1915년 4월 6일 전선
러시아군
독일군
오스트리아군

폴란드

비스툴라 강
라드코-드미트리예프
타르노프
3군
브루실로프
8군
프셰미실
렘베르크
타르노폴
갈리치아
드네스트르 강

크라쿠프
4군
와파누프
페르디난트
대공
고를리체
리마노바
노비 송치
두클라 고개
메찰라보르치
루프카 고개
우조크 고개
스타니슬라프
비시코프 고개
프루트 강
카르파티아 산맥
베레케 고개
체르노비츠

오스트리아-독일군
로트
오스트리아-헝가리

0   50 km

N

1914년~1915년 겨울, 투르크 전선

투르크와 러시아가 전쟁에 들어간 것은 1914년 11월 2일이 되어서였다. 그 무렵 아나톨리아 고원지대에서는 이미 혹독한 겨울이 시작되었기 때문에, 러시아의 코카서스군은 대규모 공세를 펼 예정이나 계획이 전혀 없었다. 특히 러시아군 총사령부가 코카서스군 사령관 미슬라예프스키 Myslayevsky 에게 어떠한 증원 부대도 없을 거라고 통지한 상황에서 코카서스군은 공격에 나서고 싶어도 나설 수가 없는 상황이었다. 그러나 이런 여건 하에서도 11월 2일, 러시아 제1군단(베르그만 Bergmann 대장)은 투르크에 대해 제한적인 공세를 시도했다. 투르크 제3군을 지휘하고 있던 하산 이제트 파샤 Hassan Izzet Pasha 는 며칠 동안 러시아군이 투르크 영토 깊숙이 들어오도록 유인한 후, 대대적인 반격을 가하여 러시아군을 포위 직전의 위기에 몰아넣었다. 베르그만은 간신히 투르크군의 함정에서 빠져나오는 데 성공했지만, 그 과정에서 군단 병력의 40퍼센트를 잃어야 했다. 11월 16일, 러시아군이 물러가면서 전투는 소강상태에 빠졌다. 그 밖에도 러시아는 북쪽 구역에서도 몇 차례 패배를 겪었다. 이 지역에서 투르크군 게릴라들이 몇몇 러시아군 거점 수비대를 몰아내버렸고, 일시적으로 바투미 요새까지 위기에 처하기도 했다. 크게 당황한 니콜라이 대공은 서둘러 영국과 프랑스에게 지중해의 투르크령 해협에서 세를 과시함으로써 투르크군의 주의를 돌려달라고 요청했다. 그러나 정작 1915년 2월 19일, 연합군이 대공의 요청에 응하여 실제로 전함들을 해협 사이로 통과시키려고 시도했을 무렵에는 이미 트랜스코카서스 지방의 위기는 끝난 지 오래였다.

코카서스 지방의 위기가 해소된 주된 이유는 11월에 거둔 승리로 기고만장해진 투르크의 엔베르 파샤가 지나친 만용을 부렸기 때문이었다. 12월 6일, 에르제룸Erzerum에 도착한 엔베르 파샤는 러시아의 코카서스군을 격파하고 러시아의 투르크계 주민들의 봉기를 유도한다는 야망을 품고 있었다. 엔베르 파샤의 독일군 고문들은 이런 계획의 실현 가능성을 회의적인 시각으로 보았다. 그러나 어차피 투르크가 패배를 하더라도 동부전선의 독일군에게 직접적인 영향이 미치는 것은 아니었고, 또 만에 하나 투르크군이 승리를 거둔다면 러시아군은 동부전선에서 병력을 빼서 코카서스를 지원할 수밖에 없었기 때문에, 독일군 고문들은 엔베르 파샤의 마음을 돌리기 위해 적극적인 설득에 나서지는 않았다. 투르크 제3군 사령관 이제트 파샤와 휘하 3개 군단장들 가운데 2명이 엔베르 파샤의 계획이 실현 가능성이 없다는 의견을 표명하자, 엔베르 파샤는 당장 이들을 해임시켜버렸다. 세 번째 군단장은 승리를 거둘 수는 있지만 그러기 위해서는 치밀한 계획과 함께 충분한 동계 피복과 식량, 전초진지의 구축 외에 추가로 1개 군단이 더 필요하다고 말했다. 엔베르 파샤는 세 번째 군단장을 계속 지휘관으로 유임시켰지만, 그렇다고 이 군단장의 제언을 따른 것은 아니었다.

12월 22일, 별다른 계획이나 준비도 없이 투르크군의 공세가 시작되었다. 투르크군은 우회기동을 통해 러시아군을 측면에서 포위할 생각으로 2개 사단을 투입했다. 그러나 이 사단들은 혹한의 황량한 고원지대를 동계 피복이나 따뜻한 음식은 고사하고 충분한 식량도 없이 이틀이나 행군해야 했다. 11월 24일 몰아닥친 눈보라 때문에 한 사단은 병력의 40퍼센트를 잃었다. 다른 사단은 영하 37.8도에 이르는 지옥 같은 추위를 야외에서 그대로 느끼면서 하룻밤을 보내야만 했다. 수백 명이 얼어 죽었고, 수천 명이 동상에 걸렸으며, 또 다른 수천 명은 온기를 찾아 인근 마을로 도망쳤다. 하룻밤 사이에 1개 사단 병력의 50퍼센트가 전력을 상실하고 말았다. 또 다른 1개 사단은 1만 피트에 이르는 고원지대를 19시간 동안 행군하면서 전체 전력의 3분의 1을 잃고 말았다.

12월 29일, 본격적인 사리카미슈^{Sarıkamış} 전투가 시작되었지만, 동장군에게 이미 빈사의 타격을 받은 투르크군은 러시아군에게 대패하고 말았다. 이후 러시아군은 1915년 1월 17일 투르크군 패잔병에 대한 소탕 작전까지 모두 끝마칠 수 있었다. 공세에 참가한 투르크군 9만5,000명 가운데 7만5,000명이 전사하거나 부상 혹은 동상을 입거나 포로가 되었다. 투르크군을 맞아 싸운 러시아군의 전체 병력 6만5,000명 가운데 손실은 전사자 1만6,000명에 부상 및 동상 환자 1만2,000명에 불과했다.

1915년 동계 전투

1월 1일, 팔켄하인은 베를린에서 콘라트 및 루덴도르프와 회동했다. 1주일 후 독일 황제와 베트만-홀베크의 압력에 팔켄하인은 마지못해 동부전선의 독일군 사단 몇 개를 카르파티아 산맥의 오스트리아-헝가리군을 지원하기 위해 파견한다는 데 동의했다. 1월 12일, 팔켄하인은 포젠^{Posen}(혹은 포즈난^{Poznan})에 있는 힌덴부르크의 사령부를 방문하여 향후 계획을 논의했다. 1월 23일, 팔켄하인은 신규 편성된 3개 군단을 힌덴부르크 예하에 배치하는 데 동의했다. (원래 팔켄하인은 이 신편 부대들을 서부전선에 투입하기

■■■■■■ 갈리치아에서 촬영한 러시아군의 참호. (Ann Runan Picture Library)

를 원했다.) 그리고 여기에 덤으로 로렌 지역에서 징집된 병력으로 편성된
1개 군단을 동부전선으로 돌린다는 결정을 내렸다. 독일 군부는 로렌인들
로 편성된 이 부대를 프랑스군과 싸우는 전투에 투입할 수 있을 만큼 신뢰
할 수 없다고 생각했던 것이다. 이 군단들 가운데 3개 군단은 폰 아이히혼
von Eichhorn 상급대장의 지휘하에 새로이 제10군을 구성했다. 신편 독일 제
10군은 굼빈넨에서 니멘 강에 이르는 동부전선의 북부 지역을 담당하면서
러시아 제10군(셰베르스 대장)을 포위하기 위한 협공작전에서 북쪽 공격을

맡기로 되어 있었다. 네 번째 신규 군단으로 강화된 제8군(오토 폰 벨로브 대장)은 독일군이 계획한 제2의 탄넨베르크 전투에서 남쪽을 맡을 예정이었다.

독일 제8군과 신편 제10군은 총 15개 보병사단과 2개 기병사단을 보유했다. 사단 수로는 독일군이 11개 보병사단과 기병사단 1개 반을 보유한 러시아 제10군보다 우위를 보였지만, 러시아군 사단이 16개 대대로 구성된 반면 독일군 사단은 12개 대대로만 구성되었다는 점을 고려하면, 실제 병력 면에서는 오히려 러시아군이 독일군보다 수적으로 약간 더 우세했다.

그러나 독일군은 포병 화력 면에서 러시아군을 압도했다. 독일군이 924문의 경포^{輕砲}와 291문의 중포^{重砲}를 가지고 있던 데 반해, 셰베르스의 러시아 제10군은 단지 308문의 경포와 88문의 중포만을 보유했을 뿐이었고, 보급 측면에서도 독일군이 훨씬 더 우세했다.

한편, 당시 러시아군 지휘부에서는 전략적 우선순위를 놓고 또다시 한 바탕 갈등이 벌어지고 있었다. 이바노프는 독일군을 상대해서는 승리하기 어려우니 오스트리아-헝가리군에게 전력을 집중해야 한다고 주장했다. 오스트리아군을 확실하게 패배시킬 경우 이에 고무된 이탈리아와 루마니아가 오스트리아를 침공할 것이고 결국 버티다 못한 오스트리아가 붕괴되면 독일은 홀로 남게 된다는 것이 이바노프의 논리였다. 반면 루시스키는 러시아의 주적은 독일이며 오스트리아-헝가리 전선에 병력을 투입하는 것은 전력 낭비라고 주장했다. 자신이 추구하는 베를린 진공 작전에서 독일군이 동프로이센으로부터 측면 공격을 가해오는 것을 가장 큰 위협으로 생각했던 니콜라이 대공은 루시스키의 주장에 힘을 실어주었다. 니콜라이 대공은 이바노프에게는 단지 1개 군단(핀란드 제22군단)만을 증원해주면서 절대로 오스트리아군을 공격하지 말라고 당부했다. 러시아군 증원 부대의 대부분은 플레베 대장의 지휘하에 새로이 제12군으로 편성되었다. 제12군은 제10군의 남쪽에 배치되어 제10군이 동쪽으로부터 동프로이센을 공격

■■■■■■ 파괴된 프셰미실의 요새지대 일부. (Ann Ronan Picture Library)

하는 동안 마주리아 호수를 우회하여 남쪽으로부터 동프로이센 지역을 공
격할 계획이었다.

　독일과 러시아 가운데 어느 쪽이 공격 준비를 먼저 갖추느냐는 양측의
철도망에 달려 있었다. 그리고 이 부분에서 독일군은 러시아군에 비해 압
도적 우세를 보였다. 2월 5일, 러시아군은 독일군 장교의 시체에서 찾아낸

서류로부터 동프로이센 지역의 독일군이 크게 증강되었다는 사실을 알아냈지만, 러시아군에게는 이러한 정보를 활용하여 작전을 수정할 시간조차 주어지지 않았다. 공세 준비가 지지부진했던 러시아군이 2월 23일 이전에는 공격을 시작할 수 없었던 상황에서 독일 제8군이 러시아군보다 한발 앞서 2월 7일 일찌감치 공세를 시작했고, 뒤이어 독일 제10군도 2월 8일부터 공격을 시작했다.

이 무렵 날씨는 양측 모두에게 최악이었다. 눈보라가 휘몰아치는가 하면 낮 동안에는 지면이 녹으면서 진창이 되어버렸고, 밤에는 또 뼛속까지 얼어붙는 추위가 찾아왔다. 양측 병사들이 모두 동계 피복을 갖춰 입고 있었지만, 이런 여건하에서는 동상으로 인한 병력 손실이 전투로 인한 사상자 수보다 훨씬 더 많을 수밖에 없었다. 또 이와 같은 극한의 날씨는 방어에 더 유리하게 작용했다. 공격에 나선 독일군이 러시아군을 덫에 잡아넣기 위해서는 러시아군보다 신속하게 움직여야 했지만, 조금만 움직여도 눈구덩이와 진창 속에서 허우적대야 하는 상황에서 신속한 이동은 불가능한 일이었다. 일례로 철도역에서 일선 부대까지 보급품을 운반하는 데도 수레 1대에 말을 12마리나 붙여야 했다.

그러나 이런 악조건하에서도 독일군은 우월한 조직력을 바탕으로 러시아군보다 효과적으로 싸울 수 있었다. 2월 9일경이 되자 제대로 보급을 받지 못하던 러시아군 포병대는 포탄이 다 떨어져버렸다. 반면 지속적으로 퍼부어대는 독일군의 포격을 덮어쓰던 러시아 제10군의 북쪽 측면은 붕괴해버렸다. 2월 17일이 되자 독일군은 6만 명이 넘는 러시아군 포로를 획득했으며, 또 다른 7만 명의 러시아군을 아우구스투프 Augustów의 숲속에서 포위하고 있었다. 그나마 좀 허술한 숲 동쪽의 포위망을 뚫고 러시아군 일부가 탈출하는 데 성공하기도 했지만, 2월 22일 무렵까지 숲에서 포위되었던 러시아군 가운데 절반 정도가 포로가 되었고, 이틀 후에는 또 1만 명의 러시아군이 프샤스니시 Przasnysz에서 독일군에게 항복했다.

그러나 여러 가지 악조건 속에서 지속적인 전투를 전개한 독일군도 피로가 거의 한계에 이르렀다. 게다가 2월 말부터 러시아군이 반격에 나서자 힌덴부르크는 공세를 중단하기로 결심하고 가장 취약한 지점에 있던 병력들을 후퇴시켰다. 하지만 전투는 3월 말까지 계속되었고, 그 과정에서 또다시 4만 명의 러시아군이 포로가 되었다. 이후 해빙기가 되자, 전투가 불가능하게 되면서 전선은 국경지대 바로 동쪽에서 안정화되었다. 러시아군의 피해는 독일군에게 포로가 된 인원만 해도 15만 명에 이르렀으며, 러시아 제10군은 보유했던 396문의 야포 가운데 4분의 3을 잃고 말았다. 하지만 독일군도 러시아군을 비스툴라 강에서 몰아낸다는 보다 원대한 목표를 달성하는 데는 실패했다. 또 독일군의 공세와 함께 시작된 오스트리아-헝가리군의 공세도 실패로 돌아갔다. 그러나 러시아 국민들이 이 같은 독일군의 원대한 목표나 힌덴부르크가 이 목표를 달성하는 데 실패했다는 것을 알 도리가 없었다. 러시아 국민들이 전쟁에 대해서 들을 수 있는 소식이라고는 단지 러시아의 주요 군 가운데 또 하나가 독일군에게 격퇴당했다는 것과, 독일군은 세상천지를 뒤집을 듯이 포격을 해대는데도 러시아군 포병대는 포탄이 없어서 포를 쏘지도 못한다거나 독일군의 기관총 앞에 러시아군이 떼죽음을 당했다거나 수만 명씩 포로가 되었다고 병사들이 편지에 써서 보낸 이야기가 전부였다.

오스트리아-헝가리 전선의 러시아군은 그래도 좀 사정이 나은 편이었다. 9월 중순 이래 러시아는 10만 명 이상의 오스트리아군이 틀어박혀 있는 프셰미실 요새를 포위하고 있었다. 그러나 반년 가까이 지나도록 이 프셰미실 요새를 함락하지 못했다는 사실은 러시아의 포병 전력이 얼마나 부족한지를 잘 대변해주는 것이기도 했다. 이 방면을 담당한 이바노프는 계속해서 카르파티아 산맥을 넘어 헝가리를 공격한다는 계획을 고집하고 있었다. 그러나 콘라트 역시 오스트리아군이 카르파티아 산맥으로부터 러시아군에게 공세를 가할 경우 비스툴라 강에서 러시아군을 몰아내는 데 큰 도움이 될 것이라고 생각하고 있었다.

이런 판단하에 양측 모두 카르파티아 산맥 동부지역에 대한 동계 공세를 준비했다. 그러나 산악 지형에서 동계 공세를 펼친다는 것이 얼마나 어려운지는 삼척동자도 알 수 있는 일이었다. 카르파티아 산맥의 산들은 고도가 높지는 않지만 매우 가파른 산비탈을 이루고 있었다. 이런 산들을 넘어갈 수 있는 유일한 통로인 고개들도 극소수에 불과했고, 쓸 만한 도로는 더더욱 없었다. 그리고 이런 고개들조차 겨울에는 대부분 눈으로 막혀버리기 일쑤였고, 날씨가 풀릴 때는 진창을 이루면서 사람과 마차의 통행이 불가능한 경우가 다반사였다. 그러나 이런 조건하에서도 공격을 고집한 최고사령관들 때문에 그해 겨울 수천 명이나 되는 러시아군과 오스트리아군 병사들이 카르파티아의 험한 산속에서 동장군^{冬將軍}의 무자비한 손길에 죽음을 당해야 했다.

우여곡절 끝에 먼저 공격을 걸어온 것은 오스트리아였다. 1915년 1월 23일, 오스트리아군 20개 사단이 두클라 · 루프카 · 우조크 고개를 공격해

왔다. 동시에 신편 '독일 남부군(이 부대의 대부분은 오스트리아군으로 이루어
졌으나, 독일 장군인 폰 린징엔von Linsingen의 지휘를 받고 있었다)'은 베레케
Verecke 동부와 비시코프 고개를 공격했다. 하지만 공격해오는 오스트리아
군과 비슷한 전력을 가지고 있던 브루실로프의 제8군이 오스트리아군의
공격을 끈질기게 방어하자, 결국 오스트리아군은 제풀에 지쳐 1월 26일 공
세를 중지할 수밖에 없었다. 오스트리아군의 공격이 중지되자, 브루실로
프는 두클라 고개와 루프카 고개에서 바로 반격에 나서면서 보로비치의
오스트리아 제3군에게 큰 타격을 주었다. 3주간 이어진 전투에서 오스트
리아 제3군은 전사, 부상, 혹은 동상으로 인해 전체 병력 10만여 명 가운데
6만5,000명을 잃었다.

　2월 중순이 되자, 러시아군은 메첼라보르치Mezölaborcz의 중요한 철도교
차점을 점령하는 데 성공했다. 그러나 러시아군은 오스트리아군의 플란
처-발틴Pflanzer-Baltin 대장이 전선의 동쪽 끝에서 드네스트르Dnestr 강을 향해
진격을 시작하면서 이를 저지하느라 전력을 분산해야 했기 때문에, 이와
같은 전과를 발판삼아 추가 공격에 나설 수기 없었다. 2월 27일에 시작된
오스트리아군의 두 번째 공세 역시 제한된 성과만을 거둔 채 끝이 났지만,
3월 중순 무렵 린징엔과 플란처-발틴은 드디어 러시아군을 드네스트르 강
동쪽으로 밀어내는 데 성공했다.

　3월 22일, 러시아군은 기나긴 포위전 끝에 드디어 프셰미실 요새를 함
락시킴으로써 10만 명의 포로를 획득하는 동시에 요새 포위전에 묶여 있
던 러시아 제11군을 다른 곳에 투입할 수 있게 되었다. 프셰미실 요새가
함락되던 날, 러시아군은 카르파티아 산맥을 넘어 다시 한 번 공세를 시작
했다. 그리고 4월 중순 무렵, 밀리던 오스트리아군은 러시아군이 평야지대
에 대규모로 쏟아져 나올 것에 대비해 빈과 부다페스트 사이의 다뉴브
Danube 강 선의 방어진지를 강화했다. 그러나 이 무렵 또다시 포탄이 고갈
되어 버리면서 러시아 제8군의 공격이 잠시 주춤해졌다. 그리고 때마침 독

■■■■■■ 1914년~1915년 겨울, 카르파티아 전선의 모습. (Edimedia, Paris)

일의 증원 부대가 도착하면서 전선은 다시 안정되었다. 하지만 이때까지 누적된 피해로 인해 이제 오스트리아군에는 제대로 훈련된 일반 장교들과 부사관들을 찾아보기가 힘들 지경이 되어버렸다. 러시아군도 별반 사정이 좋을 것은 없었지만, 그래도 만약 이런 추세가 지속된다면 "오스트리아부터 해치워서 독일의 야들야들한 아랫배에 칼을 꽂자"고 주장하던 일부 러시아군 지휘관들의 야망이 마침내 실현될 수도 있을 것처럼 보였다.

고를리체–타르누프 선의 돌파

하지만 팔켄하인도 이제 동부전선에 더 많은 신경을 쓰지 않으면 안 되는 상황에 부닥치게 되었다. 오스트리아-헝가리군이 불리한 상황에 처하면서 이탈리아와 루마니아가 오스트리아에게 영토를 양보하지 않으면 전쟁을 선포하겠다는 뜻을 전해왔기 때문이었다. 콘라트와 팔켄하인은 러시아군을 크게 격파하여 이 무례한 국가들이 제정신을 차리게 해주기로 결정하고 러시아 제3군에게 기습 공격을 가할 계획을 짰다. 당시 러시아 제3군은 북쪽으로는 타르누프^{Tarnów}에서 남쪽으로 루프카 고개에 이르는 78마일 길이의 전선을 담당하고 있었다. 동맹군의 공격 초점은 고를리체^{Gorlice} 시市였고, 이로 인해 이 전투는 역사에 고를리체-타르누프 전투로 이름을 남기게 되었다.

4월 9일, 공격을 결심한 팔켄하인은 콘라트와 협의한 후 4월 15일에 서부전선에서 독일군 8개 사단을 차출하여 비밀리에 동부전선으로 이동시켰다. 팔켄하인은 이 사단들로 마켄젠 지휘하에 새로이 제11군을 편성하여 고를리체 서쪽에 전개시켰다. 콘라트는 마켄젠에게 독일 제11군 북쪽의 타르누프 지구에 배치된 오스트리아 제4군과 독일 제11군 남쪽에서 두클라 고개와 루프카 고개를 담당하고 있던 오스트리아 제3군의 지휘권을 넘겨주었다. 이제 22개 보병사단과 1개 기병사단을 보유하게 된 '마켄젠 집단군'을 맞아 싸우게 된 러시아군은 일단 병력은 총 19개 사단에 달했지만, 이들은 모두 지금까지 벌어진 진투로 상당히 약화된 상태였고 포병 전력도 보잘것없었다. 독일 제11군이 고를리체를 돌파하여 러시아 제3군을 산 강 선으로 밀어냄과 동시에 오스트리아 제3군과 제4군은 독일 제11군의 남쪽과 북쪽 측면을 엄호하면서 카르파티아 전선의 러시아군을 밀어낼 예정이었다.

5월 2일, 공격을 개시한 독일군은 거의 완벽한 기습을 감행했다. 5월 3일, 고를리체가 함락되면서 라드코-드미트리예프의 전선에는 12마일에 이르는 커다란 구멍이 뚫렸다. 드미트리예프 예하 사단들 가운데 3개 사단은 완전히 박살이 나서 산산이 흩어져버렸다. 나머지 사단들도 5월 4일 저

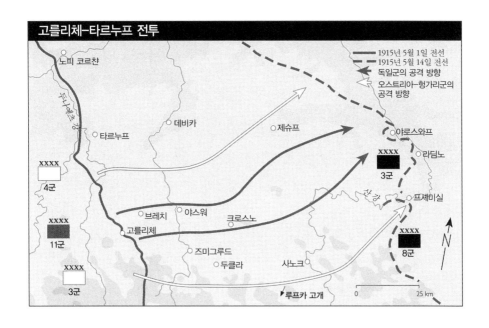

고를리체-타르누프 전투

> ━━━ 1915년 5월 1일 전선
> ╍╍╍ 1915년 5월 14일 전선
> 독일군의 공격 방향
> 오스트리아-헝가리군의 공격 방향

노피 코르찬
타르누프
데비카
제슈프
야로스와프
라딤노
3군
프셰미실
4군
브레치
야스워
크로스노
산
11군
8군
고를리체
즈미그루드
3군
두클라
사노크
루프카 고개
N
0   25 km

녁 무렵에는 남은 인원이 평균 1,000명에 불과한 참담한 상황에 빠져 있었다. 이제 라드코-드미트리예프에게 남아 있는 유일한 선택지는 비스툴라 강 동쪽으로 철수하는 것뿐이었다. 라드코-드미트리예프가 이끄는 군의 중앙이 무너지면 카르파티아 산맥에서 싸우고 있던 그의 2개 군단도 북쪽 측면이 독일군에게 완전히 노출될 수밖에 없었다. 그러나 그렇다고 이 2개 군단을 철수시키면 브루실로프가 이끄는 제8군의 측면까지 연쇄적으로 노출되어버리기 때문에 제8군도 함께 철수하지 않으면 안 되었고, 그렇게 되면 러시아군의 헝가리 공격은 다시 한 번 무산될 수밖에 없었다. 5월 5일, 니콜라이 대공은 철수는 허용할 수 없다는 의사를 밝혔지만, 같은 날 오스트리아 제3군이 루프카로, 또 독일 제11군이 사노크Sanok 방면으로 공격해 들어오자 러시아 제3군은 눈사태처럼 무너지기 시작했다. 5월 10일, 라드코-드미트리예프는 러시아군 총사령부에 러시아 제3군이 '빈사상태'에 빠졌다는 보고를 올렸다. 결국 이바노프는 카르파티아 산맥으로부터 전면 철수하라는 명령을 내렸다. 니콜라이 대공은 황급히 영국과 프랑스에 독일군의 주의를 돌리기 위해 서부전선에서 당장 공세를 취할 것과 오스트리아군의 주의를 분산시키기 위해 이탈리아에 압력을 가해서 참전을 종용할 것을 요구했다.

팔켄하인은 고를리체-타르누프 전투의 승리가 동부전선 총사령부를 보다 동쪽의 슐레지엔 지역으로 이동시킬 수 있을 만큼 충분히 결정적인 성과를 거두었다고 보고, 러시아군을 영구히 무력화시키기 위한 독일-오스트리아 합동공세를 계획했다. 러시아군이 거둔 유일한 승리는 제9군이 국지적인 반격에 나서서 플란처-발틴의 부대를 드네스트르 강에서 프루트 Prut 강으로 밀어낸 것뿐이었다. 그러나 이 작은 승리마저도 갈리치아의 전황에 영향을 미치기에는 너무나 멀리 떨어진 곳에서 일어났다. 갈리치아에서는 러시아 제3군과 제8군 모두 5월 9일과 10일에 걸친 사노크를 둘러싼 전투에서 엄청난 타격을 입었다. 5월 16일, 산 강에 도달한 독일 제11군은 야로스와프 Jarosław에서 5일간에 걸친 치열한 격전을 벌인 끝에 도하점을 확보했다. 러시아군은 5월 15일~22일에 반격에 나섰지만, 별다른 성과를 거두지도 못하고 실패하고 말했다.

5월 25일, 이탈리아가 오스트리아에 선전포고를 했지만, 이것이 당장 러시아군의 상황을 개선시켜주지는 못했다. 오스트리아군은 6월 3일이 되어서야 이탈리아 전선으로 병력을 이동시키기 시작했고, 그 빈자리는 독일군이 채웠다. 오스트리아 제3군은 해산되었고, 예하 사단들은 갈리치아의 수도 렘베르크 Lemberg(오늘날의 르비프 L'viv)를 탈환한다는 새로운 목표를 달성하기 위해 오스트리아 제2군과 제4군에 나뉘어 배치되거나 독일 제11군의 일부로 편입되었다.

러시아의 퇴각

이 무렵, 러시아군의 손실은 눈덩이처럼 불어나고 있었다. 5월 한 달 동안 남서전선 전투에서 전사 혹은 부상당하거나 포로로 잡힌 병력은 41만 2,000명에 이르렀다. 6월 12일 공세를 재개한 마켄젠은 17일이 되자 라바 루스카야^{Rava Russkaya}-조브크바^{Zhovkva}를 잇는 선에 도달했다. 함께 공격을 개시한 오스트리아 제2군도 렘베르크에 다가서고 있었다. 이미 북쪽으로 부터 측면 우회 공격을 당할 위험에 노출되어 있던 러시아군의 비스툴라 강 방어선은 이제 남쪽으로부터도 우회당할 위기에 처해 있었다. 설상가 상으로 러시아군은 반격에 나서고 싶어도 야포와 소화기 탄약이 부족해 제대로 된 공격을 펼칠 수가 없었다. 러시아군으로서는 전선을 축소해서 전략 예비 병력을 확보하기 위해서는 갈리치아를 포기할 수밖에 없었다. 결국 6월 17일 니콜라이 대공은 지연전을 펼치며 철수하라는 명령을 내렸 다. 이 명령에는 "가능하면 최대한 오래 버텨볼 것"이라는 말도 포함되어 있었지만, 전황은 시시각각 미친 듯이 바뀌고 있었다. 6월 20일, 라바 루스 카야-조브크바 방어선이 붕괴되면서 브루실로프의 우측이 그대로 노출되 는 지경에 이르렀다. 결국 브루실로프는 모든 군수 물자를 렘베르크로부 터 후방으로 이동시키는 동시에 갈리치아에서 싸우고 있는 전 예하 부대 에게 철수 준비를 하라는 명령을 내렸다. 같은 날 렘베르크 전투가 시작되 면서 브루실로프의 제8군 예하 제8군단과 제18군단은 수적으로도 우월하 고 아직도 원기 왕성한 전력을 가지고 있는 독일 제41예비군단 및 오스트 리아-헝가리 제6군단과 맞서 싸워야 했다. 6월 22일, 오스트리아군이 시 외곽까지 뚫고 들어오자, 브루실로프는 포위당하는 사태를 피하기 위해 렘베르크를 버리고 퇴각했다.

고를리체-타르누프와 렘베르크 전투 이후 바로 이어진 제3차 바르샤 바 전투는 러시아에게 연속적인 패배와 함께 탄넨베르크의 참패보다도 더

큰 타격을 안겨주었다. 15개 러시아
군 사단은 문자 그대로 전멸당했고,
다른 20개 이상의 사단들도 전력이
바닥이 났다. 하지만 더 심각한 문
제는 갈리치아를 빼앗기고 비스툴
라 강의 방어선도 더 이상 유지할
수 없게 되었다는 것이었다. 결국
러시아군은 비스툴라 강으로부터도
물러날 수밖에 없었다.

8월 5일, 바르샤바마저 독일-오
스트리아군에게 함락되자 니콜라이
대공은 1812년 나폴레옹의 침략을
맞아 싸운 쿠투조프 Kutuzov 장군의 선
례를 따라 공간을 내주고 시간을 번
다는 전략을 선택했다. 문제는 제반
여건이 100년 전과는 크게 달라졌다
는 것이었다. 1812년 당시의 러시아
군과 프랑스군은 1914년~1915년
당시의 러시아군과 독일군과는 비
교도 되지 않는 소규모 군대였다.
또 당시에는 연속적인 전선이나 피
난민 대열도 없었으며, 군대가 지나
가는 협소한 지역 이외의 다른 지역
들은 전쟁으로부터 별다른 영향을
받지 않았다. 그러나 1915년 러시아
가 벌인 퇴각작전의 규모와 그 결과

■■■■■ 러시아의 '초토화' 작전. 불타는 폴란드 마을의 모습. (AKG, Berlin)

는 나폴레옹전쟁 때보다 훨씬 더 엄청난 것이었다.

러시아군 병사들은 폴란드로부터 질서정연하게 퇴각했다. 그러나 이들과 함께 250만 명 이상의 현지 주민들이 니콜라이 대공의 '초토화' 작전 방침에 따라 러시아를 향해 떠나라는 강요를 받고 피난길에 올라야 했다. 피난민들이 떠난 마을은 뒤따라 철수하던 러시아군이 철저하게 파괴해버렸다. 이 피난민들은 열차에 실려 가다가 아무 마을에서나 짐짝 취급을 당하며 내팽개쳐졌고, 일부는 중앙아시아나 시베리아까지 끌려가기도 했다. 그리고 강제로 이주당한 지역에서도 식량과 연료는 여전히 턱없이 부족했으며, 최소한의 생활공간도 제대로 확보되어 있지 않았다. 러시아군은 동맹군의 진격에 도움이 되는 자원을 모두 파괴할 생각으로 초토화 작전을 벌였지만, 역설적으로 이 작전은 러시아의 후방 부대와 주민들에게 당시 전황에 대해 실제보다 훨씬 더 나쁜 인상을 심어주게 되었다. 군대가 붕괴되고 있다고 생각한 러시아 황제 니콜라이 2세는 전 군에 만약 적에게 항복할 경우 가족에게 급료 지급을 중지할 뿐만 아니라 전쟁이 끝나고 시베리아로 유형을 보내겠다고 공포했다. 그러나 이와 같은 가혹한 조치는 오히려 러시아 국민들에게 러시아군이 대패한 것 아니냐는 인상만 주었다. 새로이 국방장관이 된 폴리바노프Polivanov 대장은 7월 30일 각료위원회에서 "사기가 저하되고 항복과 탈영이 엄청난 비율로 늘어나고 있다"고 밝혔고, 농업장관이었던 크리보셰인Krivoshein은 "만약 러시아군 총사령부가 또다시 주민들을 대량으로 이주시킬 경우 국가 전체가 혼란에 빠지고 혁명이 일어나 모든 것이 파괴될 수도 있다"고 경고했다.

이러한 혼란의 책임을 돌리기 위해 고심하던 러시아 황제 니콜라이 2세는 니콜라이 대공을 희생양으로 삼고 그를 러시아군 총사령관 자리에서 해임했다. 사실, 알렉산드라 황후와 요승 라스푸틴은 니콜라이 대공을 해임시키기 위해 오랫동안 로비를 펼쳐왔다. 권력욕의 화신이었던 알렉산드라 황후는 니콜라이 대공이 러시아 황제가 되기 위해 음모를 꾸미고 있다고 의심했으며, 니콜라이 대공이 대의제 정부를 지지함으로써 러시아의 전제 정부를 무너뜨리기 위한 음모를 꾸미고 있다고 생각했다. 이런 상황에서 러시아군의 전면 철수 덕분에 황후와 라스푸틴은 러시아 황제 니콜라이 2세에게 니콜라이 대공을 사임시키라는 압력을 가할 절호의 기회를 맞이하게 되었다. 8월 7일 바르샤바가 독일군에게 함락된 지 이틀 후, 러시아 황제 니콜라이 2세는 니콜라이 대공을 해임하고 스스로 러시아군 총사령관 자리에 올랐다. 러시아군 병사들은 이와 같은 조치에 크게 실망했지만 루덴도르프는 뛸 듯이 기뻐했다. (나중에 루덴도르프는 니콜라이 대공에 대해 "훌륭한 군인이자 전략가였다"고 평했다.) 러시아의 각료위원회도 황제의 조치에 깜짝 놀라기는 마찬가지였다. 각료들은 황제의 조치로 인해 국민의 분노가 황제에게 쏠릴 것이라고 생각했다. 일선의 장군들은 그래도 큰 동요를 보이지 않았다. 러시아군 장성들은 황제를 일종의 얼굴마담으로 보았고, 중요한 결정은 직업군인인 참모총장이 내릴 것으로 보았다. 황제가 직접 참모총장으로 임명한 미하일 바실리예비치 알렉세예프^{Mikhail Vasilyevich Alexeyev}는 동료들로부터 많은 존경을 받는 군인이었고, 폴리바노프가 후방 지원 업무를 총괄하게 되면서 보급 문제도 이전처럼 악화되지는 않을 것이라고 생각했다. 영국과 프랑스 정부도 러시아 황제의 이런 조치들을 러시아가 전쟁에 계속 참여하겠다는 의사의 표현으로 보고 안도의 한숨을 내쉬었다.

그러나 이러한 조치에도 불구하고 러시아군의 퇴각이 계속되자 러시아 국민들의 분노도 점점 커졌다. 팔켄하인-콘라트 콤비가 러시아군을 영구히 무력화시키기 위해 짠 계획은 완전히 성공한 것처럼 보였다. 가을이 되면서 비가 내리기 시작하자, 일단 동부전선은 대충 정리가 되었다고 생각한 팔켄하인은 동부전선의 병력을 다시 서부전선으로 이동시키기 시작했다.

그러나 당시 오스트리아-헝가리의 상황은 러시아보다 나을 것이 별로 없었다. 오스트리아도 보급 물자의 부족과 엄청난 사상자 수로 인해 빈사 상태에 빠져 있었다. 오스트리아군은 겨울 동안 카르파티아 지역에서 벌어진 전투에서만 80만 명이 넘는 사상자를 냈고, 1915년 여름 전투에서는 그 수가 125만 명으로 늘어났다. 이런 타격을 입고도 오스트리아군의 전선이 무너지지 않았던 것은 독일군의 막대한 지원이 있었기 때문이었다. 린징엔, 보트머^{Bothmer}, 마켄젠과 같은 독일 장군들이 사실상 오스트리아군 전체를 지휘하고 독일군의 목표가 오스트리아의 군사 행동에 중요한 결정 요소로 작용하게 되면서 이제 합스부르크 가문은 독일 황실인 호헨촐레른 가문에게 조종당하는 신세가 되어버렸다. 또 농업의 기계화가 이루어지지 않은 상태에서 대부분의 농촌 장정들이 징집되는 바람에 예년 농업 생산량을 유지하는 것도 힘겨워진 판에 연합군의 해상 봉쇄까지 겹치면서 오스트리아는 러시아와 비슷할 정도로 심각한 식량 위기에 직면하게 되었다. 1915년 9월, 콘라트는 로브노^{Rovno}에 대한 공세를 개시하면서 마지막으로 독자적인 작전을 시도해보았지만, 이마저도 실패로 돌아갔다. 1915년 말, 오스트리아-헝가리는 이미 제대로 된 강펀치를 한 대만 맞아도 붕괴될 상태에 있었다.

1915년~1916년 겨울, 러시아의 대투르크 공세

사리카미슈 전투 이후 러시아-투르크 전선에서는 4월 페르시아의 아제르바이잔^{Azerbaijan}과 6월 반^{Van} 호수 일대에서 국지적인 전투가 벌어진 것 외에는 거의 1년간 소강상태가 계속되었다. 투르크군은 군의 재편성과 갈리폴리에 대한 연합군의 상륙작전에 대한 반격, 그리고 투르크령 아르메니아에서 아르메니아인에 대한 '인종청소' 작업에 여념이 없었고, 러시아의 코카서스군도 코카서스 지역이 동부전선에 비해서 우선순위가 뒤지는 관계

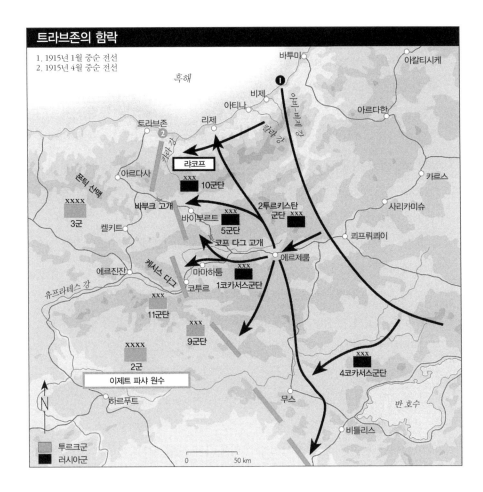

트라브존의 함락

1. 1915년 1월 중순 전선
2. 1915년 4월 중순 전선

흑해

바투미

아칼티시케

비제

아티나

리제

아르다한

트라브존

라코프

아르다사

10군단

카르스

폰틱 산맥

바부크 고개

2투르키스탄
군단

사리카미슈

3군

켈키트

바이부르트

5군단

코프 다그 고개

쾨프뤼쾨이

에르진잔

케시스 다그

마마하툼

에르제룸

유프라테스 강

코투르

1코카서스군단

11군단

9군단

2군

이제트 파샤 원수

4코카서스군단

N

하르푸트

무스

반 호수

투르크군

비틀리스

러시아군

0   50 km

로 공세에 나설 만한 여력이 없는 상태였다. 그러나 이러한 상황은 1915년
9월 니콜라이 대공이 코카서스에 도착하면서 바뀌게 되었다. 러시아 황제
니콜라이 2세는 그를 동부전선에서 쫓아내는 대신 코카서스 총독 겸 군사
령관으로 임명했다.

 그 밖에도 코카서스에서 러시아군이 공세를 고려하게 된 데는 몇 가지
이유가 있었다. 첫 번째 이유는 12월 19일에서 20일로 넘어가는 밤, 연합
군이 갈리폴리에서 전면 철수했다는 사실이었다. 코카서스군 참모장이었
던 유데니치Yudenich 대장은 이제 투르크가 갈리폴리에 묶여 있던 군대를 다

른 곳, 특히 코카서스 지방으로 돌릴 수 있게 되었다는 사실을 잘 알고 있었다. 두 번째 이유는 10월 세르비아가 무너지고 불가리아가 독일 편에 서서 전쟁에 참가함에 따라 독일과 투르크 사이의 육상 교통로가 다시 한 번 열리게 되었다는 점이었다. 이는 이제 독일의 우수한 무기들, 특히 야포가 아무런 방해도 받지 않고 투르크로 쏟아져 들어가게 되었다는 것을 의미했다. 세 번째 이유는 투르크군의 보급망 효율이 매우 떨어졌고 보급 관계자들도 매우 무능했기 때문에, 이러한 변화들이 실질적인 영향을 미치기까지는 상당한 시간이 걸린다는 것이었다.

이제 러시아군은 앞에서 언급한 여건들이 투르크에게 유리하게 작용하기 전에 수주 내로 투르크 제3군을 격파하지 않으면 투르크군의 대규모 공세에 직면하게 될 가능성이 컸다. 게다가 다른 연합국으로부터도 코카서스로 투르크군의 주의를 돌려달라는 요구가 들어왔다. 당시 영국은 메소포타미아Mesopotamia(오늘날의 이라크) 지역에서 바그다드 점령을 목표로 공세를 벌이고 있었지만, 크테시폰Ctesiphon에서 공격이 막혀버렸다. 반격에 나선 투르크군에게 밀려난 영국군은 쿠트 알-아마라Kut al-Amara에서 포위당하는 처지에 놓이게 되었다. 게다가 쿠트Kut를 포위한 투르크군의 수는 갈수록 늘어났다. 영국은 러시아에게 아나톨리아 고원지대에서 공세를 취해 투르크군이 병력 일부를 코카서스로 놀리게 해달라고 요청했고, 이는 니콜라이 대공이 신속하게 행동에 나선 또 다른 이유였다. 12월 31일, 니콜라이 대공이 유데니치의 공세 계획안을 승인함에 따라 1916년 1월 10일부터 러시아의 공격이 시작되었다.

투르크군이 한겨울에 러시아가 공세로 나오리라고는 예상치 못했을 거라는 유데니치의 예측은 정확히 맞아떨어졌다. 러시아군의 공격이 시작될 시점에 투르크 제3군 사령관 카밀 파샤Kamil Pasha와 참모장인 독일군 고문 구제Guse 소장은 둘 다 자리를 비운 상태였다. 러시아군은 공세작전에 32만5,000명의 대군을 동원한 반면, 이를 맞아 싸울 투르크군은 7만8,000명에 불과했다. 그리고 러시아군은 150대의 대형 화물차를 동원하여 보급 측면에서도 투르크군보다 훨씬 더 우세했다. 투르크군은 제대로 된 도로도 별로 없는 지방에서 수송 업무를 말이나 소가 끄는 짐수레에 전적으로 의존했기 때문에 보급의 효율이 극도로 떨어졌고, 투르크 제3군에서 행정이나 노무를 담당하던 아르메니아인 징집병들과 주요 식량 공급원이었던 아르메니아 농부들이 투르크의 아르메니아 대학살로 인해 희생되거나 강제 추방되면서 보급 문제는 더욱 심각해졌다. 흑해의 제해권도 러시아에게 넘어가 있는 상황에서 설상가상으로 러시아는 겨우 20대의 원시적인 항공기로 구성된 시베리아 항공대로 제공권까지 장악하고 있었다.

1914년 투르크의 엔베르 파샤가 펼쳤던 공세와 마찬가지로 러시아군 병사들도 유데니치의 공격 계획을 실행에 옮기기 위해 눈보라를 헤치고 깊이 쌓인 눈 속에서 밤새도록 고원지대와 능선을 행군해야만 했다. 그러나 엔베르 파샤의 병사들과는 달리 러시아군 병사들은 적절한 동계 피복을 갖추고 따뜻한 음식을 공급받았으며, 사전에 치밀한 훈련을 받았다. 투르크군은 에르제룸에서 동쪽으로 40마일 떨어진 쾨프뤼쾨이^{Köprüköy}에서 러시아군을 저지하기로 결정하고 여기에 5개 사단을 집결시켰다. 그 결과 반 호수의 서쪽 끝에 위치한 비틀리스^{Bitlis}에서 에르제룸으로 가는 남북으로 뻗은 도로를 지키는 투르크군 병력은 겨우 1개 사단밖에 남지 않게 되었다. 1월 14일, 러시아의 제4코카서스소총사단은 산꼭대기에 위치한 카키르바바^{Cakirbaba} 능선을 타고 넘어가 투르크군의 방어선을 두 동강 냈다. 약 2만5,000명의 투르크군이 전사하거나 포로로 잡혔고, 나머지는 에르제룸으로 도망쳤다.

에르제룸의 요새 방어선은 15개의 요새와 300문의 대포(대부분 오래된 구식 대포였다)로 이루어져 있었다. 한 가지 특기할 사항은 에르제룸 요새를 동서로 가로지르는 능선이 하나 있다는 사실이었다. 높이가 9,600피트나 되는 이 능선을 통과하는 것은 불가능하다고 생각한 투르크군은 이 능

■■■■■ 투르크군에게 승리를 거둔 러시아군 기병대가 트라브존에 입성하고 있다. (Ann Ronan Picture Library)

선을 요새화하거나 병력을 주둔시키지
않았다. 이런 사실을 파악한 러시아군은
이 능선을 타고 요새로 진입한다는 계획
을 세웠다. 그러나 능선을 등반하는 과
정에서 1개 대대병력 전부가 동사해버리
는 비극이 일어났다. 하지만 러시아군은
이런 자연의 위력에도 굴하지 않고 한
부대가 능선 위에서 몇 시간 이상 머무
는 일이 없도록 병력을 교대시켜가면서
능선 등반을 계속했다. 한편, 에르제룸
에 있던 투르크군은 여러모로 취약한 상
태였다. 에르제룸 요새를 적절하게 수비
하기 위해서는 최소 8만 명의 병력이 필
요했지만, 당시 투르크군 병력은 그 절
반에 불과한 상태였다. 러시아군은 요새
들 여러 곳을 동시에 공격하면서 남-북
가도 상에 위치한 무스Mus 마을을 점령
하여 에르제룸 요새로 향할지도 모르는
투르크군 증원 병력이나 보급 물자를 차
단한다는 계획을 세웠다.

2월 11일, 러시아군의 공격이 시작되
었다. 4일 후, 투르크 제3군은 에르제룸
을 포기했다. 다음 날 아침, 러시아군이
에르제룸으로 입성했고, 같은 날 무스도
러시아군의 손에 떨어졌다. 4만 명의 투
르크군 수비대 가운데 탈출에 성공한 것

은 2만5,000명뿐이었다. 러시아군은 1만2,000명의 투르크군을 포로로 잡았고 327문의 포를 노획했지만, 러시아군의 피해는 3,000명 정도가 전사하거나 동사했고, 7,000명 정도가 부상당했으며, 그 밖에 4,000명 정도가 치명적이지 않은 동상에 걸린 정도였다.

유데니치의 다음 공격 계획은 흑해 연안을 따라 진격하는 것이었다. 러시아는 바지선barge을 이용해 병력을 상륙시키는 참신한 전술을 보여주면서 훌륭하게 작전을 수행했다. 해군 전함들의 함포 사격도 러시아군의 작전 성공에 크게 기여했다. 이런 호화로운 포격 지원은 다른 전선의 러시아군으로서는 꿈도 못 꿀 사치였다. 당시 에버하르트Eberhardt 제독이 지휘하는 러시아의 흑해 함대는 흑해의 제해권을 완전히 장악하고 있었다. 투르크 해군은 독일 전함 2척(괴벤Goeben과 브레슬라우Breslau)과 잠수함 1척(U33)으로 간간이 러시아 해군의 신경을 건드리는 정도의 활동을 하는 것 이외에는 아무것도 할 수가 없었다. 러시아 흑해 함대에게 있어 유일한 문제점은 작전 해역이 주요 군항인 세바스토폴Sevastopol이나 가장 가까운 위치에 자리 잡은 보조항인 노보로시스크Novorossiisk로부터 450마일이나 떨어져 있다는 것이었다. 2월 5일에서 3월 6일에 걸쳐 투르크 제3군은 함포 사격을 가한 후 상륙해오는 러시아군에 의해 흑해 연안의 여러 방어 거점에서 밀려나고 말았다. 러시아군은 한때 대규모 투르크군 부대가 코가서스로 이동해왔다는 정보를 입수하고 트라브존Trabzon에서 30마일 떨어진 곳에 잠시 정지하기도 했으나, 4월 14일에 공세를 재개하여 18일에는 트라브존에 입성했다. 파죽지세로 진격하는 러시아군을 막기 위해 투르크군은 2월에 제2군을 급히 코카서스 지역에 투입했다. 투르크군을 지휘하던 독일 고문들은 남-북 도로를 따라 공격을 가해 러시아의 보급로를 끊어버린다는 계획을 세웠지만, 결국 투르크 제2군은 에르진잔Erzincan을 향한 러시아의 공격을 일시적으로 저지한 것 외에는 별다른 성과를 거둘 수 없었다.

1916년 6월~8월, 브루실로프 공세

1916년, 연합국이나 동맹국 모두 이제는 러시아가 동부전선에서 대규모 공세를 펼칠 능력을 잃었다고 믿게 되었다. 따라서 팔켄하인은 베르됭 전투에 투입하기 위해 동부전선의 병력을 계속 서부전선으로 이동시켰다. 그러나 서부전선에서 대규모 공세를 펼치기로 결정한 연합국은 내심 러시아가 제한적으로라도 공세에 나서서 독일군이 더 이상 서부전선으로 병력을 이동시키지 못하게 해주기를 원했다. 연합국들의 요청에 따라 러시아군 총사령부는 북부전선군(쿠로파트킨^{Kuropatkin} 대장) 및 서부전선군(에베르트 대장)에게 5월 중으로 주요 철도 중심지인 빌뉴스^{Vilnius}에 대한 공격 계획을 입안하라는 명령을 내렸다. 2월 21일 베르됭 전투가 시작되면서 발등에 불이 떨어진 프랑스는 러시아에게 지속적으로 동부전선에서 공세를 취하라는 노골적인 압박을 가했다. 계속되는 프랑스의 성화에 시달리다 못해 러시아군은 결국 예정보다 앞선 3월 1일에 공세를 시작하기로 결정했다.

드비나^{Dvina} 강을 따라 전개된 북부전선군은 제5군과 제12군, 이 2개 군으로 구성되어 있었고, 서부전선군에는 제1군, 제2군, 제3군, 제4군, 제10군, 이 5개 군이 소속되어 있었다. 러시아군은 북부전선군과 서부전선군으로부터 각각 1개 군씩을 차출해 공세를 시작하기로 결정하고 제5군에게는 야콥슈타트^{Yakobshtadt}, 혹은 예캅필스^{Jekabpils} 교두보로부터 우익 부대를 전진시키라는 명령을 내렸다. 한편, 제2군에게는 나로슈^{Narozh} 호수의 남북으로 진출하여 제5군과 합류, 독일 제21군단을 포위한 후 빌뉴스로 진군하라는 임무가 떨어졌다. 제12군, 제5군의 중앙 및 좌익, 제1군에게는 각각 전면의 독일군을 고착시키라는 임무가 주어졌다. 약 43마일 길이의 전선에서 공세에 나설 서부전선군 공격 부대의 규모는 총 30개 사단 40만 명에 달했다.

공세를 지원할 포병대의 규모도 독일군을 기준으로 보았을 때는 별 것 아니었지만, 그래도 러시아군으로서는 사상 최대 규모의 포병대를 동원한 것이었다. 그러나 러시아군은 공격 부대를 집결시키는 데 너무 많은 시간을 소비했고, 늘 그렇듯 러시아군의 공격 기도를 사전에 탐지한 독일군은 미리 방어 준비를 해놓았다. 그러나 정작 예정된 공격개시일인 3월 1일에도 러시아군은 소총 부족으로 공격에 나설 수가 없었다. 결국 러시아군 총사령부는 서부전선군은 3월 18일에, 북부전선군은 3월 21일에 공격에 나서라고 명령했다.

3월 17일, 예상외로 예년보다 봄이 훨씬 일찍 찾아와 얼어붙은 대지가 녹으면서 러시아군 전방의 진격로는 도저히 통과할 수 없는 수렁으로 변했다. 그러나 이런 상황에도 공격은 예정대로 진행되었다. 러시아군으로서는 사상 유례없는 규모의 포격을 가하고 사상자 수에는 신경도 쓰지 않는 무자비한 공격을 가했지만, 서부전선군의 공격은 완전히 실패로 돌아가고 말았다. 서부전선군이 3주 동안 공격을 퍼붓고 얻은 성과는 겨우 2마일 길이의 전선을 1마일 정도(1.6×3.2킬로미터의 넓이) 밀고 들어간 것뿐이었고, 그 과정에서 7만 명에 이르는 전사자와 부상자, 포로가 발생했다. 게다가 한술 더 떠서 독일군은 잃은 지역을 4월 14일 하루 만에 회복해버렸다.

북부전선군의 구르코Gurko 대장이 가한 공격은 서부전선군의 공격보다는 그래도 사정이 나은 편이었다. 이는 구르코 장군이 공격을 서부전선군보다 훨씬 늦게 시작하고(3월 21일) 훨씬 빨리(3월 26일) 중지시켰기 때문이었다. 구르코는 예하 8개 사단 가운데 4개 사단만을 투입했고, 이 가운데 3분의 1이 약간 넘는 2만8,000명의 사상자를 냈다. 리가의 남쪽과 드빈스크Dvinsk의 서쪽에서 이루어진 러시아군의 양동 공격은 그 자체로서도 별 성과를 거두지도 못했을 뿐만 아니라, 독일군의 주의를 돌리지도 못했다. 양 전선군의 공격은 총 11만 명이나 되는 사상자를 내며 모두 실패로 돌아갔지만, 엄청난 사상자 수보다 더 심각한 타격은 러시아군의 사기가 크게

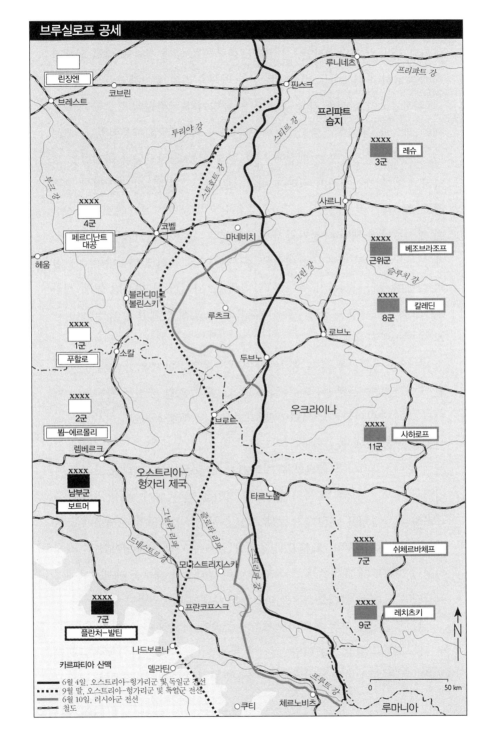

브루실로프 공세

린징엔
브레스트
코브린
핀스크
루니네츠
프리퍄트 강
프리퍄트 습지
투리야 강
스타르 강
XXXX 레슈
3군
XXXX 4군
페르디난트 대공
스토호트 강
코벨
마네비치
사르니
헤움
부크 강
XXXX 베즈브라조프
근위군
슬루치 강
블라디미르 볼린스키
루츠크
고린 강
XXXX 칼레딘
8군
XXXX 1군
푸할로
스칼
두브노
로브노
XXXX 2군
뵘-에르몰리
브로트
우크라이나
XXXX 사하로프
11군
렘베르크
오스트리아-헝가리 제국
타르노폴
XXXX 남부군
보트머
드네스트르 강
즐로타리파 강
XXXX 쉬체르바체프
7군
스트리파 강
세레트 강
XXXX 7군
플란처-발틴
모나스트리지스카
프란코프스크
XXXX 레치츠키
9군
카르파티아 산맥
나드보르나
델라틴
프루트 강
N
쿠티
체르노비치
루마니아

6월 4일, 오스트리아-헝가리군 및 독일군 전선
9월 말, 오스트리아-헝가리군 및 독일군 전선
6월 10일, 러시아군 전선
철도

0   50 km

저하되었다는 것이었다. 이번에는 엄청난 시간과 노력을 들여가며 충분한 무기와 탄약을 조달했지만, 그럼에도 불구하고 공세 결과 또다시 완벽한 패배를 당하자 러시아군 병사들은 전투 의욕을 거의 상실하고 말았다.

러시아군이 패배한 가장 큰 원인은 해빙기가 닥쳤는데도 불구하고 공세를 개시한 러시아군 총사령부의 무뇌아적 작전 진행 때문이었다. 그러나 러시아군 총사령부는 패전에 대한 반성을 통해 작전상의 문제점을 파악하고 이를 개선시키기 위해 노력하기보다는 지휘관들의 조직력이 부족하고 포병대가 보병을 잘 지원해주지 않았으며 보병은 보병대로 공격정신이 부족했다고 책임을 전가하기에 급급했다. 게다가 러시아군은 이번 공세를 통해 베르됭의 독일군 병력을 동부전선으로 돌리게 만든다는 최소한의 목표마저도 달성하지 못했다. 알렉세예프가 입안한 다음번 공세 계획(영국군의 솜 공세를 지원하기 위해 계획된 공세) 역시 실패한 춘계 공세의 확대 재생판에 불과했다.

솜 공세 지원만을 놓고 생각해봤을 때는 독일군의 주의만 돌릴 수 있다면 굳이 강고한 동부전선의 독일군 방어선에 부닥한 공격을 가하느니 차라리 그래도 만만한 오스트리아-헝가리군을 공격해서 독일군이 오스트리아군을 돕기 위해 움직이도록 만드는 것이 보다 효과적이었다. 그러나 알렉세예프는 러시아군 공세의 주요 목표는 독일군이어야 한다고 고집을 부리면서 서부전선군에게 북부전선군의 지원을 받아 다시 한 번 빌뉴스를 공격하라는 명령을 내렸다. 남서부전선군은 서부전선군의 공세로 오스트리아군의 좌측 측면이 노출될 경우에만 공세에 가담할 예정이었다. 러시아군 총사령부가 보유한 포병과 보병 예비 부대들은 대부분 에베르트에게 할당되었고, 남은 부대들은 쿠로파트킨의 부대에 배속되었다.

남서부전선군 사령관 이바노프는 우울증에 시달리다가 3월 말 브루실로프로 교체되었다. 4월 14일, 러시아 황제 니콜라이 2세는 알렉세예프의 제안을 검토하기 위해 모길레프^{Mogilev}에서 전쟁위원회를 소집했다. 회의석에서 쿠로파트킨은 중포 탄약의 부족으로 독일군 방어진지를 제대로 공격할 수 없기 때문에 공격시 엄청난 사상자가 발생할 것이라고 자신의 예상을 말했다. 국방장관 슈바예프Shuvayev와 러시아군 포병 사령관 세르게이Sergey 대공 역시 중포 탄약 부족 문제는 앞으로도 상당 기간 해결되지 못할 것이라는 점을 재확인했고, 에베르트도 쿠로파트킨의 공세 반대 입장에 동의하면서 포병과 관련된 보급 문제가 개선될 때까지는 어떠한 공세도 취해선 안 된다는 입장을 표명했다.

이때 브루실로프가 나서서 공세를 시작할 때 자신도 에베르트와 쿠로파트킨 군과 동시에 공세에 나서게 해달라고 요청했다. 브루실로프는 만약 자신의 공격이 막힌다고 하더라도 남서부전선군 전면의 독일군을 고착시킬 수 있으므로 에베르트와 쿠로파트킨의 공격에 도움이 될 것이라고 주장했다. 알렉세예프는 원칙적으로 브루실로프도 쿠로파트킨과 에베르트의 군과 동시에 공격에 나선다는 데 동의했고, 에베르트와 쿠로파트킨도 마지못해 브루실로프의 제안에 동의했으며, 동시에 5월 중으로 차기 공세를 시작한다는 결정이 내려졌다.

북부전선군과 서부전선군의 공격 준비는 전통적인 방식을 답습한 것이었다. 러시아군은 몰로데치노Molodechno 서부에 약 28마일 길이의 구역을 선정하여 여기에 47개 사단을 집결시켰다. 공격군의 주력인 라고자Ragoza 대장의 제4군(22개 보병사단) 외에도 남쪽에는 라드케비치Radkevich의 제10군(15개 보병사단과 3개 기병사단)과 베조브라조프Bezobrazov가 지휘하는 신편 근위군(4개 보병사단과 3개 기병사단)이 배치되어 있었다. 공격 개시선 후방에는 대규모 탄약 집적소가 구축되고 도로가 보수되었으며, 포병대와 보급품이 차례차례 도착했다. 동시에 늘 그랬듯이 독일군 정찰기와 스파이들은 이런 러시아군의 공격 준비 상황을 속속들이 파악하고 있었다.

프리퍄트Pripyat 강에서 발트 해에 이르는 전선은 러시아와 독일의 수도(페트로그라드와 베를린) 모두와 가까웠기 때문에 독일군은 4개 사단을 제외한 동부전선의 모든 사단을 프리퍄트 습지대 북쪽에 배치해놓았다. 이들은 이미 강력한 방어선을 형성하고 있었기 때문에, 독일군은 러시아군이 대규모 공세를 준비하고 있다는 사실을 뻔히 알고도 별다른 걱정을 하지 않았다. 러시아군의 작전은 너무나 틀에 박혀 있었기 때문에 독일군은 공격이 개시되기 훨씬 전부터 공격이 어떻게 진행될지 충분히 예측할 수 있었다. 러시아군이 언제, 어디서, 어떻게 공세를 시작할지 손바닥 보듯이 알 수 있었던 독일군은 러시아군이 어떻게 공격해오든지 간에 충분히 막아낼 자신이 있었다.

그러나 브루실로프는 그와 같은 정형화된 공격 준비 작업의 틀을 완전히 벗어났다. 공격의 전조가 되는 병력과 보급 물자의 집적이나 참호 구축과 같은 작업은 쉽게 숨길 수 있을 만한 작업이 아니었다. 따라서 브루실로프는 오스트리아군을 혼란시키기 위해 휘하의 4개 군 전부에게 전 전선에 걸쳐 참호를 구축하게 하는 동시에 각 군 예하 전 군단에게 오스트리아군 전선을 여기저기서 찌르도록 지시했다. 하지만 실질적인 주공은 칼레딘Kaledin 대장의 제8군이었다. 브루실로프는 칼레딘의 제8군으로 독일-오스트리아군 전선 후방의 코벨Kovel로 진격할 속셈이었다. 코벨은 남북 철도와 2개의 동서 철도가 교차하는 핵심적인 철도 중심지였다. 전 전선에 걸쳐 활발하게 움직이는 러시아군의 활동량에 압도된 오스트리아군은 도저히 브루실로프의 의도를 예측할 수가 없었다. 브루실로프는 기습의 효과를 높이기 위해 "공격하려면 집중하라"라는 전술의 기본 명제를 정면으로 무시했다.

브루실로프 예하의 4개 군(북쪽으로부터 남쪽으로 제8군, 제11군, 제7군, 제9군)은 프리퍄트 습지대에서 루마니아 국경에 이르는 약 300마일 구간을 담당하고 있었다. 36개 보병사단과 12.5개 기병사단으로 이루어진 러시아군에 맞서고 있던 것은 동맹군 37개 보병사단과 9개 기병사단(42개 사단은 오스트리아군, 4개 사단은 독일군)이었다. 브루실로프는 항공 정찰과 스파이를 활용하여 동맹군이 그의 군에 대해 파악하고 있는 것보다 훨씬 더 자세하게 동맹군과 관련된 정보를 확보하고 있었다.

당시 브루실로프의 담당구역에 배치되어 있던 동맹군은 북쪽에서 남쪽으로 린징엔 집단(군 규모), 오스트리아 제4군(요제프 페르디난트 대공)과 제2군(뵘-에르몰리), 독일 남부군(이름은 독일 남부군이고 지휘관인 폰 보트머도 바이에른 출신의 독일인이었지만, 부대 구성원 대다수는 오스트리아-헝가리군이었다)과 오스트리아 제7군(플란처-발틴)이었다. 하지만 오스트리아-헝가리군 병사들의 절반 이상은 슬라브계로서 오스트리아-헝가리 제국보다는 러시아 쪽으로 마음이 기울어져 있는 자들이었다. 1916년 3월 이래 루덴도르프는 힌덴부르크를 총사령관으로 삼아 동부전선의 독일군과 오스트리아군의 지휘체계를 일원화해야 한다고 주장했지만, 자신들이 독일군에게 종속되는 듯한 모양새를 좋아하지 않은 오스트리아군은 이를 반대했다. 따라서 그 무렵까지는 독일-오스트리아군 간에 단일 지휘체계는 존재하지 않았으며, 브루실로프의 담당구역의 동맹군은 오스트리아의 프리드리히 Friedrich 대공의 지휘를 받고 있었다.

브루실로프는 빨리 공세에 나서고 싶었지만, 러시아군의 주공 실시 일자가 결정되기까지는 공세 개시일을 정할 수 없었다. 4월 20일, 브루실로프는 예하 부대에게 5월 11일 이후 언제든지 공세에 나설 수 있도록 준비를 갖춰두라는 명령을 내렸다. 그러나 주공을 맡은 에베르트의 공격 준비 진척 속도는 너무나 느렸고, 이 추세대로라면 주공과의 연계 공격은 6월이나 되어야 실시할 수 있을 것으로 보였다. 바로 그때, 이전의 수많은 경우와 마찬가지로 다른 지역에서 발생한 사건이 러시아의 공격 계획을 바꿔놓았다.

5월 15일, 오스트리아군은 이탈리아 전선에서 대공세에 나섰다. 초반 전투에서 오스트리아군의 맹공에 대패한 이탈리아군은 황급히 러시아에게 지원을 요청했다. 에베르트의 공격 준비 상황은 여전히 지지부진했지만, 브루실로프의 공격 준비는 다른 러시아군의 진척 상황을 압도하고 있었다. 이런 상황을 파악한 알렉세예프는 5월 24일, 브루실로프에게 단독으로 공세에 나설 수 있는지 물었다. 알렉세예프가 그렇게 물을 수 있었던 것은 러시아 황제의 명령이 있었기 때문이었다. 1914년과 1916년 2월 프랑스군의 지원 요청에 준비가 채 다 갖춰지기도 전에 공격에 나섰듯이, 이번에도 러시아 황제는 러시아군의 상황보다는 연합국에 대한 약속 엄수를 우선시했다. 브루실로프의 남서부전선군이 단독 공세에 나선다면, 이것은 전 전선에 걸쳐 잘 연계된 총공세를 가하겠다는 계획 전체를 포기한다는 것을 의미했다. 최대한 빨리 공세에 나서고 싶었지만 총공격 계획을 망치고 싶지 않았던 브루실로프는, 총공세 계획을 최대한 살리기 위해서 에베르트도 함께 공격을 시작하여 독일군이 남서부전선군 쪽으로 향하지 못하도록 붙들어줄 수 있다면 6월 1일 공격을 하겠다고 제안했다. 알렉세예프는 에베르트가 6월 14일 이전에는 공세에 나설 수 없다고 브루실로프에게 말한 후, 남서부전선군의 공세를 6월 4일로 연기할 것을 요청했다. 브루실로프는 그 이상의 지연은 없을 거라는 확답을 받은 뒤, 알렉세예프의 요청을 승낙했다. 그러나 6월 3일 늦게 알렉세예프는 브루실로프에게 전화를 걸어 브루실로프의 공격 계획에 대한 깊은 의구심을 표현하면서 전통적인 총공세를 위한 재편성을 위해 남서부전선군의 공세를 연기할 것을 제안했다. 브루실로프는 즉석에서 알렉세예프의 제안을 거부하고 사임할 의사를 밝혔다. 그러자 알렉세예프는 자신이 남서부전선군의 공격을 연기할 것을 제안했다는 사실을 분명히 밝히고 만약 공세가 실패할 경우 자신이나 러시아군 총사령부는 그것에 대한 책임이 없다는 것을 명확히 한 후 공세 연기 제안을 거두었다.

6월 4일, 러시아군의 공세가 시작되었을 때 중요한 의문점은 두 가지였다. 첫째는 오스트리아군이 러시아군의 공격 의도를 알고 있었는가였고, 둘째는 과연 러시아군 병사들이 얼마나 잘 싸워줄 것인가였다. 첫 번째 의문에 대한 답은 곧 분명해졌다. 오스트리아군은 러시아군의 공세 의도를 전혀 예측하지 못했다. 그러나 두 번째 질문의 답은 조금 복잡했다. 대부분의 러시아군 병사들은 잘 싸워주었지만, 탈영 비율도 걱정스러울 정도로 높았다. 5월 15일~7월 1일에 러시아 제7군에서는 1만432명이, 제8군에서는 2만4,261명이, 제9군에서는 9,855명이, 제11군에서는 1만3,108명이 각각 탈영했다. 비교적 조용했던 3주간의 공격 준비 기간과 러시아군에게 전세가 유리하게 전개되었던 4주 동안에도 거의 3개 완편 사단을 구성할 수 있는 인원이 탈영해버린 것이었다.

브루실로프 전선군의 북단에 배치되었던 제8군은 2개 군단으로 16마일 길이의 전선에서 공격에 나섰다. 칼레딘은 6월 4일에 장시간에 걸쳐 공격 준비 사격을 가한 후 6월 5일에 예하 보병사단들을 동원해 공격에 나섰고, 9일 저녁 무렵에는 루츠크Lutsk를 점령했다. 오스트리아 제4군은 러시아군의 공격에 밀려났으며, 그 남쪽에 있던 제2군도 제4군의 퇴각으로 북쪽 측면이 고스란히 노출되자 퇴각할 수밖에 없었다.

칼레딘의 남쪽에 배치된 사하로프Sakharov 대장의 제11군은 보로브예프카Vorobyevka 방면으로 공격을 시작했다. 그러나 사하로프의 공격은 칼레딘의 공격만큼 순조롭게 진행되지는 못했다. 거의 전원이 슬라브계 병사들로 구성된 독일 남부군의 우익은 순식간에 무너졌지만, 남부군 중앙과 좌익은 러시아군의 공격을 완강하게 버텨냈다.

제7군(셰르바체프Shcherbachev 대장) 포병대는 6월 4일 새벽 4시에 포격을 시작해 중간에 조금씩 휴식을 취하기도 했지만, 장장 46시간에 걸쳐 포격을 계속했다. 러시아군 포병들은 낮에는 동맹군 방어선의 철조망지대와 참호선, 관측소들을 포격했고, 야간에는 방어선 보수 작업을 방해하기 위해 간간이 포격을 가했다. 6월 6일 새벽 2시, 제2군단은 2개 사단과 1개 연대를 동원하여 4.5마일 길이의 전선에 대한 공격에 나섰다. 공격 개시 2시간 만에 러시아군은 오스트리아군의 제1·2참호선을 점령하고 제3참호선

■■■■■ 공격에 나선 러시아군 보병들. 몇 명의 사상자가 쓰러져 있는 것이 보인다. (Ann Ronan Picture Library)

도 대부분 장악하는 개가를 올렸다. 그날 저녁 제2기병군단이 도착했고, 6월 7일에 양 군단은 오스트리아군을 스트리파^{Strypa} 강 너머로 쫓아버렸다. 6월 8일, 이들의 북쪽에 자리 잡고 있던 제16군단과 제22군단도 공격에 나섰다. 6월 10일이 되자, 러시아군은 오스트리아군의 전선에 폭 30마일의 돌파구를 뚫으면서 1만6,000명 이상의 포로를 획득했다.

전선의 남쪽 끝에서는 레치츠키의 러시아 제9군이 플란처-발틴의 오스트리아 제7군과 마주하고 있었다. 보병사단은 레치츠키가 오스트리아군보다 조금 더 많은 병력을 보유하고 있었지만(오스트리아군은 8.5개 사단, 러시아군은 10개 사단), 기병사단 수는 양측 모두 똑같았다(각각 4개 사단). 그러나 레치츠키는 공격을 치밀하게 준비했다. 그는 오스트리아군의 포격을 피해 휘하 병력을 드네스트르 강을 따라 나 있는 좁은 계곡을 통해 집결시켰다. 그리고 2개의 협소한 지역(각각 약 3,000야드와 4,000야드 길이의 구역)을 주공 지역으로 선정했다. 보다 협소한 북쪽 공격구역에는 제3트랜스-아무르^{Trans-Amur}사단의 16개 대대 전부가 집결했고, 남쪽 공격구역에는 제11사단과 제32사단에서 온 20개 대대가 집결했다. 6월 4일 새벽 4시 30분에 시작된 러시아군의 공격 준비 사격은 남쪽 구역에서는 정오까지, 북쪽 구역에서는 12시 반까지 계속되었다. 포격이 멈추자 러시아군 보병들이 오스트리아군 참호를 향해 달려들어 저녁 무렵에 공격 지역의 모든 오스트리아군 참호선을 점령했다.

플란처-발틴은 국지적으로 반격을 가하면서 그 틈을 타서 강 동쪽 제방에 구축한 교두보에서 철수할 준비를 했다. 6월 10일, 오스트리아군은 프루트 강을 향해 철수했다. 며칠간에 걸쳐 쏟아진 호우가 러시아군의 추격에 막대한 지장을 주면서 오스트리아군은 전멸당하는 것만은 피할 수 있었다. 그러나 대다수의 오스트리아군이 프루트 강 건너편으로 쫓겨나자, 이제 오스트리아군이 강 동안에 확보하고 있는 거점은 오스트리아령 부코비나의 수도인 체르노비츠^{Czernowitz}(오늘날의 체르니우치^{Chernivtsi}) 바로 북쪽에 위치한 교두보밖에 남지 않게 되었다. 오스트리아군은 이 교두보를 5일간 지켰지만, 6월 19일이 되자 이 교두보도 러시아 제12군단에게 점령당했고 그로부터 이틀 후 플란처-발틴은 세레트^Seret 강을 향해 퇴각을 개시했다.

이렇게 공격 개시 2주 만에 브루실로프의 남서부전선군의 양익을 담당한 제8군과 제9군은 오스트리아군의 전선을 깊숙이 파고 들어가는 데 성공했지만, 중앙 지역에서의 성과는 제한적이었다. 게다가 공격에 참가한 3개 군 모두 막대한 사상자를 내고 있었으며, 야포의 포탄들도 빠르게 바닥을 드러내고 있었다. 제8군과 제9군 모두 안쪽 측면(중앙부를 향한 면)은 오스트리아군의 반격에 상당히 취약한 상태였기 때문에, 빨리 중앙부를 전진시켜 전선을 직선화할 필요가 있었다. 이런 상황에서는 다른 지역의 러시아군이 빨리 공격에 나서서 동맹군 예비대의 이동을 봉쇄해주어야 했지만, 그때까지도 서부전선군의 공격 준비는 지지부진하기 그지없었다. 브루실로프의 공세는 비록 성공적으로 진행되고는 있었지만, 공식적으로는 에베르트 군이 본격적인 공세에 나서기 전의 준비 운동에 불과했다. 그러나 공격 개시 예정일인 6월 14일이 되었음에도 에베르트는 악천후를 이유로 4일간의 공격 연기를 요청했고, 그 다음에는 몰로데치노에 너무 많은 독일군 병력과 야포가 집결되어 있어 이를 물리치기는 어려우므로 대신 바라노비치^Baranovichi를 공격하자고 제안했다. 러시아 황제는 에베르트의 제안을 승인했지만, 목표 변경에 따른 공격 부대 재편성으로 러시아군은 또다시 며칠을 지연해야 했다.

결국 혼자 제시간에 공격에 나섰다가 다른 지역에서의 공격이 지연되면서 동맹군의 집중적인 반격에 몰매를 맞게 된 브루실로프는 격노할 수밖에 없었다. 브루실로프는 에베르트의 바라노비치 공격 계획에 대해 그것을 실행에 옮기려면 최소 6주 동안 다시 준비해야 한다며 코웃음을 쳤고, 알렉세예프에게 황제를 설득하여 에베르트가 계획대로 공세에 나서게 하라고 요청했다. 알렉세예프는 에베르트가 7월 3일까지는 반드시 공격에 나서라는 명령을 받았으며 남서부전선군에 2개 군단을 지원하겠다며 브루실로프를 달랬다. 그러나 브루실로프는 에베르트가 그렇게 단시간 내에 공격 준비를 마칠 수 없을 것이고 그렇기 때문에 공격도 실패할 수밖에 없을 것이라고 주장했다. 또 2개 군단 증원도 에베르트의 공격 지연에 따른 문제점들로 인해 전혀 도움이 되지 않을 것이고 이 군단들을 이동시키려면 엄청난 시간이 걸릴 텐데, 그러면 그 동안 이들을 수송하느라 보급품 수송에 막대한 지장을 주게 될 것이 뻔하다며 불만을 표시했다. 하지만 브루실로프는 이 2개 군단 지원 제의를 거부하지는 않았다.

이후 벌어진 사건들은 브루실로프의 회의적인 전망과 독일군의 반격에 대한 우려가 옳았음을 증명해주었다. 에베르트가 마침내 나로슈 호수와 바라노비치에서 공격에 나섰지만, 그의 공격은 성공은커녕 독일군을 붙잡아놓지도 못했다. 독일군은 브루실로프의 승리가 오스트리아-헝가리군에게는 거의 사형선고나 다름없는 위협이 되고 있다는 사실을 깨닫고 에베르트의 공세가 수그러들기도 전인 7월 9일, 이미 병력은 남쪽으로 이동시키기 시작했다.

러시아군이 어려운 상황에서도 공세를 벌여가며 지원해주려고 노력한 서부전선의 솜 공세 역시 재앙에 가까운 결과로 끝나면서 이제 러시아군에게 있어 그래도 봐줄 만한 곳은 남서부전선군밖에 없게 되었다. 6월 23일까지 남서부전선군은 20만4,000명의 포로를 획득하는 대전과를 올리고 있었기 때문에, 6월 24일 러시아군 총사령부는 남서부전선군의 공격을 지원하는 동시에 일시적으로 레슈Lesh 대장의 제3군을 브루실로프의 지휘하에 배속시키기로 결정했다. 브루실로프는 중앙의 제11군에게 현 위치를 고수하는 한편, 양익을 담당한 제8군과 제9군에게는 공세를 계속하라는 명령을 내렸다.

독일군의 주된 관심사는 코벨의 방어였다. 남북 철도의 중심지였던 코벨이 러시아군에게 점령된다면 오스트리아군 전선과 독일군 전선 간의 병력 이동에 큰 지장이 생기기 때문이었다. 독일-오스트리아군 혼성 부대가 러시아 제8군의 북쪽 측면을 공격하기 위해 코벨-마네비치 ^{Manevichi} 지역에 집결했지만, 7월 4일에 레슈와 칼레딘이 먼저 공격해오면서 독일군의 공격 계획은 틀어져버리고 말았다.

다음으로 독일군은 러시아군의 중앙에 반격을 가해 양익의 공격 부대에게 예비대를 다 빼주느라 크게 약화된 러시아 제11군을 밀어내려고 시도했다. 그러나 남서부전선군의 첩자가 브루실로프에게 동맹군의 반격 날짜가 7월 18일로 잡혔다는 정보를 알려주었고, 브루실로프는 제11군에게 그 전에 선제공격에 나설 것을 명령했다. 7월 15일, 사하로프의 병사들은 브로디^{Brody} 북쪽에서 공격에 나서 1만3,000명의 포로를 획득했다. 하지만 이보다 더 중요한 성과는 동맹군이 반격을 위해 구축해놓은 탄약집적소 세 곳을 파괴한 것이었다. 결국 독일군은 이 반격 작전을 취소해야 했다.

그러나 다른 지역에서는 동맹군의 상황이 점차 호전되고 있었다. 7월 8일, 칼레딘의 진격은 코벨에서 겨우 25마일 떨어진 곳에서 정지되었다. 칼레딘은 스토호트^{Stokhod} 강으로 진격하여 그의 우측면에 대한 위협을 제거했지만, 이 공격이 코벨 공격에 도움이 되는 것은 아니었다. 이 무렵 코벨은 새로이 증강된 독일군 부대들이 완강하게 방어하고 있었다.

이제 러시아와 동맹군은 서로 증원 부대를 더 빨리 투입하기 위한 경주를 벌이고 있었다. 독일군은 서부전선에서, 오스트리아군은 이탈리아와 세르비아 전선에서 각각 병력을 빼돌려 동부전선으로 이동시켰다. 반면 러시아군 총사령부는 서부전선군과 후방의 예비대 병력을 브루실로프에게 돌리고 있었다. 보다 효율적인 철도망을 가지고 있던 동맹군은 러시아군보다 약간 더 빨리 병력을 증원할 수 있었지만, 이마저도 손실을 모두 대체할 수 있을 만큼 충분히 빠른 것은 아니었다. 브루실로프는 북쪽과 남쪽 측면을 맡고 있는 군들을 증강해가면서 계속 전진시켰고, 중앙부에서는 제11군이 코쉐프 Koshev–리슈네프 Lishnev 지역으로 전진하면서 전선을 점차 직선으로 만들어갔으며 그 과정에서 또다시 3만4,000명의 포로를 획득했다.

7월 14일, 스토호트 강에서 잠시 정지한 러시아 제3군과 제8군은 코벨과 블라디미르–볼린스키 Vladimir-Volynski 로 진격하기 위해 재편성에 들어갔다. 여기에 정예 근위군까지 도착했다. 베조브라조프 대장이 지휘하는 근위군은 제1·2근위군단과 제1·30보병군단의 4개 군단(각각 2개 사단으로 구성)과 함께 나히체반의 칸 Khan of Nakhichevan 이 지휘하는 근위기병군단(3개 기병사단)을 보유하고 있었다. 제3군과 제4군 사이에 근위군이 배치되면서 러시아군의 수는 13만4,000명에 이르렀고, 이는 이들과 맞선 2개 독일사단과 2개 오스트리아사단 병력을 훨씬 상회하는 것이었다.

브루실로프는 두 단계에 걸쳐 공세를 재개할 계획이었다. 7월 23일에 남쪽의 제7군과 제9군이 드네스트르 강을 따라 북서쪽으로 진격하면 그 뒤를 이어 7월 28일에 제3군과 근위군, 제8군은 스토호트 강을 건넌 다음 제3군과 근위군은 코벨을 공격하고 제8군은 남북 철도 상에 위치한 또 나른 요충지인 블라디미르–볼린스키를 향해 진격할 예정이었다. 하지만 갑자기 호우가 내리면서 공격을 연기하지 않을 수 없게 되자, 7월 28일에 남쪽 지역의 러시아군도 북쪽의 부대들과 동시에 공격을 시작한다는 결정이 내려졌다.

스토호트 강의 동쪽 제방은 늪지와 숲 지대로 이루어져 있었고, 근위군은 이러한 늪과 숲 속에 난 세 갈래 좁은 길을 따라 이동할 수밖에 없었다. 근위군은 열정적인 공격정신으로 진격에 임하여 오스트리아–독일 혼성부대를 강 건너편으로 밀어내면서 1만1,000명의 포로를 획득했다. 그러나 늪지대로 이루어진 지형에서 동맹군의 기관총 사격을 받으며 공격하느라 근위군은 큰 피해를 입어야 했다. 설상가상으로 독일군이 우세한 제공권을 이용해 러시아군의 공중 정찰을 방해하고 관측 기구를 격추하여 포격 관측을 불가능하게 만들면서 러시아군의 피해는 더욱 커졌다. 7월 21일에서 8월 2일 사이의 2주간 전투를 치르면서 근위군은 3만 명에 이르는 사상자를 냈고, 코벨을 점령할 수 있을 것이라는 브루실로프의 믿음은 비현실적인 생각이었던 것으로 판명되었다. 제8군도 나름대로 성과를 거두어 9,000명의 포로를 획득했지만 블라디미르-볼린스키 역시 탈취가 불가능하다는 것이 분명해졌고, 북익을 담당한 3개 군 모두 동맹군의 맹렬한 반격에 공세를 중지하고 참호를 파고 들어앉아 방어태세로 전환해야 했다. 한편, 러시아 제11군은 7월 28일 브로디를 점령하고 그라베르카Graberka 강과 세레트 강을 향해 진격하면서 8,000명의 포로를 획득했다.

8월 3일, 루츠크에서 칼레딘 및 베조브라조프와 회동한 브루실로프는 코벨을 향한 공격을 계속할 것을 결정했다. 근위군이 담당한 구역은 기병대가 활약하기에는 습지대가 너무 많았기 때문에 기병군단으로 하여금 말에서 내려 비교적 조용한 구역을 방어하게 한 다음 이들과 교대한 3개 보병사단을 재차 대규모 공세에 투입한다는 계획이었다. 이번 공세에서 제1근위군단과 제1군단은 북쪽 제3군의 제1시베리아군단과 제16군단이 서방으로 진격하는 것과 동시에 벨리츠크Velitsk에서 북서쪽으로 공격해나가고, 근위소총사단은 동맹군이 요새화한 비토네이Vitoney 마을을 공격할 예정이었다.

이번 공격에서 독일군 9개 대대와 헝가리군 16개 대대에 대해 64개 대대를 동원해 공격을 가함으로써 준비된 진지에서 방어를 하고 있는 적군의 이점과 적의 방어진에 대한 지도나 사진의 부족이라는 문제점(이 지역은 대부분 깊은 삼림지대로 이루어져 있었으나, 독일군 항공기의 방해로 러시아군은 제대로 항공 정찰을 실시할 수 없었다)을 상쇄할 수 있을 것으로 예상했다. 그러나 8월 8일 시작된 공격은 완전한 실패로 돌아갔다. 다음 날 아침 공격 개시선으로 물러난 근위군단은 병력이 거의 9,000명이나 줄어 있었다. 제3군도 사정은 전혀 나을 것이 없었다. 근위소총사단은 비토네이 마을을 점령하기는 했지만, 독일군의 맹렬한 포화를 받고 다시 쫓겨나고 말았다. 러시아 황제는 베조브라조프를 해임하고 근위군을 '특별군'으로 개칭한 후 이를 해산해버렸다. 동시에 8월 중순 제3군이 다시 서부전선군 예하로 복귀하면서 이제 브루실로프에게 남은 병력은 원래 가지고 있던 4개 군으로 줄어버렸다.

8월 2일, 마침내 힌덴부르크에게 동부전선의 동맹군 전체를 지휘할 전권이 주어졌다. 그러나 오스트리아 참모부는 힌덴부르크에게 동부전선 동맹군 전부의 지휘권을 맡기기로 동의하고서도 곧바로 타르노폴^{Tarnopol}－렘베르크 철도의 남쪽에 위치한 2개 군, 즉 '독일 남부군'과 제7군은 칼^{Charles} 대공과 오스트리아군 총사령부 통제하에 남아 있어야 한다고 딴지를 걸었다.

남쪽 지역에서는 러시아 제7군과 제9군이 합동으로 코로브차^{Korobtsa} 강을 따라 공격 지역의 중심지였던 모나스트리지스카^{Monastryziska}를 향해 공격을 가했다. 8월 9일, 제9군은 스타니슬라프^{Stanislav} 부근에서 오스트리아군의 방어선을 돌파했다. 또 러시아 제11군이 스트리파 강 서쪽에서 남쪽으로 강렬한 공세를 가하며 오스트리아군을 우회하자, 보트머의 군은 포위당할 위기에 빠지게 되었다. 그 전에 보트머의 담당구역을 방문한 독일 황제 빌헬름 2세는 보트머의 방어선이 난공불락이라고 발표했지만, 이제 보트머는 이 방어선을 더 이상 지탱할 수 없는 상태였다. 견디다 못한 보트머는 즐로타 리파^{Zlota Lipa} 강을 향해 10마일을 물러났다. 8월 12일, 제9군은 나드보르나^{Nadworna}를, 제7군은 모나스트리지스카를 각각 점령했다. 이후 남쪽 전선은 일시적으로 소강상태에 들어갔다.

러시아군은 8월 12일까지 10주간 지속된 브루실로프 공세로 8,255명의 장교와 37만153명의 동맹군 병사들을 포로로 잡았다. 전사자와 부상자까지 고려하면, 동맹군은 70만 명 이상의 전투원과 1만5,000제곱마일의 지역을 잃었다. 이러한 성과는 당시까지 연합군이 거둔 승리 중 가장 큰 것이었다. 기존의 관념을 타파한 브루실로프의 참신한 발상이 빛을 발한 것이었다.

그러나 그 대가로 러시아가 치른 희생은 매우 컸다. 러시아의 사상자 수는 55만 명 이상에 달했고, 40만 명의 전선군 예비 병력 가운데 4분의 3이 소모되었다. 또 이번 공세가 성공을 거두면서 러시아군은 남쪽에 상당히 신경 쓰지 않을 수 없게 되었다. 러시아 제9군이 카르파티아 산맥 기슭까지 진격하자, 러시아군의 전선은 두 배 이상 늘어나게 되었다. 게다가 그로부터 얼마 지나지 않아 러시아에게 훨씬 큰 부담을 안겨주는 사건이 벌어졌다.

1916년 9월~1917년 1월 루마니아 전역

연합국은 루마니아에 연합군 편에 서서 참전할 것을 오랫동안 종용해왔다. 루마니아도 루마니아대로 참전을 통해 떡고물을 챙길 궁리를 하고 있었다. 루마니아가 눈독을 들이고 있던 것은 바로 트란실바니아지방이었다. 이 지역은 오스트리아-헝가리 제국이 지배하고 있었지만, 주민의 대부분은 루마니아계였다. 그러나 루마니아가 이 지역을 얻으려면 연합국이 승리를 거두어야만 했으나, 1916년 중반까지도 연합군이 승리할 수 있을지는 여전히 불투명한 상태였다. 게다가 만약 동맹국이 승리를 거두어 트란실바니아 지역을 영유하는 것이 불가능해질 경우, 동맹국 편에 붙어 역시 루마니아계가 주민의 대다수를 구성하고 있는 러시아령 베사라비아 Bessarabia(오늘날의 몰도바Moldova) 지역을 차지하는 것도 루마니아로서는 손해 보는 장사가 아니었다.

루마니아가 가지고 있는 전략적 취약성 또한 루마니아가 참전에 조심스러운 태도를 취할 수밖에 없었던 원인이었다. 루마니아는 국토의 면적에 비해 국경선이 매우 길었다. 게다가 불가리아는 1915년 9월 동맹국에 가입하면서 루마니아의 도브루자Dobrudja 지역을 요구했기 때문에, 루마니아가 연합국에 가담할 경우 군사력을 동원해 해당 지역을 점령하려 들 가능성이 높았다. 만약 도브루자를 불가리아에게 빼앗기게 될 경우 루마니아의 수도 부쿠레슈티Bucuresti와 불가리아 국경 사이의 거리가 불과 30마일로 줄어드는 위험한 상황이 벌어지게 될 터였다. 루마니아 육군은 23개 사단을 보유하고 있었지만, 모든 사단들이 훈련과 장비 모두 열악한 실정이었고, 수송 수단 역시 심각하게 부족했다. 도로망은 제대로 정비되어 있지 않았고, 철도 사정도 엉망이긴 마찬가지였다. 이와 같은 제반 사항을 모두 고려했을 때 제정신이라면 중립으로 남아 있는 것이 당연했다. 그러나 루마니아는 브루실로프 공세가 성공적으로 진행되자 오스트리아-헝가리의 힘이 한계에 달했으니 트란실바니아 지방을 탈취할 기회가 왔다고 보고 8월 27일, 연합국 편에 서서 동맹국에게 선전포고했다.

도브루자를 지키기 위해 남겨진 1개 사단을 제외하고 나머지 모든 루마니아군 사단들은 트란실바니아로 진격해 들어갔다. 당시 트란실바니아에는 극소수의 오스트리아군만이 배치되어 있었기 때문에 루마니아는 며칠 만에 트란실바니아를 점령한 후 도브루자의 방어를 강화할 심산이었다. 그러나 만일의 경우를 대비하여 루마니아군 총사령부는 러시아에게 지원 병력을 요청했고, 알렉세예프는 러시아-루마니아 군사협정에 규정된 대로 최소 3개 사단을 도브루자로 파견하는 데 동의했다.

불행히도 이는 루마니아의 참전으로 인해 러시아가 져야 했던 부담 가운데 그나마도 가장 가벼운 것이었다. 당시 불가리아는 아직 러시아에 대해서는 선전포고를 하지 않은 상태였고, 러시아는 외교적 노력과 상징적인 의미의 러시아군 배치를 통해 불가리아의 도브루자 침공을 막을 수 있을 것으로 보았다. 그러나 갈리치아 지역으로부터 오스트리아-헝가리와 독일이 루마니아에 가하는 위협은 러시아로서도 어쩔 수가 없었다.

　이 문제를 해결하기 위해 알렉세예프는 7월 23일~8월 31일에 7개 보병사단과 1개 기병사단을 제9군에 파견했다. 증원 병력 중 1개 사단은 후방의 예비대에서 차출했고, 제1군, 제4군, 제5군, 제6군에서 각각 1개 사단을, 제7군에서 2개 사단을, 제3군에서는 기병사단을 차출했다. 따라서 이제 레치츠키는 휘하에 17개 보병사단과 5개 기병사단을 보유하게 되었다. 그러나 그중에서 6월 4일부터 계속 전투를 벌여온 14개 사단은 이미 전력이 크게 떨어진 상태였다.

　레치츠키 군의 전진이 가져올 위협을 인지한 동맹군은 오스트리아 제7군을 5개 독일군 사단과 이탈리아 전선에서 차출해온 오스트리아군 2개 사단 및 2개 산악여단으로 증강했다. 증원을 받은 오스트리아 제7군은 이제 보병사단 16.5개와 4개 기병사단을 보유하게 되었다. 보병사단의 절반과 기병사단 전부는 레치츠키 휘하의 부대들보다 상태가 나을 것이 없었지만, 5개 독일군 사단과 2개 오스트리아 산악여단은 여전히 막강한 전력을 갖고 있었다. 오스트리아군 산악여단은 험준한 돌로미테^{Dolomites} 산맥의 산악지대에서 전투를 거듭해온 강병들이었다. 반면 러시아군은 산악 전투는 고사하고 험준한 산맥을 생전 처음 본 병사들이 대부분이었다.

루마니아-러시아 군사협정에서는 도브루자를 지키기 위해서 러시아가 최소 3개 사단을 파견한다고 명시되어 있었지만, 알렉세예프가 실제로 보낼 수 있었던 것은 2개 사단뿐이었다. 결국 알렉세예프는 당시 오스트리아군 포로 가운데 세르비아계를 중심으로 편성 중이던 '제1세르비아의용군사단^{1st Serbian Volunteer Division}'을 '도브루자 파견대'에 포함시키기로 결정했다. 하지만 한 가지 그가 미처 고려하지 못한 사실은 루마니아 및 세르비아와 불가리아가 철천지원수 사이라는 것이었다. 이들은 1913년까지도 전쟁을 벌였으며 당시 알렉세예프는 불가리아가 루마니아와 세르비아에 대해 가지고 있던 적개심을 이들을 배후에서 지원하고 있던 러시아에게 돌릴 수도 있다는 사실까지는 예상하지 못했던 것으로 보인다.

루마니아의 참전과 함께 러시아는 남서부전선에서 부분적인 개편을 단행했다. 먼저 구르코 장군의 지휘를 받게 된 특별군(이전의 근위군)이 전선으로 돌아와 제8군이 담당하고 있던 북쪽 구역을 인수했다. 정찰 결과 코벨 동쪽에 형성된 루츠크 돌출부(린징엔의 독일 '기동군'과 요제프 페르디난트의 오스트리아 제4군이 수비하고 있었다)는 동맹군 세력이 너무 강해 점령하기 어렵겠다고 판단한 브루실로프는 그 대신 특별군과 제8군 우익을 동원하여 블라디미르-볼린스키를 향해 서쪽으로 공세를 펼치기로 결정했다. 브루실로프 군의 중앙부에서 브로디-스타니슬라프 사이의 구역을 담당하고 있던 제11군과 제7군은 지난번 공세로 입은 엄청난 피해를 아직도 복구하지 못한 상태였기 때문에 특별한 공격 임무가 주어지지 않았다. 다만, 제7군 소속의 2개 사단과 1개 군단 참모진이 남쪽의 제9군에 배속되었다. 제9군은 9월 공세에서 주요한 임무를 담당했으며, 증원 병력도 대부분 제9군에 배치되었다. 동맹군으로부터 루마니아의 안전을 확보하기 위해서는 카르파티아 산맥의 남북 통로들을 장악하는 것이 필수적이었다.

루마니아군이 트란실바니아 지방을 침공하고 러시아-세르비아의 혼성 부대가 도브루자로 이동하는 동안 러시아 제9군은 나드보르나와 도르나 바트라^{Dorna Watra}(오늘날의 바트라 도르네^{Vatra Dorne}) 사이의 약 75마일 길이의 전선에서 카르파티아 산맥의 기슭을 향해 공격을 시작했다. 레치츠키는 목표 지역을 방어하고 있던 동맹군에 비해 보병은 2 대 1, 기병은 5 대 1로 병력 면에서 우위를 차지하고 있었다. 그러나 험준한 산악지대를 통과하기 위해 이용할 수 있는 통로는 델라틴^{Delatyn}, 쿠티^{Kuty}와 킴풀룽그^{Cimpulung}, 이 세 곳밖에 없었다. 이 세 통로는 마르마뢰스치게트^{Marmarössziget}에서 서로 만나게 되어 있었다. 이 비좁은 3개 주통로를 따라 전진해야 했던 레치츠키 군은 수적 우위를 제대로 살릴 수가 없었다. 러시아군 기병대는 산악지대에서는 아무짝에도 쓸모가 없었고, 러시아군 관측병들의 시야가 닿지 않는 산의 반대쪽 사면에 자리 잡은 동맹군 포대는 러시아군에게 맹렬한 포격을 퍼부어댔다. 항공기가 부족했던 러시아군은 산악지대에 숨어서 포격을 해대는 동맹군 포병대를 찾아내는 데 큰 어려움을 겪어야 했으며, 또 설사 위치를 파악하더라도 곡사포와 포탄의 부족으로 기껏 찾아낸 동맹군 포대를 제대로 제압할 수가 없었다. 러시아군의 사기는 높았지만, 부족한 보급품과 동맹군의 맹렬한 포격, 그리고 익숙하지 않은 산악 환경 때문에 전진은 더디기만 했다.

루마니아군은 9월 6일까지 트란실바니아 지역을 완전히 점령했지만, 동맹군은 신속하게 반격에 나섰다. 베르됭 전투 패배의 책임을 지고 8월 28일에 힌덴부르크에게 독일군 총사령관직을 넘겨준 팔켄하인은 당시 갈

■■■■■ 크론슈타트 전투 이후 전장에 나뒹구는 루마니아군 전사자들의 시신. (Ann Ronan Picture Library)

리치아 지역에 집결 중이던 독일 제9군 사령관으로 임명되었다. 9월 1일, 불가리아가 루마니아에 선전포고함에 따라 마켄젠이 지휘하는 동맹군 혼성 부대는 즉각 도브루자를 침공하여 도브루자를 지키고 있던 루마니아군 사단을 밀어내버렸다. 이 과정에서 제1세르비아의용군사단과 러시아 제61사단의 병력은 각각 3,000명으로 줄어들었다. 피해를 견디지 못한 세르비아와 러시아사단은 철수할 수밖에 없었다. 9월 19일, 팔켄하인 역시 트란실바니아로 밀고 들어갔지만, 루마니아의 저항은 마켄젠이 겪었던 것만큼이나 지리멸렬했다. 10월 3일, 팔켄하인과 마켄젠 모두 루마니아군에게 대승을 거두었다. 마켄젠은 다뉴브 강 북방에서 루마니아군을 몰아내버렸고, 팔켄하인은 크론슈타트Kronstadt에서 승리를 거두며 루마니아군의 퇴각을 재촉했다.

10일간에 걸쳐 팔켄하인은 루마니아군을 레치츠키의 군 쪽으로 밀어붙였다. 10월 13일, 도르나 바트라 인근에서 루마니아군 6개 대대가 밤에 한꺼번에 도주하는 사건이 벌어졌다. 레치츠키는 2개 기병사단을 동원해 서둘러 구멍을 틀어막았지만, 러시아 제9군이 루마니아군이 비워버린 지역을 즉각 인수하지 않으면 러시아군의 측면이 고스란히 노출되어버릴 수도 있는 상황이 벌어졌다.

이제 남서부전선군의 임무는 오스트리아-헝가리군을 전멸시키는 것이 아니라 루마니아의 붕괴를 막는 것이 되었다. 이를 위해서는 브루실로프가 벌이고 있는 공세를 포기할 수밖에 없었기 때문에, 10월 10일에 러시아 황제는 공세의 중지를 명령했다. 제9군의 전선이 크게 확장되면서 러시아군은 전선을 유지하기 위해 추가로 1개 군을 투입해야 했다. 10월 중순, 제8군 참모들이 루츠크에서 체르노비츠로 이동했고, 제9군의 전선이 양분되면서 대부분의 제9군 소속 병사들은 새로 편성된 제8군 예하로 배속되었다. 도브루자 분견대는 10개 사단 규모로 증강되어 '다뉴브군 Danube Army'으로 개칭되었다. 이 다뉴브군의 지휘는 제11군의 지휘를 클렘보브스키 Klembovsky 대장에게 넘기고 루마니아 전선으로 달려온 사하로프가 맡았다.

블라디미르-볼린스키에 대한 공세축 선상에 남아 있던 러시아 제8군 예하 부대들은 특별군 예하로 재배치되었고, 특별군 사령관 구르코는 25개 보병사단과 5개 기병사단이라는 대병력을 지휘하게 되었다. 이 병력으로 마지막 승부를 걸어보기로 결심한 구르코는 10월 16일~17일에 15개 사단을 동원하여 블라디미르-볼린스키에 대한 마지막 공격에 나섰다. 그러나 러시아군은 돌파하는 곳마다 독일군 포병대의 격렬한 포격에 다시 밀려났고 퇴각하는 동안 포격을 당해 더 큰 피해를 입었다. 이틀 동안 공격을 하다 큰 피해를 입은 구르코는 공세를 중지했고, 진흙탕과 가을 안개에 뒤덮인 전선은 소강상태에 빠졌다. 6월 4일 브루실로프 공세가 시작된 이래 남서부전선군은 총 120만 명에 달하는 사상자를 냈으며, 그중 21만2,000명은 동맹군의 포로가 되었다.

겨울이 시작되면서 러시아군은 잠시 한숨을 돌릴 수 있게 되었다. 이제

■■■■■■ 독일군 병사들이 야포를 손으로 끌어 이동하고 있다. (Ann Ronan Picture Library)

러시아군 총사령부의 가장 큰 관심사는 루마니아의 방어였다. 만약 루마
니아를 상실한다면 동맹군이 우크라이나와 러시아군의 후방으로 쏟아져
들어올 수도 있었기 때문이었다. 러시아군은 모든 공세 계획을 취소시키
고 루마니아 방어에 전력을 집중하기로 결정했다. 북부전선군과 남서부전
선군은 향후 소규모 작전만을 수행하라는 명령을 받았으며, 예하대 가운
데 상당수는 다뉴브군과 4개 루마니아군의 잔여 병력을 기간으로 새로 편
성된 루마니아 전선군Romanian Front에 재배치되었다. 루마니아 전선군은 명
목상으로는 루마니아의 페르디난트 국왕의 지휘를 받았지만, 실질적인 지
휘는 러시아의 사하로프 대장이 하고 있었다. 12월 6일 루마니아의 수도
부쿠레슈티가 동맹군에게 함락되자, 러시아는 프랑스군에게 살로니카에

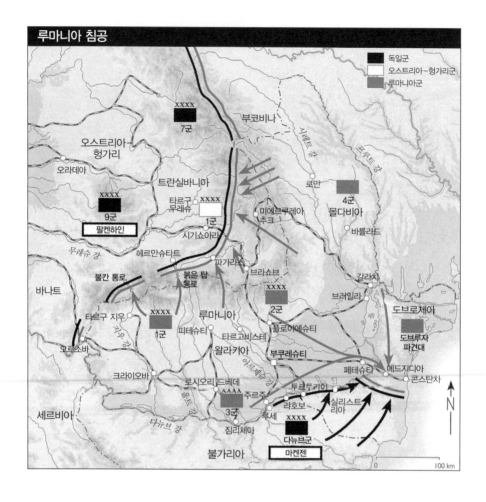

루마니아 침공

독일군
오스트리아-헝가리군
루마니아군

부코비나
7군
오스트리아-
헝가리
오라데아
트란실바니아
로만
4군
몰다비아
9군
타르구
무레슈
1군
미에르쿠레아
추크
바를라드
팔켄하인
시기쇼아라
무레슈 강
헤르만슈타트
파가라스
불칸 통로
붉은 탑
통로
브라쇼브
갈라치
바나트
타르구 지우
1군
2군
브러일라
도브로제아
피테슈티
플로이에슈티
도브루자
파견대
오르소바
루마니아
타르고비스테
왈라키아
부쿠레슈티
페테슈티
메드지디아
크라이오바
로시오리 드베데
콘스탄차
주르주
투투두카이아
세르비아
3군
라호보
실리스트
리아
짐니체아
루세
다뉴브군
세르비아
불가리아
마켄젠

N

0   100 km

전개된 원정군을 동원하여 불가리아를 공격하도록 요청했지만 이마저도
별다른 변화를 가져오지는 못했다. 루마니아의 참전으로 전선이 흑해 해
안지대까지 약 250마일이나 늘어났지만, 서방 연합국들은 루마니아는 러
시아가 단독으로 책임져야 한다는 입장을 분명히 했다. 결국 러시아는 이
전선을 지키기 위해 55개 보병사단과 15개 기병사단을 이곳에 배치해야
했다.

1917년 러시아의 국내 사정

루덴도르프는 당시 동부전선의 독일 육군에 대해 "움직일 수 없는 상태까지 싸운 끝에 완전히 피로에 지친 상태"라고 평했지만, 어쨌든 독일군 사령부는 동부전선에서 충분한 성과를 거두었다고 판단하고 8개 사단을 서부전선으로 이동시켰다. 1917년 1월~2월에 러시아 제8군, 제7군, 제9군이 부코비나 지역에서 공격하여 상당한 성과를 올리면서 한때 독일군을 놀라게 하기도 했지만, 반격에 나선 독일-오스트리아 혼성군은 동맹군이 잃었던 지역들을 2월 말까지 모두 되찾을 수 있었다.

한편, 차르의 지휘력에 대한 국민들의 불만과 식량 및 연료의 부족, 물가고와 계속되는 패전으로 인해 러시아는 내부로부터 서서히 붕괴되기 시작했다. 1917년 1월 12일, 주탣 러시아 영국 대사였던 부캐넌 Buchanan 은 러시아 황제에게 국민들의 신임을 회복해야 한다고 진언했다. 이러한 충고에 대해 러시아 황제는 "지금 내가 국민들의 신뢰를 회복해야 한다는 거요, 국민들이 나의 신뢰를 회복해야 한다는 거요?"라고 물었다. 부캐넌은 외교관답게 "양쪽 모두입니다"라고 대답하고, "만약 혁명이 일어날 경우 황궁의 수비를 맡길 만큼 신뢰할 만한 군대를 찾기 어려울 겁니다"라고 경고했다. 8일 후, 두마의 의장이었던 로잔코 Rodzyanko 도 비슷한 경고를 전해왔다. 그러나 러시아 황제 니콜라이 2세는 이러한 경고에 전혀 신경을 쓰지 않았다.

1917년 2월, 엄청난 혹한과 눈보라가 러시아를 엄습했다. 철도 운행은 거의 완전히 중단되었고, 그 결과 수도 페트로그라드는 밀가루, 석탄, 땔감과 같은 생필품 부족에 시달리게 되었다. 3월 8일에 식량 폭동이 일어났고, 다음 날 군중들이 빵집을 약탈하기 시작했다. 이들을 진압하기 위해 파견된 코사크 기병대는 오히려 시위대의 편을 들었고, 3월 10일에는 노동자들의 파업이 시작되었다. 3월 11일, 수도방위사령관 하발로프 Khabalov 대

■■■■■■ 1917년 3월 페트로그라드에서 일어난 식량 폭동.

■■■■■■ 위 페트로그라드 소비에트 회의가 진행 중인 모습. (Novosti, London)

■■■■■■ 왼쪽 조작된 소비에트의 신화. 혁명군은 치열한 전투 끝에 동궁을 점령했다고 알려졌지만, 사실 적위대 (Red Guards)는 경비병이 배치되어 있지 않은 측면 입구를 그냥 통과해 들어간 것에 불과했다. (Ann Ronan Picture Library)

장은 러시아 황제의 명령을 받고 모든 공공집회를 금지시켰다. 이때, 파블로프스키 Pavlovsky 근위연대의 1개 중대가 시위 군중들을 향해 발포하라는 명령을 내린 장교를 쏴버리는 사건이 발생했다. 근위연대 지휘관들은 명령에 복종하는 병사들은 극히 일부에 불과하며 그나마 이런 병사들도 시위 진압에 투입할 수 없다고 차례로 보고해왔다. 이들이 병영을 떠나면 나머지 병력들이 바로 반란을 일으킬 것이기 때문이었다. 3월 12일 저녁이 되자 17만 명에 달하는 수도방위대 병력 거의 전원이 반란을 일으켰으며, 하발로프는 명령을 따르는 1,500명의 병력으로 동궁冬宮만을 간신히 지킬 수 있을 뿐이었다.

■■■■■■ 1017년, 수도 페트로그라드의 러시아 의회를 점령한 혁명군 병사들. (Ann Ronan Picture Library)

　사실, 혁명 성향을 지닌 선동가들이 오랫동안 병사들에게 혁명사상을 고취시켜오기는 했지만, 이번 봉기를 유발한 것은 이들이 아니었다. 당시 어떠한 정파도 권력을 장악할 준비는 되어 있지 않았다. 러시아 의회인 두마는 3월 12일 8만 명에 이르는 군중들이 몰려온다는 소식을 듣고서야 황급히 '과도위원회'를 조직했다. 이때 대안적인 권력기관으로서 '페트로그라드 소비에트Petrograd Soviet'가 그 모습을 드러냈다.

　1905년에 끝나기는 했지만, '노동자 대표 소비에트(위원회)'가 조직되어 총파업을 주도한 적이 있었다. 1917년에 그와 비슷한 소비에트가 다시 조직되었다. 이 소비에트는 거리에서 시위대의 거수로 결성된 것이었다. 3월 13일, 페트로그라드 소비에트와 과도위원회가 의회 결성 작업에 들어갔다. 그날 저녁, 러시아 황제가 임명한 장관들이 사임하고 두마에 와서 신변 보호를 요청했다.

러시아 황제는 3월 7일 수도 페트로그라드로부터 500마일 떨어진 모길레프에 위치한 러시아군 총사령부를 향해 떠났다. 그로부터 며칠 동안 로잔코와 다른 측근들은 니콜라이 2세의 퇴위만이 러시아 황가를 구할 수 있다고 설득했다. 3월 13일, 러시아 황제 니콜라이 2세는 수도 페트로그라드로 귀환을 시도했다. 3월 14일 오전 2시, 황제의 열차가 수도에서 100마일 떨어진 말라야 비세라^{Malaya Vishera}에 도착했을 때, 러시아 황제는 수도로 향하는 철도는 대포와 기관총으로 무장한 병사들에 의해 차단되었지만 보다 동쪽의 모스크바^{Moscow}나 푸스코프^{Pskov}로 가는 길은 아직 열려 있다는 말을 듣게 되었다. 당시 푸스코프에는 북부전선군 사령부가 있었기 때문에 러시아 황제는 푸스코프 행을 선택했다. 푸스코프에서 전선군 사령관 루시스키를 만난 러시아 황제는 수도방위대 전체가 반란을 일으켰으며 수도의 질서를 회복하기 위해 파견된 4개 연대는 시 외곽에서 저지당했고 이후 그 4개 연대 병력도 집단으로 탈영해버렸다는 소식을 듣게 되었다.

러시아 황제 니콜라이 2세가 푸스코프로 향하는 동안 로잔코는 알렉세예프와 이야기를 나누었다. 알렉세예프는 니콜라이 황제가 퇴위해야 한다는 말에 동의하고 전문을 보내 각 전선군 사령관의 의견을 물었다. 3월 15일 도착한 각 전선군 사령관의 의견은 모두 황제의 퇴위를 권하는 것이었다. 결국 러시아 황제 니콜라이 2세는 그날 퇴위하고 말았다.

이제 러시아의 국가 원수가 없어진 상태가 되었지만, 전쟁은 계속되었다. 과도정부가 급조되었지만, 이번에는 소비에트가 수도방위대에 대한 관할권을 주장하고 나섰다. 3월 14일, 페트로그라드 소비에트는 '육군 명령 제1호'를 하달하면서 스스로를 '노동자와 병사 대표들의 소비에트'로 규정하고 모든 정치적 활동에서 군부대들은 소비에트의 명령에만 복종해야 한다고 선언했다. 근무 시간에 대한 군율은 반드시 엄수해야 했지만, 근무 외 시간의 대기 및 경례는 폐지되었고 계급도 '장군 동무', '대령 동

레닌의 비밀열차

— 레닌이 취리히에서 페트로그라드까지 이동한 경로

0   1000 km

토르니오
스웨덴
러시아
보트니아 만
핀란드
베를스트로프
스톡홀름
페트로그라드
말뫼
트렐레보리
사스니츠
베를린
독일   러시아
베른   취리히
스위스

무' 등의 호칭으로 교체되었다. 각 중대의 중대위원회가 모든 무기들을 관리했으며, 어떤 경우에도 장교에게 무기를 지급하지 말라는 명령이 하달되었다.

이와 같은 명령서의 전문前文에는 이것이 페트로그라드 수비대에게만 해당되는 사항이라는 것을 명확히 했지만, 명령서 사본이 전방 부대에까지 퍼지면서 러시아군의 군기는 붕괴되고 말았다.

4월, 전방 부대들을 방문한 2명의 두마 의원들은 포병과 코사크병의 사기는 이상 없는 것처럼 보이지만, 기병대의 사기는 알 수 없으며 보병들 상당수는 크게 동요하고 있다고 보고했다.

이때 독일의 총참모부는 레닌Lenin에게 스웨덴에서 러시아로 돌아가도록 '비밀열차'를 제공함으로써 위태위태한 러시아의 정국을 완전히 뒤흔들어버린다는 계획을 세웠다. 4월 16일, 레닌이 독일군이 제공한 기차를 타고 페트로그라드에 도착했다. 그 후 레닌은 화합과, 즉각 독일과의 전쟁을 중지하고 이를 계급투쟁으로 전환할 것 등을 주장했다. 계급투쟁이란 국민과 정부 사이에 내전을 일으키자는 것이었다. 이는 과도정부에 대한 공개적인 도전이었다. 과도정부 구성원들은 만약 독일이 승리할 경우 러시아에 전제정권이 복구될 것이기 때문에 반드시 연합군이 승리를 거둬야 한다고 생각하고 있었다. 동부전선을 유지하기 위해 열심히 노력하고 있던 과도정부는 하계 공세를 가함으로써 독일군이 서부전선으로 병력을 보

내는 것을 막으려고 했다.

공세가 임박했다는 소문이 돌자, 볼셰비키^{Bolsheviki}*와 좌익 사회주의 혁명가들은 더욱 활발하게 평화를 요구하는 선전선동활동을 벌였으며, 과

---

* **볼셰비키** 다수파라는 뜻으로, 1903년 제2회 러시아 사회민주노동당 대회에서 레닌을 지지한 급진파. 멘셰비키와 대립했으며, 1917년 10월 혁명을 지도하여 정권을 장악한 뒤 1918년에 당명을 '러시아 공산당'으로 바꾸었고, 1952년에 다시 '소비에트 연방 공산당'으로 바꾸었다가 1990년에 소련의 해체와 함께 해산되었다.

■■■■■■ 케렌스키는 과도정부의 전쟁장관을 지냈으며 이후 과도정부 총리를 맡았다. 그는 레닌의 적수가 되지
못했다. (Ann Ronan Picture Library)

도정부와 병사들 사이의 긴장도 한층 더 높아졌다. 하시반 러시아군 고위
지휘관들은 여전히 낙관적인 견해를 갖고 있었다. 4월 중순, 서부전선군
사령관은 러시아군 총사령부에게 혁명의 열기가 가라앉으면 그로부터 한
달 혹은 두 달 내에 공세를 펼치는 것이 가능할 것이라고 보고했다.

　이러한 서부전선군의 보고서는 지나친 낙관론에 근거한 잘못된 분석이
었다. 그러나 당시 비관적인 견해를 가진 장교들은 반혁명분자로 간주되
었고, 그중 상당수가 국방장관 구치코프 Guchkov 와 그의 후임자 케렌스키
Kerensky 에게 파면당했기 때문에 전선군 지휘부는 낙관론을 앞세울 수밖에
없었다.

■■■■■ 소비에트식 날조. 페트로그라드에 도착한 열차에서 내리는 레닌의 뒤에 스탈린의 모습이 보인다. 실제로 스탈린은 레닌이 탄 열차에 타고 있지도 않았고, 역으로 레닌을 마중 나오지도 않았다. (AKG, Berlin)

병사들이 반란을 일으키기 전 러시아는 영국, 프랑스와 작전을 공조하기로 결정했으며, 영국-프랑스군의 공세가 시작되면 3주 내에 러시아도 공세에 나서기로 합의를 해놓은 상태였다. 이제 러시아군 총사령관이 된 알렉세예프는 연합국에게 러시아가 5월 전에는 이 약속을 지킬 수 없다고 통지했다. 3월 12일이 되자 알렉세예프는 러시아군이 7월 말 이전에 공세에 나서는 것은 무리라고 확신하게 되었다. 어떻게 봐도 러시아군은 도저히 4월 중순으로 예정된 프랑스군의 니벨 공세에 맞춰 동시에 공세에 나설 수 없는 상태였다. 4월 6일, 미국의 참전 소식이 그나마 위안을 주었지만 그로부터 겨우 열흘 후, 니벨 공세의 실패와 프랑스 육군의 항명 사태 소식이 전해졌다. 미군이 대규모로 전선에 도착하려면 몇 달이나 남은 상황에서 서부전선의 연합군이 그때까지 버틸 수 없을지도 모른다는 회의론이 점점 고개를 들기 시작하면서 이러한 사태를 막기 위해 연합국은 동부전선을 어떻게든 유지하려고 안간힘을 썼다. 연합국이 러시아군의 붕괴를 막고 공세 능력을 확충하기 위해 대량의 물자를 공급하자, 이제 러시아군의 물자 사정은 그 이느 때보다도 나아졌다.

그러나 러시아군은 심리적으로는 그 어느 때보다 최악의 상황을 맞고 있었다. 5월 1일, 구치코프가 사임하자, 알렉세예프와 전선군 사령관들은 다음 날 과도정부와 소비에트 합동 회의에서 연설을 했다. 알렉세예프는 무뚝뚝하게 "군은 붕괴 직전이다"라고 말했고, 다른 지휘관들은 혁명주의자들의 '병합 없는 평화' 주장 때문에 병사들이 점령당한 러시아 영토를 회복하기 위해 공격할 필요도 없다고 생각하고 있다고 밝혔다. 소비에트는 군의 기강을 회복하기 위해 행동에 나서려 하지 않았고, 과도정부는 그러고 싶어도 그럴 수 없는 상황이었다. 결국 새로 전쟁장관으로 임명된 케렌스키는 알렉세예프를 경질하고 러시아군 총사령관으로 브루실로프를 임명했다. 브루실로프는 곧 1916년 공세를 축소시킨 형태의 공세작전을 계획했다. 이 공세 계획의 요지는 러시아의 여타 전선군과 코르닐로프

Kornilov 장군의 제8군이 각 군 전면의 동맹군을 붙들어두고 있는 사이에 러시아 제7군과 제11군을 동원하여 렘베르크를 탈취한다는 것이었다.

1917년 7월~12월 동맹군의 진격

독일군 지휘부는 공세를 가할 경우 분열된 러시아군이 한데 뭉칠 수도 있다고 판단하고 있었기 때문에, 1916년 10월 이래 동부전선에서는 소강상태가 유지되어왔다. 덕분에 러시아군은 포병 세력을 대폭 늘리고 막대한 야포 탄약을 축적할 수 있었다. 러시아군에 있어 또 다른 새로운 요소는 자원자로 구성된 충격대대shock battalion의 존재였다. 이제 일반 병사들을 신뢰할 수 없게 된 알렉세예프는 전쟁을 지속해야 한다는 의사를 밝힌 병사들을 중심으로 충격대대를 조직했다.

6월 18일, 남서부전선군의 공격이 시작되었다. 충격대대들이 공격을 선도했지만, 여전히 일반 보병들은 마지못해 전진할 뿐이었고 그나마 이틀 후에는 진격을 거부하기 시작했다. 남서부전선군의 좌측에서는 코르닐로프가 6월 23일부터 비교적 전력이 떨어지는 오스트리아-헝가리군에 대한 공격을 개시하여 7,000명의 포로를 획득했다. 그러나 충격대대원들이 모두 소모되자, 코르닐로프의 제8군 병사들 역시 남서부전선군의 제7군과 제11군 병사들만큼이나 싸울 마음이 없다는 것이 분명해졌다. 7월 2일 무렵, 러시아군의 공세는 종료되었다. 러시아군의 총 사상자 수는 3만8,700명으로, 이전 공세에서 입었던 손실에 비하면 비교도 되지 않는 적은 숫자였지만 이제 러시아군은 이 정도의 사상자 수도 견딜 수 없는 지경이었다. 7월 6일, 독일군과 오스트리아군의 반격이 시작되었다. 동맹군은 겨우 9개 사단으로 러시아군 20개 사단을 몰아내버렸고, 결국 러시아군은 다시 세레트 강으로 후퇴해야 했다. 러시아 제11군은 완전히 붕괴되어버렸다. 상

황이 이 지경에 이르자 제 11군의 병사위원회들까지 탈영병을 사살하라는 명령에 동의했지만, 당시 러시아군에는 적이든 탈영병이든 쏠 준비가 되어 있는 사람은 아무도 없었다.

러시아 북부전선군의 공세는 7월 8일에 시작되어 7월 10일에 종료되었다. 공격에 투입된 6개 사단 가운데 실제로 공격에 잠가한 것은 2개 사단뿐이었고, 그나마 1개 사단은 뒤통수에 총을 겨누고 위협을 해서 간신히 전선에 배치시킨 병력이었다. 다른 1개 사단은 공세에 나서서 독일군 참호선 가운데 제1선과 제2선을 점령했지만 그 시점에서 더 이상 공격을 계속하기를 거부하고 공격개시선으로 돌아와버렸다. 서부전선군이 독일군 17개 대대를 향해 자그마치 138개 대대를 동원해서 공격에 나섰을 때도 똑같은 일이 일어났다.

루마니아 전선군이 담당한 구역에서는 상황이 조금 더 나았다. 루마니

아군은 과거에 비해 질적으로 크게 개선되었고, 러시아 혁명의 영향도 받지 않았다. 따라서 러시아군 지휘부는 러시아군과 함께 루마니아군도 공세에 사용할 계획을 짰다. 이 지역에서 충격대대는 공격을 선도하는 데 사용되지 않고 병사들의 후방에 배치되어 도망가려고 시도하는 병사들을 사살하는 역할을 맡았다. 7월 10일 시작된 러시아군의 공격은 약간 성공을

거두었다. 그러나 다른 지역에서 러시아군의 공격이 거듭 실패하자, 케렌스키는 브루실로프를 신뢰하지 않게 되었다. 결국 케렌스키는 브루실로프를 코사크 출신의 코르닐로프 장군으로 교체했다. 코르닐로프가 가장 먼저 한 일은 공세를 중지하는 것이었다. 루마니아 전선군의 공세도 7월 13일에 중지했다. 이후 러시아는 다시는 공세에 나서지 못했다. 일이 이렇게 되자 이번에는 독일군이 공세에 나설 차례라는 것은 삼척동자도 알 수 있었다.

독일군의 공격이 이뤄지기까지는 별로 오랜 시간이 걸리지 않았다. 러시아군의 공세가 중지된 후 독일군은 곧 발트 해 연안에서 심상찮은 움직임을 보이기 시작했다. 이 지역의 전선은 1915년 12월 이래 별다른 변화가 없었던 지역이었다. 이 지역의 전선은 대부분 드비나 강 하류를 따라 형성되어 있었다. 다만 리가 위쪽 12마일 지점에서 리가 서쪽으로 25마일 떨어진 곳의 해안지대에 이르는 지역에는 러시아군의 대규모 교두보가 불쑥 튀어나와 있었다. 클렘보브스키 대장이 지휘하는 제12군 예하 2개 군단(제2·6시베리아군단)이 교두보를 지키고 있었고, 다른 2개 군단(제21·53군단)은 드비나 상 후방에 배치되어 있었다. 1917년 8월 무렵, 러시아 제12군은 붕괴가 상당히 진행된 상태였다. 많은 병사들이 담당지역을 벗어나 탈영을 했고, 탈영하지 않은 병사들도 대부분 장교들의 통제를 벗어난 상태에서 장교들 상당수를 사살하기까지 했다. 러시아군 교두보 전면에 배치된 독일 제8군(폰 후티어) 대장은 7.5개 사단을 보유하고 있었으나, 공격에 즈음하여 8개 보병사단과 2개 기병사단, 그리고 동부전선 전역에서 그러모은 중포대의 증원을 받았다.

후티어는 두 가지 공격 방법을 놓고 고민했다. 하나는 러시아군의 교두보를 정면에서 공격하는 것이었고, 다른 하나는 드비나 강 상류를 도하하여 러시아군 교두보의 후방을 공격하는 것이었다. 전자를 선택할 경우 드비나 강 하구에 형성된 티룰Tirul 습지대를 지나가야 했고, 후자를 선택할 경우에도 건너편에 러시아군이 도사리고 있는 드비나 강을 건너야 했으며

■■■■■■ 코르닐로프 대장의 모습. (Ann Ronan Picture Library)

또 여러 개의 요새화된 러시아군 진지와 맞닥뜨려야 했다. 여러 가지 가능
성을 검토한 후티어는 두 번째 방법을 선택했다. 공격 개시일은 9월 1일,
공격 개시 지점은 야콥슈타트(오늘날의 예캅필스)와 리가의 중간 지점에 있
는 2개의 섬인 보르코비츠Borkowitz와 옐스테르Elster 부근으로 결정되었다.
드비나 강을 건넌 후 공격의 주력을 형성하고 있는 3개 보병사단과 2개 기
병사단이 발트 해를 향해 북쪽으로 공격을 가해 러시아 제12군의 퇴로를
차단하면 이후 2개 사단으로 구성된 후속 부대가 주력 부대를 보강하면서
내륙 방면에서 있을지도 모르는 러시아군의 공격으로부터 주력 부대의 측
면을 보호한다는 계획이었다.

　러시아군은 후티어가 공격 준비를 하고 있다는 사실은 눈치 챘지만, 독
일군이 교두보에 직접 공격해올 것이라고 오판했다. 따라서 클렘보브스키

는 교두보 전면에 배치된 가장 신뢰할 수 없는 사단을 빼내 별다른 일이 없을 것으로 예상되는 드비나 강 동안의 경비를 맡겼다. 우연히도 후티어가 도하점으로 설정한 지점도 바로 이곳이었다.

9월 1일 새벽 4시, 공격 준비 사격에 나선 독일군은 2시간에 걸쳐 가스탄을 퍼부은 후 고폭탄 사격으로 전환했다. 오전 9시경 공격 개시 지점 근방에 위치한 2개의 섬이 점령되었고, 그로부터 10분 후 독일군의 드비나 강 도하가 시작되었다. 그러나 강 건너편의 러시아군은 대부분 방어진지를 버리고 일찌감치 도주한 상태였다. 오후 5시까지 독일군은 강 건너편에 폭 7.5마일에 이르는 교두보를 형성했고, 러시아군의 제1·2방어선을 점령했다. 그러나 이번에는 러시아군이 독일군보다 기민하게 움직였다. 9월 2일, 후티어는 클렘보브스키가 믿을 수 있는 소수의 부대들에게 후위를 맡긴 채 독일군의 손길이 채 닿지 않는 리가-푸스코프 간 철도와 도로를 이용해 철수하고 있다는 사실을 알게 되었다. 9월 4일 오후, 독일군이 리가-푸스코프 가도와 철도를 차단했을 때는 이미 러시아 제12군 병력의 대부분이 철수하고 난 후였다. 독일군은 광대한 지역과 2만4,000명의 포로를 획득했지만, 러시아 제12군을 격파하는 데는 실패했다. 그러나 이 실패가 전황에 크게 영향을 미친 것은 아니었다. 독일군이 10월 12일~20일에 리가 만 입구에 위치한 3개 섬을 점령하기 위해 간단한 공격을 가한 것 이외에 동부전선은 11월 7일까지 소강상태를 유지했다. 11월 7일이 되자 정권을 잡은 볼셰비키가 동맹국과의 전쟁을 끝내는 작업을 시작했다.

1917년 공세에서 러시아군이 보여준 지리멸렬한 모습은 러시아군의 사기가 어디까지 떨어졌는지를 잘 보여주는 것이었다. 7월 12일, 러시아 과도정부는 사형과 군법회의를 다시 도입하기 위한 투표를 실시했다. 케렌스키는 과도정부의 총리가 되었지만 과도정부는 여전히 군대의 충성심을 얻기 위해 소비에트와 경쟁을 벌이고 있었고, 성급하게 정권 장악에 나선 한 볼셰비키 분파의 쿠데타 시도를 겨우 이겨낸 상태였다. 이런 상황에

■■■■■ 1917년 9월, 리가를 방문한 독일 황제 빌헬름 2세의 모습. (Ann Ronan Picture Library)

서 케렌스키는 러시아군 총사령관 코르닐로프가 원하는 억압적인 조치들
을 취할 수 없었다. 상황이 이렇게 되자 코르닐로프는 스스로 정권을 잡으
려는 음모를 꾸몄다. 코사크들은 코르닐로프를 지도자로 추앙하고 있었
고, 코르닐로프는 돈 코사크^{Don Cossack} 족의 지도자이기도 한 칼레딘 대장

볼셰비키가 정권을 장악한 후 러시아군 총사령관으로 임명된 크릴렌코. 총사령관이 된 그는 곧바로 독일군에게 휴전을 요청했다. (Novosti, London)

의 지지를 받고 있었다. 러시아가 전쟁을 계속하기를 바라던 연합군은 코르닐로프가 추진하고 있던 군의 기강 유지책을 러시아가 전쟁을 계속할 수 있는 유일한 방책으로 보고 코르닐로프를 지지했으며, 보수적인 러시아의 정치인들과 은행가들 역시 볼셰비키에게 정권이 넘어가는 것을 막아줄 수호자로서 코르닐로프를 지지했다.

코르닐로프는 대부분 코사크로 구성된 제3기병군단을 수도 페트로그라드 인근에 집결시킨 후 약 2,000명에 이르는 코르닐로프에게 충성하는 장교들이 수도에 배치되도록 했다. 코르닐로프는 일단 폭동을 야기한 후 과도정부 보호를 구실로 자신의 병사들을 시내로 진입시키는 동시에 2,000명의 장교들로 모든 좌익 정당 지도자들을 체포하고 정부 건물들을 점거한다는 계획을 세웠다. 이 계획은 9월 1일 이전에 실행할 예정이었다.

그러나 코르닐로프의 계획이 사전에 새나가면서 케렌스키는 코르닐로프를 페트로그라드로 호출했으며, 코르닐로프가 자신의 군대를 움직이자 그를 독재자로 선포해버렸다. 그러나 당시 케렌스키는 실제로 움직일 수 있는 병력이 없었다. 그때 코르닐로프를 저지하기 위해 소비에트가 움직이기 시작했다. 소비에트는 노동자들을 무장시키고(이때 수천 점의 무기를 확보한 볼셰비키와 적위대는 이 무기를 나중에 정권 장악을 위해 사용했다) 철도

| 3부_ 동부전선 1914~1918

노동자들에게 철도를 이용하여 이동하려는 코르닐로프의 군대를 저지하라고 명령하는 동시에 크론슈타트 항에 정박하고 있는 발틱 함대의 수병들을 불러들였다. 8월 27일, 코르닐로프의 군대 병사들을 만나러 간 대표들은 이들에게 더 이상 전진하는 것을 거부하도록 설득했다. 소비에트는 또한 전선의 병사들에게 코르닐로프의 쿠데타 기도 소식을 알렸다. 남서부전선군 사령관 데니킨^{Denikin}과 휘하 군 사령관들을 포함한 코르닐로프에게 충성하던 여러 고위 장교들이 자신의 부하들에게 체포당했다. 코르닐로프의 군사 쿠데타 기도로 가장 큰 이득을 본 것은 소비에트였으며, 군사 쿠데타 기도가 실패한 것은 러시아 민중이 이제 전쟁에 관심이 없다는 것을 보여주는 것이었다. 며칠 후 독일군은 리가를 점령했지만, 여기에 신경을 쓰는 러시아인은 아무도 없었다.

코르닐로프의 쿠데타 실패로 러시아군의 분열은 더욱 심화되었다. 이제 병사들은 장교들이 평화에 대한 장애물이 되고 있다고 생각했다. 온건한 병사위원회들은 급진적인 위원회로 교체되었다. 볼셰비키와 독일의 선전 부대들 역시 러시아군 병사들 사이에 널리 퍼진 염전주의를 더욱 증폭시키기 위해 노력했다. 11월 7일, 드디어 볼셰비키가 권력을 장악했다. 러시아군 총사령부의 보고서는 이에 대한 병사들의 태도를 다음과 같이 묘사하고 있다.

"모두들 볼셰비키의 권력 장악을 불안해하면서도 기대에 찬 시선으로 지켜보고 있다. 이전부터 그랬지만 이제 대부분의 병사들은 평화를 향한 갈구와 전선을 떠나고 싶다는 열망에 근거해 자신의 행동을 결정하고 있다. 러시아군은 이제 지칠 대로 지치고 굶주렸으며 분노에 가득 찬 병사들로 이루어진 폭도 집단이 되었다. 병사들은 평화를 향한 갈구와 현 상황에 대한 절망이라는 공통분모로 결집되어 있다."

11월 25일, 공산주의 정권의 육군 총사령관으로 임명된 크릴렌코^{Krylenko}는 독일군 전선에 평화사절을 파견했다. 11월 27일, 호프만 장군은 러시아측에 휴전할 의사가 있다는 회답을 보냈다. 12월 17일부터 휴전협정이 발효되면서 이제 양측은 평화협상의 조건을 논의할 준비를 시작했다.

한 병사의 초상
어느 병사와 소위, 그리고 부사관의 이야기

동부전선에 배치된 독일군 병사들은 항상 수적으로 우세한 러시아군과 싸워야 하는 상황에 부딪쳐야 했지만, 거의 예외 없이 러시아군을 물리쳤다. 독일군 지휘관들은 병사들을 쓸데없이 위험에 노출시키는 일이 거의 없었으며, 적절한 식량과 장비를 제공하고 충분한 휴식을 취할 수 있도록 배려해주었다. 독일군 포병과 기관총, 항공 지원이 러시아군보다 훨씬 더 우월하다는 것을 잘 알고 있었던 독일군 보병들은 러시아군에 대해 우월감을 느끼고 있었다. 1918년에도 동부전선에서는 같은 시기의 서부전선에 비해 사기의 붕괴 현상이 거의 일어나지 않았다. 장기적인 양면 전쟁을 피하기 위해 입안된 슐리펜 계획이 실패로 돌아간 후에도 독일은 3년 반 동안 동부전선에서 승리를 거듭한 끝에 러시아를 완전히 패배시켰다. 그러나 아이러니하게도 독일은 그로부터 약 8개월 만에 서부전선에서 패배를 인정해야만 했다.

다민족으로 구성된 오스트리아-헝가리군은 장비 면에서 러시아군보다 나을 것이 없었다. 설상가상으로 오스트리아군의 총 병력 가운데 60퍼센트는 슬라브계(체코·슬로바키아·폴란드·슬로베니아·크로아티아·보스니아계 세르비아·루테니아인)였다. 이들 대부분은 전쟁 초반에는 열심히 싸워주었으나, 시간이 지나면서 점점 믿을 수 없는 존재들이 되어갔다. 특히 러시아는 러시아계 체코인들로 구성된 정찰 부대를 통해 체코계 오스트리아군 병사들의 투항이나 탈영을 적극 유도했다. 체코 탈영병들로 부대를 구성하려는 시도가 이루어지기도 했지만, 러시아군 병사들도 무기가 부족한 판에 체코 투항병들을 무장시키는 것을 러시아 황제가 별로 내켜하지 않았기 때문에 이런 시도는 좌절되고 말았다. 이후에도 그런 시도가 다시 있었지만, 이 역시 체코의 독립을 공개적으로 지지하지 않는 러시아에 실망한 체코군 병사들이 전투에 참가하려 하지 않자 수포로 돌아갔다(러시아 황제는 체코인들의 '독립에의 열망'이 러시아의 비러시아계 주민들에게 확산되는 사태를 우려했다). 게다가 러시아의 다른 부처들도 이들 체코계 포로들을 군사적으로 사용하기보다는 산업이나 농업 노동력으로 전용하기를 원했다. 결국 오랜 산고 끝에 몇몇 부대들이 실제로 편성되기도 했지만, 그 무렵에는 동부전선의 전황에 영향을 미치기에는 이미 때가 너무 늦어버렸다. 다만, 그런 부대들 중의 하나였던 체코군단은 뒤이어 벌어진 러시아 적백 내전에서 큰 활약을 보였다.

군역에 대한 러시아인의 인식은 다음의 4행시에서 잘 나타나 있다.

똑똑한 놈은 포병대로 보내고
술고래는 해군으로
부자는 기병대로
멍청이는 보병으로 보내라

이 4행시는 원래 신참 장교들에 해당되는 이야기였다. 그러나 전체 징집병 중 15~20퍼센트를 차지하고 있던 글을 읽을 수 있는 자들은 포병이나 기병대로 보내졌고, 나머지는 보병으로 배치된 것도 부인할 수 없는 사실이었다. 따라서 일반적인 러시아군 병사들은 글을 읽거나 쓸 수 없었기 때문에 일기나 기록을 남길 수가 없었다. 게다가 1917년 러시아 정부가 붕괴되고 수년에 걸쳐 내전이 벌어지면서 일반 병사의 전쟁 경험담이나 그에 관련된 서적은 전혀 출판되지 못했다. 그러나 한 군사 검열관의 기록을 통해 러시아군 병사들이 어떻게 지냈는지를 대략적으로 그려볼 수는 있다. 이와 함께 여기에서는 한 기병대 병사와 부사관, 그리고 보병 부대의 하급 장교가 전쟁 당시의 생활에 대해 남긴 중요한 기록을 살펴보기로 하겠다.

이 3명의 군인은 부대는 서로 달랐지만, 모두 같은 전선군(남서부전선군)에서 복무했다. 이들의 기록은 서로 잘 들어맞으며 검열관의 기록과도 합치하고 있다. 3명 모두 농촌 출신이었는데, 병사와 부사관은 농민 가정에서 태어났고 소위는 마을 사제의 아들이었다. 이들은 모두 아버지가 뼈 빠지게 일해서 살아가는 일반적인 러시아 가정에서 태어났다. 이들의 어머니와 여동생, 누나들은 겨울 동안 벙어리장갑을 짜서 시장에 팔아 조금이나마 생계에 보탬이 되고자 눈물겨운 노력을 했다. 한 가지 이들이 같은 시기의 다른 러시아군 병사들과 달랐던 점은 교육 수준이었다. 사제가 되려고 했던 소위는 19세까지, 다른 두 명은 10세까지 교육을 받았다. 또 이들이 특이했던 점은 어렸을 때 고향을 떠났다는 점이었다. 소위는 신학교에 진학했고, 병사와 부사관은 각각 제화공과 피혁업자의 도제(徒弟)로 들어갔다. 병사는 1912년 징집되었고 소위는 1915년 1월에, 부사관은 1915년 8월에 각각 군문에 들어섰다.

소위는 1915년 2월부터 5월까지 장교 훈련을 받았다. 훈련 프로그램은 제식 훈련은 매우 중요하게 취급하면서도 참호나 철조망, 기관총과 같은

'야전 장애물'로 가득 찬 전쟁에서의 생존법이나 자동차와 항공기의 가능성에 대해서는 거의 아무것도 가르쳐주지 않았으며, 서로 다른 병과들을 어떻게 협력시켜 작전을 펼칠 수 있는가에 대해서도 가르쳐주지 않았다. 소위는 1915년 가을 소위로 보병연대에 배치되었다. 소위는 전선에서 적군인 오스트리아 제7군의 참호에 비해 러시아군의 참호가 원시적이고 불편하며 전투에 부적당하게 구축되어 있다는 사실을 알게 되었다(병사 역시 1916년 러시아군과 독일군의 참호를 비교한 후 똑같은 결론을 내렸다). 야영을 할 때도 러시아군은 담요도 없이 외투 하나만 걸치고 노숙을 해야 했다.

소위가 배치된 연대는 전원이 노획한 오스트리아군의 소총으로 무장하고 있었으며, 기관총 수도 대대당 2정에 불과했다. 포병대는 구경을 가리지 않고 모든 곡사포와 중포의 탄약이 부족한 상태였다. 겨울 동안 휴식을 취하고 훈련을 받은 연대는 브루실로프 공세에 참가하기 위해 전선으로 돌아왔다. 병사

■■■■■ 행진하는 체코군단 병사들. 체코군단은 무장열차로 시베리아 횡단철도를 장악했다. (AKG Berlin)

들과 대부분의 장교들은 독일군이 아니라 오스트리아군을 상대하게 되었
다는 사실에 기뻐했으며, 포탄이 폭발했을 때 이것이 독일군의 포탄이 아
니라 오스트리아군의 포탄임을 알려주는 핑크빛 연기가 났을 때는 모두

안도의 한숨을 쉬기도 했다. 이 일화는 1916년 중반까지 러시아군 병사들이 독일군을 어떻게 생각하고 있었는지를 잘 보여준다.

병사는 전쟁이 시작될 때부터 전장에 있었다. 부사관과 마찬가지로 그는 러시아군 장교와 병사들 사이에 접촉이 거의 없으며 병사들이 자주 사소한 일로 구타당한다고 기록했다. 소위는 병사들을 다룰 때는 프로이센식 군율에 따라 군기를 잡아야 하며 병사들은 "적의 총알보다 부사관의 몽둥이를 더 무서워해야 한다"는 말을 듣기도 했다. 부사관은 "군이 추구하는 유일한 목적은 명령에 맹목적으로 복종하는 자동인형 같은 병사를 육성하는 것이었다. …… 체벌에 관한 정식 규정은 없었지만, 구타는 광범위하게 행해졌다"라고 기록하고 있다.

고위 장교들은 대부분 부유한 가문 출신이었으며, 이들 중 실제로 전장의 비참한 현실을 직접 체험하려는 사람들은 거의 없었다. 따라서 전투에서 희생되는 장교들은 주로 이 소위처럼 미천한 집안 출신이거나 부사관이나 준위에서 진급한 자들이었다. 예를 들어, 이 병사가 배속된 연대에서는 2명의 부사관이 진중에서 보여준 용감한 행동을 인정받아 훈장을 받고 소위로 진급했다. 그러나 이 부사관들은 갑자기 다른 연대로 전출되었다. 그 이유에 대해 병사는 "우리 연대의 장교들과 신사 나으리들은 예전에 졸병이나 부사관이었던 자들과 악수를 하고 싶지 않았던 것이다"라고 기록하고 있다. 이 병사는 계속해서 다음과 같은 이야기를 하고 있다.

"1915년, 우리 군은 갈리치아로부터 총퇴각을 시작했다. …… 병사들의 사기 저하는 날이 갈수록 심해졌고 고위 지휘관들을 비판하는 목소리도 더욱 커졌다. 후방에서 온 보충병들은 기근이 임박했으며 지도층의 무능과 전횡專横이 날로 심해진다는 이야기로 우리의 사기를 더욱 꺾어놓았다. 병사들도 이제는 병사들의 기본적인 요구조차 무시하는 장교들을 더 이상 참을 수 없게 되었다."

부사관은 훈련 기간 동안 중대장을 본 것은 겨우 두 차례에 불과하며 그나마 두 번 모두 중대장이 술에 절어 있었다고 기록했다. 이 부사관은 러시아 황제 군대의 가장 큰 특징으로 병사들과 장교들 간의 연대 및 일체감의 부재를 꼽았다. 그러나 동시에 그는 병사들을 이해하고 배려해주는 장교들의 사례도 기록하고 있다. 또한 부사관은 지속적으로 하층 계급 출신의 장교들이 늘어나면서 병사들과 장교들의 관계가 대대장 선까지는 많이 개선되었지만, 고위 지휘부는 여전히 병사들과는 '딴 세상'에 살고 있는 장교들이 장악하고 있다고 기록했다.

이 세 군인과 함께 복무했던 일반 러시아군 병사들은 농부들로서 이들과는 달리 어렸을 때 자신이 자란 마을을 '탈출'하지 못한 자들이었다. 일반적인 러시아군 병사들은 전기나 가스, 상하수도 설비도 없는 마을에서 자랐으며, 마을로 통하는 비포장도로는 비가 많이 내리는 가을이나 봄의 해빙기에는 진흙수렁으로 바뀌어 몇 주 동안 외부와의 통행이 차단되곤 했다. 이들은 고된 노동과 '양배춧국과 메밀죽'이라는 표현으로 대표되는 보잘것없는 식사와 지주, 공장주, 혹은 군대의 상급자 등 소위 '상류층'의 학대에 익숙해져 있었다. 그러나 이들 병사들은 가장 간단한 기계류조차도 조작하거나 정비해본 적이 없는 사람들이었다. 오직 글을 읽을 수 있는 소수의 병사들만이 서류 작업과 행정 업무를 처리할 수 있었으며, 만약 이들이 전투에서 죽거나 부상당하기라도 하면 부대 전체가 곧 식량과 사료, 탄약 부족 사태에 빠지거나 상급 부대와의 통신을 위해 사용되던 아주 원시적인 형태의 무전기조차 제대로 조작할 수 없는 지경에 이르렀다.

서부전선군에 복무했던 또 다른 하급 장교는 1916년 2월 집에 보내는 편지에서 그의 병사들에 대해 다음과 같이 긍정적으로 묘사하고 있다.

누구에게든 "어이, 형제, 이제 가만히 앉아만 있기가 신물 나지 않나?"라고 물으면 "우리는 당장 전진하고 싶습니다. 이제 포탄도 있으니 진격할 수 있습니다"라는 대답을 들을 수 있습니다. 그리고 우리 부대원들은 모두 적의 포화를 겪어본 적이 있는 노련한 병사들입니다. 병사들 모두 한때 탄약 부족에 시달리던 고통스런 시기를 견뎌냈죠. …… 이곳의 병사들은 울거나 슬퍼하지 않습니다. 이들은 모두 미래에 대한 믿음과 열정으로 가득 차 있습니다. 친한 동료들끼리 농담까지 나누곤 하지요. 여기에선 우울하거나 슬픈 표정은 찾아볼 수 없습니다. 모두 침착하고 자신감 넘치는 표정을 하고 있기 때문이지요. …… 병사들은 전쟁이나 전과 평가나 배신, 공포에 대한 말은 하지 않습니다. 휴식 시간에는 농담과 웃음이 넘쳐흐릅니다.

이것은 1916년 3월과 7월 러시아의 서부전선군이 공세에 나섰다가 실패하기 이전에 기록한 것이다. 그 이후에 보낸 편지에서 그는 부하들의 사기에 대해서는 더 이상 언급하지 않았다. 병사, 부사관, 소위, 그리고 군 검열관의 보고서 모두 1916년에, 특히 1916년의 마지막 몇 주 동안 러시아군의 사기가 날로 떨어지고 있음을 지적하고 있다. 부사관은 1916년 8월

■■■■■■ 사제가 조악한 군 병원을 방문하고 있다. (Ann Ronan Picture Library)

전선으로 돌아가는 도중 부상병들과 나눈 대화에 대해 기록했다. 이 대화에서 그는 "우리 군은 장비는 열악하기 그지없고 고위 지휘관들에 대한 병사들의 평가는 최악을 달리고 있다. 병사들 사이에서는 독일에게 매수된 배신자가 총사령부에 들어앉아 러시아의 패배를 유도하고 있으며 모든 병사들이 굶주리고 있다는 믿음이 광범위하게 퍼져 있다"는 사실을 알게 되었다. 이 부사관은 계속해서 1916년 9월 병사들 사이에 불온한 분위기가 더욱 확산되었으며, "특히 집으로부터 가족들이 기아에 허덕이고 후방의 질서가 붕괴되고 있다"는 편지를 받고 나서 이런 분위기가 더욱 심해졌다고 말했다. 10월에 중상을 입은 부사관은 12월에야 전선으로 돌아갈 수 있었다. 전선에 돌아온 부사관은 다른 병사들에 대해 다음과 같이 기록했다.

"다른 병사들과 이야기를 나누면서 나는 이들이 더 이상 '화약 냄새를 맡고 싶은' 열정을 갖고 있지 않으며 전쟁을 원하지 않는다는 사실을 알게 되었다. 이들은 이미 토지와 평화에 대해 고위 지도부와는 다른 생각을 품고 있었다."

러시아의 손실에 대한 평가는 자료에 따라 큰 차이를 보인다. 그러나 가장 최근의 자료를 살펴보면 145만 명이 전사했고, 341만 명이 포로가 되었으며, 322만 명이 부상을 당했고, 100만 명 이상이 실종된 것으로 평가되고 있다. 전사자 100명당 부상자, 혹은 실종자가 251명이나 되는 것은 제1차 세계대전의 어떤 참전국보다도 훨씬 높은 수치였다. 개전 후 첫 2년 동안 포로가 발생한 가장 큰 원인은 군 사령관들의 부적절한 지휘 때문이었다. 그러나 1916년~1917년에는 대량의 포로들과 함께 엄청난 수의 탈영병이 발생했으며, 이는 병사들의 전투 의지가 크게 약화되었음을 보여주는 것이었다. 러시아군 전체가 서서히 붕괴하고 있다는 조짐은 1916년의 마지막 주부터 서서히 나타나기 시작했다.

러시아는 그리스에 배치된 영국-프랑스 연합군에 지원병을 파견했다. 이들은 먼저 영불 해협의 프랑스 쪽 항구로 이동한 후 철도로 다시 마르세유^{Marseilles}로 이동했다. 1916년 8월 2일, 살로니카 전선으로 출발하기 위해 마르세유에 머물고 있던 러시아군 가운데 일부 병사들이 자신들을 지휘하던 장교를 때려죽이는 사건이 벌어졌다. 다른 병사들은 범인들이 누구인지 밝히기를 거부하다가 병사 10명당 1명씩을 총살하겠다는 위협을 받고서야 범인들이 누구인지 밝혔다. 범행에 가담했던 26명은 군법회의에 회부되었고, 그 가운데 8명은 총살을 당했다. 공식적으로 이 병사들의 범행 동기는 마르세유에서 머물고 있는 동안 혁명분자들의 선동에 넘어갔기 때문이라고 공표되었지만, 아르항겔스크^{Arkhangel'sk}에서 프랑스로 오는 수송선에서도 소요 분위기는 이미 크게 확산되고 있었다.

군 검열관의 보고서에서도 알 수 있듯이 이런 소요 사태는 그리스 파견부대에만 국한된 것은 아니었으며, 러시아군 지휘부도 상황이 매우 위태롭다는 사실을 알고 있었다. 그러나 브루실로프의 군수총감이었던 두호닌^{Dukhonin}과 같은 낙관론자들은 겨울 동안 소강상태가 지속되면 병사들도 휴식을 취할 수 있을 것이며, 1917년 봄이 되면 사기도 훨씬 올라 있을 것으로 낙관했다.

그러나 이러한 견해는 현실과 동떨어진 것이라는 사실이 곧 드러났다. 1916년 10월 1일과 2일, 동부 카르파티아 산맥에서 제7군 소속의 2개 시베리아 연대가 공격 명령을 수행하기를 거부했다. 10월 9일, 특별군(전 근위군) 1개 연대는 이웃 2개 연대로부터 방어진지를 계속 구축할 경우 쏴버리겠다는 위협을 받고 작업을 중단할 수밖에 없었다. 또 다른 연대는 이웃 연대들에게 만약 상부의 공격 명령을 따를 경우에는 총격을 가하겠다고 위협했다. 또 다른 2개 연대는 수개월 동안 평화를 선동하는 선전물을 배포해온 것으로 밝혀졌으며, 선전물 가운데는 연대장 중 1명이 쓴 반전 성명까지 포함되어 있었다. 이들 연대가 소속되어 있던 '특별군'은 1915년 특별히 선발된 장교들과 병사들로 편성된 정예부대였다.

1916년 4월, 페트로그라드 오흐라나^{Petrograd Okhrana}(비밀경찰) 책임자는 다음과 같이 적고 있다.

"페트로그라드 방위대는 러시아군이 승리할 수 있다고 생각하지 않지만, 전선에서 싸우고 있는 부대의 병사들은 승리할 수 있다는 자신감을 피력하고 있다."

그러나 1916년 말이 되면서 이와 같은 후방 부대와 일선 부대의 차이는 사라지고 있었다. 군 검열관의 보고서는 집으로부터 오는 편지들이 사기에 부정적인 영향을 미치고 있으며(고향에서 오는 거의 모든 편지들이 전쟁이 한시라도 빨리 끝났으면 좋겠다는 소망을 표현하고 있었다), 많은 병사들이 보내는 편지에도 불만의 목소리가 높아지고 있다고 기록하고 있다.

식량과 연료의 부족, 그리고 치솟는 물가 역시 병사들의 사기에 영향을 미쳤다. 페트로그라드 군 검열위원회는 11월 27일, 병사들이 식량과 동계 피복, 장비의 부족에 대해 불만을 표시하고 있으며 "이제는 집에서 병사들에게 보내는 편지뿐만이 아니라 병사들이 집으로 보내는 편지에서도 국내의 정치적 상황에 대한 불만이 점점 분명하게 드러나고 있다. …… 무질서와 공장의 파업, 후방 부대들의 항명 사태에 대한 소문이 일선 부대들에게까지 전해지고 있으며 이러한 소문들로 인해 사기가 떨어지고 있다"고 덧붙였다.

일선의 러시아군 병사들을 교대시키기 위해 러시아 황제는 1916년 6월 25일 당시까지 병역을 면제받아온 계층에 대해서도 비전투 병력을 징집하라는 명령을 내렸다. 여기에는 투르키스탄의 이슬람교도(25만 명 징집 목표)와 스텝 총독령(24만3,000명 징집 목표) 주민들도 포함되어 있었다. 이러한 명령은 중앙아시아 전역에서 봉기를 유발했으며, 봉기 사태는 12월까지 계속되었다. 러시아 군부가 이 봉기 사태를 간신히 진압하고 할당된 수의 약 절반 정도를 징집했을 때 차르 정권이 붕괴되었다.

만약 목표한 징집병 수를 채웠다고 하더라도 이것이 큰 변화를 가져오지는 못했을 것이다. 1916년 10월 15일 알렉세예프가 받은 보고서에는

11월 1일 이후 징집 가능한 사람의 수가 단지 140만 명에 불과하며 질적인 면에서 거의 모두가 형편없는 자원이라고 평가했다. 35만 명은 37~40세에 이르는 장년층이었고, 70만 명은 1919년까지는 징집 연령에 이르지 못하는 어린애들이었다. 또 20만 명은 이미 이전에 육체적으로 병역을 수행할 수 없다는 평가를 받아 입대를 거부당한 자들이었다. 할 수 없이 교대병력 징집 수를 한 달에 30만 명까지 줄였지만, 징집 대상자의 수는 1914년 3월부터 계속 줄어들었다. 이와 같은 징집 대상자의 감소는 1917년에 벌어진 사건들로 인해 더욱 가속화되기는 했지만, 그렇다고 그 사건들이 이러한 감소 자체를 유발한 것은 아니었다.

1914년, 대부분의 유럽 사회주의자들은 민족주의의 물결에 휩쓸려 계급적 연대의식을 잃어버렸다. 블라디미르 일리치 울리아노프 Vladimir Ilich Ulyanov(레닌)가 이끄는 소수의 사회주의자들은 '제국주의' 전쟁을 계급투쟁으로 전환해야 한다고 주장했다. 레닌은 계급투쟁에서 러시아의 징집병들이 다른 국가의 징집병들과 싸울 것이 아니라 그들의 총구를 지배자들에게 놀려야 한다고 수상했다. 시간이 지나면서 혁명주의자들이 반전 분위기를 사회적 개혁과 토지 개혁, 그리고 전제정권에 대한 반대와 연결 짓는 전략이 조금씩 효과를 보이기 시작했다. 1915년 1월, 러시아 내무부는 많은 병사들이 집에 보내는 편지에 토지에 대한 임대료를 내지 말 것을 지시하고 있다고 밝혔으며, 당시 러시아군 총사령관이었던 니콜라이 대공은 그런 편지들을 파기하라고 명령했다. 그러자 혁명가들은 후방에서 훈련을 받고 있던 신병들에 대한 평화 선전선동 활동을 강화했다. 러시아군 내부에 혁명사상 침투가 가속화되자, 이런 사태를 걱정하던 니콜라이 대공은 러시아 정교회의 주교들에게 '혁명가들의 선전선동으로 인한 오염을 막을 수 있는' 능력을 가진 사제들을 군목으로 임명해달라는 부탁을 하기에 이르렀다.

그러나 후방 부대의 병사들에 대한 혁명 분자들의 반전 선전선동이 상당한 성과를 거둔 반면, 일선 부대에서는 아직 이렇다 할 성과를 거두지 못한 상태였다. 일선 부대에서는 병사들이 국가 방위라는 절대 명제를 공유하고 있었고, 부대의 자존심과 포화 속에서 어깨를 나란히 하고 함께 싸운 동료들과의 전우애, 그리고 반전 선전활동을 막기 위해 취해진 일련의 조치들로 인해 볼셰비키들의 반전 선동이 제대로 효과를 볼 수 없었다. 일선 부대에 대한 공작이 제대로 먹히지 않자, 공산당은 당원들을 군부대가 위치한 지역에 침투시켜서 직접적인 선전선동 공작을 벌였다. 그러나 1915년 5월 26일, 니콜라이 대공은 '정치적 신뢰성이 불분명한 자들'의 전선 방문을 금지했고, 정치적 유인물을 살포하던 이들 몇 명을 체포하여 시베리아로 추방했다.

다시 한 번 실패를 맛본 볼셰비키들은 이번에는 전과 기록이 없는 당원들에게 자원입대할 것을 명령했다. 이러한 전술은 러시아군 당국으로서도 대처하기 힘들었다. 병사들이 선동가들과 정치적 의견이 다르더라도 고락을 함께하는 전우를 신고하려 하지 않았기 때문이었다. 그때부터 차르 정권이 붕괴하기까지 러시아군 내의 불온분자들은 계속해서 러시아군 지도부의 골칫거리가 되었다.

1915년 9월, 각국의 사회주의 정당들이 스위스에서 회의를 열었다. 이들의 목표는 전 세계 노동자들의 연합 투쟁을 통해 전쟁을 종식시키는 것이었다. 대부분의 참석자들은 노동자들에게 '평화를 위해 투쟁할 것'을 호소하는 모호한 성명서를 지지했지만, 레닌이 이끄는 소수의 급진주의자들은 이 회의와 1916년 4월에 열린 두 번째 국제 사회주의 정당회의에서 각국의 노동자들이 지배층에 맞서 내전을 전개해야 한다고 주장했다. 그러나 세계적인 혁명이 임박했으며 각국의 국경과 민족주의는 그 의미를 상실할 것으로 믿었던 레닌은 독일 노동자들이 아니라 러시아 노동자들이 이런 요구에 응할 거라고는 예상하지 못했다.

1916년, 러시아와 동맹국들이 서로 공세작전을 벌일 시기가 다가오자,

혁명분자들의 선전선동활동은 훨씬 더 활발해졌다. 혁명분자들은 양측의 병사들이 모두 공격 명령을 거부하기 시작했다는 헛소문까지 퍼뜨렸다. 이후 볼셰비키들은 독일군 병사들이 항명을 일삼고 있으며 독일에서 혁명의 기운이 무르익고 있다는 내용의 선전선동물을 배포했다. 일선의 러시아군 병사들은 이런 선전이 거짓이라는 것을 알고 있었지만, 후방의 병사들과 민간인들은 이런 선전을 그대로 믿었다. 1916년 4월 14일, 페트로그라드 오흐라나 사령관은 다음과 같이 보고했다.

"페트로그라드 방위대 병사들은 공공연히 독일에서는 이미 혁명이 시작되었고 독일에서 혁명이 성공하면 우리도 독일의 선례를 따르게 될 것이라고 말하고 있다."

사실, 독일군이 동부전선에서 별다른 활동을 벌이지 않은 이유는 따로 있었다. 독일군은 베르됭 공세를 위해 병력을 서부전선으로 돌리고 있었고, 불가리아와 오스트리아-헝가리 제국의 세르비아 점령도 도와야 했다. 게다가 독일군은 눈보라가 몰아치는 겨울이나 해빙기를 맞아 지면이 진흙탕이 되는 봄에 공세에 나서는 것은 의미가 없는 일이라고 보았다. 어차피 독일군으로서는 주된 관심이 서부전선에 쏠려 있는 상황에서 동부전선에서 공세에 나서봤자 결정적인 결과를 얻을 수 없는 상황이었고, 또 쓸데없이 공세에 나섬으로써 한창 분열되고 있는 러시아를 뭉치게 만드는 계기를 제공하는 꼴이 되지 않을까 하는 우려도 있었다.

사회주의자들의 반전 선전선동활동이 러시아군 병사들에게 큰 영향을 미쳤던 이유 가운데 하나는 러시아군의 기강이 순전히 억압에 의해서만 유지되었다는 것이었다. 러시아군 총사령부는 병사들에게 왜 러시아가 전쟁에 나서는지를 이해시키기 위해 노력하기는커녕 아예 이야기조차 해주지 않았다. 병사들은 장교들의 당번병들과 이야기를 나누면서야 겨우 러시아가 전쟁에 참가하려 한다는 사실을 알게 되었다. 전제정권의 결정 사항을 일일이 설명할 경우 명령에 무조건 복종해야 한다는 원칙이 무너질

■■■■■■ 전사한 러시아군 병사의 시신. (AKG Berlin)

우려가 있었지만, 러시아군 지휘부는 사회주의자들의 선전선동활동에 대처할 필요성까지 무시해버리는 우를 범하고 말았다. 그 결과 이들은 병사들의 복종을 당연시하게 되었으며, 시간이 지나면서 급격하게 변화하는 상황을 직시하는 능력까지 상실해버렸다.

이런 여건들을 감안했을 때 정말 놀라운 것은 러시아군 병사들이 지리멸렬한 모습을 보인 것이 아니라 오히려 훌륭한 활약을 자주 보였다는 것이었다. 패배주의를 확산시키는 혁명분자들의 활동은 지속적으로 러시아군 총사령부의 걱정거리였지만, 앞에서 언급한 사례들은 최소한 1916년 말까지는 러시아군 일선 부대 병사들이 대부분 신뢰할 수 있는 병사들이었다는 사실을 보여주고 있다. 1917년 3월, 항명을 일으키고 차르 정권을 붕괴시킨 것 역시 일선 부대의 병사들이 아니라 수도 페트로그라드 방위대였다.

앞에서 언급한 4개 자료원 가운데 3개 자료원(병사, 부사관, 소위)이 선택된 이유는 이후의 경력 때문이다. 부사관은 제10노브고로트용기병대 Novgorod Dragoons 원이었던 게오르기 주코프 Georgiy Zhukov 였다. 소위는 제409보병연대의 알렉산드르 바실레프스키 Alexander Vasilevsky 였고, 병사는 체르니코프 창기병연대 Chernigov Hussars 의 알렉산드르 고르바토프 Alexander Gorbatov 였다. 이 세 사람 모두 나중에 적군赤軍, Red Army* 의 고위 지휘관이 되었다. 제2차 세계대전 당시 주코프와 바실레프스키는 둘 다 원수가 되어 각각 부총사령관과 참모총장이라는 적군의 최고위직을 차지하고 예전 차르시대의 러시아군 지휘관들이 달성할 수 없었던 승리를 이루어냈다. 고르바토프 역시 대장까지 진급하여 1개 군을 지휘했다. 따라서 이들이 '밑에서 본' 러시아군에 대한 의견은 높은 신뢰성을 가진 것이라고 볼 수 있을 것이다. 네 번째 자료원이었던 일렉산드르 지글린스키 Alexander Zhiglinsky 는 1916년 2월, 러시아군 병사들에 대해 아주 낙관적인 전망을 했다. 그러나 그의 말로는 그렇게 순탄하지 못했다. 그는 1916년 12월 건강상의 이유로 군을 떠났고 크림 반도로 돌아갔지만, 러시아 내전에는 참가하지 않았다. 1920년 12월, 새로 들어선 현지 소비에트 당국은 전 차르시대 러시아군 장교들을 모두 총살했고, 이때 지글린스키도 최후를 맞았다.

---

* **적군** 1918년부터 1946년까지의 소련 육군의 명칭. 정식 명칭은 노농적군勞農赤軍이다. 1918년 1월의 인민위원회의 결정에 따라 러시아 혁명을 방위하고 세계 프롤레타리아 혁명운동의 군사적 전위前衛 임무를 수행하기 위해서 지원제로 발족했다. 그 전신은 러시아 혁명 과정에서 결성된 무장노동자 부대인 적위군赤衛軍이다.

전장 밖의 전쟁
제정 러시아의 마지막 나날들

전쟁 전 기간에 걸쳐 러시아가 당면한 가장 큰 문제는 전선의 병사들에게 전쟁 수행에 필요한 물자를 공급하는 것과 국내의 각 도시에 충분한 식량과 연료를 공급하는 것이었다. 러시아의 광대한 영토는 그 자체로 엄청난 자산이었지만, 이러한 문제에 있어서는 커다란 단점이기도 했다. 빈약한 철도망은 평화시의 물동량은 어떻게 겨우 감당할 수 있었지만, 전쟁이 터지자 곧 과부하가 걸려버렸다. 먼저 예비역들을 각 부대로 수송해야 했고, 그 다음에는 각급 부대와 그에 따르는 병사, 대포, 군마, 수레를 전선으로 실어 날라야 했다. 병력 수송이 끝나자 이번에는 일선 부대에 식량, 탄약, 무기, 그리고 (단일 품목으로는 가장 큰 부피를 차지한) 군마용 건초를 지속적으로 공급하느라 철도망이 몸살이 날 지경이었다. 여기에 더해 산업 자원, 특히 석탄 수송량도 크게 증가했다.

러시아의 중공업지대는 대부분 유럽과 가까운 러시아 북서쪽, 특히 수도 페트로그라드와 모스크바 지역에 몰려 있었다. 그리고 전쟁이 터지기 전에는 대부분의 러시아 가정들과 마찬가지로 발트 해 연안의 항구를 통해 수입되는 영국 웨일즈산 석탄으로 가동되었다. 개전 이후 독일군이 발트 해의 항구들을 모두 봉쇄하자, 러시아는 1,000마일 이상 떨어진 우크라이나 지방의 탄광에서 채취된 석탄을 육로로 수송하지 않으면 안 되는 상황에 처하게 되었다. 게다가 오스만 투르크가 동맹국 편에 서서 참전하면서 흑해 지역의 항구들도 막히게 되었다. 설상가상으로 연합국이 갈리폴리에서 패배하면서 오스만 투르크가 장악한 해협들을 뚫는 데 실패하자, 러시아는 지중해를 통해서도 연합국으로부터 기계류나 무기, 탄약의 지원을 받을 수 없게 되었다.

이제 러시아는 극동의 블라디보스토크Vladivostok와 북극해에 면한 아르항겔스크를 통해서만 외부와 교류할 수 있게 되었다. 블라디보스토크는 양호한 항만 시설을 갖추고 있었고, 쇄빙선을 이용하여 겨울 동안에도 계속 항구로서의 기능을 다힐 수 있었다. 그러나 블라디보스토크는 동부전선으로부터 6,000마일이나 떨어져 있었고, 연합국이 블라디보스토크를 통해 러시아에 물자를 공급하려면 먼저 태평양을 건넌 후 대부분 단선 철도로 이루어진 시베리아 횡단철도를 이용해 엄청난 거리를 가로질러 물자를 수송해야 했다. 그리고 하바로프스크Khabarovsk 서쪽의 아무르 강에는 철교가 없었기 때문에 강 부근에 도착한 물자들은 대형 교량이 건설될 때까지 모든 선박을 이용해 강 건너로 이송시켜야 했다. 하지만 블라디보스토크에 물자가 쌓이는 속도는 시베리아 횡단철도로 물자가 수송되는 속도보다 훨씬 더 빨랐기 때문에, 블라디보스토크 선창에는 수송되지 못한 물자들이 엄청나게 쌓이게 되었다.

아르항겔스크를 중심으로 한 해로와 철도 수송로는 거리는 훨씬 짧았지만, 아르항겔스크항은 1년의 거의 절반은 얼어붙어 있었다. 인근의 강

하구에 있는 에코노미야Ekonomiya에 건설된 보조 항구는 연중 얼어붙는 일은 거의 없었지만, 처리 물동량에 한계가 있었던 데다가 차르 정권이 붕괴되기 얼마 전에 개항했다. 그리고 이곳에서도 수송선들이 철도가 1년 동안 실어 나를 수 있는 양보다 훨씬 많은 물자를 6개월 만에 수송했기 때문에, 결국 아르항겔스크 항에도 수송되지 못한 물자들이 쌓이기 시작했다. 북극해에 면한 어촌인 알렉산드로프스크Alexandrovsk(오늘날의 무르만스크Murmansk)는 멕시코 만류의 영향으로 연중 거의 얼음이 얼지 않았지만, 이곳에는 다른 지역으로 물자를 수송할 철도가 없었다. 이곳과 외부를 연결해줄 철도가 건설 중이기는 했지만, 이 철도가 완공된 것은 1916년 말이 되어서였고, 그로부터 3개월도 되지 않아 차르 정권은 붕괴되고 말았다.

1915년 3월, 운수성이 연료 생산업자들을 통제할 수 있는 권한을 갖게 되면서 국내 물자 유통을 개선하려는 본격적인 노력이 이루어지기 시작했다. 물자난이 식량과 사료에까지 확대되면서 5월에는 산업통산성이 농산물 유통과 식품 가격 및 군대에 공급되는 식량과 사료 공급을 통제할 수 있는 권한을 갖게 되었다. 그러나 정부 부처들과 지방 당국이 물자 공급과 가격을 통제하려고 열심히 노력하기는 했지만, 비효율과 부패, 자금 부족과 철도 수송 능력의 감소로 인해 이런 노력은 별다른 효과를 보지 못했다. 1914년 당시 러시아는 겨우 2만 대가 조금 넘는 기관차와 약 54만 대의 화차를 가지고 있었다. 당시 국토의 넓이가 러시아의 100분의 1에 불과했던 영국도 러시아보다 더 많은 기관차를 가지고 있던 것을 고려해보면, 이는 참으로 보잘것없는 수였다. 그나마 이 보잘것없는 기관차와 화차 수도 1917년에 이르면 인력 및 물자 부족과 관리 부실로 인해 각각 9,000대와 15만 대로 줄어들고 말았다. 물자 수송 능력이 크게 저하되자, 각 도시에 대한 연료 및 식량 공급에 당장 차질이 생기기 시작했다. 설상가상으로 1917년 2월 최악의 혹한이 닥쳐 1,200대의 기관차가 보일러나 파이프 동파로 인해 한꺼번에 고장이 나버리면서 그나마 이루어지던 열차 수송마저 제대로 이루어지지 않자, 수도 페트로그라드에서는 식량과 연료 공급이 완전히 끊기고 말았다. 3월 8일 시작된 식량 폭동은 혁명으로 바뀌었고 그로부터 1주일 후 차르는 퇴위를 강요당했다.

브루실로프 공세는 원래 러시아군의 주공으로부터 동맹군의 주의를 돌리기 위한 조공으로 실시되었다는 점을 감안하면 아주 괄목할 만한 성공을 거두었다. 브루실로프 공세로 오스트리아-헝가리군은 붕괴 직전의 위기에 몰렸고, 오스트리아군과 독일군 모두 이 위기를 해소하기 위해 다른 지역에서 병력을 뽑아 와야 했다. 이렇게 움직인 독일군 사단의 수는 총 43개 사단(서부전선에서 15개, 동부전선의 다른 지역에서 19개, 이탈리아 전선에서 7개, 투르크 전선에서 2개)에 이르렀다. 이렇게 막대한 병력이 빠지면서 베르됭에 대한 독일군의 공격은 크게 약화되었고, 팔켄하인은 선제공격을 가해 예상되는 영국군의 솜 공세를 사전에 방해하겠다는 계획을 포기할 수밖에 없었다. 오스트리아군은 오스트리아군대로 트렌티노Trentino에서 이탈리아군을 상대로 승리를 거두었음에도 불구하고 7개 사단을 동부전선으로 빼내는 통에 이러한 성공을 제대로 활용할 수가 없었다.

그러나 루마니아가 연합군 편에 서서 참전하면서 러시아군은 루마니아가 선전포고를 한 날로부터 10주에 걸쳐 27개 사단에 이르는 대병력을 루마니아로 파견해야 했다. 연합군이 솜 전투에서 승리를 거두지 못하자, 독일군은 휘청거리는 오스트리아-헝가리군을 지원하기 위해 동부전선으로 병력을 파견할 여유를 얻게 되었다. 설상가상으로 팔켄하인이 해임되고 훨씬 유능한 힌덴부르크-루덴도르프 콤비가 독일군 최고 지휘부를 차지하면서 연합군은 더욱 어려운 상황을 맞게 되었다. 그렇다고 하더라도 이전에 2년 동안 수없이 대패를 당했던 러시아군이 브루실로프 공세에서 거둔 성과는 정말 괄목할 만한 것이었다. 브루실로프는 병력 집중을 피하는 대신 광범위한 전선의 여러 곳에서 적을 찔러대면서 오판을 유도한다는 새로운 전술을 사용하여 대성공을 거두었지만, 다른 러시아 장군들이 그의 전술을 따라하기 이전에 차르 정부와 러시아군은 붕괴되고 말았다. 그리고 폴리바노프 대장의 노력 덕분에 보급 면에서 상당한 개선이 이루어지기는 했지만, 러시아군은 여전히 동맹군, 특히 독일군에 비해 기술적 측면에서 열등했다. 전술과 기술 격차로 인해 엄청나게 많은 러시아군 사상자가 발생했다. 그 가운데서도 가장 큰 피해를 입은 것은 러시아군 병사들의 사기였다. 1917년, 병사들의 사기가 완전히 붕괴되자 러시아는 더 이상 전쟁을 지속할 능력을 상실하고 말았다.

전쟁 기간 동안 러시아 황제 니콜라이 2세는 자신의 전제적 권력을 조금도 양보하려 들지 않았다. 여기에는 황후 알렉산드라와 요승 라스푸틴의 배후 조종이 큰 작용을 했지만 황제 자신도 자신의 권력이 신이 부여한 것이라고 굳게 믿고 있었다. 차르 정권은 이런 믿음과 두마의 과반수 의석의 지지에 기반하여 정부를 구성했다. 그러나 차르 정권에 대한 민중의 불만이 극에 달하자, 비록 정책 결정권 자체는 아니더라도 최소한 그러한 정책으로 발생하는 불만이 한곳에 집중되지 않도록 분산시킬 필요가 있었다. 1915년 여름 회기(6월 19일~9월 3일)에 소위 '진보 블록Progressive Bloc'이라는 새로운 집단이 등장하면서 그런 기회가 찾아왔다. 극좌와 극우 정파를 제외한 모든 정치세력이 이 진보 블록을 지지했고, 덕분에 진보 블록은 두마 의석의 3분의 2 이상을 차지하고 대의제에 기반한 정부의 수립을 요구할 수 있었다. 이러한 요구에 대해 러시아 황제 니콜라이 2세는 의회 해산으로 대응했고, 그가 두마를 다시 연 것은 개회를 요구하는 전국적인 시위가 벌어진 이후였다.

알렉산드라 황후는 자신과 라스푸틴을 불쾌하게 만드는 각료들을 계속 공격했다. 각료들과 떨어져 러시아군 총사령부에 머물던 황제가 황후로부터 점점 더 큰 영향을 받게 되면서 1915년 중반부터는 유능한 각료들이 무능한 인물들로 교체되기 시작했다. 먼저 고레미킨Goremykin 총리가 친독파로 이름난 슈튀르머Stürmer로 교체되었다. 다음 희생자는 전쟁장관이었던

Тов. Ленин ОЧИЩАЕТ
землю от нечисти.

■■■■■ 소비에트 포스터. "레닌 동지가 (왕과 사제, 자본가들을 몰아냄으로써) 세계의 쓰레기들을 청소하고 있다."
(Edimedia, Paris)

폴리바노프 대장이었다. 무능한 수호믈리노프 Sukhomlinov 대신 전쟁장관을 맡게 된 폴리바노프는 취임 후 몇 달도 되지 않아 러시아군의 보급 및 훈련 체계를 크게 개선시켰다. 그러나 니콜라이 대공과 마찬가지로 폴리바노프도 라스푸틴을 혐오했고 그에게 지지를 구걸하느니 두마의 지지를 받는 쪽을 택했다. 이러한 행동은 황후 알렉산드라의 눈 밖에 나기에 충분한 것이었다. 1916년 3월 25일, 러시아 황제 니콜라이 2세는 폴리바노프를 슈바예프 대장으로 교체했다. 그리고 이후 벌어진 몇 가지 사건들은 폴리바노프에 비해 슈바예프가 얼마나 무능한지를 잘 보여주었다.

외무장관이었던 사조노프 Sazonov 의 자유주의적인 태도도 알렉산드라 황후의 의심을 사기에 충분했다. 특히 황후는 사조노프가 전후 통일된 자치 폴란드의 수립을 지지한다는 사실에 우려하고 있었다. 사조노프는 차르를 국가수반으로 인정하는 정도로 러시아와 관계를 유지한다면 폴란드 지역에 자치권을 줘도 좋다는 생각을 품고 있었다. 이러한 조치가 현실화될 경우 다른 지역도 폴란드와 똑같은 지위를 요구하게 될 것이라고 생각한 황후는 사조노프의 이런 주장이 현재 남편이 쥐고 있으며 미래에는 그의 아들이 물려받게 될 전제 권력을 위협하는 것이라고 생각했다. 1916년 7월, 프랑스와 영국의 항의에도 불구하고 러시아 황제 니콜라이 2세는 사조노프를 해임했다. 슈튀르머 총리가 외무장관 역할까지 함께 맡게 되었지만, 영국과 프랑스는 슈튀르머를 믿을 수 없는 존재로 보았기 때문에 이 인사 조치는 러시아와 영불 간의 관계에 악영향을 미치게 되었다.

그러나 알렉산드라와 라스푸틴이 획책한 인사 가운데서도 가장 치명적이었던 것은 1916년 10월 알렉산드르 프로토포프 Alexander Protopopov 를 내무장관으로 임명한 것이었다. 황후 알렉산드라는 프로토포프에게 러시아 경찰의 통제권뿐만 아니라 식량 배급 관리권까지 주었다. 당시 러시아의 열악한 철도 사정을 고려했을 때, 극히 유능한 관료라고 하더라도 1916년에서 1917년 사이의 겨울 동안 각 도시에 적절한 양의 식량을 공급하는 데 엄청난 어려움을 겪을 것이 분명했다. 프로토포포프에게 이는 완전히 수행 불가능한 임무였고, 그가 내무장관으로 재임한 5개월 중 마지막 달은 전국적인 식량 폭동으로 점철되었다. 이 폭동은 곧 혁명으로 이어져 그로부터 채 1주일이 못되어 차르 정권의 붕괴를 가져오게 되었다. 갖은 악행과 비리를 저지르던 요승 라스푸틴은 1916년 12월 31일, 극렬 황제 지지파였던 귀족들에게 암살당했다. 암살자들은 라스푸틴이라는 종양을 제거함으로써 차르 정권을 구할 수 있기를 희망했지만, 이미 상황은 요승 하나를 해치우는 것으로는 되돌릴 수 없는 지경에 이르러 있었다.

차르 정권 붕괴 이후 들어선 과도정부는 전쟁을 지속하려고 노력했지만, 여러 가지 문제로 인해 이런 노력은 크게 제한될 수밖에 없었다. 결국 과도정부는 각 연합국이 개별적으로 평화조약을 체결하는 것을 금지한 런던 조약Treaty of London*을 간신히 위반하지 않는 수준까지 전쟁활동을 줄여야 했다. 과도정부가 그래도 전쟁에서 완전히 손을 떼지 않은 이유는 만약 동맹국이 전쟁에서 승리할 경우, 동맹국이 러시아에 전제 왕정을 복고復古시킬 것이라고 우려했기 때문이었다. 1917년 4월, 프랑스군 내에서 대규모 항명 사태가 발생하면서 연합군은 최악의 시기를 맞게 되었고 외부 관측통들은 미군이 대규모로 도착할 때까지 과연 서부전선이 버텨줄 수 있을지에 대해서 의구심을 보이기 시작했다.

연합국들은 만약 동부전선에서 싸우고 있는 40개 독일군 사단이 서부전선으로 이동해올 경우 어떤 일이 일어날지를 뼈아플 정도로 잘 알고 있었다. 그러나 연합국 정부들은 노동자들에게 정부를 전복시킬 것을 요구하는 레닌의 요구에 대해 본능적인 적대감을 가지고 있었으며, 그 밖에도 두 가지 오해를 하고 있었다. 하나는 볼셰비키들이 독일의 첩자들이라는

---

* **런던 조약** 1914년 영국, 프랑스, 러시아 사이에 체결된 조약. 제1차 세계대전의 사후 처리에 있어서 3개국은 상호 협의 없이 독일과 단독 강화를 맺지 않을 것을 약속했다.

것이었다. 사실, 이런 의심은 나름대로 근거가 없는 것도 아니었다. 그리고 독일조차 한동안은 공산주의자들이 독일을 위해 일한다고 생각했다. 독일은 러시아의 전쟁의지를 꺾을 속셈으로 레닌의 러시아 귀환을 알게 모르게 물심양면으로 도와주었고, 고국으로 돌아온 레닌은 이런 독일인의 기대를 저버리지 않았다. 그러나 독일인도 레닌이 러시아의 지배자로 부상하고 독일과 오스트리아의 노동자, 농부, 병사들에게 러시아의 선례를 따라 자신들의 지배자를 타도하라고 계속 선동하리라고는 예상하지 못했다.

연합국 정부들의 두 번째 오해는 사실적 근거가 전혀 없는 것으로 러시아 국민의 대다수가 전쟁을 지속하길 바란다는 것이었다. 이러한 믿음에 기반하여 연합 정부들은 전례 없이 많은 물량의 군수품과 무기를 러시아에게 공급해 주었다. 그러나 이 무기들을 수송해야 할 러시아의 철도망은 사실상 수송 능력을 상실한 상태였고, 이 무기들을 써야 할 러시아군도 흩어져 사라져버렸다. 아르항겔스크와 블라디보스토크에는 막대한 양의 군수품이 쌓여갔고, 막 내륙으로 향하는 철도가 완공된 알렉산드로프스크(무르만스크)도 사정은 마찬가지였다.

1918년 3월 3일, 마침내 독일과 러시아 간에 브레스트-리토프스크 조약Brest-Litovsk Treaty*이 체결되었다. 5월에는 영국군이 무르만스크에 상륙했다. 7월에는 영국군과 프랑스군, 미군이 아르항겔스크에 상륙했으며 블라디보스토크에는 7월과 8월에 걸쳐 일본군, 미군, 영국군, 프랑스군이 상륙했다. 8월에는 동맹국의 유전지대 점령을 막기 위해 영국군이 아제르바이잔의 바쿠Baku에서 투르크군과 전투를 벌였다. 같은 시기에 독일은 오스트리아와 함께 우크라이나를 장악하는 동시에 발틱 제국諸國과 핀란드로 진

---

* **브레스트-리토프스크 조약** 1918년에 브레스트-리토프스크, 곧 현재의 브레스트에서 혁명 후의 러시아와 독일 사이에 체결된 단독 강화 조약. 러시아는 폴란드, 에스토니아 따위의 주권을 포기하고 핀란드 등에서 철군하며 많은 배상금을 지불하기로 약속했지만, 1918년 독일이 제1차 세계대전에서 패배하자 이 조약을 파기했다.

■■■■■■ 1918년 우크라이나에서 촬영된 독일군 부대. (AKG Berlin)

출했다.

각국의 개입 동기는 다양했다. 독일과 오스트리아-헝가리는 우크라이나에서 생산되는 식량과 석탄, 철광석과 함께 카스피 해에서 생산되는 석유를 원했으며, 일본은 러시아의 극동지방 영토를 차지하고자 하는 제국주의적 야망에 불타고 있었다. 오스만 투르크는 1878년 러시아에게 합병당한 카르스, 아르다한, 바투미를 회복하는 동시에 그루지야Georgia와 아제르바이잔까지 차지하려는 야심을 품고 있었다. 동맹국과 연합국을 불문하고 모든 유럽 국가 정부들과 미국 행정부는 노동자의 단결과 혁명을 요구하는 볼셰비키들의 선동을 중대한 위협으로 보았다(각국 정부는 볼셰비키들의 주장을 볼셰비키들의 선동 대상이었던 대중들보다도 더 진지하게 받아들였던 것 같다). 유럽 각국 정부들은 신생 러시아 공산 정권을 힘을 합쳐 타도해야 할 대상으로 보았다. 그 밖에도 연합국들은 러시아의 항구에 쌓여 있는 막대한 양의 군수품들이 독일 손에 떨어지는 것을 막아야 한다는 동기도 갖고 있었다.

다른 지역에서 서로 싸우고 있는 동맹국과 연합국이 공산주의 타도라는 명분에 대해서는 서로 의견이 일치했다는 것은 흥미로운 사실이다. 볼셰비키들은 이러한 사실이 자본주의가 인민에 대한 전 세계 지배층의 음모라는 자신들의 견해를 정당화시켜주는 증거라고 보았다. 실제로도 브레스트-리토프스크 조약 체결 이후 몇 달 사이에 동맹국과 연합국을 불문하고 유럽 각국은 러시아에 대한 대규모 간섭과 개입을 시도했고, 이로 인해 구소련은 20세기 말 붕괴되기 직전까지 서구 자본주의 국가들에게 포위당했다는 강박관념을 갖게 되었다.

한 시민의 죽음
피죽과 풀뿌리로 연명하던 시절

전쟁이 터지기 전 독일은 전체 식량 소비량 가운데 3분의 1 정도를 수입에 의존하고 있었다. 또 지방과 단백질 측면에서 보았을 때도 전체 지방 소비량의 12퍼센트, 단백질 소비량의 28퍼센트를 수입에 의존하고 있었다. 따라서 전쟁이 진행되면서 연합군의 해상 봉쇄로 해외 수입선이 차단되자, 독일 국민들은 점점 더 밀가루, 버터, 요리용 지방과 육류를 구경하기가 어렵게 되었다. 1916년 중반이 되자 육류 소비량은 전쟁 전의 주당 2.5파운드 (1.13킬로그램)에서 1파운드(0.45킬로그램)로 줄어들었고, 밀가루는 5파운드 (2.27킬로그램)에서 2.5파운드(1.13킬로그램), 지방은 14온스(400그램)에서 4온스(114그램)로 각각 줄어들었다. 그리고 이러한 품목들은 양만 반으로 준 것이 아니라 질도 크게 떨어졌다. 전쟁 중 배급된 밀가루에는 쭉정이가 가득했고, 육류도 뼈와 연골 투성이였다. 식량 배급이 감소한 것은 부분적으로는 수입의 중단, 특히 러시아로부터 곡물 수입이 차단되었기 때문이기도 했지만, 주요 원인은 연합군의 해상 봉쇄 때문이었다. 독일 국민은 굶주리는 지경에까지 이르지는 않았지만, 영양 부족 사태는 국민의 불만을 야기할 정도로 크게 확산되었다.

1917년 4월 독일에서 일어난 연쇄적인 파업 사태는 페트로그라드 소비에트의 '병합이나 배상금 없는 평화' 요구에서 비롯된 부분도 있었지만, 그보다는 '순무의 겨울'(이런 이름이 붙은 이유는 1916년~1917년 사이의 겨울에 부족한 감자를 대신해 순무가 대량으로 배급되었기 때문이다)이 막 지나갔고, 빵 배급이 주당 4파운드(1.81킬로그램)에서 3파운드(1.36킬로그램)로 줄어들었다는 것이 더 큰 요인이었다. 독일 사회민주당을 비롯해 기타 정당 의원들은 독일 의회(라이히스탁^{Reichstag})에서 평화의 필요성을 역설했으나, 군부에게 장악된 독일 지도부는 승리자로서의 평화를 원했다. 그러나 미국이 참전하게 된 상황에서 연합국이 독일에게 승자로서의 평화를 누리게 해줄 리가 없었다. 이후 전쟁이 끝날 때까지 독일 국민은 계속해서 식량 부족으로 고통받아야 했으며, 루마니아를 점령한 후 1917년 12월에 러시아와 휴전협정을 체결하면서 획득한 식량과 1918년 2월 독일로부터 독립을 인정받은 대가로 우크라이나가 제공한 식량으로 간신히 한숨을 돌릴 수 있었을 뿐이다.

오스트리아-헝가리 국민도 독일 국민과 비슷하게 식량 부족으로 고통을 겪었다. 이 역시 대부분 연합군의 해상 봉쇄 때문이었다. 농촌의 장정들이 모두 군으로 끌려가고 철도 수송도 군대의 수송에 우선권을 주면서 그렇지 않아도 심각한 식량 생산 및 수송 문제는 더욱 악화될 수밖에 없었다. 1917년 초, 비슷한 시기의 독일에서와 마찬가지로 오스트리아-헝가리에서도 대규모 파업이 발생했다. 이 역시 러시아 혁명의 영향이라기보다는 식량 부족이 더 큰 원인이었다.

다른 참전국들과 마찬가지로 각 러시아 가정들이 전쟁으로부터 받은 영향은 거주 지역과 해당 가정의 가장이 가진 직업에 따라 달랐다. 그러나 원래 크게 낮았던 일반 러시아 국민의 생활수준이 전쟁이 진행되면서 더욱 저하되었다는 사실에는 이론의 여지가 없다. 러시아의 농업은 거의 전적으로 인력에 의존하고 있었다. 그런데 농사를 지어야 할 건강한 남자들이 모두 군에 징집되어버리면서, 일반 농가들은 큰 어려움을 겪게 되었다. 평화시에 남자 농부들은 겨울 동안에 종종 100마일이나 떨어진 마을에까지 찾아가 일자리를 구하기도 했다. 이렇게 번 돈은 비록 보잘것없었지만 징집병 가족들에게 주어지는 수당보다는 많았다. 게다가 1915년 중반부터는 포로가 된 병사들의 가족에게는 이러한 수당마저도 주어지지 않았다.

러시아 농부들의 생활에 대한 아주 자세한 기록은 농촌으로부터 '탈출'한 비교적 소수의 사람들이 남긴 것들이었다. 다음은 그 가운데 매우 전형적인 사례를 보여준다.

이 가정에는 10명의 아이들이 있었다. 러시아에서는 많은 자녀를 갖는 것이 일반적이었다. 사회제도가 제대로 갖추어져 있지 않았기 때문에, 부모들은 아이들의 노동력을 필요로 했으며 노후 보장을 위해서라도 아이들을 많이 낳았다. 그리고 아이들이 유아기에 사망할 가능성이 큰 것을 감안하면 일단 아이를 많이 낳을 필요가 있었다. 장남과 장녀만이 새 옷을 사입을 수 있었으며, 동생들은 점점 누더기가 되어가는 옷을 물려 입어야만 했다. 이 가정에는 암소가 한 마리 있었고, 주로 어머니가 암소를 돌봤다. 그러나 암소의 우유는 가족들이 먹기보다는 대부분 시장에 내다 팔아야 했다. 해마다 태어나는 송아지도 마찬가지였다. 매년 거두어들이는 곡물과 감자만으로는 1년을 버틸 수가 없었기 때문에 따로 빵을 사야만 했고 그 빵을 사기 위해서 이렇게 돈을 마련했던 것이다. 또 이 가정에는 말도 한 마리 있었다. 이 말은 싼 값에 살 수 있는 늙어빠진 말이었다. 이 말이 죽었을 때 식구들은 조심스럽게 말의 가죽을 벗겼다. 이렇게 벗겨낸 가죽을 팔면 새로운 말을 살 수 있는 돈을 구할 수 있었기 때문이었다. 근처 숲과 늪지대에서는 버섯과 산딸기를 딸 수 있었는데, 그중에서 가장 좋은 것들은 시장에 내다 팔고 가장 질이 떨어지는 것들은 식구들이 먹었다. 소와 말을 위한 건초와 사료, 그리고 불을 피우기 위한 장작 역시 숲에서 구할 수 있었다. 남자아이들은 12살 이상이 되면 근처의 마을로 가서 양가죽을 손질하는 일을 했다. 임금은 보잘것없었지만 이들에게는 양가죽에서 떨어진 양털을 집으로 가져가는 것이 허용되었고, 집에 남아 있던 어머니와 누나, 여동생들은 이 양털로 벙어리장갑을 짜서 시장에 내다 팔았다.

전쟁은 이미 찢어지게 가난한 이 농가의 생활에 엄청난 영향을 미쳤다. 장남과 차남, 삼남은 군대로 끌려갔고, 그중 2명은 전사하고 말았다. 이들이 마을에서 일을 하면서 벌어다주었던 돈과 추수기에 제공했던 노동력은 징집과 함께 모두 사라져버렸고, 그 대신 아직 살아서 복무하고 있는 아들 1명에 대해 얼마 안 되는 수당만이 지급될 뿐이었다. 1918년, 살아남은 아들이 집으로 돌아왔을 때 아버지는 병들어 누워 있었고, 집과 기타 부속 건물들은 거의 폐허가 되어 있었다. 게다가 농사를 시작할 때가 되었지만, 파종할 곡물 종자나 씨감자조차 없었다. 이 농가가 겨우 살아남을 수 있었던 것은 살아남은 아들이 속해 있던 연대가 해산되면서 연대원들이 연대 보급 창고에 있던 물자를 나눠 가졌고, 그 과정에서 아들이 자신의 몫으로 받은 물건들을 팔아 종자를 살 수 있었기 때문이었다.

대부분의 농부들은 1917년 2월~3월에 혁명이 일어나자 마침내 지주들을 몰아내고 땅을 분배할 시기가 왔다고 생각했다. 농부가 압도적인 수를 차지하고 있던 러시아군 병사들이 재분배되는 토지를 받기 위해 집으로 향하면서 1917년 여름과 가을 동안 러시아군에서는 엄청난 수의 탈영병이 발생했다. 어느 지역의 총독 부인은 그 결과에 대해 다음과 같이 기록했다.

저택의 정원은 농부들과 광부들의 손에 크게 훼손되었다. 이들은 이것이

마치 자기들 것인 양 굴었다. 우리는 저택 근처를 벗어날 수 없었으며, 외출을 할 경우 모욕을 당할 위험을 무릅써야 했다. 우리는 떠날 때 정들었던 옛집을 마지막으로 보면서 슬픔에 잠겼다. 그리고 실제로 그것이 저택의 마지막이었다. 몇 달 후 저택은 완전히 파괴되었다.

작은 농촌 마을이 아닌 비교적 큰 마을에 거주하고 있던 이들에게도 전쟁의 영향은 똑같이 엄청난 것이었다. 젊은 장정들은 모두 징집되어버리고 여자와 어린이, 노인과 병약자만이 남아 농사를 지어야 했기 때문에 식량의 생산과 공급은 크게 줄어들었다. 1915년의 수확량은 너무나 저조했고 곡창지대인 볼가Volga 지역조차 방앗간이 상당 기간 노는 상황이 발생했다. 하지만 그나마 볼가 지역은 사정이 나은 것이었다. 다른 지역에서는 도정할 곡물이 없어서 방앗간들이 몇 달씩 완전히 멈추는 일이 비일비재했다. 역시 곡창지대였던 우크라이나와 북코카서스 지방에서도 도시와 마을에서는 밀가루와 빵 부족 사태가 발생했으며, 육류와 설탕 역시 귀중품이 되었다. 어떤 대도시도 이 네 가지 품목이 모두 풍부한 경우는 없었고, 대부분의 대도시는 이 네 가지가 모두 부족했다. 일부 도시 거주자들은 여유시간을 이용해 '다차dacha(교외의 별장)' 근처의 텃밭에서 채소를 재배하기도 했지만, 이들이 별장에 도착해보면 기껏 길러놓은 수확물들이 도둑맞아 사라지고 없는 경우가 많았다.

모든 참전국에서 식료품 가격이 상승했지만, 그중에서도 가격이 가장 많이 올랐던 나라는 바로 러시아였다. 1913년~1914년 당시의 가격을 기준으로 1916년 초 영국의 식료품 가격은 50~70퍼센트 정도 상승했으며, 프랑스의 식료품 가격은 20~50퍼센트 정도 상승했다. 그러나 러시아에서는 가격 상승률이 평균 114퍼센트에 달했으며, 몇몇 도시에서는 이보다 더 높은 경우마저 있었다. 예를 들어, 1916년 6월 모스크바의 버터 가격은 1914년 7월에 비해 220퍼센트나 올랐고, 양고기와 호밀빵의 가격도 각각

381퍼센트와 150퍼센트나 올랐다. 연료와 의복의 가격도 비슷하게 상승했지만, 1914년 당시 매우 낮은 수준이었던 임금은 두 배도 채 오르지 않았다. 각 도시의 행정당국은 가격 상승을 제한하려고 했지만, 이는 오히려 더 많은 상품이 암시장으로 몰리도록 만들었고 대량 구매를 통해 공급을 개선하려는 정책도 자금의 부족으로 인해 제대로 시행되지 못했다.

여러 도시들의 시 위원회를 대표하는 도시조합Union of Towns이 몇 차례 특별공급위원회와 접촉하여 유통 개선을 통해 물자 부족 문제를 해결하라는 요구를 하기도 했다. 그러나 특별공급위원회는 '군대와 민간인들에 대한 공급 문제와 관련된 정책과 기관들의 협력을 조정할' 책임을 지고 있었음에도 불구하고 그러한 목표 달성에 그다지 적극적인 모습을 보이지 않았다. 그런 통제를 하기 위해 필요한 정보가 없었기 때문이었다. 1916년 2월이 되어서야 특별공급위원회는 가격 통제와 철도 이용 규제, 필요시 배급제의 실시 및 효과적인 가격 통제와 공급 조절용 정보 획득을 위한 농촌 지역 인구조사 실시 등의 방안을 한데 묶은 유통 개선 계획 초안을 내놓았다.

그러나 이 같은 시도는 때늦은 것이었을 뿐만 아니라 부적절한 것이었다. 특히 지방 행정기관들은 공급 대책을 시행할 능력이 전혀 없었다. 군대와 민간에 대한 공급을 통제하는 위원들이 따로 존재했고, 이들은 모두 독립적으로 행동하는 것도 모자라 한정된 자원을 놓고 서로 다투는 모습까지 연출했다. 일부 위원들은 임의적으로, 혹은 관계 당사자들의 압력에 의해 가격을 고정하기도 했고, 또 다른 위원들은 적절한 이윤 마진을 제시하기도 했지만 일부 상인들은 이를 악용하여 가격을 올리기 위해 비용을 부풀렸다. 다른 위원들은 모든 물가 인상을 금지하고 위반자에 대한 엄격한 처벌을 도입했다. 그러나 부족한 물품들의 가격이 오르는 것을 인위적으로 막을 수는 없는 일이었고, 위원들에 의해 공급이 부족한 상품의 가격을 올릴 수가 없게 되자 상인들은 가지고 있는 물자를 암시장으로 돌려버렸다.

화물수송체계를 조율·체계화하는 것도 불가능한 일이었다. 이미 철도 수송체계는 오래 전에 한계를 넘어선 상태였고, 수송의 우선순위가 군수품에 주어졌기 때문이었다. 모스크바 지역위원회가 관할하는 6개 행정구역의 예를 보면 1916년 6월의 수송량은 계획치의 34.9퍼센트에 불과했다. 1916년의 작황은 매우 좋았지만, 식량 공급 상황은 거의 개선되지 않았다. 지주들이 겨울에 식량 가격이 오르도록 하기 위해 수확물을 매점매석했기 때문이었다. 결국, 풍년이 들었다는 것을 다 아는 상황에서도 도시에서는 식량 부족 현상이 계속되자, 도시와 농촌 간의 관계가 악화되었다. 도시 사람들은 지주와 농부들이 이익에 눈이 멀었다고 비난했다. 이것이 틀린 말은 아니었지만, 공산품 가격은 통제하지 않으면서 식료품 가격만 통제하는 것은 차별이라는 농촌 대표들의 주장도 틀린 것은 아니었다.

치열한 상호 비방 속에 식량 공급 사정은 계속 악화되었다. 부유층은 암시장에서 사들이거나 자신들의 장원에서 거둬들인 식량으로 풍족한 생활을 했지만, 일반 시민들에게 1916년 많은 '13시간을 기다려서 겨우 흑빵 한 덩어리를 얻고 피죽과 풀뿌리로 연명해야 하는' 비참한 시기였다. 이러한 상황은 이미 오래 전에 한계에 다다른 철도 시스템이 1917년 2월의 혹한으로 마침내 가동이 중지될 때까지 계속되었다. 식량 공급이 중단되자 3월에는 식량 폭동이 일어났고, 폭동은 빠르게 '넴카 Nemka(독일 여자, 즉 알렉산드라 황후를 의미)'를 쫓아내고 황제는 퇴위하라는 시위로 발전했다.

당시 페트로그라드는 이미 아름다운 수도의 모습을 잃고 있었다. 거리마다 쌓인 눈을 치우는 손길도 없었다. 석탄 부족으로 난방 시스템을 제대로 가동할 수 없게 되자, 시민들은 임시변통으로 나무를 태우는 난로를 만들어 추위를 견디고 있었으며, 이 급조 난로의 연통이 건물의 창문마다 비죽비죽 튀어나와 있었다. 시가市街 전차의 운행도 중지되었고, 불을 밝히는 가로등도 거의 없었다. 빵집에는 새벽이 되기도 전에 빵을 얻기 위한 줄이 길게 늘어섰다.

과도정부가 들어선 후에도 도시의 생활환경은 더욱 악화되었다. 1917년 7월까지 빵 가격은 세 배로 뛰어올랐다. 감자와 신발, 의복 가격이 세 배 이상 치솟은 반면, 임금 상승률은 약 33퍼센트 정도에 불과했다. 연료와 원자재 부족, 주문 취소 등으로 인해 7월까지 페트로그라드에서만 568개의 회사가 문을 닫았고, 10만 명 이상이 일자리를 잃었다. 사태가 이 지경이 되자, 노동자들은 공장 위원회들을 조직하고 공장주와 관리인, 회계 담당자들을 감시하고 나섰다. 8월 무렵이 되자, 볼셰비키들이 이러한 위원회들의 대부분을 장악하게 되었다. 볼셰비키들이 권력을 장악하고 독일과 평화협정을 체결하자 상황이 조금 나아지기는 했지만, 곧바로 러시아 내전이 이어졌다. 이후 최소 2년간 러시아 도시의 시민들은 평범한 일상생활은 생각조차 할 수 없었다.

공산당의 집권

볼세비키들이 정권을 잡은 후 러시아 제국은 분열되기 시작했다. 1918년 1월 22일 우크라이나 의회가 독립을 선언한 후, 2월 9일 독일은 우크라이나와 평화조약을 맺으면서 100만 톤의 곡물을 독일과 오스트리아-헝가리 제국에게 제공한다는 조약도 함께 체결했다. 소비에트 정부군이 키에프^{Kiev}에서 우크라이나 의회를 몰아내자, 독일은 우크라이나를 침공했다. 연합군 해상 봉쇄의 영향을 상쇄하기 위해 우크라이나의 곡물과 철광석, 그리고 석탄을 필요로 했기 때문이었다. 우크라이나를 침공한 독일은 우크라이나인의 협력을 구하는 대신 우크라이나의 광산과 철도를 운영하기 위해 독일 기업들을 불러들였으며, 스코로파드스키^{Skoropadsky}라는 이름의 꼭두각시 정권을 세웠다. 독일 국내의 절박한 식량 문제를 해결하기 위해 독일군이 무자비한 수탈을 자행하자 우크라이나의 농부들은 곧 독일에게 등을 돌리게 되었으며, 무례한 독일 기업인들이 무자비한 폭리와 이윤을 추구하자 이 역시 우크라이나의 산업 노동자들과 광부들 사이에 반독 감정을 불러일으켰다. 오래지 않아 우크라이나 전역에서 독일에 대항하는 사보타주 행위가 성행하게 되었고, 볼셰비키들의 선전 작업도 활기를 띠었다. 1918년 7월, 우크라이나 주둔 독일군 사령관인 폰 아이히혼 원수가 우크라이나 민족주의자들의 손에 암살되었다. 그 해 11월 체결된 종전 협정에 따라 독일군이 철수하자, 꼭두각시 우크라이나 정권은 빠르게 붕괴되었다.

핀란드는 볼셰비키가 정권을 잡은 직후 독립을 선언했다. 핀란드의 독립은 레닌의 승인을 받은 것이기는 했지만, 1918년에 핀란드에서도 내전이 벌어졌다. 남쪽에서는 공산주의 '적군'이 헬싱키를 점령했고, 북쪽에서는 예전에 러시아 장군이었던 칼 구스타프 만네르하임Carl Gustaf Mannerheim* 의 지휘하에 소규모 군대가 모여 '백군白軍'** 정부를 세웠다. 만네르하임이 독일에게 도움을 요청하자 4월에 독일은 1개 사단을 파견했다. 독일군 사단의 도움으로 만네르하임은 그 해가 채 다 가기 전에 적군을 물리칠 수 있었지만, 독일이 전쟁에 패배하면서 독일의 왕자를 핀란드의 왕으로 세운다는 계획은 무산되고 말았다. 대신 섭정을 맡게 된 만네르하임은 1919년 핀란드공화국 수립을 선포했다. 1920년, 소련은 타르투 조약Treaty of Tartu을 통해 핀란드공화국 수립을 인정했다.

독일 황제는 전에는 러시아에 속해 있던 발트 해 연안 지역(에스토니아, 쿠를란트Courland, 리보니아Livonia, 리투아니아)을 프로이센과 병합하기를 원했다. 독일 의회 라이히스탁도 이 지역을 독일 제국과 합치기를 원했다. 그

---

* 칼 구스타프 만네르헤임 1867~1951. 핀란드의 정치가, 원수. 제1차 세계대전과 러일전쟁에 참전했으며, 핀란드 임시 정부의 집정執政이 되었다. 제1차 소련-핀란드 전쟁에서 최고사령관이 되었으며, 1944년~1946년에 대통령이 되었다.
** 백군 1917년 러시아 혁명 때. 공산당의 적군赤軍에 대항하여 정권을 다시 찾으려고 왕당파가 조직한 반혁명군.

러나 외무성의 일부 외교관들은 이들을 비공산주의 국가들로 독립시켜야 한다고 주장했다. 어차피 발트 해 연안의 독일계 귀족들이 지배하는 이들 국가들은 자연스럽게 러시아보다는 친독일 성향으로 기울 수밖에 없다는 것이 외교관들의 주장의 근거였다. 그러나 당시 지역 주민들 사이에는 볼 세비키에 동조하는 분위기가 널리 형성되어 있었고, 점령 기간 동안 독일이 보여준 만행은 지역 주민들의 민심을 떠나가게 만들었다.

발트 해 연안의 독일계 귀족들은 껍데기뿐인 의회를 세우고 독일의 영향력 있는 귀족 친척들, 특히 군 상층부의 친척들에게 로비를 하는 한편, 독일 황제에게 이 지역에 개입해달라고 간청했다. 1918년 2월, 독일은 '평화유지군' 명목으로 발트 해 연안 지역에 진입했으며, 가장 세력이 강한 귀족들과 밀약을 맺고 껍데기 국회가 독립을 선언하면 곧바로 독일과 통합 여부를 묻는 투표를 실시하기로 했다. 그러나 이러한 음모는 독일의 패배로 좌절되고 말았다. 독일의 항복 후 이 지역은 에스토니아, 라트비아와 리투아니아 3개국으로 독립해 나갔다.

브레스트-리토프스크 조약의 조건들은 매우 가혹한 것이었지만, 독일의 점령지 정책은 더욱 가혹했다. 그럼에도 불구하고 레닌이 브레스트-리토프스크 조약에 동의한 것은 이미 대부분의 병사들이 싸울 의욕을 잃은 러시아로서는 별다른 선택의 여지가 없었기 때문이었다. 그리고 병사들의

▪▪▪▪▪▪ 순양전함 괴벤의 모습. 괴벤은 경순양함 브레슬라우와 함께 투르크 해군에 소속되어 1914년 10월 29일, 러시아의 흑해 연안 항구들을 공격했다. (Ann Ronan Picture Library)

■■■■■■ 독일군에게 검거된 볼셰비키 용의자들. (Edimedia, Paris)

전의를 무너뜨린 것은 다름 아닌 레닌 자신과 레닌이 이끄는 공산당이었다. 하지만 레닌은 어차피 다른 참전국들에서도 러시아의 뒤를 이어 혁명이 일어날 것이며 이 조약도 무효가 될 것이라고 생각했기 때문에, 거의 항복이나 다름없는 굴욕적인 조약에 서명을 했다. 결과적으로 조약이 무효가 될 것이라는 레닌의 예측은 옳았던 것으로 증명되었지만, 그 원인까지 옳게 예측했던 것은 아니었다.

1918년, 동유럽에서 보여준 독일의 강압적인 점령지 정책은 전쟁의 승리에는 전혀 도움이 되지 않았으며, 오히려 독일의 패배를 더욱 촉진하는 원동력이 되었다. 당시 독일과 오스트리아-헝가리 제국은 추가적인 합병 작업을 진행하기 위해 100개 이상의 사단을 동부전선에 배치해놓고 있었다. 어차피 러시아 제국이 산산조각 나고 있는 상황에서 더 이상의 합병에 욕심을 내지 않고 이 병력들을 서부전선으로 돌리기만 했더라도 미군이 유럽에 도착하기 전에 승리를 거둘 수 있었던 마지막 기회인 1918년 춘계 공세를 실제 실시한 것보다 두 배 더 많은 병력으로 실시할 수 있었을 것이다.

역설적이게도 이렇게 군사적으로 비생산적인 상황이 조성된 가장 큰 원인은 독일의 정책 결정에 있어 군부의 입김이 너무 강했기 때문이었다. 원래 힌덴부르크와 루덴도르프는 러시아와의 평화협상을 신속하게 끝내고 가능한 한 빨리 동부전선의 병력을 서부전선으로 이동시키기를 원했다. 그러나 이들은 러시아 협상단에게 압박을 가하기 위해 동부전선의 병력을 계속 유지시켰다. 이들은 동부전선에서 완벽한 승리자로서 평화를 얻으려는 욕심을 끝까지 버리지 못했다. 이들은 러시아와의 평화협상에서 마치 전쟁 전체에서 승리를 거둔 것처럼 굴었지만, 사실상 전쟁의 절반에서만 승리를 거두었을 뿐이고 그나마도 그 절반의 승리는 다른 절반보다 중요성이 떨어졌다. 독일은 만약 독일의 요구조건이 받아들여지지 않을 경우, 동부전선에서 진격을 재개할 것이며 브레스트-리토프스크에서 체결되지 못한 평화조약을 페트로그라드에서 체결하게 될 것이라며 어떻게든 시간을 끌어보려는 볼셰비키들을 위협했다.

독일 정부는 군부보다는 그래노 욕심이 널한 편이었다. 외부장관이었던 폰 퀼만von Kühlmann은 전체 전쟁에서 완전한 승리를 거둘 수 있다는 장군들의 말을 믿지 않았다. 만약 서부전선에서 승리를 거둘 수 있다고 하더라도 독일은 세계에서 최강이자 최대 규모의 영국과 미국 해군을 동시에 상대할 만한 해군력이 없었을 뿐만 아니라, 미국이나 북아메리카의 영국령 영토들은 고사하고 영국 본토에 상륙할 능력도 없었

■■■■■ 핀란드의 '구국의 영웅'으로 불리는 칼 구스타프 만네르하임 원수의 모습. (AKG Berlin)

다. 지상전에서 승리를 거둠으로써 프랑스와 러시아에게 평화를 강요할 수는 있었지만, '앵글로–색슨족Anglo-Saxons(영국과 미국)'과의 평화는 독일이 무슨 짓을 하더라도 협상을 통하지 않고는 얻을 수 없는 것이었다. 폰 퀼만도 독일군 장군들만큼이나 동부 유럽에서 영토를 차지하고 싶어했지만, 이것은 어디까지나 평화협상의 협상 미끼로서 동부 유럽에서 차지한 영토를 양보함으로써 서부전선에서 차지한 영토를 유지하기 위해서였다. 퀼만은 또한 러시아와의 협상에 있어서 향후 다른 상대들과의 협상에서 독일에게 불리하지 않는 조건으로 정전협정을 체결하려고 했다.

따라서 새로 수립된 소비에트 정부가 '합병이나 보상금이 없고 자결自決의 원칙에 기반한' 평화협상을 위해 모든 참전국 대표들을 초청했을 때, 퀼만과 오스트리아의 외무장관이었던 폰 체르닌von Czernin은 소비에트 정부의 제안에 동의했다. 그러나 연합국들이 러시아의 제안을 거부하자 러시아는 독일과 단독으로 협상해야만 했고, 독일 군부는 신속한 협상 체결뿐만 아니라 패자로부터 가능한 한 많은 전리품을 뽑아내는 승자의 평화를 요구했다.

트로츠키Trotsky가 이끄는 소비에트 대표들은 다른 참전국들의 프롤레타리아와 농부들이 러시아 볼셰비키 혁명의 사례를 배우고 가능하면 따라해주기를 바라는 마음에서 협상을 가능한 한 오래 끌려고 노력했다. 트로츠키는 협상을 6주나 질질 끄는 데 성공했지만, 1918년 2월 9일 동맹국들이 우크라이나의 독립을 인정하고 사실상 우크라이나를 보호국으로 만드는 평화협정과 100만 톤에 이르는 식량을 독일과 오스트리아–헝가리 제국으로 보낸다는 조약을 체결하자, 트로츠키도 더 이상 버틸 수가 없게 되었다. 다음 날 트로츠키는 전쟁의 종결과 동맹국의 협상 조건 거부를 천명하는 동시에 '무전쟁 무평화neither war nor peace' 선언을 하고 페트로그라드로 떠나버렸다. 당시 트로츠키는 동맹국들이 러시아만큼이나 평화를 원하고 있으며, 러시아가 세계 나갈 경우 곧 무리한 주장을 철회할 것으로 생각했다.

■■■■■ 1918년 핀란드에서 활동 중인 독일의 장갑열차. (Ann Ronan Picture Library)

트로츠키의 행동은 언뜻 보기에는 참으로 시원했지만, 덕분에 이제 상황의 주도권은 외교관들이 아니라 군인들의 손에 넘어가게 되었다. 퀼만과 체르닌의 반대에도 불구하고 힌덴부르크와 루덴도르프는 내켜하지 않는 독일 황제를 닦달해서 동부전선에서 전투를 재개했다. 그나마 남아 있던 빈약한 러시아군 잔존 병력들마저도 독일군의 공격에 도망가버렸다. 독일군은 단 며칠 만에 거의 아무런 저항도 받지 않고 수도 페트로그라드로부터 80마일도 되지 않는 지점까지 진출했다. 상황이 이렇게 되자 결국 볼셰비키들도 굴복할 수밖에 없었다. 독일은 볼셰비키들이 평화협상 조건을 제시할 것을 요구하자, 협상 조건을 제시하면서 3일 내에 요구 조건을 받아들이고 협정에 서명한 후 2주 내에 비준하지 않으면 전투를 재개하겠다는 최후통첩을 보냈다. 이러한 독일의 과격한 요구를 수용할지를 둘러싸고 볼셰비키 지도부는 분열되었으며, 레닌은 자신의 노선을 밀어붙이는데 상당한 어려움을 겪었다. 그러나 사실, 협상을 찬성하건 반대하건 간에 볼셰비키들에게 독일의 요구를 따르는 것 외에는 선택의 여지가 없었다.

평화협정 체결 전후의 전선

노르웨이

스웨덴

핀란드

에스토니아

발트 해

라트비아

리투아니아

독일

베를린

폴란드

브레스트-
리토프스크

페트로그라드

러시아

모스크바

오스트리아-헝가리

부다페스트

우크라이나

루마니아

부쿠레슈티

크림공화국

흑해

세르비아

몬테네그로

불가리아

알바니아

그리스

투르크

아테네

N

0   500 km

러시아
연합국
동맹국
중립국

- - - - - 1917년 12월 15일 휴전 당시의 전선
━━━━━ 브레스트-리토프스크 조약에 의해 설정된 전선
▬ ▬ ▬ 동맹군의 진출 한계선
☐ 평화조약에 의해 독립국가로 승인된 나라들

A WALK-OVER?

The Kaiser. "THIS IS THE DOORMAT OF OUR NEW PREMISES."
Emperor Karl. "ARE YOU QUITE SURE IT'S DEAD?"

■■■■■■ 《펀치(Punch)》 지에 실린 만평 '현관 깔개,' 독일 황제: "이것은 새로운 영토로 가는 현관의 깔개요." 오스트리아 황제: "이 곰이 죽은 곰인 것이 확실하오?" (Ann Ronan Picture Library)

■■■■■ 1918년 3월, 브레스트-리토프스크에서 러시아-독일 평화조약이 체결되는 모습. (Ann Ronan Picture Library)

1918년 3월 3일, 브레스트-리토프스크 조약이 체결되었다.

독일이 러시아에게 강요한 평화조약은 매우 가혹한 내용을 담고 있었다. 러시아는 핀란드, 우크라이나, 그루지야의 독립을 인정하고 4개 발트해 연안 지역과 인근 도서들에 대한 영유권을 독일에게 양도하며 러시아령 폴란드 지방을 독일과 오스트리아에게 넘기고 카르스, 아르다한, 바투미 지역은 오스만 투르크에게 반환하는 동시에 600만 마르크를 전쟁 배상금으로 지불해야 했다. 마르크스는 사회주의 혁명이 제일 먼저 발생할 가능성이 높은 나라는 고도로 산업화된 국가들이라고 예견했다. 레닌은 마르크스의 예언대로 전 유럽에서 혁명의 물결이 일어나 러시아-독일 간의 평화협정을 무효로 만들어버릴 것이라고 믿고 협정에 서명했다. 사실, 8월에 체결된 추가적인 조약은 그 해가 가기 전에 무효가 되었지만, 이것은

종결 _ 공산당의 집권 | **507**

■■■■■ 1916년 동부전선에서 촬영한 독일군 창기병의 모습. 가스마스크를 착용하고 있으며 손에는 표준 지급품인 M1893 기병창을 들고 있다. 기병대는 서부전선에서는 이제 시대에 뒤처진 존재가 되었지만, 전선이 유동적이었던 동부전선과 루마니아 전선에서는 여전히 유용했다.

혁명 때문이 아니라 독일이 자본주의 연합국들에게 패배했기 때문이었다. 종전협정이 체결된 지 이틀 후인 11월 13일, 러시아와 독일이 체결한 평화협정의 효력은 소멸되었다.

그러나 종전협정조차 러시아에 평화를 가져다주지는 못했다. 처음에는 러시아로 수송된 막대한 군수 물자와 카스피 해의 유전지대가 독일군의 손에 넘어가는 것을 막기 위해 러시아로 진입했던 연합군은 전쟁이 끝나고 독일의 위협이 사라졌음에도 불구하고 러시아에서 물러나지 않았다. 갓 수립된 사상 최초의 공산국가를 떡잎이었을 때 잘라버리겠다는 생각을 품은 연합국들은 제1차 세계대전 종전 직후 곧바로 이어진 러시아 적백 내전에서 백군 편에 서서 점점 더 개입의 폭을 확대해갔다. 1917년 동안 구러시아군을 자신들의 손으로 무너뜨리고 1918년에는 아예 해산시켜버린

508 | 3부_ 동부전선 1914~1918

볼세비키들은 적백 내전에서 승리하기 위해 구러시아군의 잔재를 활용하여 새로운 '노동자와 농민의 붉은 군대赤軍'를 조직하지 않으면 안 되는 상황에 몰리게 되었다.

제1차
세계대전

모든 전쟁을 끝내기 위한 전쟁

4부
지중해전선 1914~1923

지중해 전선 1914~1923

전쟁 기간에 보여준 영국 여성들의 적극적이고도 열렬한 사회참여에 대해 팬크허스트는 "여성을 지배해온 남성들에 대한 신의 복수"라고 묘사했다. 결국 전쟁 기간 중 여성들이 기여한 공로를 인정한 영국 정부는 1918년 30세 이상의 여성들에게 투표권을 부여했고, 이는 이후 21세 이상의 모든 여성들에게로 확대되었다.

오스만 투르크 제국의 쇠퇴

지중해 지역에서 벌어진 전쟁의 배경이 되는 복잡다단한 요소들을 이해하기 위해서는 먼저 전쟁에 참가한 국가들의 역사를 살펴보는 것이 필수적이다. 이 지역에서 벌어진 많은 분쟁들을 살펴보면 그 기원이 중세나 그 이전까지 거슬러 올라가는 경우가 많다. 오스만 투르크 제국은 1453년 동로마제국이 멸망하고 이슬람교가 전성기를 맞으면서 세계사의 전면에 등장했다. 대대로 서쪽으로 진격을 계속한 술탄들은 1529년에는 마침내 빈의 성벽 아래까지 도달했다. 그 과정에서 발칸과 아라비아, 북아프리카 전역과 이베리아 반도의 대부분이 오스만 투르크 제국의 지배를 받게 되었다. 그러나 빈에서 투르크군은 최초로 대패를 당하게 되었다. 술레이만Suleiman 대제가 이끄는 12만 명의 투르크군은 빈을 지키던 수비대 1만 6,000명을 끝내 격파하지 못했다. 빈 점령에 실패하면서 오스만 투르크 제

국의 군사력은 서서히 쇠퇴의 길로 접어들었다. 1683년, 오스만 투르크 제국은 다시 한 번 빈을 공격했지만, 7만 명의 기독교군에게 엄청난 손실을 입고 또다시 격퇴되었다. 1571년 레판토Lepanto에서 베네치아와 에스파냐 연합함대를 상대로 벌어진 노 추진식 전함 간의 마지막 대규모 해전에서 투르크 해군이 말 그대로 산산조각이 나버린 이후, 오스만 투르크 제국이 동지중해에서 행사하던 영향력은 크게 약화되었다.

　이제 오스만 투르크 제국의 쇠퇴는 돌이킬 수 없는 기세를 타게 되었다. 오스만 투르크 제국은 수많은 기독교 국가들을 점령했지만, 이들 지역에서의 분쟁과 혼란은 끊이지 않았다. 설상가상으로 서구 열강들은 자신들의 이해관계와 부합될 경우 이 지역 주민들의 독립운동을 기꺼이 후원해주었다. 1817년, 동방정교를 믿는 세르비아의 슬라브계 주민들은 오스만 투르크 제국으로부터 자치권을 얻었고, 12년 후에는 러시아의 압력과 이상주의자들(특히 바이런 경^{Lord Byron})의 참전에 힘입어 독립전쟁에서 승리를 거둔 그리스가 오스만 투르크 제국의 지배에서 벗어났다. 영국은 발칸 지역에서 러시아의 영향력이 점점 커지는 것을 걱정했다. 발칸 지역에서는 슬라브계 주민들 사이에 범^汎슬라브주의와 슬라브 민족 간의 유대의식이 점점 강해지면서 오스만 투르크 제국뿐만 아니라 오스트리아의 지배에서도 벗어나려는 봉기가 여기저기서 일어났다. 그리고 그 뒤에서는 러시아가 이와 같은 슬라브계 주민들의 독립운동을 후원하고 있었다. 영국은 19세기 내내 러시아를 영국이 갖고 있는 인도에 대한 이권을 위협하는 존재로 여겼다. 오스트리아로서도 턱밑에서 범슬라브주의가 부상하고 있다는 것은 걱정스러운 일이었다. 오스트리아가 비^非독일계 주민들 사이에서 점점 강해지고 있는 독립운동으로 골머리를 앓고 있는 시기에는 특히나 더 그러했다. 프랑스는 레반트^{Levant}(동부 지중해 일대의 지역)의 기독교도들 편에 서서 이들이 투르크의 지배로부터 벗어나려는 투쟁을 지원했고, 사하라 사막 이남 지역과 북아프리카를 식민지로 만들려고 획책했다. 1806년, 프랑스의 고문들은 무함마드 알리^{Muhammad Ali}*가 이집트의 지배자 자리에 오르는 데 큰 도움을 주었다. 1823년, 프랑스 교관에게 훈련받은 이집트군은 남쪽의 수단 지역으로 밀고 들어가 하르툼^{Khartoum}에 도달했다. 무함마드 알리의 아들 이브라힘^{Ibrahim}은 그의 아버지와 마찬가지로 콘스탄티노플에서 오스만 투르크 제국의 술탄이 내리는 명령을 무시하고 북쪽으로 진군하여 1832년에는 다마스커스^{Damascus}를 점령했다. 여기서 한발 더 나아가 이브라힘은 그를 처벌하기 위해 진격해오던 투르크군을 격파하고 콘스

---

* **무함마드 알리** 1769~1849. 오스만 제국의 이집트 총독. 이집트의 마지막 왕조인 무함마드 알리조^朝의 창시자로 부국강병과 농업 개발 정책을 실시하여 이집트의 근대화를 꾀했다. 재위 기간은 1805년~1848년.

탄티노플로 진격했다. 이런 상황에서 오스트리아와 러시아의 외교관들은 서둘러 회의를 열고 웅키아르 스켈레시Unkiar Skelessi 조약*을 체결했다. 이 조약에 따라 오스만 투르크의 군사적 보호자가 된 러시아는 열강 중에서는 유일하게 다르다넬스Dardanelles 해협을 통과할 수 있는 권리를 갖게 되었다. 그러나 이와 같은 조약이 체결된 것에 크게 실망한 프랑스와 영국은 무슨 수를 쓰더라도 이 조약을 무효화시키거나 최소한 빠른 시간 내에 개정시키고 말겠다는 결의를 다지게 되었다.

1839년, 투르크의 술탄 마흐무드 2세Mahmoud II는 시리아Syria 지역을 이브라힘으로부터 되찾지 못한 채 사망하고 말았다. 열강들은 재빨리 쇠락하는 오스만 투르크 제국으로부터 떡고물을 챙기기 위해 나섰다. 그러나 각자 자기들만의 꿍꿍이를 가지고 있던 열강들은 오스만 투르크 제국이라는 거대한 고깃덩어리를 어떻게 요리할지에 대해서 쉽게 합의할 수가 없었다. 프랑스는 노쇠한 무함마드 알리를 시리아와 이집트의 세습군주로 세우려 들었고, 영국은 러시아가 인도 방면에서 확장 정책을 펼치자 이를 꺼다린 위협으로 간주하고 이를 막기 위해 고심하고 있었다. 영국 외무장관이었던 팔머스톤Palmerston은 러시아와 프로이센, 오스트리아 모두가 수용할 수 있는 타협안을 마련했다. 이 타협안에 의하면 무함마드 알리는 대를 이어 이집트를 지배하는 동시에 (알리가 이 안에 즉시 동의하는 경우에는) 시리아도 평생 지배할 수 있는 권리를 갖게 되었다. 무함마드 알리의 후견인이면서도 이 타협안에서 완전히 배제된 프랑스는 크게 분노하여 이 타협안을 맹렬하게 반대했다. 무함마드 알리는 결국 이 제안을 거부했지만,

---

* **웅키아르 스켈레시 조약** 1833년 7월 8일 러시아와 오스만 투르크가 웅키아르 스켈레시(위스퀴다르)에서 맺은 방어동맹조약. 투르크는 이집트에서의 무함마드 알리의 반란으로 애를 먹다가 1833년 러시아의 원조(함대와 육군)와 프랑스의 중재로 간신히 이를 진정시켰으나, 러시아는 그 병력을 배경으로 투르크에게 방어동맹조약을 강요했고, 이 조약으로 양국의 내란 또는 대외 전쟁시에 상호 원조할 것을 투르크가 승낙했다.

이집트 정부의 수립은 허용했다. 결국, 프랑스까지 낀 상태에서 웅키아르 스켈레시 조약을 대체하기 위한 새로운 조약이 마련되었다. 1840년에 체결된 런던 조약은 오스만 투르크 제국이 전쟁을 벌이지 않는 한 모든 열강의 군함이 다르다넬스 해협과 보스포루스Bosporus 해협을 통과하는 것을 금지한다고 규정했다. 팔머스톤은 교묘한 외교술로 이전의 조약을 폐기하는 데 성공하고 12년간 비교적 평화로운 시기를 구가하던 오스만 투르크 제국으로부터 러시아의 영향력을 밀어냈다. 자신감을 얻은 오스만 투르크 제국의 술탄은 민간 행정부문과 군사체제에 대한 개혁을 지지함과 동시에 제국의 모든 국민이 평등하다는 선언을 했다. 그러나 오스만 투르크 제국 전역에는 여전히 부패가 만연해 있었고, 급진적인 이슬람교 원리주의로 인해 기독교를 믿는 다수의 제국 신민들도 자신들의 권리를 누리지 못하고 있었다. 1852년, 프랑스 황제로 등극한 나폴레옹 3세Napoleon III는 자신의 힘을 과시하기 위해 당시까지 동방정교회가 맡아오던 팔레스타인의 여러 성지들에 대한 관할권을 프랑스가 맡아야 한다고 주장했다. 하루아침에 황제가 된 나폴레옹 3세를 경멸하던 러시아 황제 니콜라이는 이에 대응하여 러시아가 발칸 지역을 포함한 오스만 투르크 제국 전역의 동방정교회의 보호자임을 인정하라고 오스만 투르크 제국에 요구했다.

오스만 투르크 제국을 두고 '유럽의 환자'라는 표현을 만들어냈던 러시아 황제 니콜라이는 이후 영국에게 비틀거리는 오스만 투르크 제국을 러시아와 분할하자는 제의를 했다. 팔머스톤으로부터 퇴짜를 맞은 니콜라이 2세는 러시아군에게 왈라키아Wallachia와 몰다비아Moldavia로 이동하라는 명령을 내렸다. 전쟁의 먹구름이 짙어지자, 프랑스와 영국 함대는 다르다넬스 해협에 진입했다. 1853년 10월 오스만 투르크 제국은 러시아에 선전포고했지만, 전쟁이 시작되자마자 시노페Sinope에서 벌어진 해전에서 대참패를 당하고 말았다. 1854년 1월 영국-프랑스 연합함대가 흑해에 진입했고, 그로부터 두 달 후 영국과 프랑스는 오스만 투르크 제국 편에 서서 러시아와 전쟁에 돌입했다. 이것이 오늘날 '크림 전쟁'으로 알려진 전쟁의 시작이었다. 1856년, 파리에서 체결된 조약으로 크림 전쟁은 종식되었다. 그러나 이후에도 오스만 투르크 제국의 쇠퇴는 계속되었다. 왈라키아와 몰다비아는 자치권을 획득했고, 이후 독일의 호헨촐레른 가문의 칼^{Karl} 왕자를 국왕(카롤^{Carol} 1세)으로 하는 루마니아로 독립했다. 카롤 1세는 1914년까지 루마니아를 현명하게 다스렸다.

한편, 마론파^{Maronite}* 기독교도들이 드루즈파^{Druse}** 의 이슬람교도들에게 학살당하는 사건이 발생하자, 오스만 투르크 제국이 지배하고 있던 시리아 지역은 내전의 불길에 휩싸였다. 이 내전은 기회주의자인 나폴레옹 3세에게 다시 한 번 자신의 힘을 과시할 수 있는 기회를 제공해주었다. 프랑스는 군대를 동원하여 레바논에서 드루즈파 이슬람교도들을 잔인하게 진압한 후, 현지를 다스릴 기독교 총독을 임명했다. 1833년 이래 독립을 유지해온 그리스에서는 바이에른 출신의 오토^{Otto} 국왕에 대한 반란이 일어나 덴마크인이었던 게오르기오스 1세^{Georgios I}가 새로 왕으로 즉위했다. 게오르기오스 1세는 1863년부터 줄곧 그리스를 다스리다 1913년 살로니카에서 암살당하고 말았다. 게오르기오스 1세의 뒤를 이어 그의 아들 콘스탄티노스^{Constantinos}가 그리스의 왕이 되었다. 콘스탄티노스의 아내였던 소피아^{Sophia}는 당시 독일의 황제였던 빌헬름 2세의 동생이었다. 콘스탄티노스는 독일에서 교육을 받고 프로이센 사관학교를 다녔다. 유능한 군인이었던 콘스탄티노스는 발칸 전쟁에서 눈부신 활약을 했다. 전쟁의 암운이 짙어가던 1914년 콘스탄티노스는 그리스의 중립을 선포했지만, 그의 친독 성향은 그리스의 중립을 위태롭게 만들고 있었다.

---

* **마론파** 동방정교회에 속하는 한 종파로, 그 시초는 AD 5세기로 거슬러 올라간다. 오늘날 마론파는 레바논에서 가장 유력한 종교 집단의 하나다.
** **드루즈파** 이슬람교 종파의 하나. 열두 이슬람파에서 파생한 이스마일^{Ismail}파에서 갈라져 나왔으며, 신도는 주로 레바논, 시리아, 이스라엘 등지에 거주하고 있다.

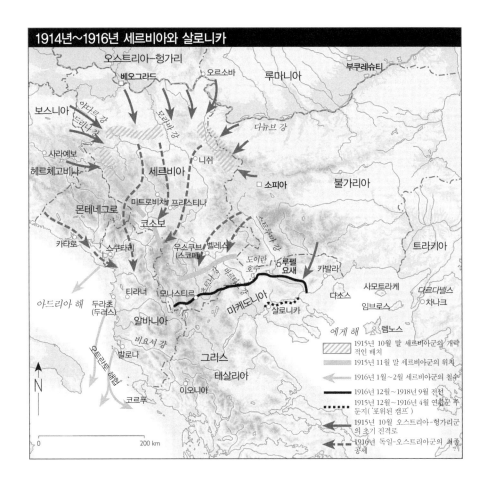

1914년~1916년 세르비아와 살로니카

오스트리아-헝가리

베오그라드

오르소바

루마니아

부쿠레슈티

보스니아

아타르 강

드리나 강

사라예보

헤르체고비나

모라바 강

세르비아

니쉬

다뉴브 강

소피아

불가리아

미트로비차 프리스티나

몬테네그로

코소보

스트루마 강

카타로

스쿠타리

우스쿠브 벨레스
(스코페)

트라키아

티라너

모나스티르

도이란
호수

루펠
요새

카발라

아드리아 해

두라초
(두러스)

알바니아

마케도니아

살로니카

사모트라케

임브로스

다쪼스

다르다넬스

차나크

비요서 강

그리스

에게 해

렘노스

발로나

오트란토 해협

테살리아

이오니아

N

코르푸

0   200 km

1915년 10월 말 세르비아군의 개략적인 배치

1915년 11월 말 세르비아군의 위치

1916년 1월~2월 세르비아군의 철수

1916년 12월~1918년 9월 전선

1915년 12월~1916년 4월 연합군 후둔지('포위된 캠프')

1915년 10월 오스트리아-헝가리군의 초기 진격로

1916년 독일-오스트리아군의 최종 공세

19세기 후반, 오스만 투르크 제국 지배에 저항하는 봉기는 계속 확산되었다. 1863년에 봉기한 크레타인들에게는 제한적인 자치가 허용되었고, 1867년에 오스만 투르크 제국은 세르비아에 위치한 7개 대 요새들을 포기했다. 1875년, 헤르체고비나에서 일어난 반란은 들불처럼 보스니아, 세르비아, 몬테네그로, 불가리아로 퍼져나갔다. 이때 오스트리아, 러시아, 독일은 콘스탄티노플의 오스만 정부에게 소위 '베를린 각서 Berlin Memorandum'를 보내 줄곧 미뤄온 개혁을 추진하지 않으면 각서 체결국들이 군사적 개입을 하겠다고 위협했다. 그러나 영국이 이 각서에 서명하는 것을 단호

하게 거부하자 '유럽의 단합' 기도는 실패로 돌아갔다. 그 결과는 엄청났다. 세르비아와 몬테네그로는 오스만 투르크 제국에게 선전포고했고, 콘스탄티노플에서는 혁명이 일어나 술탄이 자리에서 쫓겨났으며, 투르크군은 수천 명의 불가리아인들을 학살했다. 영국 런던에서는 글래드스턴 Glad-stone*이 오스만 투르크 제국이라는 부담을 유럽에서 완전히 떨쳐버리자고 요구하고 나섰다. 새로 술탄이 된 무라드 5세 Murad V 역시 술탄이 된 지 얼마 되지도 않아 자리에서 쫓겨나고, 그의 후임으로 술탄이 된 '저주받은 자 the Cursed'라는 별명의 압둘 하미드 2세 Abdül Hamid II가 1909년까지 제국을 다스렸다. 압둘 하미드 2세는 기독교도들이 대다수를 차지하는 지역에 자치를 허용하는 것과 개혁을 실시하는 것을 거부했다. 이로 인해 러시아는 1877년 4월 오스만 투르크 제국에 선전포고했다. 루마니아, 몬테네그로, 세르비아도 기꺼이 러시아 편에 서서 오스만 투르크와 싸웠다. 그 해 12월이 되자 러시아군은 오스만 투르크 제국의 수도 콘스탄티노플이 보이는 곳까지 진격했다. 결국 오스만 투르크 제국은 굴욕적인 항복을 할 수밖에 없었나. 1878년 3월 체결된 산 스테파노 San Stefano 조약**에 따라 세르비아, 몬테네그로, 루마니아, 불가리아, 마케도니아가 오스만 투르크로부터 독립했다.

오스만 투르크 제국에 승리를 거둔 발칸 제국諸國들은 당장 전리품 분배를 놓고 분열되었다. 다시 한 번 유럽에 전운이 감돌면서 영국의 디즈레

---

* **글래드스턴** 1809~1898. 영국의 정치가. 자유당 당수로서 1868년 이후 네 차례 수상을 지냈다. 아일랜드 자치법 통과에 힘썼으며, 제1차 선거법 개정에도 공헌했다.
** **산 스테파노 조약** 1878년 3월 3일 투르크의 콘스탄티노플 서쪽 교외의 작은 마을 산스테파노에서 체결된 러시아-투르크 전쟁(1877~1878)의 강화조약. 투르크는 세르비아, 몬테네그로, 루마니아 등의 독립을 승인하고, 러시아에 영토를 할양하며, 다르다넬스 해협을 개방할 것을 약속했다. 그 결과 대★불가리아 자치공국은 러시아의 세력하에 들어가고, 러시아의 발칸 진출과 범슬라브주의가 크게 진전되었다. 여러 나라가 반대하여 베를린 회의에서 파기되었다.

■■■■■ 오스트리아-헝가리 제국의 칼 황태자가 독일군 의장대를 사열하고 있다. 그의 삼촌이자 원래 황태자였던 프란츠 페르디난트 대공이 1914년 사라예보에서 암살당하자, 칼이 오스트리아-헝가리 2중 제국의 황위 후계자가 되었고, 1916년 노쇠한 프란츠 요제프 황제가 붕어하자 칼 1세로 오스트리아-헝가리 제국 황제가 되었다. 1919년 새로 구성된 오스트리아 의회에 의해 황제의 자리에서 쫓겨난 칼은 스위스로 추방된 후 1922년에 고향에 돌아오지 못하고 스위스에서 사망했다. (IWM)

일리 총리는 지중해 함대에게 다르다넬스 해협을 지나 흑해로 들어가라는 명령을 내렸다. 러시아는 베를린 회의*에서 산스테파노 조약을 수정하도

---

* 베를린 회의 1878년 6월 13일~7월 13일 베를린에서 열린 유럽 국제회의. 1878년 러시아-투르크 전쟁 결과로 체결된 산스테파노 조약으로 러시아 남하정책은 비약적인 진전을 보였으나 영국, 오스트리아는 이 강화조약 조건을 재검토할 필요가 있다고 주장, 영국과 러시아 관계가 매우 험악해졌다. 이에 비스마르크는 스스로 조정자 역할을 맡고 나서, 결국 이 회의를 개최했다. 영국, 독일, 러시아, 오스트리아, 프랑스, 투르크, 이탈리아 등 7개국 대표들이 출석했고, 비스마르크가 의장이 되었다. 그는 외교적 수완을 발휘, 러시아의 주장을 누르고 영국, 오스트리아의 요구를 지지함으로써 산스테파노 조약을 폐기시키고 베를린 조약을 성립시켰다. 이 조약에 의해 루마니아, 세르비아, 몬테네그로 등의 독립이 인정되었다.

록 설득을 받고 1878년 여름 새로이 베를린 조약을 체결했지만, 새 조약에서도 오스만 투르크 제국은 세르비아와 몬테네그로, 루마니아의 독립을 승인해야만 했다. 러시아는 베사라비아 지방과 아나톨리아 동부의 카르스, 그리고 바투미를 획득했다. 보스니아와 헤르체고비나는 오스트리아의 보호를 받게 되었고, 불가리아는 양분되었다. 마케도니아는 계속 오스만 투르크 제국의 영토로 남게 되었다. 영국은 오스만 투르크 제국과 개별적인 조약을 맺고 키프로스^{Cyprus}에 군대를 주둔시키고 섬을 통치할 권리를 얻었다. 반대급부로 영국은 술탄에게 아시아 지역의 영토를 보장해주기로 약조했다. 베를린 회의는 오스만 투르크 제국의 해체를 향한 하나의 이정표였다. 이로써 단번에 1,100만 명의 기독교도들이 오스만 투르크 제국의 지배에서 벗어나게 되었으며, 중동에서는 이후 30년간 평화가 유지되었다. 또 오스만 투르크 제국의 변경 지역을 먼저 차지하는 자가 임자인 상황이 되어버리자, 프랑스는 이 기회를 놓치지 않고 1881년 튀니스를 차지했다. 1882년, 영국은 이집트군을 텔-엘-케비르^{Tel-el-Kebir}에서 격파하고 수에스 운하^{Suez Canal}를 지배하기 위해 이집트에 사실상의 괴뢰 정부를 수립했다. 발칸 국가들 사이에 국경선 조정을 위한 일련의 조약이 체결되었지만, 쇠약해질 대로 쇠약해진 오스만 투르크 제국은 가만히 지켜보는 것 이외에는 할 수 있는 일이 없었다. 하지만 이러한 조약들도 호전적인 세르비아의 불가리아 침공을 막을 수는 없었다. 그러나 2주간에 걸친 격전 끝에 세르비아는 불가리아에게 참패하고 말았다. 하지만 이번에는 오스트리아가 불가리아를 위협하고 나섰다. 이로 인해 불가리아의 지배자 알렉산드르^{Alexander} 대공은 어쩔 수 없이 자리에서 물러나야 했으며, 그 뒤를 이어 또 다른 독일의 왕자인 작센-코부르크^{Saxen-Coburg}의 페르디난트^{Ferdinand} 대공이 불가리아의 지배자가 되었다. 빅토리아 여왕과 가까운 사이였던 페르디난트 대공은 불가리아를 현명하고 신중하게 다스렸으며, 1908년 자신을 차르로 명명했다. 한편 세르비아에서는 피 튀기는 권력투쟁이 벌어졌다. 1903년, 왕과 평민 출신의 왕후 드라가^{Draga}가 반체제 장교들에게 살해 당하면서 오브레노비치^{Obrenovitch} 가문은 대가 끊기고 말았다. 그 다음 왕좌를 이어받은 것은 라이벌 가문이었던 카라게오르게비치^{Karageorgevitch} 가문이었다.

그리스는 크레타^{Crete} 섬의 이슬람교도들이 기독교도들을 박해한다는 이유로 1897년 다시 오스만 투르크 제국과 전쟁을 벌였으나, 오히려 패배 당할 위기에 몰렸다. 그러나 열강들이 개입하면서 전쟁은 중지되었다.

1900년 당시 오스만 투르크 제국의 상황은 암담했다. 술탄의 신민들 가운데 400만 명 이상은 어떤 종파이든지 간에 기독교를 믿고 있었다. 비록 보스니아와 헤르체고비나는 오스트리아에게 빼앗기고 말았지만, 술탄과 그의 부하들은 여전히 발칸의 여러 나라들과 불가리아를 오스만 투르크 제국의 영토라고 생각하고 있었다. 1389년에 벌어졌던 코소보^{Kossovo} 전투*에서 무라드 1세^{Murad I}가 지휘하던 투르크군이 세르비아, 보스니아, 알바니아의 연합군을 무참히 패배시킨 이래 발칸 반도는 줄곧 오스만 투르크 제국의 영토였으며, 코소보 거주민의 대다수는 이슬람교도가 되었다. 그러나 코소보는 세르비아인에게 있어서는 거의 민족의 성지나 다름없는 장소였다. 1389년의 재앙을 둘러싼 신화는 오늘날에도 세르비아의 국가 정체성을 유지해주는 중요한 버팀목이 되고 있다. 코소보 전투에서 승리한 투르크군은 이후 6세기에 걸쳐서 코소보와 인근 지역의 정치 · 문화 · 종교를 지배하게 되었다.

베를린 조약의 또 다른 부작용은 범슬라브주의가 다시 대두된 것이었다. 오스만 투르크 제국의 지배에서 벗어난 크로아티아 · 슬로베니아 · 몬

---

* **코소보 전투** 오스만 투르크군과 세르비아, 불가리아, 왈라키아, 알바니아, 보스니아 등 연합군과의 전투. 1389년 남_南유고슬라비아의 코소보 고원에서 있었던 싸움으로, 오스만 투르크군은 무라드 1세가 인솔했고, 연합군은 세르비아 왕 라자르 공이 지휘했다. 싸움은 오스만 투르크군의 승리로 끝났고, 발칸 반도에서 투르크 지배의 기초가 구축되었다.

테네그로인들은 세르비아의 슬라브 형제들과 보스니아-헤르체고비나의 남슬라브계 주민들과 동맹을 맺으려고 했다. 대★세르비아 제국의 수립 가능성이 점점 커지자 오스트리아-헝가리 제국과 오스만 투르크 제국 모두 공포에 빠졌으며, 마케도니아 및 그리스와의 통합을 꿈꿔온 불가리아는 이런 상황 전개에 격렬하게 반발했다.

이 무렵, 오스만 투르크 제국에서는 새로운 정치세력이 성장하여 구舊 정권을 위협했다. 1878년에 총리 미드하트 파샤Midhat Pasha*가 작성한 신헌법은 시민의 광범위한 자유 보장과 입헌 정부의 수립을 약속했다. 그러나 술탄은 이슬람 국가로서는 최초였던 서구식 의회를 단 한 번만 열고 그 이후로는 의회를 열라는 요구에 귀를 닫아버렸다. 그러나 새롭게 등장한 교육받은 중산층 세력이 커지면서 청년 투르크당 운동Young Turk movement**이 시작되었고, 이 운동을 불씨로 1908년 혁명이 일어나 '미드하트 헌법'이 부활되었다. 청년 투르크당의 지도자는 육군 장교였던 엔베르 베이Enver Bey였다. 1914년 엔베르 베이가 정권을 잡자 그를 돕던 심복들도 모두 엔베르 정권의 장관들이 되었고, 이들은 오스만 투르크 제국을 동맹국의 편에 서서 전쟁에 참가하도록 만들었다. 이들은 모두 전후 비참한 최후를 맞았다.

청년 투르크당이 일으킨 혁명은 몇 가지 반동을 촉발했다. 불가리아는 독립을 선언했고, 오스트리아는 보스니아-헤르체고비나를 병합했다. 그

---

* **미드하트 파샤** 1822~1883. 19세기 오스만 투르크 제국의 혁신정치가. 술탄 전제를 입헌군주제로 변혁시키기를 염원하여, 압둘 아지즈 황제의 폐위를 꾀해 무혈혁명에 성공했다. 압둘 하미드 2세의 총리가 되었다. '미드하트 헌법'을 발표했다.
** **청년 투르크당 운동** 19세기 중엽부터 문학운동 등을 통해 사회개혁이 추진되고 있었고, 1876년에는 미드하트 파샤가 헌법 제정에 성공했다. 그러나 술탄인 압둘 하미드 2세는 투르크-러시아 전쟁(1877~1878)을 이유로 내세워 헌법을 정지시켰다. 청년 투르크당 운동의 기원은 헌법을 부활시키고 전제정치를 폐지하기 위해 1889년 대학과 사관학교의 학생들이 비밀리에 결성한 조직에서 시작되었다. 그들은 결성 초기에는 술탄의 전제정치에 반대하여 점조직으로 활동하며, 차츰 장교, 교사, 학생, 정부 직원들 사이에서 구성원의 범주를 넓혀갔다.

러나 미드하트 헌법에 의거해 열린 오스만 투르크 제국 의회는 이에 대해 아무런 설명도 들을 수 없었다. 그리고 그 여파는 콘스탄티노플로부터 전 유럽으로 퍼져나가기 시작했다. 세르비아는 군 동원령을 내렸고, 1909년 초 독일은 불가리아를 배후에서 지원하던 러시아에 오스트리아의 보스니아-헤르체고비나 합병을 승인하라는 경고를 보냈다. 그 이면에는 독일의 요구를 따르지 않을 경우 독일과 오스트리아-헝가리와 동시에 전쟁을 벌이게 될 거라는 암묵적 위협이 담겨 있었다. 러시아와 세르비아는 독일의 경고를 받아들였다. 그러나 이로 인해 독일이 발칸 반도의 불안정한 상황을 구실로 벨기에와 프랑스를 침공하려 한다는 사실이 명백해졌다. 영국은 이에 대해 1909년에 드레드노트급 전함을 원래 4~6척 건조하려던 것을 예산을 늘려 8척이나 건조하는 것으로 응수했다. 전쟁의 먹구름이 점점 짙어짐에 따라 러시아, 프랑스, 영국은 더욱 서로의 관계를 긴밀히 했다. 1882년 체결된 3국동맹 조약에 의해 원래는 독일과 오스트리아 편에 섰던 이탈리아는 점점 다가오는 전쟁에서 발을 빼기 위한 노력을 시작했다. 이탈리아의 지도자들은 이탈리아가 대규모 전쟁을 치를 준비가 전혀 되어 있지 않다는 사실을 너무나 잘 알고 있었기 때문이었다.

당시 이탈리아는 명목상으로는 3국동맹의 일원이라는 사실에 속박을 받고 있었다. 이탈리아가 3국동맹에 가입한 주된 이유는 프랑스의 위협에 대한 우려 때문이었다. 시간이 지나면서 지속적인 개정을 통해 3국동맹 조약은 북아프리카 문제까지 다루게 되었다. 그러나 1902년에 이탈리아는 프랑스와 비밀조약을 맺었다. 이 조약에서 이탈리아는 트리폴리타니아 Tripolitania를 마음대로 할 수 있는 권리를 얻는 대가로 3국동맹 조약국의 의무를 프랑스에 대해서는 수행하지 않는다는 선언을 했다.

1908년 오스트리아의 보스니아-헤르체고비나 합병은 그렇지 않아도 복잡한 유럽의 외교적 상황을 더욱 복잡하게 만들었다. 이는 동맹국이 프랑스와 전쟁을 벌일 경우 이탈리아도 동맹국 편에 서서 참전해야 한다는 것을 의미했다. 하지만 독일이나 오스트리아 어느 쪽도 전쟁에서 이탈리아를 믿을 수 있다고 생각하지는 않았다. 1895년 그라프 폰 슐리펜 백작이 프랑스를 정복하기 위해 유명한 슐리펜 계획을 입안할 당시, 그는 애당초 이탈리아가 피에몬테Piedmonte 산맥을 경계로 두고 프랑스군과 대치하는 것 이상의 역할을 하지 못한다는 것을 전제로 계획을 짰다. 1913년 독일이 마지막 외교적 노력에 박차를 가했을 때, 독일 황제는 이탈리아군 참모총장 폴로Pullu 내정으로부터 만약 전면전이 벌어졌을 경우 이탈리아가 라인 강 상류 지역에 최소 5개 군단을 투입한다는 약속을 얻어내기 위해 무진 애를 썼다. 그러나 결국 독일은 이탈리아로부터 아무런 약속도 받아낼 수 없었다. 1914년 2월 말이 되어서야 폴로는 프랑스에 대항하여 3개 군과 2개 기병사단을 배치하겠다고 약속했다. 그러나 이러한 약속은 전혀 실행에 옮겨지지 않았다.

▪▪▪▪▪ 육군 대장 루이지 카도르나 백작은 1850년에 대대로 이탈리아의 군 지휘관들을 배출해온 유서 깊은 피에몬테 가문의 한 방계에서 태어났다. 1914년, 그는 이탈리아군 참모총장으로 임명되어 당시 북아프리카 전역을 치르느라 전력을 모두 소모해버린 이탈리아군을 다시 일으켜 세우는 중임을 맡게 되었다. 그러나 카도르나는 1915년부터는 장비와 훈련 면에서 전쟁을 치를 준비가 전혀 되어 있지 않은 이탈리아군을 이끌고 전쟁에 뛰어들어야 했다. 승리를 향한 유일한 열쇠는 공격이라는 믿음을 갖고 있던 그는 이손초 구역에서 오스트리아군에게 연속해서 치열한 공세를 가했다. 카도르나는 직속 부하들에게는 오만하고 무자비한 상관이었으며, 병사들은 그의 근처에 갈 엄두도 못낼 정도였다. 대부분의 병사들에게 그는 딴 세상 사람이나 다름없었다. 1917년, 카포레토에서 대참패를 당한 그는 지휘관직에서 해임되었다.

1914년 폴로 대장이 사망하고 후임으로 육군 대장 루이지 카도르나^{Luigi}
^{Cadorna} 백작이 이탈리아군 참모총장으로 임명되었다. 카도르나는 이탈리아
군이 대부분의 장비를 1911년~1912년에 북아프리카 전역에서 소모해버
렸기 때문에 당장 유럽에서 전쟁이 발발했을 때 싸울 준비가 전혀 되어 있
지 않다는 사실을 알게 되었다. 카도르나는 오스트리아를 침공하여 격파
하겠다는 꿍꿍이를 갖고 있었지만, 그의 야망을 실천하기 전에 이탈리아
군의 재편과 현대화라는 엄청난 작업을 먼저 수행해야 했다. 이탈리아는
군수산업 육성을 위해 필요한 원자재가 부족한 상황이었다. 탄약은 종류
와 구경을 불문하고 모두 상당히 부족했고, 강력한 오스트리아의 국경 방
어선을 뚫는 데 필수적인 중구경 및 대구경 야포들도 전혀 없었다. 결국
이탈리아는 1914년 8월 전쟁이 터지자 중립을 선택했다.

이탈리아의 이런 거의 배신에 가까운 행동 이면에는 나름대로 정당화
할 수 있는 두 가지 구실이 있었다. 먼저 3국동맹 조약의 비밀조항 중에는
이탈리아가 영국과 싸우지 않아도 된다는 면책조항이 있었고, 또 7조에는
오스트리아가 발칸 지역에서 여하한 군사적 행위를 취하기 전에 반드시
이탈리아와 사전 협의를 해야 한다고 규정되어 있었다. 1914년 오스트리
아-헝가리군이 세르비아를 침공함으로써 (이에 반대했던) 이탈리아의 중립
은 정당화될 수 있었다. 또 이 중립선언이야말로 프랑스와 영국 정부가 기
다려온 것이었다. 1915년 이탈리아가 연합국 편에 서서 전쟁에 참가하게
된 것은 영국과 프랑스 양국 정치인들과 외교관들이 이탈리아가 수용할
수 있는 정치적 · 재정적 조건을 만들어내기 위해 열정적으로 노력을 기울
인 결과였다.

오스만 투르크 제국의 쇠퇴를 예의주시하고 있던 독일은 치밀한 외교
전략을 통해 술탄이 아무리 국민들로부터 인기를 얻지 못하더라도 독일과
의 우호 관계가 지속되는 동안에는 권좌를 지킬 수 있도록 만들어놓았다.
독일은 핵심 외교 전략으로서 추진했던 베를린-바그다드 간 철도의 오스

만 투르크 제국 구간 건설 당시 지원해주었던 것과 같은 치밀한 자금 지원을 통해, 휘청거리는 오스만 투르크 제국의 경제를 유지시켜주었다. 또 독일은 1880년대부터 오스만 투르크 제국 육군의 훈련과 장비를 지원해왔다. 하지만 유능한 오토 리만 폰 산더스 대장을 책임자로 하는 대규모 군사고문단이 본격적으로 파견된 것은 1913년이 되어서였다. 독일 황제 빌헬름 2세는 1880년대와 1890년대에 걸쳐 두 차례 오스만 투르크 제국을 국빈 방문했으며, 독일 정가에서도 최고위급 명사들을 오스만 투르크 주재 독일 대사로 임명했다.

영국, 이탈리아, 세르비아, 오스트리아–헝가리, 오스만 투르크, 그리스

영국의 대함대

영국은 1815년 이래 유럽 대륙에서 벌어진 전쟁에 휘말리는 일을 잘 피해 왔다. 1914년 당시 영국 국방 정책의 핵심 목표는 강력한 해군으로 해상 교통로를 확보하고 독일의 해양 진출을 저지하는 것이었다. 개전 직전 벌어진 스핏헤드Spithead 관함식에 모인 영국 함대는 당장이라도 전쟁을 치를 만반의 준비가 되어 있었다. 예비역 수병들도 모두 현역으로 복귀해 있었고, 함대는 탄약과 연료의 적재를 모두 마친 상태였다. 영국의 대함대Grand Fleet는 독일의 대해함대High Seas Fleet가 모항에서 출동해 나올 경우 이를 격멸하고 독일군의 침공으로부터 본토를 보호하며 본토 수역의 다른 해군 부대들을 지원하기 위해 영국 근해에 머무르고 있었다. 또 영국 해군은 전

세계 바다의 항로를 보호하는 임무를 맡고 있는 9개 해외 수역 해군 사령부를 가지고 있었고 그중에서도 가장 유명했던 것은 몰타Malta에 근거지를 둔 명문 지중해 함대였다.

영국 왕립 해군은 나폴레옹전쟁 당시 보여준 눈부신 활약으로 세계 최강 해군의 명성을 얻었지만 본질적으로 매우 보수적인 집단이었다. 1853년 영국이 러시아와 전쟁에 돌입했을 때만 해도 대부분의 군함은 여전히 목제 전열함戰列艦이었으며, 나폴레옹전쟁 당시 넬슨이 탔던 기함 빅토리Victory 호와 별로 다를 것이 없었다. 이 전함들은 최대 120문의 전장식 대포와 완전한 범장을 갖추고 있었다. 신조함들은 증기기관을 탑재하게 되었지만, 나이든 제독들에게 이러한 혁신과 변화는 여전히 생각하는 것만으로도 혐오스러운 것이었다.

영국 해군 역사상 가장 혁신적이었던 제1해군경으로 역사에 이름을 남긴 피셔Fisher 제독은 1854년에 사관후보생으로 해군 복무를 시작했다. 그를 해군에 넣어준 사람은 넬슨의 부하장교 중 최후로 해군에 남아 있던 사람이었다. 1878년, 자신이 속한 함대가 다르다넬스 해협을 지날 무렵 포술 담당 장교가 되어 있던 피셔는 차나크의 비좁은 수로를 지키고 있는 투르크군의 해안 포대들을 주의 깊게 살펴보았다. 승진을 거듭하면서 해군 요직을 두루 거친 피셔는 영국 해군에 일대 변화의 바람을 일으켰다. 강한 의지를 가진 피셔는 어뢰와 증기 터빈, 중유기관, 기뢰, 잠수함, 무선통신, 그리고 다수의 단일구경 거포를 탑재한 드레드노트급 전함을 도입했다. 1910년, 피셔가 퇴역했을 때 영국은 주력함 부문에서 다른 어떤 유럽 국가들보다 우위에 있었고, 특히 독일에 대해서는 60퍼센트나 앞서 있었다. 1914년 8월 당시 영국은 24척의 드레드노트급 전함을 보유하고 있었고, 추가로 13척을 건조 중이었다. 반면 독일은 13척을 보유하고 있었고 10척을 건조 중이었다. 드레드노트가 등장하기 이전에 건조된 전함(전前 드레드노트급)들까지 고려하면(이들 중 일부는 1890년대 초반에 건조되었으며, 제1차 세계대전 개전 당시 일선에서 사용하기에는 전력이 너무 떨어졌다), 영국은 총 65척에 이르는 엄청난 수의 전함을 보유하고 있었다.

전함 외에도 순양전함 역시 주력함으로서 중요한 위치를 차지하고 있었다. 순양전함의 개념은 피셔 제독이 정립한 것으로서, 장갑을 줄이는 대신 고속 항해능력에 강력한 화력을 갖추고 독일의 상선 파괴 부대를 추적 및 격멸하며, 또 주력 전투 함대의 선봉에 서서 정찰대 구실을 하는 것이 주요 목적이었다. 영국은 12인치에서 13.5인치 주포로 무장한 순양전함을 상당수 보유하고 있었다.

식민지 보호를 위해 건조된 구식 장갑 순양함과 경순양함 외에도 영국은 근대적인 최신식 순양함을 16척이나 보유하고 있었다. 그 밖에도 왕립 해군은 225척에 이르는 구축함을 보유하고 있었으며, 그 가운데 절반은 근대적 설계에 기반하여 건조된 것이었고 나머지 구축함들도 선단 호위 임무 정도는 충분히 수행할 수 있는 능력을 갖고 있었다. 반면 영국의 잠수함 전력은 프랑스, 독일, 이탈리아에 비하면 상당히 뒤처져 있었다. 영국은 비록 75척의 잠수함을 보유하고 있었지만, 이들의 성능은 기껏해야 항만 경비나 근해 작전에나 투입할 수 있는 정도였다.

다른 국가였다면 이런 엄청난 규모의 함대를 운용하는 데 인력 부족으로 애를 먹었겠지만, 영국은 아무런 문제가 없었다. 당시 영국 해군은 일반적인 예비역 수병 동원 체제 외에도 1911년부터 해군장관을 맡아온 처칠이 예비군 즉시동원체제를 도입하여 총동원령이 떨어지기도 전에 예비역 인력을 확충할 수 있도록 해 놓았기 때문이었다. 그러나 피셔가 제1해

■■■■■■ 1915년 3월 18일, 영국의 수퍼 드레드노트급 전함 퀸 엘리자베스(HMS Queen Elizabeth) 호가 다르다넬스 해협 입구에서 투르크군의 해안 포대로부터 포격을 당하고 있다. 당시 연합군은 영국-프랑스 연합함대로 비좁은 차나크 수로를 통과하여 마르마라(Marmara) 해와 콘스탄티노플까지 뚫고 들어간다는 야심찬 계획을 세웠고, 퀸 엘리자베스 호도 그 작전에 동원되었다. 그러나 빽빽이 들어찬 해안 포대가 철저히 수비하고 있는 비좁은 수로를 지나간다는 계획은 처음부터 무리한 작전이었고, 결국 영국-프랑스 연합함대는 큰 손해만 입고 작전 목표 달성에는 실패하고 말았다. (Liddle Centre for World War I)

군경으로 재직하는 동안 150척 이상의 구형 군함들이 해체되었기 때문에, 전쟁이 터지고 동원령이 떨어지자 수천 명의 예비역 해군 장교들과 수병들이 소집되었지만 이들이 탈 배가 없는 상황이 벌어지게 되었다. 결국 이들은 왕립 해군사단으로 편입되어 보병으로 재훈련을 받고 1914년 가을에 안트베르펜의 무익한 방어전에 최초로 투입되었다가, 다음에는 갈리폴리에 투입되었고 마지막에는 서부전선에서 독일군과 혈투를 벌였다.

영국 해군은 수적으로는 압도적인 우세를 자랑하고 있었지만, 철갑탄과 계류기뢰, 그리고 어뢰 설계에 있어서 다른 해군 강국에 뒤처진다는 약점을 갖고 있었다. 그러나 해군 항공대 부문에서 영국 해군은 여전히 선두를 달리고 있었다. 세계 최초의 본격적인 항공모함인 아크 로열Ark Royal을 건조한 것도 영국이었다. 아크 로열은 다르다넬스 상륙작전 지원을 위해 지중해에 배치되었으며, 몇몇 주력함은 수상기를 탑재할 수 있도록 개조되었다.

이탈리아

19세기 후반 통일이 이뤄질 때까지 이탈리아 반도 전역의 도시국가나 제후국들은 제멋대로 자신들의 군대를 조직했다. 그러나 이들 도시국가 수준의 군대로는 보다 강력한 전제 왕정국가들의 군대와 대적할 수가 없었다. 그 결과 수 세기 동안 이탈리아 반도의 북부 지방은 오스트리아 합스부르크 가문의 지배를 받았고, 남부 지방은 부르봉Bourbon 왕가가 장악한 스페인의 지배를 받아야 했다. 하지만 교황령은 어느 정도 자치를 누릴 수 있었다. 피에몬데Piedmontese 가문은 당시 이탈리아의 군사적 명문가 중의 하나로서 대대로 유명한 장군들을 많이 배출했다. 1866년 무렵, 주세페 가리발디Giuseppe Garibaldi* 가 이끄는 게릴라 부대의 활동이 절정에 이르면서 통일 이탈리아 왕국의 수립이 선포되었다. 이탈리아 왕국은 프로이센과 연합하고 오스트리아와 싸우면서 베네치아 지역을 합병하여 영토를 확장했다. 이 지역을 회복하겠다는 미련을 버리지 못한 오스트리아는 전쟁이 터진 1914년까지도 이탈리아에 대해 적대적인 태도를 보였다. 사보이Savoy 왕가의 군대는 크림 전쟁에도 참가했고, 그곳에서 베르살리에리Bersaglieri 연대와 알피니Alpini연대 같은 부대는 전 유럽에 용명을 날렸다. 그러나 이탈

---

* 주세페 가리발디 1807~1882. 19세기 이탈리아 통일 운동에 헌신한 군인. 공화주의에서 사르데냐 왕국에 의한 이탈리아 통일주의로 전향. 해방 전쟁 때 알프스 의용대를 지휘했고 남이탈리아 왕국을 점령하는 등 이탈리아 통일에 기여했다.

▪▪▪▪▪▪ 이동 중인 세르비아군 포병대. 세르비아군은 보통 소를 이용해 대포를 이동시켰으며, 도로 사정도 매우 열악해서 차량들은 거의 지나갈 수 없는 경우가 태반이었다.

리아 국민군 창설이 그렇게 순조롭게 진행된 것은 아니었다. 북부 이탈리아인은 가리발디의 비정규병과 나폴리인을 깔보았다. 1861년 이후 도입된 징병제에 대해서도 대중들의 지지는 뜨뜻미지근했다. 게다가 국내 소요 사태 진압에 이탈리아군이 적극적으로 나서면서 오히려 군에 대한 반감이 증가했다. 남부의 젊은이들 사이에서는 징집 연령이 되면 산악지대로 들어가 군역을 회피하는 것이 관례가 되었다.

1910년이 되자 징병제가 어느 정도 자리를 잡았지만, 그래도 병역회피자들의 비율이 전체 인구의 20퍼센트에 달했다. 이탈리아 군부는 예전에

프로이센군이 그랬듯이 스스로를 국민을 교육시키는 국가의 학교와 같은 존재로 생각했지만, 1896년 이탈리아군이 에티오피아에서 벌인 전쟁은 거의 재앙에 가까운 결과로 끝났다. 아도와^{Adowa} 전투에서 에티오피아군에게 대패하고 포로로 잡힌 수백 명의 이탈리아군 병사들은 살해당하거나 거세를 당했다. 이탈리아군이 겨우 체면을 회복한 것은 1911년~1912년에 리비아에서 투르크군을 격파하면서였다. 당시 투르크군과 싸우기 위해 이탈리아는 트리폴리타니아와 키레나이카^{Cyrenaica}에 거의 10만 명의 병력을 투입했다. 그 결과 1914년 개전 당시 이탈리아군은 거의 모든 종류의 탄약과 무기가 크게 부족한 상태였다. 이탈리아군은 특이하게도 현역에 복무하는 징집병들을 네 부류(다른 국가들은 보통 두 부류로 구분)로 분류했다. 그러나 평시 1만4,000명의 장교들과 85만2,000명의 병사들로 구성된 이탈리아군은 1915년에 총동원령을 내리고 나이가 많은 예비역까지 모두 소집하고도 겨우 35개 사단을 조직하고 장비를 갖출 수 있었을 뿐이었고, 포병 전력과 예비 탄약은 여전히 크게 부족한 상태였다. 이러한 이유로 이탈리아군 참모총장이었던 카도르나 대장은 전쟁 준비가 만족스럽게 갖춰질 때까지 이탈리아의 참전을 연기했다. 이후 이탈리아는 연합군 편에 서서 참전하게 되었고 1917년 무렵이 되자 카도르나는 여러 가지 대책과 노력에 힘입어, 이손초 전선에서 난공불락의 오스트리아군 방어선에 무모한 정면공격을 반복하면서 엄청난 사상자를 냈음에도 불구하고, 휘하에 67개 사단에 이르는 병력을 확보할 수 있었다.

세르비아

세르비아의 군사제도는 18~45세의 신체 건장한 남성은 모두 군역에 종사해야 한다고 규정하고 있었다. 세르비아군은 다른 국가들에 비해 운송 수단의 차량화가 상당히 뒤떨어졌는데, 이는 세르비아의 도로 사정이 끔찍할 정도로 좋지 않았기 때문이다. 세르비아의 도로들은 대부분 비가 오면 차량 통행이 완전히 불가능한 진흙 수렁으로 변했다. 따라서 군의 수송은 전적으로 동물에게 의존하고 있었다. 화물이든 교량이든 야포든 간에 모두 소가 끌어서 이동시켜야 했으며, 보급품 역시 대부분 2~4마리의 소나 말이 끄는 수레가 수송했다. 세르비아군의 진정한 힘은 장교들과 병사들의 용기와 인내심에서 비롯되었다. 이들은 끔찍한 전장의 환경 속에서도 놀라운 생존력을 보여주었다. 평화시 세르비아군은 5개 현역사단을 보유하고 있었으며, 각 사단은 예비사단을 하나씩 보유하고 있었다. 따라서 동원시 세르비아군은 10개 완편 사단 18만 명을 동원할 수 있었다.

오스트리아-헝가리 제국

오스트리아-헝가리군은 최소한 군사적 전통 면에서는 매우 강력한 군대였다. 오스트리아군 연대 대다수는 17세기 투르크와 싸웠던 연대들에 그 뿌리를 두고 있음을 자랑스럽게 여겼다(1696년, 튜튼 기사들이 창설한 호흐 운트 도이치마이스터Hoch-und-Deutschmeister 연대는 자신들이 12세기에 조직된 유서 깊은 군사 조직에 그 기원을 두고 있음을 자랑으로 삼았다.) 오스트리아-헝가리 제국이 꾸준히 확장을 거듭하면서 오스트리아군 내부에서도 점점 비게르만계 출신 병사들의 수가 늘어났다. 독일어를 구사하지 못하는 민족 출신 부대의 수가 독일어를 구사하는 부대의 수를 넘어서자, 충성심 및 의사소통과 관련된 문제가 대두되기 시작했다. 1914년 당시, 전체 오스트리아-헝가리군 병사들 가운데 30퍼센트만이 독일계였다. 대부분의 독일·헝가리·체코계 병사들은 슬라브계 병사들에 비해 교육도 더 잘 받았고, 주로 포병, 공병, 기병 등의 특수병과에 배치되는 경우가 많았다. 반면, 소위 일반 보병이라고 불리는 보병 연대들은 배치되는 병력의 거의 70퍼센트가 슬라브계였다. 마자르^{Magyar}인은 슬라브인을 혐오했기 때문에 마자르인과 슬라브인을 한 부대에 함께 배치할 때는 많은 주의가 필요했다. 언어 역시 골치 아픈 문제였다. 오스트리아군은 '군대 슬라브어'로 널리 알려진 방언을 사용함으로써 이 문제를 해결했다. 하지만 신병들은 80개에 이르는 독일어로 된 군대 명령어 역시 함께 암기해야만 했다.

오스트리아-헝가리군에게 평화시 병력 확보는 엄청난 문제였다. 1910년, 오스트리아-헝가리 제국의 총 인구는 5,000만 명 이상이었지만, 징집이 가능한 인원은 12만5,000명에 불과했다. 평화시 오스트리아군 병력은 50만 명 이하였으며, 총동원령이 떨어지면 335만 명으로 늘어났다. 이는 향토예비군^{Landwehr}, 동원예비군^{Landsturm}, 대체예비군^{Ersatz}과 같은 예비군 병력과 헝가리의 예비 병력인 혼베드^{Honved} 등과 같은 다양한 2선급 부대들이 포함된 숫자였다. 이론적으로 19세 이상의 신체 건장한 남성은 징병 대상이 되어 2년을 현역으로 복무하고 예비군에 편입되도록 되어 있었다.

오스만 투르크 제국

오스만 투르크 제국 육군은 1914년 제1차 세계대전이 터지기 3년 전에 벌어진 발칸 전쟁에서 4개 발칸 반도 소국들에게 치욕적인 패배를 당했다. 그러나 전쟁 전에 이런 약한 모습을 보여주었음에도 불구하고 제1차 세계대전에서 투르크군은 1918년 패배가 확정될 때까지 끈질기게 싸웠다. 이와 같이 투르크군이 훌륭하게 싸울 수 있었던 것은 1913년부터 투르크군을 지도한 오토 리만 폰 산더스 장군이 이끄는 독일 군사고문단의 훈련과 이들의 조언에 기반하여 오스만 투르크 제국 전쟁장관이었던 엔베르 파샤

■■■■■ 갈리폴리의 헬레스 곶에서 포격을 퍼붓고 있는 영국 왕립 요새포대 소속 60파운드 포의 모습. 이 불운한 작전에서 영국군 병사들은 야포와 탄약의 만성적인 부족으로 제대로 싸울 수가 없었다. 1915년 8월 무렵, 대부분의 60파운드 포가 고장이 나버렸고, 예비 부품의 부족으로 사격이 가능한 포의 수는 겨우 1문에 불과했다. (IWM)

가 단행한 대규모 개혁에 힘입은 바가 컸다. 구식 사고방식을 가진 나이 먹은 장군들은 중산층 출신의 고등교육을 받은 젊은 장교들로 대체되었다. 그러나 보수적이고 민족적 자존심이 강한 오스만 투르크 제국 장교들은 독일 고문관의 존재를 탐탁지 않게 여겼다.

그러나 독일 고문관들은 이런 민족적 반감 외에도 여러 가지 중요한 문제들에 직면해야 했다. 투르크군은 인력이 많이 부족한 상태였고, 소아시아 지역의 통신 시설은 너무나 열악했다. 1914년 당시 오스만 투르크 제국의 인구는 핵심 지역에 1,900만 명, 그리고 변경 지역에 600만 명 정도가

■■■■■■ 다르다넬스 해협에서 벌이진 연합군이 소해작전 중에 촬영한 사진. 투르크군의 해안 포대에게 피격당한 영국 해군 구축함 HMS 라쿤(Racoon) 호에서 하얀 증기가 뿜어 나오고 있는 사이 다른 구축함이 라쿤 호를 건인하기 위해 접근하고 있는 모습이 보인다. 그 너머에는 전 드레드노트급 전함[아가멤논(Agamemnon), 혹은 로드 넬슨(Lord Nelson)으로 추정]이 엄호하고 있다. 저 멀리 보이는 세드-엘-바르(Sedd-el Bahr) 근처에는 석탄선 리버 클라이드(River Clyde) 호의 모습이 보인다. 이 배는 4월 25일 벌어진 연합군 상륙작전에 '트로이의 목마'로 사용되었다. (IWM)

거주하고 있었다. 그러나 변경 지역의 비이슬람교도들은 병역을 면제받는 대신에 더 많은 세금을 내고 있었다. 이슬람교도들도 이런 방법으로 병역을 면제받을 수 있었고, 도시에 거주하는 교육받은 부유층은 병역을 회피하려 했다. 가난한 기독교 그리스인이나 아르메니아인으로 구성된 부대들도 있기는 했지만, 전시에 이런 부대들은 신뢰할 수 없는 존재로 인식되어 보통 노역이나 잡일에 동원되었다. 오스만 투르크 제국 육군에서 실질적으로 전투를 담당한 병사들은 아나톨리아 지역의 농부 출신 병사들이었다. 이들은 대부분 교육을 제대로 받지 못했지만, 애국심이 강하고 용감했으며 헌신적이고 인내심이 강했다. 해마다 약 10만 명의 젊은이들이 징병 대상이 되었지만, 무능한 행정으로 인해 실제로 훈련소에 입소하는 인원은 이 중 겨우 75퍼센트에 불과했다. 평시 육군의 전력은 2년간 현역으로 복무하는 자원으로 구성된 25만 명 정도였다. 동원령이 떨어질 경우 이 수는 80만 명까지 확대될 수 있었지만, 이 인원에 도달하려면 6개월이라는 시간이 필요했다. 같은 시기 프랑스와 독일은 전 인구의 10퍼센트 정도를 징집할 수 있었지만, 오스만 투르크 제국은 인구 대비 징집 가능 자원의 비율이 그 절반에 불과했다.

오스만 투르크 제국의 징집병은 현역과 예비역을 통틀어 해군은 17년, 보병은 25년, 공병이나 포병 같은 기술 병과는 20년을 복무해야 했다. 징집병은 연령에 따라 다양한 등급으로 나뉘는 예비역이 되기 전에 현역으로 해군은 5년간 복무해야 했고, 보병은 2년, 기술 병과 소속은 3년간 복무해야 했다. 예비역 복무기간이 끝나더라도 남성은 여전히 무사트피즈^{Musathfiz}로 알려진 지역 민병대의 일원이 되어야 했다. 그러나 지역 민병대 복무 의무는 사실상 거의 무시되는 실정이었고, 평시에는 민병대 조직을 유지할 기간병들조차 존재하지 않았다. 국내 보안 부대의 역할을 하는 준군사 조직인 잔다르마^{Jandarma}는 예전 정규병과 징집병 가운데 믿을 만한 자들로 편성되었다.

1915년, 일련의 개혁 작업을 거친 투르크군은 4개 지역군으로 개편되어 콘스탄티노플, 바그다드, 에르제룸, 에르진잔에 각 군 본부가 설치되었다. 또 전쟁 중 추가로 5개 군이 편성되면서 동원 전 36개 사단이었던 병력이 1917년 무렵에는 70개 사단까지 증가했다. 육군의 군단은 예비군 사단을 현역 사단과 짝짓는 방식으로 구성되었다. 그러나 이런 대책에도 불구하고 완전 편성 정수를 채우는 사단이나 군단은 거의 없었다. 1개 사단은 3개 연대로 구성되었고, 각 연대는 3개 대대를 보유했다. 투르크군에서 포병은 전통적으로 독립적으로 편성되었다. 1453년 콘스탄티노플을 점령하면서 동로마제국의 유구한 역사에 마침표를 찍은 장본인이자 역사상 최초의 위대한 포병 사령관이었던 메메드 2세$^{Mehmet II}$ 시절부터 포병은 정예 부대로 인정받아왔다. 투르크군의 표준 야포는 독일 크루프 사의 75밀리미터 포였지만, 잡다한 구식 포들이 여전히 사용되고 있었다. 다르다넬스 해협의 해안 포진지에 설치된 대구경 요새포도 대부분 구식 포로서 이것에 맞는 탄약도 크게 부족한 실정이었다. 차나크 수로 가까이에 배치된 포대들은 조금 사정이 나아서 비교적 근대적인 크루프 사와 슈나이더-크뢰소$^{Schneider-Creusot}$ 사의 150밀리미터 곡사포를 보유하고 있었지만, 이마저도 1890년대에 제작된 것들이었다.

투르크군의 장비 및 전력에 대한 정보도 거의 없었고, 과거 투르크군 지휘부가 보여준 무능한 모습에 익숙해져 있던 영국군과 프랑스군은 투르크군을 얕잡아보고 있었다. 그러나 투르크군의 진정한 힘은 강인한 일반 병사들과 이들이 갖고 있는 국토를 지켜야 한다는 사명감과 애국심이었다.

그리스

제1차 세계대전 중 그리스가 보여준 양면적인 태도는 그리스 총리 엘레프테리오스 베니젤로스$^{Eleftherios Venizelos}$와 콘스탄티노스 국왕 사이에서 벌어진 극한의 정치적 대립에서 비롯된 것이었다. 1833년, 독립 전쟁에서 이상주의자들과 그리스 문화에 심취한 외국인들, 그리고 뻔뻔스런 도적의 무리까지 뒤섞인 잡탕 군대가 투르크군을 물리치면서 그리스는 오스만 투르크 제국으로부터 독립을 쟁취했다. 근대 그리스의 첫 국왕이었던 오토는 원래 바이에른 귀족 출신으로 그리스에 오면서 3,500명의 동포 바이에른인들도 함께 데려왔다. 이들은 그리스 군대의 기간을 형성하는 중요한 역할을 수행했지만, 그리스 국민은 이 외국인들을 그다지 좋아하지 않았다.

군대에 들어갈 수 있었던 그리스인은 소수에 불과했다. 1843년, 그렇게 군인이 된 그리스인들로 구성된 아테네 수비대 병사들이 반란을 일으켜 전군의 그리스화를 이룩했다. 1863년, 오토가 퇴위한 이후 그리스군은 독일식으로 발전해왔다. 오토 다음으로 덴마크 출신의 왕자*가 그리스의 왕이 되면서 왕실과 군부의 관계는 크게 돈독해졌다. 1912년~1913년에 걸쳐 벌어진 발칸 전쟁 당시 그리스군을 지휘하여 눈부신 활약을 보여준 콘스탄티노스 왕세자는 프로이센 참모대학 졸업생이었다. 1914년, 왕이 된 콘스탄티노스는 표면적으로는 중립을 표방했지만, 내심으로는 동맹국이 승리하기를 원했다.

베니젤로스 총리는 과격한 그리스 민족주의자로서 19세기 그리스에서 '위대한 사상Great Idea'으로 알려진 범그리스주의에 심취해 있었다. 이 사상은 고대 그리스의 영광을 상기시키면서 그리스가 그리스어를 사용하는 남서유럽 전역과 크레타 섬, 키프로스 섬뿐만 아니라 콘스탄티노플과 함께 아나톨리아 서부 일대까지 병합해야 한다는 주장을 폈다. 그리스의 지식층은 열렬하게 이 사상을 받아들였고 그리스군은 점점 더 정치색을 강하게 띠게 되었다. 1909년, 그리스가 국제사회의 압력에 못 이겨 잠시 크레타 섬을 합병한다는 야망을 포기하자 이에 반발한 그리스 군부가 반란을 일으키면서 그 자신도 크레타인이었던 베니젤로스는 총리가 되었다. 1915년, 왕과 많은 고위 군 지휘관들이 독일의 승리를 지지하고 있는 가운데 베니젤로스는 공개적으로 영국-프랑스와의 동맹을 선포했고, 이를 기회로 오스만 투르크 제국이 지배하는 아나톨리아 지역의 상당 부분을 그 보상으로 챙길 궁리를 했다. 그러나 얼마 후 베니젤로스는 콘스탄티노스 국왕에게 해임당했고 크레타로 도망쳐서 그곳에서 망명정부를 세웠다. 행동에

---

* **게오르기오스 1세** 1845~1913. 재위 1863년~1913년. 덴마크 왕 크리스티안 9세의 둘째아들로 특히 영국의 후원으로 그리스 왕위에 올랐다. 즉위 후 그리스의 근대화를 위해 노력했다. 대그리스주의라는 기치 하에 영토 확장을 꾀하다가 암살되었다.

나선 연합군은 왕에게 충성하는 그리스군의 무장을 해제하고 콘스탄티노스에게 압박을 가해 1916년 왕좌를 내놓게 만들었다. 대부분의 고위 지휘관들이 숙청된 그리스군은 이제 연합군 편에 서서 동맹군과 싸우게 되었다.

1914년~1923년 지중해전선 전황

지중해 전역에서 사용된 전략을 채택하는 데 있어서 정치적인 요소만큼이나 영향을 미쳤던 것이 바로 지형적인 요소였다. 동맹국은 바다로 열린 출구가 거의 없었다. 독일은 전쟁 시작부터 스카파 플로^{Scapa Flow}와 북해, 그리고 영불 해협에 떡 하니 자리를 잡고 앉아 있는 영국의 대함대 때문에 꽁꽁 봉쇄당한 상태였다. 오스트리아 해군도 규모는 상당했지만, 모항^{母港}이 아드리아 해 안쪽에 자리 잡고 있었기 때문에 적대 국가의 함대가 오트란토^{Otranto} 해협을 막아버리면 쉽게 봉쇄당할 수 있는 상황이었다. 1914년, 개전 당시 오스트리아 함대는 전쟁 준비가 되어 있지 않았기 때문에 주요 모항인 폴라^{Pola}에 계속 처박혀 있을 수밖에 없었다. 오스만 투르크 제국 해군 역시 독일 황제 빌헬름 2세가 강력한 독일의 순양전함 괴벤과 순양함 브레슬라우를 쾌척해주기 전에는 구식 함선만을 보유하고 있었

■■■■■ 가장(假裝) '순양전함' 타이거(Tiger)의 모습. 상선에 합판을 씌워 순양전함 타이거의 모습을 흉내 낸 배다. 이 책략은 효과를 발휘하여 온갖 위험을 무릅쓰고 동지중해에서 이 배를 격침시킨 U보트의 함장은 전함의 연통과 삼각장 마스트, 주포가 물에 떠다니는 것을 보고 어안이 벙벙해지고 말았다. (IWM)

기 때문에, 전쟁이 터질 경우 인근 그리스 도서지역에 근거지를 둔 연합군의 봉쇄 함대에게 다르다넬스 해협 안쪽에서 봉쇄당하기 십상이었다. 반면 이탈리아는 아드리아 해와 지중해 방면에 기나긴 해안선을 갖고 있었다. 1915년, 이탈리아가 연합군 편에 서서 참전했을 때 이탈리아 해군의 지상 과제는 오스트리아의 아드리아 해 함대를 무력화하는 것이었다. 또한편으로 프랑스의 지중해 함대의 주요 목표는 전쟁시 오스트리아 및 이탈리아 함대와 맞서 싸우는 것이었지만, 오스트리아 해군이 아드리아 해에 갇혀버리고 이탈리아가 3국동맹의 일원으로서 전쟁에 참가하는 것을 거부함에 따라 할 일이 없어져버렸다. 이후 프랑스 해군의 주요 임무는 다르다넬스 해협에 대한 연합군의 해상 봉쇄를 지원하는 것이 되었다.

영국의 전략적 이해관계는 영국에서 인도로 가는 관문 역할을 하고 있던 수에즈 운하에 집중되어 있었다. 오스만 투르크 제국이 동맹국 편에 서서 참전한 것은 그렇게 놀라운 일이 아니었다(그러나 전쟁 전 수년 동안 영국 정부가 독일에 한 만큼만 오스만 투르크 제국에 능숙한 외교를 펼쳤다면 피할 수도 있는 사태이기도 했다). 오스만 투르크가 다르다넬스 해협을 봉쇄하자 러시아는 서유럽의 연합국들과 쉽게 연락을 취할 수 있는 통로가 막혀버렸고, 전쟁 자금을 마련하기 위해 우크라이나의 곡물과 카스피 해의 석유를 수출하는 것도 불가능하게 되었다. 또 동시에 연합국이 러시아에게 탄약과 무기를 공급하는 것도 불가능하게 되었다. 전략적 측면에서 봤을 때도 오스만 투르크 제국의 참전으로 인해 동맹국은 수에즈 운하와 코카서스의

▪▪▪▪▪▪ 1915년 여름, 무드로스(Mudros) 항만에서 촬영한 사진. 무드로스는 렘노스(Lemnos) 섬에 자리 잡은 연합군의 주요 해군기지였다. 화물선 여러 척과 경순양함 1척이 정박하고 있는 가운데 비행선 1대가 상공을 초계하고 있다. 사진 왼쪽 구석에 방뢰망(防雷網)을 내리고 있는 군함(아마도 전 드레드노트급 전함인 것으로 추정된다)의 승무원들이 수영을 즐기고 있는 사이에 증기 발동선 2척이 구명 및 안전선의 역할을 하고 있다. (IWM)

러시아 영토를 직접 위협할 수 있게 되었다. 또 개전과 동시에 이슬람의 수장인 칼리프를 겸하고 있는 오스만 투르크 제국의 술탄이 성전을 선포하면서 영국군의 인도인 부대들과 여기에 소속된 이슬람교도 병사들이 소요를 일으킬 가능성도 커졌다. 비록 영국군이 우려했던 이슬람교도 병사들의 반란과 같은 사태는 일어나지 않았지만, 어쨌든 영국은 막대한 인도군 병력들을 이슬람교를 믿는 투르크군에 대해 사용할 엄두를 낼 수 없게 되었다. 게다가 러시아가 인도에 가하던 위협은 1904년 이래 거의 사라졌지만, 인도 서북부 국경지대와 내부 치안 유지를 위해서는 여전히 상당한 수의 수비대를 인도에 두어야 했다.

페르시아 만 지역은 오스만 투르크 제국의 변경지대였지만, 주로 영국과 프랑스 기업들의 주도하에 유전이 개발되면서 중요한 전략적 가치를 갖게 되었다. 당시는 군함의 주요 연료가 석탄에서 석유로 전환되던 시점이었기 때문에, 페르시아 만의 석유는 함대 운용을 위해 없어서는 안 될 필수적인 자원으로 부상했다. 비록 당시까지도 완성되지는 않았지만, 베를린-바그다드 긴 철도를 통해 독일이 이 지역에 영향력을 미칠 수도 있다고 생각한 영국은 유전지대를 확보하기 위해 인도로부터 원정군을 파견하여 티그리스와 유프라테스 강을 따라 진격을 개시했다. 그러나 이집트에 위치한 영국군 사령부는 후방 지역의 반란 조짐에도 대처해야 했다. 독일의 지원에 고무된 엔베르 파샤는 영국에 반대하는 리비아의 부족들에게 영국에 대항하여 봉기할 것을 선동했다. 이 지역에서는 이탈리아가 1912년 오스만 투르크 세력을 몰아냈지만, 이슬람교의 일파인 세누시Senussi파 지도자의 지배를 받던 부족민들은 불신자들에 대한 성전 선언에 크게 동요하고 있었다.

지중해에서의 전쟁은 프랑스가 전쟁을 선포한 날부터 시작되었다고 볼 수 있다. 이 날, 연합군의 추적을 피해 종적을 감추었던 2척의 독일 군함들이 북아프리카 해안에 나타나 두 곳의 항구에 포격을 가했다. 그러나 본격

▪▪▪▪▪▪ 1914년 8월, 개전 직전 오스만 투르크 제국 해군에게 인도될 예정이었던 2척의 드레드노트급 전함이 영국의 타인(Tyne) 조선소에서 장비를 점검받고 있었다. 이 배들을 콘스탄티노플로 몰고 갈 오스만 투르크 제국 승무원들까지 도착해 있었지만, 이 배들은 투르크인들에게 넘겨지기 전에 윈스턴 처칠의 명령으로 각각 애진코트 (HMS Agincourt: 백년전쟁 당시의 아쟁쿠르 전투에서 기원한 이름)와 에린(HMS Erin)이라는 이름으로 영국의 대함대에 배치되었고 양 전함 모두 1916년 유틀란트(Jutland) 해전에 참가했다. 오스만 투르크 제국은 이 전함들을 사기 위해 전국적인 모금 운동까지 벌였기 때문에, 영국군에게 이 배들을 빼앗기게 되자 영국에 대한 오스만 투르크 정부와 국민의 분노는 극에 달했다. 결국 이 사건은 오스만 투르크 제국이 동맹국의 편에 서서 참전하게 되는 주요 원인 중의 하나가 되었다. 사진은 영국군의 손에 넘어간 애진코트의 모습. (IWM)

적인 전투가 시작된 것은 세르비아 국경지대에서였다.

세르비아 침공

세르비아의 지리적 입지는 세르비아를 발칸 반도의 전략적 요충지로 만들어주었다. 세르비아의 지형은 거친 산악지대로 이루어져 있었지만, 2개의 유서 깊은 무역로가 지나는 곳이기도 했다. 하나는 중부 유럽과 에게 해를

이어주는 '마름모꼴 고랑'으로 알려진 모라바-마리차 통로Morava-Maritza
Trench(이 통로는 베를린-바그다드 철도의 노선으로 선택되었다)였고, 또 다른 하
나는 모라바-바르다르 통로Morava-Vardar Trench였다. 세르비아의 북쪽 국경지
대는 드리나Drina 강과 다뉴브 강이 천연의 방어선을 제공하고 있었다. 두
강 모두 걸어서 건널 수 있는 깊이의 강이 아니었다. 또 1914년 당시, 세르
비아에서 다뉴브 강을 건널 수 있는 다리는 수도에 있는 교량이 유일했다.
세 번째 장벽은 사바Sava 강이었다. 이 강 주변에는 거의 통과가 불가능한
습지대가 자리 잡고 있었다. 세르비아의 도로 교통망은 전국적으로 아주
열악했다. 여기에다 세르비아 인구의 대부분은 강인한 소작농들이었다.

전운이 짙어짐에 따라 1914년 7월 26일, 세르비아는 동원령을 하달했
다. 오스트리아군 참모총장 콘라트는 전쟁을 빨리 시작하고 싶어 안달했
지만, 막상 전쟁이 터지려고 하는 시점에서는 오스트리아군이 전쟁을 치
를 준비가 제대로 되어 있지 않다는 사실을 깨닫게 되었다. 게다가 콘라트
는 러시아의 공격에 대비해 러시아 국경지대에도 8개 육군 군단을 배치해
야만 했다. 이러한 악조건에도 불구하고 7월 28일, 오스트리아는 세르비아
에 선전포고했다. 다음 날, 오스트리아군 군함들이 다뉴브 강을 타고 올라
와 세르비아의 수도 베오그라드를 포격했고, 오스카르 포티오렉Oskar Potiorek
대장이 지휘하는 오스트리아 제2·4·6군은 사바 강과 드리나 강을 도하
할 준비를 했다. 당시 세르비아군은 45만 명의 병력과 엉성한 훈련을 받은
몬테네그로인 보조병들만을 갖추고 있었다. 세르비아군 총사령관 라도미
르 푸트닉Radomir Putnik 원수는 압도적인 적을 맞아 세르비아 병사들의 목숨
을 최대한 비싼 값에 팔 각오를 다졌다. 오스트리아에서 불가리아에 이르
는 450마일에 달하는 국경선을 지켜야 했던 푸트닉은 휘하의 3개 군을 세
르비아 중부 지역에 배치해 오스트리아나 불가리아 어느 쪽이 침공해와도
대처할 수 있도록 병력을 배치했다. 푸트닉은 소수의 병력으로 주요 하천
방어선을 지키고 있다가 오스트리아군의 주요 도하 지점을 포착한 후 자

신이 선택한 장소에 전력을 집중해 오스트리아군을 공격한다는 계획을 짰다. 푸트닉이 정확하게 오스트리아군의 주공 방향을 예측한 덕분에 오스트리아군이 실제로 세르비아를 침공해왔을 때 세르비아군은 이를 맞아 싸울 만반의 준비를 갖춘 상태였다. 반면, 포티오렉의 전략은 미적지근하기 그지없었고, 제대로 훈련도 받지 못한 그의 병사들 중 상당수는 동포 슬라브인인 세르비아군과 싸울 의욕이 없었다. 당시 군기가 해이해져 있던 오스트리아군은 세르비아 민간인들을 대상으로 끔찍한 만행을 저질렀다.

8월 12일, 본격적인 전투가 시작되었다. 9일 간의 치열한 격전 끝에 세르비아군은 자다르^{Jadar} 전투에서 오스트리아군을 공격개시선으로 밀어내버리면서 퇴각하는 오스트리아군을 쫓아 보스니아까지 진격해 들어갔다. 오스트리아군은 압도적인 전력을 갖추고도 결의에 찬 세르비아군의 반격에 무질서하게 패주했다. 9월 7일, 포티오렉은 다시 한 번 세르비아군을 공격하여 너무 멀리 진출해 나온 세르비아군을 보스니아에서 축출하려고 했다. 세르비아군은 용감하게 싸웠지만 압도적인 전력 차이를 극복할 수는 없었다. 11월 초가 되자 세르비아군은 이제 끝장이 난 것처럼 보였다. 세르비아군이 절대절명의 위기 상황에 처한 바로 그때, 늙고 병약한 페테르^{Peter} 세르비아 국왕은 손수 소총을 들고 왕자들과 함께 참호에 서서 다음과 같은 연설로 세르비아군 병사들의 가슴에 불을 붙였다.

영웅들이여, 여러분은 두 가지 맹세를 했다. 하나는 여러분의 국왕인 나에게 한 맹세고, 다른 하나는 조국에 한 맹세다. 나는 무덤에 들어갈 날만을 기다리는 병든 늙은이일 뿐이니 이제 제군들을 나에 대한 맹세로부터 해방시켜주겠다. 그러나 그 누구도 여러분이 조국에 한 맹세로부터 여러분을 해방시켜줄 수는 없다. 만약 더 이상 싸울 수 없다고 느낀다면, 당장 집으로 돌아가도 좋다. 맹세컨대 전쟁이 끝나고 우리가 지금의 위기를 벗어나더라도 집으로 돌아간 이들에게 어떤 해도 가하지 않을 것이다. 하지만 나와 내 아들들

은 끝까지 여기에 남아 싸울 것이다.

국왕은 집에 돌아가도 좋다고 했지만, 전선을 떠난 세르비아군 병사는
단 1명도 없었다. 그러나 수적으로 불리한 입장에 있던 세르비아군은 11월
29일, 어쩔 수 없이 수도 베오그라드까지 내주고 퇴각을 계속해야 했다. 그
러나 12월 3일, 질서정연하게 남서부 방면으로의 철수작전을 끝마친 푸트

닉은 콜루바라Kolubara 강에서 반격에 나섰다. 이때까지도 페테르 국왕은 소총과 50발의 실탄을 지니고 최전선에 머물러 있었다. 독기 어린 세르비아군의 반격에 오스트리아군은 다시 한 번 무질서하게 패주했다. 12월 15일 무렵, 세르비아군 정찰대가 다시 수도 베오그라드로 진입했고, 페테르 국왕은 수도의 대성당에서 장엄한 감사 미사를 올렸다. 이렇게 오스트리아군의 세 번째 침공 작전 역시 지리멸렬하게 끝나버리고 말았다. 오스트리

아군은 그 과정에서 41만 명의 포로를 내면서 133문의 야포까지 잃었다. 거듭된 졸전의 책임자였던 포티오렉은 결국 오이겐Eugene 대공으로 교체되었다.

이후 오스트리아군이 전황이 급박해진 러시아 전선에 주의를 돌리면서 세르비아 전선은 소강상태를 맞게 되었다. 1915년 2월, 세르비아에 대한 구원 부대로서 영국 지중해 함대의 트로우브리지Troubridge 제독이 4.7인치 야포와 해군 분견대를 이끌고 베오그라드에 도착했다. 자존심 높은 영국 해군 장성으로는 이례적으로 트로우브리지 제독은 독일군 정보망을 교란하기 위해 세르비아군 장성의 복장을 하고 있었다. 한편, 전투가 소강상태에 빠져 있는 동안 세르비아군은 티푸스의 만연으로 엄청난 피해를 입고 있었다. 4월 무렵에는 4만8,000명에 이르는 병사들이 티푸스로 병원에서 치료를 받고 있는 형편이었다. 1915년 여름 동안 오스트리아와 세르비아 사이에는 국지적인 소규모 교전 이상의 전투는 벌어지지 않았다. 그 동안 세르비아는 격심한 전투가 벌어질 것으로 예상되는 겨울에 대비해 전력을 축적하기에 여념이 없었다. 독일은 베를린-바그다드 철도를 다시 개통하고 싶어했지만, 세르비아를 정복하기 전에는 그러한 목표를 달성할 수 없었다. 세르비아와의 전투에서 발생한 엄청난 손실에 경악한 오스트리아군은 단독으로 세르비아를 공격하겠다는 생각을 버리고 계속 전황을 주시하고 있던 불가리아에게 참전할 것을 요청했다. 당시 불가리아는 만약 영국과 프랑스가 세르비아와 그리스령 마케도니아 지방의 광대한 영토를 제공한다면 연합군 편에 설 것을 고려하겠다는 의사를 표했다. 결국 인내심의 한계를 느끼고 행동에 먼저 나선 것은 독일이었다. 1915년 9월 6일, 독일, 오스트리아, 불가리아 3개국 사이에 세르비아 분쇄를 목표로 한 협약이 체결되었다. 사태가 이렇게 되자, 위협을 느낀 연합국은 불가리아에게 마케도니아의 일부를 제공하겠다는 최후 제안을 했다. 그 정도의 영토로는 만족하지 못한 불가리아는 연합국의 제안을 거절했고, 결국 세르비아의 운

명은 그렇게 끝장이 났다.

　세르비아 북부 국경지대에서 독일군까지 가세한 오스트리아군의 공세가 시작되었다. 그제야 연합국들은 유사시 세르비아를 돕도록 규정한 조약을 준수할 것을 그리스에게 끝까지 요구하지 않았던 것이 외교적으로 큰 실수였다는 사실을 깨닫게 되었다. 9월 22일, 한 프랑스 외교관이 세르비아에 대한 지원 기지로서의 적합성을 평가하기 위해 살로니카에 도착했다. 그리스의 도움을 얻기 위해 세르비아는 그리스에게 국경지대의 영토를 할양해주겠다고 제안했다. 그리스의 콘스탄티노스 국왕은 마지못해 연합군이 살로니카에 상륙해도 좋다는 허가를 내주었다. 또 그리스 총리는 불가리아에 그리스군의 동원을 중지할 테니 불가리아도 동원을 중지해달라는 마지막 요청을 해보았지만, 불가리아의 입장은 요지부동이었다. 어차피 그 무렵에는 만사가 소용없는 상태였다. 세르비아의 운명에 대한 주사위는 이미 던져졌던 것이었다.

　당시 세르비아 북부 국경지대에 집결해 있던 오스트리아-독일군을 지휘한 것은 얼마 전 고를리체-타르누프 지구에서 러시아군에게 파멸적인 패배를 안겨주었던 폰 마켄젠 원수였다. 세르비아군을 철저하게 쳐부수라는 임무를 부여받은 마켄젠은 새로 동원된 불가리아군을 포함한 오스트리아-독일 동맹군을 지휘하게 되었다.

　10월 5일, 엄청난 포병 사격과 함께 오스트리아-독일군의 공세가 시작되었다. 다음 날, 세르비아의 수도 베오그라드가 동맹군의 공격을 받았고, 영국 해군 포병들은 10월 9일 수도가 함락될 때까지 끝까지 싸웠다. 동맹군은 결국 베오그라드를 점령하는 데 성공했지만, 필사적으로 저항하는 세르비아군을 상대로 격렬한 시가전을 치르는 과정에서 7,000명에 이르는 사상자가 발생했다. 이제 전세는 완전히 동맹군 쪽으로 기울어 11월 23일에는 세르비아군이 남쪽과 서쪽으로 철수하면서 미트로비차^{Mitrovitza}의 대규모 요새가 오스트리아군에게 점령당했다. 같은 날, 불가리아군과 폰 갈비츠 대장이 이끄는 독일군이 합류했다. 그래도 영국-프랑스 연합군은 살로니카의 교두보로부터 푸트닉의 세르비아군을 지원할 수 있었지만, 불가리아군이 공격을 시작하자 세르비아군은 더 이상 살로니카의 연합군으로부터의 지원도 받을 수 없게 되었다.

압도적인 동맹군의 공격에 밀린 세르비아군은 퇴각을 계속했지만, 이들의 사기는 여전히 높았고 세르비아 남성들 역시 앞다투어 군에 입대했다. 또 세르비아군의 전의와 전투 능력은 여전히 그 어느 때보다도 강력했다. 그러나 세르비아군은 강력한 동맹군의 맹렬한 공격 앞에서 한발 한발 조금씩 뒤로 밀려났고, 11월 1일에는 크라구예바츠 Kragujevac 의 대규모 무기고까지 폭파해버리고 퇴각해야만 했다. 세르비아군이 코소보 평야까지 밀려나자, 세르비아 정부는 미트로비차에 새로 자리를 잡았다. 겨울이 다가오는 가운데 11월 16일 모나스티르 Monastir 시가 동맹군의 손에 떨어졌다. 이제 세르비아군은 사면초가의 위기에 빠지게 되었다. 그리스와의 마지막 연락로도 차단당한 상태에서 티푸스까지 다시 기승을 부리고 있었다. 모든 병사들은 평소의 절반 분량의 급식만으로 전투를 벌이고 있었으며, 야포는 겨우 200문밖에 남지 않았다. 11월 23일, 임시 수도 미트로비차와 프리스티나 Pristina 가 함락되자, 20만 명의 세르비아군 잔존 병력은 엄동설한에 험준한 산맥을 넘어 안전한 아드리아 해안 지역으로 철수해야만 하는 악몽 같은 상황을 맞게 되었다. 세르비아의 후위대는 백 드린 White Drin 강에서 동맹군에게 전멸당하고 말았다. 끔찍한 날씨 속에서 진행된 철수작전 중에 세르비아군은 많은 양의 귀중한 보급품을 잃어야 했다. 알바니아의 해안지대로 물러난 세르비아 정부와 세르비아군 총사령부는 스쿠타리 Scutari 에 다시 한 번 새로 자리를 잡았고, 연합군은 엄청난 고난을 겪은 생존자들을 수송하기 위해 아드리아 해로 수송선단을 급파했다.

일단의 프랑스군이 뒤늦게나마 세르비아군을 돕기 위해 살로니카에서 바르다르 Vardar 계곡으로 진출했지만, 압도적인 불가리아군과 맞닥뜨리면

■■■■■ 연로한 세르비아의 국왕 페테르 1세(Peter I)가 참모들의 도움을 받아 말에 오르고 있다. 1844년, 세르비아를 지배하던 카라게오르게비치(Karageorgevic) 가문에서 태어난 페테르 1세는 프랑스군 소속으로 1870년~1871년 프로이센-프랑스 전쟁에서 싸웠으며, 1903년 선거를 통해 왕이 되었다. 열렬한 애국자였던 그는 1914년에 연로한 나이와 병약한 몸에도 불구하고 세르비아군과 함께 전장에 나갈 것을 고집했으며, 그리스로 밀려나는 세르비아군 병사들과 끔찍한 산악지대 행군을 함께했다. 1918년, 그는 세르비아, 크로아티아, 슬로베니아의 국왕으로서 금의환향했다. 실제적인 국가 통치는 그의 아들 알렉산드르(Alexander)가 섭정을 맡아 수행했다. (IWM)

서 무질서하게 패주했다. 괴멸의 위기에 빠진 프랑스군은 영국군 제10아일랜드사단이 측면을 원호해주는 틈을 타서 간신히 살로니카로 돌아올 수 있었다. 연합군은 살로니카로부터 내륙으로 14마일 들어간 지점에 구축된 '포위된 캠프Entrenched Camp'라고 불린 주둔지로 철수해서 남은 겨울을 그곳에서 보냈다. 연합군으로서는 그다지 상서로운 출발이라고 볼 수 없었다.

이 무렵 연합군은 그리스 국왕에게 살아남은 세르비아군이 코르푸Corfu 섬
으로 이동할 것이라고 통보했다. 코르푸 섬은 이미 그리스의 허락도 받지
않고 상륙한 프랑스군 해병대가 점령한 상태였다. 세르비아군의 이동은
1916년 1월 12일에 시작되었고, 살로니카를 수비하고 있던 연합군은 스트
루마Struma 강의 교량을 현지 그리스군 병사들이 지켜보는 가운데 폭파해
버렸다. 살로니카 전역은 이렇게 시작되었다.

메소포타미아의 막간극

영국 정부는 페르시아 만에서 공급되고 있던 전략 품목인 석유의 취약점
을 잘 알고 있었다. 영국은 페르시아 만 지역에 대한 군사작전은 인도와
본국의 식민지 관계부처의 정치적 통제를 받아 인도로부터 시작되어야 한
다고 결정했다. 그러나 인도와 런던의 식민지 관계부처가 인도군 병사들
로 페르시아 만 공격군을 편성할 때까지도 영국 국방성은 공세에 필요한
정보를 전혀 주지 않았다. 이와 같이 분리된 지휘체계는 엄청난 혼란과 재
앙에 가까운 결과를 낳았다. 우여곡절 끝에 영국은 1914년 9월 아바단
Abadan에 위치한 앵글로-페르시안 석유 회사Anglo-Persian Oil Company의 설비와
북쪽 유전지대로부터 내려오는 송유관을 보호하기 위해 인도로부터 중동
지역으로 소규모 병력을 파견했다. 오스만 투르크 제국 술탄의 성전 선언
이 내려진 상황에서 페르시아 만 일대의 여러 부족들과 종교지도자들의
지속적인 충성심을 확보하는 것 역시 이 부대의 중요한 임무였다. 이와 같
은 초기 목표들이 달성되자, 영국은 샤트-엘-아랍Shatt-el-Arab 수로를 거슬
러 올라가 바스라로 진격한다는 제2단계 작전을 실시하기 위해 인도로부
터 추가 병력을 파견했다. 11월 22일이 되자 영국군은 바스라에 도착했다.
　　인도로부터 증원 병력이 도착하자, 영국군은 증기선과 견인 바지선단

을 통해 보급을 받아가면서 티그
리스와 유프라테스 강을 따라 진
격을 시작했다. 2개 보병사단과
1개 기병여단으로 편성된 임시
군단을 지휘한 것은 인도군 육군
대장 존 닉슨 경 ^{Sir John Nixon}이었
다. 투르크군이 유프라테스 강 일
대에서 강력히 저항하자, 타운센
드 ^{Townshend} 소장이 지휘하는 두
번째 영국군 부대는 이번에는 방
어가 약한 티그리스 강을 따라 진
격해갔다. 1915년, 타운센드는 엄
청나게 강한 여름 햇살 속에서도
예하 부대들이 강행군을 하도록
밀어붙인 끝에 9월에 바그다드로
부터 22마일밖에 떨어지지 않은
크테시폰에 도달했다.

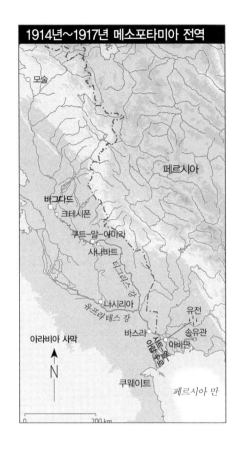

그러나 당시 영국군은 식량도 거의 바닥나고 피로에 찌든 병사들의 사
기도 크게 떨어져 있었다. 11월 22일, 타운센드는 다시 한 번 공격을 시작
했지만, 지치고 배고픈 인도 병사들의 공격은 지리멸렬했으며 곧 투르크
군에게 격퇴되고 말았다. 당시 건기였던 티그리스 강은 수심이 얕아서 하
천 증기선으로는 타운센드의 부대에게 보급을 해줄 수가 없었다. 따라서
타운센드는 쿠트로 물러나 티그리스 강의 만곡부에 강력한 방어진지를 구
축했다. 타운센드는 겨울이 되어 티그리스 강의 수량이 불어나 증원 병력
과 보급 물자를 지원받을 수 있을 때까지 그곳에서 충분히 버틸 수 있다고
생각했다. 당시 술탄의 전 고문이었던 독일의 콜마르 폰 데어 골츠^{Colmar von}

der Goltz 대장(투르크군에서는 원수)은 스스로 굴을 파고 들어앉은 영국군을 빈틈없이 포위해버렸다. 타운센드를 구출하기 위해 몇 차례 시도가 이루어지기도 했지만, 모두 비참한 실패로 끝나고 말았다.

1916년 1월이 되자 포위당한 영국군은 보급품이 거의 떨어진 상태에서 식량으로 삼기 위해 군마를 도살하는 지경에 이르렀지만, 대부분의 인도군 병사들은 종교적인 이유로 말을 먹는 것에 대해 거부감을 갖고 있었다. 4월 16일, 육로를 통한 마지막 구출 시도가 이루어질 무렵, 포위된 영국군은 기아 상태에 있었다. 마지막 구출 시도마저 실패로 돌아가자, 영국군 사령부는 타운센드에게 항복 협상을 할 수 있는 권한을 부여했다. 이 무렵 육군 소속의 왕립 항공대의 항공기들이 약간의 보급품을 포위망 안쪽에 투하해주고 있었지만, 이마저도 어떤 의미 있는 변화를 만들어내기에는 너무나 적은 양이었다.

한편, 영국군에 대한 포위전이 지속되는 동안 폰 데어 골츠 장군이 바그다드에서 사망했다. 골츠의 사인은 콜레라로 알려졌지만, 청년 투르크당의 급진 당원에게 독살당했다고 생각하는 이들도 있었다. 쿠트에서 영국군을 포위하고 있던 투르크군의 지휘관인 칼릴 파샤Khalil Pasha는 타운센드에게 만약 항복한다면 "당신의 용감한 병사들을 우리의 가장 귀한 손님으로 대접해줄 것이오"라는 약속을 했다. 그러나 항복 후 타운센드 휘하의 영국군 병사들이 받은 대접은 끔찍한 것이었다. 타운센드는 오스만 투르크 제국의 수도 콘스탄티노플로 호송되어 왕 같은 대접을 받았지만, 그의 부하들은 아나톨리아 지역까지 제대로 음식도 공급받지 못하면서 1,200마일을 강제로 행군해야 했고, 그 과정에서 4,000명 이상이 사망했다.

1916년 8월, 중동지역 영국군 총사령관으로 육군 대장 프레더릭 모드 경Sir Frederick Maude이 착임하자, 영국군은 일대 변화를 맞게 되었다. 중동지역 영국군의 통제권은 이제 전적으로 런던의 전쟁성이 갖게 되었다. 모드는 이 지역에서 공세를 재개하기 전에 대규모 증원 병력과 효율적인 군수

보급체계의 구축이 필요하다고 강력히 주장했으며, 1916년 12월 자신의 주장을 모두 관철시켰다. 영국군의 진격이 시작되자 투르크군은 여전히 완강하게 저항했지만, 전염병으로 인해 큰 타격을 입은 데다가 비효율적인 보급체계로 제대로 전투를 수행하지 못하면서 모드의 무자비한 진격을 저지하는 데 실패하고 말았다. 1917년 2월에 모드는 쿠트를 탈환했고, 3월 11일에는 바그다드에 입성했다. 그러나 같은 해 10월, 모드는 폰 데어 골츠가 사망한 건물에서 역시 콜레라로 사망하고 말았다.

비록 모드가 투르크군에 대해 거의 4 대 1에 이르는 수적 우위(당시 투르크군은 겨우 4만2,000명의 병력을 갖고 있었다)를 차지하고 있었지만, 영국군은 육체적으로 가혹한 환경과 타운센드의 치욕적인 패배로 인한 심리적 패배감과 싸워야만 했다. 하지만 대부분의 관심이 다르다넬스와 팔레스타인 전역으로 쏠린 상황에서도 모드는 대규모 투르크군 부대를 성공적으로 격파했다. 영국군이 바그다드를 점령한 후 중동 전역은 소강상태에 빠졌다. 1917년 말이 되자, 러시아는 이제 끝장난 것이나 다름없는 상황이 되어 있었고, 투르크군도 너무나 약화되어 팔레스타인 이외의 지역에서 연합군에게 심각한 위협을 가할 만한 능력을 완전히 상실했다.

갈리폴리와 다르다넬스

다르다넬스 해협과 갈리폴리 반도에서 벌어진 전투는 제1차 세계대전에서 벌어진 수많은 전투 중 가장 흥미로우면서도 비극적인 전투였다. 1915년 1월 2일, 코카서스에 대한 오스만 투르크 제국의 위협이 점점 커지자, 러시아는 연합군에게 어떻게 해서든 투르크군의 주의를 돌려달라고 요청했다. 당시 코카서스 지역에서는 오스만 투르크 제국의 전쟁장관이었던 엔베르 파샤가 동맹이었던 독일 고문들의 충고를 무시하고 제대로 준비도

■■■■■■ 1915년 8월 갈리폴리의 수블라(Suvla) 만에 주둔한 제10아일랜드사단 소속으로 전투에 참가한 귀족들. 육군 중장 브라이어 마혼 경(Sir Bryan Mahon)의 부관인 헤드포트(Headfort) 후작과 왕립 아일랜드연대의 제5공병대 대장이었던 육군 중령이자 추밀원 위원(Privy Counsellor, PC) 그라나드(Granard) 백작의 모습(가운데는 AP통신 기자). 그라나드 백작은 영국 국왕에게 수블라 만 지역에서 전투가 얼마나 엉망으로 진행되고 있는지를 직접 서신으로 알려 이 지역에 대한 관심을 높였다. 그러나 이 일로 인해 그라나드는 육군 대장 이안 해밀턴 경(Sir Ian Hamilton)으로부터 질책을 받았다. (IWM)

갖추지 않고 러시아군에 대한 대공세에 나서려 하고 있었다.

당시 영국의 해군장관이었던 윈스턴 처칠은 애스퀴스 총리 내각의 각료들에게 서부전선 교착상태 해결책을 서부전선 이외의 다른 지역에서 찾아야 한다는 간접접근 전략을 설파해왔다. 처칠의 계획은 다르다넬스를 확보하고 이를 발판으로 삼아 오스만 투르크 제국의 수도 콘스탄티노플을 점령함으로써 오스만 투르크 제국이 전쟁에서 완전히 손을 떼게 만들어 동맹국들의 전쟁 전략 전체를 뒤흔들어놓자는 것이었다. 그러나 당시 국방장관이었던 키치너는 서부전선의 전력을 다른 지역으로 돌리는 것을 내켜하지 않았다. 그리고 프랑스에서 싸우고 있던 영국 원정군의 사령관이었던 육군 원수 존 프렌치 경 역시 키치너의 견해를 지지했다. 프렌치는 독일군 주력 부대를 격파할 수 있는 곳은 오직 프랑스뿐이며, 전쟁의 최종 승리가 결정될 곳도 프랑스라고 확신하고 있었다. 키치너가 프랑스 이외의 지역에 대한 원정에 영국 지상군을 배정해줄 수 없다는 의사를 밝히자, 처칠은 그렇다면 순전히 해군으로만 작전을 전개하겠다는 계획을 보고하여 이를 실행에 옮겨도 좋다는 허가를 얻었다.

그러나 처칠의 제1해군경이었던 '재키Jacky' 피셔는 즉각 처칠의 계획을 반대하고 나섰다. 피셔는 1878년에 다르다넬스 해협의 방어진지를 직접 자신의 두 눈으로 관찰한 경험이 있었고, 그로부터 거의 30년 세월이 흐르기는 했지만 여전히 다르다넬스 해협을 지키고 있던 투르크군의 요새 포는 비좁은 차나크 수로를 빠져나가려고 하는 어떤 전투함대에게도 막대한 피해를 줄 수 있는 능력이 있다고 확신하고 있었다. 또 설사 전투함들이 마르마라Marmara 해에 도달한다손 치더라도 함대가 전투를 지속하기 위해서는 유조선, 석탄선, 식량 및 탄약 보급선으로부터 보급을 받고 수리를 받을 필요가 있는데, 별다른 장갑방어력이 없는 이 보급선들이 조밀하게 배치된 요새포가 근거리 사격을 퍼부어대는 해협을 통과하는 것은 자살행위나 다름없었다. 따라서 피셔는 다르다넬스 해협을 봉쇄하고 있던 무익한 손실이 발생할 가능성이 큰 영국-프랑스 연합함대에 어떤 근대적 전함도 배치해서는 안 된다고 고집을 부렸다. 결국 1915년, 연합군은 어정쩡한 강도와 규모로 다르다넬스 해협 외곽 요새들에 대한 포격을 개시했다. 이는 적에게 별다른 피해를 주지도 못하면서 스스로 기습의 이점마저도 날려버리는 우를 범한 것이었다.

상륙작전이 개시되기 훨씬 이전인 1914년 12월 13일에 영국 잠수함 B-11호가 오스만 투르크 제국의 구형 전함 메수디에Messudieh를 차나크 항 부근에서 뇌격으로 격침시켰다. 그리고 얼마 후 영국과 프랑스군 잠수함들이 마르마라 해의 투르크군의 해상 수송망을 교란시키기 위해 투르크군의 기뢰와 방잠망을 뚫고 마르마라 해로 진입했다. 1915년 2월과 3월에는 연합군 지상 부대가 상륙하여 해협 입구의 유럽과 아시아 쪽 해안에 위치한 외곽 요새들을 완전히 파괴했다. 그러나 독일 군사고문들의 조언에 따라 투르크군은 이 지역에 가해질 것으로 예상되는 연합군의 공격을 막기 위해 기동성 있는 곡사포를 해협 양측에 배치하는 등 방어태세를 강화했다.

3월 초, 영국-프랑스 연합함대 지휘관 카덴^{Carden} 중장은 비좁은 차나크 수로에 대한 공격 준비가 완료되었다고 선언하고 3월 18일 공격을 개시하기로 결정했다. 그동안 런던에서는 처칠의 끈질긴 설득 작업이 효과를 발휘하여 다르다넬스 공략전에 지상군을 투입해도 좋다는 허가가 떨어졌다. 이들 지상군은 해군이 해협의 요새와 포대를 성공적으로 제압한 후에 상륙할 예정이었다. 당시 영국과 서부전선으로 향하던 왕립 오스트레일리아군과 수천 명의 뉴질랜드군 병사들이 중간 지점인 알렉산드리아^{Alexandria}에 도착해 있었다. 인도군 지휘관 육군 대장 윌리엄 버드우드 경의 지휘하에 안작군단으로 편성된 오스트레일리아군과 뉴질랜드군 병사들은 이후 유럽 지역으로 이동하지 않고 표면상으로는 추가 훈련과 수에즈 운하 방어 목적으로 이집트에 계속 머물고 있었다. 그밖에 처칠이 쓸 수 있는 지상군 부대로 왕립 해군사단이 있었다. 왕립 해군사단 대대들은 해군 예비역 수병들과 왕립 해병 경보병들로 편성되어 있었다. 이들은 열렬한 애국심을 가진 군인들로 제1차 세계대전이 터졌을 때 키치너의 자원자 모집에 기꺼이 지원했다. 1916년 초, 키치너는 지중해 원정군 사령관으로 육군 대장 이안 해밀턴 경^{Sir Ian Hamilton}을 임명했다. 그러나 해밀턴 대장은 3월 13일 소수의 참모장교들과 함께 런던을 떠나기 직전 키치너로부터 아주 간략한 브리핑밖에 듣지 못했고, 다르다넬스와 갈리폴리 반도의 투르크군 방어태세에 대해서 거의 아무런 정보도 갖고 있지 못했다. 영국-프랑스 연합함대가 비좁은 차나크 수로를 돌파하려는 때에 맞춰 다르다넬스 해협에 도착

■■■■■■ 다르다넬스 공략전 중 그리스 렘노스 섬의 무드로스 항에서 촬영한 왕립해군항공대 소속 수상기의 모습. 국방장관 키치너 경은 갈리폴리에 육군 소속의 왕립 항공대는 투입할 수 없다고 못을 박았지만, 해군은 왕립해군항공대의 원시적인 형태의 잡다한 항공기들을 동원하여 정찰과 함포사격, 관측, 사진 촬영 등을 실시했고 얼마 후에는 마르마라 해에서 발견되는 투르크군 함선에 뇌격(雷擊)을 가하기도 했다. 보다 나은 성능의 항공기들이 배치되자, 왕립해군항공대는 불가리아에 대한 공격까지 시도했으며, 불가리아의 수도 소피아와 콘스탄티노플을 잇는 철도에 대한 대담한 폭격작전을 벌이기도 했다. (IWM)

한 이안 해밀턴은 연합함대 사령관 카덴이 신경쇠약으로 부사령관인 드 로벡de Robeck 준장으로 교체되었다는 사실을 알게 되었다.

3월 18일, 영국-프랑스 연합함대만으로 실시된 돌파작전은 실패로 끝났다. 그 과정에서 연합함대는 3척의 전함을 잃고 여러 척이 대파되는 큰 피해를 입었다. 독일군과 투르크군은 연합함대가 장악하고 있던 해협 입구까지 몰래 진출하여 연합군의 눈을 피해 기뢰밭을 조성했다. 그런 사실도 모른 채 돌파를 위해 수로로 돌입한 프랑스의 전 드레드노트급 전함 부베Bouvet는 기뢰에 접촉하여 거의 모든 승무원들을 태운 채 순식간에 가라앉아버렸고, 영국의 구형 전함 오션Ocean과 이리지스터블Irresistible 역시 촉뢰(觸雷)로 격침되고 말았다. 그 밖에 영국의 순양전함 인플렉서블Inflexible과 프랑스의 전함인 골루와Gaulois 및 쉬프랑Suffren도 기뢰 접촉으로 큰 피해를

입었다. 당시 갓 건조된 최신예
전함이었던 영국의 초드레드노트
급 Super Dreadnought 전함 퀸 엘리자
베스 Queen Elizabeth 도 대함대에 합류
하기 전 사격 시험 항해에 나섰다
가 다르다넬스 공격에 투입되었
지만, 다행히 별다른 피해가 없이
장비하고 있던 8문의 15인치 포로
투르크군 방어진지에 큰 타격을
주었다. 그러나 최신예 전함을 이
렇게 위험하고 무익한 임무에 투
입했다는 사실을 알고 격노한 피
셔 제독은 당장 퀸 엘리자베스를
본토로 불러들여 대함대에 편입
시켜버렸다.

이제 지상군이 상륙해서 다르
다넬스 해협의 해안지대와 여러
수로에 구축된 투르크군의 방어
진지들을 청소해주지 않으면, 영
국-프랑스 연합함대 단독으로는
절대로 마르마라 해에 진입할 수

■■■■■ 1914년 당시 영국 총리였던 허버트 애스퀴
스의 모습. 허버트는 전임자였던 자유당의 캠벨-배너
민(Campbell-Bannerman) 총리가 1906년 지병으로
쓰러지자 총리직을 물려받았다. 애스퀴스는 총리가 되
자마자, 아일랜드 자치법을 비롯하여 격렬한 여성 참
정권 운동과 같은 다양한 문제와 맞닥뜨리는 동시에
귀족으로 구성된 상원의 힘을 약화시키고 또 전쟁
의 먹구름이 더욱 짙어지던 세계 정세에도 대처해야
했다. 1915년, 전쟁 연립 내각이 수립된 후 애스퀴스
는 경쟁자이자 같은 자유당 동료였던 로이드 조지의
술책에 휘말려 자리에서 물러나게 되었다. 1916년, 그
의 뒤를 이어 로이드 조지가 영국 총리가 되었다.
(IWM)

없다는 사실이 명백해졌다. 다르다넬스 해협과 주변 수로를 지키고 있던
투르크군은 3월 18일 연합함대의 공격으로 붕괴 직전의 위기에 몰리기도
했지만, 대전과를 올리면서 연합함대를 물리친 후 사기가 크게 올랐다. 독
일 고문들은 투르크군을 감독하여 파괴된 요새 시설을 복구하고 연합군의
상륙 예상 지점에 해안 방어선을 구축했다. 이때 마이도스 Maidos (에세아바트

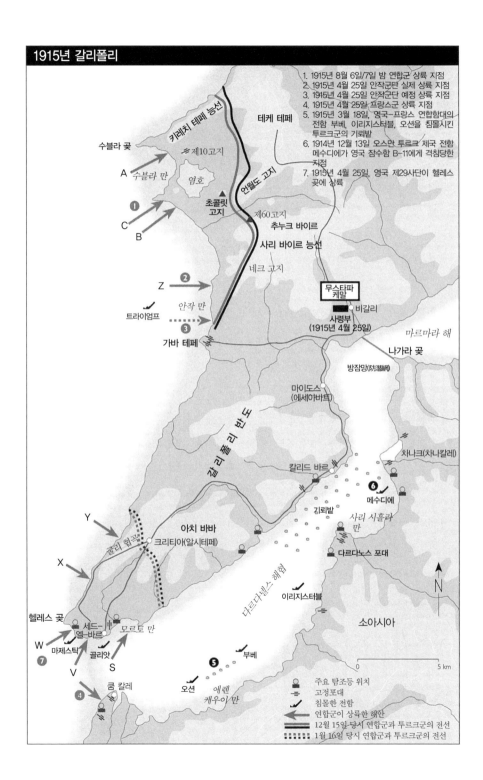

1915년 갈리폴리

1. 1915년 8월 6일/7일 밤 연합군 상륙 지점
2. 1915년 4월 25일 안작군단 실제 상륙 지점
3. 1915년 4월 25일 안작군단 예정 상륙 지점
4. 1915년 4월 25일 프랑스군 상륙 지점
5. 1915년 3월 18일, 영국-프랑스 연합함대의 전함 부베, 이리지스터블, 오션을 침몰시킨 투르크군의 기뢰밭
6. 1914년 12월 13일 오스만 투르크 제국 전함 메수디에가 영국 잠수함 B-11에게 격침당한 지점
7. 1915년 4월 25일, 영국 제29사단이 헬레스 곶에 상륙

키레치 테페 능선
테케 테페
수블라 곶
제10고지
A
수블라 만
염호
안월도 고지
C
초콜릿 고지
제60고지
B
추누크 바이르
사리 바이르 능선
네크 고지
Z
무스타파
케말
트라이엄프
안작 만
비갈리
사령부
(1915년 4월 25일)
마르마라 해
가바 테페
나가라 곶
방잠망(防潛網)
마이도스
(에세야바트)
갈리폴리 반도
차나크(차나칼레)
칼리드 바르
메수디에
기뢰밭
Y
아치 바바
사리 시흘라
만
크리티아(알시테페)
골리 협곡
다르다노스 포대
X
다르다넬스 해협
헬레스 곶
이리지스터블
세드-
엘-바르
모르토 만
소아시아
W
마제스틱
골리앗
S
0   5 km
V
부베
쿰 칼레
오션   에렌
케우이 만
N

주요 탐조등 위치
고정포대
침몰한 전함
연합군이 상륙한 해안
12월 15일 당시 연합군과 투르크군의 전선
1월 16일 당시 연합군과 투르크군의 전선

Eceabat)에 배치된 투르크군 제19사단을 지휘하고 있던 사람은 당시로서는 무명의 장교에 불과했던 무스타파 케말Mustafa Kemal* 중령이었다. 그러나 독일 고문 리만 폰 산더스 장군은 케말의 능력을 알아보고 수백 명의 동기와 상급자들을 제쳐놓고 그를 단숨에 사단장에 임명했다. 케말은 사단장이 된 후에도 끊임없이 지휘관으로서의 역량을 갈고닦았다. 리만 장군은 방어 병력을 갈리폴리 반도의 해안선 전체에 분산하지 않고 연합군이 실제로 상륙할 경우 이에 신속하고 강력하게 대처하기 위해 많은 병력을 해안으로부터 상당히 떨어진 후방지역에 빼놓았으며, 2개 사단으로 이루어진 주 예비대는 불라이르Bulair 지협地峽에 주둔시켜놓았다.

한편, 영국으로부터 그리스의 도서지역으로 장비를 수송하던 수송선들은 상륙작전 이후 무엇이 제일 먼저 필요할 것인지에 대한 별다른 고려 없이 여러 장비와 보급품을 마구잡이로 적재한 상태였다. 설상가상으로 무드로스 만에는 제대로 된 접안시설이 없었기 때문에 연합군 수송선단은 해밀턴이 임시본부를 설치한 알렉산드리아로 돌아와서 짐을 내렸다가 다시 적재해야 했다. 틴단에서는 길고 지루한 승강이 끝에 키치너가 영국 제29보병사단을 동지중해에 투입해도 좋다는 허가를 내렸다. 이 부대는 1914년 가을, 프랑스에서 싸우고 있는 영국 원정군의 증원부대로 파견하기 위해 전 세계의 대영제국 영토 곳곳에서 병사들을 긁어모아 영국에서 편성한 부대였다. 프랑스 주둔 영국 원정군 사령관 프렌치와 그의 참모들은 격렬히 항의했지만, 결국 이 부대는 해밀턴의 오랜 친구인 다마드d'Amade 장군이 지휘하는 안작군단과 왕립 해군사단, 프랑스 원정군과 함께 동지중해에 투입되었다.

---

* **무스타파 케말** 1881~1938. 케말 파샤Kemal Pasha로 불리는 터키의 초대 대통령. 청년 투르크당을 이끌고 민족 운동에 힘썼으며, 대국민大國民 의회를 소집하여 공화제를 수립했다. 1923년 대통령 취임 후 정교 분리, 신분제도 철폐, 로마자 채용 따위의 근대화 정책을 추진했다. 재임 1923년~1938년.

■■■■■■ 1915년 4월 25일 오전, 안작(Anzac) 만에 상륙하고 있는 오스트레일리아군 병사들의 모습. 이 당시까지만 하더라도 (맨 뒤 가운데 병사가 쓰고 있는 것과 같은) 오스트레일리아군 특유의 군모는 널리 사용되지 않아서 대부분의 오스트레일리아군 병사들은 일반적인 영국군 병사들과 똑같은 군복을 착용했다. (IWM)

해밀턴은 드 로벡 장군으로부터 해안의 투르크군 포대가 너무 강화되어 있기 때문에 함대가 다르다넬스 해협 깊숙이 파고들 수 없다는 통지를 받았다. 드 로벡은 투르크군이 연합군 몰래 기뢰밭을 더 많이 만들어놓았을 것이라고 생각했다. 따라서 전체 공격 계획의 성공 여부는 함대의 엄호를 받으며 갈리폴리 반도 끝에 상륙할 제29사단과 그로부터 15마일 정도 북쪽 해안지대에 상륙할 안작군단이 성공적으로 상륙하느냐 못 하느냐에 달려 있었다. 안작군단의 상륙작전의 목적은 독일 군사고문인 리만 장군이 반도 끝에 상륙한 연합군이 구축한 교두보를 쓸어버리지 못하도록 투르크군 예비대를 붙잡아 놓는 것이었다. 또 프랑스군은 투르크군의 주의를 다른 곳으로 돌리기 위해 소아시아 해안의 쿰 칼레Kum Kale에 상륙했다

■■■■■■ 영국군 총사령부가 위치한 임브로스(Imbros) 섬에서 갈리폴리 지역 영국군 총사령관 육군대장 이안 해밀턴 경이 프랑스군 연락장교들에게 전공십자훈장을 수여하고 있다.

가 이틀 후 다시 바다로 나와서 헬레스 만에 상륙한 제29사단과 합류할 계획이었다. 이는 키치너가 다르다넬스 해협의 아시아 쪽 해안에서 장기간 군사작전을 펼치는 것을 금했기 때문이었다. 그렇게 많은 자원이 이루어지지 않았다는 점을 고려하면, 해밀턴의 계획은 창의적이고 훌륭한 것이었다. 그러나 실제 작전 수행은 전혀 창의적이지도, 훌륭하지도 못했다.

4월 25일 오전, 연합군의 상륙작전이 시작되었다. 그러나 여명과 함께 상륙을 개시한 안작군단은 조류가 거세 예정된 상륙 지점보다 1마일 정도 북쪽에 떨어진 곳에 상륙하게 되었다. 예정된 상륙 지점에서는 해안 뒤편으로 완만한 경사지와 뻥 뚫린 개활지만 건너면 곧바로 (원래 상륙 지점에서 5마일만 갈리폴리 반도를 가로지르면 되는 곳에 위치한) 차나크 수로로 진출할 수 있었을 터였지만, 파도에 밀려 상륙한 지점 앞에는 급경사 언덕이 버티고 있었다.

그러나 안작군단 병사들은 이에 아랑곳하지 않고 용감하게 언덕을 올라갔다. 오스트레일리아군은 엄청난 기세로 사리 바이르^{Sari Bair} 능선 정상까지 밀고 올라가면서 상륙 지점을 내려다보는 곳에 자리 잡고 있던 투르크군 분견대의 저항을 제거하려 했다. 안작군단 병사들이 지칠 대로 지쳐 대오가 완전히 흐트러진 상태로 정상에 도달했을 때 무스타파 케말이 이끄는 투르크군이 무시무시한 기세로 반격을 가해왔다. 기껏 정상까지 도달한 안작군단은 투르크군의 맹렬한 공격에 다시 정상을 내주고 언덕 기슭으로 물러나야 했다. 그러나 기슭에서 오스트레일리아군은 갈리폴리 전역의 나머지 기간 동안 그들의 최일선이 될 지점에 들어앉아 끈질긴 방어전을 펼쳤다. 그날 밤, 공격 첫날 별다른 성과를 거두지 못해 낙심한 버드우드는 전함 퀸 엘리자베스에 승함하고 있던 해밀턴에게 무전을 보내 상황이 너무 혼란스럽기 때문에 병력을 다시 배에 태워 철수시키는 것만이 유일한 해결책이라는 무전을 쳤다. 이에 대해 해밀턴은 상륙 지점에서 끝까지 버틸 것을 명령했다. 이때 해밀턴이 보낸 "땅을 파고 들어앉아! 땅을 파라구!^{Dig, dig, dig}"라는 전문은 본인이 의도한 것은 아니었겠지만, 전사에 길이 남을 유명한 일화가 되었다.

한편, 갈리폴리 반도 남쪽 끝단의 헬레스 곶에 상륙할 예정이었던 제29사단은 사단장 헌터-웨스턴^{Hunter-Weston} 소장이 백주 대낮에 상륙한다는 결정을 내린 덕분에 엄청난 피해를 입어야 했다. 영국군은 먼저 발동선으로 보트 여러 척을 견인해 해안선 근처까지 진출한 후 마지막 100야드는 수병들이 노를 저어 병사들을 상륙시켰지만, 영국군 병사들은 상륙하자마자 'V' 해안에서 투르크군 수비대가 퍼붓는 엄청난 포화를 온몸으로 맞아야 했다. 당시 상륙 지점 상공을 비행하던 영국 해군 항공대 조종사는 해안으로부터 50야드 떨어진 지점까지 온 바다가 피로 빨갛게 물든 것을 보고 치를 떨 정도였다.

상륙 지점이었던 'V' 해안에서 영국군은 상륙을 지원하기 위해 '트로이의 목마'를 사용했다. 영국군은 석탄선이었던 리버 클라이드 River Clyde 호를 개조하여 현측에 병력이 타고 내릴 수 있는 출입구를 추가로 설치했다. 영국군 사령부는 리버 클라이드 호를 해안에 좌초시킨 후 배에서 해변까지 보트로 배다리를 놓고 배에서 램프를 내려 배에 타고 있던 2개 대대 병력을 배다리를 통해 곧바로 상륙시킨다는 계획을 짰다. 그러나 이 병사들 역시 배에서 내리자마자 맹렬한 사격을 받고 다른 상륙군 병사들과 마찬가지로 해변에 고착되고 말았다. 하지만 'V' 해안으로부터 겨우 1마일 정도 떨어진 헬레스 곶의 또 다른 측면에 위치한 'W' 해안에서는 선봉으로 상륙한 랭커셔 퓨질리어 Lancashire Fusiliers 연대의 1개 대대가 치열한 전투를 치르면서 투르크군이 구축해놓은 치밀한 철조망지대를 뚫고 해안지대로부터 내륙으로 들어가는 데 성공했다. 그 과정에서 큰 공훈을 세운 6명은 빅토리아 십자훈장을 받았다. 'V' 해안과 'W' 해안을 제외한 헬레스 곶의 나머지 상륙 지점에서는 별다른 저항 없이 상륙작전이 진행되었다.

그러나 헌터-웨스턴은 상륙이 순조롭게 진행되는 지점은 무시하고 오직 엄청난 도살장으로 화한 'W' 해안과 'V' 해안 지역에만 지원 병력을 쏟아 부었다. 해질 무렵 모든 전력을 소모한 제29사단은 내륙으로 진격할 수 있는 능력을 상실하고 있었다. 영국군은 상륙 첫날 상륙 지점으로부터 5마일 정도 떨어진 곳에 위치하여 대부분의 상륙 지점을 감제할 수 있는 요충지였던 아치 바바 Achi Baba 고지를 장악하는 것을 목표로 삼았지만, 다르다넬스 전역 내내 영국군은 이 고지를 손에 넣을 수 없었다.

다르다넬스 해협의 소아시아 해안인 쿰 칼레에 상륙한 프랑스군은 마치

■■■■■ 1915년 3월 18일, 프랑스의 전함 부베 호가 다르다넬스 해협에서 촉뢰로 인해 옆으로 쓰러지면서 거의 전 승무원과 함께 침몰하고 있다. 부베 호가 침몰하기까지는 채 2분도 걸리지 않았으며, 배가 옆으로 쓰러지기 시작하자 부베 호의 함장은 함교의 장교들에게 바다로 뛰어들 것을 명하고 자신은 사령실에 들어가 문을 잠근 후 배와 다른 승무원들과 운명을 함께했다. 구출된 부베 호의 생존자 수는 40명도 되지 않았다. (IWM)

벌집을 쑤신 것처럼 맹렬한 저항을 받았다. 투르크군의 강력한 반격에 밀려난 프랑스군은 결국 상륙한 지 얼마 되지도 않아 다시 배를 타고 헬레스 곶에 상륙한 영국군과 합류하기 위해 해협 맞은편으로 쫓기듯 건너갔다.

한여름의 용광로 같은 열기 속에서 영국군은 아치 바바 고지와 그 기슭의 크리티아Krithia 마을을 장악하기 위해 계속 공격을 퍼부었지만, 어느 곳하나 장악하지 못하고 공격은 실패로 돌아가고 말았다. 비좁은 해안지대에 많은 병력이 밀집하면서 비위생적인 환경과 매장되지 못한 수천 구의 사체를 뜯어먹는 수십억 마리의 파리들 때문에, 연합군 병사들 사이에서는 여러 질병이 빠르게 퍼지기 시작했다. 반면, 그때까지 글도 읽을 줄 모르는 무식하고 잔인한 짐승처럼 여겨지던 투르크군 병사들은 용감하게 방

■■■■■ 영국 해군 잠수함 B-11호의 함장 홀브룩(Holbrook) 소령과 승무원들의 모습. B-11호는 차나크 앞바다에서 오스만 투르크 제국의 구형 전함 메수디에를 격침시켰다. 이 공적으로 홀브룩 함장은 빅토리아 십자훈장을, 부함장은 무공훈장을, 전체 승무원은 공로훈장을 수여받았다. 차나크 수로로 진입하라는 임무를 받고 살아서 돌아오지 못할 것으로 생각한 승무원들은 가족들에게 유서를 남겼다. 또 메수디에에 뇌격을 가하기 전에 공격 후 격침당할 것으로 생각한 승무원들이 비좁은 신내에서 만찬을 갖기도 했다. 당시 함장과 부함장은 커다란 랍스터를 먹었고, 수병들은 요크 햄을 먹었다. (IWM)

어전을 수행하면서 연합군으로부터 존경을 받기까지 했다. 오스트레일리아군과 뉴질랜드군이 구축한 위태위태한 '안작' 교두보에서도 연합군은 상륙 초기에 확보한 능선을 끊임없이 쏟아지는 저격과 포격에도 불구하고 끈질기게 고수하고 있었다. 5월에 투르크군은 안작군단을 바다로 몰아내기 위해 대공세를 실시했지만, 이번에는 안작군단이 치열한 방어전을 펼쳐 투르크군의 공격을 물리쳤다. 투르크군은 수천 구의 시체를 남기고 패주했다. 무더운 지역에서 엄청난 수의 시신이 노천에 방치되자 그 냄새와 위생상의 문제점은 이루 말로 할 수 없었다. 결국 양측은 서로의 전사자를 묻기 위해 잠시 휴전을 하기로 합의했다. 시체들을 묻으면서 양측 병사들은 짧은 기간이나마 교류가 이루어져 서로 우정을 쌓기도 했다.

이제 해밀턴의 병력은 갈리폴리 반도의 해변에서 사실상 빼도 박도 못하는 상황에 빠져 있었다. 키치너는 뒤늦게 이집트와 스코틀랜드로부터 각각 1개 의용군 사단을 빼서 증원 부대로 파견했지만, 양 사단 모두 별로 치밀하지도 않고 희생만 큰 공격작전에 투입되어 엄청난 사상자를 냈다. 그렇게 희생을 치르고도 영국군이 거둔 성과는 거의 없었다.

그러자 키치너는 이번엔 서부전선으로 정예 병사들과 장교들을 빼주고 껍데기만 남은 지역 의용군 사단들이나 갓 군에 입대하여 겨우 부분적인 훈련을 마치고 애송이 신병들로 구성된 '키치너Kitchener' 사단들을 제9군단으로 편성하여 동부 지중해로 파견했다. 해밀턴은 이 병력으로 결정적인 공세를 취할 생각을 하고 있었다. 그는 8월에 헬레스에서 양동 공격을 가해 투르크군 증원 병력을 묶어놓은 후 사리 바이르 능선을 점령하는 동시에 안작 교두보로부터 몇 마일 북쪽 지점에 새로 투입된 제9군단을 상륙시킨다는 계획을 짰다. 이론상으로는 정말 훌륭한 계획이었지만, 무능한 현장 지휘관들 때문에 실제 작전 진행은 엉망진창이 되고 말았다. 해밀턴은 자신의 계획이 무능한 현장 지휘관들 때문에 엉망이 되는 것을 지켜보면서 임브로스 섬의 총사령부에서 무력하게 분통만 터뜨릴 수밖에 없었다. 제9군단을 지휘하고 있던 육군 중장 프레더릭 스톱포드 경Sir Frederick Stopford 은 대부분의 부하 지휘관들과 마찬가지로 퇴역해 있다가 현역으로 복귀한 장군이었다. 수블라Suvla 만에 상륙한 키치너사단의 병사들은 모두 자원자로 애국심에 불타는 용감한 병사들이었다. 그러나 전투 경험이 전무한 이 신병들은 처음부터 참혹한 전투에 휘말리게 되자 큰 혼란에 빠졌다. 이들은 스톱포드 중장이나 그의 부하 지휘관들보다 훨씬 훌륭한 지휘관들의 지휘를 받을 만한 자격이 있는 병사들이었지만, 무능한 지휘관들의 졸렬한 지휘 때문에 수백 명씩 떼죽음을 당해야 했다.

사리 바이르 고지대를 공격한 뉴질랜드군 병사들은 용맹을 과시하며 격전 끝에 추누크 바이르Chunuk Bair 능선으로부터 투르크군을 몰아냈다. 영국군의 상륙을 지원하기 위해 북쪽 지역에서 양동 공격에 나선 오스트레일리아군 경기병 연대는 말을 버리고 보병으로서 넥Nek 이라고 불리는 능선을 공격했다. 오스트레일리아군은 거의 장엄하기까지 한 용기를 보여주며 공격을 거듭했으나, 전멸에 가까운 타격을 입고 목표를 점령하는 데 실패하고 말았다(멜 깁슨Mel Gibson 이 주연한 영화 《갈리폴리Gallipoli》에서 당시의 상황을 엿볼 수 있다). 사리 바이르 고지대의 다른 지역에서는 구르카Gurkha 병 1개 대대가 마침내 정상에 도달했지만, 이들은 어처구니없게도 영국군의 오인 포격으로 전멸당하고 말았다. 헬레스에서 벌어진 양동 공격 또한 실패로 돌아갔다. 사리 바이르 지역의 방어를 지휘하고 있던 무스타파 케말은 8월 10일, 영국군이 양동공격에 나서기도 전에 대규모 반격작전을 명령했고 정상 꼭대기에 나타난 수많은 투르크군 보병들은 언덕 밑에서 공격 준비를 하던 영국군을 쓸어버렸다. 8월 21일, 영국군은 최후의 주요 공격작전으로 언월도 고지로 알려진 고지에 대한 공격을 실시했으나 실패로 돌아갔다. 게다가 전장 주변의 관목 숲에 포탄이 명중해 산불이 발생하는 바람에 숲속으로 후송된 수백 명의 영국군 부상병들이 움직이지도 못하고 산 채로 불에 타죽는 끔찍한 참사까지 발생했다.

이제 갈리폴리 지역에서 더 이상 공세에 나서는 것은 불가능하게 되었다. 영국군은 서부전선에 먼저 병력을 지원해야 했고 살로니카 지역에도 병력을 파견해야 했기 때문에, 갈리폴리 공격군은 별다른 지원을 받을 수가 없었다. 이런 상황에서 연합군은 그나마 확보한 지역을 계속 지키는 것 외에는 아무것도 할 수가 없었다. 지지부진한 상황이 계속되던 10월, 해밀턴이 몬로 대장으로 교체되었다. 몬로 대장은 절망적인 상황 전반을 파악하고 즉시 철수할 것을 본국에 권고했다. 당시 해군장관직에서 좌천되어 랭커스터 장관Chancellor of Duchy of Lancaster(총무부 장관)으로 임명된 처칠은 몬로의 이러한 권고에 크게 좌절하여 "(몬로가) 왔노라, 보았노라, 항복했노

■■■■■ 영국 국왕 조지 5세(George V)가 코벤트리(Coventry) 인근 던처치(Dunchurch)에서 갈리폴리로 출발하는 제29사단 장병들을 사열하고 있다. 이것은 당시 영국군에 남아 있던 '구군대(old army)'*가 국왕 앞에서 사열식을 가진 마지막 사례였다. 당시 현장을 지켜본 사람들은 대규모 군악대의 연주에 맞춰 2개의 4열 종대로 행진하던 병사들의 모습이 너무나 장엄했다고 증언했다. 야포, 군마, 병사들이 절도 있게 행진하자, 국왕은 크게 기뻐하며 열을 맞춰 행진하는 병사들 옆에서 수행원들과 말을 달렸다. (IWM)

라"라는 말을 남겼다.

영국 해군의 다르다넬스 공략전은 잠수함 B-11호의 공격으로 시작되어 해협의 투르크군 요새에 대한 느슨한 포격작전으로 이어졌다. 3월 18일, 차나크 수로를 통과하려던 연합군의 시도는 전함 3척을 잃는 엄청난 피해만 내고 실패로 끝이 났다. 5월 중순, 영국 전함 골리앗Goliath이 격침되고

---

* **구군대** 전쟁이 시작되기 전 영국군을 구성했던 전문 직업 군인들로 이루어진 부대. 개전 후 애국심에 불타 지원한 시민병들로 구성된 사단들은 키치너사단이라고 불렸다.

다수의 유보트가 동지중해로 진출해오면서 상황은 더욱 악화되었다. 해안에서 연합군 장병들이 지켜보는 가운데 추가로 2척의 전 드레드노트급 전함(트라이엄프Triumph와 마제스틱 Majestic)이 독일 잠수함의 어뢰를 맞고 격침되자, 연합군 함대는 서둘러 보다 안전한 그리스 도서지방의 정박지로 떠나버렸다. 이로 인해 해안에 상륙한 연합군 병사들의 사기는 더욱 떨어졌다. 유보트가 기승을 부리면서 병력 수송선 여러 척이 침몰하고 엄청난 인명 피해가 발생하자, 바다에서 연합군의 상황은 더욱 악화되었다.

그러나 한 가지 측면에 있어서 연합군 해군은 불멸의 명예를 획득했다. 상륙작전이 개시된 이후 오스만 투르크 제국의 해상 수송망을 교란시키기 위해 영국령 오스트레일리아와 프랑스의 잠수함 여러 척이 용감하게 다르다넬스 해협의 무시무시한 투르크군 방어시설을 뚫고 나갔다. 이들은 투르크군 군함 여러 척을 격침시키고 콘스탄티노플 만 안에까지 몇 차례 파고들어가 엄청난 혼란을 야기했다.

해군 항공대 역시 훌륭하게 공격작전의 일익을 담당했다. 키치너가 육군 소속의 왕립 항공대가 갈리폴리 원정군을 지원하는 것을 금지하는 엄격한 명령을 내렸기 때문에 갈리폴리 공격군은 제대로 항공 지원을 받을 수 없었다. 그러나 해군의 왕립해군항공대는 비록 출력이 매우 떨어지는 원시적인 항공기밖에 없었지만, 열악한 상황에서도 전력과 자신감을 키워나간 끝에 마침내 마르마라 해에서 어뢰를 장착한 수상기로 오스만 투르크 제국의 함선에 뇌격을 가하는 데 최초로 성공했다.

겨울이 다가오면서 엄청난 호우가 쏟아진 후 혹한과 눈보라가 닥치자 뻥 뚫린 참호에 배치된 연합군 병사들은 악몽 같은 환경에서 비참한 생활을 해야 했다. 수천 명의 연합군 병사들이 동상과 저체온증, 참호족염으로 후송되어야 했으며, 수백 명이 얼어 죽었다. 다르다넬스의 상황을 직접 확인하기 위해 잠시 갈리폴리를 방문한 키치너는 그 동안 자신이 해밀턴과 그의 병사들에게 요구해온 것이 어떤 결과를 낳았는지를 보고 경악할 수

▪▪▪▪▪ 1915년 4월 25일 오전, 헬레스의 'V' 해안 상륙작전 도중 리버 클라이드 호의 선수에 설치된 기관총좌의 사수가 촬영한 인상적인 사진. 원래 석탄선이었던 리버 클라이드 호는 현측에 출입구를 추가로 설치하여 탑승한 병사들이 현측의 램프(ramp)를 타고 거룻배들을 연결해 만든 주교(舟橋)를 지나 해안으로 바로 상륙할 수 있도록 개조되었다. 리버 클라이드 호의 선수에는 모래주머니로 기관총좌들을 만들었고, 왕립해군항공대 병사들이 기관총을 조작했다. 해안에는 왕립 문스터 퓨질리어연대(Royal Munster Fusiliers) 병사들이 세드-엘-바르 성벽 밑의 엄폐물 뒤에 숨어 있는 모습이 보인다. 거룻배 위에는 이미 전사한 병사들의 시신이 쌓여 있다. 문스터연대가 엄청난 피해를 입자, 햄프셔(Hampshires)연대의 상륙은 일몰 후로 연기되었다. (IWM)

밖에 없었다. 당장 철수하라는 키치너의 명령을 받은 연합군은 용의주도하게 철수작전을 세웠다. 1915년 12월 19일과 1916년 1월 8일 밤, 안작 교두보와 수블라 만의 연합군 병사들이 먼저 철수하고 그 다음으로 헬레스 곶의 병사들이 빠져나왔다. 투르크군은 코앞에서 연합군이 대규모 철수작전을 벌이고 있는데도 이를 전혀 눈치 채지 못했다. 갈리폴리 철수작전은 다르다넬스 전역에서 이루어진 작전 중 가장 훌륭하게 계획되고 실행된 작전으로서 단 한 명의 병사도 희생되지 않았다.

갈리폴리의 해안에 상륙한 41만 명의 영국 및 영국령 식민지 출신 병사들과 7만 명의 프랑스군 병사들 가운데 전사, 부상, 실종, 포로, 질병으로 인한 후송 등의 이유로 상실한 병력은 25만2,000명에 달했다. 투르크군 사상자 수에 대한 추정치는 21만8,000명에서 40만 명으로 다양했지만, 최소 6만6,000명이 전투 중 사망한 것으로 추정된다. 투르크군과 연합군 모두

■■■■■■ 영국 해군의 초드레드노트급 전함 퀸 엘리자베스 호가 8문의 15인치 주포로 다르다넬스의 투르크군 요새를 포격하기 위해 무드로스 항을 떠나고 있다. 퀸 엘리자베스 호가 다르다넬스 해안지대에 가한 포격의 흔적은 오늘날에도 남아 있다. 15세기 차나크[차나칼레(Canakkale)]에 건축된 치멘리크(Cimenlik) 성채도 엘리자베스 호의 포격을 몇 차례 맞았다. 엘리자베스 호의 선수에는 투르크군 해안 포대 관측병들의 거리 측정을 혼란시키기 위해 파도 모양의 위장색이 칠해져 있다.

영웅적인 투쟁을 보여주었지만, 고향 땅을 지키기 위해서 애국심에 불타 싸우는 투르크군 최정예 병사들과의 전투는 영국군의 경험 없는 신병들에 게는 능력을 넘어서는 일이었다. 상륙작전은 모든 작전 가운데서도 성공 시키기 가장 어려운 작전으로 치밀한 훈련과 계획, 사전 연습이 필요했지 만, 갈리폴리에서 싸웠던 연합군 병사들은 그 어느 것 하나 제대로 받지 못했다.

수에즈 운하의 방어

1914년 개전 당시 이집트는 명목상으로는 여전히 오스만 투르크 제국의 일부였지만, 실상은 1882년 이래 영국 '대리인'의 지배를 받아왔다. 이집트군 역시 영국인 사령관의 손아귀에 있었다. 경찰을 포함한 이집트 각부 부처 책임자는 모두 영국 관료들이었다. 당시 명목상의 이집트 정부 수장이자 오스만 투르크 제국의 술탄이 임명한 태수인 케디브^{Khedive}는 압바스 엘 힐미^{Abbas El Hilmi}였다. 영국을 싫어해서 주로 콘스탄티노플에서만 지내던 압바스는 1914년 전쟁이 터지자, 바로 영국에 의해 태수 자리에서 쫓겨나는 신세가 되었다. 1914년 8월 영국이 수에즈 운하를 적대국 선박들에게 폐쇄한 것은 국제법상으로는 위법행위였지만, 당시 상황에서는 합리적인 조치였다. 평화시 소규모에 불과했던 영국 정규군 수비대는 지역 의용군 부대와 기마 의용대로 교체되었고, 크리스마스 직전에 서부전선으로 향하던 오스트레일리아군과 뉴질랜드군의 선봉대도 이집트를 방어하던 영국군에 합류했다.

오스만 투르크 제국의 술탄이 이슬람의 수장인 칼리프의 자격으로 11월에 성전을 선언했지만, 이 선포는 가장 효과를 발휘해야 할 지역인 이슬람교의 성지들이 위치한 아라비아 반도에서는 거의 아무런 호응을 얻지 못하고 무시당하고 말았다. 메카의 부족장 후세인^{Hussein}과 그가 속한 하시미테^{Hashemite} 가문은 자신들이 이 지역의 지배권을 확보할 수 있을 정도로 술탄의 지배가 크게 약화되었다고 판단했다. 그러나 술탄의 성전 선포가 이슬람 지도자들에게 먹혀든 지역도 있었다. 1912년 이래 이탈리아의 지배를 받아온 리비아 지역의 트리폴리타니아와 키레나이카 지역에는 솔룸^{Sollum}의 세누시파 지도자인 아흐메드 알−샤리프^{Ahmad al-Sharif}에게 종교적이고, 어떻게 보면 약간은 정치적인 충성을 바치는 부족들이 거주하고 있었다. 세누시교도(아프리카 이슬람교의 한 분파)로 불리는 이 부족들은 오스만 투르크 제국 고문들의 도움을 받아 이탈리아인들을 상대로 싸워왔다. 1914년, 오스만 투르크 제국은 세누시교도들에게 성전을 확산시켜 북아프리카의 프랑스 세력을 약화시키고 수에즈 운하로부터 영국의 주의를 돌려

달라고 요청했다.

나일Nile 강 삼각주의 서부에는 야트막한 고지대가 형성되어 있었다. 이 고지대는 남쪽으로는 리비아 사막으로 뻗어 있었고, 가장자리에는 대★오아시스들이 점점이 이어져 있었다. 이 오아시스의 거주자들은 세누시의 지도자 아흐메드의 권위에 복종하는 부족들이었다. 명목상으로는 이집트 정부를 따르던 아흐메드는 이집트 정부로부터 부족들의 질서를 유지하라는 명령을 받았다. 1915년 초, 오스만 투르크 제국의 전쟁장관 엔베르 파샤는 이 지역에 자신들의 영향력을 강화할 기회를 포착하고 자신의 배다른 동생 누리 베이Nuri Bey와 이슬람교로 개종한 독일군 장교 야파르 파샤Jafar Pasha를 파견했다. 이들은 아흐메드에게 만약 이집트의 영국군에게 성전을 선포한다면 독일의 자금과 무기를 지원해주겠다고 약속했다. 그러나 누리와 야파르의 활동에 대한 정보를 입수한 카이로의 영국군 사령부는 즉시 아흐메드를 지도자로 추앙하는 나일 강 델타 지대의 농부들 사이에서 반란이 확산되는 것을 사전에 예방하기 위한 조치를 취했다. 영국군 사령부는 당시 이집트에 있던 영국군, 오스트레일리아군, 뉴질랜드군, 남아프리카인, 인도군 시크교도, 이집트인을 총동원하여 알렉산드리아에서 서부사막군Western Desert Force을 급히 편성했다. 1915년 말까지 이집트에서는 변경 지방에서 소규모 교전이 벌어진 것을 제외하고는 별다른 사건이 벌어지지 않았다. 그러나 1915년 말, 세누시가 독일로부터 상당량의 무기를 입수하자, 제2차 세계대전 때 유명한 전장이 될 지역에서 격렬한 충돌이 벌어졌다.

1916년 1월, 자신의 본거지인 시와Siwa 대오아시스로부터 거병한 세누시파 지도자 아흐메드는 야파르가 이끄는 1개 부대와 함께 직접 병사들을 이끌고 메르사 마트루Mersah Matruh로부터 해안을 따라 진격해갔다. 2월 26일, 아카퀴아Aqqaquia에서 벌어진 전투에서 서부사막군은 아흐메드의 군을 패퇴시키고 야파르를 사로잡았다. 아이러니하게도 야파르는 이때 입은 부상에서 회복된 뒤, 영국군으로 전향했다. 야파르는 나중에 오스만 투르크 제국에 대항해 아랍인들을 규합하여 반란을 일으킨 후세인의 부하가 되어 투르크군과의 전투에서 큰 공을 세웠다.

이집트와 아덴에는 중요한 통신 중계소가 있었으며, 수에즈 운하는 영국이 페르시아 만 지역과 인도에 갖고 있는 이해관계를 지키는 데 있어 핵심적인 전략 요충지였다. 따라서 독일과 오스만 투르크 제국이 이 지역에 관심을 기울인 것도 어찌 보면 당연한 일이었다. 사실, 독일은 수에즈 운하 공격에 나서도록 오스만 투르크 제국을 설득할 필요가 없었다. 오스만 투르크 제국은 독일이 시키지도 않았는데 수에즈 운하 점령을 위한 대규모 공세를 계획하고 그 임무를 제말 파샤Djemal Pasha가 지휘하는 제8군단에게 맡겼다. 제말 파샤의 참모장을 맡고 있던 독일인 프리드리히 크레스 폰 크레센슈타인Friedrich Kress von Kressenstein 남작은 1915년 초 대담하게도 직접 시나이 사막을 가로질러 수에즈 운하로 진격한다는 결정을 내렸다. 이를 위해서는 식수의 보급이 무엇보다도 중요했다. 수에즈 운하를 공격하기 위해 투르크군 부대는 팔레스타인의 가자Gaza 지역에서 수에즈 운하의 칸타라Kantara까지 약 120마일을 행군해야만 했으며, 행군에 참가할 병사와 말, 낙타에게는 최소 12일분의 식수가 필요했다.

투르크군 양동부대가 지중해 해안을 따라 진격하는 사이 투르크군 주력 부대는 시나이 사막을 가로질러 시나이 운하 근처 지역에 도착한 후 일단 모래 언덕 뒤에 숨은 채 사막을 가로질러 가져온 조립식 부교와 보트들을 조립했다. 광대한 시나이 사막을 부교, 보트, 중포와 같은 중장비를 가지고 횡단했다는 것은 그 자체만으로도 엄청난 업적이었다. 운하를 수비하고 있던 영국군은 항공 정찰로 투르크군의 접근을 탐지하고 위협에 대처하기 위해 부대를 배치했다. 2월 1일 밤, 투르크군은 몇 차례에 걸쳐 운하를 건너려고 시도했지만, 성공한 투르크군 병사들은 거의 없었다. 다음 날 새벽, 전투가 격화되자 투르크군 추가 부대가 운하에 도달했다. 그러나 영국군은 서둘러 포함砲艦을 동원하여 투르크군의 보트를 파괴했다. 투르크군은 다시 야포를 끌고 시나이 사막을 가로질러 철수했다. 이후 1915년에는 수에즈 운하에 대한 공격작전은 더 이상 없었고, 수비대의 지휘를 맡고 있던 맥스웰Maxwell 대장은 운하 주변의 방어를 더욱 강화했다. 한때 맥스웰 대장 휘하의 영국군 부대는 13개 사단까지 증가했지만, 시간이 지나면서 이들 병력은 중동의 여타 지역에서 벌어진 위기 상황에 대처하기 위해 다른 곳으로 전출되었다.

시나이와 팔레스타인으로의 진격

1916년 초 맥스웰의 후임으로 육군 중장 아치볼드 머레이 경Sir Archibald Murray 이 이집트로 부임해왔다. 당시 그는 재편성을 통해 동부 지중해 전역에 배치된 모든 영국군을 관할하게 된 이집트 원정군을 지휘하게 되었다. 착임과 동시에 머레이는 지중해 연안을 따라 팔레스타인으로 조심스럽게 진격하라는 명령을 받았다. 즉각 공격을 시작한 영국군은 해안을 따라 진격하면서 기병대를 보내 내륙 깊숙이까지 정찰 활동을 실시했다. 열악한 도로가 중重차량 수송대가 다닐 수 있을 만큼 개선될 때까지 영국군은 철도와 송수관을 설치하며 진격을 위해 필요한 물자와 식수를 보급했다. 크레스는 효과적으로 영국군의 진격을 방해했지만, 1916년 5월이 되자 머레이는 엘 루마나El Rumana에 철도 보급소를 구축하고 이를 지키기 위해 1개 사단을 배치했다. 크레스가 영국군의 우측면을 우회해서 찔러 들어오려고 하자, 머레이는 이를 저지하기 위해 기병대를 파견했다. 8월 4일, 투르크군은 영국군 기병대를 맹렬히 공격했지만, 격퇴당하면서 큰 피해를 입었다. 그러나 투르크군 병사들이 용감하고도 끈질기게 저항을 계속하자, 영국군도 이런 투르크군 병사들에게 존경심을 품게 되었다.

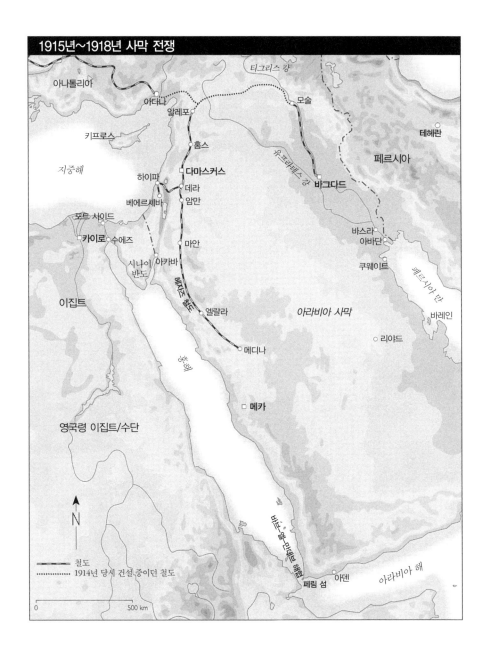

1915년~1918년 사막 전쟁

아나톨리아

티그리스 강

아타나
알레포

키프로스

테헤란

지중해

홈스

하이파
다마스커스
데라
암만

페르시아

모술

유프라테스 강

바그다드

베에르셰바

포트 사이드
카이로
수에즈

시나이
반도
아카바

마안

바스라
아바단

쿠웨이트

페르시아 만

이집트

홍해

엘랄라

아라비아 사막

리야드

바레인

메디나

영국령 이집트/수단

메카

N

철도
1914년 당시 건설 중이던 철도

0   500 km

아덴

아라비아 해

페림 섬

1916년 말 무렵, 영국군은 팔레스타인 국경지대에서 30마일도 떨어지
지 않은 엘 아리쉬 El Arish 의 강력한 투르크군 방어진지를 돌파했다. 영국군

공세의 첫 번째 주요 목표는 가자였지만, 투르크군이 마다바Maghdaba와 라파Rafah의 국경지대 방어거점에서 격렬하게 저항하자, 머레이의 공격도 조심스럽게 이루어질 수밖에 없었다. 머레이는 가자 공격작전의 책임자로 육군 소장 찰스 도벨 경Sir Charles Dobell을 임명했다. 도벨은 체트워드Chetwode 대장의 '사막의 대열Desert Column'과 같은 대규모 기병대를 갖고 있었지만, 동시에 1만 마리에 달하는 군마에게 식수를 공급해야 한다는 문제로 골머리를 앓아야 했다. 따라서 가자의 우물들을 확보하는 것이 영국군의 승리에 있어 가장 핵심적인 조건이 되었다. 당시 천연 장애물인 빽빽한 선인장과 덤불로 둘러싸인 가자는 결의에 찬 4,000명의 투르크군 병사들이 지키

■■■■■■ 눈 속에서 전투를 벌이고 있는 오스트리아군 기관총조의 모습. 사진 속의 기관총은 당시 오스트리아군의 표준 기관총인 슈바르츠로제(Schwarzlose) M7/12 기관총이다. 당시 오스트리아군 보병연대에는 이 기관총을 장비한 기관총중대가 하나씩 배치되어 있었다. 슈바르츠로제 기관총은 발사 속도가 분당 450~500발이었으며, 표준 M-95 소총 탄약을 250발 벨트로 연결하여 사용했다. 이 기관총은 주로 삼각대에 장착해서 사용했으며, 삼각대에는 금속 방탄판을 장착할 수 있었다. 삼각대에 방탄판을 장착할 경우 기관총의 총 중량은 170파운드에 달했다. (IWM)

■■■■■ 팔레스타인에서 싸우던 독일군, 오스트리아군, 투르크군을 사열하는 제말 파샤. 제말 파샤는 상당히 유능한 지휘관이었지만, 동맹국인 독일의 군인들은 그를 별로 신뢰하지 않았다. 가자 전투 지휘에서 완전히 소외당한 제말 파샤는 결국 독일 장군으로 교체되고 말았다. (IWM)

고 있었다. 도벨은 기병으로 영국군의 우익을 보호하면서 남쪽으로부터 정면 공격을 가하기로 결정했다. 1917년 3월 26일, 짙은 안개 속에서 보병들이 진격을 개시했다. 영국군의 공격은 순조롭게 진행되는 듯했지만, 식수가 부족해서 기병대가 철수해야 하는 상황이 벌어졌다. 이때 영국군 참모들의 실수로 보병들까지 기껏 확보한 지역에서 철수해버렸고, 영국군은 다음 날 이 지역을 확보하기 위해 또다시 공격에 나서야 했다. 반격에 나선 크레스는 도벨의 우익을 찌르고 들어왔다. 이 시점에서 영국군이 물러나며 제1차 가자 전투가 끝이 났다.

4월 17일, 제2차 가자 전투가 벌어졌다. 이 무렵, 투르크군은 방어진지를 대폭 개선해놓았을 뿐만 아니라, 가자-베에르셰바 Beersheba 가도를 따라 강력한 참호선까지 구축해놓았다. 도벨은 2마일 길이의 전면에 1개 사단으로 정면 공격을 가하기로 결정했다. 도벨에게 공격 실행에 관한 전권을 위임하기는 했지만, 도벨과 참모들이 어떻게 작전을 짜는지 아예 신경을 쓰지 않은 것은 머레이의 명백한 실수였다. 결국 지리멸렬한 공격 끝에 영국군의 공세는 실패로 돌아가고 말았다. 당시 투르크군 사상자는 2,000명에 불과한 데 반해, 영국군 사상자는 6,500명에 달했다. 영국 정부로부터 강력한 질책을 받은 머레이는 패전의 책임을 지고 6월 지휘관직에서 물러났다. 그의 뒤를 이어, 프랑스에서 제3군을 지휘하다 중동 지역으로 전출된 육군 대장 에드먼드 알렌비 경이 영국군 사령관으로 부임했다. 알렌비는 영국 정부에 자신이 원하는 만큼의 증원 부대를 제공해줄 것을 강력하게 요청하는 동시에 패배로 침체된 병사들의 사기를 올리기 위해 예하 부대들을 일일이 방문했다. 한번 화가 나면 아주 무서운 데다가 거구(별명도 '황소'였다)인 알렌비 대장은 프로 군인의 능력을 과시하면서 병사들의 사기를 빠르게 회복시켰고 그들로부터 무조건적인 지지를 받았다.

알렌비가 사령관이 된 후 영국군의 전력은 크게 강화되었다. 이집트에서 2개 기병사단이 신규로 편성되었고, 메소포타미아와 마케도니아에서도 추가로 2개 사단이 파견되었다. 덕분에 이제 7개 보병사단을 보유하게 된 알렌비는 이들로 2개 군단을 편성하여 각각 체트워드 대장과 불핀Bulfin 대장에게 지휘를 맡겼다. 알렌비는 직접 전선을 정찰한 후 가자와 베에르셰바 이 두 방향에서 강력한 공격을 가하기로 결정했다. 가자를 공격해 투르크군을 붙잡아두고 그 사이에 안작군단을 동원해 베에르셰바를 점령하여 중요한 식수 공급원을 확보한다는 계획이었다. 베에르셰바 공략전에는 팔레스타인으로 파견된 전차 몇 대(전쟁 전 기간을 통틀어 서부전선 이외의 지역에 투입된 유일한 전차들이었다)까지 투입되었다. 10월 21일, 공격이 시작되자 베에르셰바는 순식간에 영국군의 손에 떨어졌다. 게다가 투르크군은 후퇴하면서 중요한 우물들을 폭파하는 데 실패했다. 이후 투르크군의 방어선은 동쪽으로부터 서쪽으로 차례차례 영국군에게 점령당했다. 가자는 영국-프랑스 연합함대로부터 함포 사격을 당한 끝에 11월 16일 함락되었다. 제3차 가자 전투로 알려진 이 전투를 시작으로 알렌비와 다시 사기를 회복한 영국군은 승리가도를 달리기 시작했다.

독일군은 가자 지구의 상황이 심상치 않게 전개되자, 문제를 해결하기 위해 보유하고 있던 스타플레이어 중 한 명인 에리히 폰 팔켄하인 대장을 파견했다. 팔켄하인은 바그다드를 탈환하자는 엔베르 파샤의 저능아 같은 의견을 거부하고 알렌비의 취약한 우익 측면을 공격했지만, 결정적인 성과를 얻기에는 전력이 너무 부족했다. 치열한 격전 끝에 예루살렘이 함락되었고, 12월 11일에 알렌비는 말을 타지 않고 걸어서 예루살렘에 입성했다. 그의 이러한 겸손한 모습은 전 세계의 찬사를 받았다.

이후 폭우가 내리자, 영국군의 진격은 잠시 중단되었다. 그러나 1918년 3월이 되자 알렌비는 트랜스요르단^{Transjordan} 지역의 암만^{Amman}을 향해 동쪽으로 진격을 재개했다. 그의 목표는 남쪽 지역의 투르크군 방어거점에 물자를 보급해주던 헤자즈^{Hedjaz} 철도를 차단하는 것이었다. 그러나 이번 영국군의 공격은 실패로 끝나고 말았다. 비록 암만이 포위되기는 했지만, 가장 중요한 목표물이었던 철도에는 전혀 타격을 입히지 못했기 때문이었다. 게다가 프랑스에서 독일군의 대공세가 시작되면서 알렌비는 휘하의 정예부대 대부분을 유럽 전선으로 보내야만 했다. 2개 보병사단, 9개 기병연대, 중포병대 일부로 이루어진 9만 명에 이르는 병력이 프랑스로 이동했다. 대신 알렌비 휘하에 배치된 것은 실전 경험이 없는 인도군이었지만, 이들과 동시에 프랑스에서 쓸데없이 낭비되고 있던 정예 인도군 기병사단도 알렌비의 휘하에 들어왔다. 이처럼 여러 부대들을 유럽 전선에 빼앗겼음에도 불구하고 알렌비는 여전히 투르크군에 대해 2 대 1 이상의 수적 우위를 차지하고 있었다(팔레스타인의 투르크군 병력은 3만 명을 넘은 적이 없었다). 그러나 한 가지 중요한 사실은 투르크군 쪽에 여전히 잘 훈련되고 중무장을 갖춘 독일군 1개 사단이 있다는 것이었다.

그 무렵 아랍 지역에서는 민족주의가 크게 대두되고 있었다. 이미 키치너로부터 조건부 독립 허용 제안을 받은 바 있는 후세인은 1915년 영국과 구체적인 독립 조건을 놓고 협상을 시작했다. 후세인이 제시한 조건은 명료했다. 그는 투르크군과 싸우는 대가로 위도 37도 이남 지역에 위치한 아랍 국가들의 독립을 승인해줄 것을 요구했다. 그러나 영국 정부는 그의 제안대로 할 경우 소아시아와 시리아의 상당부분까지 포함된다는 이유로 후세인의 제안을 거부했다. 결국 후세인과 영국 정부는 서로 한 발짝 물러나 타협안을 도출하는 데 성공했지만, 여전히 바그다드와 바스라의 미래는 불투명한 상태였다.

후세인은 행동에 나서기 전에 먼저 영국으로부터 무기와 자금을 지원받아야 했다. 따라서 아랍 부족들이 실제로 헤자즈에서 반란을 일으켜 메디나Medina의 투르크군 수비대를 공격한 것은 1916년 중반이 되어서였다. 동시에 후세인은 스스로를 모든 아랍 부족의 왕으로 칭하며 전 아랍 부족들에게 오스만 투르크 제국에 저항하여 무기를 들 것을 호소했다. 후세인의 이런 선언은 영국 정부에 큰 충격을 주었지만, 그해 말 영국 정부는 결국 후세인을 아랍의 왕으로 인정했다.

그러나 아랍 부족들의 봉기는 봉기에 참여한 다양한 파벌과 부족들 간의 다툼, 그리고 전후 근동지방에서 각각의 세력권을 확보하려고 기를 쓰던 영국과 프랑스 정치인들의 이중적인 태도로 인해 지리멸렬한 양상을 보이게 되었다. 이 때 핵심 인물로 부상한 사람이 그 유명한 T. E. 로렌스Lawrence 대위(나중에 대령으로 승진)였다. 옥스퍼드에서 고고학을 전공한 젊은 장교였던 로렌스는 아랍 부족들의 명분에 대해 깊은 지식을 갖고 있었을 뿐만 아니라 공감까지 하고 있었다. 영국 정부의 아랍 지역 담당기관에서 일하던 로렌스는 후세인과 그의 아들의 신뢰를 얻는 데 성공했다.

아랍 부족과 함께 싸우게 된 로렌스는 게릴라전에 대한 숨은 재능을 빠르게 드러내며 낙타를 탄 게릴라 기동부대를 이끌고 헤자즈 철도를 공격했다. 로렌스와 그의 부하들은 철도 전역에서 철로와 교량을 파괴하고 고립된 투르크군 수비대를 휩쓸었다. 1917년 중반 무렵 광범위한 지역에서 게릴라전을 펼치며 투르크군을 괴롭히던 로렌스는 시리아의 아랍 부족들에게 반란 참여 여부를 타진하는 와중에도 알레포Aleppo-다마스커스 철도에 대한 공격에 나서 상당 구간의 철로를 폭파하기도 했다. 한 달 후, 로렌스는 아카바의 투르크군 요새의 항복을 받아내고 카이로를 방문해 알렌비와 향후 작전 방향을 논의했다. 알렌비는 로렌스의 재능을 인정하고 아랍 게릴라들을 지원해줄 것을 약속했다.

그해 말, 알렌비와 로렌스는 아랍 부족들과의 협동작전을 통해 투르크군과 독일군에게 엄청난 작전상의 차질을 안겨주었다. 아랍 게릴라들이 헤자즈 철도를 여기저기에서 파괴하여 쓸모없게 만들어버렸지만, 투르크군은 파괴된 철로를 수리할 예비 자재조차 이미 오래 전에 바닥난 상태였다. 이후 알렌비의 총공세에서 로렌스는 공격에 나선 영국군의 우측을 엄호하는 역할을 맡았다. 알렌비와 로렌스 모두 이 공세로 팔레스타인 지역에서의 전쟁을 끝낼 수 있을 것으로 생각했다. 당시 투르크군은 유능한 독일 고문이었던 오토 리만 폰 산더스 장군의 지휘를 받고 있었다. 산더스는 당시 휘하에 소규모 독일군 분견대와 그 동안의 전투에서 큰 타격을 받고 휘청대는 투르크군 3개 군을 보유하고 있었다.

1918년 9월 19일, 알렌비의 총공세가 시작되었다. 알렌비의 메기도 공격의 성공 여부는 보안을 유지하면서 적을 기만하여 기습을 성공시킬 수 있느냐에 달려 있었다. 투르크군의 우익은 영국군의 공격에 붕괴되어버렸고 투르크군 총사령부까지 영국군에게 쓸려나가는 지경에 이르렀지만, 산더스는 간신히 탈출에 성공해 포로가 되는 불상사는 피할 수 있었다. 9월 20일, 영국군은 나자렛Nazareth을 함락시키고 요르단Jordan 강을 건넜으며, 알렌비는 기병대를 풀어 퇴각하는 투르크군을 추격했다. 투르크군은 붕괴되고 있었다. 10월 7일, 무질서한 퇴각을 거듭하던 투르크군이 와디 파라

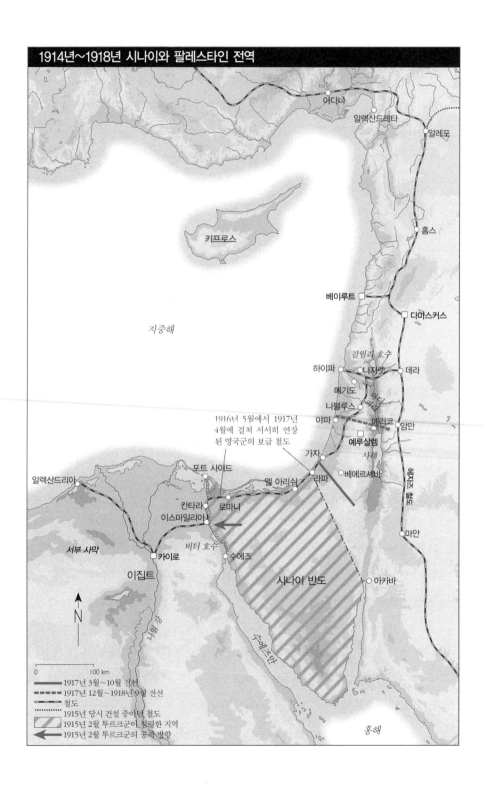

1914년~1918년 시나이와 팔레스타인 전역

아다나
알렉산드레타
알레포
키프로스
홈스
베이루트
다마스커스
지중해
갈릴리 호수
하이파
나자렛
데라
메기도
요단
나블루스
야파
예리코
암만
1916년 5월에서 1917년
4월에 걸쳐 서서히 연장
된 영국군의 보급 철도
예루살렘
가자
사해
베에르셰바
포트 사이드
엘 아리쉬
라파
알렉산드리아
칸타라
로마니
이스마일리아
비터 호수
수에즈
시나이 반도
카이로
서부 사막
이집트
아카바
마안
N
홍해

0   100 km

━━━ 1917년 3월~10월 전선
╍╍╍ 1917년 12월~1918년 9월 전선
━━━ 철도
┈┈┈ 1915년 당시 건설 중이던 철도
▨▨▨ 1915년 2월 투르크군이 점령한 지역
◀━ 1915년 2월 투르크군의 공격 방향

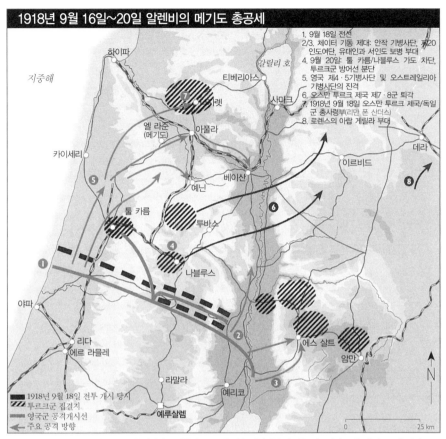

1918년 9월 16일~20일 알렌비의 메기도 총공세

1. 9월 18일 전선
2/3. 체이터 기동 제대: 안작 기병사단, 제20 인도여단, 유대인과 서인도 보병 부대
4. 9월 20일: 툴 카름/나블루스 가도 차단, 투르크군 방어선 분단
5. 영국 제4·5기병사단 및 오스트레일리아 기병사단의 진격
6. 오스만 투르크 제국 제7·8군 퇴각
7. 1918년 9월 18일 오스만 투르크 제국/독일군 총사령부(리만 폰 산더스)
8. 로렌스의 아랍 게릴라 부대

지중해
하이파
갈릴리 호
티베리아스
사라첸
엘 라준(메기도)
아폴라
카이세리
데라
이르비드
베이산
예닌
툴 카름
투바스
나블루스
야파
에스 살트
암만
리다
에르 라믈레
라말라
예리코
예루살렘

■■■■■■ 1918년 9월 18일 전투 개시 당시
▨▨ 투르크군 집결지
━━ 영국군 공격개시선
◀━ 주요 공격 방향

0   25 km

N

■■■■■ 전사(戰史)에 정통했던 알렌비는 기원전 1480년 같은 지역에서 승리를 거두었던 고대 이집트군의 작전을 참고하여 작전을 입안했다. 알렌비는 체이터(Chaytor) 대장의 지휘를 받는 소규모 기동 부대로 요르단 계곡을 따라 압박을 가함으로써 우익을 보호하는 한편, 로렌스의 아랍 게릴라 부대로 데라(Deraa) 북쪽의 철도를 차단했다. 또 알렌비는 해안지대를 따라 기병대를 돌격시켜 투르크군 좌익을 붙잡아놓고서 내륙으로 공격의 방향을 돌렸다. 포위될 위기에 처한 투르크군은 북동쪽으로 무질서하게 퇴각할 수밖에 없었다. 리만 폰 산더스는 독일군 총사령부가 영국군에게 휩쓸릴 때 간신히 탈출에 성공하여 포로 신세가 되는 것만은 면할 수 있었다.

Wadi Fara에 몰려 체증을 빚고 있는 것을 발견한 영국군은 육군 소속의 왕립항공대의 항공기들을 동원하여 치명적인 폭격을 퍼부어 투르크군을 사실상 와해시켰다. 10월 1일 알렌비와 로렌스는 동시에 다마스커스에 입성했고, 10월 7일에는 베이루트Beirut가 프랑스군의 손에 떨어졌다. 10월 말, 연합군은 홈스Homs와 알레포까지 점령했다.

그와 함께 오스만 투르크 제국군의 역사도 끝이 났다. 새로 오스만 투르크 제국의 술탄이 된 메메드 6세^{Mehmed VI}는 청년 투르크당 정부를 몰아내고 미국의 윌슨 대통령에게 오스만 투르크 제국을 대신해 휴전을 중재해줄 것을 요청했다. 윌슨으로부터 대답을 듣지도 못한 상태에서 오스만 투르크 제국은 당시 안락한 포로 생활을 누리고 있던 타운센드 장군을 석방하여 에게 해의 왕립 해군 총사령관이었던 캘솝^{Calthorpe} 제독에게 휴전 사절로 파견했다. 10월 30일이 되자 렘노스 섬의 무드로스 항에서 오스만 투르크 제국과 연합국 간에 휴전협정이 체결되었다. 휴전협정에 따라 오스만 투르크 제국은 다르다넬스 해협을 개방하고 모든 전쟁 포로들을 석방했으며, 동맹국과의 동맹을 청산하고 연합군이 향후 작전을 위해 오스만 투르크 제국 영토를 마음대로 사용할 수 있도록 허용했다. 11월 12일, 연합군 함대가 차나크 수로를 지나 콘스탄티노플로 항해해갔으며, 마침내 오스만 투르크 제국의 수도이자 역사적인 고도인 콘스탄티노플이 연합군 함대 앞에 무릎을 꿇게 되었다.

이탈리아 전역

1914년 말, 이탈리아는 동맹국과 연합국 양측 모두로부터 열렬한 구애를 받고 있었다. 이탈리아는 3국동맹 가입국으로서 원래대로라면 독일과 오스트리아 편에 서서 참전해야 했지만, 1914년 8월 3일 이탈리아 정부는 신중하게 중립을 선언했다. 이탈리아의 육군과 해군은 유럽의 중립국들 가운데서 가장 강력했으며, 동맹국과 연합국 양측 모두의 옆구리에 위치한 지리적 입지 덕분에 이탈리아는 전략적 요충지가 될 수밖에 없었다. 이탈리아는 지중해의 바닷길을 통제할 수 있는 해군력을 갖고 있었으며, 만약 오스트리아-이탈리아 해군이 연합해서 시칠리아 해협을 막아설 경우 연합군의 수에즈 운하 사용을 막을 수도 있었다. 그러나 연합국은 적극적인 정치적·외교적 노력을 기울여 1915년 4월 이탈리아가 런던 조약에 서명하도록 만드는 데 성공했다. 이 조약의 체결로 영국, 프랑스, 벨기에, 러시아의 편에 서서 오스트리아와 싸우게 된 이탈리아는 1915년 5월 24일 오스트리아에 정식으로 선전포고했다.

오스트리아-이탈리아 국경은 1866년 비스마르크가 마련한 조약에 따라 인위적으로 그어진 것이었다. 이 조약으로 오스트리아는 국경지대의 산맥 일대를 자국 영토로 확보하여 이탈리아의 침공에 완충지대를 확보하

■■■■■■ 1915년 6월 동지중해를 향해 출정하는 제10아일랜드사단의 열병식을 지켜보고 있는 육군원수 키치너 경. 육군 중장 브라이언 마혼 경이 이끌던 이 사단은 개전 후 키치너의 자원입대 호소에 응하여 군에 지원한 시민 병들로 편성된 사단으로서 아일랜드에서 편성되어 훈련을 받았다. 그러나 (어떻게 보면 당연한 일이지만) 남부 아일랜드인들이 자원자 모집에 그다지 적극적인 호응을 보이지 않자, 영국군은 요크셔(Yorkshire)와 랭커셔연대의 초과 자원자들을 끌어와서 사단 병력을 충원했다. 베이싱 스토크(Basing Stoke) 부근에서 열린 이 열병식을 지켜본 이들은 키치너가 덩치 큰 검은색 군마에 올라타고서 '석상처럼 굳건하게' 행진하는 병사들을 지켜보고 있었다고 회고했다. 당시 키치너가 경험도 없는 애송이 병사들을 투르크군과의 전투에 투입하는 것이 과연 옳은 일인지에 대해 의구심을 품었는지는 사진의 냉정한 모습만으로는 알 수 없다. (IWM)

는 동시에 또 마음만 먹으면 산꼭대기에서 북이탈리아의 평원지대로 물밀 듯이 쏟아져 들어갈 수 있었다. 반면, 이탈리아군은 오스트리아의 어디를 어떻게 공격하든 간에 공세를 벌이려면 험준한 산악지대를 기어 올라가야 했으며, 국경선의 형태 역시 이탈리아군이 직면한 어려움을 더욱 가중시 켰다.

오스트리아-이탈리아의 국경선은 거대한 S자 형태로, 트렌티노 지역 에서 오스트리아의 거대한 돌출부가 이탈리아로 깊숙이 파고 들어오고, 이탈리아의 우디네^{Udine} 돌출부가 오스트리아 영토로 뻗쳐 있는 형상이었 다. 두 돌출부 중 잠재적으로 이탈리아에 더 위협이 되는 것은 트렌티노 돌출부였다. 그러나 이곳은 도로와 철도 사정이 열악해서 제대로 된 군사 작전을 벌이기가 만만치 않았기 때문에, 오스트리아군 지휘관들도 이 지 역에서 어떻게 작전을 펼쳐야 할지를 놓고 머리를 싸매야 했다.

스위스 국경지대에서 아드리아 해까지 400마일 길이로 형성된 이탈리 아-오스트리아 전선은 3개 부분으로 나뉘어 있었다. 트렌티노와 알프스 산맥, 그리고 이손초 강 전선이 바로 그것이었다. 이손초 강변을 따라 형 성된 약 30마일 길이의 전선은 그래도 좀 덜 험한 언덕지대로 되어 있었지 만, 이를 제외하면 거의 전 전선이 험한 산악지역으로 이루어져 있었다. 이탈리아에게 빼앗긴 베네치아 지방을 되찾으려고 호시탐탐 기회를 노리 고 있던 오스트리아와 언젠가는 전쟁을 하게 될 것이라고 예견한 이탈리 아는 세 전선을 모두 요새화하면서 북부 평야지대를 보호하기 위해 위험 에 처한 구역으로 신속하게 병력을 수송할 수 있도록 후방의 전략 도로 및 철도망을 정비했다. 오스트리아 역시 국경지대에 항구적인 방어진지를 건 설하면서 후방 지역의 교통망을 정비했다. 양측 모두 고정방어시설을 구 축함에 따라 향후 이탈리아-오스트리아 전선의 전투는 주로 정적인 진지 전이 될 것이라고 예상되었다.

이탈리아군 참모총장 카도르나 대장은 이손초 강 전선에서 트리에스테

Trieste를 목표로 공세를 펼쳐 빈으로 향하는 통로를 사정거리 안에 두면서 가능하면 세르비아군과 러시아군과 연결하려는 야심찬 계획을 세웠다. 그러나 이 계획의 걸림돌이 되는 요소가 있었으니 바로 트렌티노 전선이었다. 오스트리아군이 트렌티노의 이탈리아군 방어선을 성공적으로 돌파할 경우, 이손초 강 전선에서 공세를 펼치는 카도르나의 군은 고립될 것이 분명했다. 국경지대를 따라 평행으로 달리면서 여러 계곡으로 지선支線이 건설된 이탈리아의 철도망의 형태도 이런 위험을 더해주고 있었다. 하지만 이런 문제는 오스트리아도 마찬가지였다. 오스트리아의 철도망 역시 국경지대를 따라 평행으로 달리고 있었지만, 이탈리아와는 달리 별다른 지선이 건설되어 있지 않기 때문에 전선으로 물자를 수송하는 데 상당한 제약을 받을 수밖에 없었다. 이로 인해 오스트리아군은 트렌티노에서 공세에 나섰을 때 공격 기세를 오래 유지할 수 없었다.

개전 직후 이탈리아는 국경지대에서 거의 난공불락에 가까운 방어진지를 지키고 있는 오스트리아군 20개 사단을 공격하기 위해 35개 사단을 동원했다. 전투가 벌어지자 양측 병사들은 가혹한 산악전 환경과 마주쳐야 했다. 카도르나는 이손초 강 전선에서 공격을 계속하는 한편, 트렌티노 전선에서는 공격적인 방어를 펼치면서 카르닉 알프스Carnic Alps의 고산지대에 유리한 지형을 확보할 예정이었다. 그러나 개전 당시 이탈리아군의 전쟁 준비 상태는 엉망이었다. 대부분의 군수품은 리비아의 식민지 전쟁에서 소모한 상태였고, 좌익 정치세력의 압박으로 소모한 물자들의 보충도 제대로 이루어지지 않고 있었다. 포병, 기관총, 야전 축성을 위한 자재 역시 크게 부족했다. 전쟁이 진행되면서 큰 활약을 보인 항공대도 개전 당시에는 벌거숭이 갓난아기나 다름없었다.

이러한 여러 문제들에도 불구하고 이탈리아군은 1915년 5월 23일, 전 전선에서 공세에 나서면서 오스트리아군을 깜짝 놀라게 만들었다. 공세 초기, 이탈리아군은 상당한 성과를 거두면서 이손초 강 방면에서 오스트리아 영토 내의 여러 거점들을 점령했다. 이후 이 거점들을 중심으로 양측의 전선이 안정되면서 계속해서 벌어질 소모전의 무대가 마련되었다. 6월 23일, 여러 차례 벌어질 소모전 가운데 첫 번째 전투가 벌어졌다. 이후 11차례에 걸쳐 지속적인 소모전이 벌어지면서 전력을 모두 소모한 이탈리아군은 빈사지경에 빠지게 되었다. 그러나 프랑스 전선에서의 연합군 공세와 비슷한 양상으로 전개된 이와 같은 피투성이 난타전 때문에 오스트리아군역시 전력을 크게 소진했으며, 원래는 동부전선에 보내야 할 막대한 규모의 병력을 이탈리아 전선에 투입해야 했다.

육군 대장 루이지 카도르나 대장은 오랜 군사 전통을 지닌 피에몬테 가문 출신이었다. 그의 아버지가 이끌던 군대는 1870년 로마에 입성하여 이탈리아 통일을 확정지었다. 1914년 폴로 대장의 사망 당시 카도르나는 이탈리아군이 싸울 상태가 아니라는 사실을 파악하고 향후 수개월간에 걸쳐 전쟁 준비를 위해 많은 노력을 기울였다. 실제로 오스트리아와의 전쟁이 시작되었을 때 반복적인 정면 공격을 고집한 카도르나 때문에 이탈리아군은 엄청난 사상자를 내야 했다. 엄격하고 무뚝뚝한 인물이었던 카도르나는 제대로 명령을 수행하지 못하는 부하들에게는 무자비한 상관이었으며, 병사들로부터 사랑받는 명장들이 지닌 인간적인 면이 부족했다.

1915년 말까지 카도르나는 이손초 강 전선에서 4차례에 걸쳐 전투를 벌이며 전략 요충지인 고리치아Gorizia를 점령하기 위해 안간힘을 썼다. 그러나 고리치아 마을은 강력한 오스트리아군 교두보의 보호를 받고 있었고, 마을을 둘러싼 여러 고지를 확보하고 있던 오스트리아군은 공격해오는 이탈리아군에게 무시무시한 화력을 쏟아 부었다. 하지만 이탈리아군은 이에 아랑곳하지 않고 강력한 오스트리아군 방어진지에 병력을 연거푸 투입하면서 공격을 퍼부었고, 그 과정에서 양측은 엄청난 사상자를 냈다. 전투의 규모 자체도 대단해서 제2차 이손초 강 전투에서 이탈리아군은 오스트리아군 129개 대대에 대항해 260개 대대를 동원하여 공격에 나섰다. 그러나 이런 압도적인 수적 우세에도 불구하고 이탈리아군은 난공불락의 방어진지에서 버티고 있던 오스트리아군을 몰아낼 수가 없었다. 인내심이 부족한 카도르나는 그때까지 27명의 장군들을 해임한 상태였으며, 이후 수개월에 걸쳐 더 많은 장군들을 해임시켰다. 이손초 강 전선에서 벌어진 최초 4차례의 공격에서만 전사, 부상, 포로, 실종 등의 이유로 이탈리아군은 16만1,000명, 오스트리아군은 14만7,000명을 잃었다. 엄청난 사상자 수로 인해 병력에 구멍이 생긴 이탈리아군은 더 많은 예비역들을 현역으로 소집했다. 1915년, 그 가운데 32세의 한 예비역 병사가 베르살리에리Bersaglieri 연대에 배치되었다. 역사상 유명한 인물로 그 이름을 남기게 될 이 병사의 이름은 바로 베니토 무솔리니Benito Mussolini 였다. 당시 사회주의 신문 편집장이었던 그는 박격포 폭발로 부상을 입은 후 제대했지만, 전선에서 싸우면서 보여준 놀라운 용기로 훈장을 타기도 했다.

겨울이 닥치면서 전투의 열기도 가라앉기 시작했다. 그러나 오스트리아군 병사들 사이에서 발생한 콜레라가 이탈리아군에까지 확산되면서 이탈리아군은 큰 타격을 입었다. 이 무렵 이탈리아군은 여전히 야포, 그중에서도 오스트리아군의 방어진지를 부술 중포가 크게 부족했다. 이후 샹티이에서 열린 연합군 수뇌 회담에서 영국과 프랑스는 이런 상황을 감안하여 이탈리아의 전력을 강화하기 위해 야포와 중장비를 제공해주기로 합의했다.

독일은 오스트리아군 참모총장 콘라트가 오스트리아군 주력을 러시아 전선으로 돌려주기를 원했다. 동부전선을 오스트리아군에게 맡기고 여기서 차출된 독일군 사단들을 서부전선으로 투입하여 결정적인 승리를 얻겠다는 속셈이었다. 그러나 콘라트는 콘라트대로 생각이 있었다. 그중 하나는 트렌티노에서 결정적인 공세를 가해 이탈리아의 평야지대를 빠르게 가로질러 이탈리아 북부의 중요 도시들을 점령한다는 것이었다. 콘라트는 결정적인 공세 장소로 아지아고Asiago 고원 지역 일대를 선정했다. 오스트

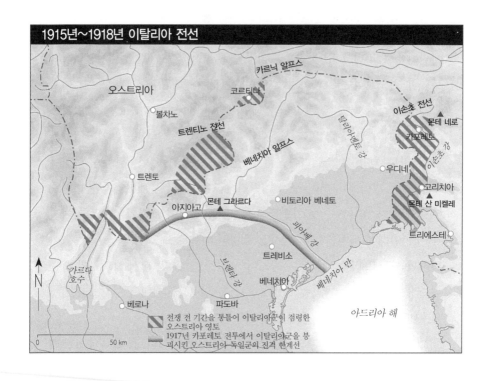

오스트리아

볼차노

카르닉 알프스

코르티나

트렌티노 전선

베네치아 알프스

탈리아멘토 강

이손초 전선

몬테 네로

카포레토

우디네

이손초 강

고리치아

몬테 산 미켈레

트렌토

아지아고

몬테 그라르다

비토리아 베네토

피아베 강

트리에스테

가르다
호수

N

브렌타 강

트레비소

베네치아

베네치아 만

베로나

파도바

아드리아 해

전쟁 전 기간을 통틀어 이탈리아군이 점령한
오스트리아 영토
1917년 카포레토 전투에서 이탈리아군을 붕
괴시킨 오스트리아·독일군의 진격 한계선

0   50 km

리아군의 이와 같은 공세 계획을 알게 된 독일군 참모총장 에리히 폰 팔켄
하인 대장은 크게 놀랐다. 당시 독일군은 프랑스의 베르됭 요새를 공략 중
이었고, 강고한 프랑스군 요새를 공격하느라 1문의 중포라도 아쉬운 판이
었다. 하지만 콘라트는 자신의 공세를 위해 상당수의 중포대를 틀어쥐고
놓아주지 않았으며, 동부전선에서 싸우고 있던 여러 오스트리아군 사단을
이탈리아 전선으로 돌리기까지 했다. 그러나 팔켄하인은 오스트리아군이
포병대 면에서 압도적인 우위를 점하고 있다 하더라도(오스트리아군은
2,000문의 야포를 동원했고, 그 가운데 500문이 중포였던 데 반해 이탈리아군은
겨우 588문의 야포와 36문의 중포밖에 없었다) 겨우 18개 사단의 병력으로는
공세를 성공시킬 수 없다고 생각했다.

1916년 5월 15일, 오스트리아군의 트렌티노 공격이 시작되었다. 오스
트리아군은 새로이 단시간에 집중포화를 퍼붓는 전술을 사용하여 이탈리

아군 참호선을 말 그대로 박살을 내놓았다. 비좁은 계곡지대에서는 오스트리아군 중포대의 포격 효과가 극대화되어 눈사태와 산사태를 일으킴으로써 계곡을 지키던 이탈리아군을 생매장해버리기도 했다. 그러나 지형이 험해 오스트리아군의 진격은 지지부진할 수밖에 없었고, 이탈리아군은 그 덕분에 전멸이라는 최악의 사태를 피할 수 있었다. 이탈리아군의 정예 알피니^{Alpini} 산악부대는 자신들의 앞마당과 같은 산악지대에서 필사적으로 지연전을 펼치며 이탈리아군 본대가 방어선을 구축할 수 있는 시간을 벌었다. 그러나 이탈리아군 암호책을 노획한 오스트리아군은 이탈리아군의 무선통신을 방수하여 이탈리아군의 움직임을 손바닥 보듯 알 수 있었다. 결국 알피니 부대의 눈물겨운 저항에도 불구하고 6월 4일경, 오스트리아군은 비센차^{Vicenza}와 이손초 강 전선에 보급품을 운반하는 핵심 철도로부터 채 20마일도 떨어지지 않은 곳까지 진출했다. 그러나 목표지점을 코앞에 두고 오스트리아군은 힘이 다하고 말았다. 6월 16일, 카도르나는 반격에 나서 압박을 계속 가한 끝에 오스트리아군을 공격개시선까지 밀어내는 데 성공했다. 팔켄하인은 콘라트가 동부전선에서 병력과 중포를 빼돌려 이탈리아 전선에서 공세를 시작한 것도 모자라 공격에 실패한 데 대해 크게 분노했다. 그리고 콘라트의 공세로 동부전선의 오스트리아군 전력이 약화된 덕분에 러시아의 브루실로프 대장은 성공적인 공세를 펼칠 수 있었다.

1916년, 이손초 강 부근에서 전투가 5차례 더 벌어지면서 사상자 수도 크게 증가했다. 끈질기게 공격을 펼치던 이탈리아군은 결국 8월에는 고리치아를 점령하고 마침내 오스트리아군 방어선을 돌파한 것처럼 보였다. 그러나 이탈리아군의 공격도 거기까지가 한계였다. 카도르나는 15마일 길이의 전선에서 최대 4마일까지 전진하며 기대했던 것 이상의 성과를 거두었지만, 겨울이 닥치자 양측 모두 대규모 작전 활동을 중지할 수밖에 없었다. 겨울 동안 이탈리아군과 오스트리아군은 소규모 습격과 정찰 이상의 활동은 벌이지 않았다.

1917년 1월 로마에서 열린 연합국 회의에서 카도르나는 영국과 프랑스가 8개 사단과 중포 300문을 지원해준다면 트리에스테를 점령하고 오스트리아군을 쳐부숴 오스트리아를 동맹국의 전열에서 이탈시킬 수 있다고 주장했다. 영국과 프랑스는 이탈리아에 중포를 지원해주겠다고 약속했지만, 2~3개월간 대여해주는 것이라는 조건을 달았다. 당시 살로니카에 대한 동맹군의 압박이 커지면서 마케도니아 지역 역시 연합군의 지원을 시급히 필요로 하고 있었다. 또 3월에 시작된 러시아 혁명 덕분에 러시아 전선에서 비교적 여유를 찾을 수 있게 된 오스트리아군은 동부전선의 부대들을 이손초와 트렌티노 전선으로 돌릴 수 있었다. 이런 불리한 여건에도 굴하지 않고 카도르나는 이손초 강에서 열 번째와 열한 번째 공격을 가했다.

8월 말, 이제 이탈리아군의 승리가 눈앞에 다가온 것처럼 보였다. 오스트리아군의 사기는 붕괴되고 있었고, 비독일계 병사들은 전쟁을 지속할 의욕 자체를 잃은 상태였다. 연합군은 중포대를 보내달라는 카도르나의 요청에 응하여 영국군의 6인치 포대를 카도르나 군에 배치했다. 팔켄하인의 뒤를 이어 독일군 참모총장이 된 루덴도르프는 이탈리아군이 열두 번째 공세에 나설 경우 오스트리아가 정치적·군사적으로 붕괴될 수도 있다는 사실을 간파하고 콘라트에게 대규모 지원 부대를 파견했다. 지원 부대에는 돌격대를 사용한 신전술을 훈련받은 독일군 부대들도 포함되어 있었다. 돌격대원들은 공격시 신속하게 전진하여 적의 완강한 저항 거점은 우회하고 후방 깊숙이 진출하여 적 사령부나 포대를 공격하도록 훈련받았다. 이때 오스트리아군을 지원하기 위해 파견된 부대에는 에르빈 롬멜Erwin Rommel 소위도 배속되어 있었다. 에르빈 롬멜 소위는 뷔르템베르크 산악대대의 중대장으로 제12차 이손초 강 전투에서 눈부신 활약을 보여주었다.

이 전투에서 새로 편성된 오스트리아-독일 혼성 제14군은 이탈리아 전선에서의 완전 승리 직전까지 가는 큰 성과를 거두었다. 제14군 사령관이었던 오토 폰 벨로브는 과거에 이미 숱한 승리를 거두었던 유능한 장군이었다. 당시 이탈리아 군사정보부는 동맹군 공세의 시기와 장소를 정확하게 예견하고 있었다. 동맹군이 공격에 나설 당시 이탈리아군 전선을 지키고 있던 것은 카펠로 Capello 대장이 지휘하는 이탈리아 제2군이었다. 그러나 지병에 시달리던 카펠로는 10월 20일 지휘관직에서 물러났다. 적의 공격을 눈앞에 두고 방어책임자가 물러났다는 것은 방어하는 쪽보다는 공격하는 쪽에 더 도움이 되는 것이었다(이탈리아군도 공세를 계획했지만, 이 일로 공세를 연기하고 말았다). 그리고 이러한 사실은 10월 24일 새벽, 벨로브가 카포레토 부근에서 공세를 시작하면서 더욱 분명해졌다. 제2군은 동맹군의 폭풍우같이 몰아치는 포격에 압도당해버렸고, 이탈리아군이 애써 구축한 야전진지와 통신망은 엉망진창이 되어버렸다. 또 동맹군은 독가스를 광범위하게 사용했지만, 이탈리아군의 방독면은 동맹군의 독가스를 효과적으로 여과해주지 못했다. 때마침 짙은 안개가 끼고 비까지 내리면서 동맹군의 돌격대원들은 이탈리아군 후방으로 더욱 쉽게 침투할 수 있었다.

공세 첫날 오스트리아-독일 제14군은 이손초 강 도하에 성공해 저녁 무렵에는 벌써 이탈리아군 예비 방어선까지 침투했으며, 이탈리아 쪽 강변의 고지도 확보할 수 있었다. 비록 이탈리아군 일부 부대들이 열심히 저항하기는 했지만, 독일군 돌격대원들이 강력한 방어진지를 우회하여 계속 후방으로 침투했기 때문에 이탈리아 제2군은 붕괴될 수밖에 없었다. 동맹군의 공격 기세가 너무나 강했기 때문에, 병석에서 억지로 몸을 일으킨 카펠로는 이탈리아군에게 중간 방어선으로 철수할 것을 명했지만 그 직후에 다시 쓰러져버렸다. 결국 철수하는 이탈리아군은 거세게 밀려오는 독일군의 물결에 따라잡히고 말았다. 제2군 좌익에 배치된 제3군은 아오스타 Aosta 공작의 지휘 아래 동맹군의 공격을 꿋꿋이 막아내고 있었다. 그러나 우익의 제2군이 무너지자 제3군의 측면이 노출될 위기에 처했다. 결국 제3군에게도 절망적인 상황에 빠진 제2군과 함께 철수하라는 명령이 떨어졌다. 철수

대열이 한꺼번에 몰리면서 이탈리아군의 후방에서는 엄청난 체증과 혼란이 발생했다. 설상가상으로 공포에 질린 이탈리아군 공병들은 전방에서 퇴각해오는 아군 부대들이 도착하기도 전에 교량들을 폭파해버렸다. 엄청난 수의 이탈리아군 병사들이 북부 이탈리아 평원을 가로질러 카도르나가 새로운 방어선을 구축하기 위해 안간힘을 쓰고 있던 탈리아멘토Tagliamento 강을 향해 퇴각했다. 가장 큰 타격을 입은 제2군 소속의 병사들 가운데 수천 명은 군대를 탈출하기로 결심하고 무기와 장비, 군복을 버리고 전장을 벗어나 집으로 돌아가기 위해 안간힘을 썼다(어니스트 헤밍웨이Ernest Hemingway의 『무기여 잘있거라A Farewell to Arms』는 이런 이탈리아군의 붕괴 상황을 잘 그리고 있다). 하지만 아오스타 공작의 제3군은 혼란스런 철수 와중에도 기강과 부대로서의 응집력을 잃지 않았다.

한편, 이탈리아군 전선을 보강하기 위해 이탈리아에 막 도착한 영국군과 프랑스군의 장성들은 전황을 파악하기 위해 전선을 방문했다. 영국군 참모총장이었던 윌리엄 로버트슨 경Sir William Robertson은 카도르나에게 강에 의지하여 방어선을 구축하고 버티라고 조언했다. 절대로 말을 돌려서 하는 법이 없는 프랑스의 포슈 장군은 카도르나에게 "겨우 1개 군을 잃은 것뿐이잖소!"라고 말하며 남은 부대로 전투를 계속해야 한다고 말했다. 그러나 이탈리아군이 퇴각을 계속하면서 결국 탈리아멘토 강의 방어선도 포기할 수밖에 없었다. 이제 이탈리아군은 무슨 수를 써서라도 피아베Piave 강에서 동맹군을 막아야 하는 절체절명의 상황에 몰렸다. 11월 7일, 이탈리아군은 피아베 강에 참호를 파고 들어앉았다. 피아베 강에서 베네치아Venice까지는 겨우 20마일 정도밖에 떨어져 있지 않았기 때문에, 만약 이 방어선이 뚫릴 경우 이탈리아 북부의 주요 도시들이 바로 동맹군에게 점령당할 위험이 있었다. 카도르나는 패전의 책임을 지고 물러나기 전 병사들에게 내린 마지막 훈시에서 "죽어도 한 치의 땅도 내주지 말라"고 촉구했다. 카도르나의 후임으로 이탈리아군 총사령관으로 임명된 아르만도 디아즈Armando Diaz 대장은 유능한 장군이었고, 카도르나보다 훨씬 인간적인 군인이었다. 제12차 이손초 전투, 혹은 카포레토 전투로 알려진 이 전투에서 이탈리아군은 엄청난 손실을 입었다. 이탈리아군 전사자는 1만 명, 부상자 수도 3만 명에 이르렀고 무려 26만5,000명이 포로가 되었다. 그 밖에 탈영병의 수도 수천 명에 달했다. 장비 손실 역시 인명 손실만큼이나 엄청났다. 이 전투로 이탈리아군은 3,000문 이상의 야포와 3,000정 이상의 기관총, 거의 2,000문에 달하는 박격포와 엄청난 양의 탄약 및 장비를 잃었다.

이탈리아군의 참담한 패배는 몇 가지 놀라운 결과를 낳았다. 연합국들은 마침내 독일을 격파하기 위해서는 단일 지휘체계를 수립해야 한다는 데 합의했다. 베르사유에서 열린 비상회의에서 연합국 수뇌부는 통일된 작전 운용을 위해 최고전쟁위원회를 조직했다. 이탈리아는 이 패배로 인해 오히려 국가적 결속이 훨씬 더 강화되었다. 이는 어떻게 보면 전혀 어울리지 않는 두 인물의 대중 연설과 기고문 때문이었다. 이 두 사람은 시인이자 비행사였던 가브리엘레 다눈치오Gabriele d'Annunzio와 사회주의 언론인이었던 무솔리니였다. 애국심에 불타는 젊은이들이 수십만 명씩 자원입대했고, 카포레토에서 이탈리아군이 입은 손실은 순식간에 보충되었다. 이탈리아의 오를란도Orlando 총리는 보좌관들에게 군이 시칠리아Sicilia까지 철수하는 한이 있더라도 이탈리아는 절대로 항복하지 않을 것이라고 말했다. 그 동안 디아즈는 조용히 이탈리아군의 전력을 회복시키고 있었다. 이제 이탈리아군은 프랑스군과 영국군으로 증강되었고, 연합국은 서부전선에서 황급히 야포와 항공기를 빼내 이탈리아 전선으로 보내주었다. 이탈리아군의 사기가 서서히 회복되고 있던 시기에 이와 반대로 동맹군은 장기간의 공격과 추격전으로 누적된 피로와 식량 부족 때문에 연합군 전선을 돌파하려는 시도를 포기하기에 이르렀다.

1917년은 연합군에게 있어서 여러모로 어려운 한 해였다. 니벨 공세가 실패로 돌아가면서 프랑스군에서는 항명 사태가 벌어졌고, 러시아에서는 혁명이 들불처럼 퍼져나가고 있었다. 이로 인해 동맹국들은 동부전선의 병력을 다른 전선으로 돌릴 수 있는 여유를 갖게 되었다. 그러나 미국이 마침내 참전하자, 독일은 당장 결정적인 돌파작전을 성공시키지 못한다면 막대한 자원을 가진 미국에 의해 전쟁의 향방이 결정될 것이라고 생각했다.

1918년 봄과 여름에 걸쳐 프랑스 전선에서 독일군이 대공세에 나서면서 서부전선에서는 엄청난 위기 상황이 벌어졌지만, 반대로 이탈리아 전선은 소강상태를 유지했다. 카포레토에서 대타격을 받은 이탈리아군을 회복시키는 데 여념이 없던 디아즈는 계속 공세에 나서기를 거부하다가 10월에 오를란도 총리로부터 직접 공격 명령을 받고 나서야 공격에 나섰다. 이무렵, 이탈리아군은 상당수의 영국군 및 프랑스군 부대로 증강된 상태였다. 오를란도는 오스트리아-헝가리 제국이 붕괴 전조를 보이고 있는 상황에서 전후 협상 테이블에서 발언권을 얻기 위해서는 공격에 나서야 한다고 믿었다. 10월 24일 시작된 디아즈의 공세는 오를란도의 생각이 옳았음을 증명해주었다. 이탈리아군이 비토리오 베네토^{Vittorio Veneto} 공격에 나서자 오스트리아군은 즉시 무너져 퇴각했다. 오스트리아군의 패주 과정에서 폭동이 발생했으며, 다수의 세르비아, 크로아티아, 체코, 폴란드 출신 병사들은 반란을 일으키고 집단으로 탈영했다. 오스트리아 해군에서도 반란이 일어나자, 11월 3일에 오스트리아는 휴전협정에 서명했다. 이렇게 이탈리아 전선의 전쟁은 끝이 났다.

살로니카와 마케도니아

1916년 1월, 마지막 세르비아군 병사들이 배편으로 알바니아로부터 철수했다. 이 무렵 연합군은 만약 불가리아가 침공해올 시에는 세르비아를 도와줘야 한다는 협약을 지키도록 그리스에게 압박을 가하지 않은 탓에 황금 같은 기회를 놓치게 되었다는 사실을 깨달았다. 세르비아군은 오스트리아군의 공격을 계속 물리치고 있었지만, 여기에 불가리아까지 침공해오자 더 이상은 버틸 수가 없었다. 만약 그리스가 세르비아와 함께 싸웠다면 불가리아의 야망을 무산시키면서 독일과 콘스탄티노플을 연결해주는 베를린-바그다드 철도를 차단할 수도 있었다.

1915년 늦여름, 영국군과 프랑스군 병사들이 살로니카에 도착하기 시작했다. 처음 도착한 부대들은 해밀턴의 8월 공세가 실패로 돌아가면서 교착상태에 빠진 갈리폴리 전선에서 차출된 병력이었다. 10월에서 12월까지 영국군과 프랑스군은 몇 차례에 걸쳐 세르비아군과 연결해보려고 시도했지만 모두 실패로 돌아갔고, 오히려 불가리아군에 의해 그리스 국경 너머로 밀려나고 말았다. 12월, 샹티이에서 열린 연합국 수뇌 회의에서는 비록 세르비아군이 완전히 자국 영토에서 밀려났지만, 영국군과 프랑스군은 살로니카를 계속 고수한다는 합의가 이루어졌다. 한편, 그리스의 콘스탄티노스 국왕은 연합국과의 우정을 재확인하면서도 연합국 편에 서서 동맹국과 싸우는 것은 거부했다.

1915년 말이 되자 '포위된 캠프(이곳에 주둔했던 연합군 병사들은 스스로의 진지를 '새장'이라고 불렀다)' 구축이 거의 완료되었다. 연합군 진지는 약 80마일에 달하는 범위에 걸쳐 있었고, 그 가운데 상당 부분은 호수와 습지대로 되어 있어 방어에 이상적인 조건을 갖추고 있었다. 그리스의 항의에도 불구하고 연합군은 휴식과 재편성을 할 수 있도록 세르비아군을 코르푸 섬으로 수송했다. 다음으로 살로니카의 연합군 사령관으로 프랑스군의 모리스 사라유^{Maurice Sarrail} 대장이 임명되었다. 또 갈리폴리로부터 추가적인 영국군 증원 부대가 도착하여 '새장' 속에 주둔하고 있는 제10아일랜드 사단과 함께 연합군 주둔지의 도로, 접안시설, 교량, 철도 건설에 투입되었다. 당시 사라유는 독일군이 병력을 베르됭이나 서부전선으로 돌리지 않도록 살로니카 전선에 붙잡아두라는 명령을 받았다. 연합군은 1916년 3월

초 해빙기가 끝나고 도로 통행이 가능해질 때 '새장'으로부터 공격에 나서
려고 계획했다.

해빙기가 끝나자 공세 계획에 따라 프랑스군과 영국군은 방어진지에서
벗어나 불가리아 국경 방향으로 약 20마일을 전진했다. 그러나 5월에 국경
지대를 지키고 있던 그리스군 병사들이 중요한 국경지대 루펠^{Rupel} 요새의

열쇠를 총 한 방 쏴보지도 않고 불가리아군에게 넘겨주는 사건이 발생하자, 연합군은 그리스의 중립적 입장이 언제든지 바뀔 수도 있다는 사실을 깨닫게 되었다. 그렇지 않아도 국경지대에 프랑스군과 영국군이 주둔하고 있는 것에 대해 불만이 높았던 그리스 국민의 여론은 11만8,000명의 세르비아군이 코르푸 섬을 떠나 그리스에 상륙하자 더욱 악화되었다. 세르비아군 병사들은 고국에서 쫓겨나게 된 치욕을 갚기 위해 결의에 차 있었다. 그러나 이때 연합군은 거의 사분오열 직전의 위기에 봉착했다. 사라유는 프랑스 정부로부터 루마니아가 연합국 편에 서서 참전할 터이니 그리스 국경지대 바깥으로 진격해나가라는 명령을 받았다. 반면 당시 살로니카의 영국군 사령관이었던 밀른^Milne 대장은 런던으로부터 사라유가 받은 명령과는 상반되는 명령을 받았다. 즉, '새장' 내부와 주변에서 벌어지는 작전에 대해서만 사라유의 명령을 따르고 그리스 국경을 벗어나는 일은 적극 피하라는 것이었다. 기나긴 논

■■■■■■ 다르다넬스 해협 입구의 주요 외곽 요새 중 하나인 세드-엘-바르 요새 전면의 해안에 올라앉은 석탄선 리버 클라이드 호의 모습. 배의 현측에 신설된 출입구가 선명하게 보인다. 1915년 4월 25일, 왕립 문스터 퓨질리어연대와 햄프셔연대가 요새를 함락시키기 위해 리버 클라이드 호로부터 해안에 상륙했다. 그러나 투르크군이 현측 출입구로부터 밑으로 내려가는 통로 일대에 기관총과 소총으로 집중 사격을 가하면서 문스터연대는 엄청난 손실을 입고 상륙을 중지했다. 다음 날 새벽 상륙한 햄프셔연대는 치열한 격전 끝에 세드-엘-바르 요새와 인근 마을을 점령했다. (IWM)

의 끝에 결국 사라유는 진격을 하되 필요할 경우 영국군 없이 프랑스군과 세르비아군만이라도 진격하라는 명령을 받았다. 이후 25만 명에 이르는 러시아군 살로니카 파견대가 도착하고 8월에는 대규모 이탈리아군도 살로니카군에 합류하면서 사라유의 군 규모는 크게 확대되었다. 살로니카 서쪽의 알바니아에서는 이탈리아군 1개 군단이 비요서Voyusa 강을 사이에 두고 오스트리아군과 대치하고 있었다. 이 지역에서는 1916년 말까지 별다른 전투 없이 소강상태가 유지되었다.

1916년 8월, 마침내 루마니아가 (너무 때늦은 나머지 치명적인 결과를 낳기는 했지만) 연합국 편에 서서 참전한다는 결정을 내렸다. 루마니아의 참전 소식에 불가리아는 연합군이 새로 참전한 루마니아를 돕는 것을 미연에 방지하기 위해 루마니아로 진격을 시작했다. 사라유는 파리로부터 불가리아군의 진격을 막고 9월에는 반격을 가하라는 명령을 받았다. 이 공격에는 프랑스군과 세르비아군만이 참가했으며, 영국군은 스트루마 강 전선의 방어진지에 계속 머물러 있었다. 이어진 격전에서 세르비아군은 불가리아군의 전선을 돌파하며 용맹을 과시했다. 11월, 재차 공격에 나선 세르비아군은 폐허가 된 모나스티르Monastir 마을로부터 불가리아군을 몰아냈다. 이후 가혹한 겨울이 닥치면서 살로니카 전선은 소강상태에 빠졌다.

동맹국에게 선전포고하기로 한 루마니아의 결정은 끔찍한 결과를 가져왔다. 팔켄하인이 지휘하는 독일 제9군은 수차례에 걸친 전투에서 루마니아군에게 치명타를 가해 부쿠레슈티로 퇴각하게 만들었고, 다음해 초에는 이들의 항복을 받아냈다.

1916년에 상당한 의견충돌을 겪은 후 연합국은 살로니카에서 방어태세를 취하기로 합의했다. 당시 그리스군은 총동원 상태로 테살리아Thessaly 지역 주변에 집결해 있었지만, 이들은 불가리아군이 그리스 영토로 넘어오는데도 별다른 활동을 보이지 않고 가만히 있었다. 이러한 그리스군의 모호한 태도 때문에 사라유가 직면한 문제는 점점 더 커져갔다. 한편, 콘스탄티노스 국왕은 총리 해임을 발표하며 친연합국 성향의 베니젤로스 총리와 결별했다. 1916년 9월 25일, 크레타로 도주한 베니젤로스는 스스로 그리스 임시정부를 수립했다. 10월 초, 베니젤로스는 연합국의 초대를 받아 살로니카를 방문했고, 연합국은 즉시 베니젤로스 정부를 인정했다. 콘스탄티노스 국왕은 고립무원의 처지가 되었지만, 여전히 아테네 인근 지역에서는 상당한 지지를 받고 있었다.

베니젤로스를 앞세운 연합국은 그리스의 왕당파 정부에 적극적으로 개입하기 시작했다. 아테네에서 왕당파 지지자들이 폭동을 일으켰지만, 연합군은 순식간에 그리스 해군 함정들을 제압했다. 베니젤로스 지지자들로 구성된 3개 대대가 연합군에 합류하자, 독일은 그리스에 '중립 위반'을 주장하며 공식적인 경고를 보냈다. 그러나 연합군이 모나스티르 마을을 점령하자, 잠시 상황이 호전되었다. 사라유는 이 승리를 두고 "마른 전투 이후 프랑스군이 거둔 최초의 승리"라고 자랑했다. 그러나 실상 이 승리의 주역은 세르비아군이었다. 남의 승리를 자신들이 이룬 것인 양 자랑하는 프랑스군의 태도에 질려버린 세르비아군은 1917년 봄에 살로니카 지역에서 전투가 재개되었을 때 공격에 나서기를 거부했다.

지중해 해상전

연합군 해군도 지휘체계의 단일화와 서로 다른 국가 간의 작전 통제 및 조율에 있어서 연합군 지상군만큼이나 많은 어려움을 겪었다. 1912년 이전 영국 해군에는 영국 육군과 같은 참모부가 존재하지 않았고, 실질적인 중앙 통합참모본부가 생긴 것은 그로부터 40년 뒤였다. 1914년만 해도 해군 장관은 육군 참모들이 유럽 대륙에서 전쟁이 발발했을 때 어떻게 신속하게 영국 원정군을 전개시킬지에 대해 프랑스군 참모들과 수년간 비밀 논의를 해왔다는 사실조차 까맣게 모르고 있었다.

대규모 해군 전력이 처음에는 2개(영국, 프랑스), 그리고 1915년부터는 3개(이탈리아 추가)나 존재하게 되면서 지중해의 연합군 해군은 많은 문제를 겪어야 했다. 이 가운데서도 심각했던 것은 각국 해군이 갖고 있던 국가적 자존심과 단일 지휘체계 및 공통적인 교리의 부재였다. 지휘부에서 어떤 국가의 언어를 쓸지조차 격론의 대상이 되었다. 게다가 영국, 프랑스, 이탈리아 해군에 일본 해군 분견대까지 합류하면서 문제는 더욱 악화되었다.

지중해는 오랫동안 '영국의 호수'로 인식되어왔다. 이는 몰타에 주둔한 강력한 영국 함대의 존재 때문이었다. 전쟁이 시작되고 이탈리아가 참전하자, 연합군은 지중해를 여러 지역으로 구분하여 각국의 함대에게 책임 구역을 할당했다. 영국과 프랑스는 각각 4개 구역을 담당했고, 이탈리아는 3개 구역을 담당했다. 이 작전구역체계는 상당히 융통성이 없었다. 만약 구축함의 호위를 받는 중요 수송선이 한 국가가 담당한 지역에서 다른 국가 담당 지역으로 넘어갈 때는 구역 경계선상에서 해당 구역을 담당한 국가의 구축함이 호위 임무를 넘겨받았다. 유보트의 함장들은 재빨리 이러한 정보를 알아내고는 이런 인수인계가 제대로 이루어지지 않을 때를 노려 큰 전과를 올렸다. 그럼에도 불구하고 각국 해군 사령관들은 통합된 호송선단체계를 구성하는 것을 강력하게 거부했고, 그로 인해 본격적인 유보트 작전이 벌어지자 연합국의 선박 손실은 엄청나게 증가했다.

오스만 투르크 제국 해군은 독일이 넘겨준 괴벤과 브레슬라우, 그리고 소수의 어뢰정을 제외하면 제대로 된 근대적 전투함은 거의 전무한 상태였다. 게다가 그나마 갖고 있던 구형 전함 메수디에도 차나크 앞바다에서 영국 잠수함 B-11에게 격침당했고, 전 드레드노트급 전함 헤이루딘^{Heiruddin}

■■■■■■ 1914년 10월, 독일의 순양전함 괴벤이 오스만 투르크 제국의 국기를 걸고 콘스탄티노플의 보스포루스 해협에 닻을 내리고 있다. 1914년 8월, 순양함 브레슬라우와 함께 영국의 지중해 함대를 농락하던 괴벤은 브레슬라우의 호위를 받으며 콘스탄티노플로 도주했다. 당시 콘스탄티노플에 상륙한 괴벤의 승무원들은 페즈(fez, 터키식 모자)를 착용했다. 이후 오스만 투르크 제국에 매각(표면상으로는 그랬지만, 사실상 독일 황제가 오스만 투르크 제국의 참전을 유도하기 위해 선물로 준 것이나 다름없었다)된 괴벤과 브레슬라우는 오스만 투르크 제국 해군 함대에 편입되었다. 괴벤과 브레슬라우에 타고 있던 기관총 팀들은 나중에 갈리폴리 반도 전투에도 참가했으며, 특히 헬레스에서 벌어진 격전에서 큰 활약을 보였다. (IWM)

과 바르바로사Barbarossa도 연합군의 갈리폴리 상륙 직후 마르마라 해에서 어뢰에 피격당했다.

괴벤이 오스만 투르크 제국 해군의 손에 들어오기까지의 이야기는 한 편의 극적인 드라마였다. 1914년 여름, 순양전함 브레슬라우의 호위를 받으며 콘스탄티노플에 당당하게 모습을 나타낸 이 근대식 순양전함은 제1차 세계대전 개전 전야에 알려지지 않은 목적지를 향해 종적을 감췄다. 괴벤이 다시 모습을 나타낸 것은 1914년 8월 3일 프랑스령 북아프리카 지역의 항구 도시 본Bonne과 필리페빌Phillipeville에서였다. 양 항구를 포격한 괴벤과 브레슬라우는 동쪽으로 뱃머리를 돌렸다. 영국 지중해 함대가 그 뒤를 따랐으나, 영국 함대는 이들을 코앞에 두고도 8월 4일 영국이 공식적으로 독일에 선전포고할 때까지 아무런 조치를 취할 수가 없었다. 이 두 전함은 영국 해군의 추격을 뿌리치고 다르다넬스 해협에 도착했고, 오스만 투르크 제국 전쟁장관 엔베르 파샤는 이들이 콘스탄티노플 앞바다로 진입하는 것을 허가했다. 이는 전시 외국 군함의 해협 통과를 금한 국제 협약을 정면으로 무시한 처사였다. 당시 오스만 투르크 제국은 영국에 주문했던 2척의 초드레드노트급 전함을 완공 직전에 영국군에게 몰수당한 후 영국에 대한 분노가 극에 달해 있었다. 이런 상황에서 독일이 기민한 외교적 행보를 보이면서 괴벤과 브레슬라우를 오스만 투르크 제국 해군에게 제공하자, 오스만 투르크 제국의 여론은 동맹국 쪽으로 크게 기울었고, 결국 오스만 투르크 제국은 동맹국 편에 서서 참전하게 되었다. 괴벤과 브레슬라우는 전쟁 대부분의 기간 동안 흑해에서 작전하면서 러시아의 흑해 함대에게 큰 위협을 가했다.

오스트리아-헝가리 제국 해군은 아드리아 해에 근거지를 두고 있었다. 그러나 이탈리아가 연합군 편에 서서 참전하자, 오스트리아 해군의 주력 함들은 아드리아 해에서 완전히 봉쇄당하고 말았다. 이 주력함들 가운데는 수척의 비리부스 우니티스Viribus Unitis급 초드레드노트 전함들도 포함되

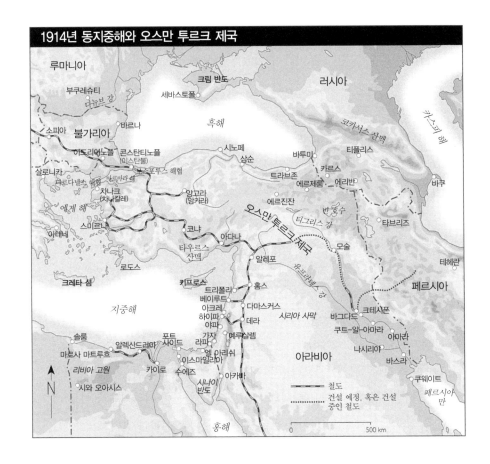

1914년 동지중해와 오스만 투르크 제국

루마니아

부쿠레슈티
다뉴브 강
소피아
불가리아
바르나

아드리아노플
살로니카
다르다넬스 해협
차나크
(차나칼레)
에게 해
스미르나
아테네
로도스
크레타 섬

콘스탄티노플
(이스탄불)
보스포루스 해협
마르마라 해

크림 반도
세바스토폴

흑해

시노페
삼순

앙고라
(앙카라)

코냐
아다나
타우루스
산맥

러시아

코커서스 산맥

바투미
트라브존
에르제룸
카르스
에리반

티플리스

에르진잔
반 호수
티그리스 강

바쿠

타브리즈

오스만 투르크 제국

지중해

키프로스
트리폴리
베이루트
아크레
하이파
야파
가자
라믈라
엘 아리쉬
이스마일리아

솔룸
마호사 마트루흐
리비아 고원

알렉산드리아
포트
사이드

시와 오아시스

카이로
수에즈

아카바
시나이
반도

알레포

홈스
다마스커스
데라
예루살렘

시리아 사막

크테시폰
쿠트-알-아마라
나시리야
바스라

모술
바그다드

아마라

페르시아

테헤란

페르시아
만

쿠웨이트

철도
건설 예정, 혹은 건설
중인 철도

홍해

0   500 km

N

어 있었다. 이 전함들은 12인치 주포를 탑재하고 당시 동지중해에 배치되어 있던 영국-프랑스 함대의 전 드레드노트급 전함들을 압도했다. 또 오스트리아 해군은 아드리아 해의 해안선에 산재되어 있는 훌륭한 항만과 정박지들을 사용할 수 있었지만, 이탈리아 반도 동쪽에는 안전한 항구가 전혀 없었기 때문에 이탈리아 해군은 아드리아 해에서 제대로 활동할 수가 없었다. 따라서 오스트리아 순양함들은 요격당할 걱정 없이 이탈리아 해안지역 도시들을 마음대로 포격할 수 있었다. 이탈리아도 이탈리아 반도 남단의 양항良港 타란토Taranto와 브린디시Brindisi를 모항으로 하는 여러 척의 초드레드노트급 전함들을 보유하고 있었지만, 이탈리아 해군 함대는 이렇다 할 활동을 보여주지 못했다. 오스트리아 해군의 전함들도 대부분 출항하지 않고 모항에 틀어박혀 있었기 때문에, 아드리아 해에서 벌어진 전투에는 대부분 소형 함선들과 잠수함들을 사용했다. 1915년 5월, 독일의 U-21호가 독일로부터 멀고도 험난한 여정을 거친 끝에 독일 잠수함 중 최초로 동지중해에 도착했다. 더 많은 독일 잠수함들이 U-21호의 뒤를 이었고 곧 오스만 투르크 제국과 오스트리아의 항구에 기지를 둔 유보트들이 작전을 시작했다. 또 독일은 육로로 반쯤 조립된 소형 잠수함의 부품들을 오스트리아의 해군기지인 카타로^{Cattaro}로 보내는 방식으로 지중해에 잠수함을 투입했고, 이 소형 잠수함들은 이후 상당한 활약을 보였다.

1915년 5월 중순, 독일 잠수함들이 다르다넬스 해역에 도착하면서 전세는 동맹군 쪽으로 크게 기울었다. 구형 전함을 5척이나 잃은(2척은 기뢰에, 1척은 잠수함에게, 그리고 1척은 어뢰정에게 잃은) 영국 해군은 해안에 상륙한 연합군 지상군을 지원하는 임무를 포기하고 나머지 함대를 철수시켰다. 이후 영국 해군은 다르다넬스 해역에는 해안에서 멀리 떨어진 지역에만 함대를 가끔 특정 임무를 위해 투입했다. 선함들이 사라지면서 이를 대신할 상륙군에 대한 지원 화력이 절실해지자, 영국 해군은 천해^{淺海}용 선박에 대구경 함포를 탑재한 연안용 모니터^{Monitor}함*들을 다르다넬스 해역으로 파견했다. 상륙 부대가 철수한 뒤에도 여러 척의 모니터함들이 다르다넬스 해협 입구를 계속 순찰했다. 1918년, 괴벤과 브레슬라우가 에게 해를 향해 필사적인 마지막 출격을 감행했다. 그러나 여러 척의 모니터함을 격침시킨 후 이 두 군함은 모두 기뢰에 접촉하고 말았다. 브레슬라우는 끝내 침몰하면서 많은 인명 피해를 냈지만, 괴벤은 큰 피해를 입고서도 콘스탄티노플로 귀항했다. 전후에도 괴벤은 재건된 터키 해군의 기함으로 활동했으며 말년에는 훈련함으로 사용되다가 1960년대에 마침내 해체되었다.

---

* **연안용 모니터함** 원래는 발트 해의 독일 연안에서 사용할 목적으로 건조한 배들이었다.

카타로를 근거로 활동하던 독일 유보트 함대는 연합군에게 큰 골칫거리가 되었다. 골치를 앓다 못한 연합군은 오트란토 해협에 거대한 방잠망을 설치해버렸다. 1916년 중반에 방잠망 설치가 완료되었고, 100척 이상의 낚싯배들과 30척 이상의 발동선들이 방잠망 주변을 순찰하면서 잠수함이 발견될 경우 폭뢰 공격을 가했다. 그러나 이런 엄청난 노력을 기울였음에도 불구하고 카타로를 드나들던 유보트 가운데 실제로 격침된 것은 2척에 불과했고, 다른 유보트들은 수백 차례에 걸쳐 성공적으로 이 방잠망을 통과했다. 낚싯배들과 발동선들은 기껏해야 57밀리미터 포와 같은 경무장만을 갖추고 있었다. 이러한 순찰함을 지휘했던 한 정장艇長은 오스트리아군이 방잠망 너머로 진출하려고 시도했을 때 빈약한 순찰함으로 오스트리아군 경순양함과 정면대결을 한 공로로 빅토리아 십자훈장을 수상했다. (이 순찰함은 결국 격침당했으며 다른 14척의 순찰함들도 같은 운명을 맞았다. 그러나 이들을 격침시키기 전 오스트리아군은 신사적으로 순찰함의 승무원들을 자신들의 배로 옮겨 태우고 포로로 삼았다.) 이날 전투에서 소수의 연합군 구축함들이 봉쇄선에 침입한 오스트리아군 전투함들을 요격하면서 전투로 끌어들이려 했으나, 오스트리아 함대 사령관 호르티Horthy(나중에 헝가리 대통령이 됨)는 능란하게 함대를 지휘하여 모항으로 돌아갔다. 오트란토 해협의 방잠망과 비슷한 도버Dover 해협의 방잠망을 지키던 영국 해군 구축함들은 밤낮으로 바다에 나와 방잠망을 경비했지만, 이탈리아군 구축함들은 대부분의 시간을 타란토 항구에 정박한 채 보냈다. 오스트리아군이 돌파를 기도하여 순찰함들이 큰 희생을 치르자, 해당 지역을 담당한 이탈리아군 제독은 그 책임을 지고 해임되었으며 야간에 낚싯배를 이용한 순찰 활동도 중지되었다. 그 결과 독일 잠수함들은 야간에 자유롭게 해협을 드나들 수 있었다.

지중해에서 연합군 함대는 연합군이 전쟁을 지속하는 데 필수적인 화물을 싣고 항해하는 상선들의 안전을 지키기 위해 필사적인 노력을 기울

■■■■■■ 1918년 6월 10일, 폴라(Pola) 항 남쪽 30마일 지점에서 뇌격을 당한 후 침몰하고 있는 오스트리아의 초드레드노트급 전함 센트 이슈트반. 센트 이슈트반을 잡은 이탈리아의 어뢰정은 과감하게 목표 전함으로부터 400야드도 되지 않는 지점까지 육박하여 2발의 어뢰를 발사했다. 기관실에 피탄당한 센트 이슈트반은 동력을 상실하면서 펌프를 사용할 수 없었기 때문에, 침수로 인해 속절없이 침몰하고 말았다. 승조원들은 배가 서서히 전복될 때 배 측면으로 기어나가 대부분 생존할 수 있었다. (IWM)

였다. 그러나 유보트의 공격이 점점 더 괴감해지자, 결국 견디다 못한 영국, 프랑스, 이탈리아는 협약을 맺고 몇 개의 연합함대를 만들었다. 하지만 여전히 선박 호위 방법에 대한 합의가 이루어지지 않았기 때문에, 유보트의 공격으로 인한 피해와 사상자는 계속 증가했다. 이 무렵 연합군이 채택한 기발한 전술 가운데 하나는 비무장 상선에 나무로 된 가짜 포탑과 마스트, 굴뚝을 덧붙여 전함으로 위장하는 것이었다. 한 유보트 함장은 어느 날 영국의 순양전함 타이거Tiger에 어뢰를 명중시켜 격침시키는 대전과를 올리고 크게 기뻐했지만, 전과를 확인하기 위해 잠망경을 올렸을 때 침몰한 전함의 포와 포탑, 굴뚝이 바다에 둥둥 떠다니는 것을 보고 경악하고 말았다.

1917년 4월, 지중해에서 유보트 활동은 절정에 달해 총 27만8,038톤의 연합군 선박들이 격침되었으며, 11만3,000톤의 선박들이 큰 손상을 입었다. 견디다 못한 연합군은 상선들에게 야간에 항해할 것을 권장하고 부분적으로 호송선단체계를 도입했다. 영국에서 동지중해로 향하는 선박들은 웬만하면 남아프리카의 희망봉을 돌아 수에즈 운하를 지나는 항로를 택하거나 이탈리아의 철도망을 이용하라는 권고를 받았다. 당시 28척의 유보트는 연합군 병원선을 공격하라는 독일 황제의 명령을 받고 카타로와 폴라를 모항으로 하여 활동을 벌이고 있는 것으로 알려져 있었다. 그러나 이러한 기도는 연합군이 스페인 해군 장교를 병원선에 탑승시켜 병원선을 중립국가 선박으로 만들어버리자 수포로 돌아갔다.

연합군 함대는 오스트리아와 오스만 투르크 제국의 지상 시설물들에 대한 함포 사격 작전을 지속적으로 실시했으며, 이탈리아는 소형 어뢰정을 이용하여 항만에 정박한 동맹군 선박들을 공격하는 전술을 개발했다. 그중에 가장 큰 성과는 1917년 12월, 2척의 어뢰정이 트리에스테의 항만 방어를 뚫고 들어가 오스트리아의 전함 빈^{Wien}을 격침시킨 것이었다. 이탈리아 해군은 다음해에도 똑같은 전술을 써서 어뢰정으로 오스트리아의 초드레드노트급 전함 센트 이슈트반^{Szent Istvan}을 격침시켰다. 이로 인해 오스트리아군은 오트란토 해협의 봉쇄선을 뚫으려는 계획을 포기하게 되었다. 전쟁 막바지에 오스트리아 해군의 주력함들에 대한 공격이 몇 차례 더 성공을 거두었다. 이 무렵 오스트리아 제국 해군은 이미 반란과 항명 사태의 도가니에 빠져 있었다. 그러나 오스만 투르크 제국 해군의 상징이 된 괴벤을 공격하려는 기도는 실패로 끝나고 말았으며, 그 과정에서 영국 해군 잠수함 E-14가 격침되었다. 전사한 E-14의 함장에게는 이후 빅토리아 십자훈장이 추서되었다.

연합군 해군의 지중해 작전은 극적인 함대전이라기보다는 끊임없는 시행착오의 연속이었다. 그러나 분산된 지휘체계와 표준화의 부재에도 불구하고 연합군은 주요 상대였던 오스트리아 함대의 활동을 효과적으로 봉쇄했으며, 오스만 투르크 제국 해군을 전쟁이 시작되자마자 무력화시켜버렸다.

어느 병사의 초상
세실, 해럴드, 그리고 노엘 라이트

1914년부터 1918년에 걸쳐 벌어진 제1차 세계대전은 전 유럽인들에게 영향을 미쳤다. 유럽 각국에서는 가족 중에 전사자나 부상자, 실종자가 없는 가정이 거의 없을 정도였다. 전장으로부터 멀리 떨어진 영국 체셔 Cheshire 지역 크리스텔튼 Christleton 마을의 한 가족도 그런 전형적인 가정 중 하나였다.

목수인 프레더릭 라이트 Frederick Wright 는 1880년대 프랜시스 터싱햄 Frances Tushingham 과 결혼하여 퀴리 레인 Quarry Lane 의 한 오두막으로 이사했다. 곧 이들은 대가족을 꾸리게 되었다. 장남 프레드의 뒤를 이어 마셜 Marshall (마셔라는 애칭으로 불리기도 했음)과 해럴드 Harold, 힐튼 Hylton, 세실 Cecil, 노엘 Noel 이 태어났고, 딸 에피 Effie, 에이미 Amy 와 에바 Eva 가 태어났다. 아이들은 14세가 될 때까지 마을 학교를 다녔고, 이후 아들들은 일자리를 찾아 집을 떠났다. 라이트의 아들들은 집에서 3마일 정도 떨어진 체스터^{Chester}에서 일자리를 잡았다.

1907년, 영국 육군은 일대 재편성을 실시하면서 남은 병력으로 지역의 용군^{Territorial Force}을 편성했다. 여기에는 18세기에 체스터^{Chester} 백작이 지방 촌락의 방위를 위해 조직한 농민의용기병대^{Yeomanry}들도 포함되었다. 1914년 여름, 세실은 랑골렌^{Llangollen}의 하계 숙영지에 주둔 중이던 체스터 의용군 연대의 나팔수를 맡고 있었다. 몇 주 후 동원령이 떨어지자, 의용군 연대는 해안지역을 방어하기 위해 노섬벌랜드^{Northumberland} 지역으로 이동했다. 1년 후에도 연대는 같은 지역에 주둔해 있었다. 1915년 10월, 모페스^{Morpeth}의 숙영지에서 세실은 여동생 에바에게 열악한 주둔지의 환경과 끔찍한 날씨에 대해 편지를 써 보냈다.

> 지난 28시간 동안 단 한 번도 쉬지 않고 계속 비가 왔어. 덕분에 모든 것이 엉망진창이 되어버렸지. 오늘은 보급 물자 수송을 마치고 다시 부대로 복귀했어. 여기에서는 제식 훈련은 별로 하지 않지만, 매일 도로 보수를 해야 돼. 하루걸러 한 번씩 작업을 하러 40~50마일 정도를 나간단다. 멀리까지 나가다 보면 정말 멋진 시골 풍경을 볼 수 있어. …… 목요일에 우리는 오전 6시 30분에 작업을 하러 나가서 해가 떨어지기 직전인 저녁 7시 15분에 돌아왔어. 정말 날씨가 좋은 날이었지. 저 멀리 멋진 체비엇^{Cheviot}의 언덕들도 보일 정도였다구.
>
> 추신: 우리보다 앞서 여기에 주둔했던 스코틀랜드 기병대 친구들은 얼마 전 전선으로 떠났어. 우리도 곧 전장으로 떠나게 될 거야.

(스코틀랜드 기병대는 이집트를 경유하여 갈리폴리로 파견된 후 말에서 내려 보병으로서 전투를 벌였다.) 1915년 10월 15일에 보낸 엽서에서 세실은 동생에게 상병으로 진급했다는 소식을 알렸다.

한두 달 내로 우리 부대도 최전선으로 이동할 것 같아. 지난 한 주 동안은 정말 힘들었단다. 이곳 날씨는 오전 11시에도 땅바닥이 서리로 덮여 있을 정도야. 이런 날씨에 바깥에서 숙영하는 것이 어떨지 짐작이 가니?

세실은 나머지 편지를 모두 이집트와 팔레스타인에서 써서 보냈다. 라이트 집안의 형제들 가운데 3명이 이집트와 팔레스타인에서 복무했다. 노엘은 육군의 왕립 항공대 지상요원으로 전속되었고, 해럴드는 왕립 요새 포대에 배치되었다. 1917년 5월경, 머레이의 이집트 원정군은 지중해 해안을 따라 느릿느릿 팔레스타인으로 진격했으나, 2차례에 걸친 가자 점령 시도는 실패로 돌아가고 말았다. 제2차 가자 전투가 끝난 직후 해럴드는 다음과 같은 편지를 여동생에게 보냈다.

…… 우리가 힘들까 봐 너무 걱정하지는 마. 비록 전쟁이 벌어지고 있기는 하지만, 솔직히 말해서 우린 지금 당장은 꽤 즐거운 시간을 보내고 있단다. …… 높으신 분들께서 우리가 여기 있다는 사실을 잊어주시고 그냥 우리를 계속 여기 있게 해주면 좋겠어. 아침부터 밤까지 따사로운 햇살 외에는 아무 것도 보이는 게 없단다. 색안경을 끼고 반바지를 입고 노닥거릴 뿐이지. 길에는 먼지가 3인치나 깔려 있어서 행군을 할 때면 먼지로 숨이 막힐 지경이야. 게다가 행군 중에는 수통의 물을 먹어선 안 된다는 명령이 내려졌단다. 멈춰 있을 때도 감히 물을 마실 생각을 못해. 야외 행군 중에 물을 마시는 것은 좋지 않거든. 그래서 그냥 입만 살짝 축이곤 해. 우리는 오전 6시에 일어나서 행진을 하고 1시간 정도 제식 훈련을 받아. 그 다음에는 오트밀 죽과 베이컨, 빵으로 아침식사를 하는데, 군대 음식은 참 맛있단다. 식후에는 입가심으로 설탕을 듬뿍 탄 차를 마셔. 여기에서 부족한 게 딱 하나 있는데 그건 바로 우유야. 이 동네에는 소가 별로 없거든. 식후에는 9시부터 11시 반까지 근무를 한단다. 점심시간이 되면 열기 때문에 좀 피곤하기는 해. 점심을 먹

▪▪▪▪▪▪ 1917년 성신강림축일에 가자 인근에서 모인 라이트 형제들. (왼쪽에서부터) 해럴드, 노엘, 세실. 이들은 이후 다시는 함께 모이지 못했다. 서부전선으로 파견된 보병대대의 빈자리를 충원하기 위해 체셔 의용기병대는 말을 버리고(기병으로서는 정말 슬픈 일이었을 것이다) 보병이 되어야 했다. 의용기병대원이었던 세실도 자동으로 보병이 되었다. 서부전선에서 싸우고 있던 킹스 슈롭셔 경보병(King's Shropshire Light Infantry)연대로 전속된 세실은 1918년 11월, 프랑스에서 스페인 독감으로 사망하고 만다. 휴전조약이 체결되기 겨우 이틀 전의 일이었다. (저자 소장)

고 다시 3시부터 4시 반까지 근무를 하는데 그땐 약간 시원해져. 우리는 이렇게 하루를 보낸단다.

이 편지를 쓴 직후 우연히도 세 형제는 1917년의 성신강림축일^{Whit} Sunday에 전장에서 만나게 되었고, 재회의 기쁨을 사진으로 남겨놓았다. 세 형제가 함께 모인 것은 이것이 마지막이었다.

이후에도 세실은 의용기병대로서 말에서 내려 전투와 행군을 계속했다. 다음은 제3차 가자 전투 전날 세실이 에바에게 보낸 편지 내용이다.

오늘밤에는 계속 이동해야 하기 때문에 편지를 길게 쓰진 못하겠다. 요즘에는 밤에만 이동을 해. 행군하기에는 시원한 밤이 좋지. 여기는 이제 곧 우기가 시작된단다. 팔레스타인에서 보병으로 지낸다는 건 절대 즐거운 일이 아니라는 것만 알아둬. 오늘밤 출동하는데, 문제는 계속 이동해야 하다 보니 먹을 게 휴대용 비상식량밖에 없다는 거야.

1917년 11월 22일자 편지에서 해럴드는 여동생들에게 얼마 전에 벌어진 가자 전투에 대해 이야기하면서 여동생들이 몇 주 동안 편지를 보내지 않은 것에 대해 귀여운(?) 불만도 함께 써 보냈다.

내 전우들은 집으로부터 꼬박꼬박 편지를 받는데, 난 아무런 편지도 받지 못하고 있다는 사실에 대해 어떻게 생각하니? 너희들은 포탄구멍으로 너덜너덜하게 된 사막에서 가족으로부터 편지를 받는다는 게 얼마나 큰 의미를 가지는지 모르나 보구나.

어느 정도 불만을 터뜨린 다음 해럴드는 전투에 관한 이야기도 썼다.

이제 곧 대공세가 시작될 거야. 얼마 전 세실은 나에게 자기는 공세에 참가할 마음의 준비가 되었다고 했어. 여기서 마음의 준비란 투르크군과 맞서 싸울 준비가 되었다는 뜻이지. 그러니 너희들은 대포의 포성이 울려 퍼지고 얼마 떨어지지 않은 곳에 투르크군의 포탄이 떨어지면서 폭발의 불꽃이 수마일이나 지표를 밝힐 때 내가 어떤 느낌을 받았는지 알 수 있을 거야. 우리 포병들이 탄막사격으로 앞길을 열어주자, 보병들은 착검한 소총으로 쏘아대며 돌격해나갔다. 너희들은 보병들이 얼마나 끔찍한 전투를 치렀는지 모를 거야. 나는 보병으로서 싸우는 세실이 불쌍해 죽겠단다. 난 세실이 전방에 있었다는 건 알았지만, 정확히 어디 있는지는 몰랐어. 하지만 나중에 세실이 베에르셰바 공격에 참가했다는 것을 알게 되었단다. 베에르셰바 전투는 체셔 의용기병대가 처음으로 투입된 전투였고, 그곳에서 의용기병대는 막강한 투르크군 부대와 싸우게 됐지. 하지만 우리의 용감한 의용기병대는 총검으로 투르크군을 몰아내버렸어. 지금 우리 군대는 정말 치열한 전투를 벌이고 있어. 11월인데도 찌는 듯한 더위에 습기까지 엄청나서 보병들은 너무나 힘든 시간을 보내고 있단다. 이런 날씨에 완전군장을 갖추고 행군하는 것은 정말 장난 아니게 힘든 일이거든. 또 이 지역에서는 물이 너무나 귀하단다. 하지만 이런 어려움에도 불구하고 우리는 투르크군을 아주 멀리까지 쫓아내는 데 성공했어. 지금 우리는 예루살렘과 베들레헴을 훨씬 지나쳐 북쪽으로 진격하고 있는 중이야.

1918년 4월, 제3차 가자 전투의 불길이 점차 사그라질 무렵, 세실은 열병에 걸려 카이로Cairo의 병원에 입원해 있었다. 해럴드는 알렉산드리아에서 노엘과 만나 이틀 동안 즐거운 시간을 함께 보냈다.

한번 생각해보렴. 노엘과 나는 두둑한 지갑을 가지고 알렉산드리아에 와 있는데, 세실은 무일푼으로 카이로에서 병원신세를 지고 있단다. 나와 노엘은 정말 끝내주는 시간을 함께 보냈어. 우리 휴가는 겨우 이틀 반뿐이었지만, 5월 30일까지 우리는 매일 밤 같이 지내고 매일 식사도 함께했지. 이집트에는 옥수수가 풍부하다더니 정말 그렇더군. 하지만 먹을 게 옥수수만 있는 것은 아니었어. 예를 들어보면, 겨우 1실링을 내고 아침으로 계란 4개에 빵과 버터를 먹고 원하는 만큼 차를 마실 수 있어. 또 점심으로는 알렉산드리아에서 가장 좋은 카페에서 감자칩과 비프 스테이크, 야채로 된 성찬을 먹고 차를 마셨지. 그리고 저녁시간에는 또 호화로운 카페에 가서 커피를 마셨단다. …… 그리고 헤어질 때 나는 마치 클럽에 다녀오는 귀족들이 그러듯이 무개無蓋마차에서 내리는 노엘을 전송해주었지. 이게 호사가 아니면 뭐가 호사인

■■■■■■ 1913년, 북웨일즈(North Wales)의 체셔 의용기병대 여름 숙영지에서 촬영한 연대 나팔수 세실의 모습.
원래 세실은 육군법에 의거해 의용기병대를 편성하기 위해 체셔 전역의 농장과 가정에서 징발한 수백 마리의 말
들 중 하나를 타기로 되어 있었다. 전시에는 퇴역한 육군 장교들로 구성된 통합 군마 징발대가 영국과 아일랜드
전역을 돌며 전투마, 포견인마, 화물수송마 등 군대가 필요로 하는 수천 마리의 말들을 선정하여 구매하는 작업을
했다. 평화시 의용기병대는 해마다 여객 수송용 말들까지 동원해 2주간 연례 숙영 훈련을 했기 때문에 그 기간
동안 체스터 지역은 말 그대로 완전히 마비되곤 했다. (저자 소장)

지 모르겠다.

그러나 즐거운 시간을 보내면서도 해럴드는 여전히 집을 그리워했다.

…… 하지만 에바야, 여기서 이런 정경을 매일 보며 지내는 것은 나에게는

아무런 의미도 없단다. 오빠가 거짓말 하는 게 아냐. 여기보다는 사랑하는 조국 영국의 본토가 훨씬 그립구나. 만약 아주 추운 겨울날 하루 종일 식량 배급을 받기 위해 줄을 선다 하더라도 다시 한 번 문명 세계의 한 조각이라도 느낄 수 있고 사랑스런 본토 발음의 영어를 들을 수 있다면, 기꺼이 그렇게 할 거야.

휴가가 끝나고 사막으로 돌아오자 다시 열악한 환경이 시작되었다.

오늘 엄청난 모래바람이 불었어. 눈을 보호하기 위해 밖에 나갈 때 보호 안경을 쓰지 않으면 아무것도 볼 수 없을 정도였단다. 그리고 이놈의 파리들은 왜 이렇게 많은지. 지금 이 편지를 쓰는 동안에도 파리 떼가 내 손과 얼굴에 엄청나게 달라붙어 있어. 아마 내가 뭘 쓰는지 다 보고 있는 것 같아.

알렌비가 공세를 재개하자, 해럴드가 속한 포대는 계속 전투를 벌였다. 해럴드의 편지에는 향수병의 기운이 점점 더 짙어졌고, 편지 좀 보내라는 만국 병사들의 공통적인 불만도 계속되었다. 7월, 해럴드는 '유대^{Judaea} 지역 어딘가에서' 고향의 여동생들에게 장문의 편지를 보냈다.

너희들은 성신강림축일 다음 주의 휴일을 어떻게 즐겁게 보냈는지 전혀 써주지 않는구나. 에바야, 나는 도대체 언제쯤 다시 한 번 디^{Dee} 강에서 뱃놀이를 하고 악대의 연주를 들으며 즐거운 시간을 보낼 수 있을지 알 수가 없구나. …… 지금은 토요일 밤 9시야. 그리고 난 월요일 밤까지 포대 전화기를 지키는 당직을 서야 해. 그리고 오늘 투르크군이 우리 구역에 하루 종일 포격을 해대서 정말 힘든 시간을 보냈단다. 투르크군의 포탄이 폭발하면서 파편이 비처럼 쏟아지고 화염이 번개처럼 번쩍거렸지. 하지만 다행히도 투르크군의 포격은 내가 있는 곳에서 반마일 정도 못 미친 곳에 떨어졌단다. 좀 떨어진 곳에서 보면 멋진 광경이었을지 모르지만, 포격이 멈추었을 때 난 깜짝 놀랐어. 해리 컬햄Harry Culham과 프랭크 로우랜드Frank Rowland의 포대가 투르크군의 포격을 받았거든. 이제 투르크군의 포격이 가라앉으면 그 친구들을 만나러 갈 텐데, 벌써부터 이 친구들이 자기들이 겪은 포격에 대해 무슨 이야기를 들려줄지 기대가 돼.

추신: 해리가 오늘(월요일) 저녁에 다녀갔어. 해리는 몸 건강히 잘 지내고 있단다.

세실은 의용기병대에서 서부전선의 킹스 슈롭셔 경보병연대로 전속되었다. 잠시 휴가를 얻어 집에 다녀온 세실은 1918년 10월까지 여러 전투에 참가한 후 바이러스성 스페인 독감에 걸려 쓰러지고 말았다. 프랑스 르 아브르Le Havre 부근의 에타플에 있는 육군병원에 입원한 세실은 휴전협정이 체결되기 불과 이틀 전인 11월 9일에 사망하고 말았다. 세실의 죽음을 알리는 전보가 크리스텔튼에 있는 라이트 가족의 집에 도착한 것은 휴전협정이 체결된 11월 11일이었고, 마을 전체가 종전을 기뻐하는 가운데 라이트 가족은 깊은 슬픔에 잠겼다.

8월, 편지 좀 계속 보내라고 애걸하는 데도 여동생들이 별 반응을 보이지 않자, 마침내 인내심이 한계에 다다른 해럴드는 에바에게 "야, 이 배은 망덕한 말괄량이야"라고 써 보내기에 이르렀다. 그러나 이집트 방면의 전투가 끝나자, 해럴드는 11월 5일에 다시 부드러운 어조로 편지를 썼다.

간단히 쓸게. 난 지금 이집트의 이스마일리아Ismailia에 있지만, 며칠 후면 팔레스타인으로 돌아갈 거야. 하지만 너도 알다시피 정말 다행히도 싸우러 돌아가는 건 아니지. 지난주까지 잡역을 하느라 고생했지만, 그래도 전쟁이 끝났다니 위안이 되는구나. 이제 루드Ludd에 있는 포대로 돌아갈 수 있게 된 거야. …… 다시는 전투를 하게 될 것 같지는 않지만, 이제 더 이상 좋은 일도

없을 것 같구나.

이틀 후 해럴드는 다시 동생들에게 편지를 썼다.

에바야, 내가 이스마일리아의 YMCA에서 시간을 보내고 있을 때 독일이 휴전협정에 서명했다는 소식이 발표되었단다. 다들 환호성을 지르고 모두 함께 은혜로우신 하나님을 찬양하라는 노래를 불렀지. …… 이제 그리운 고국으로 돌아가 가족과 집에서 시간을 보내기 위해 배를 탈 날만 손꼽아 기다리고 있어. …… 집에 가면 한바탕 파티를 벌일 수 있도록 준비해 놓으려무나.

1주일 후 아직 세실의 죽음에 대해서 아무것도 몰랐던 해럴드는 휴전

이후 1주일 동안의 축제 분위기에 대해 다음과 같이 썼다.

고향에서는 종전 소식을 듣고 다들 어땠는지 궁금하네. 너희들이 너무 충격을
받아서 정신이 나가지 않았길 빈다. 우리가 종전 소식을 들은 건 11월 11일
오후 5시 30분경이었어. 좋은 소식은 빨리 퍼지는 법이라더니 정말 그런 것
같아. 집에서 4,000마일이나 떨어진 곳에 있지만, 종전 소식은 정말 순식간
에 알려지더라구. 너도 충분히 상상이 가겠지만, 종전 소식이 발표되자 엄청
난 환호성이 터져나왔고 다들 미친 듯이 기뻐했어. 모두들 노래를 부르고 깡
통을 두들기며 여기저기 모닥불을 피워 종전을 축하했지. 중포대 친구들은
장약과 약협藥莢만 넣고 공포를 쏘고 대공포대 애들은 아예 유산탄까지 쏴댔
으니 그날 밤 분위기가 어땠는지 알만 할 거야. 하지만 에바야, 우리 형제들
이 안전하게 집에 도착했을 때야말로 우리는 우리만의 열광적인 축제를 열
수 있을 거야. 어떻게 생각하니? 다음에 우리가 얼굴을 마주하게 될 곳은 그
리운 우리의 고향 체스터가 되겠지. 그러니 웃음을 잃지 마라, 에바야. 너는
차례로 도착하는 우리를 맞이하기 위해 여으로 나올 때마다 정말 기쁜 시간
을 맞게 될 거야. 정말 즐겁지 않겠니? 그렇지?

최소한 크리스텔튼 마을의 라이트 가족에게 전쟁은 끝이 났다.

전장 밖의 전쟁
끝나지 않은 전쟁

1918년 휴전협정이 체결된 이후에도 수년간 각국은 많은 문제에 부딪혔다. 동맹국에 대한 연합군의 해상 봉쇄가 완벽했던 것은 아니었기 때문에, 독일과 오스트리아-헝가리 제국 모두(연합국이 그랬듯이) 전쟁 중 중립국으로부터 많은 도움을 받을 수 있었다. 지리적인 여건상 연합국이 오스만 투르크 제국을 완전히 봉쇄할 수는 없었지만, 오스만 투르크 제국의 부실한 기간 시설은 전쟁으로 인한 수송 및 물자 유통의 과부하를 견딜 수 없었고, 이는 다르다넬스 해협의 봉쇄와 상선단의 전멸과 함께 오스만 투르크 제국의 군사적 몰락뿐만 아니라 경제적 몰락, 그리고 그에 뒤이은 궁극적인 패배에 큰 영향을 미쳤다.

오스트리아-헝가리 제국의 군사적 패배 요인은 명약관화했다. 합스부르크가는 전쟁 수행에만 전념해도 모자랄 판에 다민족으로 구성된 제국의 민족적 · 종교적 · 정치적 다양성에서 파생되는 문제 때문에 골머리를 앓아야 했다. 게다가 노제국은 이런 문제들을 해결하기는커녕 1918년 무렵에는 결국 이런 문제들에 흔들리는 처지가 되었다. 오스트리아군이 여러 전선에서 동시에 전쟁을 수행하느라 죽어나고 있던 시점에도 빈의 오스트리아 정부는 전쟁에 집중하지 못하고 그런 문제들을 해결하는 데 매달려야 했다. 제국 신민들의 생활 여건은 계속 악화되어갔고, 나중에는 기아까지 찾아왔다. 영양 부족으로 인해 질병에 대한 면역력이 크게 떨어지자 1918년 스페인 독감이 유행했을 때 중부와 동부 유럽에서는 엄청난 수의 사람들이 사망했다. 제국의 각 도시에서는 식량 폭동이 일상다반사로 벌어졌고, 민간 부문의 불온한 기운이 군대에까지 영향을 미치면서 병사들의 전의는 크게 떨어졌다.

1914년 전쟁이 발발했을 때 동맹국과 연합국 양측 모두 열광적인 반응을 보였다. 유럽 대륙 각국은 거의 축제 분위기 속에서 엄청난 규모의 군대를 동원할 수 있었다. 악단이 음악을 연주하고 소녀들이 총구에 꽃을 꽂아주고 시민들이 애국적인 노래를 부르는 가운데 병사들은 전장으로 행진해갔다. 시인들은 전쟁을 낭만적인 어조로 묘사했다. 그래도 좀 지각 있는 시인들은 다시는 돌아오지 못할 젊은이들에 대한 생각을 하기도 했지만, 문학적 가치라고는 전혀 없는 형편없는 광시로 전쟁을 찬양하는 이들도 있었다. 예를 들면 그들은 "……총검에 찔려 전쟁의 쾌감 속에 죽기 위해 전장으로 나가는 병사들" 운운하며 전쟁을 찬양했다. 독일에서 가장 인기 있는 구호는 "하느님이 독일 함대와 육군과 함께하신다"는 것이었다. 모든 독일군 병사들은 버클에 "신이여 우리와 함께 Gott mit Uns"라는 표어가 새겨진 벨트를 차고 다녔다. 루퍼트 브루크 Rupert Brooke*는 아예 "이러한 시기에

---

* **루퍼트 브루크** 1887~1915. 영국 시인. 1913년~1914년 미국 하와이, 타히티 섬, 오스트레일리아 등지를 여행하며 많은 시를 썼다. 제1차 세계대전에 참전했다가 그리스에서 병사했다.

우리를 태어나게 해주신" 신에게 감사하기까지 했다. 1915년의 가장 암울한 시기에도 전선의 시인들은 오히려 더욱 낙관적인 시들을 써댔다. 갈리폴리에서 싸우고 있던 왕립 해군사단 소속 병사들 중에는 훌륭한 시인들이 몇 명 있었다. (비록 루퍼트 브루크는 4월 상륙 전날 병으로 에게 해에서 사망했지만 말이다.) 고전에 대해 엄격한 교육을 받은 대부분의 시인들은 그들의 작품에서 고대 트로이가 보이는 지역에서 싸우는 것이 얼마나 낭만적인가를 표현했다. 패트릭 쇼-스튜어트 Patrick Shaw-Stewart 는 다가올 황금시대가 낳을 인간상을 보여주는 전형적인 예였다. 패트릭은 이튼 Eton 과 옥스퍼드 대학 밸리올 Balliol 칼리지에서 수학했으며, 그의 친구인 루퍼트 브루크는 그에 대해 "지난 10년간 옥스퍼드 대학에서 공부한 학생 중에서 가장 천재적인 인물"이라고 평했다.

1915년 루스와 갈리폴리에서, 그리고 그 다음해에는 솜에서 엄청난 희생자가 발생하자, 전쟁 초기의 낙관론과 공허한 애국심을 찬양하는 전쟁 시인들은 찾아볼 수 없게 되었다. 새순 Sassoon, 그레이브스 Graves, 그리고 누구보다도 윌프레드 오웬 Wilfred Owen 같은 이들은 전쟁의 무익함과 특히 일선 병사들과 장교들 사이에서 커져가던 전쟁에 대한 회의를 노래했다. 전쟁 첫해 전쟁과 애국심을 찬양하는 글로 지원병 모집에 한몫했던 러디어드 키플링 Rudyard Kipling 도 아일랜드 근위연대에서 중위로 근무하던 외아들을 루스 전투에서 잃은 후로는 전쟁에 대한 자신의 어조를 바꿨다. 이후 그는 정치인들의 무능과 자만심의 대가를 치르는 것은 항상 그 나라의 젊은이들이라는 사실을 슬퍼하는 애가哀歌 조의 의미를 그의 작품에 담았다.

전쟁의 광풍이 전 유럽을 휩쓰는 동안에도 예술의 싹은 꺾이지 않았다. 역설적이게도 오히려 전쟁이 한창이던 시기 사람들이 비참한 현실로부터 탈출구를 찾으면서 예술은 더욱 발전했다. 영국의 저명한 작곡가였던 에드워드 엘가 Edward Elgar 는 자신의 음악에 애국적인 작품들을 여러 개 추가했다. 대관식이나 즉위 몇 주년 기념식과 같은 대영제국 전체가 축하하는 행사에서 연주되던 그의 음악은 이미 널리 알려져 있었고, 그가 A. C. 벤슨Benson의 가사에 맞춰 〈위풍당당 행진곡1st Pomp and Circumstance March〉을 편곡한 〈희망과 영광의 땅Land of Hope and Glory〉은 거의 국가國歌에 버금가는 국가적 애창곡이 되었다. 또 사상 최초로 영국 정부는 유명 예술가들을 동원하여 전쟁의 모든 측면을 기록하게 했다. 이와 같은 참신한 작업의 결과물들은 현재 런던의 대영제국 전쟁박물관에 전시되어 있으며, 20세기 영국 예술 컬렉션 가운데 전 세계 어디에서도 찾을 수 없는 포괄적인 예술 작품 컬렉션을 구성하고 있다. 뉴버리Newbury 인근의 전쟁 희생자 추모 성당의 벽화는 스탠리 스펜서Stanley Spencer의 훌륭한 전쟁 걸작품으로서 그가 마케도니아에서 의무대 행정병으로 근무할 당시 겪은 경험을 바탕으로 제작한 것이다.

전쟁은 파괴를 위해서든 보다 인간적인 목적을 위해서든 엄청난 기술적 진보를 이끌어냈다. 후자의 경우 전쟁으로 인한 기술 발전의 혜택을 입은 가장 대표적인 분야는 바로 의학이었다. 각국 정부에게는 부상병들을 최대한 많이 회복시켜 다시 전선에 투입하는 것뿐만 아니라 국민의 건강을 유지하는 것도 국가의 전쟁 수행 능력을 유지하는 데 매우 중요했기 때문이었다. 1914년~1918년에 벌어진 제1차 세계대전은 전투 사상자 수가 병사자病死者 수를 넘어선 최초의 전쟁이었다. 하지만 1918년 이후 전 세계를 휩쓴 스페인 독감은 대전 중 모든 전투의 사망자 수를 합친 것보다 더 많은 생명을 앗아갔다. 1899년~1902년에 벌어진 남아프리카 전쟁South African War(보어 전쟁)에서 영국군 사망자 가운데 60퍼센트는 병사자였다. 이로 인해 영국 전쟁성은 영국군의 의료체계에 대해 대대적인 조사를 벌였다. 20세기의 첫 10년간 이루어진 의학 연구의 진보로 위생 환경 개선을 통한 질병의 예방, 감염의 통제, 개인 위생에 대한 보다 나은 교육, 티푸스를 비롯한 치명적인 질병들에 대한 예방접종 등의 분야가 눈부시게 발전했다.

전쟁 첫해 영국의 의사들 가운데 절반이 동원되었다. 이로 인해 많은 병원이 핵심 인력 부족에 시달렸지만, 영국군 장병들은 최상의 의료 지원을 받을 수 있었다. 군의관이든 의대 부속병원 의사이든 대학의 연구부서에서 연구하든 간에 의사들은 전쟁으로 인해 폭발적으로 이루어진 의학혁신과 여러 발견으로부터 큰 혜택을 받았다. 방사선의학, 마취학, 병리학, 정형외과, 성형외과, '포탄 충격' 증세에 대한 심리적 치료 부문 등에서 이루어진 발전은 전투 사상자들의 생존율을 크게 높여주었을 뿐만 아니라 장기적으로는 국가 차원의 보건체계를 개선시켰다. 당시 항생제가 발견되기까지 여러 해가 지나야 했지만, 페놀이나 석탄산과는 달리 인체 조직을 손상시키지 않는 새로운 소독약이 등장함으로써 부상 부위를 효과적으로 치료할 수 있게 되었다.

전투 부상자를 위한 치료 분야에서 그처럼 엄청난 발전이 이루어지고 있는 동안 질병과의 싸움에서도 큰 진전이 이루어졌다. 살로니카에 주둔하고 있던 영국-프랑스군은 바이러스성 말라리아에 시달렸다. 갈리폴리에서는 이질과 티푸스로 수천 명이 죽어나갔고, 메소포타미아에서는 부적절한 식단으로 인해 많은 인도 병사들이 영양실조에 걸렸다. 이런 사태들이 발생하자, 영국 정부는 새로 발견한 비타민의 가능성에 주목했다. 1912년 이전에는 의사들이 각기병의 원인이 박테리아라고 생각했다. 효모에 존재하는 비타민 B_1이 각기병을 예방할 수 있다는 사실이 발견되기 전까지 수많은 인도인 용병 세포이들이 메소포타미아에서 이 병으로 쓰러졌다. 그러나 영국군 당국이 서둘러 부족한 영양분이 포함된 식사를 제공하자, 몸져누웠던 인도군 병사들은 빠르게 회복했다.

모든 참전국에서 생명을 구하는 의학 기술이 크게 발달했지만, 사람을 죽이는 전쟁 기술 또한 그와 마찬가지로 빠르게 발전했다. 영국은 1914년 이전에는 해군이 국가의 방패라고 생각했다. 육군은 전 세계에 퍼져 있는 식민지의 치안을 유지하는 헌병대 정도로 간주되었고, 그런 역할에 맞춰 훈련을 하고 장비를 갖추었다. 따라서 영국군은 서부전선에서 전례 없는 대규모 소모전에 뛰어들었을 때 우월한 포병과 훨씬 더 많은 병력을 갖춘 독일에게 밀릴 수밖에 없었다. 또 이어진 참호전은 영국군과 프랑스군 지휘부에게 기관총 진지들이 엄호하는 드넓은 철조망지대로 둘러싸인 독일의 강력한 참호선을 어떻게 돌파할 것인가라는 난제를 던져주었다. 그 정답은 전차였다. 영국에서 개발된 이 신무기는 솜 전투에서 극소수가 실전에 투입되었지만, 부적절한 지형으로 인해 큰 활약을 보여주지는 못했다. 전차가 지상전의 신세기를 열어갈 무기라는 사실은 1917년, 수백 대 규모로 집단 운용된 전차들이 독일군 방어선을 짓밟고 들어간 이후에야 널리 받아들여졌다. 하지만 시대가 바뀌었음에도 불구하고 최고사령부의 많은 장성들은 전차가 뚫어놓은 돌파구를 통해 전과를 확대하기 위해서는 기병대를 사용해야 한다고 주장했다. 그러나 실제로 이런 장군들의 전술이 성공한 적은 없었으며, 이는 전쟁 후반기까지 많은 장군들이 보수적인 관념을 버리지 못하고 있었다는 사실을 보여주는 것이었다. 1870년~1871년에 벌어진 프로이센 프랑스 전쟁에서 기관총과 속사포, 그리고 탄창장전식* 소총의 조합 앞에 수숫단처럼 무기력하게 쓰러지면서 기병대는 순식간에 구시대적인 존재가 되었다.

  1914년 이후 전장에서 사용되는 전술은 일대 변혁을 겪었다. 영국군은 1899년 남아프리카의 초원지대에서 명사수인 보어인 사냥꾼들에게 19세기 중반의 밀집사격대형으로 덤볐다가 쌍코피가 터지는 경험을 했다. 1914년에 영국군에 맞선 독일군 역시 똑같은 실수를 저질렀다. 남아프리카의 전훈을 잘 살린 영국군 병사들은 절도 있는 정확한 사격을 실시함으로써 빽빽한 밀집대형으로 구름처럼 밀려오는 독일군에게 엄청난 피해를

---

* **탄창장전식** 오늘날과 같은 탈착식이 아닌 소총에 고정된 탄창에 5~10발의 총알을 클립으로 장전하는 방식.

안겨주었다. 방어전에서 치명적인 위력을 보여준 탄창장전식 소총은 공격 시에도 밀집대형 대신 넓게 산개된 대형으로 공격할 수 있게 해주었다. 그러나 이런 장점들도 1916년 7월 1일, 솜에서 영국군이 참호를 떠나 무시무시한 독일군 철조망과 기관총이 지배하는 무인지대로 걸어 나갔을 때 아무런 도움이 되지 못했다.

1906년, 영국이 단일 구경의 대형 주포를 다수 탑재한 전함 드레드노트를 진수시키면서 해전의 양상은 한순간 완전히 바뀌고 말았다. 드레드노트의 진수는 영국과 독일 사이에 자국 함대를 드레드노트급 전함으로 무장시키려는 경쟁에 불을 붙였다. 서로 오랫동안 칼을 갈아오던 두 라이벌은 1916년 6월 드디어 북해에서 일전을 벌였으나, 승부를 명확히 가릴 수는 없었다. 다만 한 가지 확실한 것은 그와 같은 난타전에서는 독일의 전함이 영국의 전함보다 기술적으로 더 뛰어났다는 점이다. 독일군은 포술이 뛰어났고 독일의 전함들은 무자비한 포화에 더 잘 버티었다. 바다에서 다른 어떤 무기보다도 전쟁의 향방에 큰 영향을 미친 것은 이전에는 푸대접을 받던 잠수함이었다. 연합군의 해상 봉쇄로 모항에 틀어박혀 밖으로 나올 수 없었던 독일 해군은 잠수함이라는 연합국의 상선들을 파괴할 효과적인 방법을 찾아냈다. 실제로 독일 잠수함으로 인해 연합군의 해상 수송망은 거의 무력화 직전까지 가기도 했다. 사실, 양측의 주력 전투함대는 거의 전쟁 전 기간 동안 하릴없이 모항에 틀어박혀 시간만 보내고 있었다. 이에 반해 뒤늦게 호송선단체계의 도움을 받기는 했지만, 실제로 피말리는 싸움 끝에 독일의 잠수함대를 격퇴한 것은 구축함과 여타 대잠 함선들이었다.

영국의 피셔 제독은 해군 지휘부와 해군성의 보수주의에 맞서 각국 함대의 작전 수행에 중요한 영향을 미친 여러 가지 혁신적인 제도와 기술을 도입하기 위해 험난한 투쟁을 벌여야 했다. 추진 연료의 석유화, 증기 터빈 추진체계의 도입, 잠수함, 계류기뢰, 어뢰, 해군 항공대, 무선통신, 장교의 선발과 훈련에 있어서 급진적인 새로운 방식의 도입이 바로 그것이었다. 그러나 전쟁이 끝날 무렵인 1918년 당시 해군에 복무하던 장교들 중에는 훗날 태평양에서 벌어질 다음 번 대전쟁에서 해군 항공대와 항공모함이 해전의 향방을 결정하게 될 것을 예견할 수 있는 사람은 아무도 없었다.

오스트리아의 프란츠 페르디난트 황태자 부처가 사라예보에서 불의의 암살을 당하기 11년 전, 라이트 형제의 비행기가 처음으로 위태위태하게 하늘을 나는 데 성공했다. 1914년 이전에 모든 주요 열강들이 항공대를 창설했지만, 전쟁 초반 하늘을 지배한 것은 일찌감치 프로펠러 동조식 기관총을 개발한 독일이었다. 연합군은 1916년에 들어서야 기관총을 프로펠러 사이로 쏠 수 있는 장치를 개발하고 겨우 제공권을 되찾을 수 있었다. 개전 초반에 항공기는 주로 정찰이나 포병 관측에만 사용되었으나, 곧 공중전이 시작되자 강력한 무장을 갖춘 고성능 항공기에 대한 요구가 늘어났다. 1914년 8월, 영국 원정군은 100대도 되지 않는 비행기를 가지고 프랑스로 갔다. 그러나 1918년 4월, 왕립 항공대와 왕립해군항공대가 통합되어 영국 공군이 조직되면서 수천 내의 항공기와 3만 대 이상의 예비 엔진이 생산되었다. 또 동맹국과 연합국 양측 모두 상대방의 후방지역을 폭격하기 위해 중폭격기를 사용했다. 전략폭격 시대의 여명이 밝은 것이다. 제공권의 절대적 가치를 주창한 선구자들(영국의 트렌차드Trenchard, 이탈리아의 줄리오 두헤Giulio Douhet, 미국의 빌리 미첼Billy Mitchell 준장)은 미래의 전쟁에서는 해군과 육군은 공군의 위력에 굴복할 것이며, "폭격기는 무엇이든 뚫고 나갈 수 있다"는 폭격기 제일론을 주창했다.

잔잔한 물에 큰 돌을 던지면 거센 파문이 점점 더 확대되듯이, 1914년~1918년에 서부전선과 동부전선에서 벌어진 전쟁은 역사라는 잔잔한 수면에 던져진 사상 최대의 돌이었다. 반면 지중해와 중근동에서 벌어진 전투들은 이보다는 훨씬 더 작은 돌들이었다. 그러나 이 작은 돌들이 일으킨 파문들도 서로 공명하면서 전쟁의 큰 흐름에 영향을 미쳤고, 독일과 오스트리아-헝가리 제국, 오스만 투르크 제국을 몰락시키는 데 큰 역할을 했다. 베르사유 조약*의 체결로 일단 평화가 찾아왔지만, 이것도 진정한 의미의 평화는 아니었다. 전쟁의 불꽃은 일시적으로 꺼진 듯 보였지만, 전쟁의 잿더미 깊은 곳에서 민족주의의 불꽃은 여전히 살아 있었고, 이로 인해 제1차 세계대전이 끝난 후 30년도 지나지 않아 유럽은 다시 한 번 피비린내 나는 전쟁의 참화에 휘말리게 되었다. 미국의 국제연맹 불참은 파시즘의 대두를 촉진하는 원인이 되었다. 왜냐하면 1930년대에 무솔리니와 히틀러가 제각각 호전적인 행동으로 나왔을 때, 어떤 회원국들도 이들을 막을 만한 준비가 되어 있지 않았기 때문이었다. 또 아랍 민족주의의 부상은 중동지역에서 거의 해결이 불가능한 것처럼 보이는 문제들을 낳았으며, 21세기가 된 지금도 중동지역의 평화는 요원한 상태다. 세계대전은 예전의 오래된 문제들을 많이 해결했지만, 동시에 그만큼 새로운 문제를 발생시켰던 것이다.

---

* **베르사유 조약** 1919년 6월 28일에 베르사유 궁전에서 제1차 세계대전의 전후 처리를 위해 연합국과 독일이 맺은 평화 조약. 전쟁 책임이 독일에 있다고 규정하고 독일의 영토 축소, 군비 제한, 배상 의무, 해외 식민지의 포기 따위의 조항과 함께 국제연맹의 설립안이 포함되었다.

한 시민의 초상
크리스텔튼 마을

영국 사회에서 제1차 세계대전은 하나의 커다란 분기점이 되는 사건이 었다. 그리고 다른 모든 참전국 가정들과 마찬가지로 영국의 모든 가정들도 전쟁의 영향을 받았다. 1915년 말에 크리스텔튼 마을의 몸이 성한 장정들은 대부분 징집되어 머나먼 이역만리에서 전투를 벌여야 했다. 라이트 Wright 가의 3형제는 중근동에 배치되었다. 당시 목사의 아들이었던 브라이언 히키 Brian Hickey는 학교에서 학도 군사 훈련단의 훈련 과정을 이수하고 지역 의용군 연대의 장교로 임명되어 1916년 프랑스에 주둔하고 있던 제11체서연대에 배속되었다. 뒤에 남은 가족들은 가족의 주수입원이 없어지는 상황을 견뎌야 했을 뿐만 아니라 당장 입에 풀칠할 문제를 걱정해야 했다. 건강상의 이유로 현역 복무 부적합 판정을 받은 자들은 후방에서 국가의 전쟁 수행을 지원하는 일을 했다. 라이트 가의 가장이자 숙련된 목수였

■■■■■■ 1918년 휴가를 나온 세실 라이트 상병과 함께 가족사진을 찍은 프레드, 에이미, 에바의 모습. 에바는 당시 17세였고, 프레드는 유상돌기(mastoid) 수술을 받은 직후라 신체검사에서 병역 부적합 판정을 받았다. 그러나 설사 적합 판정을 받았다고 하더라도 유능한 목수였던 그는 '병역 면제 직업군'에 속하여 1916년 도입된 징집법의 적용을 받지 않았을 것이다. (저자 소장)

던 프레더릭 라이트Frederick Wright와 역시 유능한 목수였던 그의 장남은 당시 영국 전역에서 이루어지던 병영 건설에 동원되었다. 이들이 작업했던 곳은 이들이 살고 있던 지역 바로 건너편에 있는 렉스햄Wrexham 인근이었다.

독일의 유보트 활동 때문에 식량 부족 사태가 벌어지자, 라이트 가의 여성들은 점점 줄어드는 식량배급으로 어떻게든 살림을 꾸려가지 않으면 안 되었다. 1917년 4월, 독일은 영국의 항구를 떠난 모든 선박 가운데 25퍼센트에 해당하는 100만 톤의 선박을 격침시켰다. 해외 수입에 의존하던 영국 국내의 식량 사정은 크게 악화되었고, 그해 여름에 체스터의 정육점과 식료품 상가 앞에는 식량을 구하려는 시민들이 장사진을 이루었다. 다음 해 봄에는 상황이 더욱 악화되어 국가의 곡물 재고가 6주치밖에 남지 않게 되었다. 대부분 중립을 지키고 있던 스칸디나비아 지역에서 수입되고 있던 지주용 목재들도 잠수함 작전의 영향으로 수입 물량이 급감했다. 정부는 탄광 운영에 있어 중요한 물품인 지주용 목재를 확보하기 위해 삼림위원회를 조직하고 탄광 가동에 필요한 목재를 얻을 수 있는 나무들을 조림造林할 권한을 주었다. 선박을 계속해서 잃게 되자, 결국 영국 해군성은 호송선단체계를 도입했다. 새로운 선단체계가 도입되자 유보트로 인한 손실이 크게 감소하면서 영국의 식량 위기도 해소되었다. 그러나 호송선단체계가 완전히 도입되지 않은 지중해 지역에서는 선박 손실이 계속되었다.

1917년 말이 되자, 다들 영국의 식량 생산과 유통이 무계획적으로 이루어지고 있다는 사실을 깨닫게 되었다. 이로 인해 식량 분배에 있어 불평등이 발생했고, 이는 특히 산업화된 중부와 북부지역 도시들에서 심하게 나타났다. 빵 값이 한 덩어리에 10펜스로 치솟으면서 극빈층은 이 기본적인 식료품마저도 제대로 먹을 수 없게 되었다. 정부는 밀가루 생산을 늘리기 위해 밀의 단위 중량당 밀가루 추출률을 더욱 높이라고 명령했으나, 이런 밀가루로 만든 '회색' 빵은 전혀 인기가 없었다. 치솟는 식료품 가격에 분노한 노동조합원들이 하이드 파크 Hyde Park에서 연일 시위를 벌였고, 1918년에는 새로 창설된 식량성의 책임자 론다 경 Lord Rhondda의 주도하에 식량배급제도가 도입되었다. 시민들은 일정량의 식량을 구입할 수 있는 쿠폰책을 지급받고 정해진 양의 설탕, 육류, 버터를 구매할 때 이 배급 쿠폰을 제출해야 했다. 필요한 경우 배급 식품 품목에 추가되는 식료품도 있었지만, 반면 버터의 대용품으로 사용되었던 마가린 같은 경우에는 배급품으로 지급되다가 영 인기가 없자 그냥 일반 판매가 허용되기도 했다. 영국 국민들은 배급제도를 정당한 양의 식량을 얻을 수 있는 공평한 방법이라고 생각하고 순순히 받아들였다. 그러나 영국 정부는 식료품 가게나 정육점 주인들이 지역 식량담당 공무원들에게 제출하는 막대한 양의 쿠폰이 진짜 식량을 배급하고 받은 것인지를 거의 확인하지 않았다. 또 의회는 정부가 악명 높은 국토방위법에 기반하여 여러 조치들을 도입하여 실행할 수 있도록 해주었다. 국토방위법은 1914년에 의회가 서둘러 도입한 법안으로서 정부에게 사유재산의 징발, 군사 및 산업 목적을 위한 징집의 실행, 비애국적 활동 용의자들에 대한 무차별적 체포 및 구금 등을 할 수 있는 권리를 주는 법이었다. 많은 사람들이 이 법안이 시민의 기본적 자유를 침해하는 것이라며 반대의사를 표했다. 전쟁이 지속되면서 국토방위법에 근거하여 식량 통제 및 (군수산업 노동자들 가운데 술독에 빠지는 자들의 수가 증가하는 문제에 대처하기 위한) 술집의 영업시간 제한제도 등이 실시되었다. 체스터 교구 절제협회의 회장이었던 크리스텔튼 마을 담당 국교회 사제는 자기 교구의 장정들을 입대시키는 것을 애국적인 사명으로 여겼으며, 에바 라이트와 그녀의 여동생들에게는 금욕적인 삶을 살겠다고 맹세하는 서약서를 받았다.

크리스텔튼 같은 마을이 전쟁으로부터 영향을 받는 속도는 비교적 느린 편이었다. 전쟁이 계속되자, 주로 대지주들의 의장을 맡고 있던 지역 농업위원회들은 농업생산량을 늘리기 위해 심혈을 기울였다. 독일의 유보트 작전이 영국의 식량 사정에 영향을 미치기 시작하자, 지주들과 영국 정부는 만약 농부들이 파업을 일으킬 경우 영국은 전쟁에서 패배할 수밖에 없다는 사실을 깨닫게 되었다. 1916년 무렵에는 여성들이 경작지에 나가 그때까지 남성들만이 해오던 일들을 직접 하게 되었다. 공장에서도 마찬가지 현상이 벌어졌다. 처음에는 여성 노동자들을 비웃던 남성 노동자들도 여성들의 생산성이 남성 노동자의 생산성을 크게 웃돌자, 투덜거리면서도 여성들의 능력을 인정하지 않을 수 없었다.

전쟁 초반 전선에서 싸우던 영국군은 정규군 병사들뿐이었으나, 전쟁이 진행되면서 전선에서 부족한 정규군 병사들의 자리를 지역 의용군들이

메우게 되었다. 그에 따라 친숙했던 이웃들의 이름이 사상자 명단에 오르기 시작했다. 매주 일요일마다 교구 사제는 교회의 연단에서 크리스텔튼 마을의 청년들이 또 전사하거나 실종되었다고 발표했다. 1916년 10월에는 교구 사제의 아들까지 전사자·부상자·실종자 명단에 올랐다. 히키 소위는 열아홉 번째 생일 전날, 참호에서 병사들과 공격을 준비하고 있을 때 떨어진 독일군의 포탄에 중상을 입었다. 교회 지도자들은 전 국민이 하느님에게 의지해야 한다고 계속 주장했지만, 전쟁 중 사회계층의 구분이 점점 더 모호해지면서 교회의 영향력도 함께 줄어들었다. 예부터 터부시되던 행동들에 대한 금지가 완화되면서 불법적인 행위와 매춘, 성병이 확산되었고, 이런 경향은 특히 군부대 주변 마을과 대규모 훈련소들이 설치된 지역에서 심하게 나타났다.

전쟁이 끝나고 평화가 찾아왔지만, 전체 사회 구조는 이미 되돌릴 수 없을 만큼 크게 변해 있었다. 과거 농촌 처녀들은 형편없는 임금을 받으며 가사노동을 하는 것 외에는 선택할 수 있는 길이 거의 없었고, 스스로를 계발할 기회도 별로 없었다. 하지만 의무교육연령이 14세까지 확대되면서 보다 나은 교육을 받은 젊은 세대의 여성들은 사회에 대해서 그만큼 더 높은 기대치를 갖게 되었다. 에바 라이트와 여동생들은 18세가 되자마자 체스터의 상점 종업원으로 취직했다. 전쟁 전에 팬크허스트 여사가 주도한 공격적이고 때로는 폭력적이기까지 했던 여성 참정권 운동은 대부분의 영국 국민들로부터 외면받았다. 그러나 전쟁이 터지자 팬크허스트와 그녀의 지지자들은 영국의 전쟁 노력에 전폭적인 지지를 보냈으며, 특히 산업, 농업, 교통 분야와 새로운 군사 보조부대의 여성인력 활용에 적극적으로 나섰다. 전쟁 기간에 보여준 영국 여성들의 적극적이고도 열렬한 사회 참여에 대해 팬크허스트는 "여성을 지배해온 남성들에 대한 신의 복수"라고 묘사했다. 결국 전쟁 기간 중 여성들이 기여한 공로를 인정한 영국 정부는 1918년에 30세 이상의 여성들에게 투표권을 부여했고, 이는 나중에 21세 이상의 모든 여성들로 확대되었다.

전쟁이 발발한 후 3년간 영국에 대한 동맹국의 항공 공격은 전적으로 체펠린Zeppelin 비행선 공습에 의존했다. 독일군 비행선들은 런던과 영국 동해안 지역 도시들에 약간의 피해를 입혔다. 그리고 이 비행선들이 때로는 맨체스터Manchester나 리버풀Liverpool 지역에까지 나타났기 때문에, 영국 각 가정과 산업지대는 밤이면 등화관제를 실시했다. 라이트 여사와 딸들은 체스터 지역의 주요 백화점인 브라운 백화점에서 할인판매기간에 구입한 천으로 두꺼운 커튼을 만들어 달았다. 전쟁의 종결과 함께 1918년 등화관제 조치도 해제되었지만, 1939년 제2차 세계대전의 발발과 함께 영국 국민들은 또다시 밤마다 빛이 새어나가게 하지 않기 위해 애를 써야 했다. 교구 사제의 아들은 부상당하기 2주 전 솜에서 아이러니하게도 다음과 같은 내용의 편지를 보냈다.

"……독일의 체펠린 비행선이 집이나 테니스 코트를 폭격하지 않아 다행이에요. 이곳은 정말 더할 나위 없이 불결해서 이가 들끓고 있답니다. 부츠Boots사의 '참호 해충 퇴치제'를 한 깡통 보내주시면 정말 좋겠어요. 이 잡는 데 정말 좋다고 하더군요."

거의 4년이나 전쟁이 지속되자, 국민의 사기를 유지하기 위한 영국 정부의 적극적인 노력에도 불구하고 염전厭戰 사상이 점차 확산되기 시작했다. 1918년이 되자 영국 정부는 국민들에게 1주일에 하루는 고기를 먹지 않고 보내라고 요구했다. (여기에 착안한 영국 육군은 "군대에 오면 매일 고기를 먹을 수 있다!"는 표어로 입대를 유도했다.) 당시 국민들을 대상으로 한 배급량은 1주일에 설탕 1파운드, 고기 1파운드 반, 지방이나 마가린, 혹은 버터 몇 온스로 줄어들었다. 물론 당시 많은 동맹국 국민들이 연합군의 해상 봉쇄로 인해 기아에 허덕였던 것에 비하면 이 정도의 식량은 합리적인 수준의 건강상태를 유지하기에 충분한 양이었다. 그러나 영양 부족으로 각국 국민들의 면역력이 약해지면서 유행성 독감이 유럽 전역을 휩쓸게 되었다. 입대한 세 아들 가운데 막내인 세실도 이 무서운 병으로 사망했다. 11월 11일에 크리스텔튼 마을의 교회에서 승전을 축하하는 종소리가 울려 퍼질 때 라이트 가족은 세실의 사망소식을 알리는 전보를 받고 비탄에 잠겼다.

전쟁 동안 내내 라이트 가족은 웃음과 활기를 잃지 않았는데, 그럴 수 있었던 것은 거실에 있는 피아노의 힘이 컸다. 피아노 반주에 맞춰 라이트 가족이 즐겨 불렀던 노래 중 하나는 당시 큰 인기를 끌었던 '벽난로의 불을 꺼뜨리지 말아요Keep the Home Fires Burning'였다. 이 노래는 당시 왕립해군항공대의 장교였던 이보르 노벨로Ivor Novello가 쓴 곡으로, 노벨로는 이보르 데이비스Ivor Davies와 마찬가지로 에드워드 7세 재위 시절 옥스퍼드 대학 막달레나 칼리지Magdalene College에서 수학하며 브라이언 히키와 함께 성가대원으로 활동했다. 새롭게 등장한 영화가 과거 체스터의 '더 갓즈The Gods' 음악 연주회장을 메웠던 군중들을 매료시키기 시작하면서 음악회의 시대는 종말을 향해 치달았다. 전쟁 중에도 체스터에서는 활발한 문화활동이 이루어졌다. 여러 합창단과 아마추어 관현악단, 오페라단이 공연을 계속했다. 칼 로사Carl Rosa와 같은 유명 극단과 오페라단들도 체스터에 와서 자신들의 18번 작품들을 공연했으며, 라이트 가의 딸들은 특히 이탈리아의 오페라 작곡가 마스카니Mascagni의 〈카발레리아 루스티카나Cavalleria Rusticana〉를 오래도록 기억했다. 원작을 엉망으로 만든 이 공연에 '더 갓즈'를 메운 체스터 지역 주민들은 기가 막혀 웃음만 지을 수밖에 없었다. 크리스텔튼 마을 사람들도 기껏 3마일이나 걸어서 극장에 왔더니 이런 형편없는 작품을 보게 될 줄은 꿈에도 몰랐다고 투덜거렸다.

전쟁이 끝나고 평화가 찾아오자, 다시는 갈 리 없는 이역만리에서 4년 간을 싸우고도 살아남은 마을 청년들이 돌아왔다. 사실, 군에서 복무한 크리스텔튼 마을 청년들은 1914년 이전에는 고향 인근 지역을 벗어나본 적이 없는 이들이 태반이었다. 이들은 멀리 이역만리 타향에서 싸우면서 세상을 보는 시야가 넓어졌지만, 그렇다고 또다시 그런 지옥 같은 경험을 해보겠다는 사람은 아무도 없었다. 귀향한 라이트 형제들도 민간인으로 직장을 잡고 평온하게 살았다. 전후에도 고용율은 여전히 높은 데다 건설 붐까지 일어, 손재주가 좋은 목수였던 이들은 좋은 일자리를 잡을 수 있었다.

1918년 12월, 사상 최초로 30세 이상의 여성들이 투표권을 행사한 총선이 치러졌다. 종전협정이 체결된 직후 교활한 정치인이자 당시 영국 총리였던 로이드 조지는 총선을 요구하여 유권자들에게 자기 파 소속의 진보 및 보수 정치인들을 뽑아달라고 요청했다. 전 영국 총리이자 로이드 조지에게 밀려났던 애스퀴스는 로이드 조지 파 후보들이 "나는 로이드 조지에게 신덕받았음"이라는 팻말이라도 붙이고 나니는 깃 같디고 신랄하게 비판했다. 반대파들이 겨우 229석을 차지한 반면, 자기 파 후보를 479명이나 당선시킨 로이드 조지는 총리직을 연임하게 되었다. 하지만 그는 권력을 다시 쥐자마자 거의 모든 선거공약에 대해 눈을 감아버렸다. 선거기간 내내 떠들어댔던 '영웅들의 안식처 Land fit for Heroes'*라는 구호도 결코 실현되지 않았으며, 점차 쇠퇴해가는 영국이 채권국에서 채무국으로 전락함에 따라 이후 수년간 산업 분규와 경제 불안이 지속되었다. 크리스텔튼과 그 주변의 대저택에서 살던 대지주들과 산업계의 거물들은 전쟁으로 아들들을 잃었고, 교구 사제의 아들 브라이언 히키도 중상을 입었을 뿐만 아니라 프랑스와 플랑드르, 갈리폴리와 팔레스타인에서 절친한 친구들을 잃어야

---

* **영웅들의 안식처** 귀향 군인들을 위한 특별주택정책.

했다. 한때 부유한 지주와 산업계 거물의 저택에서 북적거리며 일하던 하인과 하녀들도 더 이상 찾아볼 수 없었다. 영국경제 전반이 쇠퇴기에 접어들면서 전쟁 전에는 부유했던 집안들도 몰락하여 산산이 흩어지게 되었다.

종결
비극의 종언

1916년 11월 21일, 노쇠한 오스트리아 황제 프란츠 요제프 1세가 사망했다. 그의 죽음은 한 시대의 종말을 알리는 것이었다. 황제는 수십 년에 걸쳐 대제국 오스트리아의 지배자로 군림했지만, 개인적으로는 비극으로 점철된 불행한 인생을 살았다. 황제가 생을 마감할 무렵의 오스트리아 수도 빈에서는 황제가 어린 시절을 보냈던 활기 넘치는 유럽 제일의 문화도시의 모습을 더 이상 찾아볼 수 없었다. 오스트리아 국민의 사기는 바닥으로 떨어지고 있었고, 연합군의 해상 봉쇄로 인해 제국은 기아의 문턱에서 허덕이고 있었다. 새로 황제가 된 칼 1세가 물려받은 것은 이처럼 암담한 상황이었다.

1916년 12월 초, 아테네에서 왕당파 그리스군 병사들과 연합군 수병 및 해병들 간에 싸움이 벌어졌다. 연합국 대사들은 왕에게 전화를 걸어 연합군에게 협조하라는 최후통첩을 보내면서 24시간의 말미를 주었다. 마지 못해 그리스군은 영국-프랑스군의 감시를 받으면서 테살리아 지역에서 철수하기 시작했다. 그 대가로 그리스 왕실은 베니젤로스 총리에 대한 체포 영장을 발부했으며, 여기에 추가로 아테네의 그리스 정교회 대주교는 그를 파문해버렸다. 총리 지지자들을 목표로 한 무자비한 암살이 이어졌고, 이에 대해 베니젤로스는 "이제 왕과 나 사이에는 피의 강이 흐르고 있다" 고 말했다. 더 많은 연합군 병력들이 살로니카로 집결하자 연합군 사령관 사라유는 해빙기가 지나고 도로들이 통행 가능한 상태가 되면 새로운 공세를 시작할 계획을 짰다. 4월 말, 독일-불가리아군 진지를 돌파하려는 영국군 2개 사단의 공격이 실패로 돌아갔지만, 사라유는 예정대로 5월 5일 본격적인 공세를 시작했다. 영국군은 도이란Doiran 강 전선에서 야습을 가했지만, 탐조등을 효과적으로 이용한 불가리아군의 능란한 방어전에 저지당했다. 공격 초반 별다른 소득도 얻지 못하고 1만4,000명이나 되는 사상자를 낸 세르비아군이 더 이상 전진하기를 거부하자 연합군의 공세는 정지되고 말았다.

그동안 그리스에서는 권력 다툼이 정점에 달해 있었다. 연합국의 최후통첩을 받은 콘스탄티노스 국왕이 퇴위하자, 그 뒤를 이어 그의 둘째 아들 알렉산드로스가 그리스의 왕으로 즉위했다. 다시 아테네로 돌아와 총리가 된 베니젤로스가 제일 먼저 한 일은 동맹국에게 선전포고를 하는 것이었다.

1917년 여름, 무더위가 계속되면서 살로니카의 연합군은 질병으로 수천 명의 병력을 잃었다. 스트루마 계곡에는 특히 치사율이 높은 말라리아가 기승을 부렸고, 10월까지 환자 수가 2만1,000명에 이르자 영국군은 발병률을 낮추기 위해 좀더 높은 고지대로 물러나기까지 했다. 질병이 창궐할 정도로 환경이 열악한 데다가 휴가조차 제대로 가지 못하자, 분노한 프랑스군 파견대는 항명 사태를 일으켰다. 살로니카 연합군 총사령관 사라유는 다른 연합국 지휘관들로부터 상황을 제대로 통제하지 못하고 있다는 비난을 몇 달 동안 들어야 했고, 결국에는 12월에 마리 루이 기요마 Marie Louis Guillaumat 대장으로 교체되었다. 기요마 장군은 취임 몇 주 만에 휘하 부대들을 일일이 방문하며, 무능한 사라유가 야기한 문제들을 해결하면서 자포자기 상태에 빠져 있던 연합군의 사기를 되돌리는 데 성공했다. 그러나 1918년 6월, 프랑스 정부가 다른 연합국들에게는 일언반구도 없이 기요마 장군을 파리로 소환하고 루이 프랑셰 데스프레 Louis Franchet d' Esperey 대장을 후임으로 임명해버리자, 기요마 장군은 지휘관으로서의 재능을 야전에서 발휘해볼 기회도 얻지 못하고 물러나야 했다. 독일군이 서부전선에서 대공세를 개시하면서 서부전선 병력 수요가 크게 늘어나자, 연합국 지휘부는 다수의 살로니카 병력을 서부전선으로 이동시켰다. 그리스군 병사들이 더 많이 살로니카 전선에 배치되면서 연합군 사령부는 2만 명의 영국-프랑스군 병사들을 서부전선으로 돌릴 수 있었다.

1917년 내내 알바니아에서도 간헐적인 전투가 계속 벌어졌다. 이곳에는 이탈리아가 다른 연합국과 상의도 없이 군대를 파견해 교두보를 구축해놓았다. 1918년 여름, 영국 공군의 지원을 받는 이탈리아군이 발로나 Valona의 오스트리아군을 공격했다. 8월, 오스트리아군은 반격을 가해 이탈리아군을 몰아냈고, 이것이 오스트리아-헝가리 제국이 거둔 마지막 군사적 성공이었다.

9월, 마케도니아에서는 연합군이 바르다르 강을 건너 공세에 나섰다. 당시 불가리아군 참모총장 루코프 Lukov 대장은 보리스 Boris 국왕에게 연합군과 평화협상을 벌일 것을 간청했으나, 국왕은 그에게 "현 위치에서 싸우다 죽으시오"라는 답을 보냈다. 9월 17일, 지난 3년간 열심히 잘 싸워왔던 불가리아군이 붕괴되기 시작했다. 모든 불가리아군 부대가 항명 사태를 일으키고 병사들은 각자의 집으로 돌아가버렸다. 그러나 도이란 강에서 공격에 나선 영국-프랑스군은 격렬한 저항을 받았고, 영국군은 또다시 큰 피해를 입었다. 영국 제22사단 제65여단의 경우에는 공격 부대의 생존자가 겨우 200명에 불과할 정도였다. 다음 날 연합군은 다시 공세에 나섰지만, 오폭으로 인해 영국군의 전진이 중단되면서 공격은 또다시 실패로 돌아갔다. 밀른 대장은 데스프레 대장에게 그의 부하들이 더 이상은 공격을 계속할 수 없다고 말했다. 어쨌든 연합군은 더 이상 공격할 필요가 없었다. 불가리아군이 스스로 무너졌기 때문이었다. 9월 21일, 영국 공군 항공기들은 엄청난 수의 불가리아군 병사들이 무질서하게 집을 찾아가고 있다고 보고했다. 1주일 후 불가리아 정부는 휴전협상을 시작했고, 29일에 휴전협정이 체결되었다.

이후 연합군은 마지막으로 한 차례 대규모 군사행동에 나섰다. 10월 7일, 연합군 최고전쟁위원회는 밀른 장군에게 살로니카 군을 이끌고 동쪽으로 진격하여 트라케^{Thrace} 지방을 지나 콘스탄티노플로 향할 것을 명령했다. 그 시점에서 투르크는 이미 휴전협상을 벌이고 있었고, 다른 동맹국들 역시 차례로 붕괴되는 가운데 10월 30일에 투르크와 연합국 간의 휴전협정이 체결되었다.

■■■■
대단원 _ 전쟁의 여파

제1차 세계대전 중에 얼마나 많은 사람들이 죽거나 다쳤는지를 정확히 파악하는 것은 아마도 영원히 불가능할 것이다. 그래도 여러 통계치를 기반으로 추측해보면, 독일은 최소 180만8,545명의 사망자와 424만7,143명의 부상자를 낸 것으로 추산되고, 프랑스는 약 500만 명의 사상자를 낸 것으로 추산되며, 그 가운데 138만5,300명이 사망하거나 실종되었다. 미군의 사상자 수는 32만5,867명으로 추산되며, 그 가운데 11만5,660명이 전사했다. 대영제국의 사상자 수는 326만581명으로 추산되며, 이 가운데 94만7,023명이 전사하거나 실종되었다. 서부전선에서만 영국군과 영국령 식민지 출신 병사 269만54명이 죽거나 부상당했다.

프랑스와 벨기에에서 복무한 영국군 병사들 가운데 12퍼센트를 조금 넘는 수가 전사하거나 기타 이유로 사망했고, 38퍼센트가 부상을 당했다. 이는 서부전선의 영국 원정군으로 배속될 경우 절반의 확률로 전사하거나

654

부상당할 가능성이 있었다는 이야기이며, 개중에는 두 번 이상 부상을 당하는 경우도 많았다. 결국 대략 8명 가운데 1명이 전사한 셈이다. 병이나 사고와 같은 비전투 요인으로 인한 사상자 수는 총 352만8,468명에 달했다. 이 가운데 3만2,098명은 폐렴, 동상, 수막염을 포함한 다양한 이유로 사망했다. 하지만 이처럼 막대한 사상자 수에도 불구하고 치료를 받은 부상자의 80퍼센트가 단순히 회복에 그치지 않고 어떤 식으로든 다시 전선에 복귀할 수 있었다는 점에서 영국 원정군 의무대는 엄청난 공을 세웠다고 볼 수 있다. 또 한 가지 주목할 만한 것은 1918년~1919년에 전 세계를 휩쓴 스페인 독감으로 인한 사망자 수가 전쟁으로 인한 사망자 수보다도 더 많은 2,000만 명에 달했다는 것이다.

러시아군 전사자 수에 대해서는 50만에서 200만 명까지 여러 가지 추측이 존재하며, 전쟁포로나 실종자 수에 관해서도 상당한 차이를 보이고 있다. 가장 권위 있는 전후 연구결과는 340만9,433명이 포로가 되었으며 22만8,838명이 실종되었다고 추측하고 있다. 포로와 실종자 수를 전사자 수와 비교해볼 때 러시아군은 다른 주요 참전국들과는 상당히 다른 양상을 보여주고 있다. 1914년~1918년에 전사자 100명당 러시아군은 251명이 포로나 실종자가 된 반면, 오스트리아-헝가리군은 150명, 이탈리아군은 92명, 독일은 65명, 프랑스는 46명, 영국(영국령 출신 병사들도 포함)은 21명이 포로나 실종자가 되었다. 다시 말해 이는 러시아군 병사들이 다른 국가들에 비해 포로가 될 수밖에 없는 상황에 더 많이 처하거나 다른 국가들 병사보다 훨씬 더 쉽게 항복했다는 것을 보여준다.

오스트리아-헝가리군은 90만5,299명의 사망자를 냈으며, 이 가운데 60퍼센트가 동부전선에서 발생했고 83만7,483명이 실종되었다. 그러나 실종자 수는 전후 18만1,000명으로 줄어들었다. 대부분의 실종자들이 항복하거나 탈영한 슬라브계 병사들인 것으로 밝혀졌기 때문이었다. 1917년~1918년에 많은 러시아군 부대들이 동시에 해체되었다. 원래 농부였던 병사들이 지주들의 장원이 붕괴된 후 토지 재분배에서 자신의 몫을 챙기기 위해 집으로 돌아갔기 때문이었다. 이들 외의 다른 병사들은 남아 있을 의미를 찾지 못해서 군대를 떠났다. 이는 러시아와 같이 광대한 국가에서 국가적 연대감을 형성한다는 것이 얼마나 어려운가를 잘 보여주는 사례였다. 1904년~1905년에 벌어진 러일전쟁에서 러시아측 관전자들은 오직 바이칼Baikal 호 동쪽 출신 병사들만이 진지하게 전투에 임했다고 불만을 토로했다. 반대로 1917년~1918년에 벌어진 전투에서는 시베리아 출신 연대들이 "독일군이 시베리아까지 오지는 않을 거야"라며 제일 먼저 전장을 이탈했다.

제1차 세계대전 결과 폴란드는 독립했으며, 동프로이센 지역은 폴란드 회랑Polish Corridor* 으로 다른 독일 지역과는 분리되어버렸다. 또 발트 3국과 핀란드 역시 독립했으며, 그 과정에서 러시아, 합스부르크, 오스만 투르크 제국은 사분오열되었다. 이런 식의 전후처리는 당연히 해결한 문제보다 더 많은 문제를 야기했다. 대부분의 신생국가에 잠재적인 분쟁의 원인이 될 수 있는 소수민족들이 존재했고, 또 이들이 차지한 영토에 내해 나중에 독일과 소련이 고토 회복을 주장하고 나설 수도 있었기 때문이었다.

우크라이나, 그루지야, 폴란드 동부, 에스토니아, 라트비아, 리투아니아, 핀란드 영토 일부, 베사라비아, 부코비나(루마니아령)의 일부, 루테니아(체코슬로바키아)는 모두 구러시아 제국 시대의 국경을 회복하고 더 나아가 최대한 많은 영토를 얻자는 구호를 외치던 스탈린 치하에 또다시 소련 영토가 되었다. 제2차 세계대전 종결 후 이뤄진 협상에서 스탈린은 비록 끝까지 고집을 부리지는 않았지만, 니콜라이 황제가 했던 것과 똑같이 터키의 해협들에 대한 통제권을 요구했고 카르스와 아르다한을 돌려받으려

---

* **폴란드 회랑** 제1차 세계대전 후, 베르사유 조약에 의해 독일이 폴란드에 할양한 길이 400킬로미터, 너비 128킬로미터의 좁고 긴 지역.

고 여러 모로 애를 썼다.

　제1차 세계대전의 가장 큰 결과 중의 하나는 소련^{Soviet Union}의 탄생이었다. 격심한 내전을 벌인 끝에 러시아에는 차르의 전제정권이 또 다른 전제정권으로, 그 다음에는 과두정으로 대체되었다. 이 전제정권과 과두정 모두 스스로를 민주주의와 사회주의 정권이라 주창했으며, 이후 자칭 모든 제국의 숙적임을 주장하는 공산주의 제국으로 대체되었다. 스탈린의 독재는 니콜라이 2세의 독재보다 훨씬 더 억압적이었지만, 러시아가 갖고 있는 풍부한 자원을 활용하고 경제의 산업화를 이루는 데는 훨씬 더 효과적이었다. 1941년~1945년에 소련은 차르 시절 겪었던 것보다 훨씬 더 격심한 인명과 영토의 손실을 겪었다. 그러나 결국 전쟁에서 승리를 거둔 소련은 초강대국으로 부상했으며, 여러 위성국들을 거느리며 하나의 세력권을 형성했다. 1991년, 그때까지 초강대국의 지위를 유지하던 소련의 공산주의 제국은 다시 한 번 붕괴되었고, 소련 이후 성립된 러시아는 또다시 브레스트-리토프스크 조약에 의해 설정된 것과 유사한 형태의 국경선을 갖게 되었다.

　합스부르크 제국에서 동원된 780만 명의 남성들 가운데 90퍼센트 이상이 전사하거나 병으로 죽거나 부상당하거나 포로가 되거나 전투 중 실종되었다(반면, 영국의 사상자 수는 전체 병력의 39퍼센트였다). 종전협정이 체결되기 수개월 전부터 빈에서는 정치적 붕괴 조짐이 보였다. 1918년, 오스트리아는 어쩔 수 없이 체코공화국의 독립을 인정해야 했고, 연합국이 다른 오스트리아 제국 내 소수민족들의 독립을 약속하면서 오스트리아의 입지는 더욱 위태로워졌다. 1918년 11월 13일, 오스트리아공화국의 수립이 선포되자, 즉시 그 뒤를 이어 헝가리공화국, 세르비아 · 크로아티아 · 슬로베니아연합왕국(이후 유고슬라비아가 됨)이 수립되었다. 예전의 천연자원 산지들을 모두 잃고 복수심에 불타는 승전국들의 관세장벽에 둘러싸인 오스트리아는 이제 유럽에서 두 번째로 큰 경제 주체의 자리를 잃게 되었다.

이후 분규와 소요사태가 오스트리아 전국을 휩쓸었다. 오스트리아가 당면한 경제적·정치적 문제의 가장 명백한 해결책은 독일과의 합병이었지만, 연합국은 이를 허용해주지 않았다. 사회적·정치적 불안이 심화되고 비록 실패로 끝났지만 국가사회주의자(나치)들이 주도한 쿠데타까지 발생하자, 독일과의 합병 움직임은 더욱 가속화되었다. 1938년, 독일의 무혈침공으로 오스트리아는 마침내 독일과 합병되었고, 오스트리아 국민 역시 국민투표에서 이에 대한 압도적인 지지를 보냈다.

발칸 지역에서는 여전히 구원舊怨이 풀리지 않고 남아 있었다. 세르비아는 곧 유고슬라비아 전체를 지배하려는 야욕을 드러냈고, 크로아티아인들과 슬로베니아인들은 이런 세르비아의 야욕에 치열하게 저항했다. 국론이 사분오열되는 상황에서 어떻게든 국가를 안정시키기 위해 노력하던 유고슬라비아의 알렉산드르Alexander 국왕은 1929년 독재를 선포했다. 이후 유고슬라비아는 잠시 안정을 되찾는 듯했지만 여전히 세르비아인들이 권력을 틀어쥐고 있는 상황이 계속되자, 1934년 알렉산드르 국왕은 프랑스의 마르세유에서 소수민족 반체제 조직원의 손에 암살당하고 말았다. 더욱 심한 혼란이 1920년대 내내 지속되었던 알바니아는 아흐메드 베이 조구Ahmed Bey Zogu 대통령이 스스로를 조그 1세Zog I로 선언하고 왕정을 선포하면서 안정을 되찾았다. 조그 1세는 낙후된 알바니아의 근대화를 위해 많은 노력을 기울여 상당한 성과를 거두기도 했지만, 1939년 4월 이탈리아군이 침공해오자 망명길에 오를 수밖에 없었다. 그리스에서는 게오르기오스 2세Georgios II와 베니젤로스 총리 간의 권력 다툼이 수년간 지속되었다. 오스만 투르크 제국과의 전쟁에서 결국 패배한 그리스는 대규모 인구 교환을 받아들였다. 예전에 오스만 투르크 제국의 일부였던 그리스에 거주하던 투르크인들이 오스만 투르크 제국으로 이주하면서 반대로 소아시아로부터 125만 명에 이르는 그리스인들이 그리스로 이주해왔다. 동부 아나톨리아 지역에 거주하고 있던 불행한 아르메니아인들은 제1차 세계대전 중 러시아와 서구 연합군을 지지한 대가를 톡톡히 치러야 했다. 전후 복수심에 불타는 투르크인들이 아르메니아인들을 덮쳤고 아무런 통제도 없이 학살당함으로써 최소한 100만 명의 아르메니아인들이 죽었다. 그리스는 베니젤로스파와 국왕에 충성하는 왕당파 사이에 위태위태한 휴전이 지속되는 가운데 왕정으로부터 공화정으로 불안한 걸음을 떼어놓고 있었다. 그러나 1928년 국민투표에서 예상치 못한 참패를 당하면서 권좌에서 밀려난 베니젤로스 총리는 게오르기오스 2세가 왕좌로 복귀한 후 1936년에 망명지에서 사망하고 말았다.

이탈리아는 전쟁을 치르면서 전사자가 60만 명에 이르렀지만, 큰 희생을 치른 만큼 연합국으로부터 그에 상응하는 떡고물을 받아먹을 수 있으리라는 희망에 부풀어 있었다. 그러나 이런 희망은 곧 산산이 부서지고 말았다. 연합국은 마지못해 오스트리아 영토의 일부를 이탈리아에 떼어주기는 했지만, 이를 제외하고는 예전 독일 식민지 가운데 어느 것도 받지 못했다. 영국과 프랑스 역시 이탈리아에 별로 잘해줄 필요성을 느끼지 못했다. 영국과 프랑스는 이탈리아가 전쟁이 한창일 때 알바니아로 마음대로 병력을 파견하고, 1919년 전후처리와 관련해 어떠한 조약도 체결되지 않았는데도 오스만 투르크 제국 남부로 원정군을 파견한 것을 매우 무책임한 행동으로 여겼다. 이처럼 연달아 국가 명예에 먹칠을 당하자 이탈리아 국민은 큰 충격을 받았다. 또 교회와 보수주의 세력이 대두하자 이에 직면한 이탈리아 사회주의자들이 새로운 정파들로 분열되면서 이탈리아는 일대 정치적 혼란 상황에 빠지게 되었다. 이런 혼란을 틈타 파시스트^{Fascist} 정당을 설립하고 세력을 키운 베니토 무솔리니는 1922년 밀라노를 장악하고 로마로 행진해갔다. 당시 이탈리아의 국왕이던 비토리오 에마누엘레 2세^{Vittorio Emanuele II}는 무솔리니를 불러들여 정부 조직을 맡겼다.

1918년, 헤자즈의 사막 전쟁에서 아라비아 로렌스의 든든한 동맹으로서 연합군의 승리에 큰 기여를 했던 하시미테 왕조는 그에 대한 정당한 대가로 아라비아와 트랜스요르단 지역의 대부분을 지배할 수 있을 것으로 생각했다. 그러나 역사의 수레바퀴는 하시미테 왕가의 생각대로 굴러가지 않았다. 1925년 쿠웨이트에서 일어난 알 사우드al-Saud 가문과 그 추종자들은 메카와 메디나 같은 이슬람 성지뿐만 아니라 지다Jeddah 항구까지 장악하여 이슬람교도들의 성지순례 길과 그에 따르는 막대한 경제적 이권을 장악했다. 동시에 이들은 이슬람교의 원리를 엄격하게 추종하는 (그렇다고 실행까지 엄격한 것은 아니었지만) 교조주의적인 와하비Wahhabi 이슬람교를 따를 것을 주민들에게 요구했다. 대전 중 프랑스와 영국의 대리인들이 조심스럽게, 때로는 냉소적인 태도로 세웠던 계획들은 전부 무위로 돌아가고 아라비아의 미래는 이제 사우드 가문의 손에 달리게 되었다.

영국은 1882년부터 이집트에 막대한 영향력을 행사했으며, 이집트 주민 대부분은 30년간 영국의 지배를 받아들였다. 이집트는 명목상으로는 여전히 오스만 투르크 제국의 일부였지만 1914년 당시 영국의 보호령으로서 번영하고 있었고, 한발 더 나아가 1914년 12월에는 아예 공식적으로 영국의 보호령임이 선포되었다. 1882년 이후 이집트는 관개시설과 도로나 철도와 같은 사회간접시설이 건설되고 교육이 확대되었다. 영국은 용의주도하게 이슬람교를 존중해주었고, 교육받은 계층은 영국의 지배에 가장 순종적이었다.

그러나 전쟁이 터지면서 영국이 형편없는 임금으로 노동력을 동원하고 막대한 양의 유용한 자원을 징발해가자, 민족주의운동이 힘을 얻기 시작했다. 민족주의 색채를 띤 정치정당인 와프드당Wafd Party*은 독립운동을 벌였고, 영국이 와프드당 지도자들을 추방하자 대규모 봉기가 발생했다. 그러나 이와 같은 소요사태는 알렌비 원수가 지휘하는 영국군에게 신속하게 진압되었다. 1919년, 알렌비는 이집트 지역의 행정책임자로 임명되었다. 밀너 경Lord Milner을 위원장으로 하는 위원회는 주로 수에즈 운하와 관련된 영국의 이해관계를 보장해준다는 것을 조건으로 이집트의 독립을 제안했다. 1922년 영국은 이집트 보호령 지배를 종결했지만, 영국군은 이집트에 계속 주둔했다. 간헐적으로 계속된 양국 간의 협의 끝에 1936년에 영국이 운하 인근 지역에 수비대를 주둔시킬 권리를 가진다는 조약이 체결되었다.

영국은 전쟁이 끝나고 여러 해 동안 많은 문제를 겪어야 했다. 전쟁으로 국력은 모두 소모되었고, 국가 재정은 파탄 상태에 이르렀다. 많은 병사들은 입만 살아 있는 정치꾼 로이드 조지가 약속했던 '영웅들의 안식처'를 기대하고 고향으로 돌아왔지만, 이들에게 주어진 것은 아무것도 없었다.

지중해 전역에서 수많은 전투가 벌어졌지만, 그중 어느 것 하나도 서부전선의 전황에 별다른 영향을 미치지 못했다. 결국 전쟁의 승패가 결정 난 것도 서부전선이었고, 헤이그의 지휘하에 영국군이 사상 최대의 승리를 거둔 곳도 서부전선이었다. 그러나 1919년 6월 28일 베르사유 조약이 체결되었지만, 이 조약으로 인해 실질적으로 해결된 문제는 별로 없었다. 이안 베케트$^{Ian Beckett}$ 교수는 베르사유 조약에 대해 어떤 면에서는 이 조약이 "징벌적인 배상을 물리려는 프랑스의 열망과 안정을 바라는 영국의 소망, 국제주의와 민주주의, 자결의 원칙에 기반한 더 나은 세계를 만들려는 미국의 희망 가운데 이루어진 그 누구도 만족시키지 못한 타협책"이라고 묘사했다. 하지만 베르사유 조약이 실패한 이유는 많은 이들이 주장하듯 지나치게 엄격한 조건을 내걸었기 때문이 아니었다. 독일은 알자스-로렌 지방을 프랑스에게 돌려주고 비독일계 주민들이 대다수인 점령지를 포기해야 했으며, 중요 공업지대였던 라인란트^{Rhineland}는 승전국들이 3분할하여 각각 5년, 10년, 15년씩 점령하기로 했다. 또 독일은 배상금도 (주로 영국과

---

* **와프드당** 아랍어로 '대표단代表團'을 의미한다. 이집트 최초의 근대적 정당으로, 제1차 세계 대전 이후 사이드 자글룰 파샤$^{Said Zaghlul Pasha}$의 인솔하에 이집트의 독립을 요청하기 위해 1918년 대영제국을 방문한 대표단이 그 시초다. 자글룰 파샤는 귀국 후 1919년 와프드당을 창당했으며, 독립뿐만 아니라 이집트의 사회적·경제적 개혁을 주창했으나 당시 이집트는 영국의 보호령이었으므로 영국으로부터 탄압을 받았다.

프랑스에게) 지불해야 했지만 정확한 배상금액이 정해진 것은 1920년대 초반이 되어서였다. 최종적으로 히틀러가 배상금 지불 중단을 선언한 1932년 당시, 독일은 십수 년 전 책정된 배상금의 절반도 갚지 않은 상태였다. 게다가 베르사유 조약에 규정된 승전국들은 히틀러가 부상할 무렵에는 배상금을 전부 받아낼 정치적 의지나 군사력을 갖고 있지 못했다. 또 베르사유 조약에 의해 독일은 징병제에 기반한 대규모 국민군이나 잠수함, 전함, 군용기 같은 공격적인 무기를 보유할 수 없게 되었지만, 독일의 전쟁수행 능력을 뒷받침해주었던 독일의 공업단지들은 고스란히 유지할 수 있었다. 그러나 막대한 배상금이 전후 독일 경제에 엄청난 걸림돌이 된 것은 분명했다. 또 전쟁의 책임이 독일에게 있음을 규정한 베르사유 조약 제231조는 독일 국민들 사이에 분노의 씨앗을 뿌렸으며, 1920년대와 1930년대에 히틀러와 나치는 이런 국민감정을 잘 이용하여 정권을 잡을 수 있었다. 나치당은 1918년 11월 당시 독일군이 사실상 완전히 패배한 상태였으며 만약 버텼더라도 다음해에 더욱 치욕적인 패배를 당했을 것이라는 불편한 진실을 외면하는 쪽을 택했다. 히틀러와 나치는 휴전협정이 체결될 당시 서부 전선에서 독일군이 여전히 전투를 벌이고 있었다는 사실을 근거로 독일 국내가 먼저 붕괴되면서 조국을 위해서 열심히 싸우고 있는 독일군 병사들이 '등에 칼을 맞고' 항복할 수밖에 없었다는 조작된 신화를 퍼뜨렸다.

중부·동부·남부 유럽에서 체코슬로바키아와 유고슬라비아와 같은 국가들이 수립되었지만, 이들 역시 불만에 찬 소수민족들을 포함하고 있었기 때문에 국제정세를 안정시키는 데는 별반 도움이 되지 못했다. 국제연맹의 창설은 이후 국제분쟁을 전쟁에 의지하지 않고 해결하기 위한 노력의 산물이었다. 하지만 국제연맹 창설을 주창했던 미국이 국제연맹 가입을 거부하자 국제연맹은 제대로 힘을 쓸 수 없었다. 미국 상원은 국가 주권이 침해될 수 있다는 이유로 국제연맹 참가안 비준을 거부했다. 영국과 프랑스에서는 1920년대 말과 1930년대 초 전쟁에 대한 환상을 깨는 문

■■■■■ 1918년 11월 11일 영국 버킹엄 궁전 바깥에 모여 종전을 기뻐하는 런던 시민의 모습. (IWM)

학작품들이 등장했고, 경제 침체와 대규모 실업이 이어지면서 무조건 전쟁을 피하자는 인식이 확대되었다. 결국 히틀러가 점점 노골적으로 야심을 드러내는 와중에도 각국은 유화책으로만 일관하면서 적극적으로 이에 대처하려는 태도를 보이지 않았다. 마침내 각국이 어떻게든 손을 써보려고 했을 때는 이미 또 다른 세계대전을 피할 수 없는 상황이 되어버린 후였다.

연보

1908

오스트리아-헝가리 제국이 보스니아-헤르체고비나 지역을 병합.
이탈리아가 투르크령 북아프리카 지역을 점령함.

1912 ~ 1913

발칸 전쟁 발발.

1914

6월 28일　　사라예보에서 오스트리아 프란츠 페르디난트 황태자 부처가 암살
　　　　　　당함.

7월 5일~6일　　독일이 오스트리아에, 세르비아에 대해 어떤 조치를 취하든 필
　　　　　　요한 모든 지원을 해줄 것을 약속함.

7월 23일　　오스트리아-헝가리 제국이 세르비아에 최후통첩을 보냄.

7월 25일　　세르비아가 동원령을 내림.

7월 26일　　오스트리아-헝가리 제국이 대세르비아 동원령을 내리고, 러시아가
　　　　　　'전쟁준비기간'을 선포함.

7월 28일　　오스트리아의 요제프 황제가 세르비아에 선전포고를 함.

7월 29일　　독일이 러시아에 전쟁준비를 즉각 중지하라고 요구함.

7월 30일　　러시아가 세르비아 지원을 위해 총동원령을 선포함.

7월 31일　　러시아가 동원을 시작하고, 독일은 '전쟁의 위험'이 다가오고 있다
　　　　　　고 주장하며 러시아에 최후통첩을 보냄.

8월 1일　　독일이 러시아에 선전포고를 하고 총동원령을 내림. 프랑스도 총동
　　　　　　원령을 내림.

8월 2일　　독일이 벨기에에 독일군의 벨기에 영토 통과 허가를 요구하는 최후
　　　　　　통첩을 보냄. 독일군이 룩셈부르크를 침공.

8월 3일	독일이 프랑스에 선전포고를 함. 오스트리아-헝가리 제국이 러시아에 선전포고를 함. 프랑스가 러시아에 독일 공격을 요구함. 투르크가 '무장 중립'을 선언함.
8월 4일	영국이 독일에 선전포고를 함. 독일이 벨기에를 침공함.
8월 5일	오스트리아가 러시아에, 몬테네그로가 오스트리아에 선전포고를 함.
8월 6일	세르비아가 독일에 선전포고를 함. 프랑스군이 알자스 북부지역에 진입.
8월 7일	독일군이 리에주 요새를 함락시킴.
8월 10일	프랑스가 오스트리아-헝가리 제국에 선전포고를 함.
8월 12일	오스트리아군이 세르비아를 침공. 영국이 오스트리아-헝가리 제국에 선전포고를 함.
8월 12일~13일	러시아가 동프로이센 지역을 침공.
8월 14일	국경지대에서 전투가 시작됨.
8월 17일	굼빈넨 전투가 벌어짐.
8월 20일	슈탈루퍼넨 전투가 벌어짐.
8월 23일	몽스 전투가 벌어지고, 영국 원정군이 퇴각을 시작함.
8월 25일~27일	코마루프 전투가 벌어짐.
8월 26일	르카토 전투가 벌어짐.
8월 27일~31일	탄넨베르크 전투가 벌어짐.
8월 31일	그리스가 공식적으로 중립을 선언함.
9월 3일	렘베르크 전투가 벌어짐.
9월 5일~10일	마른 전투가 벌어짐.
9월 7일~17일	마주리아 호반(湖畔) 전투가 벌어짐.
9월 11일	그로덱 전투가 벌어짐.
9월 13일~27일	엔 강 전투가 벌어짐.
9월 14일	팔켄하인이 몰트케로부터 독일군의 작전 지휘권을 인수함.
9월 15일	'바다로의 경주'가 시작됨.
10월 1일	투르크가 다르다넬스 해협을 폐쇄함.
10월 10일	안트베르펜이 독일군에게 점령됨.
10월 18일~30일	이제르 전투가 벌어짐.
10월 19일~11월 22일	제1차 이프르 전투가 벌어짐.
10월 19일~30일	제1차 바르샤바 전투가 벌어짐.

11월 1일   투르크가 연합국에 선전포고를 함.

11월 2일   러시아와 세르비아가 투르크에 선전포고를 함.

11월 3일   몰트케의 후임으로 팔켄하인이 독일 육군 참모총장이 됨.

11월 5일   영국과 프랑스가 투르크에 선전포고를 함.

11월 7일~17일   제2차 바르샤바 전투가 벌어짐.

11월 11일   오스만 투르크 제국의 술탄이 이슬람의 칼리프로서 영국과 프랑스
             에 대한 성전을 선포함.

11월 11일~12일   브워츠와베크 전투가 벌어짐.

11월 13일~16일   쿠트노 전투가 벌어짐.

11월 19일~25일   우지 전투가 벌어짐.

12월 6일~12일   리마노바-와파누프 전투가 벌어짐.

12월 8일   오스트리아 제3군이 카르파티아 산맥의 통로를 다시 빼앗음.

12월 17일   프랑스군의 동계 공세가 아르투아에서 시작됨.

12월 20일   프랑스군의 동계 공세가 샹파뉴에서 시작됨.

12월 30일   사리카미슈 전투가 시작됨. 러시아가 영국에 코카서스 전선에 대한
             투르크의 주의를 분산시키도록 견제공격을 요청함.

1915

1월 4일   프랑스군의 아르투아 공세가 끝남.

1월 17일   러시아군이 사리카미슈 지역에서 소탕작전을 종료함.

2월 3일   투르크가 수에즈 운하 도하에 실패함.

2월 19일   연합군 함대가 다르다넬스 지역의 외곽 요새들에 대한 포격을 개
           시함.

3월 10일~12일   뇌브 샤펠 전투가 벌어짐.

3월 18일   영국-프랑스 연합함대가 비좁은 차나크 수로를 공격해 들어갔다가
           3척의 전함을 잃고 격퇴됨.

3월 22일   러시아군이 프셰미실을 점령하고 10만 명의 포로를 획득함.

4월 22일   독일군이 서부전선에서 사상 최초로 독가스를 실전에 투입함.

4월 22일~5월 25일   제2차 이프르 전투가 벌어짐.

4월 25일   영국-프랑스 연합군이 소아시아 반도의 헬레스와 쿰 칼레에 상륙함.

5월 2일~10일   고를리체-타르누프 전투가 벌어짐.

5월 9일~10일   사노크 전투가 벌어짐.

5월 9일	아르투아 지역에서 연합군의 공세가 시작되고, 오베르 능선 전투가 벌어짐.
5월 13일~18일	야로스와프 전투가 벌어짐.
5월 15일~27일	페스튀베르 전투가 벌어짐.
5월 20일~22일	오스트리아군이 렘베르크를 탈환함.
5월 23일	이탈리아 정부가 오스트리아에 선전포고를 함.
5월 25일~26일	영국이 연정 내각의 편성과 탄약성의 창설을 발표함.
7월	러시아군이 갈리치아 지역에서 철수.
8월 4일	연합군 선도부대가 항만 및 철도시설 현황을 파악하기 위해 살로니카에 도착함.
8월 5일	제3차 바르샤바 전투가 벌어지고, 독일군이 바르샤바를 점령함.
8월 6일	연합군이 갈리폴리에 대한 대공세를 시작함. 일몰 후 수블라 만에서 연합군의 추가 상륙작전이 벌어짐.
8월 7일	러시아의 차르가 스스로 러시아군 총사령관을 자임.
8월 10일	갈리폴리에서 투르크군이 반격을 가해 영국군과 뉴질랜드군을 고지에서 몰아냄.
8월 20일	이탈리아가 투르크에 선전포고를 함.
9월	스위스 치머발트^{Zimmerwald}에서 국제 사회주의자회의가 열림. 독일군이 빌뉴스를 함락시킴.
9월 21일	베니젤로스 그리스 총리가 그리스의 참전 조건으로 살로니카 지역에 대한 연합군의 대규모 증원을 요구함.
9월 25일	아르투아와 샹파뉴 지역에서 연합군이 공세를 벌이고, 루스 전투에서 영국군이 최초로 독가스를 사용함.
9월 27일	그리스의 콘스탄티노스 국왕이 연합군의 살로니카 상륙에 동의함.
10월	뒤나부르크 전투가 벌어짐.
10월 1일	영국군 선도부대가 살로니카에 도착함.
10월 5일	독일군과 오스트리아군이 베오그라드에 대한 합동공격을 개시함. 영국군과 프랑스군이 살로니카에 상륙.
10월 9일	베오그라드가 함락됨. 오스트리아군이 몬테네그로를 침공.
10월 11일	불가리아군이 세르비아를 침공.
10월 14일	세르비아와 불가리아가 서로 선전포고를 함.
12월 12일	연합군 해군이 알바니아로부터 세르비아군을 철수시킴.

12월 19일　안작 오스트레일리아-뉴질랜드군 군단이 하룻밤 사이에 단 한 명의 사상자도 없이 수블라 교두보로부터의 철수를 완료함. 존 프렌치 경을 대신하여 헤이그가 영국 원정군 총사령관으로 임명됨.

1916

1월 8일　헬레스에 남아 있던 마지막 영국군이 철수하면서 연합군의 갈리폴리 철수작전이 성공적으로 종료됨.

1월 10일　연합군이 살로니카에 '포위된 캠프Entrenched Camp'의 건설을 완료함.

1월 17일　쾨프뤼쾨이 전투가 벌어지고, 러시아군이 에르제룸을 향한 진격을 시작함.

1월 27일　영국 역사상 최초의 병역법Military Act이 제정되어 18세에서 41세 사이의 남성에 대한 징집이 실시됨.

2월 7일　러시아군이 히니스Hinis를 점령.

2월 11일~16일　에르제룸 전투가 벌어짐. 러시아군이 에르제룸과 무스를 점령.

2월 21일　베르됭 전투가 시작됨.

2월 25일　독일군이 베르됭의 두오몽 요새를 점령.

3월 18일　러시아군의 빌뉴스 공세가 시작되었지만 별다른 성과를 거두지 못하고 4월 14일 종료됨.

4월　스위스 키엔탈Kienthal에서 국제 사회주의자회의가 열림.

4월 24일　아일랜드 더블린에서 부활절 봉기Easter Rising가 일어남.

4월 29일　메소포타미아 지역의 쿠트가 투르크에게 함락되면서 1만3,309명의 영국-인도군 병사들과 3,000명의 비전투원이 포로가 됨.

5월 25일　영국에서 제2차 병역법 개정으로 징집 대상이 기혼남성으로까지 확대됨.

5월 31일~6월 1일　유틀란트 해전이 벌어짐.

6월 4일　브루실로프 공세가 벌어짐.

6월 5일　아라비아 지역에서 메카의 군주 셰리프 후세인Sherif Hussein이 메디나에서 아랍인들을 이끌고 봉기하면서 헤자즈의 독립을 선포함.

7월 1일　솜 전투가 시작됨.

7월 3일~9일　동부전선의 서부 지역에서 러시아군이 공세를 시작하나 별다른 성과를 거두지 못함.

7월 7일　러시아 방문길에 독일군 잠수함의 공격으로 비명횡사한 키치너의

7월 28일	후임으로 로이드 조지가 영국의 국방장관으로 임명됨.
	제2차 브루실로프 공세가 시작됨.
8월 27일	루마니아가 오스트리아-헝가리 제국에 선전포고하고 트란실바니아 지역을 침공.
8월 29일	팔켄하인의 뒤를 이어 힌덴부르크가 독일군 참모총장으로, 루덴도르프가 참모차장으로 임명됨.
9월 1일	전후 오스만 투르크 제국의 분할과 관련하여 영국과 프랑스가 비밀리에 사이크스-피코Sykes-Picot 협정을 체결.
9월 6일	루마니아가 트란실바니아 지역 점령을 완료함.
9월 15일	영국군이 솜 전투 중 플레르-쿠르슬레트 지구에서 사상 최초로 전차를 실전에 투입함.
9월 19일	독일군을 선봉으로 한 동맹군이 트란실바니아 지역을 침공.
10월 3일	독일군이 트란실바니아와 도브루자에서 루마니아군을 격파함.
10월 10일	러시아의 차르가 브루실로프 공세를 종료시킴.
10월 11일	연합군이 그리스 함대를 무장해제시킴. 이런 연합군의 조치에 반발하여 아테네에서 폭동이 일어남.
10월 16일~17일	러시아군이 블라디미르-볼린스키를 점령하기 위한 마지막 공격을 시도하나 이마저도 실패로 끝남.
10월 24일	프랑스군이 베르됭에서 반격에 나서 두오몽 요새를 탈환.
11월 21일	오스트리아의 프란츠 요제프 황제가 향년 86세를 일기로 사망. 그 뒤를 이어 조카 칼이 황제로 즉위.
11월 23일	살로니카의 그리스 과도정부가 독일과 불가리아에 선전포고를 함.
11월 25일	솜 전투 종결.
12월 1일	아테네에서 그리스 왕당파 병사들과 영국-프랑스 연합군 분견대 간에 전투가 벌어짐.
12월 7일	로이드 조지가 애스퀴스의 후임으로 영국총리 자리에 오름.
12월 12일	니벨이 조프르의 후임으로 프랑스군 참모총장이 됨.

1917

| 1월 5일~7일 | 연합국 수뇌들이 로마에 모여 이탈리아와 살로니카 지역에서의 향후 작전 우선순위를 협의. |
| 2월 | 혹한으로 러시아 각지의 도시들에 식량과 연료공급이 끊어짐. |

2월 1일　　　독일이 무제한 잠수함 작전을 시작.

2월 18일~22일　　독일군이 앙크르 지역에서 연합군의 공세보다 한 발 먼저 철
　　　　　　　수를 개시.

2월 20일　　헤자즈 철로에 대한 아랍 게릴라들의 첫 번째 공격이 시작됨.

3월 8일~12일　　페트로그라드에서 식량 부족으로 폭동 발생. 페트로그라드 수
　　　　　　　비대가 반란을 일으킴.

3월 11일　　모드 장군이 바그다드를 함락시킴.

3월 12일　　러시아 혁명이 시작됨. 임시혁명정부와 페트로그라드 소비에트가
　　　　　　　수립됨.

3월 14일　　페트로그라드 소비에트가 페트로그라드 수비대 통제권을 장악하기
　　　　　　　위한 명령 제1호를 하달함.

3월 15일　　차르 퇴위.

3월 16일　　서부전선의 독일군 주력이 힌덴부르크 선으로 철수.

3월 21일　　차르와 그 일가족이 체포됨.

3월 26일　　제1차 가자 전투가 벌어짐.

4월 6일　　미국이 독일에 선전포고를 함.

4월 9일　　영국군이 아라스에 대한 공세를 시작하고, 캐나다군이 비미 능선을
　　　　　　　점령함.

4월 16일　　레닌이 페트로그라드에 도착함. 프랑스가 엔 강 지역에서 춘계 공
　　　　　　　세를 시작함.

4월 17일　　제2차 가자 전투 시작. 전차부대까지 투입되었음에도 불구하고 연
　　　　　　　합군의 공세는 기세를 잃어감.

5월 5일　　연합군이 세르비아에서 대규모 공세를 시작하나 세르비아 측의 협
　　　　　　　력을 얻는 데는 실패함.

5월 15일　　페탱이 니벨을 대신하여 프랑스군 참모총장으로 임명됨.

5월 22일　　케렌스키가 브루실로프를 러시아군 총사령관으로 임명.

6월 7일　　영국군이 메신 능선에 대한 공격을 시작.

6월 12일　　그리스의 콘스탄티노스 국왕이 연합군의 최후통첩을 받은 후 퇴위
　　　　　　　하고 어린 아들 알렉산드로스가 새 국왕으로 즉위함. 영국군과 프
　　　　　　　랑스군이 피레우스에 도착.

6월 18일　　러시아군이 동부전선의 남서부 지역에서 공세에 나섬.

6월 26일　　연합군이 베니젤로스가 그리스 총리임을 재확인함.

7월 2일	러시아 남서부전선군의 공세가 꺾이고, 그리스가 동맹국에 선전포고를 함. 아라비아에서 로렌스 대령과 아랍 게릴라들이 헤자즈 철로와 투르크 요새들을 공격함.
7월 8일	동맹국이 반격에 나서자 러시아 남서부전선군이 세레트 강까지 밀려남.
7월 10일	러시아 북서부전선군 병사들이 공격명령을 거부함.
7월 13일	브루실로프를 대신해 러시아군 총사령관이 된 코르닐로프가 공세를 중지시킴.
7월 31일	제3차 이프르 전투가 시작됨.
8월 27일	코르닐로프의 쿠데타 기도가 실패로 돌아감.
9월 1일~5일	독일군의 리가 점령작전이 벌어짐.
9월 12일	이탈리아 전선에서 폰 벨로브 장군이 지휘하는 독일군의 신예 제14군이 이손초 전선에 배치됨.
10월 24일	카포레토 전투가 시작됨. 오스트리아-독일군의 합동공격으로 이탈리아 제2군이 궤멸됨.
10월 29일	카도르노 장군이 이탈리아군에게 피아베 Piave 강으로 퇴각할 것을 명령함.
10월 31일	이탈리아군이 탈리아멘토 강 건너편에 집결. 팔레스타인 지역에서 알렌비가 제3차 가자 전투를 시작함.
11월 5일	연합국 대표들이 라팔로에 모여 연합군 15개 사단을 증원해달라는 이탈리아의 요구에 대해 논의함.
11월 6일	캐나다군이 파스샹달을 점령.
11월 7일	러시아에서 볼셰비키가 권력을 장악함.
11월 8일	레닌이 '합병도 없고 배상도 없는' 평화를 제안.
11월 9일	카르도나를 대신하여 디아즈가 이탈리아군 총사령관이 됨.
11월 14일	알렌비가 예루살렘 진공을 재개함.
11월 16일	클레망소가 프랑스 총리가 됨.
11월 20일	캉브레 전투가 시작됨.
12월 9일	알렌비가 예루살렘을 점령.
12월 10일	루마니아와 동맹국 간에 휴전협정이 체결됨.
12월 17일	러시아와 동맹국 간에 휴전협정이 체결됨.
12월 22일	브레스트-리토프스크에서 러시아-독일 간의 평화협상이 시작됨.

살로니카에서 기요마 장군이 사라유를 대신하여 현지 연합군 총사령관으로 임명됨. 이탈리아의 사기가 회복되면서 피아베 강에서 오스트리아군의 전선 돌파 시도가 좌절됨.

1918

2월 1일   오스트리아 해군이 카타로에서 반란을 일으킴.

2월 9일   독일이 우크라이나와 별도의 평화협정을 체결.

2월 16일   러시아의 트로츠키가 독일과의 휴전협상을 중지하고 '비전쟁 비평화'를 선언함.

2월 19일   독일군이 페트로그라드로부터 80마일 떨어진 곳까지 진격.

3월 3일   브레스트-리토프스크 조약 체결. 러시아가 전쟁에서 손을 떼기로 함.

3월 21일   피카르디에서 독일군의 미하엘 공세가 시작됨.

3월 26일   포슈가 서부전선 연합군 작전조정관으로 임명됨.

4월 9일   플랑드르에서 독일군의 게오르게테 공세가 시작됨.

5월 27일   엔 강에서 독일군의 블뤼허 공세가 시작됨.

6월 9일   독일군의 그나이제나우 공세가 시작됨.

7월 15일   랭스 지역에서 독일군의 최후 공세가 시작됨.

7월 18일   마른에서 연합군의 반격이 시작됨.

8월 8일   아미앵 전투가 벌어짐.

9월 14일   바르다르 강 전투와 함께 마케도니아 지역에서 연합군이 최종 공세를 개시함. 불가리아 육군이 반란을 일으킴.

9월 19일   영국의 알렌비 장군이 메기도 전투에서 승리를 거두고, 영국 공군 소속 항공기들이 와디 파라의 협로에서 투르크 제7군을 궤멸시킴.

9월 23일   영국군이 아크레Acre와 하이파Haifa를 점령.

9월 26일   뫼즈-아르곤 구역에서 프랑스-미군의 합동공세가 시작됨. 공화정을 선포하려는 반란군이 수도 소피아로 진군해옴에 따라 불가리아가 평화협정 가능성을 타진함.

9월 28일   플랑드르 지역에서 연합군의 반격이 시작됨.

9월 29일   영국군, 오스트레일리아군, 미군이 힌덴부르크 선에 대한 대규모 공세를 시작함. 불가리아가 살로니카에서 연합군과 협상을 벌인 후 휴전협정을 체결함.

10월 1일   알렌비와 로렌스가 다마스커스에 동시에 도착.

10월 24일	연합군이 비토리오 베네토 전선 일대로 광정면廣正面 공세에 나서면서 오스트리아군 전선이 붕괴됨. 오스트리아군의 체코, 세르비아, 크로아티아, 폴란드 출신 병사들이 대규모로 탈영.
10월 26일	루덴도르프 장군 사임.
10월 30일	오스만 투르크 제국이 평화협정 가능성을 타진함.
11월 3일	오스트리아-헝가리 제국이 평화협정에 서명.
11월 9일	독일의 황제 빌헬름 2세 퇴위.
11월 11일	연합국과 독일 간에 휴전협정이 체결되면서 서부전선의 적대행위가 종식됨.

1919

1월 8일	밀른 장군이 3만5,000명의 연합군 콘스탄티노플 주둔군 총사령관으로 임명됨.
2월 3일	베니젤로스가 베르사유에서 스미르나Smyrna에 대한 그리스의 권리를 주장함.
5월 13일	그리스군이 스미르나에 상륙.
5월 22일	투르크의 케말이 '아마시아 결의Amasya Decisions'를 발표하면서 새로운 투르크 정부 수립을 촉구함.
6월 8일	베르사유 조약 체결.
7월 11일	신생 투르크 국민회의가 7월 23일 케말 파샤를 초대 투르크 대통령으로 선출하고, 오스만 정부는 케말을 범법자로 규정함.
11월 27일	케말이 앙고라Angora(후에 앙카라Ankara로 개명)에서 국민대표회의를 개최함.

1920

3월 16일	연합군이 콘스탄티노플 지배를 더욱 강화함. 투르크의 아르메니아인 학살이 계속됨.
3월 18일	마지막 오스만 투르크 제국 의회가 열림.
4월 23일	투르크의 앙카라에서 소집된 대국민회의를 통해 신생 투르크 정부가 수립됨.
4월 25일	국제연맹이 팔레스타인과 메소포타미아 지역의 위임통치를 발표

함. 팔레스타인의 아랍인들이 영국군과 유대인 정착민을 공격함.

6월 22일   그리스군이 아나톨리아 지역에서 신생 투르크 공화국군에 대한 공세를 시작하여 스미르나에서 동쪽으로 120마일 떨어진 우샤크^{Usak}까지 진격함.

7월 25일   그리스군이 투르크령 트라키아^{Thracia} 지방의 아드리아노플^{Adrianople}을 점령.

8월 10일   세브르^{Sevres} 조약이 체결됨. 투르크 민족주의자들은 이 조약의 승인을 거부하고 그리스와 전쟁을 시작함.

1923

8월 23일   세브르 조약을 대신하여 로잔 조약이 체결되면서 연합군이 콘스탄티노플로부터 철수함.

참고문헌

Aspinall-Oglander, C. F., *Military Operations: Gallipoli*, 2 vols (London, 1929-1932).

Asprey, R., *The German High Command at War: Hindenburg and Ludendorff and the First World War* (London, 1991).

Bean, C. E. W., *Official History of Australia in the War of 1914-1918: The Australian Imperial Force in France (1916-1918)*, volumes III-IV (Sydney, 1929-1942).

Bechett, I. F. W., *The Great War 1914-1918* (London, 2001).

Blaxland, G., *Amiens 1918* (London, 1968).

Bond, B. and Cave N., (eds), *Haig: A Reappraisal 70 years On* (Barnsley, 1999).

Brusilov, A., *A Soldier's Notebook* (London, 2001).

Churchill, W. S., *The World Crisis*, 4 vols (London, 1930).

Cowles, V., *The Kaiser* (New York, 1963).

Crutwell, C. M. R. F., *A History of the Great War* (Oxford, 1936).

DeGroot, G., *Blighty: British Society in the Era of the Great War* (London, 1996).

Edmonds, J. E., and Davies, H. R., *Official Histories of the War: Military Operations 1915-1919* (London, 1919).

Falls, C., *Armageddon 1918* (London, 1964).

_____, *Caporetto* (London, 1966).

_____, *Military Operations: Macedonia*, 4 vols (London, 1935).

_____, *Military Operations: Egypt and Palestine*, 2 vols (London, 1928).

Feldman, G., *Army, Industry and Labour in Germany 1914-1918* (New Jersey, 1966).

French, D., *British Strategy and War Aims 1914-1916* (London, 1986).

Golovine, N., *The Russian Army in the World War* (Oxford, 1931).

Griffith, P., *Battle Tactics of the Western Front: The British Army's Art of Attack, 1916-1918* (London, 1994).

Gudmundsson, B., *Stormtroop Tactics: Innovation in the German Army 1914-1918* (New York, 1989).

Harris, J. P., and Barr, N., *Amiens th the Armistice: The BEF in the Hundred Day's Campaign, 8 August-11 November 1918* (London, 1998).

History of the First World War (London, 1969-1971).

Holmes, R., *The Little Field Marshal: Sir John French* (London, 1981).

Horne, A., *The Price of Glory: Verdun 1916* (London, 1962).

James, R. Rhodes, *Gallipoli* (London, 1965).

Keegan, J., *The First World War* (London, 1988).

Knox, A., *With the Russian Army* (New York, 1921).

Ludendorff, E., *My War Memories* (London, 1919).

Lawrence, T. E., *Revolt in the Desert* (London, 1927).

Massie, R. K., *Nicholas and Alexandra* (London, 1968).

Moberley, F. J., *The Campaign in Mesopotamia*, 4 vols (London, 1923-27).

Middlebrook, M., *The First Day on the Somme: 1 July 1916* (London, 1971).

Nicholls, J., *Cheerful Sacrifice: The Battle of Arras 1917* (London, 1990).

Palmer, A., *The Gardeners of Salonika* (London, 1966).

Passingham, I, *Pillars of Fire: The Battle of Messines Ridge, June 1917* (Stroud, 1998).

Pederson, P., *Monash as Military Commander* (Melbourne, 1985).

Philpott, W., *Anglo-French Relations and Strategy on the Western Front 1914-1918* (London, 1996).

Prior, R., and T. Wilson, *Passchendaele: The Untold Story* (London, 1996).

Rawlings, B., *Surviving Trench Warfare: Technology and the Canadian Corps, 1914-1918* (Toronto, 1992).

von Sanders, L., *Five Years in Turkey* (London, 1928).

Schreiber, S., *Shock Army of the British Empire: The Canadian Corps in the Last 100 Days of the Great War* (Westport, 1997).

Sheffield, G., *Forgotten Victory: The First World War, Myths and Realities* (London, 2001).

Simkins, P., *Kitchener's Army: The Raising of the New Armies 1914-1916* (Manchester, 1988).

Smith, L., *Between Mutiny and Obedience: The Case of the French Fifth Infantry Division during World War I* (New Jersey, 1994).

Strachan, H., *The First World War: Volume 1, To Arms* (Oxford, 2001).

Terraine, J., *To Win a War: 1918, the Year of Victory* (London, 1978).

Travers, T., *How the War was Won: Command and Technology in the British Army on the Western Front, 1917-1918* (London, 1992).

Walker, J., *The Blood Tub: General Gough and the Battle of Bullecourt, 1917* (Staplehurst, 1998).

Wavell, A. P., *The Palestine Campaign* (London, 1928).

Williams, J., *The Home Fronts: Britain, France and Germany 1914-1918* (London, 1972).

찾아보기

한국국방안보포럼(KODEF)은 21세기 국방정론을 발전시키고 국가안보에 대한 미래 전략적 대안을 제시하기 위해 뜻있는 군·정치·언론·법조·경제·문화 마니아 집단이 만든 사단법인입니다. 온·오프라인을 통해 국방정책을 논의하고, 국방정책에 관한 조사·연구·자문·지원 활동을 하고 있으며, 국방 관련 단체 및 기관과 공조하여 국방 교육 자료를 개발하고 안보의식을 고양하는 사업을 하고 있습니다. http://www.kodef.net

KODEF 세계 전쟁사 ❶
제1차 세계대전
모든 전쟁을 끝내기 위한 전쟁

개정판 1쇄 인쇄 2025년 1월 21일
개정판 1쇄 발행 2025년 2월 3일

지은이 ┃ 피터 심킨스 · 제프리 주크스 · 마이클 히키
옮긴이 ┃ 강민수
펴낸이 ┃ 김세영

펴낸곳 ┃ 도서출판 플래닛미디어
주소 ┃ 04013 서울시 마포구 월드컵로15길 67, 2층
전화 ┃ 02-3143-3366
팩스 ┃ 02-3143-3360
블로그 ┃ http://blog.naver.com/planetmedia7
이메일 ┃ webmaster@planetmedia.co.kr
출판등록 ┃ 2005년 9월 12일 제313-2005-000197호

ISBN 979-11-87822-92-9 03900